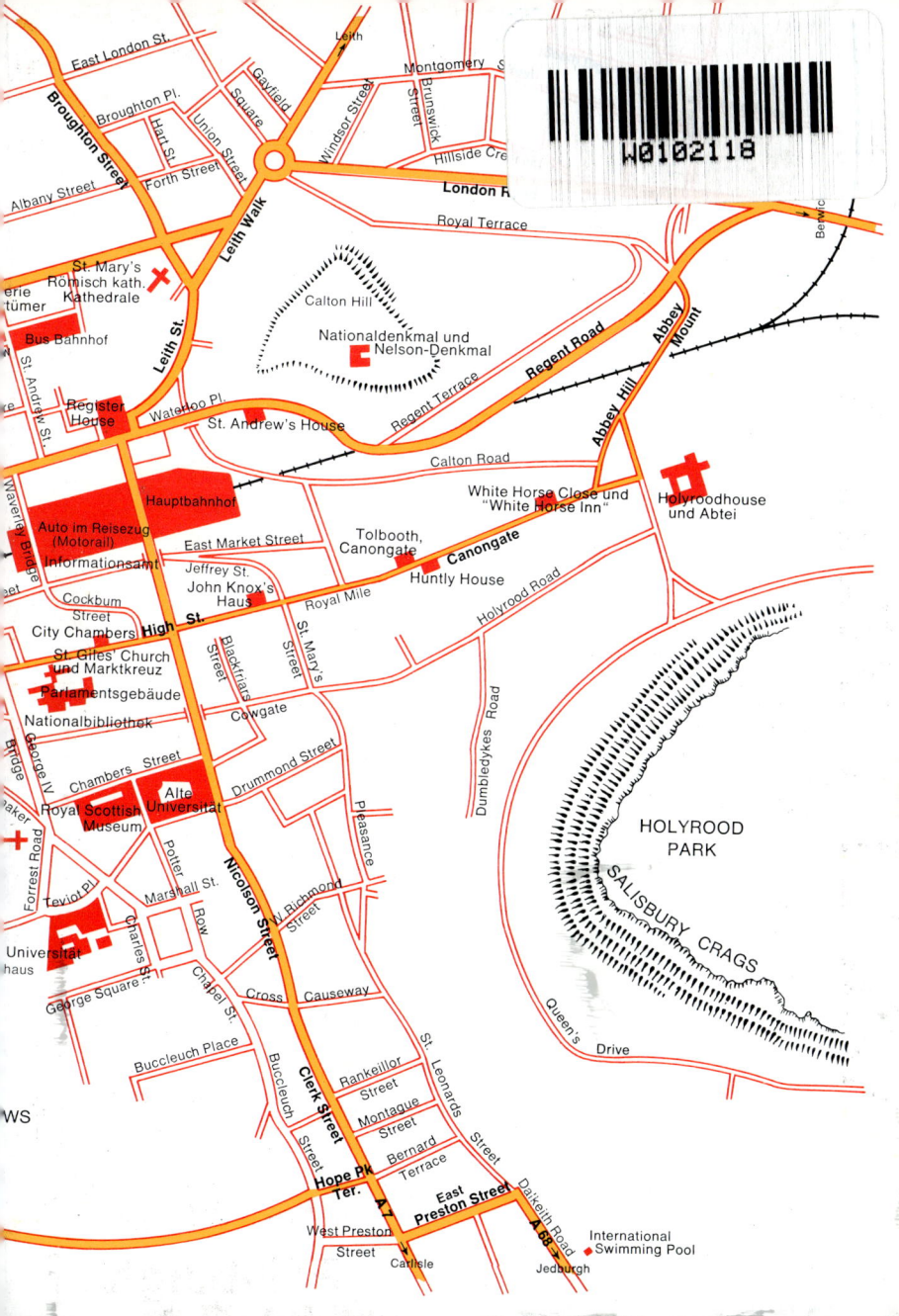

*Kohlhammer
Kunst- und
Reiseführer*

Konrad Schröder

Schottland

mit Hebriden, Orkney und Shetland

*Kunst- und Reiseführer
mit Landeskunde*

*Mit 16 Fotos, zahlreichen Karten, Plänen
und 3 mehrfarbigen Übersichtskarten*

*Verlag W. Kohlhammer
Stuttgart Berlin Köln Mainz*

CIP-Kurztitelaufnahme der Deutschen Bibliothek

Schröder, Konrad:
Schottland: mit Hebriden, Orkney u. Shetland
Kunst- u. Reiseführer mit Landeskunde / Konrad Schröder.
Stuttgart; Berlin; Köln; Mainz: Kohlhammer, 1981.
  (Kohlhammer-Kunst- und Reiseführer)
  ISBN 3-17-005215-2

Bildnachweis: nach S. 344 Keystone Pressedienst, Hamburg;
alle anderen K. Schröder, Augsburg

Alle Rechte vorbehalten
© 1981 Verlag W. Kohlhammer GmbH
Stuttgart Berlin Köln Mainz
Verlagsort: Stuttgart
Umschlagfoto: Craigievar Castle / K. Schröder, Augsburg
Überzug: hace
Vorsatzkarten und Textpläne: Johanna Dittmar
Gesamtherstellung.
W. Kohlhammer Druckerei GmbH + Co. Stuttgart
Printed in Germany

To the memory
of
OLIVER BROWN

who first inspired me to explore
Scottish history

and

to my dear friends

COLIN WAKELING
DAVID STALKER
HAMISH CATHIE
and
SHEENA DUNCAN

and
of course
to
LADY CROC
who bore all the hardships

Inhalt

Zum Gebrauch des Buches 17

Land, Geschichte, Kultur 19

Ein Schottlandklischee und seine Hintergründe 19

Ein Land am Rande Europas 20

Geographische Lage S. 20 – Gestalt und Aufbau S. 20 – Klima S. 22
Flora und Fauna S. 22

Elemente schottischer Geschichte 24

Das Neolithikum S. 24 – Die Eisenzeit S. 26 – Iro-schottisches Mönchtum S. 29 – William Wallace und Robert the Bruce S. 30 – Die Stuarts S. 32 – Die Stuarts II: Das Zeitalter der Personalunion S. 36 – Culloden S. 38 – Schottland im 19. Jahrhundert S. 41 – Der Weg zurück zur Nation: Schottland, Großbritannien, Europa S. 42

Wirtschaft und Verwaltung 43

Das schottlische Öl S. 43 – Die Reform der Verwaltung S. 44

Die Schotten 45

Ursprung S. 45 – Sprachen und Einflüsse S. 46 – Kirche und Religion S. 49 – Architektur, Kunst, Theater und Literatur S. 50 – Folklore S. 53 – Essen und Trinken S. 55

Reisehinweise von A bis Z 61

Adressen S. 61 (Diplomatische Vertretungen S. 61 – Fremdenverkehrsämter S. 61 – Automobil-Clubs S. 62 – Eisenbahn, Bus, Fähren, Flugverkehr S. 62 – Unterbringung S. 64 – Verschiedenes S. 64) – Anreise S. 64 – (Anreise mit dem PKW S. 64 – Anreise mit der Bahn S. 65 – Anreise mit dem Flugzeug S. 65) – Ausrüstung S. 66 – Bed and Breakfast S. 66 – Bedienungs- und Trinkgelder S. 66 – Busverkehr innerhalb Schottlands S. 66 – Camping S. 67 – Ein- und Ausreise S. 67 – Eisenbahnverkehr innerhalb Schottlands S. 68 – Fähren in Schottland S. 69 – Feiertage S. 70 – Flugverkehr innerhalb Schottlands S. 71

Inhalt

– Geldwechsel S. 71 – Hotels S. 72 – Information S. 72 – Jugendherbergen und Jugendunterkünfte S. 73 – Landkarten S. 73 – Maße und Gewichte S. 74 – Medizinische Versorgung S. 75 – Münzen und Banknoten S. 75 – Post S. 76 – Reiseliteratur S. 76 – Reisezeit S. 78 – Stromspannung und elektrische Geräte S. 78 – Tanken S. 79 – Taxis S. 79 – Telephon und Telephonieren S. 79 – Temperaturen S. 80 – Vergünstigungen S. 81

Die Regionen 82

Südost-Schottland 82

1 Berwick – Haddington/North Berwick – Edinburgh 82

1 Eymouth S. 83 – **2** Coldingham und seine Priorei S. 83 – **3** St. Abbs S. 84 – **4** Die alte Zehnten-Scheune von Foulden (Foulden Old Tithe Barn) S. 84 – **5** Die Kirche von Edrom S. 84 – **6** Duns S. 84 – **7** Der Broch von Edinshall S. 84 – **8** Cockburnspath S. 85 – **9** Dunbar S. 85 – **10** Stenton S. 85 – **11** Die Mühle von Preston und das Taubenhaus von Phantassie S. 86 – **12** Schloß Hailes S. 86 – **13** Das Fliegermuseum, East Fortune Airfield S. 86 – **14** Athelstaneford, seine Kirche und sein Taubenhaus S. 86 – **15** Haddington S. 86 – **16** Gifford und seine Kirche S. 88 – **17** Das Herrenhaus von Winton S. 88 – **18** Musselburgh S. 88 – **19** Die Gärten von Thynninghame House S. 89 – **20** Whitekirk S. 89 – **21** Schloß Tantallon S. 89 – **22** Bass Rock S. 91 – **23** North Berwick S. 92 – **24** Dirleton und sein Schloß S. 92 – **25** Aberlady und das Myreton Motor Museum S. 92 – **26** Die Kollegienkirche von Seton S. 93 – **27** Prestonpans S. 93

2 Carter Bar – Edinburgh (A 68) 93

28 Jedburgh S. 93 – **29** Schloß Ferniehurst S. 96 – **30** Die Abtei von Dryburgh S. 96 – **31** Lauder und das Schloß von Thirlestane S. 98 – **32** Schloß Crichton S. 99 – **33** Das Marktkreuz von Ormiston S. 99 – **34** Dalkeith S. 99

3 (Carlisle) – Langholm/Newcastleton – Hawick – Galashiels – Edinburgh (A 7) 99

35 Der Schottendeich S. 100 – **36** Hollows Tower S. 100 – **37** Langholm S. 100 – **38** Hawick S. 100 – **39** Schloß Hermitage S. 101 – **40** Selkirk S. 102 – **41** Bowhill S. 103 – **42** Schloß Newark S. 103 – **43** Die Kirche von Yarrow S. 103 – **44** St. Mary's Loch und das Turmhaus von Dryhope S. 103 – **45** Abbotsford House S. 104 – **46** Galashiels S. 104 – **47** Borthwick Castle S. 104

4 (Berwick) – Coldstream – Kelso – Melrose – Peebles – Edinburgh 104

48 Union Suspension Bridge S. 105 – **49** Ladykirk S. 105 – **50** Coldstream S. 105 – **51** The Hirsel S. 105 – **52** Kelso S. 106 – **53** Das Schloß von Hume S. 108 – **54** Das Mellerstain House S. 108 – **55** Das Turmhaus von Smailholm

S. 109 – **56** Kirk Yetholm S. 109 – **57** Roxburgh und sein Schloß S. 109 – **58** Melrose S. 109 – **59** Das schottische Museum der Wolltextilien S. 111 – **60** Das Schloß von Traquair S. 112 – **61** Peebles S. 112 – **62** Schloß Neidpath S. 113 – **63** Die Gärten von Dawyck House S. 113 – **64** Schloß Tinnis S. 114 – **65** Schloß Drochil S. 114 – **66** Edinburgh S. 114

Ostschottland 134

5 Edinburgh – Dunfermline – Perth – Dunkeld – Inverness 134

67 Die Kirche von Dalmeny S. 134 – **68** South Queensferry und die Brücken über den Forth S. 135 – **69** Dunfermline und seine Abtei S. 135 – **70** Culross S. 137 – **71** Schloß Dunimarle S. 140 – **72** Clackmannan und sein Turmhaus S. 140 – **73** Dollar Glen und Schloß Campbell S. 141 – **74** Kinross S. 141 – **75** Das Naturschutzgebiet von Vane Farm S. 141 – **76** Das Schloß von Loch Leven S. 142 – **77** Schloß Burleigh S. 142 – **78** Der Rundturm von Abernethy S. 142 – **79** Newburgh und die Abtei von Lindores S. 142 – **80** Schloß Elcho S. 143 – **81** Perth S. 143 – **82** Die Gärten von Branklyn S. 144 – **83** Der Park des Schlosses von Megginch S. 144 – **84** Schloß Huntingtower S. 144 – **85** Dunkeld S. 144 – **86** Das Loch of the Lowes S. 147 – **87** Die Eremitage S. 147 – **88** Die Marienkirche in Grandtully S. 147 – **89** Aberfeldy S. 147 – **90** Schloß Menzies S. 148 – **91** Die Eibe von Fortingall S. 148 – **92** Kenmore S. 148 – **93** Pitlochry S. 148 – **94** Queen's View S. 149 – **95** Kinloch Rannoch S. 150 – **96** Rannoch Station S. 150 – **97** Der Paß von Killiecrankie S. 150 – **98** Schloß Blair S. 150 – **99** Die alte Wassermühle von Blair Atholl S. 153 – **100** Das Museum des Clan Donnachaidh S. 153 – **101** Newtonmore und das Clan MacPherson Museum S. 153 – **102** Kingussie und sein Volkskunde-Museum S. 154 – **103** Die Kasernen von Ruthven S. 154 – **104** Kincraig und der Hochland-Wildpark S. 154 – **105** Aviemore S. 155 – **106** Die Strathspey-Eisenbahn S. 155 – **107** Das Besucherzentrum von Loch-an-Eilean S. 155 – **108** Der Forstpark von Glen More S. 155 – **109** Das Naturschutzgebiet von Loch Garten S. 155 – **110** Grantown-on-Spey S. 156 – **111** Carrbridge S. 156 – **112** Das Schlachtfeld von Culloden S. 156 – **113** Die Steine von Clava S. 157 – **114** Inverness S. 157

6 (Edinburgh) – Burntisland – Kirkcaldy – Cupar (Fife) – Dundee 160

115 Inverkeithing S. 160 – **116** Die Kirche St. Bridget S. 160 – **117** Die Abtei von Incholm S. 160 – **118** Schloß Aberdour S. 161 – **119** Burntisland S. 161 – **120** Kinghorn S. 161 – **121** Kirkcaldy S. 161 – **122** Schloß Ravenscraig S. 162 – **123** Der Stein von Dogton S. 162 – **124** Falkland und sein Palast S. 162 – **125** Der Turm von Scotstarvit S. 164 – **126** Hill of Tarvit S. 164 – **127** Ceres und sein volkskundliches Museum S. 164 – **128** Cupar/Fife S. 165 – **129** Das nationale Naturschutzgebiet von Tentsmuir Point S. 165 – **130** Die Abtei von Balmerino S. 165 – **131** Dundee S. 165

Inhalt

7 (Edinburgh – North Queensferry – Burntisland –) Kirkcaldy – Crail – St. Andrews (– Dundee) 168

132 Largo S. 169 – **133** Elie S. 169 – **134** St. Monance und die St. Monan-Kirche S. 169 – **135** Pittenweem S. 169 – **136** Schloß Kellie S. 170 – **137** Die Eisenbahn von Lochty S. 170 – **138** Anstruther und das Schottische Fischereimuseum S. 170 – **139** Crail S. 170 – **140** St. Andrews St. 171 – **141** Die normannische Kriche von Leuchars S. 176

8 Dundee – Arbroath – Montrose – Stonehaven – Aberdeen 176

142 Schloß Broughty S. 176 – **143** Schloß Claypotts S. 176 – **144** Carnoustie S. 176 – **145** Die Erdhäuser von Ardestie und Carlungie S. 177 – **146** Arbroath S. 177 – **147** Schloß Kellie (Arbroath) S. 179 – **148** Das Rote Schloß S. 179 – **149** Montrose S. 179 – **150** Die Kirche von Kenneff S. 180 – **151** Schloß Dunnottar S. 180 – **152** Stonehaven S. 183 – **153** Schloß Muchalls S. 183 – **154** Aberdeen S. 184

9 Dundee – Forfar – Brechin – Edzell – Stonehaven (– Aberdeen) 188

155 Das Erdhaus und das Taubenhaus von Tealing S. 188 – **156** Glamis und das volkskundliche Museum von Angus S. 188 – **157** Schloß Glamis S. 188 – **158** Der Stein von Eassie S. 189 – **159** Der Stein von St. Orland S. 189 – **160** Kirriemuir S. 190 – **161** Forfar (Angus) S. 190 – **162** Die Priorei von Restenneth S. 190 – **163** Die Piktensteine von Aberlemno S. 190 – **164** Schloß Finavon S. 190 – **165** Brechin S. 191 – **166** Die Caterthuns S. 191 – **167** Das Schloß und die Gärten von Edzell S. 191 – **168** Das volkskundliche Museum von Glenesk S. 192 – **169** Fettercairn S. 192 – **170** Schloß Fasque S. 192 – **171** Die Kirche von Arbuthnott S. 192 – **172** Das Haus und die Gärten von Arbuthnott S. 192 – **173** Schloß Fiddes S. 192

10 Perth – Blairgowrie – Braemar – Ballater – Banchory und Alford – Aberdeen 193

174 Der Palast von Scone S. 193 – **175** Die Buchenhecke von Meikleour S. 194 – **176** Coupar Angus S. 194 – **177** Meigle und sein Museum S. 194 – **178** Alyth S. 194 – **179** Blairgowrie S. 194 – **180** Der Teufels-Ellenbogen S. 194 – **181** Braemar S. 195 – **182** Schloß Balmoral S. 196 – **183** Schloß Corgarff S. 196 – **184** Tomintoul S. 196 – **185** Ballater S. 197 – **186** Schloß Glenbuchat S. 197 – **187** Schloß Kildrummy S. 198 – **188** Die Gärten des Schlosses Kildrummy S. 198 – **189** Alford S. 198 – **190** Schloß Fraser S. 198 – **191** Der Steinkreis von Tomnaverie S. 199 – **192** Das Erdhaus von Culsh S. 199 – **193** Der Ring um den Wehrturm von Lumphanan S. 199 – **194** Schloß Craigievar S. 199 – **195** Aboyne S. 201 – **196** Banchory S. 201 – **197** Schloß Crathes und seine Gärten S. 202 – **198** Schloß Drum S. 203 – **199** Der Steinkreis von Cullerlie S. 203

11 Aberdeen – Huntly – Elgin – Inverness 204

200 Balbithan House S. 204 – **201** Inverurie S. 204 – **202** Die Kirche von Kinkell S. 204 – **203** Schloß Pitcaple S. 204 – **204** Der Maiden Stone S. 205 –

205 Der Steinkreis von Loanmead S. 205 – **206** Der Forst von Bennachie S. 205 – **207** Der Stein von Picardy S. 205 – **208** Leith Hall S. 206 – **209** Schloß Druminnor S. 206 – **210** Schloß Craig S. 206 – **211** Die Marienkirche von Auchindoir S. 206 – **212** Huntly und sein Schloß S. 207 – **213** Keith S. 207 – **214** Forchabers S. 207 – **215** Dufftown und Schloß Balvenie S. 207 – **216** Schloß Auchindoun S. 208 – **217** Die Brücke von Craigellachie S. 208 – **218** Die Brennerei von Glenfarclas S. 208 – **219** Rothes S. 209 – **220** Elgin S. 209 – **221** Der Palast von Spynie S. 212 – **222** Lossiemouth S. 212 – **223** Duffus Castle S. 212 – **224** Der Brunnen von Brughead S. 212 – **225** Die Abtei von Pluscarden S. 213 – **226** Forres S. 213 – **227** Die Gärten von Kincorth S. 213 – **228** Randolp's Leap S. 214 – **229** Das Schloß von Lochindorb S. 214 – **230** Der Glockenturm von Ardclach S. 214 – **231** Das Taubenhaus von Boath S. 214 – **232** Nairn S. 214 – **233** Schloß Cawdor S. 214 – **234** Fort George S. 215

12 Aberdeen – Oldmeldrum – Turriff – Banff (– Elgin – Inverness) 215

235 Die Piktensteine von Dyce S. 215 – **236** Oldmeldrum S. 215 – **237** Der Garten von Pitmedden S. 216 – **238** Schloß Tolquhun S. 216 – **239** Das Grab von Tarves S. 217 – **240** Haddo House S. 217 – **241** Das Schloß von Fyvie S. 217 – **242** Schloß Towie-Barclay S. 217 – **243** Turriff und Schloß Delgatie S. 217 – **244** Schloß Craigston S. 218 – **245** Schloß Eden S. 218 – **246** Banff S. 218 – **247** Portsoy S. 218 – **248** Fordyce S. 219 – **249** Cullen S. 219 – **250** Die Kirche von Deskford S. 219 – **251** Buckie S. 219

13 Aberdeen – Peterhead – Fraserburgh – Macduff (– Elgin – Inverness) 219

252 Newburgh S. 219 – **253** Das Naturschutzgebiet des Sands of Forvie S. 220 – **254** Ellon S. 220 – **255** Schloß Slains S. 220 – **256** Die Bullers of Buchan S. 220 – **257** Peterhead S. 220 – **258** Deer Abbey S. 220 – **259** Inverallochy S. 221 – **260** Das Kammergrab von Memsie S. 221 – **261** Fraserburgh S. 221 – **262** Macduff S. 221

14 Edinburgh – Linlithgow – Stirling – Crianlarich und Stirling – Dunblane – Perth 222

263 Der Freizeitpark von Almondell S. 222 – **264** Schloß Hopetoun S. 222 – **265** Abercorn und seine Kirche S. 224 – **266** The Binns S. 224 – **267** Schloß Blackness S. 224 – **268** Boness und sein Museum S. 224 – **269** Schloß Kinneil S. 225 – **270** Linlithgow S. 225 – **271** Das Praeceptorium von Torphichen S. 228 – **272** Der Steinkreis von Cairnpapple Hill S. 228 – **273** Grangemouth S. 228 – **274** Falkirk S. 228 – **275** Die Antoninische Mauer S. 229 – **276** Kilsyth und Schloß Colzium S. 229 – **277** Cumberhauld S. 229 – **278** Der Freizeitpark von Palacerigg S. 229 – **279** Der Wald von Carron Valley S. 229 – **280** Bannockburn S. 229 – **281** Stirling S. 230 – **282** Scotland's Safari Park S. 235 – **283** Doune S. 235 – **284** Callander S. 236 – **285** Die Priorei von Inchmahome S. 236 – **286** Aberfoyle S. 236 – **287** Queen Elizabeth Forest Park S. 236 – **288** Die Tros-

Inhalt 11

sachs S. 237 – **289** Loch Lubnaig und Strathyre S. 237 – **290** Das Grab von Rob Roy S. 237 – **291** Lochearnhead S. 238 – **292** Comrie und das Tartan-Museum S. 238 – **293** Killin S. 238 – **294** Ben Lawers Visitor Centre S. 239 – **295** Schloß Menstrie S. 239 – **296** Die Gärten von Keir S. 239 – **297** Dunblane S. 240 – **298** Das Römerkastell von Ardoch S. 240 – **299** Die Kirche und der Turm von Muthill S. 240 – **300** Schloß Drummond und seine Gärten S. 241 – **301** Die Kirche von Tullibardine S. 241 – **302** Strathallan Air Museum S. 241 – **303** Die Bibliothek von Innerpeffray S. 241 – **304** Crieff S. 242 – **305** Die Gärten von Abercairny S. 242 – **306** Die St. Bean Kirche und der Piktenstein von Fowlis Wester S. 242

Südwest-Schottland 243

15 Gretna – Moffat – Abigton – Glasgow und Edinburgh
(A 74/A 702) 243

307 Gretna S. 243 – **308** Das Wegkreuz von Merkland S. 244 – **309** Das Geburtshaus Thomas Carlyles S. 244 – **310** Lockerbie S. 244 – **311** Lochmaben S. 245 – **312** Moffat S. 245 – **313** Biggar und das Gladstone Court Street Museum S. 246 – **314** West Linton S. 246 – **315** Roslin (Rosslyn) S. 246 – **316** Das Fort von Castlelaw S. 247 – **317** Die Brigittenkirche in Douglas S. 247 – **318** Lanark S. 247 – **319** Schloß Craignethan S. 248 – **320** Strathaven S. 248 – **321** East Kilbride S. 248 – **322** Hamilton S. 248 – **323** Die Nationale Gedenkstätte für David Livingstone S. 249 – **324** Bothwell und sein Schloß S. 249 – **325** Motherwell und Wisham S. 249 – **326** Coatbridge und Airdrie S. 249

16 Gretna – Dumfries – Kilmarnock – Glasgow 250

327 Annan S. 250 – **328** Das Kreuz von Ruthwell S. 250 – **329** Das Henry Duncan Cottage Museum S. 250 – **330** Schloß Caerlaverock S. 250 – **331** Das nationale Naturschutzgebiet von Caerlaverock S. 253 – **332** Glencaple S. 253 – **333** Dumfries S. 254 – **334** Lincluden College S. 334 – **335** Das Herrenhaus von Terregles S. 255 – **336** Der Gutshof von Ellisland S. 255 – **337** Thornhill und der Wald von Ae S. 256 – **338** Das Herrenhaus von Maxwelton S. 256 – **339** Schloß Morton S. 256 – **340** Das Kirchlein von Durisdeer S. 256 – **341** Schloß Drumlanrig S. 256 – **342** Das Museum des schottischen Bleibergbaus S. 257 – **343** Leadhills und die Allan Ramsay Bibliothek S. 257 – **344** Sanquhar S. 257 – **345** New Cumnock S. 257 – **346** Cumnock S. 258 – **347** Die Kirche von Auchinleck und das Boswell Mausoleum S. 258 – **348** Mauchline S. 258 – **349** Der Bachelors' Club in Tarbolton S. 258 – **350** Kilmarnock S. 259 – **351** Schloß Rowallan S. 259 – **352** Newton Mearns S. 259

17 Dumfries (– New Galloway) – Kirkcudbright – Newton Stewart
(– Whithorn) – Stranraer (– Kirkmaiden) – Girvan – Ayr – Largs –
Greenock – Glasgow 259

353 Glenkiln S. 259 – **354** Die Gärten von Corsock House S. 260 – **355** New Galloway S. 260 – **356** Die Waldungen von Galloway (Südteil) S. 260 – **357** Das

Turmhaus von Drumcoltran S. 260 – **358** Die Sweetheart-Abtei S. 260 – **359** Die Gärten von Arbigland S. 264 – **360** Die Festung von Mark S. 264 – **361** Dalbeattie S. 264 – **362** Die Befestigungsanlage von Urr S. 264 – **363** Castle Douglas S. 264 – **364** Das Herrenhaus von Threave und seine Gärten S. 265 – **365** Schloß Threave S. 265 – **366** Das Vogelschutzgebiet von Threave S. 265 – **367** Das Turmhaus von Orchardton S. 265 – **368** Die Abtei von Dundrennan S. 265 – **369** Kirkcudbright S. 265 – **370** Gatehouse of Fleet S. 266 – **371** Schloß Cardoness S. 266 – **372** Das Schloß von Carsluith S. 267 – **373** Das Edelsteinmuseum von Creetown S. 267 – **374** Newton Stewart S. 267 – **375** Der Waldpark von Galloway (westlicher Teil) S. 267 – **376** Wigtown S. 268 – **377** Der Steinkreis von Torhouse S. 268 – **378** Die Priorei und das Museum von Whithorn S. 268 – **379** Die Kapelle des hl. Ninian (Isle of Whithorn) S. 269 – **380** Das Fort von Barsalloch S. 269 – **381** Port William S. 269 – **382** Die Finian Kapelle S. 269 – **383** Der alte Palast von Mochrum S. 270 – **384** Glenluce S. 270 – **385** Die Abtei von Luce S. 270 – **386** Schloß Park S. 270 – **387** Die Steine von Kirkmadrine S. 270 – **388** Die Gärten des Ardwell House S. 271 – **389** Der Botanische Garten von Logan S. 271 – **390** Das Fischbassin von Logan S. 271 – **391** Kirkmaiden S. 271 – **392** Der Mull of Galloway S. 271 – **393** Portpatrick S. 271 – **394** Stranraer S. 272 – **395** Die Gärten von Schloß Kennedy und Schloß Lochinch S. 272 – **396** Schloß Craigcaffie S. 272 – **397** Die Gärten von Schloß Glenapp S. 272 – **398** Ballantrae S. 272 – **399** Schloß Carleton S. 273 – **400** Girvan S. 273 – **401** Ailsa Craig S. 273 – **402** Souter Johnnie's House S. 273 – **403** Die Abtei von Crossraguel S. 273 – **404** Maybole und seine Kollegienkirche S. 275 – **405** Schloß Turnberry S. 275 – **406** Schloß Culzean S. 275 – **407** Der Landschaftspark von Culzean S. 276 – **408** Electric Brae S. 276 – **409** Alloway S. 276 – **410** Ayr S. 277 – **411** Prestwick S. 277 – **412** Die Kirche von Symington S. 278 – **413** Troon S. 278 – **414** Schloß Dundonald S. 278 – **415** Irvine S. 278 – **416** Stevenston S. 279 – **417** Saltcoats S. 279 – **418** Ardrossan S. 279 – **419** Schloß Hunterston und seine Gärten S. 279 – **420** Largs S. 279 – **421** Great Cumbrae S. 280 – **422** Little Cumbrae S. 280 – **423** Wemyss Bay S. 280 – **424** Der Leuchtturm von Cloch S. 281 – **425** Gourock S. 281 – **426** Greenock S. 281 – **427** Port Glasgow S. 281 – **428** Der Naturpark von Muirshiel und der Wasserpark von Castle Semple Loch S. 282 – **429** Das Weberhaus von Kilbarchan S. 282 – **430** Das Kreuz von Barochan S. 282 – **431** Paisley und seine Abtei S. 282 – **432** Schloß Crookston S. 284 – **433** Glasgow S. 284

Westschottland 292

18 Glasgow – Dumbarton – Crianlarich – Oban 292

434 Dumbarton S. 292 – **435** Balloch S. 293 – **436** Loch Lomond und die Maid of the Loch S. 293 – **437** Drymen S. 294 – **438** Balmaha und der Naturpark von Loch Lomond S. 294 – **439** Cameron Loch Lomond S. 294 – **440** Rossdhu S. 294 – **441** Luss S. 295 – **442** Tarbet S. 295 – **443** Ardlui S. 295 – **444** Crianlarich S. 295 – **445** Tyndrum S. 295 – **446** Dalmally S. 296 – **447** Loch Awe und Schloß Kilchurn S. 296 – **448** Die Kapelle von Inishail S. 296 – **449** Das hydro-

Inhalt 13

elektrische Kraftwerk von Cruachan S. 297 – **450** Die Eisenschmelze von Bonawe S. 297 – **451** Das Naturschutzgebiet des Forstes von Fearnoch S. 298 – **452** Die Gärten von Ardanaiseig S. 298

19 (Glasgow –) Dumbarton – Helensburgh – Arrochar – Inveraray – Lochgilphead – Oban 298

453 Die St. Mahew-Kapelle S. 298 – **454** Helensburgh S. 298 – **455** Die Gärten von Glenarn S. 299 – **456** Garelochhead S. 299 – **457** Arrochar S. 299 – **458** Der Forstpark von Argyll S. 299 – **459** Die Gärten von Strone S. 300 – **460** Inveraray und sein Schloß S. 300 – **461** Das Museum von Auchindrain S. 301 – **462** Der Park von Crarae S. 301 – **463** Lochgilphead S. 301 – **464** Der Kanal von Crinan S. 301 – **465** Crinan S. 302 – **466** Schloß Sween S. 302 – **467** Das Fort von Dunadd S. 302 – **468** Die Grabdenkmäler von Kilmartin S. 302 – **469** Die Gräber von Nether Largie S. 302 – **470** Der Steinkreis von Temple Wood S. 303 – **471** Schloß Carnassarie S. 303 – **472** Die Gärten von Arduaine S. 303 – **473** Die Brücke von Clachan S. 303 – **474** Die Gärten von An Cala S. 303

20 Lochgilphead-Tarbert – Campbeltown und Brodick/Arran 304

475 Ardrishaig S. 304 – **476** Columbans Höhle S. 304 – **477** Schloß Kilberry S. 304 – **478** Tarbert S. 304 – **479** Campbeltown S. 305 – **480** Southend S. 305 – **481** Die Abtei von Saddell S. 306 – **482** Die Gärten von Carradale House S. 306 – **483** Claonaig S. 306 – **484** Das Schloß und die Kapelle von Skipness S. 306 – **485** Die Insel Arran S. 306 – **486** Lochranza und seine Burg S. 307 – **487** Corrie S. 307 – **488** Brodick S. 307 – **489** Lamlash S. 308 – **490** Whiting Bay S. 308 – **491** Die Steinzeitgräber von Kilmory S. 308 – **492** Blackwater Foot S. 309 – **493** Der Steinkreis von Moss Farm Road S. 309 – **494** Der Steinkreis von Auchagallon S. 309 – **495** Die Steinkreise von Machrie Moor S. 309

21 (Arrochar und Inveraray –) Strone – Strachur – Dunoon und Rothesay/Bute 309

496 Lochgoilhead S. 309 – **497** Schloß Carrick S. 310 – **498** Strachur S. 310 – **499** Younger Botanic Garden S. 310 – **500** Das Arboretum von Kilmun S. 310 – **501** Ardentinny S. 311 – **502** Sandbank S. 311 – **503** Dunoon S. 311 – **504** Innellan S. 311 – **505** Tighnabruaich S. 312 – **506** Colintraive S. 312 – **507** Insel Bute S. 312 – **508** Port Bannatyne S. 313 – **509** Rothesay S. 313 – **510** Kilchattan S. 314

22 Oban – Fort William – Fort Augustus – Inverness 314

511 Oban S. 315 – **512** Schloß Dunstaffnage S. 318 – **513** Die Priorei von Ardchattan S. 319 – **514** Schloß Barcaldine S. 319 – **515** Die Insel Lismore S. 320 – **516** Schloß Stalker S. 321 – **517** Ballachulish S. 321 – **518** Glen Coe S. 322 – **519** Das Heimatmuseum von Glen Coe und North Lorn S. 323 – **520** Kinlochleven S. 323 – **521** Fort William S. 323 – **522** Spean Bridge S. 325 – **523** Die »Parallelstraßen« S. 326 – **524** Schloß Invergarry S. 326 – **525** Die Quelle der Sieben Köpfe S. 327 – **526** Fort Augustus S. 327 – **527** Der Wald von

Farigaig S. 327 – **528** Urquhart Castle und Loch Ness S. 328 – **529** Drumnadrochit S. 331

23 Fort William – Mallaig und Lochaline/Lochailort – Mallaig 331

530 Corpach S. 332 – **531** Glennfinnan S. 332 – **532** Arisaig S. 333 – **533** Morar S. 333 – **534** Mallaig S. 334 – **535** Lochaline S. 334 – **536** Salen S. 335 – **537** Schloß Mingary S. 335 – **538** Acharacle S. 335 – **539** Schloß Tioram S. 335 – **540** Kinlochmoidart S. 336

24 Invergarry Hotel – Kyle of Lochalsh 336

541 Glen Garry S. 336 – **542** Glen Shiel S. 337 – **543** Glenelg S. 337 – **544** Die Brochs von Glenelg S. 338 – **545** Die Kasernen von Bernera S. 338 – **546** Kintail S. 338 – **547** Das Schloß von Eilean Donan S. 339 – **548** Dornie S. 339 – **549** Lochalsh S. 340 – **550** Kyle of Lochalsh S. 340

Nordschottland 341

25 Plockton – Inchnadamph – Durness – John o'Groat's – Dunrobin – Castle – Bonar Bridge – Alness (– Inverness) 341

551 Plockton S. 341 – **552** Loch Carron S. 342 – **553** Shieldaig und der Applecross Forst S. 342 – **554** Torridon S. 343 – **555** Kinlochewe und Strath Bran S. 343 – **556** Loch Maree S. 343 – **557** Gairloch S. 344 – **558** Poolewe S. 345 – **559** Die Gärten von Inverewe S. 345 – **560** Aultbea S. 346 – **561** Gruinard S. 346 – **562** Dundonnell S. 347 – **563** Die Schlucht von Corrieshalloch S. 347 – **564** Ullapool S. 347 – **565** Ledmore Junction S. 348 – **566** Inchnadamph S. 349 – **567** Schloß Ardvreck S. 349 – **568** Lochinver S. 349 – **569** Inverpolly S. 350 – **570** Kylesku S. 350 – **571** Scourie S. 351 – **572** Laxford Bridge S. 351 – **573** Die Vogelinsel Handa S. 351 – **574** Rhiconich S. 351 – **575** Cape Wrath S. 352 – **576** Durness S. 352 – **577** Tongue S. 353 – **578** Bettyhill S. 354 – **579** Reay S. 354 – **580** Thurso S. 355 – **581** Dunnet Head S. 356 – **582** Schloß Mey S. 356 – **583** John o'Groat's und Duncansby Head S. 357 – **584** Das Schloß von Bucholly S. 357 – **585** Das Schloß von Keiss S. 358 – **586** Schloß Girnigoe und Schloß Sinclair S. 358 – **587** Wick S. 358 – **588** Das Schloß von Old Wick S. 359 – **589** Die Grauen Steine von Camster S. 359 – **590** Das Schloß von Dunbeath S. 359 – **591** Helmsdale S. 359 – **592** Brora S. 360 – **593** Schloß Dunrobin S. 360 – **594** Die Gärten von Rovie Lodge S. 361 – **595** Lairg S. 361 – **596** Dornoch S. 362 – **597** Bonar Bridge S. 362 – **598** Die Fälle des Shin S. 362 – **599** Tain S. 363 – **600** Invergordon S. 363 – **601** Alness S. 363 – **602** Dingwall S. 364 – **603** Strathpeffer S. 364 – **604** Fortrose S. 365 – **605** Cromarty S. 365 – **606** Beauly und seine Priorei S. 366 – **607** Cannich und Glen Affric S. 366 – **608** Beaufort Castle S. 367

Die Hebriden 368

26 Die Inseln Gigha, Islay, Jura und Colonsay 368

609 Gigha S. 369 – **610** Achamore House und seine Gärten S. 369 – **611** Islay

Inhalt 15

S. 369 – **612** Port Ellen S. 370 – **613** Die Kreuze von Kildalton S. 370 – **614** Bowmore und seine Rundkirche S. 370 – **615** Port Charlotte S. 370 – **616** Finlaggan und Port Askaig S. 371 – **617** Jura S. 371 – **618** Craighouse S. 371 – **619** Der Strudel von Corryvreckan S. 371 – **620** Colonsay und Oronsay S. 372

27 Die Inseln Mull, Iona, Staffa, Coll und Tiree 372

621 Mull S. 372 – **622** Craignure S. 373 – **623** Salen S. 373 – **624** Schloß Aros S. 373 – **625** Tobermory S. 374 – **626** Dervaig S. 375 – **627** Calgary S. 375 – **628** Die Kapelle von Inchkenneth S. 375 – **629** Schloß Torosay S. 376 – **630** Schloß Duart S. 376 – **631** Grass Point S. 376 – **632** Lochbuie und Castle Moy S. 376 – **633** Fionnphort S. 377 – **634** Iona S. 378 – **635** Staffa S. 381 – **636** Coll S. 382 – **637** Tiree S. 382

28 Die Inseln Canna, Rum, Eigg und Muck 383

638 Canna S. 383 – **639** R(h)um S. 384 – **640** Eigg S. 384 – **641** Muck S. 385

29 Skye 385

642 Kyleakin S. 386 – **643** Schloß Moil S. 386 – **644** Broadford S. 386 – **645** Ardvasar S. 386 – **646** Schloß Knock S. 387 – **647** Elgol und Loch Scavaig S. 387 – **648** Sligachan Hotel S. 387 – **649** Portree S. 388 – **650** Der Alte Mann von Storr S. 388 – **651** Der Kilt-Felsen S. 388 – **652** Quira(i)ng S. 389 – **653** Duntulm, Kilmuir und das Grab der Flora MacDonald S. 389 – **654** Uig S. 389 – **655** Schloß Dunvegan S. 389 – **656** Die Wassermühle und das Black House von Colbost S. 391 – **657** Raasay S. 391

30 Die Äußeren Hebriden: Die Inseln Barra – South Uist –
North Uist – Harris – Lewis 391

658 Barra S. 392 – **659** Castlebay und Schloß Kishmul (Kisimul) S. 392 – **660** Cille-Bharra S. 393 – **661** Eriskay S. 393 – **662** South Uist S. 393 – **663** Lochboisdale S. 394 – **664** Das Radhaus von Kilpheder S. 394 – **665** Flora MacDolnalds Geburtshaus S. 394 – **666** Das Naturschutzgebiet von Loch Druidibeg S. 394 – **667** Benbecula S. 394 – **668** North Uist S. 395 – **669** Harris S. 396 – **670** Tarbert (Harris) S. 396 – **671** Die Kirche von Rodel S. 396 – **672** Lewis S. 397 – **673** Stornoway S. 397 – **674** Barvas S. 399 – **675** Der Butt of Lewis S. 399 – **676** Das Hebridenhaus von Arnol S. 400 – **677** Das Volkskundliche Museum von Shawbost S. 400 – **678** Der Broch of Carloway S. 401 – **679** Der Steinkreis von Callanish S. 401 – **680** St. Kilda S. 403

Orkney 403

31 Kirkwall – Churchill Barriers – Stromness – Brough Head –
Westray 407

681 Kirkwall S. 407 – **682** Scapa Flow, Churchill Barriers und Italian Chapel S. 416 – **683** Die Rundkirche von Orphir S. 418 – **684** Stromness S. 419 – **685** Skara Brae S. 420 – **686** Birsay S. 425 – **687** Die Wassermühle von Dounby

S. 426 – **688** Der Broch von Gurness S. 426 – **689** Der Steinkreis von Bro(d)gar S. 428 – **690** Die Monolithe von Stenness S. 429 – **691** Maes Howe S. 429 – **692** Das Hügelgrab von Cuween Hill S. 432 – **693** Das Erdhaus von Rennibister S. 438 – **694** Das Hügelgrab von Wideford Hill S. 434 – **695** Das Erdhaus von Grain S. 434 – **696** Das Ganggrab von Onston (oder Unston) S. 435 – **697** Die Kirche von Egilsay S. 436 – **698** Die Marienkirche von Wyre S. 437 – **699** Die Burg von Cubbie Roo S. 437 – **700** Das Ganggrab von Yarso S. 439 – **701** Der Broch von Midhowe S. 439 – **702** Die Kirche von Eynhallow S. 441 – **703** Westray und Papa Westray S. 440 – **704** Knap of Howar S. 441 – **705** Das Kammergrab von Holm of Papa Westray S. 441 – **706** Das Kammergrab von Quoyness S. 442 – **707** Der Dwarfie Stane S. 442

Shetland 443

32 Sumburgh – Lerwick – Yell – Unst 446

708 Sumburgh S. 446 – **709** Jarlshof S. 446 – **710** St. Ninian's Isle S. 451 – **711** Der Broch von Mousa S. 451 – **712** Lerwick S. 452 – **713** Bressay S. 454 – **714** Der Broch von Clickhimin S. 454 – **715** Scalloway S. 455 – **716** Veensgarth und der Norden von Mainland S. 456 – **717** Yell S. 456 – **718** Fetlar S. 456 – **719** Unst S. 457 – **720** Schloß Muness S. 457

Register 459

Zum Gebrauch des Buches

Der vorliegende Führer ist im Rahmen langjähriger Erfahrung mit deutschen Reisegruppen in Schottland sowie auf der Basis vieler privater Reisen, gerade auch in die entlegeneren Landesteile, entstanden. Ziel des Autors war es, dem mitteleuropäischen Publikum ein Land nahezubringen, das in der Reiseliteratur bis in die jüngste Zeit recht stiefmütterlich behandelt worden ist, trotz vielfältiger kultureller Wechselbeziehungen, trotz seiner reichen philosophischen, künstlerischen und politischen Traditionen und trotz seiner vielgerühmten Landschaften und Menschen. Entsprechend breit berücksichtigt sind jene Gebiete, über die es bisher, sieht man einmal von pauschalen Darstellungen auf wenigen Seiten ab, keine Literatur in deutscher Sprache gibt: die Hebriden, Orkney und Shetland. Das Buch wendet sich an ein Publikum, das – im Rahmen einer Einzel- oder Gruppenreise – landeskundliche Erfahrungen zu machen wünscht, die jenseits des touristisch Alltäglichen liegen. Angesichts der Tatsache, daß das mitteleuropäische Schottlandbild besonders klischeebefrachtet ist, wird neben den historischen Entwicklungen auch die Gegenwartsproblematik aufgezeigt; der traditionelle, einseitig kunsthistorische oder literarische Zugang wurde zugunsten eines Ansatzes, der auch die technische, ökonomische und soziale Welt einbezieht, verworfen. Ganz bewußt steht die Darstellung von Fakten und Zusammenhängen im Vordergrund, das feuilletonistische Element tritt demgegenüber zurück: Schottland hat so viel zu bieten, daß die Darstellung gedrungen sein muß, soll nicht zu viel Bedeutsames unter den Tisch fallen, und Schottland verfehlt auf den Reisenden, der gewillt ist, das Land und seine Menschen ernst zu nehmen, seinen Eindruck nicht.
Angesichts der Weitläufigkeit des Landes werden 32 Reiserouten vorgegeben, die jeweils einzelne Regionen und Landschaften erschließen und miteinander kombinierbar sind. Im Rahmen dieser Reiserouten werden in 720 durchnumerierten Abschnitten rund 1000 Sehenswürdigkeiten beschrieben, wobei auch die Archäologie des frühen Industriezeitalters sowie bedeutende technische Bauwerke und Einrichtungen Berücksichtigung finden. Die einzelnen Sehenswürdigkeiten sind durch ein Register am Ende des Bandes erschlossen. Die Numerierung der Reiserouten ist auf der beigegebenen Karte eingetragen. Der einführende Teil des Buches versucht einen Gesamtüberblick, er ist mit dem Reiseteil durch ein System von Querverweisen verbunden.

Von Abkürzungen wurde soweit als möglich Abstand genommen. Man beachte jedoch die folgenden Kürzel:

n.	nördlich
N	Norden
nk Straße	nichtklassifizierte Straße
ö.	östlich
O	Osten
S	Süden
s.	südlich
T.	Telefon
W	Westen
w.	westlich

Es kann davon ausgegangen werden, daß die Sehenswürdigkeiten, bei denen keine Öffnungszeiten angegeben wurden, derzeit frei zugänglich sind.

Land, Geschichte, Kultur

Ein Schottlandklischee und seine Hintergründe

»Taxi gegen Baum – 15 Tote« – so soll es in einer schottischen Zeitung gestanden haben. Schottenwitze sind populär, sie kreisen um das Phänomen des Geizes. Doch gibt es bei den Schotten mehr Geizhälse als anderswo? Wer Schottland bereist hat und in schottischen Familien war, tendiert erfahrungsgemäß eher zu einer gegenteiligen Aussage. Zumindest steht die Gastfreundschaft der Schotten der anderer Nationen nicht nach.
Wo kommt das Klischee her? Schottland ist stets ein armes Land gewesen, ökonomisch schwächer, da geologisch, klimatisch und politisch benachteiligt, als Nation uneinig, wechselweise ausgebeutet von der eigenen besitzenden Oberschicht und von den englischen Herren. Da mußte man mit dem leben und haushalten, was man hatte, auch dann, wenn man sich unter Engländern befand und »repräsentieren« mußte. Hinzu kam die religiöse Überzeugung: Für Verschwendung läßt der calvinistisch inspirierte schottische Nonkonformismus ebenso wenig Raum wie die karge Natur. Armut gebiert Stolz: Die Schotten haben sich des Wenigen, das sie hatten, nie geschämt. Sie haben, bedingt durch die Besonderheit ihrer Lebensumstände und ihres Glaubens, das Wenige vielleicht etwas bereitwilliger mit anderen geteilt, aber sie haben sicher nie versucht, einen nicht vorhandenen Überfluß vorzutäuschen. Der Schottenwitz, im wesentlichen eine englische, und das heißt nicht-schottische Erfindung, ist eine Reaktion auf dieses Nicht-Vorhandensein von Überfluß. Dies als Geiz auszulegen, ist böswillig, der böse Wille aber Folge einer politischen Emotion, Ausdruck eines jahrhundertealten Bruderzwistes. Die Schotten selbst erzählen keine Schottenwitze, obwohl sie sicher nicht weniger Humor haben als die Engländer. Wenn sie in Gesellschaft darüber lachen, dann mehr aus Höflichkeit.
Hier ist von den Schotten die Rede: Doch was ist überhaupt ein Schotte? Das Problem ist eher noch schwerer zu lösen als die leidige Frage, was eigentlich ein Deutscher sei. An dieser Stelle mag der Hinweis genügen, daß es eine Gemeinsamkeit des Gefühls ist, die die Schotten eint, ein Zugehörigkeitsgefühl zu einer Gruppe, die sich weder historisch noch landsmannschaftlich noch in ihren gegenwärtigen politischen Zielsetzungen einheitlich definieren läßt. Zu den Hintergründen vgl. S. 45 ff.

Ein Land am Rande Europas

Geographische Lage

Die englisch-schottische Grenze verläuft entlang einer Linie nördlich der englischen Städte Carlisle im Westen und Berwick upon Tweed im Osten; sie führt vom Solway Firth durch ein stellenweise recht unwirtliches Bergland hinüber zum eher lieblichen Tal des Tweed, auf etwa 55,5° nördlicher Breite. Glasgow und Edinburgh liegen etwa auf einer Höhe mit Kopenhagen oder Moskau, und Shetland liegt auf der Höhe von Bergen, Oslo oder Helsinki. Die Hauptinsel von Shetland, Mainland, ist vom schottischen »Festland« etwa ebensoweit entfernt wie von der norwegischen Küste. Wenn in Schottland die Sommerabende so hell sind, so hängt dies allerdings weniger mit dem hohen Norden zusammen als vielmehr mit der Tatsache, daß das Land sehr viel weiter im Westen liegt, als der Mitteleuropäer ohne einen Blick auf die Landkarte anzunehmen geneigt ist: Der Unterschied beträgt immerhin im Durchschnitt 13 Längengrade (zwischen Wien und den Hebriden sind es 24), und Glasgow liegt westlicher als Madrid. Dennoch ist vom Zauber der nordischen Nacht auf den Orkney-Inseln und in Shetland im Juni und Juli durchaus etwas zu spüren; um Mitternacht ist es dann immer noch hell genug, die Zeitung zu lesen.

Gestalt und Aufbau

Schottland bietet mehr als die unwegsamen Highlands im Norden und die stellenweise nicht minder einsamen, wenn auch nicht ganz so wilden Uplands im Süden. Vom lieblichen Tal des Tweed war schon die Rede. Friedvoll wirken aber auch die sanft geschwungenen Felder und Wiesen der alten Grafschaft Fife mit ihren berühmten Fischerdörfern wie Crail oder Pittenweem und der Universitätsstadt St. Andrews. Sehenswert sind die großen Wälder entlang der Ost- und Westflanken der Grampians mit ihren prächtigen schottischen Föhren; da sind die subtropischen Gärten der Westküste, allen voran die Inverewe Gardens unweit Ullapool; da ist die südlichste Orkney-Insel Hoy mit dem 150 m hohen Old Man, eine Art gigantisches Helgoland, in scharfem Kontrast zu den fetten, holsteinisch anmutenden Weiden der Hauptinsel Mainland; da sind die Cuillin Hills im südlichen Teil der Hebrideninsel Skye, deren jäh sich aus dem Meer erhebende Skyline einem alpinen Panorama kaum nachsteht: Klettergarten der britischen Alpenfans.

Geologisch hat Schottland viel mehr zu bieten, als sein Heidekraut-Image erwarten läßt, auch wenn das eigentliche Hochland nördlich der Linie Dumbarton–Perth–Arbroath im wesentlichen aus jenem Urgestein der Gneise, Schiefer und Granite besteht, die weite Teile etwa Schwedens und Finnlands bedecken. Auch die *Äußeren Hebriden* und große Teile Shetlands bestehen aus diesem Material, wobei die Hebridenkette durch Hebung des Meeresbodens in relativ junger Zeit entstan-

Geographie

den ist. Der Vorgang ist noch heute zu erkennen. Die *Inneren Hebriden* sind Ergebnis eines langgestreckten Risses in der Erdkruste, der entlang des Minch in nord-südlicher Richtung verläuft und sich bis nach Nordirland hinein fortsetzt. Entlang dieses Risses sind junge Eruptivgesteine aufgestiegen, die weiten Teilen von Skye, Mull, Jura und Islay ihr Gepräge geben. Die Basaltsäulen der Insel *Staffa* stehen denen des weltberühmten Giant's Causeway in Nordirland in nichts nach. Mendelssohn-Bartholdy hat die unbewohnte Insel mit ihrer Fingalshöhle in seiner Hebriden-Ouvertüre besungen. Leider ist die Insel auch im Sommer infolge der oft rauhen See nur schwer zugänglich, sie ist aber bei klarem Wetter von der Insel Mull aus in ihren Strukturen gut zu sehen.
Von den reichen Böden der *Orkney-Inseln* war schon die Rede. Hier liegen Formationen des Devon zugrunde, ebenso wie entlang der NO-Küste bis hinunter nach Inverness und beiderseits des Moray-Firth. Die *Forth-Clyde-Senke*, die die Highlands von den Uplands im Süden trennt, ist ein Produkt des Karbon-Zeitalters: Die Halden der heute meist eingestellten Kohlen- und Ölschiefer-Bergwerke bezeugen es. Die *Uplands* selbst sind mit Ausnahme des östlichen Teils, wo wiederum das Devon vorherrscht, altpaläozoischen Ursprungs mit einzelnen eingestreuten Granitformationen.
Als metamorphes Gestein auf der Basis von Granulaten sehr unterschiedlichen Ursprungs präsentiert sich der *Granit* selbst in den verschiedensten Färbungen. Der glimmerreiche Granit von Aberdeen kontrastiert mit dem lebhaft rot und rotbraun gefärbten, zum Teil aber auch wieder mit tiefschwarzen und glimmerigen Beimischungen versehenen Granit der Westküste. Wer Gesteinsfarben liebt und gewissermaßen einen Abglanz von Island in Schottland erleben möchte, dem sei eine Fahrt zum Ross of Mull (Insel Mull) und herüber nach Iona empfohlen: Rote Vulkanasche bricht das Schwarzblau der Basaltsäulen; der rostrote Granit des kleinen Fährhafens Fionnphort zeichnet sich ab vor dem teils schwarzen, teils leuchtend weißen Sandstränden Ionas, dessen seltener grüner Marmor (Iona Marble) die Farbpalette abrundet. Um letzteren in natura zu sehen, muß man freilich den ausgetretenen Touristenpfad vom Anleger zur Kathedrale verlassen und die nur etwa 4 km lange Insel »unter die Füße nehmen«. Das Rostbraun, Grau und Ocker des harten torridonischen Sandsteins, aus dem viele der Städte entlang der Forth-Clyde-Senke errichtet sind, vermittelt von der tatsächlichen Vielfalt der Gesteine und Farben ein falsches Bild.
Mit Ausnahme der schon erwähnten Cuillins auf Skye wirken die *Gebirge* Schottlands auf den süddeutschen Beschauer eher harmlos. Freilich gibt es imposante Cliffs überall entlang der stark zerklüfteten Küsten. Alles in allem haben aber doch die verschiedenen Eiszeiten der alten Formationen immer wieder ab- und ausgehobelt: Die Täler sind U- nicht V-förmig, schroffe Gipfel fehlen, auch wenn am oberen Rand der Täler sich Neigungswinkel von 80° und mehr ergeben können, und die imposantesten Berge der Grampian Mountains zwischen der Forth-Clyde-Senke und dem als Great Glen (Großes Tal) bezeichneten Grabenbruch Oban – Inverness weisen nur Höhen zwischen 1000 und 1300 m auf. Doch harmlos sind diese Berge, allen voran der Ben Nevis (mit 1343 m höchster Berg Großbritanniens), keineswegs. Trotz einer mit modernsten Mitteln arbeitenden Bergwacht ist die Zahl der Toten und Verletzten erschreckend hoch: Kälteeinbrüche, wie wir sie in den Alpen oberhalb von 2000 m kennen, kommen infolge der exponierten und nördlichen Lage bereits oberhalb von 800 m vor, dazu plötzlich auftretende Nebel, die jedwede Orientierung unmöglich machen. Die außerordentlich steilen Hänge im oberen Teil der Täler, oft die schroffen Geröllhalden, ja die Weitläufigkeit des Geländes selbst sind weitere Unfall-Faktoren. Man verliert die Proportionen: Ein Marsch, der nach 2 Stunden aussieht, kann leicht 7 Stunden dauern. In 7 Stunden kann sich aber das Wetter gleich 3- oder 4mal ändern.
Auch Schottland könnte man als *Land der tausend Seen* bezeichnen. Die Skala reicht von winzigen sogenannten Lochins bis hin zum 39 km langen und stellenweise fast 2 km breiten Loch Ness, das immerhin 214 m tief ist. Als Lochs werden allerdings auch die tief ins Land hineinreichenden Förden bezeichnet, der Terminus ist nicht auf Binnenseen beschränkt.
Schiffbare *Flüsse* gibt es in Schottland so gut wie nicht, sieht man einmal vom Unterlauf des Clyde ab, der mit 157 km Länge Schottlands größter Fluß ist. Der berühmte, von Telford erbaute Caledonian Canal, der entlang des Great Glen Oban mit Inverness verbindet, hat heute nur noch touristische Bedeutung; ähnliches gilt für den Crinan Canal an der Westküste. Der nicht mehr intakte Forth-Clyde-Kanal wird nur noch auf einem Teilstück westlich von Edinburgh mit einer Ausflugs-Barke befahren. Leider hat die Technik vor allem den Süßwasser-Lochs nicht ganz haltgemacht: Oft sind sie von flachen Staumauern begrenzt, die den Wasserspiegel in Größenordnungen zwischen 5 und etwa 20 m anheben. Sie dienen über örtlich installierte Turbinen oder aber in tiefer gelegene Täler führende Druckleitungen zur Erzeugung von Elektrizität oder als Trinkwasserreservoirs für die großen Städte. Denn der Sommer kann auch lang und trocken sein.

Klima

Das schottische Klima ist geprägt durch den Golfstrom und die vorherrschenden atlantischen Winde. Sie schaffen ein mildes, ausgeglichenes Klima: Die mittlere Januartemperatur beträgt entlang der Westküste 5°C und im Windschatten der Grampians, also etwa in Aberdeenshire, immer noch 3,5°C (Vergleichswerte: Hamburg 0,7°, Frankfurt a.M. 1,3°, München −1,6°C), die mittlere Julitemperatur entlang der äußeren Hebriden und der Nordküste liegt bei 13°, in Südschottland bei 15°C (Vergleichswerte: Hamburg 16,5°, Frankfurt a.M. 18,8°, München 16,9°C). Die Gliederung Schottlands in zwei Klimazonen – eine westliche und eine jenseits der Linie Perth–Inverness–Kyle of Tongue gelegene östliche – wird deutlicher, wenn man die Niederschlagswerte vergleicht: Entlang der Westflanken der Inseln und Gebirge fällt Steigungsregen, die Ostflanken liegen im Regenschatten. Die Extremwerte im Westen werden mit 5000 mm in der Gegend von Oban erreicht (Vergleichswerte: 1000–1500 mm im Westerwald, Schwarzwald und Alpenvorland), während entlang der Ostküste Werte zwischen 500 und 750 mm verzeichnet werden. Die Ostküste ist damit so »trocken« wie weite Teile der Bundesrepublik. Die Hebriden-Inseln verzeichnen Werte zwischen 1500–2500 mm. Die mittlere tägliche Sonnenscheindauer beträgt 3,3 Stunden, wobei die Werte über das Jahr recht konstant bleiben.

Die statistischen Mittelwerte werden freilich der tatsächlichen Vielfalt der klimatischen Erscheinungen keineswegs gerecht. So wie es Sommer gibt, in der die zweistündige Fahrt über den gefürchteten Pentland Firth von Scrabster nach Stromness/Orkney bei permanent 25°C eher einer mediterranen Kreuzfahrt gleicht, so gibt es Winter, in denen gerade in Ostschottland tagelang Temperaturen von −20°C und mehr herrschen und meterhoher Schnee Straßen und Eisenbahnlinien blockiert.

Angesichts der großartigen, einsamen Sandstrände, an denen alle schottischen Küsten so reich sind, sei noch ein Blick auf die Wassertemperaturen geworfen: Sie schwanken im tiefen Wasser zwischen 8° und 13°C. Da das Wasser am Rande aber mitunter sehr flach ist, kann an heißen Sommertagen trotzdem gebadet werden. Wer sich weiter hinauswagen will, ziehe örtliche Erkundungen ein: Die Gezeitenströme gerade entlang der Westküste haben ihre Tücken.

Flora und Fauna

Die klimatische Zweiteilung des Landes macht sich im Pflanzenwuchs bemerkbar: An der Westküste wie auf den Hebrideninseln dominieren ausgedehnte Moor- und Heideflächen auf nassen und sauren Böden. Der Baumbestand ist karg; besonders auf den Hebriden und auch entlang der Westküste bedarf es schon einer geschützten Bucht oder aber einer Mulde, damit ein Wald gedeihen kann. Hilft der Mensch jedoch ein bißchen nach, indem er den Boden entsäuert und Hecken anlegt, so dankt die Natur mit einem ans Unglaubliche grenzenden Reichtum, wie er beispielsweise in den Inverewe Gardens zu bewundern ist.

Während im Westen die Torfschicht mehrere Meter Dicke erreichen kann und bei den derzeitigen klimatischen Verhältnissen in hundert Jahren um etwa 3 cm zunimmt, ist in der ö. Klimazone eine

Flora und Fauna

nennenswerte Torfbildung nicht zu beobachten. In den niederen und windgeschützten Gebieten dominieren Ackerland und ausgedehnte Waldungen, wobei auch jahrhundertealte Buchen und Eichen neben mächtigen kaledonischen Föhren keine Seltenheit sind. Die höheren, dem Wind ausgesetzten Flächen sind mit Heide und Birkengehölzen bedeckt. Hier verfärbt sich die Landschaft ab Mitte August in tiefes Purpur, von dem sich das strahlende Gelb der Birken im Herbstlaub scharf abhebt.

Es gibt in Schottland drei Arten von *Heide,* die großblütige Glockenheide, die oft schon Mitte Juli zu blühen beginnt, dann die einen guten Monat später blühende »normale« Heide und schließlich die seltene weiße Heide, die bei den Schotten die Funktion des Edelweiß übernimmt: Sie bringt Glück und gilt als ein Geschenk von besonderem Wert.

Der Botaniker findet in den leicht erhältlichen, vorzüglich ausgestatteten Foto-Broschüren aus Serien wie den *Jarrold Colour Publications* Freude und Anregung. Es gibt im Grunde die ganze Bandbreite mitteleuropäischer Blumen und Pflanzen, dazu eine Reihe von alpinen Arten, und natürlich das eine oder andere echte Exotikum. Besonders lohnend sind in diesem Zusammenhang jene Gestade, die unmittelbar vom Golfstrom berührt werden: Der führt nämlich so manches an Samen mit. Es mag genügen, kurz jene Pflanzen zu nennen, die neben dem obligaten Heidekraut das Bild der Landschaft prägen: im Frühling die *Schlüsselblumen* und die in geschützteren Lagen gehäuft auftretenden *Narzissen;* im Frühsommer und Sommer herrliche Exemplare roter und weißer Fingerhüte, die in großer Zahl die Straßen und Wege säumen, die *Weidenröschen,* die noch vor der Heide so manchen waldnahen Hang purpurn färben, dann die *Fuchsien*-Hecken und die leuchtend orangeroten *Mombretien,* wobei beide Pflanzen nicht in der von Irland her gewöhnten Üppigkeit auftreten. Juni ist der Monat der *Rhododendren,* von denen es gerade auch im O ganze Wälder gibt. Natürlich darf man die prächtigen Exemplare der schottischen Nationalblume, die *Distel,* nicht vergessen. Sie ist von den schottischen Gärtnern mit erstaunlichem Geschick weiterentwickelt worden, so daß man heute Zierdisteln in herrlichem Goldgelb ebenso findet wie purpurne und leuchtend blaue Varianten von der Größe einer Artischockenblüte.

In der schottischen *Gartenkultur* ist der Übergang von Natur zu Kultur sehr fließend: Kaum merklich lösen sich die Parkanlagen der Herrensitze im Stil des englischen Gartens aus der gärtnerisch nicht betreuten Umgebung heraus, um dann um so geordneter zu werden, je näher man an das Anwesen selbst herankommen, bis hin zur strenge geometrischen Anlage des engbegrenzten französischen Gartens, bis hin zur Perfektion der Wappensprüche aus feinstem Buchsbaum, beispielsweise in den Edzell Gardens. Die Blütenpracht der Gärten erinnert an die Insel Mainau, nur daß die Farben noch intensiver sind: Die Sonne hat nicht die Kraft, sie auszubleichen. Im Lichte der schottischen Gärtnertradition erscheinen die Aufforstungen entlang der Täler im Inneren des Landes außerordentlich problematisch: Denn was hier nach sorgfältiger Entwässerung und Aufbereitung des Bodens entsteht, sind nicht selten reine Holzfabriken: Monokulturen aus Kiefern und Lärchen, die beim Besucher bestenfalls den Eindruck eines drittklassigen Schwarzwaldes erwecken.

In der Fauna gibt es Arten, die nur in Schottland beheimatet sind. Am bekanntesten ist die *Wildkatze.* Ihr Konterfei ist in jedem Postkartenladen zu haben. Viel wichtiger aber sind die insularen Arten, die sich auf den Hebriden herausgebildet haben, so die mit Ausnahme von Skye weitverbreitete *Hebriden-Wühlmaus,* die größer und schwerer ist als die normale Feldmaus, längere Füße hat und kürzere Ohren. Die kleine Insel Rum und vor allem das völlig isolierte St. Kilda haben ihre eigenen Mäuse-Arten, wobei die *St. Kilda-Maus* nochmals größer ist als die Hebriden-Maus. Streit herrscht unter den Gelehrten, ob diese Unterarten ohne Einwirkung des Menschen zustandegekommen sind. So nimmt man etwa an, daß die wilden Soayschafe auf St. Kilda und der weitab im Ozean gelegenen Klippe Hirta von den Menschen des Neolithikums mitgebracht wurden und nur in der Abgeschiedenheit des Ozeans überlebten, andererseits aber man darauf hin, daß die St. Kilda-Maus sich von den Mäusearten des Festlandes viel zu stark unterscheidet, um Abkömmling der »Festlandsmaus« des Neolithikums zu sein. Ist dann aber die St. Kilda-Maus das einzige schottische Nagetier, das die Eiszeit überlebt hat? Möglich ist es, denn St. Kilda lag als einziges Überbleibsel jenseits des großen Eisschildes, der Schottland zuletzt vor etwa 20000 Jahren bedeckte. Auch der St. Kilda-Zaunkönig und archaische Arten des Eissturmvogels geben den Zoologen Rätsel auf.

Das Festland ist reich an *Rotwild,* und große Herden stattlicher Hirsche sind im Hochland keine Seltenheit. Das Schwarzwild hingegen ist aus Schottland verschwunden; man trägt sich allerdings mit dem Gedanken, es erneut heimisch zu machen, wenn erst einmal die Aufforstungsaktionen weiter fortgeschritten sind. – Wer in der warmen Jahreszeit Wanderungen durch Hochland und Heide unternimmt, sollte auf *Kreuzottern* vorbereitet sein.

Der berühmteste unter den schottischen Vögeln ist das schottische *Moorhuhn* (Grouse). Zusammen mit Hirsch, Wildziege, Hase, Kaninchen, Rebhuhn, Fasan, Schnepfe und Taube gehört es zum gern gejagten Wild. Vier Arten können unterschieden werden: Dem Touristen zeigt sich am ehesten die *Red Grouse* mit ihrem lebhaft braunrötlich bis schwarz gesprenkelten Gefieder. Die Red Grouse bevorzugt Terrain über 300 m Seehöhe, sie lebt von schwarzen Krähenbeeren. Das *Alpenschneehuhn* (Ptarmigan), weißgrau gefiedert mit schwarzen Schwanzfedern und vom Aussehen eines kleinen Truthahns, lebt auf den Bergkuppen des nordwestlichen Hochlands und in Sutherland. Ebenfalls truthahnartig sieht das *Auerhuhn* (Capercaillie) aus, das im Hochland bereits ausgestorben war, als man weiter südlich lebende Restbestände nach 1837 in der Grafschaft Perth aussetzte. Heute ist der Vogel im zentralen Hochland und in Ostschottland wieder weit verbreitet. Sein Gefieder ist schwarz bis braunrötlich gefärbt, mit weißen Streifen in den Schwanzfedern. Es bleibt das *Birkhuhn* (Black Grouse), dessen Hähne (Black Cocks) berühmt sind für ihr Imponiergehabe, wenn es im Spätwinter darum geht, der Grauhenne (Greyhen) zu gefallen.

Die schottischen Küsten und Inseln sind ein wahres Vogelparadies, und die Vogelschutzgebiete sind zahlreich. Alltägliche *Möwenarten* sind Mantelmöwe, Heringsmöwe, Weißmöwe, Silbermöwe sowie die zur Gruppe der Maskenmöwen gehörende Schwarzkopfmöwe. Ihnen stellen die Raubmöwen nach, deren Treiben von jedem Fährschiff aus beobachtet werden kann. Als elegante, kleinere Verwandte der Möwen sind die Seeschwalben stark vertreten, darunter auch wieder die Raubseeschwalbe. Von ganz besonderem Interesse ist die Familie der *Alke,* wozu der entlang der Nordküsten sowie auf den Orkney- und Shetlandinseln häufige *Papageitaucher* (Puffin) gehört. Sturmvögel und Sturmtaucher, Tölpel, Kormorane und Krähenscharben vervollständigen die Liste. Die schottische Vogelwelt ist in einer Reihe von vorzüglich fotografierten, preiswerten Broschüren in der Reihe der *Jarrold Birds Series* erschlossen.

Die Flüsse und Seen Schottlands sind ebenso fischreich wie die umgebenden Küstengewässer. Den *Lachs* gibt es praktisch in allen Flüssen und Bächen des Landes, auch wenn die goldenen Zeiten vorbei sind, wo ein Pfund davon kaum mehr als 6 DM kostete. Zu den schönsten Erlebnissen des Reisenden gehört es, die Lachse springen zu sehen, etwa an der berühmten Fischtreppe von Pitlochry oder aber, weiter nördlich, an den Shin Falls. Die Lachse kehren zur Eiablage in jenen Fluß oder Bach zurück, aus dem sie selbst einmal gekommen sind. Wie das funktioniert, weiß man bis heute nicht genau. Man sagt, daß die Lachse der Ostküste nur einmal zurückkehren, während die der Westküstengewässer mehrmals zur Eiablage kommen. Dies mag mit den Wassertemperaturen zusammenhängen. – Einen ausgesprochenen Leckerbissen stellen die *Lachsforellen* (Brown Trout) dar, die in zahlreichen Flüssen und Seen vorkommen, und für die der River Shin besonders bekannt ist. Sie haben rosarotes Fleisch wie der Lachs, sind aber saftiger. Unter den Seefischen ist die in den flachen Mündungstrichtern häufige *Seezunge* (Sole) der interessanteste. Auf den Speisezetteln der Hotels ist Seezunge relativ häufig und dabei preiswert, allerdings in vielen Fällen zu Tode paniert. Seit der Krise der Heringsfischerei liegen die Heringsflotten von Stornoway bis Lerwick (Shetland) die meiste Zeit vor Anker, darunter brandneue Schiffe, und von Aberdeen fahren die Sattelschlepper bis herüber zu den äußeren Hebriden, um den Bedarf des Fischmarktes der Großstadt zu decken.

Elemente schottischer Geschichte

Das Neolithikum

Während Südengland Spuren einer altsteinzeitlichen Besiedlung aufweist, datieren die frühesten Hinweise auf die Anwesenheit von Menschen in Schottland aus dem 7. vorchristlichen Jt. Eindeutige Daten liefern Radiocarbonmessungen an Holzkohle aus Feuerstellen in der Grafschaft Fife. Sie umgreifen einen Zeitraum, der von 6100 (+/− 255 Jahre) bis 4165 (+/− 110 Jahre) reicht.

Neolithikum

Die frühesten Bewohner Schottlands waren Menschen der **mittleren Steinzeit**. Die Hebriden wurden später besiedelt, um 3800 v.Chr., in der mittatlantischen Periode, als die Temperaturen im Schnitt etwa 2¹/₂ Grad über den gegenwärtigen lagen. Damals bedeckten dichte, wildreiche Wälder nahezu das gesamte Land, und auf den Inseln waren Birken und Haselnußsträucher reichlich vertreten. Die Menschen der mittleren Steinzeit waren nomadische Jäger und Fischer, die in kleinen Gruppen in Höhlen entlang der Westküste und den Hebrideninseln lebten und die wahrscheinlich von Irland herübergekommen waren. Der Seeweg über den North Channel zum Mull of Kintyre beträgt nur 23 km. Viele Einwanderer nach ihnen sind den gleichen Weg gekommen. Als Fahrzeug benutzten sie bereits die *Coracle*, ein mit Häuten bespanntes Boot aus Weidengeflecht, das wesentlich leichter und seetüchtiger war als die älteren Einbäume. Der Bootstyp des Coracle bleibt Standardmodell für die nächsten 3500 Jahre.

Neue Siedler, die der **jüngeren Steinzeit** zuzurechnen sind, kamen um 3160 (+/− 110 Jahre) v.Chr. Sie waren entlang der Westküste und über Irland nach Norden vorgestoßen, betrieben Ackerbau und verfügten über jenes Maß an handwerklichem Können, das weitere Entwicklung ermöglichte.

Man nimmt an, daß die Einwanderer der **Jungsteinzeit** ihren Ursprung in Asien oder in der Gegend des Kaspischen Meeres hatten. Von dort waren sie die Donau hinauf und entlang der Küsten des Mittelmeeres nach Nordwesten und Westen vorgestoßen; die Gruppe, deren Nachfahren die Hebriden besiedeln sollten, setzte ihren Weg entlang der spanischen und französischen Küsten und über Irland fort. Irland war im Zeitalter des Coracle ein Drehkreuz des Verkehrs zwischen französischer Atlantikküste, Bretagne und Normandie, Cornwall, Wales und Kumbrischer Küste sowie den äußeren und inneren Hebriden.

Auf ihrer Reise entlang der Küsten Europas waren die neolithischen Einwanderer zu ausgezeichneten Seeleuten und Fischern geworden. In ihren Booten von etwa 10 m Länge transportierten sie, wie Vergleiche mit ähnlich konstruierten Fahrzeugen arktischer Eskimos *(Umiaks)* zeigen, bis zu 3 t Fracht. Ein großes Boot faßte mithin 8 Ruderer, einen Steuermann, Passagiere und Lebensmittel, 2 Kühe und 2 Kälber oder 6 Schweine oder 10 Schafe. Der Weg zu den Hebriden wurde durch die Gezeitenströme erleichtert: Ein Hauptstrom durchfließt die Wasserstraßen zwischen den Hebrideninseln mit einer mittleren Geschwindigkeit von 4 km/h; entlang der Meerengen zwischen einzelnen Inseln beträgt seine Geschwindigkeit sogar bis zu 15 km/h. Allerdings sind die Gezeitenströme trügerisch. Ihre Richtung ändert sich nicht nur mit den Gezeiten selbst, sondern auch mit Wind und Jahreszeit. Wieviele Coracles im großen Strudel von Corrievreckan untergegangen sind, wo der Strom in ost-westlicher Richtung 17 km/h erreicht und sich an einem Riff unter der Wasseroberfläche bricht, läßt sich nur erahnen.

Von den Hebriden aus erreichten die neolithischen Einwohner die Orkney-Inseln und Shetland, wo sie außerordentlich reiche Spuren hinterlassen haben.

Zwischen den mesolithischen Bewohnern Schottlands und den neolithischen Einwanderern besteht kulturell eine scharfe Trennlinie. Die *Feuerstein-* und *Knochenwerkzeuge,* die man überall entlang der schottischen Küsten gefunden hat, sind sehr viel geschickter ausgeführt, die neue Technik des Ackerbaus impliziert einen großen sozialen Fortschritt. An die Stelle nomadischen Fischer- und Sammlertums tritt die dörfliche Gemeinschaft: Die Orkney-Inseln besitzen mit dem Steinzeit-Dorf Scara Brae ein frühes nordisches Pompeji. Im 3. vorchristlichen Jt. entsteht so etwas wie ein geordnetes Gemeinwesen. Von nun an können größere Aufgaben gemeinschaftlich gelöst werden. In welchem Umfang dies geschehen sein muß, läßt sich anhand der großen Bauvorhaben der folgenden Jahrhunderte rekonstruieren.

Wahrscheinlich sind die neolithischen Völker im östlichen Mittelmeer mit den Vorformen jener Kulturen in Berührung gekommen, deren reiches Erbe wir heute beispielsweise auf der Insel Kreta bewundern. Der Höhepunkt der minoischen Kultur ist zwischen 1800 und 1600 v.Chr. anzusetzen, frühe Formen reichen bis weit ins 3. vorchristliche Jt. zurück. Der *Steinkreis von Callernish* auf der Insel Lewis datiert aus der Zeit um 1600 v. Chr. Die Erbauer der Steinkreise verfügten über Sozialformen und technische Kenntnisse, die es erlaubten, Steine von bis zu 100 t Gewicht auf Rollen über große Entfernungen und hügeliges Gelände zu transportieren. Nicht nur geschlossene Dörfer wurden (in einem eigentümlich anmutenden Einheitsstil) erbaut, auch aufwendige öffentliche Bauten und Kultstätten wurden errichtet. Die Steinkreise sind dabei als Mehrzweckbauten anzusehen. Die Führungsschicht hegte einen aufwendigen Totenkult; die großen *Galleriegräber* waren, wie Radiokarbon-Datierungen zeigen, über viele Jahrhunderte in Gebrauch. Im Unterschied zu den englischen, walisischen und irischen Dolmen besitzen die schottischen *Chambered Cairns* (Kammergräber) eine äußere Verkleidung aus Erde, über deren ursprüngliche Dicke sich

infolge des Torfwachstums innerhalb von rund 4000 Jahren nur schwer Angaben machen lassen. Das bekannteste schottische Beispiel für ein Megalith-Grab ist Maes Howe (Orkney). Schottland verfügt über einige hundert *Steinkreise* sehr unterschiedlichen Zuschnitts. Neben Callernish ist der große Steinkreis von Stenness in Orkney das wohl sehenswerteste Beispiel. Einzelne *Menhire* (Standing Stones) finden sich überall in der schottischen Landschaft; ihre Zahl geht wahrscheinlich in die Tausende, wobei die Entscheidung oft schwer zu treffen ist, ob es sich um einen Menhir oder einen von der Natur günstig plazierten Findling handelt. Über die Funktion der Menhire sowie der Steinkreise ist viel gerätselt worden. Die früheste Annahme, daß es sich um bloße Kultstätten gehandelt habe (Sonnen- und Sternkult), wird heute bezweifelt. Denn die Aufstellung der Steine, gerade auch in Callernish, ist alles andere als arbiträr. Waren die Steinmonumente Rechenhilfe? Dienten sie dazu, die Bahnen bestimmter Gestirne zu berechnen? Stellten sie ein Kalendarium dar, dessen Funktion es war, die wechselnden Gezeitenströme oder die Aussaattermine für bestimmte Kulturpflanzen zu bestimmen? Kannten ihre Erbauer das pythagoräische Gesetz lange vor Pythagoras? Gab es so etwas wie ein ein für allemal fixiertes Längenmaß der Steinzeitmenschen, eine Art Steinzeit-Meile? Gesicherte Antworten sind nicht möglich.
Das 2. vorchristliche Jt. bringt den Übergang zur **Bronzezeit**. Irland war reich an Kupfer und Gold, und auch Schottland hatte große *Kupfervorkommen* an der Küste von Ayrshire, wo die berühmten Bronzegegenstände von Gavilmoss gefunden wurden (die sich jetzt im Kelvingrove Museum in Glasgow befinden). *Zinn* wurde wahrscheinlich ohne den Umweg über Irland direkt aus Cornwall eingeführt. Der Tauschhandel blühte, Irland hatte als Handelspartner damals paneuropäische Bedeutung. Der Handel mit Metallen dehnte sich nun auch auf Ostschottland aus, wobei das Great Glen wichtigster Handelsweg im Hochland wurde. Die Hebriden wiederum waren Zwischenstation auf den Handelswegen zwischen der schottischen Westküste und Irland. Gleichzeitig kamen neue Einwanderer: die *Glockenbecher-Leute* aus dem Rheinland, benannt nach der für sie typischen Keramik. Neolithikum und Bronzezeit überlagern sich in Schottland während mehrerer Jahrhunderte. Einerseits kann der Beginn der Bronzezeit in Irland auf etwa 1800 v. Chr. datiert werden, andererseits sind bedeutende Megalith-Bauwerke jüngeren Datums. Um 1000 v. Chr. allerdings endete die alte Tradition der Bestattung in Megalithgräbern; Einäscherung wurde allgemeiner Brauch, die Asche wurde in einfachen Urnen aufbewahrt. Wo noch Bestattungen stattfanden, wurden die Gräber nicht mehr durch Steinsetzungen markiert. Die neue »Bescheidenheit« – wie immer sie bedingt sein mag – währte mehr als ein Jahrtausend.

Die Eisenzeit

Während des Neolithikums hatten die Kelten den Donauraum und die Alpen besiedelt; um 900 v. Chr. hatten sie gelernt, Eisen zu verarbeiten (Hallstatt-Kultur). Lange bevor sie im 4. Jh. v. Chr. in Italien eindrangen und Rom besetzten, stießen kleinere Gruppen über den Kanal nach England und Irland vor. In den folgenden Jh. wurde Großbritannien planmäßig in Besitz genommen. Die Kelten brachten die La Tène-Kultur mit, was – gemessen an den vorkeltischen Standards in Großbritannien – einer technischen Revolution gleichkam. Der Handel mit Metall und Metallgegenständen, mit Vieh, Getreide und Sklaven erlebte einen nie dagewesenen Aufschwung. Hartgeld (Goldmünzen) ersetzte die ältere Form des Tauschhandels.

Schottland wurde im 4. nachchristlichen Jh. keltisch besiedelt. In Irland bestanden in der Folgezeit keltische Kleinkönigreiche, die sich zu 5 großen Verbänden gruppierten. Eine der 5 Hegemonien bildete sich in Ulster aus, von wo dann seit etwa 400 die schottische Besiedlung der Hebriden und des w. Hochlands erfolgte: Die Schotten kamen aus Irland; natürlich sind sie mit den vor ihrer Ankunft in Schottland siedelnden Stämmen und Völkerschaften ethnisch verschmolzen.
Nach der römischen Invasion in Schottland durch Agricola (79 n. Chr.) bürgerte sich bei den Römern der Name Caledonii (wahrscheinlich aus einem gälischen Caile-Daoine, Speermänner) als Bezeichnung für die keltischen Völkerschaften nördlich des (nach 122 n. Chr. angelegten) Hadrians-

Eisenzeit 27

Piktische Symbole und Ornamentik

walles ein. Seit dem ausgehenden 3. Jh. übernahmen die römischen Schriftsteller den Sammelnamen »Pikten« für all jene Stämme nördlich des Hadrianswalles bzw. der 143 errichteten antoninischen Mauer, die bei aller sonstigen Zerstrittenheit die Römer als gemeinsamen Feind hatten. Die Existenz früher piktischer Königreiche darf besonders für die heutigen Grafschaften Fife und Angus angenommen werden, wo nach entsprechenden Rodungen angesichts der guten Bodenverhältnisse ein ertragreicher Ackerbau möglich war. Südlich der Forth-Clyde-Linie siedelten im 2. und 3. Jh. Stämme, die ethnisch offenbar mehr nach Süden orientiert waren, so daß sich ein Zusammenhang mit den heutigen Walisern, den Einwohnern Cornwalls oder auch den Bretonen ergibt.

Die Kelten haben in Schottland eine ganze Reihe von *Fliehburgen* hinterlassen, zum Teil in der Form von Bergfestungen, zum Teil aber auch in der Form von kleinen, außerordentlich geschickt aufgemauerten Steinburgen, den *Duns* (man denke an Ortsnamen wie Dundee oder Dunfermline) oder *Brochs*. Daneben finden sich mehrere Typen von bäuerlichen Profanbauten, runde Steinhütten, sogenannte Radhäuser (Wheelhouses) sowie bienenkorbartige Strukturen (Beehive Houses). Die Bergfestungen (Hill Forts) bestanden aus Ringwällen mit doppeltem Mauerwerk, wobei die Zwischenräume zwischen Außen- und Innenmauer bis zu einer Dicke von 3-12 m mit Gesteinsschutt aufgefüllt wurden, und hölzernen Rundhäusern sowie Hütten, die sich von innen an die Mauern anlehnten. Ihre Funktion war es, in Zeiten der Not die Bevölkerung der Umgebung mit

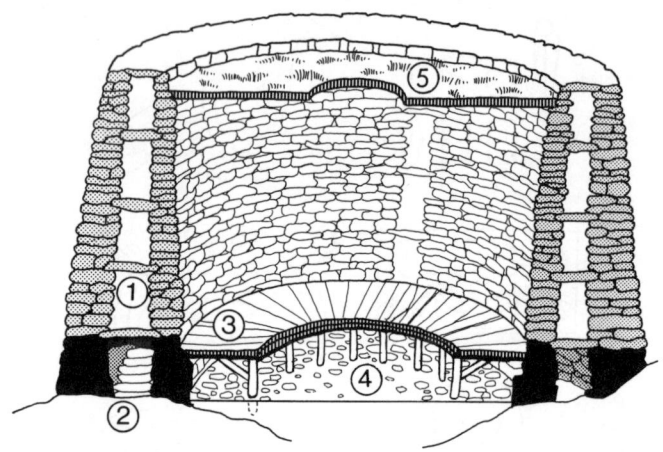

1 Galerien
2 Treppe zu den einzelnen Stockwerken
3 Hölzerne Tribüne
4 Innenhof
5 Mögliche Abdeckung

ihren Habseligkeiten ggf. auch für eine etwas längere Zeit aufzunehmen. Entsprechend groß sind die eingefriedeten, strategisch günstig gewählten Komplexe.
Die Zahl der zwischen dem 6. vorchristlichen und dem 5. nachchristlichen Jh. errichteten Fliehburgen in Schottland ist Gegenstand der Spekulation. Allein die Hebriden-Inseln besitzen mehr als 1000 solcher Anlagen. Ungewiß bleibt auch, in welchem Maße die Konstrukteure solcher Hill Forts über fortgeschrittene Bautechniken verfügten: Gab es so etwas wie einen eisenzeitlichen Zement? Versinterte Mauern an mehr als 70 Fliehburgen legen dies nahe: Verbrennt man Torf, Riementang (Kelp) und Holz mit silikatreichem Bruchgestein bei starkem Wind, so bildet sich ein schlackenartiger Zement. Mauerwerk aus Bruchgestein konnte auf diese Weise verstärkt werden. Die Spuren von Zement-Bildung (Vitrifikation) können allerdings auch von kriegerischen Einwirkungen herrühren, bei denen hölzerne An- und Aufbauten niedergebrannt wurden.
Die faszinierendsten eisenzeitlichen Bauwerke sind ohne Zweifel die **Brochs** (von gälisch Bradh, runder Gegenstand), dies um so mehr, als es sich dabei um einen besonders ausgereiften Bautyp handelt, dessen Vorkommen auf Schottland und seine Inseln beschränkt bleibt, also gewissermaßen um das erste Stück eigenständige schottische Architektur. Rund 500 Brochs sind uns – in sehr unterschiedlicher Erhaltung – überliefert, das beste Beispiel findet sich auf der Shetland-Insel Mousa; beeindruckend ist aber auch der Broch von Birsay (Orkney). Landschaftlich besonders schön gelegen ist der mit dem Wagen ohne weiteres erreichbare Broch von Carloway (Lewis), dessen Ruine sich dem Beschauer als äußerst aufschlußreicher Querschnitt präsentiert.
Von weitem ähneln die Brochs den sardischen *Nuraghs,* mit denen sie jedoch weder historisch noch architektonisch etwas gemeinsam haben. Bei den Brochs handelt es sich um kreisrunde Fliehburgen von etwa 15–18 m Höhe und einem Durchmesser von 18–20 m. Wie die obige Skizze zeigt, besteht der innere Teil des Broch aus einem kreisrunden Innenhof, den eine zylindrische Steinmauer umgibt. Gegen diese Steinmauer ist eine sehr viel stärkere Außenmauer durch große eingelassene Steinplatten abgestützt, wobei diese Außenmauer eine konische Konstruktion aufweist. Der Neigungswinkel beträgt etwa 10°. Zwischen der konischen Außenmauer und der zylindrischen Innenmauer besteht ein System von spiralförmigen Gängen und engen Kammern. Der kreisrunde Innenhof kann durch Öffnungen in der zylindrischen Innenmauer betreten werden. Wie der Broch von Mousa nahelegt, endet der konvex-konische Verlauf der Außenmauer in etwa halber Höhe des Broch, dann steigt die Außenmauer mit leichter Außenneigung zur Scheitelhöhe an, so daß sich im Querschnitt insgesamt eine konkave Struktur ergibt. Die Außenmauer ist ohne Öffnung, sieht man

einmal von der engen Eingangspassage ab. Der Eingang, durch eine besondere Wachkammer zwischen äußerer und innerer Wand geschützt, war von außen oft nur über eine Leiter zu erreichen und konnte von innen mit einer schweren Holztür fest verschlossen werden.
Die Brochs dienten der Bevölkerung eines Landstrichs als Fliehburg bei absehbar kurzer Belagerungszeit (etwa bei einer seeräuberischen Invasion). Das Vieh konnte nicht mitgenommen werden, es wurde bei Herannahen des Feindes auseinandergetrieben; nur wenige Brochs verfügten über eine eigene Quelle. Die konkave Struktur der Außenmauern machte sie fast unbezwingbar, zumal die Steine so glatt gefügt waren, daß Füße und Hände den Kletternden keinen Halt fanden. Die technische Ausführung der fragil anmutenden Konstruktion war so gekonnt, daß verschiedene Brochs die Unwetter und Stürme zweier Jt. überstanden haben, wobei das Mauerwerk heute nur deshalb nicht mehr die volle Höhe erreicht, weil man das Bauwerk als Steinbruch benutzte. Wie uneinnehmbar die Brochs waren, erwies sich noch 1154, als der damals über 1000 Jahre alte Broch von Mousa die Belagerung durch den Grafen von Orkney heil überstand.
In den ersten Jh. n. Chr. wurden einzelne Brochs zum Kern bäuerlicher Gehöfte. Die Zeiten waren friedlicher geworden, die Römer kontrollierten den gesamten englischen Süden, und eine Gefahr von Skandinavien her drohte noch nicht. Nun wurden die kreisförmigen Innenhöfe der Brochs überdacht. In ihrer Mitte wurde eine Feuerstelle aufgemauert, und durch sternförmig vom Zentrum ausgehendes Mauerwerk teilte man einzelne Kammern ab. Es entstand das sogenannte *Wheelhouse*. Die Bezeichnung beschreibt den neuen, radförmigen Grundriß. Der Typ des Wheelhouse blieb bis ins 4. Jh., möglicherweise sogar bis ins 7. Jh., vorherrschend.

Iro-schottisches Mönchtum

Im 4. Jh. ließ die Macht der Römer über die Briten allmählich nach. Gleichzeitig verstärkten die Völkerstämme der schottischen Ostküste ihren Druck auf Hadrianswall zwischen Solway-Firth und Tyne-Mündung. Der Wall, in den Jahren 122–128 angelegt, und mit seinen 17 Kastellen, 80 Toren und 320 Türmen bei knapp 150 km Länge dem Limes vergleichbar, hatte schon zuvor seine Aufgabe als uneinnehmbare Grenzfeste nie voll erfüllen können, war er doch wiederholte Male von den Pikten überrannt und dann zurückerobert worden. Die Antoninische Mauer zwischen Forth und Clyde aus den Jahren nach 140 hatte als ein viel schwächeres, vorgeschobenes Bauwerk – es handelte sich nur um einen einfachen Erdwall mit 19 Forts auf rund 60 km Länge – ohnehin eher symbolische Bedeutung. Ihre Funktion war es, die weiter südlich gelegenen Befestigungsanlagen auch durch eine Art Frühwarnsystem zu entlasten. Wie wenig Glück die Römer mit dieser Mauer hatten, zeigt die Tatsache, daß sie sie bereits um 185 wieder verließen. Forthin herrschte im Gebiet der südlichen Uplands ein permanenter Guerillakrieg, dem die gelegentlichen römischen Strafexpeditionen stets neue Nahrung gaben.

Im Verlauf des 3. und 4. Jh. wurden die Pikten in zunehmendem Maße von irischen Stämmen unterstützt, die von den Römern *Scotti* genannt wurden. Als die Römer 388 den Hadrianswall endgültig verließen, war die gesamte Westküste der Provinz Britannien von Devon bis an die schottische Grenze und darüber hinaus bis in die Gegend von Oban irisch besiedelt. Die Halbinsel Kintyre war seit 220 so etwas wie ein regionales Zentrum der Scotti geworden. Kämpfe zwischen den aus Dalriada in der Grafschaft Antrim (Nordirland) stammenden Schotten und den zuvor auf den westschottischen Inseln ansässigen Kelten hatte es nicht gegeben: Zum einen bestand seit Jahrhunderten ein lebhafter Kulturaustausch, und die Dialekte waren gegenseitig verständlich, zum anderen hatte man ja die Römer als gemeinsamen Feind.
Über die Entwicklung im Bereich der Hebriden zwischen dem 2. und dem 6. Jh. ist kaum etwas bekannt. Erste Ansätze zu einem selbständigen Hebriden-Königreich der Schotten finden sich im 3. Jh., wobei die engen Bindungen an Irland bis ins 6. Jh. bestehen blieben.

Der Aufstieg des längs der schottischen Westküste gelegenen Königreichs Dalriada und die Tatsache, daß der gemeinsame Feind Rom nicht länger vorhanden war, führten im 5. und 6. Jh. zu einer zunehmenden Feindschaft zwischen Schotten und Pikten. Hinzu kamen religiöse Spannungen, denn die Schotten waren seit dem 6. Jh. Christen, die Pikten aber bis ins 7. Jh. hinein Heiden.
Die **Christianisierung** Irlands vollzog sich nach 432, als St. Patrick, ein Brite, der als römischer Sklave mit dem Christentum in Berührung gekommen war, seine außerordentlich erfolgreiche und politisch weitgehend reibungslose Missionstätigkeit aufnahm. In der Folgezeit entwickelte sich die irische Kirche ohne direkten Kontakt zu Rom, woraus sich vor allem eine weniger strikte Organisationsform und, damit verbunden, eine größere Meinungsfreiheit ergab. Gleichzeitig kam Irland zu einer kulturellen Hochblüte, die erst in den Wikingerstürmen des 9. und 10 Jh. unterging.
Eine neue Ära brach an, als St. Columba im Jahre 563 mit 12 Jüngern auf **Iona** landete, um dort seine Missionsstation zu gründen. Die Gründung hatte ihre politischen Implikationen, denn Columba, der von früher Jugend an für den Kirchendienst vorbereitet worden war, entstammte der Familie eines irischen Hochkönigs. Auch der Ort Iona war günstig gewählt: Die kleine Insel war ein Vorposten, denn die Nachbarinsel Mull war piktisches Einflußgebiet, obwohl sie auch von den Dalriadern als Hoheitsgebiet beansprucht wurde. In den folgenden Jahren kam ein Treffen zwischen Columba und dem Piktenkönig Brude in der Gegend von Inverness zustande, als dessen Ergebnis Columba mit Zustimmung des piktischen Haupt-Druiden das Recht auf freie Missionsentfaltung erhielt. Damit waren alle Hindernisse auf dem Wege zur iro-schottischen Missionierung des schottischen Raumes beseitigt.
Als 30 Jahre später unter Papst Gregor I. St. Augustin sein Amt als erster Erzbischof von Canterbury antrat, um die Angeln, Sachsen und Jüten zu missionieren, war der Konflikt der römisch-katholischen Kirche mit der irischen Kirche auf englischem Boden vorprogrammiert. Die geschlossenere Lehre der römischen Kirche und ihre straffere Organisation sicherte ihr schließlich die Vormachtstellung. Die Kirche Columbas, die weder eine strikte Trennung von Priesterkaste und Laienvolk noch das Zölibat als unumstößlichen Grundsatz kannte, geriet im 7. Jh. in die Defensive: Im Jahre 664 berief der König von Northumberland (England) die *Synode von Whitby* ein, auf der iro-schottische und römisch-katholische Theologen ihre Standpunkte diskutierten. Der König entschied sich schließlich für die römische Form des Katholizismus; England wurde eine Provinz der römischen Kirche. Die Erzdiözese York wurde im Jahre 735 gegründet. Doch in den dünnbesiedelten und schwer zugänglichen Gebieten Schottlands drang der römisch-katholische Einfluß zunächst nicht durch. Iona blieb geistiges Zentrum und Ausgangspunkt für die weitere innerschottische Mission. Auch die Wikingereinfälle des 8. und 9. Jh. änderten daran nichts: Zwischen 795 und 806 wurde Iona zwar 3mal geplündert und niedergebrannt, zum Schluß wurden die Invasoren dann aber doch Christen, missioniert im Geiste Columbas. Erst im 12 Jh., als Schottland längst politisch geeint war und ein relativ hochentwickeltes Kommunikationssystem besaß, gelang es mit Hilfe staatlicher Unterstützung und unter Einschaltung der reformierten, straff geführten Mönchsorden, den irischen Einfluß endgültig auszuschalten. Inzwischen aber war Iona bevorzugte Bestattungsstätte schottischer Könige geworden. Hier ruht Kenneth MacAlpin, der 843 zum ersten Mal so etwas wie ein geeintes Schottland schuf, und hier ruhen Duncan und sein Mörder Macbeth (dessen Schuld keineswegs so eindeutig ist, wie es nach der Lektüre Shakespeares scheinen mag). Insgesamt befinden sich auf Iona nicht weniger als 60 Königsgräber: 48 Schotten, 4 Iren und 8 Wikinger sind hier bestattet.
Iona ist ein Symbol für schottische Kontinuität geworden, ein Mahnmal nationaler und kultureller Eigenständigkeit jenseits strenger Dogmatik. Heute ist Iona eine Stätte der Begegnung zwischen den Konfessionen und Kirchen; die neue *Iona Community* hat Mitglieder in aller Welt, Theologen und Priester ebenso wie Laien.

William Wallace und Robert the Bruce

Szene ist das ausgehende 12. Jh.; die politische Landschaft hat sich grundlegend verändert: Die Wikinger-Einfälle sind überwunden, die wikingischen Siedler assimiliert. Schottland präsentiert sich als ein in Abstufungen geeintes Ganzes, wobei die Hebriden, Orkney und Shetland auszunehmen sind. Letztere bleiben bis 1472 in norwegischer Hand. Die von Kenneth MacAlpin begründete schottische Monarchie hat zwei rivalisierende Hauptlinien hervorgebracht, die von Atholl und die von Moray; seither sind Königsmord und Usurpation an der Tagesordnung – der Mord Macbeths an Duncan (1040) geschieht, um die Rechte der Moray-Linie geltend zu machen.

England ist mit dem Sieg Wilhelms des Eroberers bei Hastings (1066) unter französischen Einfluß geraten. Bis ins frühe 13. Jh. hinein sind die englischen Könige aus den Häusern Normandie, Blois und Plantagenet dem Kontinent zugewandt. Dann aber ändert sich das Bild. Man besinnt sich dynastischer Verbindungen nach Norden (Eheschließungen zwischen schottischen und englischen Adelshäusern), man sucht Verbündete auf der Basis gemeinsamer innerer Feinde, und man sucht durch Landbesitz jenseits der eigenen Grenze politische Anrechte zu erwerben. Die straffere englische Verwaltungsform (Einteilung des Landes in Sheriffdoms) greift nach Norden über. Zwischen 1174 und 1189 ist Schottland gezwungen, den Status eines **Vasallenstaates** anzunehmen, weil König Wilhelm der Löwe sich in Gefangenschaft befindet. 1189 dann verkauft der Schottenkönig Richard I. seine Unabhängigkeit an England, um Geld für seinen Kreuzzug zu erhalten. Schottland erkennt die Gefahr einer zu engen Bindung: Die relativ starken Schottenkönige Alexander II. und Alexander III. des 13. Jh. ehelichen zwar englische Prinzessinnen, verbinden sich aber in secondes noces mit französischen Bräuten. Eine bis auf den heutigen Tag spürbare Allianz ist geboren: die zwischen Schottland und Frankreich. In den Jahren nach 1272 erwirbt sich der englische König Eduard I. den historischen Beinamen »Schottenhammer« (Hammer of the Scots). Nachdem seine Pläne einer Eheschließung seines Sohnes mit der kaum ein Jahr alten schottischen Thronfolgerin, der »Maid of Norway«, durch deren Tod in Orkney während der Überfahrt von Norwegen zunichte gemacht worden sind, stilisiert er sich zum Schiedsrichter im Kampf der Prätendenten aus dem schottischen Hochadel. Seine Wahl fällt im Jahre 1292 auf John Balliol, den er aber nach seiner Krönung mit solch ausgeprägter Arroganz behandelt, daß dieser sich im Juli 1295 zur Rebellion entschließt. Er sagt sich von der Bevormundung Eduards los, verweist alle englischen Grundbesitzer des Landes und bemächtigt sich ihrer Besitzungen. Im März 1296 fällt Eduard in Schottland ein; in wenigen Monaten bringt er die Zentren des Landes unter seine Kontrolle. Die Schotten geben sich jedoch nicht geschlagen. Während Eduard I. den schottischen Krönungsstein (Stone of Scone) sowie bedeutende Archivbestände und Reliquien nach London führt, organisiert sich der Widerstand nördlich des Firth of Tay unter *William Wallace* und *Andrew de Moray*. Beide kämpfen zunächst getrennt, verbünden sich aber 1297, um den Engländern in der Schlacht von Stirling Bridge eine verheerende Niederlage beizubringen. 1298 allerdings erscheint Eduard I. erneut in Schottland, um nun seinerseits Wallace bei Falkirk vernichtend zu schlagen. Der schottische Adel wird gleichgeschaltet oder ausgemerzt, und Wallace wird 1305, nachdem er durch einen Schotten verraten worden ist, in London auf grausamste Weise als Verräter hingerichtet: Er wird auf einem Korbgeflecht durch London geschleift, dann an einer Erle festgebunden, entmannt und partiell ausgeweidet. Das Gedärm wird vor den Augen des Sterbenden verbrannt. Später wird sein Kopf aufgespießt und nach allgemeinem Brauch auf der Londoner Brücke zur Schau gestellt: Schottland hat seinen ersten Nationalhelden.

Eduard I. von England wird seines Sieges auf die Dauer nicht froh. Die Vorgänge der nun folgenden Jahre sind im einzelnen außerordentlich kompliziert, die Clans zerstritten, die Allianzen trügerisch. Schottland ist – zumal von London aus – nicht regierbar. In den frühen Jahren des 14. Jh. entwickelt sich eine Guerilla, die ihre Führerfigur in *Robert Bruce*, dem Enkel eines der Thronprätendenten von 1296, findet. Im Februar 1306 trifft sich Bruce in der Minoritenkirche zu Dumfries mit einem anderen, ihm verfeindeten Aufrührer, John Comyn, wahrscheinlich um die Taktik für eine allgemeine schottische Rebellion festzulegen. Zwischen beiden Männern kommt es zum Handgemenge, in dessen Verlauf Comyn zunächst verletzt und dann auf den Stufen des Altares selbst erdolcht wird. Die Freveltat treibt Bruce in die Verzweiflung. In wildem Aufruhr beansprucht er die schottische Krone und setzt sich an die Spitze eines Heerhaufens, der in den folgenden Monaten die englischen Besatzer das Fürchten lehrt. Eduard I., bereits von Alter und Krankheit gezeichnet, macht sich auf den Weg nach Carlisle, um mit seinen in Nordengland stationierten Truppen der schottischen Rebellion zu begegnen. Er erreicht die Stadt auf einer Tragbahre und muß für 9 Monate pausieren. Dann aber, am Pfingstsonntag des Jahres 1307, inspiriert ihn der Vorbeiritt von 400 jungen Rittern derart, daß er beschließt, seine Schwachheit zu bezwingen und an der Spitze seiner Truppen nach Schottland einzureiten. Nach einem Ritt von nur 7 Meilen wird er entkräftet aus dem Sattel gehoben. Er stirbt in dem kleinen Städtchen Burgh-on-Sands. Thronfolger ist Eduard II., ein liebenswürdiger, ja frivoler junger Mann, der das Leben im Kreise gascognischer Vertrauter dem Schlachtfeld vorzieht. Die englischen Armeen werden aus Schottland abgezogen, und es gelingt Bruce, den verbleibenden Parteigängern Englands eine Reihe von Niederlagen beizubringen. 1314 fällt Edinburgh, und der englische Versuch, mit einem Expeditionscorps das in Bedrängnis geratene Stirling zu entsetzen, endet in dem glänzenden Sieg der Schotten beim Dorfe Bannockburn vor den Toren der Stadt.

Mit dem *Vertrag von Northampton* (1328) wird Schottland die Unabhängigkeit förmlich bestätigt, und unabhängig bleibt Schottland nun bis in die Tage der Königin Elisabeth.

Die Stuarts

David II., Sohn von Robert the Bruce, hinterläßt keine Nachkommen. Die Krone geht 1371 an Robert Stewart über, Sohn von Marjorie Bruce und Walter, dem 6. erblichen High Stewart (Reichskämmerer) von Schottland. Die Stewarts – die Schreibung Stuart ist späteren Datums – regieren mit zwei Unterbrechungen (Elisabeth I. und Wilhelm von Oranien) bis zum Tode der Königin Anna im Jahre 1714. Seit 1603, als nach dem Tode Elisabeths Jakob VI. als Jakob I. auch König über England wird, sind der englische und der schottische Thron in Personalunion vereint. Nach dem Tode von Königin Anna geht die Thronfolge auf das Haus Hannover über.

Die Frühzeit der Stuart-Monarchie ist gekennzeichnet durch endlose Auseinandersetzungen zwischen einer recht schwachen königlichen Zentralgewalt und einem Adel, der in den Kriegen mit England zu mächtig geworden ist. Jakob I. beispielsweise, der wohl bedeutendste schottische König seit Alexander III., verbringt in seiner Jugend 18 Jahre in englischen Gefängnissen, bevor sich seine Landsleute entschließen, das Lösegeld für ihn zu zahlen; nach 14jähriger Regierungszeit, in deren Verlauf er versucht, den Hochmut der schottischen Barone zu brechen, wird er 1436 von Mitgliedern seiner eigenen Familie umgebracht, als er bei den Dominikanerpatres zu Perth die Weihnachtstage verbringt. Schottland erholt sich erst in der 2. Hälfte des 15. Jh., als nach 1455 die *Rosenkriege* zwischen den Häusern York und Lancashire die englischen Kräfte binden. **Jacob IV.** (1488–1513) gelingt es schließlich, Schottland unter der Führung eines starken Königshauses zu einen. Während seiner Regierung hält die *Renaissance* Einzug in Schottland; der König glänzt durch Ausgeglichenheit und Mäßigung, gerade auch seinen Feinden gegenüber. Politisches und strategisches Geschick werden ergänzt durch eine tiefempfundene Zuneigung zur Musik und den Künsten (und auch zur Weiblichkeit); in der Skala der von Zeitgenossen besungenen Tugenden fehlt auch die Barmherzigkeit nicht. Jakob IV. stellt wissenschaftliche Versuche an, betätigt sich als Alchimist und ergreift Maßnahmen zur Verbesserung des Schulwesens (Schulordnung von 1496). Zwei seiner Söhne studieren bei Erasmus. Schottland betritt als autonomer Nationalstaat die europäische Bühne. Doch der Niedergang erscheint vorprogrammiert:

Seit den Tagen des John Balliol hat Schottland seine »auld alliance«, seine angestammte Allianz mit Frankreich beibehalten. Zu Beginn des 16 Jh. nun sieht sich Frankreich von Feindmächten umringt, unter denen auch der Erbfeind England figuriert. Schottland wird mehr als früher zu einem Territorium, auf dem englische und französische Interessen widerstreiten. 1485 kommt in England mit Heinrich VII. das *Haus Tudor* an die Macht. Heinrich verheiratet seine Tochter Margarete Tudor mit Jakob IV., wodurch sich eine dynastische Verbindung zwischen Tudors und Stuarts ergibt. Die offene Auseinandersetzung mit Frankreich führt auf schottischem Boden zum *Desaster von Flodden* (1513): Die unter Zugzwang stehenden Schotten werden von den Streitkräften Heinrichs VIII. vernichtend geschlagen, Jakob IV. und das Gros des schottischen Adels sterben auf dem Schlachtfeld.

Jakob V. ist kaum 2 Jahre alt, als sein Vater in Flodden fällt. Seine Mutter ist bald in Liebeshändel verstrickt und gerät in den Sog des anglophilen Clans der »Red« Douglases. Der Thronfolger, im Alter von 12 Jahren offiziell als König designiert, wird unter dem Einfluß des Clan Douglas nahezu

Die Stuarts

4 Jahre lang im Schloß von Edinburgh gefangengehalten. Wie es ihm schließlich gelingt, zu entkommen, ist bis heute nicht geklärt. Jedenfalls sind die Sympathien des 16jährigen Königs, der 1528 den Thron besteigt, alles andere als pro-englisch. Nach einigem Hin-und-Her heiratet er am Neujahrstag 1537 eine Tochter des französischen Königs Franz I., Madeleine de France, die von den Schotten zunächst abgelehnt worden war. Sie wird bald ein Opfer des schottischen Klimas. In aller Eile werden Vorbereitungen für eine neue Eheschließung getroffen, und die Wahl fällt auf Marie de Guise oder Marie de Lorraine, deren Gesicht Jakob mochte, und deren Ehemann gerade zur rechten Zeit gestorben war. Auch Heinrich VIII. hatte sich um sie bemüht, aber er war zurückgewiesen worden. Mit der resoluten Marie de Lorraine, der Adoptivtochter Franz I. und Mutter Maria Stuarts, macht sich Jakob V. nicht nur die Sache Frankreichs, sondern mittlerweile auch die des Papstes zu eigen. Denn inzwischen hatte Heinrich VIII. mit Rom gebrochen (1532–1534), in den Jahren 1536–1538 waren die Klöster in England aufgelassen worden. Der Kampf zwischen England und Frankreich wird zu einem Kampf zwischen dem alten und dem neuen Glauben. Fast kommt es im Jahre 1541 zu einem Treffen zwischen Jakob V. und Heinrich VIII. in York. Dann aber beschließt der schottische Kronrat, Jakob V. nicht ziehen zu lassen, weil die Gefahr eines Kidnapping bestehe. Außerdem habe Jakob V. Schottland bisher keinen lebenden Erben geschenkt. Heinrich VIII. unterstreicht daraufhin in aller Öffentlichkeit sein Anrecht auf ein Supremat über Schottland. In der Folge kommt es zur *Schlacht bei Solway Moss*, einer erneuten verheerenden Niederlage der Schotten. Das Lebenswerk Jakobs V., der die Reformen seines Vaters fortgesetzt hatte und auch viele seiner guten Charaktereigenschaften teilte, ist zerstört. Jakob verbringt noch eine Woche im Königspalast von Linlithgow, wohin sich seine hochschwangere Frau zurückgezogen hat, und reitet von dort weiter nach Falkland. Hier stirbt er wenige Tage später, wie es heißt, an Melancholie. Auf seinem Totenbett erfährt er, daß seine Frau, die mehrere Fehlgeburten hinter sich hatte, ein Mädchen zur Welt gebracht habe, und daß dieses Mädchen überleben werde. Die Thronerbin ist **Maria Stuart.**

In den frühen 40er Jahren greift die *Reformation* auch in Schottland um sich. Bereits 1528 war Patrick Hamilton, Graduierter der Universität Paris und Schüler des Erasmus in Leuven sowie Luthers in Wittenberg, in St. Andrews als Häretiker verbrannt worden. In der Zwischenzeit hatte eine stetige Wanderung junger schottischer Gelehrter vom Kontinent, hier besonders hin zu deutschen Universitäten sowie nach Basel und Zürich, eingesetzt. Unter ihnen befindet sich *Georg Wishart*, der nach seiner Rückkehr die Errungenschaften des Protestantismus Schweizer Prägung in einer Flugschrift in englischer Sprache hervorhebt. Wishart wird, nachdem er einige Jahre vor einem wachsenden Auditorium gepredigt hat, durch den Kardinal-Erzbischof von St. Andrews verurteilt und 1546 vor dem Schloß von St. Andrews erwürgt und verbrannt. Die schottische Reformation hat damit ihren zweiten Blutzeugen. Der Kardinal-Erzbischof, Beaton, wird wenige Monate später von adeligen Gefolgsleuten Wisharts umgebracht, die das Schloß von St. Andrews daraufhin über ein Jahr lang gegen das gesamte Schottland halten. Unter den Belagerern befindet sich auch *John Knox*, Schlüsselfigur der schottischen Reformation und Taufpriester Jakobs VI. Als die Franzosen schließlich im Juli 1547 das Schloß von St. Andrews bezwingen und die Garnison gefangennehmen, teilt Knox das Schicksal seiner Kameraden: Er wandert für 8 Jahre als Galeerensträfling nach Frankreich.

Die politische Lage wird 1547 so prekär, daß die fünfjährige Maria Stuart zu ihrer Sicherheit und auch als Teil eines strategischen Kalküls nach Frankreich gebracht wird. Hier heiratet sie im Jahr 1558 den Dauphin. Die Eheschließung wird bereits im Zuge ihrer Verschickung ausgehandelt, nachdem Marie de Lorraine um französische Hilfe gegen die Engländer gebeten hat, die 1544 von See her eingefallen sind und den gesamten Osten Schottlands systematisch verwüsten. Der englische Einfall seinerseits ist Teil eines *Rough Wooing* (Rauhe Brautwerbung), die Heinrich VIII. inszeniert, nachdem sein Plan, eine Ehe zwischen seinem Sohn Eduard, dem Prinzen von Wales, und Maria Stuart zu stiften, gescheitert ist. Der englisch-schottische Krieg endet mit dem *Frieden von Boulogne*: Die Engländer ziehen sich aus Schottland zurück. Aber die französische Besatzungsmacht bleibt für weitere 8 Jahre und unterstützt die Partei der Katholiken und der französisch fühlenden Marie de Lorraine. Diese wird im Jahre 1554 mit Billigung des schottischen Parlamentes im Auftrage ihrer Tochter Regentin über das Land. Sie bemüht sich um Zeitung um Ausgleich, und sie nimmt sogar protestantische Emigranten auf, als nach dem Tode Eduards VI. von England die mit Philipp von Spanien verheiratete Maria I. von England (die »Blutige Maria«) eine rigorose Gegenreformation einleitete. Doch die Fronten verhärten sich. Bei ihrer Eheschließung muß Maria Stuart unterschreiben, daß sie im Falle eines kinderlosen Todes ihre Rechte auf Schottland und auf den englischen Königsthron dem französischen König abtritt. 1559 nach der Rückkehr von John

Knox kommt es zu Ausschreitungen und zu einem Bildersturm. 1560 gründet John Knox die Presbyterianische Kirche von Schottland, die *Church of Scotland*. Während der bürgerkriegsartigen Wirren des Sommers 1560 stirbt Marie de Lorraine. Kurz danach wird zwischen Schottland und England ein Waffenstillstand geschlossen, die französischen Truppen verlassen das Land. Die *auld alliance* ist politisch zu einem Ende gekommen. Der Waffenstillstand von 1560 legt u. a. fest, daß Maria Stuart und ihr Gatte auf die Krone Englands verzichten sollen, und daß die Thronfolge Elisabeth I., die England seit 1558 regiert, anerkannt werden möge. Für die Katholiken Schottlands aber ist, wie für die Katholiken überhaupt, der legitime Erbe des englischen Thrones nicht Elisabeth, die Tochter von Anna Boleyn, sondern Maria Stuart, Enkelin von Margarete Tudor.

Maria Stuart kehrt im August 1561 nach dem Tode ihres Gatten, der inzwischen König von Frankreich geworden war, nach Schottland zurück. Sie kommt auf eigenen Wunsch und auf einer französischen Galeere: Der Landweg durch England ist ihr versperrt worden, da sie sich weigert, den Waffenstillstandsvertrag von 1560 zu ratifizieren. Der dicke Nebel, der über dem Forth liegt, als Maria Stuart an Land gesetzt wird, wird von John Knox öffentlich als ein Fingerzeig Gottes gedeutet. Maria Stuart ist nicht willkommen: Sie ist katholisch, französisch erzogen und kaum fähig, die Landessprache zu sprechen. Sie ist und bleibt in den Augen der von John Knox inspirierten Masse eine schöne, verführerische Ausländerin, die eher der Teufel regiert als Gottes Wort. Es kommt zu mehreren Aussprachen zwischen John Knox und der 19jährigen Königin, in deren Verlauf sie sich unter Tränen bis zu einem gewissen Grade der ihr fremden asketisch-dogmatischen Denkungsweise unterwirft. Sie selbst aber bleibt Katholikin. Maria Stuart regiert mit Vorsicht, toleriert den Einfluß jener, die vor ihrer Ankunft einflußreich waren, und sie läßt sich schließlich sogar in Heiratspläne ein, die ihre Kusine, Königin Elisabeth von England, für sie schmiedet: Elisabeth schlägt vor, Maria möge ihren eigenen in Ungnade gefallenen Favoriten Robert Dudley, den Grafen von Leicester, heiraten und deutet im Zusammenhang damit die Möglichkeit an, daß sie Mary als Thronerbin einsetzen werde, sollte Dudley, eine äußerst zwielichtige Erscheinung, akzeptiert werden. Die Verhandlungen ziehen sich lange hin, schließlich verliert Maria die Geduld und heiratet nach der Wahl ihres Herzens: Während sich das katholische wie auch das protestantische Europa weiterhin bemühen, die zur Schlüsselfigur im Konfessions-Konflikt gewordene Königin mit einem passenden Gatten zu versorgen, pflegt die 22jährige Maira mit ihrem 19jährigen Vetter Henry, *Lord Darnley*, der im Schloß von Stirling an Masern erkrankt ist. Sie verliebt sich in den ebenfalls katholisch gebliebenen, noch recht kindlichen und überspannten jungen Mann, von dem sie behauptet, er sei der »lustigste und bestproportionierte hochgewachsene Mann«, den sie je gesehen habe. Sie heiratet ihn mit ausdrücklicher Billigung des Papstes im Juli 1565. Darnley selbst, ein Abkömmling Jakobs II., hat ein Anrecht auf den englischen Thron. In der Folgezeit hat Maria eine politisch wenig glückliche Hand. Die päpstliche Dispens zur Eheschließung mit dem blutsverwandten Darnley war erteilt worden unter der Voraussetzung, daß Maria alles in ihrer Kraft stehende unternehmen solle, um die Römische Kirche in Schottland zu stützen. In der Folgezeit bittet sie das katholische Spanien, ihr bei der Verteidigung des Glaubens behilflich zu sein. Damit stellt sie sich in direkten Gegensatz zu England. Gleichzeitig macht sie David Riccio, einen Musiker aus dem Piemont, der im Gefolge des Botschafters von Savoyen nach Edinburgh gekommen ist, zu ihrem französischen Privatsekretär. Riccio ist ohne Zweifel in vieler Hinsicht stimulierender als die sie umgebenden schottischen Lords. Diese nutzen Darnleys Befürchtungen, daß ihm in Riccio ein Nebenbuhler erwachsen sei, um Zwietracht in die bisher harmonische Ehe zu bringen. Der unausgeglichene Darnley wird zur Marionette. Er dringt an der Spitze eines Haufens bewaffneter Gefolgsleute in das private Zimmer der Königin im Holyrood-Palast, Edinburgh, ein, in dem sich auch Riccio befindet. Der bis zuletzt ahnungslose Riccio wird aus dem Zimmer gezerrt und mit mehr als 50 Dolchstößen niedergemacht. In den folgenden Tagen wird die hochschwangere Maria von ihrer aufrührerischen Umgebung praktisch gefangengesetzt. Sie erkennt die Gefahr für ihr Leben und das ihres ungeborenen Kindes (des späteren Königs Jakob I. von England): Nach 2 Tagen gelingt es ihr, ihren Gatten vom Rest der Mörder Riccios abzusondern. Sie gaukelt ihm Verständnis vor und stimmt ihn bis zu dem Grade um, daß er einwilligt, mit ihr nachts aus dem Palast zu fliehen. Maria entkommt nach Dunbar. Hier versammelt sie in aller Eile den ihr ergebenen Teil des schottischen Adels, und sie hat Erfolg: Kaum eine Woche später reitet sie triumphierend mit 8000 Mann, darunter auch einem gewissen *Grafen Bothwell*, in Edinburgh ein. Die Mörder Riccios entziehen sich durch Flucht der Rache der Königin. John Knox zieht sich nach Ayr zurück, wo er Gott bittet, die »Hure in ihrem Hurenreich zu zerstören.« Einen Monat später kommt der Sohn Jakob zur Welt. Bei seiner Geburt bekennt Maria ihrem Gatten, daß er und nur er Jakobs Vater sei. Dies geschieht allerdings mehr, um die öffentliche Anerkennung Jakobs herbeizuführen und die Thron-

Die Stuarts

folge zu sichern. In der Folgezeit unternimmt Maria alles, um Darnley zu isolieren. Sie begnadigt nicht nur ihre Widersacher aus der Zeit nach ihrer ersten Rückkehr, sondern auch die Mörder Riccios. Nach der Geburt des Sohnes hat Maria für kurze Zeit die Sympathie der breiten Öffentlichkeit. Bothwell, den sie als ihren Retter ansieht, ist inzwischen Sheriff von Edinburgh und Haddington und so etwas wie ihr ständiger Begleiter, wobei – entgegen zeitgenössischen Konjekturen – ihr Verhältnis zu dem 30jährigen Draufgänger und Bonvivant den Rahmen freundschaftlicher Dankbarkeit zunächst offenbar nicht sprengt.

Gleichzeitig bahnt sich der entscheidende Akt im Leben der Maria Stuart an, wobei die Schuldfrage bis heute nicht geklärt ist: Es gibt einen Plot zur Beseitigung Darnleys, es gibt offenbar einen Gegenplot zur Beseitigung Marias (wobei Darnley zum Regenten über Jakob I. gemacht werden sollte), es gibt Gerüchte über Marias Einwilligung in eine Ehescheidung, wenn die Thronfolge ihres Sohnes dadurch nicht tangiert werde, und es gibt schließlich einen Mord: Im Winter erkrankt Darnley in Glasgow an einer bis heute nicht recht diagnostizierten schweren Krankheit, wahrscheinlich Pocken, möglicherweise aber auch Syphilis. Maria besucht ihn, dessen Schönheit nun ein für allemal dahin ist, am Krankenbett und regt an, daß er nach Edinburgh überführt werde, jedoch nicht nach Holyrood, sondern nach Kirk o'Field, in ein altes Kollegiengebäude innerhalb der Stadtmauern, damit der Thronfolger nicht angesteckt werde. Bei der Wahl des Hauses hat Bothwell die Hand im Spiel. In Kirk o'Field beteiligt sich Maria aktiv an der Pflege ihres Gatten, und bis heute ist nicht klar, ob sie dies aus Mitleid tut, aus einer Art mütterlicher Zuneigung oder aber, um dem ohnehin isolierten und in einer Stadt voller Feinde armselig dahinvegetierenden Darnley jedweden Argwohn zu nehmen. Ersteres impliziert, daß Maria von den Plänen zur Beseitigung Darnleys nichts wußte. Daß sie, was ihr eigenes Schicksal und das ihres Kindes angeht, sehr unsicher war, geht aus der Tatsache hervor, daß sie den Knaben im Januar 1567 zu seiner größeren Sicherheit von Stirling nach Holyrood bringen ließ.

Am 9. Februar 1567 findet im Holyrood Palast ein Maskenfest statt. Die Königin, Bothwell und einige weitere nahe Vertraute verlassen das Fest nach einiger Zeit, um Darnley in seinem Krankenzimmer aufzusuchen, wo sie sich beim Würfelspiel vergnügen, während die Königin lange mit Darnley spricht. Schließlich kehrt die Gesellschaft in den Palast zurück, trotz der Proteste Darnleys, man möge doch weiter bei ihm bleiben. Zum Abschied gibt die Königin Darnley als Zeichen ihrer Zuneigung einen Ring und verspricht, die folgende Nacht mit ihm im Holyrood-Palast selbst zu verbringen. Darnley bleibt allein mit einem Kammerdiener in Kirk o'Field zurück. Um 2 Uhr nachts erschüttert eine ungeheure Explosion die Stadt. Das Kollegiengebäude fliegt in die Luft. Als man den Brand gelöscht hat und nach den Toten sucht, findet man Darnley und seinen Diener nackt unter einem Pfirsichbaum im Garten: beide waren erwürgt worden.

Es spricht viel dafür, daß Bothwell für die Explosion und den Mord verantwortlich ist. Allerdings steckt die Vorgeschichte so voller Widersprüche, daß eine endgültige Klärung nicht möglich ist. Wieweit wußte Maria Stuart von der Sache? Wer wollte im Endeffekt wen umbringen? War ein Dritter im Spiel, der Maria und Darnley gemeinsam in die Luft sprengen wollte, um dann die Schuld daran Bothwell zu geben? Ging die Ladung zur falschen Zeit hoch? Oder waren womöglich die Akteure mehrerer gegenläufiger Plots gleichzeitig anwesend, wobei eine Gruppe die andere zu überlisten glaubte und möglicherweise eine dritte davon profitierte? Kirk o'Fields hat die Dimensionen eines erstklassigen Kriminalstücks. Der weitere Ablauf ist dann auch stringent: Maria setzt eine Belohnung von 2000 £ für weitere Information über den Mordfall aus, erfährt aber nichts. Bothwell bleibt in der Rolle des ahnungslos-Unschuldigen in Edinburgh zurück und wird der Beihilfe zum Mord angeklagt, aber freigesprochen. Er trennt sich von seiner Frau, um frei zu werden für neue Allianzen. Am 19. April trägt er der Königin das Zepter voran, als sie ins Parlament reitet, am 28. April lädt er die Lords und Prälaten Edinburghs zu einem Abendessen ein: unter gelindem Druck versprechen sie, sich für eine Eheschließung seiner selbst mit Maria einzusetzen. Maria lehnt dies zunächst ab – ob nur zum Schein, bleibt unklar. Am 24. April wird sie auf dem Weg zu ihrem Sohn, der inzwischen in Stirling weilt, von Bothwell mit 800 Mann abgefangen und auf dessen Schloß nach Dunbar gebracht. Ob das Unternehmen zwischen den beiden abgesprochen war, bleibt wiederum ungewiß. In Dunbar willigt Maria, die angeblich zu ihrem persönlichen Schutz hierhergebracht worden ist, in die Heiratspläne ein, als ein, wie sie später zu Protokoll gibt, in mancher Hinsicht willenloses Spielzeug eines Mannes, dessen tatsächliche Motive sie nicht durchschaute. Spätestens in Dunbar wird sie Bothwells Geliebte, und zwar vor den Augen ihrer eigenen Gefolgschaft, so daß ihr hernach wenig anderes übrigbleibt, als ihn zu heiraten. Die Eheschließung findet am 15. Mai im großen Saal von Holyrood statt, nach protestantischem Ritus. Edinburgh ist schockiert, denn hier gilt Bothwell nach wie vor als Mörder Darnleys. Die offenbar wenig glückliche Ehe währt einen Monat, währenddessen sich das Paar mehr oder minder auf der Flucht befindet und die Zeit damit zubringt, mit geringem Erfolg Armeen für die nun irgendwann fällig werdende Entscheidungsschlacht auszuheben. Die Schlacht findet nicht statt, aber das Paar trennt sich am Abend des 15. Juni, wobei die Motive Marias wiederum dunkel bleiben. Jedenfalls willigt sie nicht ein, sich mit Bothwell nach Dunbar zurückzuziehen. Bothwell, inzwischen ohne jede Gefolgschaft, flieht über Orkney und Shetland nach Norwegen, wo er wegen Ehebruchs verhaftet wird. Den Rest seines Lebens bringt er in dänischen Gefängnissen zu, bis er als Tauschobjekt im politischen Handel seinen Wert verliert. Nach 11 Jahren stirbt er in Ketten, als geistig Umnachteter. Maria wird als Gefangene nach Edinburgh gebracht, wo die Bürgerschaft sie als Hure bezeichnet und ihre Verbrennung fordert. Sie muß abdanken und wird nach Loch Leven, 30 km nördlich von Edinburgh, überführt. Für ihren Sohn wird ein Regent bestimmt. Eine Fehlgeburt im Juli des gleichen Jahres deutet darauf hin, daß ihre spätere Andeutung, von Bothwell in Dunbar vergewaltigt worden zu sein, zutrifft. Dies würde bedeuten, daß sie zu der Ehe, die ihren endgültigen Niedergang besiegelte, gezwungen wurde. Im Mai 1668 gelingt Maria mit Hilfe eines romantischen jungen Mannes die Flucht aus der Wasserburg: Die beiden überlisten die Besatzung, bemächtigen sich des Burgschlüssels und schließen die Bewacher in der Burg ein. Noch einmal scheint sich das Blatt zu wenden, doch die Niederlagen folgen schnell. Mit nur 16 Vertrauten überquert Maria die Grenze nach England und erbittet eine Audienz bei ihrer Kusine Elisabeth, um ihre Unschuld darzutun. Sie wird nicht empfangen, sondern als politisches Unterpfand gefangengesetzt und nach weiteren 19 Jahren enthauptet. Elisabeth gibt vor, das Todesurteil versehentlich unterschrieben zu haben.

Schottland wird für weitere 10 Jahre von 4 Regenten regiert, von denen zwei niedergemacht und ein dritter von seinen Widersachern enthauptet wird. Jakob VI., 1567 – sozusagen im kleinen Kreise – in der Gemeindekirche von Stirling gekrönt, duldet den Tod seiner Mutter. Zuvorkommen kann er ihm ohnehin nicht. 1581 hat er seinen Frieden mit dem Protestantismus in einem Dokument schriftlich niedergelegt, und 1586 hat Elisabeth seinen Anspruch auch auf die englische Thronfolge rechtlich anerkannt. Gegen Ende des Jh. glätten sich die Wogen. Aus unterschiedlichen Gründen einigen sich die verschiedenen Fraktionen, so auch Protestanten und Katholiken, die Thronrechte Jakobs zu unterstützen. Der König selbst nimmt zur politischen Entwicklung und zur Stellung des Königs in einem protestantisch gewordenen Staat in Buchpublikationen Stellung. Schließlich, am 27. März 1603, erreicht Edinburgh die Kunde, daß Königin Elisabeth gestorben sei. 4 Tage später trifft ein weiterer Kurier in Edinburgh ein: Jakob VI. von Schottland sei als Jakob I. auch zum König von England proklamiert worden.

Die Stuarts II : Das Zeitalter der Personalunion

Als am 3. April 1603 König Jakob seinen schottischen Untertanen in der St. Giles Kathedrale in Edinburgh Lebewohl sagt, um als Jakob I. König von England zu werden, bittet er sie, seinen Weg nach Süden aufzufassen als eine Reise, die er unternehme um ihres größeren Wohlstandes willen, und er verspricht ihnen, sie alle 3 Jahre zu besuchen. Die Engländer sind nicht unbedingt glücklich über die Personalunion mit Schottland. Jakob findet zwar Anerkennung als König, doch gerade deshalb verstehen sie nicht, wie es möglich ist, daß er in einer so »stinkenden Stadt wie Edinburgh im elenden Schottland« geboren werden konnte. Einmal in London, vergißt der König schnell seine Besuchsversprechungen. Er regiert Schottland mit der Feder, wie er sagt, also durch den Kronrat. Im übrigen behält Schottland sein eigenes Parlament; es bleibt juristisch und auch konfessionell weitgehend autonom. Dabei bemüht sich Jakob, die schottische Staatskirche, die ihrem Geiste nach presbyterianisch ist, der eher anglo-katholischen englischen Staatskirche anzugleichen.

Die Stuarts

Unter dem schlechtberatenen und taktlosen Karl I. (Reg. 1625-1649) führen die konfessionellen Auseinandersetzungen zwischen Presbyterianern und Anhängern der englischen Staatskirche zur *Solemn League and Covenant* (Feierlichen Liga und Übereinkunft) von 1643 und zum Bürgerkrieg, der mit der Enthauptung des Königs (1649) seinen Höhepunkt findet. Die Übereinkunft von 1643 spaltet Schottland einmal mehr in zwei Parteien, die der »Covenanters« und die der Royalisten, der Cavaliers. Letztere erhalten in dem Marquis *James Graham of Montrose* ihren opferbereiten und taktisch klugen Führer; Unterstützung kommt vom mächtigen, stuarttreuen *Clan MacDonald* und von einem tausend Mann starken irischen Expeditionscorps aus Antrim. Montrose ist zunächst erfolgreich: Er gewinnt eine der blutigsten Schlachten des Bürgerkriegs in der Gegend von Perth, nimmt Aberdeen ein, wendet sich dann nach W und bringt in einem spektakulären Winterfeldzug dem gegen die Stuarts und die MacDonalds eingestellten Clan Campbell vernichtende Niederlagen bei. Sein Glück auf dem Schlachtfeld wendet sich jedoch, als er, nach Süden vorstoßend, das Hochland verläßt: Seine Truppen desertieren, denn sie sind am Kampf gegen England nicht eigentlich interessiert, ihnen geht es vielmehr darum, den Sieg über die Campbells auszukosten. Montrose endet nach kurzem Exil und einer weiteren Niederlage 1650 an einem besonders hohen Galgen 9 m über dem Marktkreuz von Edinburgh. Ein Angehöriger des Clan Macleod hatte ihn für 25 000 Pfund Schottisch an die herrschende, mittlerweile Cromwell nahestehende Partei verraten.

Unter **Cromwell** werden Schottland und England zu einem **Commonwealth** zusammengeschlossen, und Schottland erhält eine englische Besatzungsmacht unter dem Kommando des Generals Monck. Zögernde Versuche zu einer Rebellion im Hochland werden von ihm im Keime erstickt. Cromwell stirbt 1658; im Juni 1660 hält der Stuartkönig Karl II. unter dem frenetischen Beifall der Massen in London Einzug. Das Zeitalter der *Restoration* hat begonnen. Drei Wochen später wiederholt sich ein ähnliches Spektakel in Edinburgh. Die Tage eines rigorosen Calvinismus sind auch hier vorbei, davon zeugen u. a. die Errichtung eines Weinbrunnens auf dem Marktplatz und ein großes Feuerwerk sowie eine Schaustellung, die mit brillanten Lichteffekten die Höllenfahrt Cromwells darstellt. Die überdimensionierte Kanone Mons Meg feuert ohrenbetäubenden Salut.

Cromwell hinterläßt ein ökonomisch gesundetes Großbritannien, und Schottland hat bei aller Bevormundung in den 50er Jahren die handelspolitische Gleichberechtigung mit England erreicht. Das neue Regime verfolgt die Covenanters, doch kommt es zunächst nicht zu Ausschreitungen größeren Stils. Erst in den späten 70er Jahren schließen sich fanatische Presbyterianer zu Terroristengruppen zusammen. Eines ihrer ersten Opfer ist Erzbischof Sharp von St. Andrews: Er wird gekidnappt und vor den Augen seiner Tochter auf bestialische Weise umgebracht.

Der Tod Karls II. 1685 und die Thronfolge seines römisch-katholischen Bruders Jakob II. führen in Schottland zu neuerlichen Sezessionen. Der Clan MacDonald erhält einmal mehr die willkommene Gelegenheit, mit staatlicher Duldung die ränkeschmiedenden Campbells anzugreifen. Die Parteigänger der presbyterianischen Richtung, als deren Führer seit den 50er Jahren die Herzöge von Argyll gelten, werden, soweit sie Gefangennahme und Torturen überstehen, als Sklaven nach Amerika verkauft. Die königliche Kapelle im Holyrood-Palast wird für römisch-katholischen Gottesdienst eingerichtet, und Jesuiten kommen nach Edinburgh, um im Palast selbst eine Druckerei zu betreiben.

Die **Glorreiche Revolution** von 1688, in deren Verlauf Jakob II. das Land verläßt, spielt sich im wesentlichen in London ab. Als die Kunde von der Thronfolge des protestantischen Wilhelms von Oranien, des Schwiegersohns Jakobs II., Edinburgh erreicht, ist dies für die Bevölkerung zunächst einmal Zeichen, die jesuitische Kolonie im Holyrood Palast zu verwüsten; jakobitischer Widerstand formiert sich nur zögernd. Der Umschwung bietet für die zerstrittenen Hochland-Clans eine günstige Gelegenheit, erneut übereinander herzufallen. Es kommt zur Schlacht beim Paß von Killiecrankie (1689) zwischen einem jakobitischen Heer und den von Süden heranrückenden »Williamites«, in deren Verlauf der Anführer der Jakobiter, Bonnie Dundee, von einer Musketenkugel getötet wird. Die Anhänger Williams werden von der nur halb so starken Hochlandarmee dennoch geschlagen, eine weitere verlustreiche Schlacht folgt in den Straßen von Dunkeld.

Wilhelms Interesse an Schottland hält sich in Grenzen. Am ehesten ist er noch an schottischen Rekruten für seine flandrischen Kriege interessiert. Um das Land zu befrieden, erläßt er im August 1691 von Flandern aus eine Generalamnestie für alle diejenigen, die bis zum 1. Januar 1692 den Untertaneneid leisten. Die Ältesten der jakobitisch gesonnenen Hochland-Clans wenden sich daraufhin an den in Frankreich im Exil lebenden Jakob II. mit der Bitte, sie von ihrem Treueeid zu entbinden. Die Antwort Jakobs trifft erst im Dezember 1691 in Schottland ein: man möge das tun, was man für das Beste halte. Nun machen sich die Clan-Ältesten auf den Weg, um den Treueeid auf Wilhelm zu leisten. Gleichzeitig verschlechtern sich die Witterungsbedingungen so sehr, daß dieses

Vorhaben bis zum 1. Januar 1691 kaum einem Clan-Chef gelingt. Wilhelm beschließt, ein Exempel zu statuieren. Ausersehen werden auf einen Fingerzeig aus dem Hause Campbell hin die MacDonalds von Glen Coe, die sich einen Ruf als hervorragende Poeten, Bogenschützen, Hundeliebhaber und Viehdiebe erworben hatten. Sie waren eine relativ kleine Gruppe, die, wollte sie im wilden Tal des Coe überleben, mit dem Gesetz in Konflikt kommen mußte: Viehdiebstahl war im Hochland ohnehin an der Tagesordnung.

Auch der Clan-Chef der MacDonalds von *Glen Coe*, Alasdair MacDonald, macht sich auf den Weg, um den Untertaneneid zu leisten. Infolge der Schneestürme und der Abwesenheit des Vize-Sheriffs von Inveraray gelingt es ihm jedoch erst am 6. Januar 1692, den Eid abzulegen. Zu jener Zeit ist die Ausrottung des Clans beschlossene Sache. Den Auftrag erhält Captain Robert Campbell, dessen Ländereien in den 80er Jahren von den MacDonalds verwüstet worden waren. Mit 2 Kompagnien begehrt er Anfang Februar 1692 Quartier in Glen Coe, was ihm von den MacDonald-Familien ohne weiteres gewährt wird: Die Gastfreundschaft als ein geheiligtes Prinzip ist unabhängig vom persönlichen Verhältnis zwischen Gastgeber und Gast. Nach 12tägiger Bewirtung schlagen die Campbell-Soldaten zu: Alasdair MacDonald wird in seinem Schlafgemach umgebracht, während er sich um mehr Wein für seine Gäste bemüht, weitere 40 Clan-Angehörige, darunter einige Frauen und Kinder, ereilt ein ähnliches Schicksal. Allerdings verhindert ein erneuter Schneesturm die perfekte Ausführung des Auftrags, alle männlichen MacDonalds unter 70 zu töten: Etwa 400 Angehörige des Clans entkommen in die Bergtäler, wo Schnee und Kälte weitere Opfer fordern.

Angesichts der vielen Massaker im Hochland des 17. und 18. Jh. wäre Glen Coe kaum der Rede wert, würde es sich hier nicht um Meuchelmord handeln. Das Blutbad hat dann auch sein politisches Nachspiel: Eine Regierungskommission wird mit der Aufklärung des Falles beauftragt. Das schottische Parlament verurteilt die Drahtzieher, die zwielichtige Rolle Wilhelms von Oranien bleibt weitgehend unerkannt. Schottland hat sein Lidice, und die Jakobiter nutzen in der Folgezeit die damit verbundenen propagandistischen Möglichkeiten.

Die weitere Regierung Wilhelms und die Regierungszeit der Stuart-Königin Anna (1701–1714) verlaufen politisch ruhiger. Die noch ausstehenden Untertanen-Eide werden nach dem Massaker von Glen Coe schnell geschworen, und man wendet sich neuen Aktivitäten zu: Schottland versucht, den Anschluß an die neue, koloniale Ära zu finden, eine entsprechende Handelsgesellschaft wird durch Parlamentsbeschluß gegründet, zunächst mit dem Zielgebiet Afrika; dieser Traum zerbricht jedoch schnell. In der Folgezeit kommt es zur Gründung einer Kolonie Caledonia an der Küste von Panama, die jedoch als Folge völliger Fehlplanung 1700 wieder aufgegeben werden muß. Handelspolitische Überlegungen sind es dann auch, die 1706 zu Verhandlungen zwischen England und Schottland führen, mit dem Ziel, beide Parlamente zu vereinigen. Schottlands Hoffnungen auf eine Föderation mit England haben sich zu diesem Zeitpunkt bereits zerschlagen. In den Monaten nach der Paraphrasierung des Vertragswerks steht Schottland am Rande eines Bürgerkriegs. *Daniel Defoe*, der Autor von Robinson Crusoe, der als Spion der Engländer damals in Schottland weilt, berichtet nach Süden, daß die Edinburgher bis unter die Zähne bewaffnet seien. Im Januar 1707 ratifiziert das schottische Parlament mit großer Mehrheit den Vertrag, in dessen Gefolge Schottland von England 400 000 Pfund Sterling erhält, um seine Staatsschulden zu begleichen. Das schottische Parlament tritt am 25. März 1707 zum letzten Mal in Edinburgh zusammen. Schottland hört auf, völkerrechtlich zu existieren.

Culloden

Die Schotten sollten den Verlust ihrer Souveränität bald bereuen: Die englische Politik der Region gegenüber blieb repressiv, gerade auch in handelspolitischen Fragen; das Parlament von Westminster – in dem die Schotten eine hoffnungslose Minderheit stellten – vermochte die schottischen Belange parlamentarisch an die Wand zu spielen. Der schottische Export wurde mit allen Mitteln unterbunden, die aufblühende schottische Leinenindustrie mit Sondersteuern belegt. Als daraufhin die schottischen Parlamentsmitglieder darum baten, dem schottischen Leinen handelspolitisch die gleichen Rechte einzuräumen wie der englischen Wolle, erhielten sie vom Schatzkanzler die symptomatische Antwort: »Haben wir nicht etwa die Schotten gekauft und nun ein Recht, sie mit Steuern zu belegen?« – Im Jahr 1713 bringen die schottischen Adeligen im Oberhaus einen Antrag ein, die Union der Parlamente rückgängig zu machen – ohne Erfolg.

Bei alledem ist es nicht verwunderlich, daß sich neuer jakobitischer Widerstand regt, als nach dem Tode Königin Annas 1714 die Thronfolge an Georg I. von Hannover, den Sohn der Kurfürstin Sophia, der Enkelin Jakobs VI., übergeht. Am 6. September 1715 kommt es zur offenen Rebellion. Doch die Franzosen, die 1708 vergeblich versucht haben, den jakobitischen Thronprätendenten James Francis Edward Stuart mit 6000 Mann in der Forth-Mündung an Land zu setzen, lassen die Rebellen, die bald Perth und Inverness in ihren Händen halten, diesmal im Stich. Als James Edward drei Tage vor Weihnachten endlich im Hafen Peterhead eintrifft, sind die Entscheidungsschlachten geschlagen, die Rebellion ist in sich zusammengebrochen. Jakob VIII. kehrt Anfang Februar 1716 nach Frankreich zurück. Die englischen Reaktionen auf die schottische Rebellion sind relativ harmlos: Die Zahl der Enthauptungen hält sich gewissermaßen in Grenzen; nur 19 Schotten und 2 Engländer verlieren ihre Ländereien. Die Clans werden aufgefordert, ihre Waffen abzugeben; sie kommen der Aufforderung nach, indem sie schrottreifes Material aushändigen. Eine Generalamnestie folgt 1717.

Die Regierungszeit Georgs I. bringt zumindest Südschottland und der Forth-Clyde-Senke jene Ruhe, die das Land braucht, um sich auf die Möglichkeiten eines neuen Zeitalters zu besinnen: *industrielle Produktion und Welthandel*. Der neue englische König, des Englischen kaum mächtig, steht außerhalb des dynastischen Gezänkes; seine Neutralität bei wachsender Prosperität des Landes schafft ein Klima der Besänftigung. Während General Wade das Hochland mit einem dichten Netz von Militärstraßen durchzieht, um eine dauerhafte Befriedung herbeizuführen, gleichen sich die Clan-Chefs allmählich in ihrer Lebensweise und ihren politischen Anschauungen dem südschottischen Vorbild an. In dem Maße, wie dies geschieht, wird die überkommene, auf Gefolgschaftstreue bauende Sozialordnung des Hochlands untergraben; es bahnen sich verhängnisvolle Entwicklungen an, die im frühen 19. Jh. zur Herausbildung eines schottischen Proletariats führen werden.

Die hier skizzierte Entwicklung wird jäh unterbrochen, als im Jahre 1745, während der Regierungszeit Georgs II. (des Gründers der Universität Göttingen) Prinz Charles Edward Stuart, der Sohn des »Old Pretender«, in Schottland landet. Er kommt ohne den Segen seines Vaters und vieler seiner schottischen Sympathisanten und gegen den erklärten Willen Ludwigs XV. Aber er besitzt die Attribute eines strahlenden Prinzen: Jugend, Schönheit, an französischen Standards geschulte Manieren, er wirkt auf Frauen. **Bonnie Prince Charlie**, wie ihn die Schotten bald nennnen werden, ist ausersehen, als romantischer Hochland-Held zur nationalen Identifikationsfigur zu werden. Charles kommt, um die Thronfolge der Stuarts doch noch zu verwirklichen; seine Persönlichkeit verhilft ihm zu Alliierten und zunächst einmal zu einer siegreichen Kampagne.

Im Anfang freilich sind viele Clan-Chefs unwillig, ihn überhaupt zu empfangen, wie sie kundtun, um nicht von ihm ins Unglück gestoßen zu werden. Doch nach den leichten Siegen des Sommers 1745 greift allgemeine Begeisterung um sich: Das Jakobitertum erlebt eine unerwartete Renaissance. Als dann die Campbells, wie nicht anders zu erwarten, Partei für die Regierung ergreifen, brechen zumindest bei einer Minderheit der Hochlandbewohner alte Wunden auf, und überkommene Denkungsweisen und Ideale werden reaktiviert. Dennoch befehligt der Prinz in den 9 Monaten, die zwischen dem Aufstellen der jakobitischen Standarte in Glenfinnan und deren Verlust in Culloden liegen, nie mehr als 10000 Mann, und zuweilen ist seine Heerschar nur halb so groß: Die Zahl der Neutralen und der Zauderer bleibt stattlich.

Der Feldzug des Charles Edward Stuart nach Süden gehört zu den glanzvollsten Unternehmungen in der schottischen Geschichte überhaupt. Im September 1745 erscheint der Prinz in der Ebene vor Stirling, um sich nach Osten zu wenden und in Prestonpans am Firth of Forth die einzige in Schottland stehende Armee der Regierung vernichtend zu schlagen. Fünf Wochen lang hält er sich in Edinburgh auf, und obgleich ihm die Burg selbst verschlossen bleibt, bewegt er sich als ungekrönter König in den Straßen der Stadt. Seine Popularität ist auf ihrem Höhepunkt. England nutzt diese Zeit, um Regimenter aus Flandern zurückzurufen. Als Charles Edward am 8. November mit weniger als 6000 Mann den Fluß Esk überquert und in England einmarschiert, ist das Land gerüstet. Zwei Armeen stellen sich den Jakobitern in den Weg, jede von ihnen stärker als die schottische.

Charles Edward dringt über Carlisle, Preston und Manchester nach Süden vor. Doch die erhofften Verstärkungen auf englischem Boden bleiben aus, sieht man einmal von einigen wenigen Sympathisanten aus Lancashire ab. Auch die ausländischen Mächte greifen nicht zugunsten der jakobitischen Sache ein. Der Prinz erreicht Derby am 5. Dezember und erfährt, daß General Wade mit seiner Armee bis auf wenige Meilen herangerückt ist, und daß sich eine dritte Armee in Aufstellung befindet, um ggf. London zu verteidigen. Charles Edward will dennoch weiter vordringen, doch seine Berater und die Clan-Chefs versagen ihm die Gefolgschaft. Die Armee macht kehrt; der Niedergang beginnt. An des Prinzen Geburtstag wird der Esk erneut überschritten, nun in nördlicher Richtung; das Regiment aus Lancashire wird zurückgelassen, um Carlisle zu verteidigen, ein aussichtsloses Unterfangen, an dessen Ende auf die Offiziere der Galgen und auf die Mannschaften die Deportation nach Amerika warten. Noch einmal scheint sich das Blatt zugunsten des Prinzen zu wenden, als er am 15. Januar 1746 bei Bannockburn – auf dem Felde, wo 1314 Robert the Bruce die Engländer vernichtend schlug – der britischen Armee eine schwere Niederlage beibringt. Doch Bannockburn ist ein Pyrrhussieg, und im Februar kehrt die entmutigte und stark geschrumpfte jakobitische Armee ins Hochland zurück, verfolgt von einer technisch weit überlegenen britischen Übermacht.

In den frühen Morgenstunden des 16. April 1746 steht bei Culloden, unweit Inverness, die Streitmacht des Prinzen Charles Edward, verstärkt von irischen Söldnern, einer zwei- bis dreifachen britischen Übermacht (rund 10000 Mann) gegenüber, die auch drei Bataillone aus Südschottland und eines aus Gefolgsleuten des Clan Campbell umfaßt. Die strategische Lage der Jakobiter ist verzweifelt: Völlig unzureichend bewaffnet, desillusioniert und halb verhungert, treten sie einer ausgeruhten, perfekt organisierten modernen Kriegsmaschinerie entgegen, und was folgt, ist keine geordnete Schlacht nach militärischen Spielregeln, sondern ein allgemeines Gemetzel von kaum vorstellbarer Grausamkeit, in dessen Verlauf die mit dem Schwerte kämpfenden und Steine schleudernden Jakobiter von den Kugeln und Bayonetten der Regierungstruppen fast völlig aufgerieben werden. Nach kaum 1 Stunde ist die Schlacht entschieden. Daraufhin ergeht der Befehl, alle noch auf dem Schlachtfeld befindlichen jakobitischen Verwundeten zu töten. Gleiches geschieht mit den Gefangenen. Die wenigen flüchtenden Jakobiter werden nach Inverness verfolgt; die Stadt wird (einmal mehr) dem Erdboden gleichgemacht, wer auch nur unter dem Verdacht steht, Sympathisant der Jakobiter gewesen zu sein, wird füsiliert oder gehenkt. Die anschließende Schreckensherrschaft der Regierungstruppen im Hochland, an der sich auch die auf Regierungsseite kämpfenden schottischen Regimenter beteiligen, bringt vielen hundert Menschen wirtschaftlichen Ruin, Verbannung, Sklaverei in Amerika oder Tod. Jedweder Waffenbesitz wird bei Todesstrafe verboten, und untersagt ist auch das Tragen von Tartan-Stoffen, Kilt oder Plaid (Umhang der Frauen aus Tartan-Stoff). Prinz Charles Edward, auf dessen Kopf eine Prämie von 30000 Pfund (rund 2 Mio DM) ausgesetzt wird, entkommt nach Frankreich mit Hilfe von Flora, einer damals 24jährigen, nach zeitgenössischen Darstellungen außergewöhnlich hübschen und noch unverheirateten jungen Frau aus dem Hause MacDonald of Sleat von der Insel South Uist: Als der Prinz am 19. Juni 1746 in South Uist fast in die Hände der britischen Truppen fällt und seine Situation völlig aussichtslos erscheint, willigt Flora ein, ihn in einem kleinen Fischerboot zur Insel Skye hinüberzuleiten. Der Prinz verkleidet sich als Floras irische Kammerzofe. Das Boot, von 4 Männern gerudert, erreicht nach 15stündiger Reise die Insel, wo es dem Prinzen gelingt, unterzutauchen, bis ihn am 20. September eine französische Fregatte aufnimmt und nach Frankreich bringt. Floras Tat wird aufgedeckt, und sie wird als Gefangene nach Edinburgh gebracht, wo sie allerdings in den vornehmen Kreisen genügend Fürsprecher findet. Später in London setzt sich selbst der Sohn des Königs, der Prince of Wales, für sie ein, nachdem sie ihm beteuert hat, daß sie ihm gleiches getan hätte, wäre er in ähnlicher Not gewesen. Das vorromantische Empfinden macht Flora MacDonald schon zu Lebzeiten zur *Highland Heroine*: 1747 amnestiert, von Londoner Jakobitern mit 1500 Pfund (rund 60000 DM) ausgestattet, läßt sie sich 1750 auf der Insel Skye nieder, wo sie am 6. November heiratet. Im Jahre 1774 siedelt sie mit ihrem Gatten nach North Carolina über, wo beide eine Plantage gründen, bald aber in den Sog des Unabhängigkeitskrieges geraten. 1780 kehrt Flora nach Skye zurück, wo sie zusammen mit ihrem Gatten, der 1784 aus dem Unabhängigkeitskrieg heimkehrt, als Mutter einer zahlreichen Familie bis zu ihrem Tode 1790 lebt. Prinz Charles Edward Stuart stirbt am 31. Januar 1788 als Alkoholiker in Rom.

Schottland im 19. Jahrhundert

In der zweiten Hälfte des 18. Jh. vollzieht sich der Aufstieg der schottischen Mittelschicht. Glanzvolles Zeichen der neuen Ära ist die Umgestaltung des Stadtbilds von Edinburgh. 1767 veröffentlicht James Craig die Pläne für die Neue Stadt (New Town), an deren Realisierung die besten Architekten der Zeit, darunter Robert Adam, beteiligt sind (Einzelheiten vgl. S. 126 ff.). Die Princes Street als südliche Grenze der in ihren geometrischen Mustern ganz den Geist des 18. Jh. atmenden Neuen Stadt erhält diesen Namen zu Ehren der Söhne Georgs III.: tempora mutantur.

Die New Town wird schnell zum geistigen Zentrum Schottlands. Denn die neu erstandene Mittelschicht ist, vor einem aufgeklärt calvinistischen Hintergrund, nicht nur in ökonomischen Dingen leistungsbewußt. Sie bringt in allen Bereichen der Geistes- und Naturwissenschaften Gelehrte hervor, die dem Ausland ein ganz neues Schottlandbild vermitteln: das einer *Gelehrtenrepublik*. Zu den frühesten Bewohnern der Neuen Stadt gehören der Philosoph *David Hume,* dessen Optimismus den damals in Schottland und Edinburgh herrschenden Geist spiegelt. Sein größter zeitgenössischer Kritiker ist der Moralphilosoph und Mitbegründer der modernen Volkswirtschaftslehre *Adam Smith*, ebenfalls ein Bürger Edinburghs. Eine lange Liste von illustren Namen ließe sich anfügen, Publizisten wie James Boswell, Forschungsreisende wie James Bruce, Mungo Park oder Alexander Mackenzie, Architekten wie Robert Adam, Maler wie Alexander Runciman, Gavin Hamilton oder David Allan, vor allem aber Allan Ramsay und Henry Raeburn, Ingenieure wie John Rennie und Thomas Telford, Ärzte wie die Gebrüder John und William Hunter, Schriftsteller wie Robert Burns und Sir Walter Scott oder auch Robert Stevenson: Sie alle leben im neuen Edinburgh oder haben doch zumindest enge Beziehungen zum gehobenen Edinburgher Bürgertum.
An der Wende zum 19. Jh. erscheinen die Schotten als ein Volk der Dichter und Philosophen, der Erfinder und Handelsherren, der Werft-, Brücken- und Kanalbauer. Auf der Basis schottischer Kohle kommen Maschinen- und Schiffbau zu einer frühen Hochblüte, aber auch die Landwirtschaft und die Fischerei erleben, nicht zuletzt durch die Bevölkerungsexplosion in England und im Forth-Clyde-Tal, einen bedeutenden Aufschwung. Im ersten Jahrzehnt des 19. Jh. haben allein 400 Handelsschiffe die Clyde-Häfen Glasgow und Greenock als Heimatorte, und mehr als ein Viertel dieser Flotte ist Besitz von Bürgern beider Städte.
Das Aufblühen von Landwirtschaft und Fischerei macht eine weitergehende verkehrstechnische Erschließung des Hochlandes unabdingbar. Sie erfolgt auf dem Seeweg durch den Bau des *Caledonian Canal* entlang des Great Glen, der 1804 begonnen, 1847 endgültig dem Verkehr übergeben wird. Thomas Telford, auf dessen Pläne der Kanalbau zurückgeht, baut darüber hinaus mehr als 1600 km Straßen, die meisten davon im Hochland. Die **ökonomische Anbindung** führt vor dem Hintergrund der nach 1746 erfolgten sozialen Umstrukturierung zu tiefgreifenden Veränderungen in der Sozialstruktur des Hochlands. Culloden hatte viele der führenden Familien in Armut gestürzt. Waren schon im frühen 18. Jh. die Einnahmen aus dem Landbesitz kaum ausreichend gewesen, die Familienmitglieder und die zahlreichen Gefolgsleute zu ernähren, so hatte das weitere Ansteigen der Bevölkerung, verbunden mit den Polizeimaßnahmen der 40er und 50er Jahre, die angestammte ökonomische Ordnung völlig obsolet werden lassen. Als der Wirtschaftsboom des ausgehenden 18. Jh. und später die napoleonischen Kriege in Großbritannien die Fleischpreise in die Höhe treiben, sind viele der landbesitzenden Clan-Familien hochverschuldet und nicht in der Lage, ein Leben zu führen, das sich an den Idealen des reichen englischen Landadels ausrichtet. Da die Zeit der Stammesfehden und des Gefolgschaftsprinzips ohnehin vorbei ist, hat der gemeine Clansman, der Vasall, seinen politischen Wert verloren; die angestammte ethische Ordnung bricht zusammen. Die neuen, besseren Verkehrsverbindungen nach Süden schaffen die Grundlage für den allgemeinen Übergang zu einer eher industriellen Agrarproduktion. Das Hochlandvieh wird durch Schafe ersetzt, deren Fleisch und Wolle eine höhere Rendite bringt; das *Great Cheviot Sheep*, eine Züchtung speziell für die klimatischen Bedingungen des Hochlands, findet bis 1790 neben dem Blackface Sheep allgemeine Verbreitung. Wo sich die angestammten Herren nicht als Landwirte betätigen wollen, übernehmen finanzkräftige Schafzüchter aus dem Süden diese Rolle: Sie bieten

den Clan-Chefs so günstige Pachtbedingungen, daß es diesen gelingt, ein neues Vermögen anzuhäufen. Vorbedingung ist jedoch, daß die Hütten und Zäune der kleinen Viehzüchter und der inzwischen abhängig gewordenen Kleinbauern verschwinden, so daß großräumige, nicht parzellierte Produktionsflächen entstehen: Die Clan-Herren verjagen ihre ehemaligen Vasallen von dem dereinst gemeinsam bewirtschafteten Boden. Zu ersten Vertreibungen dieser Art kommt es bereits in den 80er und 90er Jahren des 18. Jh. Die entwurzelte Hochlandbevölkerung stellt im Industriegürtel der Forth-Clyde-Senke willkommene, billige Arbeitskräfte und bevölkert die allenthalben entstehenden Slums, oder aber sie wandert in die Vereinigten Staaten und in die Kolonien aus. Viele junge Männer verdingen sich als Söldner in den eigens dazu aufgestellten schottischen Regimentern. Die Clan-Chefs aber formieren sich im Geiste des erstarkenden Schottland-Kultes der Romantik zur Society of True Highlanders (Gesellschaft der wirklichen Hochländer), bauen ihre Herrensitze aus und garnieren sie mit kostbaren, in London und Edinburgh erstandenen Antiquitäten.

Die eigentlichen **Clearances** (Zwangsräumungen großen Stils) beginnen im Jahre 1814, das als *Year of the Burning* in die schottische Geschichte eingegangen ist. Im Bestreben, das Hochland endlich nach modernen Gesichtspunkten für das gesamte Großbritannien nutzbar zu machen und die Bevölkerung mit ihren rückständigen Methoden und Denkweisen den erreichten zivilisatorischen Standards anzupassen, werden auf den Gütern der Gräfin von Sutherland Clanbauern und kleine Viehzüchter zwangsenteignet und an die Küste getrieben, um dort als Fischer angesiedelt zu werden. Doch die Fischereistationen für die Umsiedler existieren vielerorts allenfalls auf dem Reißbrett. Um die Menschen aus den Glens daran zu hindern, in ihre Täler zurückzukehren, werden ihre Hütten und Stallungen niedergebrannt. Viele von ihnen wandern aus, nicht zuletzt nach Australien und Neuseeland, von wo dann seit der 2. Hälfte des 19. Jh. eine billige Wolle kommt, die das Imperium der Schafzüchter im Hochland zerstört. Die Zwangsräumungen währen bis zur Jahrhundertmitte. – Die erste Hälfte des 19. Jh. ist im Hochland eine Zeit der *Hungersnöte*, bedingt durch eine völlig einseitige Produktion. *Choleraepidemien* sind in ganz Schottland häufig, und Aufstände an der Tagesordnung. Schottische Regimenter werden eingesetzt, um die Aufständischen niederzukämpfen. Dies ist die Kehrseite des romantisch vermittelten Schottlandbildes der Viktorianer, das die ausufernden Slums der schottischen Städte, die Zerstörung alter Stadtkerne durch Gewinnsucht und naives Modernitätsstreben und die neue Knechtschaft der Hochlandsbevölkerung geflissentlich übersieht.

Die 40er Jahre bringen die Anbindung der Städte Glasgow und Edinburgh an das britische **Eisenbahnnetz;** zunächst wird 1842 eine direkte Bahnverbindung zwischen beiden Städten eröffnet. Die Anbindung der ostschottischen Städte nördlich des Firth of Forth erfolgt in den 50er Jahren, und in den 60er Jahren wird die Bahnlinie durch die Grampians nach Inverness fertiggestellt. Die Hauptstrecken von London nach Glasgow bzw. Edinburgh, von rivalisierenden Eisenbahngesellschaften betrieben, werden schnell zu Rennstrecken, über die weltbekannte Züge wie der *Royal Scot* (London–Glasgow) oder der *Flying Scotsman* (London–Edinburgh) verkehren. Die Strecken benutzt auch der *Royal Train* (Königlicher Zug), der Königin Victoria alljährlich für die Sommermonate über Aberdeen nach Ballater und ins Königsschloß Balmoral bringt, sehr zum Leidwesen ihrer politischen Berater, die, wie überliefert ist, der Heideromantik ihrer Königin wenig abgewinnen können.

Der Weg zurück zur Nation: Schottland, Großbritannien, Europa

Der Unionsvertrag von 1707 sah unter anderem einen Staatssekretär vor, der sich speziell um die schottischen Angelegenheiten kümmern sollte. Doch nach der Rebellion von 1745/46 wurde dieses Amt abgeschafft, und die Funktionen wurden dem Lord Advocat, dem Kronadvokaten und Obersten Richter in Schottland, übertragen. Erst 1885 lebte das Amt des Secretary for Scotland wieder auf. Gleichzeitig wird in London ein *Scottish Office* ins Leben gerufen, eine Art regionales Innenministerium. 1892 wird der Sekretär für Schottland Kabinettsmitglied, und 1926 erhält er den Rang eines *Principal Secretary of State* (Hauptstaatssekretär). 1939 wird das Scottish Office reor-

Schottland, Großbritannien, Europa

ganisiert und erhält die Befugnis, alle spezifisch auf Schottland bezogenen Regierungsgeschäfte wahrzunehmen. Verwaltungssitz des Scottish Office ist heute das St. James Centre in Edinburgh (New St. Andrew's House). Der Londoner Amtssitz ist Dover House, Whitehall. Das Scottish Office umfaßt 5 Abteilungen: Ackerbau und Fischerei, Unterricht und Kultus, Wohnungswesen und Gesundheit, Entwicklung, Finanzen. Amtschef ist der Staatssekretär, der dem Parlament direkt verantwortlich ist. Im britischen Unterhaus hat Schottland heute 71 von 635 Sitzen.

Die Entwicklung zeigt eine allmähliche Zurücknahme der zentralistischen Tendenzen in den Jahren seit 1885. Schottland verfügt heute über ein gewisses Maß an *regionaler Autonomie*, sowohl in den Bereichen Legislative und Exekutive als auch (als Relikt früherer Selbständigkeit) im Bereich der Jurisdiktion. Im Unterhaus jedoch, das politisch tonangebend ist, stellt Schottland begreiflicherweise nur eine geringe Minderheit der Abgeordneten, und dies war in den letzten Jahrzehnten immer wieder Stein des Anstoßes.

In den 30er Jahren wird die **Scottish National Party SNP** zur geistigen und politischen Kraft. Sie dringt auf einen eigenständigen schottischen Staat im Rahmen eines Staatenbundes mit England, Wales und Irland, etwa nach dem Muster der skandinavischen Staaten. Grundlage der nationalen Selbständigkeit sollen neben den schottischen Tugenden des Fleißes und der Sparsamkeit eine gründlich modernisierte Industrie, der Fremdenverkehr und als Rohstoff vor allem das »schottische« Erdöl sein. Die in den 70er Jahren allenthalben in Europa spürbar werdenden regionalistischen Tendenzen, verbunden mit einem Überdruß an »englischer« Mißwirtschaft, bringen die SNP weiter in den Aufwind. In den Wahlen von 1974 erringt sie 7 der 71 Sitze im Unterhaus, 1976 sind es sogar 13. Damit erhält die Partei in etwa das politische Gewicht der schottischen Konservativen. Wenn inzwischen ein gewisser Rückgang erfolgt ist, so in erster Linie, weil die großen Parteien, auch unter dem Eindruck des Nordirland-Konfliktes, einen regionalistischen Kurs gesteuert haben: »Devolution« (Dezentralisation) ist die Parole. Eine in diesem Zusammenhang 1969 eingesetzte Königliche Kommission kommt im Oktober 1973 zu dem Ergebnis, daß Schottland und Wales und auch den einzelnen Regionen Englands mehr Selbständigkeit zugestanden werden sollte. Die Mehrheit der Kommissionsmitglieder empfiehlt ferner, Schottland sein eigenes regionales Parlament zu geben. Ein entsprechendes Referendum wird 1978 durchgeführt, erhält jedoch nicht die erforderliche Mehrheit.

Das Verhältnis der Schotten zu Europa ist, wie das aller Briten, eher zwiespältig: Man fürchtet angesichts der auswuchernden britischen Bürokratie eine weitere Schicht von europäischen Bürokraten, mit geringem Nutzeffekt für die Region. Im übrigen erinnert man sich noch gut an die Teuerungswelle, die auf den EG-Beitritt Großbritanniens folgte. Angesichts der schwierigen wirtschaftlichen Lage, in der sich das Land befindet, sind die Ängste verständlich. Den Mitteleuropäer sollte die reservierte Haltung der EG gegenüber nicht beunruhigen: Der kosmopolitische Geist hat in Schottland angesichts der kontinentalen Allianzen des Landes und der Übersee-Erfahrung vieler seiner Bürger eine längere Tradition als in so mancher Region Zentraleuropas.

Wirtschaft und Verwaltung

Das schottische Öl

Im Jahre 1850 erwarb der Glasgower Drogist Dr. James Young ein Patent für die Herstellung von Paraffin und Öl aus bitumenhaltiger Kohle. Der Rohstoff wurde in der sogenannten Shalefield Area zwischen Linlithgow und Edinburgh gefunden. 1851 eröffnete Young eine Fabrik, wo es ihm gelang, aus einer Tonne Kohle ca. 500 Liter Rohöl herzustellen. Weitere Unternehmen siedelten sich an, und um 1865 produzierten 120 Firmen Öl auf Kohlebasis, das unter anderem für Beleuchtungszwecke verwandt wurde. Die kommerzielle Nutzung des amerikanischen Erdöls senkte in den folgenden Jahrzehnten den Preis, und viele der Ölwerke mußten schließen. Die verbleibenden konzentrierten sich auf die Herstellung von Schmierölen, Paraffin und Amoniumsulfat: Die frühesten Stadien einer Veredelungsindustrie waren erreicht. Die beiden Weltkriege brachten den Industriezweig gehörig in den Aufwind, bis dann in den 50er Jahren der endgültige Niedergang erfolgte: Billiges Importöl ließ die angestammte Art der »Kohleverflüssigung« unökonomisch erscheinen. Das letzte Ölwerk schloß 1962. Schon 1924 aber war in Grangemouth die erste Raffinerie für importiertes Rohöl gegründet worden.

Seit 1975 sprudelt britisches Erdöl aus den Zapfsäulen schottischer Tankstellen. Inzwischen beträgt die Produktion jährlich rund 100 Mio. Tonnen, und um die Mitte der 80er Jahre wird Großbritannien, wenn die Prognosen wahr werden, seinen gesamten Bedarf aus eigenem Öl decken können. So ist auch das Nordsee-Öl die große Hoffnung aller englischen Regierungen: Es soll die Zahlungsbilanz in Ordnung bringen, dem Land etwas von seiner alten Unabhängigkeit zurückgeben, der allgemeinen Verarmung entgegenwirken, ja den Briten neues Selbstvertrauen einflößen.
Die schottischen Nationalisten betrachten das Öl nicht als britisches, sondern als schottisches Öl, das ihnen nun wieder von den Engländern weggeschnappt werde. Die meisten Ölfelder liegen im nördlichen Teil der Nordsee, etwa auf einer Linie, die von der schottischen wie von der norwegischen Küste gleich weit entfernt ist. Das Öl wird in Rohrleitungen und mit Tankern zur Küste gebracht. Die Versorgung der Bohrinseln erfolgt vor allem von Aberdeen, Peterhead und von Lerwick (Shetland) aus. Eine wichtige Rolle im Passagierverkehr zu den Bohrinseln spielt der Flughafen von Sumburgh (Shetland). Tatsächlich liegt ein Großteil der z. Zt. ausgebeuteten Ölfelder eher vor Shetland als vor Schottland, kein Wunder also, daß die Shetländer, die sich nicht als Schotten betrachten, obwohl sie eine Region Schottlands bilden, dem nationalistischen Öl-Stolz mit einem Hinweis entgegentreten, es handele sich nicht um schottisches, sondern um shetländisches Öl.
Das Öl der Nordsee ist schwer zu fördern: Die Vorkommen liegen klimatisch ungünstig und in relativ großer Wassertiefe. Entsprechend hoch sind die Entwicklungskosten. Die Bohrinseln müssen den stärksten Winterstürmen und auch Wellen von bis zu 20 m Höhe gewachsen sein. Doch die steigenden Erdölpreise machen die Produktion immer ergiebiger, und Ölfelder, die bisher als unwirtschaftlich galten, können nun auch genutzt werden. Dies wiederum erhöht die britischen Ölreserven, von denen man heute weiß, daß sie für Jahrzehnte ausreichen werden, zumal inzwischen auch in der irischen See und vor der schottischen Westküste Öl entdeckt worden ist. Gleichzeitig führen verbesserte Veredelungsverfahren wie etwa das *Hydro-Cracking* zu einer Steigerung des Ausstoßes an leichten Ölen bei gleichzeitiger Bereitstellung einer Reihe interessanter Grundstoffe für die chemische Industrie.
Welchen Reichtum das britische Öl tatsächlich darstellt, verdeutlichen die folgenden Zahlen: 1975 mußte Großbritannien 87 Mio. Tonnen Erdöl zum Preis von rund 15 Mrd. DM einführen. In den frühen 80er Jahren wird die jährliche Produktion von Nordseeöl 130 Mio. Tonnen betragen. Der Wert dieser Produktion wird sich dann auf mindestens 30 Mrd. DM belaufen. Die Einnahmen des Staates betragen zur gleichen Zeit etwa 14 Mrd. DM pro Jahr. Die Zahl der ölgebundenen Arbeitsplätze in Schottland beläuft sich zur Zeit auf mehr als 60000 (Dezember 1972: 8600).

Die Reform der Verwaltung

Regionale Verwaltungseinheiten waren bis vor wenigen Jahren die Stadt, die Gemeinde (besonders in Kirchen- und Schulangelegenheiten) sowie die Grafschaft, an deren Spitze traditionell der *Sheriff* (etymologisch wörtlich: Grafschaftsgehilfe) stand. Die 70er Jahre haben eine umfassende Verwaltungsreform gebracht. Viele der kleineren Einheiten sind verschwunden, und auch die Grafschaft hat aufgehört, als Verwaltungsebene zu existieren. An ihre Stelle ist ein System von Regionen und Distrikten getreten. Heute ist das Festland in 9 Regionen aufgeteilt (Borders, Dumfries and Galloway, Strathclyde, Lothian, Fife, Central, Tayside, Grampian und Highland); die Hebriden sowie Orkney und Shetland bilden 3 weitere Regionen. Die 9 Regionen des Festlandes sind in 53 Distrikte unterteilt, wobei die 4 Großstädte Aberdeen, Dundee, Edinburgh und Glasgow jeweils einen eigenen Distrikt bilden.

Die Schotten

Ursprung

Historisch-ethnisch stellen die *Scotti,* die Scoten – ihrer Abstammung nach Kelten aus Nordirland – nur eine Minderheit dar, dazu noch eine Minderheit, die dänisch-wikingisch stark überlagert ist, auch wenn schließlich das keltische Element triumphierte. Am reinsten erhalten hat sich der schottische Einfluß (im engeren Sinne) auf den Hebriden und entlang der Westküste. Das Hochland und die Ostküste sind traditionelles Siedlungsgebiet der Pikten (vgl. S. 26 f.).

Die Nähe des nordeuropäischen Raumes führt nicht nur im Norden und Osten, sondern auch über die wikingische Kolonisierung von Teilen Irlands im Westen zur Berührung mit Dänen und Norwegern. Im späteren Mittelalter und in der frühen Neuzeit werden entlang der Ostküste französische und niederländische Kontakte kulturell und ethnisch nachweisbar. Die Industrialisierung des 19. Jh. bringt *Iren* als Gastarbeiter in alle britischen Industriezentren, so auch in die Forth-Clyde-Senke, und hier besonders nach Glasgow. Noch heute gilt Glasgow als irischste Stadt Schottlands, ja als ein Stück exterritoriales Irland: sehr katholisch, heißblütig, chaotisch – und arm. Wie immer die Andersartigkeit des Bewohners von Groß-Glasgow bedingt sein mag, fest steht, daß der Glaswegian ein Typus ist, der die schottische Physiognomie um etliche Züge bereichert.
Rassenprobleme gibt es in Schottland (noch) nicht, sie sind aber, bedingt durch die mangelnde Integration der Zuwanderer aus dem Commonwealth, zu erwarten. Einstweilen ist die Zahl der Briten mit anderer Hautfarbe in Schottland unterhalb der konfliktträchtigen Schwelle, auch wenn die Zahl der Inder, Pakistani, Hongkong-Chinesen und Immigranten von den Westindischen Inseln im Straßenbild der großen Städte auffällt.
Schotte ist, wer sich als Schotte fühlt. Insofern gibt es den Schotten, ohne daß er sich von seinem ethnischen Ursprung her bestimmen ließe. Schotte sein heißt: sich identifizieren mit der Region Schottland, ihrer Geschichte und ihren gegenwärtigen Problemen, ungeachtet der Nationalität und der Gefühle der Vorfahren, und auch ungeachtet des derzeitigen Wohnsitzes. – Daß man sich noch als Schotte fühlen kann, nachdem die eigene Familie schon seit Generationen in anderen Erdteilen lebt, zeigt nicht nur der weltweite Zusammenhalt berühmter Clans wie etwa der McLeods of McLeod (Skye), sondern auch die Popularität von Reiseprogrammen vom Stile »Discover your own tartan«. Natürlich ist es im Einzelfall schwer, die Grenze zwischen Identifikation und bloßer Nostalgie zu ziehen. Der Bilderbuch-Schotte, als Clan-Chief oder wilder Krieger in der Tracht des Hochlandes dargestellt und mit allen Tugenden des naturnahen, nicht zivilisationskranken Menschen ausgestattet, besonders aber standhaft, vaterlandsliebend und schicksalsbewußt, ist eine Überinterpretation der Romantik, als ausgerechnet Georg IV. aus dem Hause Hannover Schottland in der Tracht eines Clan-Chefs bereiste. Georg IV. legte den Grundstein für die nachromantische Schottland-Verehrung der Viktorianer, für den »Cult of Balmorality«, an dessen Spitze die königli-

che Familie selbst steht, die Balmoral im Tal des Dee als königliches Schloß ausbauen ließ und alljährlich besucht.
Heute ist der Bilderbuch-Schotte hochgradig kommerzialisiert. Dessen ungeachtet ist der romantisch überzeichnete Hochländer für viele Schotten zur Identifikationsfigur im Rahmen jener neuen Ethnizität geworden, die charakteristisch für das ausgehende 20. Jh. zu sein scheint. Die hervorragend aufgemachten Broschüren über Culloden und über Bonnie Prince Charlie – jene historisch außerordentlich problematische Figur – werden nicht nur an die Touristen verkauft, und Heldenlieder sind derzeit hoch im Kurs: Der »Löwe im Norden« (so unter Anspielung auf das schottische Wappentier der Titel der vielbeachteten Monographie des Historikers John Prebble) gibt sich selbstbewußt. Die Idee eines Europa der Regionen und das Nordsee-Öl helfen ihm dabei.

Sprachen und Einflüsse

Wie die deutschen Landschaften haben auch die einzelnen Regionen Großbritanniens ihre eigenen Dialektformen, ihren eigenen Akzent. Natürlich gibt es einen Standard, nämlich das *Queen's English,* das sich an der Aussprache des gebildeten Londoners orientiert. Diese Form des Englischen wurde seit den 30er Jahren als Rundfunk-Englisch (BBC-English) weltweit verbreitet. Sie liegt auch unserem Englischunterricht zugrunde. (Das sogenannte *Oxford-English* ist eine elitäre Sonderform, soziales Erkennungszeichen für eine kleine, traditionell einflußreiche und wohlsituierte Kaste, nämlich für die Studenten und Ex-Studenten der Universität Oxford.)

Das *Queen's English* ist, regional betrachtet, ein Südenglisch. Die schottisch-englischen Dialekte hingegen sind dem Nordenglischen zuzurechnen. Die Grenzlinie zwischen Nord- und Südenglisch ist schwer zu ziehen, sie verläuft etwa zwischen Hull an der Nordsee und Preston an der Westküste. Die politische und ökonomische Dominanz des englischen Südens spiegelt sich wider in der Dominanz der südenglischen Sprachform: Bei allem Hang zur Selbständigkeit hat sich eine mit dem Queen's English gleichberechtigte schottische Standardsprache nie herausbilden können, auch wenn es genug Ansätze dazu gegeben hat. Die schottischen Adeligen, die Jakob VI. 1603 nach London begleiteten, hatten, einmal im Süden angekommen, nichts Eiligeres zu tun, als ihren schottischen Akzent abzulegen. Erst dies machte sie sozial akzeptabel. Denn in Großbritannien ist, anders als in Deutschland, infolge des politisch-ökonomischen Süd-Nord-Gefälles der regionale Dialekt stets auch ein sozialer Dialekt gewesen. Wer eine Form des Nordenglischen sprach, der wurde auf der sozialen Leiter von vornherein niedriger eingestuft. Dies galt ganz besonders für das eigentliche Nordengland, das traditionell als eine recht arme, rückständige Region der unfreien Kleinbauern und später der Fabrikarbeiter galt, aber auch – mit Einschränkungen – für das gesamte Schottland. King's bzw. Queen's English wurde spätestens seit Jakob I. von England (nach 1603) Vorbild für das gebildete und einflußreiche Schottland, hier besonders für die adeligen Lairds (südenglisch: Lords) und später für das Bildungsbürgertum in den Städten der Forth-Clyde-Senke. Freilich blieb ein gewisser Widerwillen den südlichen Sprachform gegenüber, der die Herausbildung eines »modifizierten Standards« begünstigte: eines schottisch gefärbten Queen's English. Die Sprachformen, die uns heute in Schottland begegnen, sind an diesem modifizierten Standard orientiert. – Was den regionalen Sprachstandard in der Gegenwart angeht, so liegen in Deutschland die Verhältnisse ganz ähnlich: Ein bayerischer Politiker, der beim Volk ankommen will, muß ein bayerisch gefärbtes Hochdeutsch sprechen, und in der regionalen Färbung offenbart sich dann auch so etwas wie nationaler Stolz. Der Österreicher wird seinen Akzent mit Gusto pflegen, schon um sich vom großen Bruder Bundesrepublik damit abzusetzen: Feinheiten der Aussprache und der Sprachmelodie werden zum landsmannschaftlichen, zum nationalen Hoheitszeichen.
Die zunehmende Regionalisierung Großbritanniens hat ihre deutlichen Rückwirkungen auf die Standardsprache: Man ist immer weniger geneigt, sich dem anonym wirkenden Queen's English bis in Feinheiten anzugleichen; die regionale Modifizierung des Standards schreitet in dem Maße fort, in dem die überkommene soziale Stigmatisierung regionaler Sprachformen verschwindet.

Sprachen und Einflüsse

Ähnlich wie das Österreichische mit seinen Ribiseln (Johannisbeeren) und seinen Paradeisern (Tomaten) hat auch das Schottische eine Reihe von eigenen Wörtern und Floskeln, die sich jedoch leicht erlernen lassen. Von den schottischen Lairds war schon die Rede, und das Wort *Loch* ist von Loch Ness und Loch Lomond her ohnehin bekannt. Die Vokabel stammt, wie auch die Vokabel *Glen* (Tal), aus dem Gälischen, von dem weiter unten noch die Rede sein wird. Ein recht häufig gebrauchtes Adjektiv ist das Wort *wee*, das soviel wie klein bedeutet und für englisches *little* bzw. *small* steht: *a wee dog*, *a wee bit*. Eine Eigenheit des Schottischen ist auch, eine Verkleinerungsform anzufügen, ähnlich etwa dem süddeutschen-le, -li oder -erl: die Endung *-ie*, die wie langes i gesprochen wird, also: *a wee lassie (a little girl)*, *a bonnie lassie* (ein fesches Maderl). *Bonnie* ist eine schottische Entlehnung aus dem Französischen (bon = gut), geläufig vor allem in der Formel *Bonnie Prince Charlie* für Prinz Charles Edward Stuart (vgl. S. 39f.). Vielleicht fallen dem Schottland-Besucher einige weitere Eigenheiten der Sprechweise auf, etwa die Tatsache, daß t-Laute oft durch einen Knacklaut ersetzt werden: So wird auch aus *Scotland, Scottish* ein *Sco'land* und *Sco'ish*. Hierbei handelt es sich allerdings keineswegs um Besonderheiten der schottischen Aussprache, vielmehr ist dies ein Zug der nicht-förmlichen englischen Umgangssprache ganz allgemein.
Der Schottland-Reisende kommt nicht nur mit dem schottischen Englisch in Berührung, sondern auch, sofern er das Hochland und die Hebriden bereist, mit dem *Gälischen*. Denn selbst wenn er nicht auf die relativ wenigen gälisch-sprechenden Schotten stößt, leidet er doch unter den nördlich der Forth-Clyde-Senke immer unaussprechlicher werdenden Ortsnamen. Das Gälische gehört zur Gruppe der keltischen Sprachen, die heute nur noch in jenen Rückzugsgebieten gesprochen werden, in denen sich das Keltentum trotz aller Anfeindungen durch die Jahrhunderte relativ rein erhalten hat: in der Bretagne, im englischen Wales, im Südwesten der Republik Irland, im schottischen Hochland und auf den Hebriden.
Die dialektalen Unterschiede sind von Insel zu Insel und von Tal zu Tal gravierend. Die Zahl der Sprecher ist insgesamt betrachtet stark rückläufig, sie betrug 1891 immerhin 254000, 1961 jedoch nur noch 81000, wobei auch Sprecher in der Umgebung von Glasgow, in Edinburgh, Aberdeen und Dundee mitgerechnet sind.

Wie das schottische Englisch so ist auch das Gälische Teil der touristischen Vermarktung Schottlands geworden, und Reiseleiter gefallen sich darin, ein paar gälische Floskeln loszulassen. Wie schon angedeutet, ist es außerordentlich schwer, wirkliche Sprecher des Gälischen zum Sprechen zu bringen: Sie wollen ja nicht als sehenswerte sprachliche Relikte eines archaischen Zeitalters gelten und sprechen daher mit den Touristen Englisch. Wer authentisches Gälisch hören will, der hat am ehesten auf den Hebrideninseln Lewis, Harris und Uist sowie auch auf den kleineren, wenig besuchten Inselchen wie Barra, Tiree, Islay Gelegenheit dazu. Der Sprachenfanatiker wird sich beispielsweise an den zentralen Bushaltestellen in Stornoway (Lewis) plazieren, im Hafen den Fischern zuhören oder in den wenigen Dorf-Pubs versuchen, den Klang des Gälischen in sich aufzunehmen. Hilfreich sind natürlich auch musikhistorisch anspruchsvolle Aufnahmen von Hebriden-Folklore, die in den Plattenläden der größeren Städte erhältlich sind. In diesem Zusammenhang noch ein Hinweis mit der Bitte um das erforderliche Feingefühl: Die Besitzerin des Black House, Arnol, in Shawbost, Insel Lewis (**676**) ist eine engagierte schottische Nationalistin und spricht ein sehr schönes Inselgälisch. Wenn man sie eindringlich bittet und ernsthaft erscheint, liest sie einem eine Passage aus der gälischen Bibel vor.
Viele der kompliziert klingenden schottischen Ortsnamen erschließen sich dem Reisenden, wenn er ein Glossar benutzt, das ihm die immer wiederkehrenden deskriptiven Bestandteile verdeutscht. Die folgende Liste erleichtert den Zugang zur schottischen Topographie und bietet einen Zeitvertreib für regenreiche Tage.

aber	Flußmündung	Aberdeen
an	(Verkleinerungsform)	lochan (»kleiner See«)
an	(Genetivanschluß)	Loch an Eilean (»See der Insel«)
avie (abh)	Wasser	Aviemore
avon (abhainn)	Fluß	Avon
bal (baile)	Stadt	Balmoral (vgl. auch irisch Baile Atha Cliath für Dublin)
ban	weiß	Banchory
beg (beag)	klein	Glen Beg (kleines Tal)
ben (beinn)	Berg	Ben Nevis
blair (blar)	Feld, Schlachtfeld	Blairgowrie, Blair Atholl
brae (braigh)	Berg	Braeriach
bui (buidhe)	gelb	Achiltibuie
carn, cairn	Aufhäufung, Hügel	Cairngorm (»blaue Hügel«)
clachan	Steinkreis, Agglomeration von Häusern	Clachan of Aberfoyle
coir, coirre (coire)	Höhlung, Schlucht	Corrieyairack
craig, crag	Felsen	Craigellachie
cruach	Aufhäufung, Stapel	Ben Cruachan (»Auftürmender Berg«)
dearg	rot	Ben Dearg (»Roter Berg«)
drum, druim	Rücken, Bergrücken	Drumnadrochit
dubh, dhubh	schwarz	Creag Dhubh (vgl. auch Dublin = »Schwarzer Sumpf«)
dun, dum	Befestigung	Dundee, Dunnottar
eilean	Insel	Eilean Donan
esk (uisge)	Wasser	Esk, vgl. auch die anglisierte Form Whisky, irisch-englisch Whiskey
fin (fionn)	weiß, strahlend	Findon
gair, gare (gearr)	kurz	Gairloch
garve (garbh)	wild	Strath Garve (»weites, wildes Tal«)
glas	grau	Glasvon
glen (gleann)	Tal	Glen More
gorm	blau	Cairngorm
i, inch, innis, inis	Insel	Inchcape
inver	Flußmündung	Inverness
kil	Zelle (Lehnwort aus dem Lateinischen), Einfriedung	Kilmorack
kil (coille)	Wald	Kildrummy
kyle (caol)	Meerenge	Kyleakin, Kyle of Lochalsh
lag, laggan	Aushöhlung, Grube, Senke	Loch Laggan
liath	grau	Monadh Liath
linn(e)	Teich, Engstelle in einem Tal	Linn of Dee
loch	See	Loch Ness
mon, monadh	Moor	Monadh Liath (»Graues Moor«)
mor, more (mor)	groß	Glenmore (»Großes Tal«)
na, nan, nam	Genetivanschluß: des, der	Loch-na-Gar
ree (regh)	König	Portree
ross (ros)	Punkt in der Landschaft	Fortrose
scuir, scour (sgurr)	rauher Berg	Sgurr Fhuran
shiel (silidh)	fallender Regen	Glenshiel (»Tal des fallenden Regens«)
spittal, spidal	Vergnügungsplatz	Dalnaspidal

Ein weiteres gälisches Wort, das der Reisende kennen sollte, ist das Wort *ceilidh*, was soviel bedeutet wie Gesangsfest. Ceilidhs sind im westlichen Hochland und besonders auf den Hebrideninseln (in unterschiedlichem Maße kommerzialisierte) Veranstaltungen mit Gesang und Tanz.

Die Aussprache der gälischen Ortsnamen bleibt schwierig; die nicht-gälischsprachigen Schotten anglisieren die Aussprache in unterschiedlichem Maße, wobei sie von der Schreibung ausgehen. Neben den gälischen Ortsnamen, die im zentralen Hochland und im Westen Schottlands dominieren, finden sich, besonders im Norden, aber auch entlang der Ostküste, *Ortsbezeichnungen skandinavischen Ursprungs*. Die Endung *-ness* wie in Caithness bedeutet soviel wie Vorgebirge, *Wick* heißt Siedlung (man denke an die zahlreichen -wiks in Skandinavien), Thurso erinnert an den Gott Thor (Thors Wasser), und Ortsnamen wie Kirkwall oder Sutherland erklären sich für den deutschsprachigen Reisenden gewissermaßen von selbst.

Auf den Orkney- und Shetland-Inseln wurde bis ins ausgehende 18. Jh. ein den skandinavischen Sprachen verwandter Dialekt (im Grunde eine Form des mittelalterlichen Dänisch) gesprochen. Englisch war, wie auch im gesamten Hochland jener Zeit, Zweitsprache, soweit es nicht gar als Fremdsprache gelernt wurde. Noch im Jahr 1961 zählte Schottland 976 Bewohner, die des Englischen nicht mächtig waren. Inzwischen ist diese Zahl gegen Null gesunken. Dem Englischen des Hochlands und auch den Orkney- und Shetland-Inseln merkt man jedoch an, daß es noch keine lange Geschichte hat: Vielen Reisenden erscheint es, wenn auch als Nordenglisch, so doch besonders klar und verständlicher als schottische Dialekte der Forth-Clyde-Senke und der südlichen Uplands. Dies hängt ohne Zweifel damit zusammen, daß sich Dialekte hier im Norden nicht herausbilden konnten, da daß man bis in sehr junge Zeit das Englische gewissermaßen als Fremdsprache lernte. Die besonders klangvolle Intonation des Englischen auf den Orkney- und Shetland-Inseln deutet auf die nachwirkende skandinavische Sprachgrundlage hin.

Kirche und Religion

Im Unterschied zur facettenreichen Staatskirche Englands, der Church of England, die von anglo-katholischen Formen mit Meßgewändern und Weihrauch (High Church) bis hin zu betont schmucklosen, predigtorientierten Formen (Low Church) reicht, ist die schottische Staatskirche, die **Kirk,** calvinistisch orientiert. Der historische Grund für diese Ausrichtung ist in den engen Beziehungen der tonangebenden Theologen des 16. Jh. zu calvinistisch inspirierten kontinentalen Theologenschulen zu sehen, bei gleichzeitiger Ablehnung der politisch motivierten und in vielem halbherzigen Kirchenreform Heinrichs VIII. und Elisabeths I. Dabei ist die Geschichte des schottischen Protestantismus bestimmt durch die konstante Auseinandersetzung mit den gemäßigteren, am Luthertum orientierten Formen des englischen Protestantismus. Heute stehen, wie überall im kirchlichen Leben Europas, die Zeichen auf Ausgleich, Ökumene ist das Stichwort. Dies gilt zunächst einmal für die protestantischen Gruppierungen, die als Splittergruppen aus der Staatskirche hervorgegangen sind (so etwa die *Free Church of Scotland*, die *Free Presbyterian Church of Scotland* und die *United Free Church of Scotland*), sodann aber auch für die anderen nonkonformistisch-protestantische Kirchen, etwa die Baptisten, die Kongregationalisten und die Methodisten, und schließlich auch für die *Episcopal Church*, die Bischofskirche. Letztere stellt gewissermaßen den schottischen Zweig der *Church of England* dar: Das Bischofsamt besteht in der Form, wie es der anglikanische Katholizismus auf der Basis der altkirchlichen Vorstellungen vorgezeichnet hatte. Die Episcopal Church of Scotland hat rund 50 000 Mitglieder.

Der *römische Katholizismus* ist, bei aller Verfolgung in der Ära des John Knox und in den Jahren bis hin zum *Catholic Emancipation Act* von 1829 (der den römischen Katholiken innerhalb des Vereinigten Königreiches die politische Gleichberechtigung verschaffte), nie ganz aus Schottland

geschwunden. Zum einen überlebte er in jenen Teilen des westlichen Hochlandes und der Hebriden, die zu abgelegen waren, um jemals von der Reformation erreicht zu werden, zum anderen hat der irische Zustrom des 19. Jh., besonders in der Region um Glasgow, den katholischen Bevölkerungsanteil emporschnellen lassen. Heute ist die römisch-katholische Kirche nach der Kirk die zahlenmäßig stärkste Religionsgemeinschaft.
Die Kirk ist ihrer Verfassung nach prebyterianisch, und sie ist demokratisch organisiert. Für die rund 1 000 000 Mitglieder existieren etwa 2000 Kirchen. Jede Gemeinde wählt ihren Pfarrer selbst, wobei der Unterschied zu einigen Freikirchen darin besteht, daß nicht jeder Laie bei entsprechender Eignung als Pfarrer tätig werden kann. Der Klerus der Church of Scotland hat eine volle theologische Universitätsausbildung, die hohen Standards genügt und an deren Ende eine Predigerlizenz erworben wird. Bevor der angehende Pfarrer von einer Gemeinde »berufen« werden kann, absolviert er ein einjähriges Vikariat.
Jede Gemeinde wird durch einen Kirchenrat, die *»Kirk Session«* verwaltet, in dem der Pfarrer und die von der Gemeinde gewählten Kirchenältesten Sitz und Stimme haben. Die einzelnen Gemeinden sind in Distrikte zusammengefaßt; jeder Distrikt untersteht *einem Presbyterialrat (Court of Presbytery).* Die nächsthöhere Ebene stellt der Synodalrat (Court of Synod) dar. Die ranghöchste Körperschaft der Church of Scotland ist die *General Assembly* (Generalversammlung), die sich aus gewählten Pfarrern und Ältesten zusammensetzt. Sie tagt einmal jährlich unter dem Vorsitz eines gewählten Moderators, dessen Amtszeit ein Jahr beträgt. Die Sitzungen der General Assembly finden jedes Frühjahr in Edinburgh statt. Als Vertreter der Krone nimmt ein *Lord High Commissioner,* ein hoher königlicher Kommissar, an der Versammlung teil. Sein Amtssitz ist für die Dauer der Versammlung Holyroodhouse. Die Church of Scotland ist Mitglied des *British Council of Churches* und des Weltkirchenrates.

Architektur, Kunst, Theater und Literatur

Wer nach Schottland fährt, tut dies zunächst der Landschaft und der Menschen wegen. Kunsthistorische Motive geben selten den Ausschlag. Dabei tut man Schottland unrecht, denn das Land verfügt mit Callanish und Carloway (Lewis), Mid Clyth (Caithness), Scara Brae, Stenness, Maes Howe und Birsay (Orkney) sowie Jarlshof und Mousa (Shetland) über die bedeutendsten neolithischen und eisenzeitlichen Baudenkmäler Nordeuropas, ja es besitzt eine 3000jährige und in vieler Hinsicht eigenständige Architekturtradition, die von Anbeginn neben sakralen Bauwerken auch Bedeutendes im Bereich der weltlichen Baukunst geleistet hat. Da sind weit über 100 Schlösser und Herrensitze, die, was die Ästhetik der baulichen Form und den Reichtum der Innenausstattung angeht, den Vergleich mit französischen Standards aushalten; da sind die Kathedralen von Edinburgh, Glasgow, St. Andrews, Dunkeld, Arbroath, Aberdeen, Elgin und Iona und die Abteien entlang der Borders, die den Typ der »Kathedralenfahrt« auch in Schottland lohnend machen; und da sind schließlich die schmucken Little Houses mit ihren wohlproportionierten Treppengiebeln, Kaminen, Fensterchen und Türmchen, wie man sie entlang der SO-Küste, am Forth (Culross) und entlang der Küste von Fife (Pittenweem, Crail) findet: unverkennbar schottisch in ihrer Gestalt.

Typisch für Schottland ist der *Baronial Style* (Baronsstil), der dem Adelshaus des 16. und 17. Jh. das Gepräge gibt, und den die Architektur der Little Houses reflektiert. Es handelt sich dabei um einen strengen, zuweilen eigensinnigen und doch von großem Formgefühl zeugenden Barock, der einen Kompromiß sucht zwischen neuem Formenreichtum und überkommenem, strategisch aber nur noch bedingt nutzbarer Turmbauweise: Die Entwicklung der Schußwaffen reduziert den Verteidigungswert der älteren Burganlagen. Die in Schottland meist aus dem 13. und 14. Jh. stammenden und damit dem ältesten Steinbau-Typus zugehörigen Towerhouses – schmucklose, mit einer hohen Blendwand versehene Friede – verlieren ihre Funktion. Sie werden zum Teil völlig aufgegeben, zum Teil aber auch im Rahmen von An- und Umbauten den neuen Adelssitzen eingegliedert, in denen gepflegte Wohnkultur eine zunehmend wichtigere Rolle spielt.

Im Zuge einer Entwicklung, die zu den nicht mehr befestigten, geräumigen Landsitzen des 18. Jh. führt, entsteht als Übergangstyp das bis zu 7 Stockwerke hohe *Fortified House* (Befestigtes Haus), das sehr oft dem aus dem 15. Jh. ererbten, strategisch günstigen Grundriß in der Form eines L genügt (vgl. Crathes oder Craigievar), oder aber neuen Typen des Grundrisses folgt: dem Z-, dem T- oder dem E-Plan. Diese Häuser sind nur noch für den begrenzten Konflikt ausgelegt, sie sind nicht artilleriefest. Der Bautyp des Turmhauses wird endgültig aufgegeben, als im 18. Jh. bei fortschreitender Waffentechnik die Konflikte großräumiger werden. Unter französischem und italienischem Einfluß entsteht der Typ des *Georgian Mansion* (Georgianisches Herrenhaus), wobei auch der französisch inspirierte, geometrisch angelegte Barockgarten, der die im Baronial Style erstellten Häuser zuweilen umgibt, der neuen Natürlichkeit des Englischen Gartens, einer weit angelegten Parklandschaft also, weichen muß.

Berühmtester Architekt des 18. Jh. ist Robert Adam (1728–1792), der mit seinem Vater William und seinen Brüdern James und John zahlreiche Adelssitze sowohl in Schottland als auch in England plant und ausstattet. Er ist der bedeutendste Baumeister seit Sir William Bruce (1630–1710). Dieser erneuerte als *Architect Royal* (Königlicher Architekt) Karls II. in den Jahren nach 1670 den Palast von Holyrood. Die Kunst der Adams und zugleich der bautechnische und stilistische Fortschritt seit Bruce werden deutlich in den geschwungenen und ovalen Formen von Hopetoun House, einem Werk des Sir William Bruce, das zunächst William Adam und dann seine Söhne in den Jahren nach 1721 im neuen Stil umbauen und erweitern.

Im Bereich der bildenden Künste im engeren Sinne hat Schottland nicht jenes reiche Erbe zu bieten, das man von den Niederlanden, von Italien oder von Spanien her gewohnt ist. Immerhin gibt es aber bedeutende Portraitisten wie Allan Ramsay und Henry Raeburn. Sir Henry Raeburn (1756–1823), Sohn eines Edinburgher Fabrikanten und Schüler des englischen Hofmalers George Reynolds, hatte, wie zuvor sein Lehrer, seine Ausbildung in Italien erhalten. Seine Portraits sind in den Edinburgher Galerien und in den zahlreichen Schlössern des Landes zu sehen.

Edinburgh verfügt über die bedeutendsten nationalen Gemälde- und Kunstsammlungen: die *National Gallery*, die *National Portrait Gallery* und die *National Gallery of Modern Art*. Wichtig sind in diesem Zusammenhang auch das *National Museum of Antiquities* (Nationalmuseum der schottischen Altertümer) und das *Royal Scottish Museum*, das neben den Bildenden Künsten die Bereiche Naturwissenschaften und Angewandte Wissenschaften dokumentiert. Die Royal Scottish Academy veranstaltet in den Sommermonaten Ausstellungen zur modernen schottischen Kunst. – Ein breites kommerzielles Kunstangebot findet sich in den privaten Galerien von Edinburgh und Glasgow, die mehr oder minder eng mit dem Scottish Arts Council (Schottischer Kunstrat) zusammenarbeiten. Das *Scottish Craft Centre* (Zentrum für das schottische Kunsthandwerk) in Edinburgh und das *Scottish Design Centre* in Glasgow bemühen sich um einen hohen künstlerischen Standard im Bereich des Kunsthandwerks.

Schottland hat eine reiche Musiktradition, die jedoch eher auf der Ebene der Volkskunst angesiedelt ist. Die Zahl der berühmten Pipers (Dudelsackspieler), der Fiddlers (Geigenspieler) und der Barden ist groß, aber Komponisten von internationalem Rang hat das Land nicht hervorgebracht. Gleiches gilt für Drama und Ballett, trotz der ausgeprägten Theatertradition in den Schulen und trotz des volkstänzerischen Geschickes der Jugend.

In den Jahren seit 1945 ist im Zuge regionaler Verselbständigung das Theater- und Konzertwesen auf nationaler Ebene großzügig ausgebaut worden. Seit 1950 besteht ein *Scottish National Orchestra*, 1962 wurde die außerordentlich erfolgreiche *Scottish Opera* gegründet, ein eigenständiges *Scottish Theatre Ballet* entstand 1969. Letzteres gilt heute als schottisches Nationalballett. Im Rahmen der BBC arbeiten ein eigenes *Scottish Symphony Orchestra*, seit Beginn der 70er Jahre ein *Scottish Baroque Ensemble*, das eng mit der schottischen Oper zusammenarbeitet. Für den Touristen von besonderem Interesse ist das während der Sommermonate in Pitlochry gastierende *Festival Theatre*. Die lebendige Theatertradition des Landes, die vor bürgerlicher Erstarrung bewahrt geblieben ist, hat in allen größeren Städten Kellertheater und Experimentierbühnen entstehen lassen, die moderne schottische Autoren gerne berücksichtigen, um damit einen Beitrag zur Fortentwicklung einer eigenständigen schottischen Literatur zu leisten. Die Ausbildung von Musikern und Schauspielern erfolgt u. a. im Rahmen der *Royal Scottish Academy of Music and Drama* in Glasgow. Entscheidende Anstöße zur Fortentwicklung des künstlerischen Lebens in Schottland hat seit 1947 das *Edinburgh Festival* gegeben. Begründet in einer Zeit, die noch vom Krieg gezeichnet war, sollte das Festival vor einem typisch schottischen Hintergrund hervorragende Künstler aus allen Teilen der Welt zusammenführen. Die Veranstaltung war von Anfang an ein Erfolg; andere Städte Europas sind dem Beispiel Edinburghs gefolgt. Das Festival wird jedes Jahr etwa zwischen dem 20. August und dem 10. September ausgerichtet. Hauptschauplatz ist die Esplanade vor dem Edinburgher Schloß, das als evozierende Kulisse dient. Im Rahmen der Veranstaltung findet auch ein großer militärischer Aufmarsch statt, das *Edinburgh Tattoo*. – Wer das Festival besuchen möchte und Wert auf gute Plätze und ein annehmbares Quartier legt, der sollte ein knappes Jahr im voraus buchen.

Mit dem Edinburgh Festival ist das *Edinburgh International Film Festival* verbunden. Es ist das einzige britische Filmfestival und neben Venedig die älteste Veranstaltung dieser Art in Europa. Andere schottische Städte haben ihre lokalen Festspiele, und Amateur-Veranstaltungen mit Musik und Tänzen werden im Sommer landauf, landab abgehalten. Zu letzteren zählt auch das jährlich stattfindende National Gaelic Mod, eine Veranstaltung mit gälischen Liedern und gälischer Dichtung, die von der Vereinigung *An Comunn Gaidhealach* ausgerichtet wird.

Wenn es einen Nationaldichter der Schotten gibt, dann verdient **Robert Burns** (1759–1796) diesen Titel. Sein Wirken fällt in eine Zeit, in der das literarische Europa frühromantischen Tendenzen huldigt. Die Besinnung auf das eigene Volkstum, die Volkskunst, die nationale literarische Tradition erhält einen hohen Stellenwert. Burns, Sohn eines armen schottischen Bauern aus der Gegend von Alloway, weitgehend Autodidakt, zunächst Landarbeiter auf dem Hof seines Vaters, dann selbst Bauer (jedoch ohne großen Erfolg), ist für das zeitgenössische Publikum ein Beispiel für jene erdverbundene Genialität, die man am Ursprung aller Kunst vermutet. 1786 veröffentlicht er einen Sammelband *Poems, Chiefly in the Scottish Dialect*, (Gedichte, besonders im schottischen Dialekt) der ihm eine Einladung nach Edinburgh einbringt, wo er im Rahmen eines 2jährigen Aufenthalts in engen Kontakt mit den literarischen Zirkeln der Hauptstadt tritt. Nach einem weiteren mißlungenen Versuch, sich als Landwirt zu betätigen, erhält er eine Anstellung als Steuereinnehmer in Dumfries, wo er die letzten 6 Jahre seines Lebens verbringt. Burns ist vor allem als Lyriker bekannt geworden, nicht minder interessant sind jedoch seine humoristischen und satirischen Dichtungen. Seine Lyrik besticht durch die Echtheit der Inspiration, die Intensität des Gefühls und die Direktheit der Sprache. Diese verbinden sich mit exquisiter Beobachtungsgabe, Naturliebe, einem Hang, die Partei des Schwächeren zu ergreifen, und nicht zuletzt mit schottischem Patriotismus. Die internationale Aufmerksamkeit, die die Burns'sche Lyrik auf sich lenkte, muß vor dem Hintergrund des Wirkens eines anderen Bauernsohnes, diesmal aus dem Hochland, gesehen werden: **James Macpherson** (1736–1796). Macpherson, der seine Karriere als Schulmeister beginnt, veröffentlicht 1760 eine Sammlung *Fragments of Ancient Poetry* (Fragmente alter Dichtung), die er, wie er vorgibt, aus dem Gälischen übersetzt hat. Ihnen folgen zwei lange epische Werke in Prosa, *Fingal* (1762) und *Temora* (1763), die angeblich von einem gälischen Barden des 3. Jh. mit Namen Ossian, Sohn des Fingal, stammen. Macphersons Ossian-Übersetzungen sind, dies steht heute fest, eine literarische Fälschung. Die Zeitgenossen aber empfinden die Publikationen als Sensation ersten Ranges. Das literarische Europa, so auch Goethe, blickt jahrzehntelang gebannt nach Schottland. Noch Felix Mendelssohn-Bartholdy steht unter dem Einfluß Ossianscher Dichtung, als er 1829 seine Hebriden-Ouverture komponiert, deren einleitender Satz bezeichnenderweise »Fingals Höhle« überschrieben ist.

Macpherson war zweisprachig, er kannte die mündlich tradierten gälischen Heldenlieder, die damals im Hochland noch vorgetragen wurden, und aus diesem Fundus übernahm er die Namen, die Thematik und Teile der Handlung. Daß Macpherson alles andere als ein literarischer Stümper war, zeigen nicht zuletzt die vielen ausgezeichneten Naturbeschreibungen, die eine Orientierungsmarke für die entsprechenden Bemühungen späterer romantischer Dichter darstellen.

Das Lebensschicksal von **Sir Walter Scott** (1771–1832) erinnert ein wenig an das von Balzac, nur daß Scott insgesamt wohlhabender war. Beide waren Erfolgsautoren ersten Ranges, beide wurden durch den Bankrott von Druckereien, an denen sie beteiligt waren, in ungeheure Schulden gestürzt, und beide schafften es, die Schulden durch noch größere literarische Anstrengungen abzutragen; beide starben schließlich 51jährig an den Folgen ihrer Anstrengungen. – Scott hat einen anderen sozialen Hintergrund als Macpherson und Burns. Er entstammt dem Edinburgher Bürgertum und widmet sich dem Beruf seines Vaters, der Juristerei. Er wird Sheriff der kleinen südschottischen Grafschaft Selkirkshire, baut schließlich sein in späteren Jahren zu einer Wallfahrtsstätte gewordenes geräumiges Herrenhaus in Abbotsford und lebt das Leben eines begüterten schottischen Laird. Sein Beruf läßt ihm viel freie Zeit zum Schreiben, und frühzeitig erworbener literarischer Ruhm bringt ihm schließlich sogar die Würde eines Barons.

Scotts Popularität gründet sowohl auf seinen epischen Versdichtungen als auch auf seinen zahlreichen Romanen. Seiner 1802 erschienenen Balladensammlung *Minstrelsy of the Scottish Border* folgen die Versepen *The Lay of the Last Minstrel* (1805), *Marmion* (1808), und *The Lady of the Lake* (1810), mit denen Scott europäische Berühmtheit erlangt. Es handelt sich dabei um romantisierende Verserzählungen aus dem schottischen Mittelalter, voll wilder Abenteuer, Schlachtengetümmel, höfischer Liebe und ritterlicher Treue, ganz nach dem Geschmack der Zeit. Seine Romane (u.a. *Waverley* 1814, *Ivanhoe* 1819, *Kenilworth* 1821) folgen der gleichen Linie, wobei historische Begebenheiten aus dem Schottland des 17. oder 18. Jh., dem mittelalterlichen oder elisabethanischen England, dem Frankreich des 15. Jh. usw. mit imaginären Gestalten und Handlungen verwoben werden. Scott schafft damit eine neue literarische Untergattung, die des historischen Romans.

Auch **Robert Louis Stevenson** (1850–1894), von einem Lungenleiden zeitlebens gezeichneter Reiseschriftsteller und Autor des berühmten Romans *The Treasure Island* (Die Schatzinsel), ist Edinburgher, Sohn eines Ingenieurs und Leuchtturmbauers und ursprünglich selbst Ingenieur-Student. Sein exotisch-neuromantischer und impressionistischer Erzählstil muß u.a. auch als Versuch gewertet werden, der Krankenstube zu entfliehen. Stevenson stirbt nach einem ruhelosen Leben auf der Samoa-Insel Upolo.

Der bedeutendste unter den »modernen« schottischen Dichtern ist ohne Zweifel **Hugh Macdiarmid** (1892–1978). Macdiarmid, eigentlich Christopher Murray Grieve, hat sich als Lyriker, Satiriker, Essayist und Kritiker einen Namen gemacht. Er ist Mitbegründer der Schottischen Nationalpartei SNP und Gründer des schottischen PEN-Clubs. Sein nationales Engagement prägte seine schriftstellerische Tätigkeit, wie schon aus den Titeln einiger seiner Werke hervorgeht: *Albyn, or Scotland and the Future* (1927), *Scots Unbound* (Gedichte, 1932), *At the Sign of the Thistle* (1934). Als Wortführer der schottischen literarischen Renaissance hat sich Macdiarmid besondere Verdienste um die Förderung der Dialektdichtung erworben.

Folklore

Kristallisationspunkte der schottischen Folklore sind die *Highland-Games* (Hochland-Spiele) und die *Ceilidhs* (Gesangs- und Tanzfeste); Highland Games finden in den Sommermonaten überall im Lande statt, wobei besonders hervorzuheben ist, daß sie immer noch mehr für die Schotten als für die Touristen durchgeführt werden. Die bekanntesten sind das *Braemar Gathering*, dem normalerweise die vom benachbarten Balmoral anreisende königliche Familie beiwohnt, das *Argyllshire Gathering* in Oban, das *Cowl Gathering* in Dunoon und das *Aboyne Gathering*. Die Spiele verbinden musikalische, tänzerische und sportliche Veranstaltungen miteinander.

Geboten werden Dudelsack-, Fidel- und Akkordeonmusik sowie Solo- und Gruppentänze (darunter der berühmte Schwerter-Tanz), die normalerweise von Mädchen zwischen 5 und 25 getanzt werden. Urige sportliche Wettkämpfe wie etwa das *Tossing the Caber* (eine Art Kugelstoßen mit Baumstämmen) reichern das Programm an. Die Ceilidhs, die besonders in Westschottland und auf den Hebriden veranstaltet werden, haben eine große Bandbreite, die von künstlerischen Vorträgen gälischer Lieder bis hin zu modernem Gesellschaftstanz reicht. Sie sind mitunter stärker kommerzialisiert als die Hochland-Spiele, wo man sich einfach um ein Bretterpodest auf dem Dorfanger versammelt. Die Gesellschaft zur Pflege der gälischen Kultur *An Comunn Gaidhealach* führt alljährlich den *National Gaelic Mod* durch, ein Festival mit Musik sowie Dichtung und Gesang ausschließlich in gälischer Sprache.

Der Reichtum des kulturellen Erbes offenbart sich jedoch nicht nur in den hier genannten Bereichen (wobei Musik und Gesang in einer Reihe preiswerter Platten- und Tonkassetten-Produktionen hervorragend dokumentiert sind), sondern auch auf dem Sektor des *Kunsthandwerks*. Kunsthandwerkliche Läden (Craft Shops) finden sich in jedem größeren schottischen Dorf. Neben den Wollwaren stehen Holzschnitzerei und Flechterei hoch im Kurs, Halbedelsteine, besonders Achate und auch der farbenprächtige Marmor von Portsoy werden verarbeitet, dazu das gehärtete und gefärbte Holz des Heidekrauts, ferner Felle und das Horn der Tiere. In jüngster Zeit blüht das Kunstschmiede-Handwerk wieder auf. Auch andere traditionelle Handwerke wie etwa das Herstellen von Kerzen, die Seifensiederei oder das Backen von Brot und Gebäck auf Hafer-Basis haben im Zeichen des Tourismus eine neue Zukunft.

Der Dudelsack. Schottland gilt als klassische Heimat des Dudelsacks. Richtiger ist, daß die traditionelle Abgeschiedenheit Schottlands das Überleben des archaischen Musikinstruments ermöglichte, bis der allgemeine Schottlandkult des 19. Jh. eine breite Renaissance ermöglichte. Von besonderer Bedeutung ist musikhistorisch die Rolle des Dudelsacks als Militär-Musikinstrument: Schottische Regimenter waren es dann auch, die die *Bagpipes* im 19. Jh. im gesamten britischen Empire verbreiteten.

Die frühesten Darstellungen des Dudelsacks in Schottland finden sich in Melrose Abbey und Rosslyn Chapel. Sie datieren aus dem 13. Jh. Es darf angenommen werden, daß der Dudelsack als ein typisches **Hirteninstrument** aus dem mittleren Osten und Griechenland, wo er für die Zeit um 800 v. Chr. belegt ist, zu den Römern gelangt. Kaiser Nero (54–68 n. Chr.) soll, wie Dionysos Chrysostomos berichtet, fähig gewesen sein, das Instrument zu spielen. Mit den römischen Eroberern breitet sich der Dudelsack im gesamten Europa aus, als ein Instrument der Tanzmusikanten und des Militärs, aber auch der Hirten. Sein rauher, krächzender, dissonierender Klang wird im Laufe der Jahrhunderte verfeinert, dennoch aber gilt die Sackpfeife schon im ausgehenden Mittelalter als archaisch: Es gibt genügend Darstellungen, in denen ausgerechnet der Teufel Dudelsack spielt, in Melrose ist es ein Schwein. Die seit der Renaissance neu entwickelten Musikinstrumente drängen den Dudelsack immer mehr zurück. Auch die Harmonielehre des Barock und der Klassik mit ihrer Absage an leere Quinten und Dissonanzen läßt dem Dudelsack wenig Raum: Die Anerkennung als Kammermusikinstrument bleibt ihm versagt. Er kann nur als *Volksmusikinstrument* dort überleben, wo alte Traditionen am lebendigsten bleiben, nämlich weitab der neuen Kulturzentren. So überlebt er denn auch in Teilen des Balkans, in Griechenland, in Spanien, in der Bretagne, in Irland und Schottland, aber auch im Bayerischen und im Böhmerwald. Im Bayerischen Wald geht die Tradition des Dudelsackspiels im frühen 19. Jh. zu Ende. Zuvor hat der Dudelsack im 18. Jh. eine modische Renaissance erlebt: Die Damen der französischen Hofgesellschaft spielen, als Schäferinnen verkleidet, eine für weibliche Hände verfeinerte Form, die Musette. Heute ist von alldem nur die Bezeichnung *Valse Musette* geblieben.

Charakteristikum der Dudelsackmusik ist die von Anfang bis Ende eines Musikstückes mitschwingende leere Quint, ein **Bourdon**, über dem sich die Melodie entwickelt. Der Bourdon entsteht, indem aus dem Luftsack, dem zentralen Element des Dudelsacks, durch Druck mit dem Arm Luft in 3 Pfeifen entweicht, die als *Drohnen* bezeichnet werden (2 Tenordrohnen und 1 Baßdrohne) und in einer Quinte zueinander gestimmt sind. Die beiden Tenordrohnen sind dabei sehr oft leicht gegeneinander verstimmt, was den »urigen«, dissonierenden Klang des Instruments verstärkt. Die 4. Pfeife ist die Melodiepfeife, der *Chanter*. Wie die übrigen Pfeifen hat auch er einen ununterbrochenen Luftzufluß aus dem Sack. Der Chanter ist ein Doppelrohrinstrument, eine primitive Form von Oboe, bei der 6 Grifflöcher ähnlich wie bei der Blockflöte ein kompliziertes Klappensystem ersetzen. Die Luft wird dem Sack, der während des Spiels stets prall gefüllt sein muß, durch ein Mundstück zugeführt, an dessen Ende sich eine Art Ventil befindet: eine Lederlasche, die stets feucht gehalten werden muß, so daß sie, wenn dem Sack nicht gerade Luft zugeführt wird, diesen gegen das Mundstück hin luftdicht abschließt. Die Luft wird in normalen, tiefen Atemzügen, ganz unabhängig von der Melodieführung, dem Sack durch das Mundstück zugeführt; ein Teil der Kunst des Bläsers besteht darin, den Druck im Sack stets konstant zu halten, so daß die Tonhöhen nicht schwanken.

Der lederne Sackteil des Dudelsacks ist mit Tartan-Stoff überzogen, der die Clan-Zugehörigkeit des Spielers verrät oder aber Teil der städtischen oder der Regiments-Insignien ist. An den Drohnen befinden sich sehr oft Bänder aus Tartan-Stoff, die beim Marschieren im Winde flattern. Die hölzernen Teile des Dudelsacks sind aus westafrikanischem Blackwood, einem Edelholz, das in jüngster Zeit sehr teuer geworden ist, was dazu geführt hat, daß die Preise für ältere Dudelsäcke drastisch gestiegen sind. Ein guter, etwas älterer Dudelsack, bei dem das Holz bereits seine klanglichen Qualitäten bewiesen hat, kostet heute trotz des günstigen Umrechnungskurses weit über 1000,–DM. Die Tendenz ist weiter steigend. Die Verzierungen an den hölzernen Teilen sind bei älteren Dudelsäcken aus Elfenbein, bei jüngeren und billigeren Konstruktionen aus Plastik. Der Ton in den Drohnen wird durch Schilfstücke erzeugt, die so eingekerbt sind, daß sich eine Lasche bildet. Im Grunde handelt es sich hier also um eine Form der Schilfrohr-Klarinette, wie sie in arabischen Ländern gespielt wird, nur daß die Luft nicht direkt über den Mund, sondern aus dem Luftsack zugeführt wird.

Essen und Trinken

Die Küche der britischen Inseln steht im Ruf, nicht zu den besten Europas zu gehören. Dies nicht ganz zu Unrecht, denn sie kann mit ihren ewigen Erbsen, ab und zu durch Rosenkohl ersetzt, eintönig werden; es fehlt ihr an Gewürzen, an Salaten, und das Hammelfleisch ist auch nicht jedermanns Sache, zumal wenn es fett und vielleicht ein bißchen zäh ist. Im übrigen wird viel zu viel Paniermehl verwandt. – Daß die Schotten dennoch keine kulinarischen Dummköpfe sind, beweisen nicht nur der Whisky und das Nationalgericht Haggis, sondern auch die Tatsache, daß man in den meisten schottischen Hotels und selbst in vielen Selbstbedienungs-Restaurants der größeren Städte heute sehr ordentlich und preiswert essen kann. Vor allem verstehen es die Schotten, appetitlich zu servieren, mit großblätteriger Brunnenkresse und farbigen Beilagen. Die Pommes frites sind selten weich oder verbrannt, und die (heute stets tiefgefrorenen) großen Erbsen haben oft einen angenehmeren Geschmack als ähnliches Gemüse auf dem Kontinent. Wer sich aber mit der schottischen Küche gar nicht anfreunden mag, der kann eines der zahlreichen indischen, pakistanischen oder chinesischen Restaurants aufsuchen, die sich selbst in den kleineren Städten finden. Allerdings sind die sehr billigen Tagesmenüs dieser Häuser auf den englischen Geschmack getrimmt. Wer exotische Küche genießen will, der muß mindestens 3–4 £ anlegen, kriegt dann aber soviel wie in Deutschland für den 1¹/₂- bis 2fachen Preis.

Der puritanische Grundzug kombiniert mit Angst vor der traditionellen, klimatisch und sozial bedingten Neigung zur Trunksucht ist es, der viele Briten und Schotten eine reserviertere Haltung dem Alkoholkonsum gegenüber einnehmen läßt. Die meisten **Pubs** sind werktags vor 12 Uhr und zwischen 14.30 und 17.00 Uhr geschlossen. Die abendliche Polizeistunde (closing time), die vor etwa 10 Jahren noch örtlich verschieden zwischen 21 und 21.30 Uhr angesetzt war, ist inzwischen generell auf 23 Uhr hinausgeschoben worden. Danach bekommt man nur im eigenen Hotel etwas zu trinken: Ist man nämlich »resident« (Bewohner) eines Hotels, so kann man vom Portier (Hall Porter) jederzeit Getränke bestellen. Die schottische wie überhaupt die britische Pub ist eine Institution, ein soziales Zentrum ohne Klassenunterschiede. Glücklicherweise ist auch die Zahl der Restaurants mit voller Lizenz, d.h. mit dem Recht zum Ausschank von alkoholischen Getränken, in den letzten Jahren stark angestiegen. Wer zum Essen gerne ein Glas Bier oder Wein trinkt, der achte auf die Leuchtschrift im Fenster *fully licensed*. Ansonsten erhält er nur nicht-alkoholische Getränke, auch Tee und Kaffee. Traditionell ist die Hauptmahlzeit das Abendessen *(dinner)*: Angesichts des reichhaltigen einheimischen Frühstücks *(full breakfast* mit Cornflakes u. dgl., Ei, geröstetem Schinken, gebratener Schweinswurst, Blutwurst, Tomaten, zuweilen auch gegrillten Kippers (einer Art Bückling) fällt es nicht schwer, das Mittagessen zu reduzieren. Allerdings wird es in den Hotels mehr und mehr üblich, ein *continental breakfast* zu servieren, das übrige nur gegen Aufpreis. Am Rande sei vermerkt, daß der Kaffee in den letzten Jahren spürbar besser geworden ist (der Tee dafür ebenso spürbar schlechter).

Bier und Wein. Deutsche Besucher Großbritanniens tendieren dazu, über das *Bier* zu klagen, weil es nicht so schmeckt wie zu Hause. Dabei ist das Angebot in den Gaststätten so sortenreich und regional differenziert, daß die meisten ausländischen Besucher, selbst die Bier-Fans unter ihnen, am Ende ihrer Reise kaum eine Ahnung haben, was wirklich geboten wird. Natürlich wird dem Ausländer, der undifferenziert nach Bier verlangt, *Lagerbier* vorgesetzt, das, oft in Lizenz gebraut, ein auf internationalen Geschmack getrimmtes helles Bier in der Nähe des Export ist. Der Zugang zu den eigentlich britischen Bieren ist durch die Tatsache erschwert, daß ihre Bezeichnungen regional wechseln und viel Lokalpatriotismus ins Spiel kommt: Als der Verfasser im englischen York nach einer Pint Newcastle Brown Ale – einem 150 km weiter nördlich gebrauten, sehr wohlschmeckenden Bier von ausgezeichneter Wirkung – verlangte, erhielt er vom Wirt eine Abfuhr: »We don't sell water« (Wir verkaufen kein Wasser). Die Zuneigung des Wirtes (sie ist in einer Pub wichtig, da sich das Geschehen meist an der Bar abspielt) war erst wiederzugewinnen, als mehrere lokale Biersorten durchprobiert und entsprechend gelobt worden waren. Womit auch die gängige Meinung widerlegt worden ist, *ale* sei stets schwaches, *beer* stets stärkeres Bier. Gängige schottische Biersorten sind das *Heavy*, ein dem süddeutschen dunklen Export verwandtes, relativ kohlensäurearmes Bier, das *Special*, ein dunkles Bockbier, *Stout*, ein Bier mit höherem Malzzuckeranteil und, eigentlich eine Brauerei-Bezeichnung, das *Tartan*, ein dunkles Exportbier. Im übrigen ist, wie überall in Großbritannien, das irische Guinness-Bier im Ausschank: Schwarzbraun gefärbt, mit feinem Schaum, einer cremigen Konsistenz und einem vollen, bitteren Bouquet.

Der EG-Beitritt hat den Briten zumindest einen Vorteil gebracht: Das Angebot an *Weinen* ist reicher und preiswerter geworden. Dominierten traditionell die Importe aus Portugal und Spanien, so sind in jedem besseren Supermarkt heute Weine aus allen großen europäischen Anbaugebieten zu bekommen. Dabei ist deutscher Wein infolge des ungünstigen Wechselkurses oft teurer, als es seine Qualität erlaubt; portugiesische und spanische Weine sind relativ preiswert.

Der Whisky. R. J. S. McDowall, einer der besten Kenner der schottischen Whisky-Szene, berichtet in seinem Standardwerk *The Whiskies of Scotland* von einer Begebenheit in einem Hotel im Hochland: Ein Highlander orderte einen Whisky von erstklassiger Qualität, und als er ihn erhielt, schüttete er Limonade hinein. Bestürzt fragte McDowall, was er denn da tue. Die Antwort war knapp und bestimmt: »Ach noo-days the whusky has nae taste«

Der Whisky

(Ach, heutzutage hat der Whisky keinen Geschmack mehr), und McDowall kommentiert: »A true but sad story for the future of whisky.« (Eine wahre und traurige Sache, wenn man an die Zukunft des Whiskys denkt.)
Heute, 10 Jahre nach McDowalls Buch, ist »Whisky Lemonade« ebenso selbstverständlich wie »Gin Tonic« oder »White Rum and Coke« und gerade in den schottischen Pubs abseits der Touristenstraßen steht die große Limonadeflasche zur Selbstbedienung der Gäste auf dem Bartresen. Das Panschen von bestem Hochlandwhisky mit billigster Limonade hat längst nichts Anrüchiges mehr. Man mag rätseln, welches im einzelnen die kulturhistorischen Hintergründe sind, die die etwas bizarr anmutende Mischung zum wohl populärsten schottischen Long Drink gemacht haben: Sicher spielt der Selbstbetrug einer gesundheitsbewußter gewordenen Menschheit eine Rolle: Der Whiskyumschlag in den Pubs hat nicht gelitten; der Gast merkt nur nicht mehr so genau, wieviel Whisky er hinunterspült. Was sollte die Wirte sonst bewegen, die Limonadenflasche noch groß hinzustellen?
Verliert der Whisky seinen Geschmack? Das Phänomen ist vom deutschen Wein her bekannt: Um ihm weitere Märkte zu erschließen, trimmte man die Gewächse ganzer Gegenden auf »blumig, fruchtig, mild«. Zwar hat sich auch der Weltkonsum von schottischem Whisky zwischen 1959 und 1973 nahezu vervierfacht (er betrug 1973 427 Mio. Liter), dennoch aber erscheint McDowalls Kommentar ein wenig als Unkenruf: der Beruf des Verschneiders ist einer der bestbezahlten in Schottland, und man ist immer wieder auf der Suche nach neuen charakteristischeren Geschmacksrichtungen, wie u. a. die – recht teuren – *vatted malts* oder *pure malts*, Verschnitte von reinem Malz-Whisky ohne Zusatz von ungemälztem *grain whisky*, beweisen. Im übrigen ist trotz einer weit fortgeschrittenen Gruppenbildung im Bereich der Brennereien eine Vielzahl lokaler Whiskymarken ohne großen Marktanteil geblieben, und hier huldigt man durchaus alten Geschmackstraditionen: Der Vielfalt sind kaum Grenzen gesetzt, auch wenn der kontinentale Gaumen einiger Übung bedarf, um diese Vielfalt zu erkennen.

Das Wort *Whisky* leitet sich von dem gälischen Wort *uisge-beatha* ab, das soviel wie Lebenswasser, aqua vitae, bedeutet. Die frühesten Nennungen des Getränks stammen aus der Zeit Jakobs IV., aus den Jahren um 1500. Der Historiker Holinshed, der Shakespeare wiederholt als Quelle diente, lobt 1577 den Whisky als wahres Lebenselixier. Man darf aber annehmen, daß lange vor 1500 in Schottland Whisky gebrannt wurde, denn die feuchte schottische Witterung sorgte immer wieder dafür, daß das eingebrachte Getreide zu naß war und fermentierte: Die Schotten konnten es sich nie leisten, Nahrungsmittel zu vergeuden.
Die Erfindung des modernen Destillierapparats (*patent still*) im Jahre 1830 trägt entscheidend zur Qualitätsverbesserung des Whisky bei. Gleichzeitig bürgert sich die Technik des Verschneidens der charaktervollen, rauchigen Malzwhiskys aus dem Hochland mit den milderen ungemälzten Whiskies aus den Lowlands ein, und dieser verschnittene Whisky wird dann in frühviktorianischer Zeit in steigenden Mengen auch nach England exportiert, nachdem Gin als Getränk der Arbeiterschicht inzwischen sozial diskreditiert ist. Ohne Zweifel mitentscheidend für den weiteren Aufstieg des Whiskys sind die Reblaus-Katastrophen, die in den 60er Jahren des 19. Jh. die Weingärten fast ganz gesamten Europas heimsuchen: Weinbrand wird knapp, Whisky nimmt im angelsächsischen Raum seine Stelle ein.
Heute ist der englische Staat mit etwa 70% am Verkaufspreis jeder Flasche Whisky beteiligt. Für Schottland ist Whisky einer der wichtigsten Exportfaktoren: rund 25% des Exporteinkommens gehen auf sein Konto.

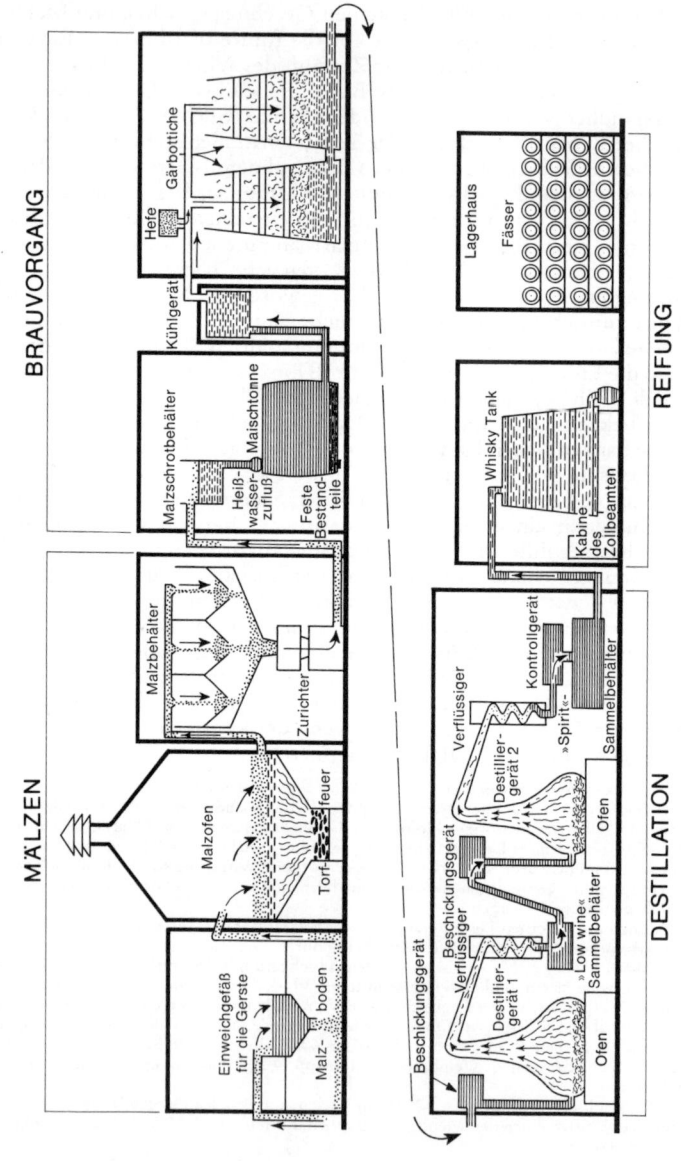

Der Whisky

Die Herstellung des Whiskys. Die angelieferte Gerste wandert zunächst in die **Mälzerei**. Dort läßt man sie in großen Behältern 50 bis 70 Stunden ankeimen. Nach der traditionellen Methode wird sie dann zum weiteren Keimen für 6–10 Tage über große Zementböden verteilt. Damit sich dabei nicht zu viel Hitze bildet, wird sie alle 8 Stunden mit hölzernen Schaufeln gewendet. Sie entwickelt so ein Höchstmaß an Diastase und auch etwas Maltose. Anschließend läßt man die angekeimte Gerste trocknen; das »grüne Malz« ist nun reif für den Malzofen.

Der *Malzofen* mit seiner aufgesetzten Pagode ist das traditionelle Charakteristikum der schottischen Brennereien. Das »grüne Malz« wird auf einem sehr feingliedrigen Rost in etwa 5 m Höhe über einem Feuer ausgebreitet. Als Brennmaterial wurde früher reiner Torf verwandt; heute ist das Torfstechen so teuer geworden, daß man den Torfanteil auf jenes Minimum reduziert, das notwendig ist, um im Rahmen eines Räuchervorgangs dem gebrannten Malz die charakteristischen Duftstoffe zuzuführen. Als Brennmaterial dient im übrigen Koks. Immerhin verfügen aber große schottische Brennereien nach wie vor über ihre eigenen Torffelder und festangestellte Torfstecher. Der als *drying and peating* bezeichnete Vorgang dauert 9–15 Tage. Das getrocknete Malz kann nun mehrere Wochen lang verwahrt werden, bis es für den weiteren Herstellungsprozeß benötigt wird. Heute beziehen viele größere Betriebe das angeräucherte, »getorfte« Malz aus speziellen Mälzereien, wobei der Räuchervorgang genau auf die Geschmackskonzeptionen der jeweiligen Brennerei abgestimmt wird. Das Räuchern erfolgt dann ebenfalls hochmechanisiert, indem nämlich Torfrauch (»peat reek«) einer bestimmten Konsistenz über eine bestimmte Zeit durch besondere Saladin-Behälter, in denen sich das gemälzte Getreide befindet, geblasen wird.

Für den **Gärungsprozeß** wird das getrocknete Malz mechanisch gereinigt und dann grob gemahlen, wobei sich drei Produkte, eine mehlartige Substanz (Stärke), das körnige Malzschrot sowie Spelz ergeben. Der Spelz wird teilweise entfernt. Das gemahlene Malz wandert nun genau kontingentiert in die *Maischetonne*, wo es mit heißem Wasser durchmischt wird, bis das Gemisch etwa die Konsistenz von Haferbrei hat. Eine Maischetonne faßt zwischen 9000 und 35 000 l. Hier setzt die in dem gemahlenen Malz enthaltene Diastase die restliche Stärke in Maltose und andere fermentierbare Zucker um. Nach etwa einer Stunde wird das Wasser mit den darin enthaltenen Zuckerbestandteilen abgefiltert. Die Maischetonne wird dann erneut mit Wasser gefüllt, wobei die Wassertemperatur über der des ersten Waschens (*washing*) liegt. Nach einer Stunde wird auch dieses Wasser abgezogen. Ein 3. Waschvorgang mit weniger Wasser als vorher beginnt. Nach insgesamt 3 Stunden bleiben in der Maischetonne die von allen fermentierbaren Zuckern befreiten Malzrückstände zurück. Sie werden als protein-, fett- und zellulosereiches Viehfutter verkauft. Für den anschließenden Gärvorgang wird das als *wort* bezeichnete zuckerhaltige Wasser auf etwa 25° C gebracht und mit Hefe (teilweise aus Brauereien) versetzt. Die Gärung läuft in hohen Gärbottichen ab, die etwa zu 2/3 gefüllt werden. Die Enzyme der Hefe bauen die Maltose unter Bildung von Kohlendioxyd zu Alkohol ab. Der Gärvorgang dauert etwa 36–40 Stunden, wonach das alkoholhaltige Wasser (Alkoholgehalt etwa 5–7%) in einen Auffangbehälter abläuft. Bis zu diesem Punkt ist die Whisky-Herstellung dem Bierbrauen recht ähnlich.

Der *Brennvorgang* läuft in kompliziert gebauten Destilliergeräten, sogenannten *pot stills* ab, deren Fassungsvermögen oft bei 20 000–25 000 Litern liegt. Die zwiebelfömigen Destillationsgeräte sind etwa 5 m hoch. Sie nutzen die unterschiedliche Siedetemperatur von Alkohol und Wasser, die auf diese Weise getrennt werden können, aus wobei sich beide Verdampfungsprozesse überschneiden. Das alkoholhaltige Wasser aus dem Brauprozeß wird in das Destilliergerät eingeführt, wo es durch Hitzezufuhr verdampft wird. Das Gemisch aus Wasser- und Alkoholdämpfen durchläuft einen Kondensator, wobei eine erste grobe Trennung von Alkohol und Wasser erfolgt. Das Ergebnis sind die sogenannten *low wines*, deren Alkoholgehalt 20% nicht wesentlich übersteigt. Sie wandern über ein Durchlaufgerät, den *spirit safe*, in dem ihre Beschaffenheit kontrolliert werden kann, in ein Auffanggerät, von wo aus ein zweiter Destillierapparat gleicher Bauart beschickt wird.

Der 2. Brennvorgang liefert in zeitlicher Abfolge 3 Endprodukte: den ersten Ausstoß (*foreshots*), der zu stark und unrein ist, um weiterbehandelt zu werden, dann den eigentlichen »Geist« (er darf noch nicht als Whisky bezeichnet werden, sondern trägt die Bezeichnung *spirits*), und schließlich ein schwächeres Produkt, *feints* genannt, dessen Alkoholkonzentration zu gering ist, als daß es weiterbehandelt werden könnte. Damit kein Alkohol verlorengeht, werden *foreshots* und *feints* in ein Auffanggerät, von wo aus dem 2. Brennvorgang des nächsten Kontingents zugeführt werden. Was genau als *foreshots* und was als *feints* zu gelten hat, bestimmt der Brennmeister. Die Grenzen in diesem Bereich sind fließend, und das rechte Mischungsverhältnis gehört zuweilen mit zur persönlichen Note des späteren Whiskys. Gerade die *foreshots* enthalten eine Reihe von wichtigen Aromastoffen, die aber nur in sehr geringer Konzentration in den späteren Whisky eingehen dürfen. Am

Ende des 2. Destillationsprozesses ist der zukünftige Whisky noch völlig farblos. Seine typische Färbung erhält er erst im Verlauf des Reifungsprozesses.
Der *Reifungsprozeß* der *spirits* muß laut Gesetz mindestens 3 Jahre dauern, wenn das Produkt den Namen Whisky tragen soll. Malzwhiskys müssen 5–15 Jahre lagern, um das Optimum an Geschmack und Bekömmlichkeit zu erreichen. Zur Lagerung wurden traditionellerweise Sherry-Fässer aus spanischer oder amerikanischer Eiche verwendet, seitdem aber in Großbritannien nicht mehr so viel Sherry wie früher getrunken wird, nimmt man normale Eichenholzfässer, die, bevor man sie mit Whisky füllt, mit Sherry ausgeschwenkt werden, wobei zuweilen noch – der Färbung des späteren Whiskys wegen – Karamel zugesetzt wird.
Die Praxis des *Verschneidens* wird seit 1853 geübt. Die Zahl der in einen Verschnitt eingehenden Sorten variiert stark, sie kann 15 und mehr betragen. Dabei sind 50% und mehr eines Flascheninhalts (sofern es sich nicht um *vatted malts* handelt) billigerer *grain whisky*. Die Qualität eines Whisky hängt zu einem nicht geringen Teil von der Kunst des jeweiligen Verschneiders ab.
Es sei der Hinweis erlaubt, daß schottische Whiskyflaschen normalerweise die Bezeichnung »70° proof« tragen: Dies entspricht einem Alkoholgehalt von 40%. Der reifende Whisky hat in der Regel eine Alkoholgehalt von »110° proof«, was etwa 63% entspricht.

Der Haggis. Das schottischste aller Tiere ist der *Haggis*, und dennoch wurde er nicht in den Abschnitt Flora und Fauna aufgenommen, und auch die zoologische Spezialliteratur schweigt sich über ihn aus. Dabei kann man überall in Schottland kleine Broschüren über den Haggis kaufen, die verraten, was er frißt, wie er lebt, und auch, wie er sich fortpflanzt. Man unterscheidet 3 Arten von Haggis: den Heidehaggis, den schwimmenden Haggis und den fliegenden Haggis. Kenner behaupten, der Heidehaggis habe links längere Beine als rechts, so sehr sei er den hügeligen Bodenverhältnissen angepaßt ...

Haggis ist ein Gericht: gefüllter Schafsmagen. Dabei werden die Innereien des Schafes, wohlgewürzt mit Pfeffer und Salz und unter Hinzugabe von feingehackten Zwiebeln, in einen Schafsmagen eingenäht. Das Ganze wird gekocht und traditionell mit Steckrüben serviert. Dazu wird Whisky getrunken. Bei größeren Gesellschaften wird der Haggis auf einem großen Silbertablett ins Zimmer getragen, wobei ein Dudelsackbläser vorwegschreitet. Er wird dann im Rahmen einer Zeremonie mit einem Dolch abgestochen und angeschnitten. – Natürlich kann man Haggis auch beim Metzger kaufen. Der Geschmack ähnelt dem einer gut gewürzten groben Blutwurst.
Der Haggis beflügelt die Schotten zu immer neuen Geschichten. Der Kreativität sind keine Grenzen gesetzt, und alle Volksschichten beteiligen sich daran. Da ist vom armen *Wasserhaggis* die Rede, der sich aus einem Heidehaggis entwickelt hat: Ein Haggispärchen wurde von schottischen Siedlern nach Nova Scotia, Kanada, deportiert. Die Tiere kriegten Heimweh, und um über den Atlantik zu kommen, nahmen sie Schwimmflossen an. – Der *Heidehaggis* hat viele Eigenschaften, darunter die, daß er seine Farbe ändert, je nachdem, ob die Heide blüht oder nicht. Die Tarnung macht die Jagd auf den Haggis schwierig. Was tun nun die findigen Schotten: Sie fangen einen männlichen Haggis und rasieren ihm das Fell ab. Der so vorbehandelte Haggis wird freigelassen und läuft in die (noch nicht blühende) Heide zurück, um seinesgleichen zu suchen. Wenn nun die weiblichen Haggisse den männlichen Haggis so ganz nackt sehen, erröten sie, ob sie wollen oder nicht, – die Jagd kann beginnen. – Diese Geschichte ist nirgendwo verzeichnet. Sie ist, wie viele andere, eine Stegreifversion, erfunden von einem Edinburgher Busfahrer namens Dave Stalker auf einer langen Fahrt von Ullapool an der Westküste nach Scrabster im äußersten Norden.

Reisehinweise von A bis Z

Adressen

Diplomatische Vertretungen

Britische Vertretungen in Deutschland: *Botschaft:* 5300 Bonn, Friedrich-Ebert-Allee 77, T. (02221) 234061, Telex 0886887. – *Generalkonsulate* befinden sich in Berlin, Düsseldorf, Frankfurt, Hamburg, Hannover, München und Stuttgart; außerdem ein Honorarkonsulat in Bremerhaven.
Deutsche Vertretungen in Großbritannien: *Botschaft:* London SW1X 8PZ, 23 Belgrave Square, T. (01) 235-5033, Telex 005128191, Paßstelle: 6, Rutland Gate, London, T. (01) 584 1271/75. – *Deutsche Konsulate* gibt es in Aberdeen (A.H.S. Lewis, 23 Commercial Quay, T. (0224) 54351), Edinburgh (Consul General, 16 Eglinton Crescent, T. (031) 3372323), Glasgow (Consul of the Federal Republic of Germany, 19 Blythswood Square, T. (041) 2486024), Kirkwall (C.E.S. Walls, 5 Broad Street, T. 3151) und Lerwick (Magnus M. Shearer, Garthspool, T. 2556).
Britische Botschaft in Österreich: British Embassy, Resnerstr. 40, 1030 Wien, T. (0222) 731575/79. – Informationsabteilung: Bayerngasse 1/24.
Britische Vertretungen in der Schweiz: *Botschaft:* British Embassy, 3005 Bern, Thunstr. 50, T. (031) 445021/26. – Generalkonsulate befinden sich in Genf und Zürich, Konsulate in Basel, Montreux und Lugano.
Österreichische Botschaft in Großbritannien: London SW 1, 18 Belgrave Mews West, T. (01) 2353731.
Schweizerische Botschaft in Großbritannien: London W1H 2 BQ, 16/18 Montagu Place, T. (01) 7230701.

Fremdenverkehrsämter

In Deutschland: Britische Zentrale für Fremdenverkehr, British Tourist Authority, Neue Mainzer Straße 22, 6000 Frankfurt a. M., T. (0611) 326428.
In der Schweiz (auch zuständig für Österreich): British Tourist Authority, Limmatquai 78, 8001 Zürich, T. (01) 474277, 474297.

In Schottland:

Schottland insgesamt: Scottish Tourist Board, 23 Ravelston Terrace, Edinburgh EH4 3 EU, T. (031) 3322433.
Einzelne Regionen: Borders: Dept. of Planning, Tourism and Industrial Development, Borders Regional Council, Newton St. Boswells, T. (08352) 3301. – *Dumfries&Galloway:* Dumfries & Galloway Tourist Association, Douglas House, Newton Stewart, T. (0671) 2549. – *Lothian (und Edinburgh):* Dept. of Recreation & Leisure, Lothian Regional Council, 40 Torphichen Street, Edinburgh EH 3 8JJ, T. (031) 2299292. – Scottish Tourist Board and *City of Edinburgh* Tourist Information and Accomodation Service, 5 Waverley Bridge, Edinburgh EH1 1BQ, T. (031) 2266591 (Information), (031) 2255801 (Zimmernachweis). – *Dunbar* Information Centre, Town House, High Street, Dunbar, T. 63353. – *Strathclyde (und Glasgow):* Dept. of Leisure and Recreation, Strathclyde Regional Council, Viceroy House, India Street, Glasgow, T. (041) 2042900. –

Glasgow Information Bureau, George Square, Glasgow G2 1 ES, T. (041) 2217371, 2217372, 2216136, 2216137. – *Ayr* Tourist Information Bureau, 30 Miller Road, Ayr, T. 68077. – Area Tourist Officer, *Oban, Mull* and District Tourist Organisation, Argyll Square, Oban, T. 3122, 3551. – Area Tourist Officer, *Dunoon, Cowal & Isle of Bute* Tourist Organisation, Pier Esplanade, Dunoon PA23 7HL, T. 3785. – *Isle of Arran* Tourist Organisation, The Pier, Brodick, T. (0770) 2401, 2140. – Area Tourist Officer, *Mid Argyll, Kintyre* and *Islay* Tourist Organisation, *Campbeltown*, T. 2056. – *Fife*: Fife Tourist Authority, Fife House, North Street, Glenrothes, T. (0592) 754411. – *St. Andrews* Information Centre, South Street, St. Andrews, T. 2021. – *Central*: Central Regional Council, Tourism Department, Viewforth, Stirling FK8 2ET, T. (0786) 3111. – *Stirling* Tourist Association, Information Centre, Dumbarton Road, Stirling, T. (0786) 5019. – *Tayside:* Tayside Regional Council, Tourist Division, Dept. of Recreation and Tourism, Tayside House, 26–28 Crichton Street, Dundee DD1 3RD, T. (0382) 23281. – *Dundee* Information Centre, 16 City Square, Dundee, T. 27723. – *Dunkeld & Birnam* Tourist Association, Tourist Information Centre, The Cross, Dunkeld, T. 460. – *Perth* Information Centre, The Round House, Marshall Place, Perth, T. 22900, 27108. – *Pitlochry &* District Tourist Association, 28 Atholl Road, Pitlochry, T. 2215. – *Grampian*: The Leisure, Recreation & Tourism Department, Grampian Regional Council, Woodhill House, Ashgrove Road West, Aberdeen AB9 2LU, T. (0224) 23401. – Corporation of the City of *Aberdeen*, St. Nicholas House, Broad Street, T. (0224) 23456 – *Highland*: Area Tourist Officer, *Spey Valley* Tourist Organisation, Main Road, Aviemore, T. 810363. – *Aviemore* Centre Information Bureau, Aviemore Centre, Aviemore, T. 810624. – Area Tourist Officer, *Sutherland* Tourist Organisation, The Square, Dornoch, T. 400. – Area Tourist Officer, *Fort William* and District Tourist Organisation, Fort William, T. 2232, 3591. – Area Tourist Officer, *Wester Ross* Tourist Organisation, Achtercairn, Gairloch, T. 2130. – Area Tourist Officer, *Inverness, Loch Ness* and *Nairn* Tourist Organisation, 23 Church Street, Inverness, T. 34353. – Area Tourist Officer, *East Ross* and *Black Isle* Tourist Organisation, Muir of Ord, T. 433, 525. Area Tourist Officer, *Caithness* Tourist Organisation, Whitechapel Road, Wick, T. 2596. – *Western Isles*: Area Tourist Officer, *Isle of Skye* Tourist Organisation, Meall House, Portree, T. 2137. – Area Tourist Officer, Western Isles Tourist Organisation, Administration and Information Centre, South Beach Quay, Stornoway, T. 3088. – *Orkney:* Area Tourist Officer, Orkney Tourist Organisation, Information Centre, Kirkwall, T. 2856. – *Shetland:* Area Tourist Officer, Shetland Tourist Organisation, Alexandra Wharf, T. 3434.

Transport

Automobil-Clubs:
Automobile Association (AA) – Scotland & Northern Ireland Region Headquarters, Fanum House, Erskine Harbour, Erskine, Renfrewshire, PA8 6AT, T. (041) 8120144.
Royal Automobile Club (RAC) – Eastern Scotland, 17 Rutland Square, Edinburgh EH1 2BQ, T. (031) 2293555.
Royal Automobile Club (RAC) – Western Scotland, 242 West George Street, Glasgow G2 4QZ, T. (041) 2484444.

Eisenbahn

British Rail-Vertretungen in Deutschland:
British Rail Office, Scheurenstraße 4, 4000 Düsseldorf, T. (0211) 381000. –
British Rail Office, Neue Mainzerstraße 22, Postfach 2349, 6000 Frankfurt/Main, T. (0611) 232381, Telex: 416421. –
British Rail Office, Neue Große Bergstraße 6, 2000 Hamburg 50, T. (040) 3898408. –
British Rail Office, Tal 18, 8000 München 2, T. (089) 293775.
British Rail-Vertretungen in der Schweiz:
British Rail Office, Centralbahnplatz 9, 4002 Basel, T. (061) 62739. British Rail Office, Limmatquai 78, 8001 Zürich, T. (01) 479938.
In Großbritannien:
British Rail Travel Centre, 4/12 Regent Street, London SW1 (keine Telefonbeantwortung). –

Adressen

Informationsbüros von British Rail mit Fahrplanauskunft finden sich in allen größeren schottischen Städten, so in Aberdeen (T. (0224) 53511), Dundee (T. (0382) 26844), Edinburgh (T. (031) 5562451), Glasgow (T. (041) 2213223 – 24-Stunden-Service), Inverness (T. (0463) 32651), Perth (T. (0738) 23366) und Stirling (T. (0786) 3812).

Bus

Südost-Schottland und Forth-Clyde-Senke:
Lothian Reginal Tranport, Information Bureau, Waverley Bridge, Edinburgh, T. (031) 5565656. – Scottish Omnibuses Ltd. Eastern Scottish, St. Andrews Square, Edinburgh EH2 2BD, T. (031) 5562515.
Forth-Clyde-Senke:
W. Alexander & Sons (Midland) Ltd., Brown Street, Camelon, Falkirk FK1 4PY, T. (0324) 23901.
Südwest-Schottland, Glasgow:
Central S.M.T. Traction House, Motherwell, T.: (0698) 3575. – Western SMT Co. Ltd., Nursery Avenue, Kilmarnock, T. 22551/6.
Fife:
W. Alexander & Sons (Fife) Ltd., Esplanade, Kirkcaldy KY1 1SP, T.: (0592) 61461.
Nordost-Schottland:
W. Alexander & Sons (Northern) Ltd., Bus Station, Guild Street, Aberdeen AB9 2DR, T.: (0224) 51381.
Nordschottland und Hebriden:
Highland Omnibus Ltd., Seafield Road, Inverness IV1 1TN, T.: (0463) 37575. – John Mitchell, Stornoway Ltd., Bayhead Street, Stornoway, T. (0851) 2888.
Orkney:
J.D. Peace, Junction Road, Kirkwall, T. (0856) 2866, 2458.
Shetland:
J. Leask, Commercial Street, Lerwick, T. (0595) 3162.

Fähren

Hebriden:
Caledonian MacBrayne, The Pier, Gourock PA19, 1QP, T. (0475) 33755.
Kleinere Fährverbindungen, Westküste:
Western Ferries (Argyll) Ltd., Kennacraig, West Loch Tarbert, Argyll, EA29, 6XS, T. (088073) 271.
Orkney und Shetland:
P & O Ferries, Orkney & Shetland Services, P.O. Box 5, Matthew's Quay, Aberdeen AB9 8DL, T. (0224) 57265, 29111.

Flugverkehr

British Airways:
Geschäftsstellen finden sich in allen Großstädten des deutschsprachigen Raumes sowie in allen größeren Städten Schottlands. Gegebenenfalls helfen lokale Reisebüros weiter.
British Caledonian Airways:
Kaiserstr. 15, 6000 Frankfurt a.M., T. (0611) 283281. – Gatwick Airport, Crawley, Surrey, RH6 OLT, T. (044293) 30331. – 67 George Street, Edinburgh, T. (031) 2255162. – 127 Buchanan Street, Glasgow, T. (041) 3321681.
Loganair:
Glasgow Airport, Abbotsinch, Paisley, Renfrewshire, PA3 2TG, T. (041) 8893181.
Air Anglia:
Norwich Air Anglia Limited, Norwich Airport, Norwich, T.: 44244.

Unterbringung

Camping Club of Great Britain and Ireland, 11 Lower Grosvenor Place, London, S.W.1. T. (01) 8281012.
Scottish Youth Hostels Association, 7 Glebe Crescent, Stirling, FK8 2JA, T. (0786) 2821.
Young Men's Christian Association YMCA, National Council, 640 Forest Road, London E 17, T. (01) 5205599.
Young Women's Christian Association YWCA, 2 Weymouth Street, London, W.1. T. (01) 6369722.

Verschiedenes

National Trust for Scotland, 5 Charlotte Square, Edinburgh EH2 4DU, T.: (031) 2265922.
Scotland's Gardens Scheme, 26 Castle Terrace, Edinburgh EH1 2EL, T.: (031) 2291870.
Scottish Sports Council, 1/3 St. Colme Street, Edinburgh EH3 6AA, T.: (031) 2258411.
Department of the Environment, Argyle House, Lady Lawson Street, Edinburgh EH3 9SD, T.: (031) 2299191.
Bartholomews (Landkarten): John Bartholomew & Son Ltd., Duncan Street, Edinburgh.

Anreise

Schottland ist über das in S-N-Richtung großzügig ausgebaute britische Straßennetz mit dem eigenen Wagen ohne große Mühen erreichbar, zumal die Möglichkeit besteht, Häfen nördlich der Themsemündung zum Ausgangspunkt zu nehmen. Auch mit der Eisenbahn ergeben sich keine großen Schwierigkeiten, da vom Kontinent aus gute Anschlüsse bestehen, die Hauptstrecken von London nach Glasgow und Edinburgh für Geschwindigkeiten von 160 bzw. 200 km/h ausgebaut sind und in dichtem Fahrplan bedient werden. Die Anreise per Flugzeug erfolgt in der Regel über den nicht unproblematischen Londoner Flughafen Heathrow, sofern man nicht mit einer der kleineren Firmen (vgl. S. 65) fliegt, die den Londoner Flughafen Gatwick benutzen oder Schottland vom Kontinent aus direkt anfliegen (beispielsweise über Amsterdam).

Anreise mit dem Pkw

1. Die Strecke entlang der O-Küste auf der Autobahn M 1; vorbei an den Industriestädten der Midlands nach Newcastle, von wo sich zwei lohnende Routen zur schottischen Grenze ergeben: entlang der Küste nach Berwick upon Tweed (A 1) oder durch den Nationalpark von Northumberland nach Jedburgh und ins Land der Border Abbeys (A 68).
2. Entlang der W-Küste über die M 6 vorbei an Birmingham und durch das Industriegebiet von Liverpool und Manchester zur schottischen Grenze nördlich von Carlisle.
Für die *Überquerung des Kanals* bieten sich etwa zwei Dutzend verschiedene Routen, die das ADAC-Faltblatt »Kraftfahrzeug-Fähren: Kontinent-England und Kanalinseln« mit Fahrplan und Preisangaben auflistet.

Anreise mit der Bahn

Die klassischen Reisewege führen von *Köln* über *Brüssel* und *Ostende* nach *Dover* bzw. über die *Niederlande* und *Hoek van Holland* nach *Harwich*. Von der *Schweiz* aus ist auch eine Anreise über *Metz* nach *Calais* und von dort weiter nach *Dover* möglich. Zwischen Ostende bzw. Calais und Dover benutzt man wegen der Kürze der Überfahrt (3³/₄ bzw. 1³/₄ Std.) sinnvollerweise eine Tagesverbindung. Die günstigsten Anreisezüge von Deutschland aus sind der Tauernexpreß (mit Schlaf- und Liegewagen bis Ostende) und der Wien–Ostende-Expreß. In Dover warten die sogenannten *Boat-Trains* (Fährzüge) unmittelbar neben den ankommenden Schiffen und bringen den Passagier in 1 Std. 40 Min. nonstop nach *London* (Victoria Station). In London muß der Bahnhof gewechselt werden. (Taxis sind in reicher Zahl vorhanden.) Die Züge nach Schottland fahren von Euston Station (Glasgow) bzw. Kings's Cross (Edinburgh). Zwischen Euston Station und Glasgow besteht tagsüber stündlicher Verkehr in fast festem Fahrplan, wobei der schnellste Zug, der Royal Scot, die Strecke (650 km) nonstop in 5 Std. bewältigt. Außerdem verkehren mehrere Nachtzüge mit Schlafwagen.

Anreise mit dem Flugzeug

Wer mit Lufthansa, Swissair, Austrian Airlines oder British Airways anreist, muß in aller Regel auf dem Londoner Flughafen *Heathrow* umsteigen. Heathrow ist mit Glasgow und Edinburgh durch ein sogenanntes *Shuttle Service* verbunden: Es bedarf keiner Platzreservierung, die Flugzeuge starten in 1- bis 2stündigem Rhythmus, und wenn mehr Passagiere anfallen (und genügend Maschinen vorhanden sind) wird auch außerhalb des Fahrplans geflogen, sobald eine Maschine voll ist. Die Flugzeit nach *Glasgow* und *Edinburgh* beträgt etwa 1 Std. Erfrischungen werden an Bord nicht gereicht, dafür gibt es in der Shuttle Lounge im Flughafen kostenlos bestimmte Getränke und Gebäck.

Wer Heathrow meiden möchte, der kann vom Londoner Flughafen *Gatwick* aus mit der schottischen Luftlinie British Caledonian Airways starten. Während Heathrow neuerdings an das Londoner U-Bahn-Netz angeschlossen ist, verkehren nach Gatwick vom Londoner Bahnhof Victoria aus Flughafenzüge der britischen Eisenbahn. Als kleinere Gesellschaft wirbt British Caledonian Airways seine Kunden nicht zuletzt durch einen sehr gepflegten Service. Zwei weitere Verbindungen, die Heathrow umgehen, führen von Deutschland aus über Birmingham bzw. Amsterdam nach Glasgow bzw. Edinburgh. Interessant ist die Verbindung über Amsterdam, von wo aus Air Anglia Edinburgh direkt anfliegt.

Ausrüstung

Die Temperaturen können in den Sommermonaten sehr wohl auf über 25°C ansteigen, aber auch gegen 0°C fallen. Die Abende im Hochland sind eher kühl, auch im Sommer. Aus diesem Grunde bereitet das Kofferpacken besondere Schwierigkeiten: Einerseits ist besonders im Monat Juli sommerliche Kleidung durchaus angepaßt, andererseits darf aber auch eine Notausrüstung für kalte Tage nicht fehlen. Eine Regenhaut (etwa vom Typ des »Ostfriesennerzes«) ist absolutes Muß. Die Mitnahme von Schirmen bringt wenig, dazu ist es zu windig, und der Regen kommt von der Seite. Auch eine dicke Wolljacke leistet gute Dienste, denn die schottische Kühle ist sehr oft mit hoher Luftfeuchtigkeit gepaart, und dies ist für den Mitteleuropäer besonders schwer zu ertragen.

Wer in die Kälte gerät und wärmere Kleidung braucht, findet selbst in kleineren Städten ein reiches Angebot zu günstigen Preisen.

Bed and Breakfast

Eine klassisch-britische Art der Unterbringung ist die in Privatzimmern mit Frühstück. Bed and Breakfast (B & B)-Schilder findet man in den entlegensten Weilern, und man kann davon ausgehen, daß die Zimmer sauber und billig sind. Einzelheiten entnehme man der Broschüre des Scottish Tourist Board »Where to Stay in Scotland: Bed and Breakfast« (ca. 3 DM). Bleibt man ein paar Nächte, so erhält man meist auch Familienanschluß, etwa beim abendlichen Fernsehen.

Bedienungs- und Trinkgelder

Man kann davon ausgehen, daß Hotels und Restaurants Inklusiv-Preise berechnen. Normalerweise läßt man auf dem Teller, mit dem einem die Rechnung präsentiert wird, einige Münzen zurück. Auch Taxifahrer erwarten ein Trinkgeld, das sich bei etwa 10–20% des Fahrpreises bewegt (vgl. auch Taxis, S. 79). Gepäckträger erhalten 10 p. pro Gepäckstück, bei einzelnen Gepäckstücken und längeren Wegen auch mehr. Sie haben keinen festen Tarif. In Pubs wird kein Trinkgeld entrichtet.

Busverkehr innerhalb Schottlands

Schottland verfügt über eine ausgedehntes regionales Omnibus-Netz, wobei die Bedienung der einzelnen Strecken sehr unterschiedliche Dichten aufweist. Auch auf den größeren Hebrideninseln sowie in Orkney und Shetland ist es möglich, mit dem Bus in alle größeren Ortschaften zu gelangen, allerdings muß man sich darauf einstellen, daß manche Linien nur mit ein oder zwei Kursen täglich bedient werden. Sonntags ruht der Verkehr auf vielen Strecken. Neben den regionalen Netzen gibt es ein Fernbus-System, wie wir es für Deutschland kaum kennen. Die größeren Städte verfügen über zentrale Omnibusbahnhöfe. Der Fernbus ist dort interessant, wo keine Eisenbahnen fahren. Eine Fernbus-Linie verbindet beispielsweise Glasgow mit der Isle of Skye (Fährverbindung nach Harris/Lewis und North Uist) sowie mit Ullapool (Fährverbindung nach Stornoway, Lewis). Hinsichtlich regionaler und überregionaler Fahrpläne wende man sich an die auf S. 63 angegebenen Firmen. Vgl. auch Vergünstigungen, S. 81.

Camping

Die rund 450 Campingplätze des Landes sind gut organisiert und zum Teil landschaftlich sehr schön gelegen. Einzelheiten erfährt man über das Britische Verkehrsbüro, die Scottish Tourist Association, die Automobil-Clubs sowie den Camping Club of Great Britain and Ireland (Anschriften S. 62, 64). Besonders hingewiesen sei auf die Publikationen des Scottish Tourist Board (Anschrift S. 61): *Self-Catering Accomodation in Scotland* (ca. 3 DM), sowie *Camping and Caravan Sites in Scotland* (ca. 3 DM). Über die Anschriften von Campingplätzen geben auch die gelben Seiten der Telefonbücher unter den Stichwörtern *Camping Sites* und *Caravan Parks* (Parkplätze für Wohnanhänger) Auskunft.

Ein- und Ausreise

Großbritannien ist Mitglied der Europäischen Gemeinschaft. Deutsche können mit einem gültigen *Personalausweis* oder *Reisepaß* ohne Rücksicht auf Dauer und Zweck des Aufenthaltes visumfrei einreisen. Kinder und Jugendliche unter 16 Jahren brauchen einen Kinderausweis oder müssen im Elternpaß eingetragen sein. – Mofa-Fahrer müssen für Großbritannien eine sogenannte »British provisional (Learner's) License« beantragen. Die Ausstellung dauert etwa 2 Monate. Er muß bei der *Drivers' Inquiry Unit, Driver and Vehicle Licensing Centre*, Longview Road, Swansea SA6 7JL, beantragt werden. Vor Vollendung des 16. Lebensjahres darf in Großbritannien niemand ein Mofa führen. Da in Großbritannien eine *Haftpflichtversicherung* nur für Personenschäden, nicht aber für Sachschäden gesetzlich vorgeschrieben ist, empfiehlt sich für die Dauer des Aufenthaltes der Abschluß einer Kurzkasko-Versicherung. – Die *Einfuhr* von Devisen aller Art ist ohne Beschränkung möglich; die Ausfuhr von britischem Geld ist auf 100 £ begrenzt. – *Haustiere*, gleich welcher Art, können praktisch nicht nach Großbritannien mitgenommen werden. Denn für Papageien, Wellensittiche und Kaninchen besteht ein generelles Einfuhrverbot. Für Hunde, Katzen und artverwandte Tiere aber ist eine besondere Einfuhrgenehmigung erforderlich, die beim *Ministry of Agriculture, Fisheries and Food* (Hook Rise, Tolworth, Surbiton, Surrey) angefordert werden kann. Selbst dann noch muß das Tier nach Ankunft in Großbritannien für 6 Monate in Quarantäne. Der Versuch, ein Haustier nach Großbritannien einzuschmuggeln, kann mit Gefängnis bestraft werden. Die Briten sind in diesem Punkt außerordentlich hart, und dies wird verständlich, wenn man den Hintergrund der Maßnahmen kennt: Großbritannien hat einen reichen Wildbestand, der bisher von Tollwut verschont geblieben ist.

Eisenbahnverkehr innerhalb Schottlands

Infolge der Schließung vieler Nebenstrecken bietet Schottland heute nur noch ein sehr grobmaschiges Eisenbahnnetz, das jedoch nach wie vor eine günstige und landschaftlich reizvolle Verbindung zu den Hebriden und zu den Orkney-Inseln schafft. Nördlich der Linie Edinburgh–Glasgow (beide Städte sind durch einen stündlichen Schnellzug-Verkehr und durch zusätzliche Lokalzüge miteinander verbunden) sind 5 große Strecken geblieben:
– die berühmte Strecke durch das westliche Hochland und über Glen Coe und Fort William nach Mallaig (»The Road to the Isles«) mit Fährverbindung zu den Hebriden-Inseln Skye, Canna, Rhum, Eigg und Muck (eine Zweigstrecke in das pittoreske Küstenstädtchen Oban zweigt in Crianlarich ab),
– die Magistrale nach Inverness und weiter durch das nördliche Hochland nach Wick und Thurso, mit Busverbindung zum Orkney-Fährhafen Scrabster,
– die Strecke von Inverness nach Kyle of Lochalsh mit Fährverbindung zur Insel Skye,
– die Strecke durch Ostschottland von Glasgow über Dundee nach Aberdeen mit Fährverbindung zu den Shetland-Inseln, sowie
– die Strecke von Aberdeen über Elgin nach Inverness.

Die *Ostschottland-Strecke* ist von Edinburgh aus erreichbar, wenn man den Schnellzug nach Dundee benutzt. Diese Strecke stellt einen ferrovialen Lekkerbissen dar, denn sie führt über die weltberühmte Forth Rail Bridge, die Eisenbahnbrücke über den Firth of Forth, und weiter nördlich über die eher berüchtigte Tay Rail Bridge, die Eisenbahnbrücke über den Firth of Tay, deren weitgehend gußeiserne Vorgängerin 1879 von einem Wintersturm in die Tiefe gerissen wurde, während sie der Postzug nach Dundee überquerte. 80 Menschen, Passagiere und Zugpersonal, fanden den Tod.

Die Strecken nach *Aberdeen* und *Inverness* werden von London aus mit direkten Intercity- und Schlafwagenzügen befahren und weisen einen relativ dichten Verkehr auf. Zwischen *Edinburgh* und *Inverness* gibt es auch eine Schlafwagen-Verbindung. Die Fahrt von Glasgow oder Edinburgh nach Inverness dauert mit dem Schnellzug etwa 4 Std., nach Aberdeen rund 3 Std. Auf den Strecken *Inverness–Kyle of Lochalsh* (3 Std.) und *Inverness–Wick/*

Thurso (4¹/₂ Std.) verkehren montags bis samstags drei Zugpaare täglich. Ebenfalls drei Zugpaare täglich verkehren an Werktagen zwischen *Glasgow* und *Oban* (3¹/₂ Std.), zwischen *Glasgow* und *Mallaig* verkehren zwei, während der Sommermonate drei Zugpaare (6 Std.), sieben Zugpaare verkehren montags bis samstags zwischen Aberdeen und Inverness (2¹/₂ Std.). Auf den Strecken Aberdeen–Inverness, Inverness–Kyle, Inverness–Wick/Thurso und Glasgow–Oban/Mallaig ruht an Sonntagen der Verkehr.
Erwähnt sei schließlich die von Glasgow nach S führende Strecke Glasgow-Stranraer, von wo aus eine Fährverbindung nach Larne (Nordirland) mit Bahn-Anschluß nach Belfast besteht. Stranraer hat eine Schlafwagenverbindung mit London. (Wichtige Adressen im Zusammenhang mit Bahnreisen sind auf S. 62 genannt. Vgl. auch Vergünstigungen, S. 81.)

Fähren in Schottland

Der Fährverkehr mit den Hebriden-Inseln liegt weitgehend in den Händen der staatlichen Reederei Caledonian MacBraine (Anschrift S. 63). 32 recht moderne Schiffe sind auf insgesamt 21 Routen im Einsatz. Die Fährrouten sind im einzelnen:
1. Ardrossan–Brodick (Arran)
2. Lochranza (Arran)–Claonaig (Kintyre) – im Winter eingestellt
3. Gourock–Dunoon (Argyll)
4. Wemyss Bay–Rothesay (Bute)
5. Largs–Millport (Cumbrae Slip)
6. Colintraive–Rhubodach (Bute)
7. Oban–Lismore Island
8. Oban–Craignure (Mull) und Tobermory (Mull)
9. Lochaline–Fishnish (Mull)
10. Oban–Castlebay (Barra) und Lochboisdale (South-Uist)
11. Oban–Colonsay
12. Oban–Coll–Tiree
13. Mallaig–Armadale (Skye) – im Winter eingestellt
14. Mallaig–Canna–Rhum–Eigg–Muck (Rundtour)
15. Kyle of Lochalsh–Kyleakin (Skye)
16. Uig (Skye)–Lochmaddy (North-Uist) und Lochmaddy–Tarbert (Harris)
17. Uig (Skye)–Tarbert (Harris) und Tarbert–Lochmaddy (North-Uist)
18. Kyles of Scalpay (Harris)–Scalpay
19. Sconser (Skye)–Rassay
20. Ullapool–Stornoway (Lewis) – große Wagenfähre modernster Bauart
21. Kennacraig (Kintyre)–Port Ellen (Islay) und Gigha.

Von Oban aus führt die Reederei in den Sommermonaten eine eintägige *Kreuzfahrt um die Insel Mull* durch. Die Fahrt geht durch den Sound of Mull und vorbei an der Basaltinsel Staffa zur Insel Iona, wo bei gutem Wetter

Ausschiffung möglich ist. Die Rückfahrt erfolgt durch den Firth of Lorn. Bei Regen und Sturm kann der Ausflug allerdings alles andere als ein Vergnügen sein, da man westlich von Mull auf den offenen Atlantik gerät. – Außerdem besteht die Möglichkeit zu einer *Kreuzfahrt* auf dem berühmten (und überlaufenen) *Loch Lomond* (von Balloch aus). Wer mit dem Auto zu den Hebriden-Inseln möchte, sollte den Platz für seinen Wagen rechtzeitig reservieren. Der Fahrplan der Schiffe ist, sieht man einmal von der Route Ullapool–Stornoway (mit 3 Überfahrten täglich in den Sommermonaten) ab, alles andere als dicht.

Eine Reihe kleinerer Verbindungen an der Westküste werden auch von der Reederei Western Ferries (Argyll) Ltd. betrieben (Anschrift S. 63).

Die Orkney- und Shetland-Inseln werden von den Schiffen der P & O Ferries, Aberdeen, bedient. Die Schiffe verkehren auf den Strecken Aberdeen–Lerwick und Scrabster–Stromness (Orkney).

Die Lerwick-Fähre verkehrt von November bis März ›mal wöchentlich, von April bis Oktober jedoch nur 3mal wöchentlich. Die Orkney-Fähre verkehrt einmal täglich, im Juli und August auch an Sonntagen.

Das Mitnehmen des eigenen PKW lohnt zumindest nach Orkney; auch auf der Strecke Scrabster–Stromness ist in den Sommermonaten rechtzeitige Platzreservierung erforderlich.

Fahrpläne für alle schottischen Schiffsrouten sind bei den Reedereien sowie beim Scottish Tourist Board erhältlich. Die meisten Schiffsverbindungen sind auch in dem Passagierfahrplan (Passenger Timetable) der British Railways abgedruckt (Tafeln 243 ff.). Dieser Fahrplan ist bei den Auskunftsstellen in den größeren deutschen, schweizerischen und österreichischen Bahnhöfen sowie auch bei einigen großen Reisebüros vorhanden.

Feiertage

Hauptfeiertage des Jahres sind der 1. Weihnachtsfeiertag (Christmas Day), der 2. Weihnachtsfeiertag (Boxing Day) sowie der 1. Januar (Hogmanay). Am 25.12. und am 1.1. sind der Bahn- und Schiffsverkehr sowie der nichtinnerstädtische Busverkehr praktisch eingestellt. Ist der 26. Dezember oder der 1. Januar ein Sonntag, so gelten der 27.12. sowie der 2.1. als Feiertage. Zwischen den Jahren verkehren Busse, Bahnen und Schiffe lediglich im Rahmen eines *skeleton service* (eines »Skelett-Verkehrs«). Da viele Restaurants an den genannten Feiertagen oder auch zwischen den Jahren schließen, ist man auf die asiatischen Restaurants in den großen Städten angewiesen, die meist durchgehend geöffnet haben. Karfreitag (Good Friday) gilt nicht in allen Gegenden als Feiertag, wohl aber Ostermontag (Easter Monday). Parallel zum englischen *August Bank Holiday* gilt – wiederum regional verschieden – ein Montag im August oder September als Feiertag. Außerdem wird der letzte Montag im Mai oder der erste Montag im Juni als *Spring Holiday* begangen.

Flugverkehr innerhalb Schottlands

Die Schottland-Flugpläne von British Airways sind bei jedem größeren deutschen Reisebüro erhältlich. Über die Flüge von Caledonian Airways und Air Anglia erteilen ebenfalls die größeren deutschen Reisebüros Auskunft. Da Air Anglia über ein dichtes innerbritisches Netz verfügt, ist es u. U. interessant, den gesamten Flugplan zu erhalten (Anschrift der Hauptgeschäftsstelle S. 63). Am interessantesten für den *»inselhüpfenden«* Schottland-Touristen ist natürlich der Flugplan von Loganair, besonders auch im Hinblick auf die internen Verbindungen innerhalb von *Orkney* und *Shetland* (Anschrift der Hauptgeschäftsstelle S. 63). British Airways fliegen von *Glasgow* aus mit Turbo-Prop-Maschinen vom Typ Vickers Viscount die Flughäfen *Stornoway* (Lewis) und *Inverness–Wick–Kirkwall* (Orkney) – *Sumburgh* (Shetland) an. Loganair besitzt meist kleinere Maschinen bis hin zum Fünfsitzer für den Inselverkehr. Von *Glasgow* aus führen Loganair-Linien nach *Campbeltown* (Kintyre), sowie zu den *Hebrideninseln Islay, Tiree, Barra, Uist* (Benbecula) und *Skye*. Außerdem wird (mit mehreren Zwischenstationen) *Stornoway* angeflogen. Von *Edinburgh* aus führt eine Linie (ebenfalls Loganair) über Inverness und Wick nach *Kirkwall*. Die *Orkney-* und *Shetland-Inseln* sind durch ein internes Netz miteinander verbunden. In Orkney findet sich auch – besonderer Stolz der Gesellschaft Loganair – die kürzeste fahrplanmäßig verzeichnete Flugstrecke der Welt: von der Insel *Westray* zur Insel *Papa-Westray*: Flugzeit laut Flugplan 2 min. Auch innerhalb von *Shetland* und zu der zwischen Orkney und Shetland gelegenen *Fair Isle* operiert Loganair. Basis ist in diesem Fall *Sumburgh*, von wo aus British Airways den Anschluß nach Glasgow herstellen. – Ein Inselflug zu den Hebriden, den Orkneys oder nach Shetland ist – klimatisch bedingt – ein wenig schaukelig, dafür aber eröffnen sich von den nicht sehr hoch fliegenden Maschinen aus großartige Rundblicke.

Geldwechsel

Ausländische Zahlungsmittel können bei allen *Banken* eingetauscht werden. Die bedeutendsten Banken mit Filialen überall im Lande sind die *Royal Bank of Scotland*, die *Bank of Scotland* sowie die *Clydesdale Bank*. Die Schalterstunden sind bei allen drei Banken gleich: Mo–Fr 9.30–15.30^h, Fr zusätzlich 16.30–18.00^h. Bankfilialen außerhalb der Stadtzentren schließen häufig über Mittag (unterschiedliche Zeiten). In entlegenen Gegenden gibt es einige Bankfilialen, die nachmittags geschlossen bleiben. Auch jene Banken, die über Mittag schließen, sind jedoch Fr 12.30–13.30^h geöffnet. Die *Stadtsparkassen* (Trustee Savings Banks) haben folgende Öffnungzeiten: Mo–Fr 9.30–15.30^h in Edinburgh, Aberdeen und Inverness; Mo–Fr 9.30–16^h in Glasgow, Perth, Stirling und Dundee; zusätzlich Do 17–19^h in Aberdeen und Inverness, Do 15.30–18^h in Edinburgh, Perth, Stirling und Dundee, Fr 15.30–18^h in Glasgow.

Die Bankfilialen und Wechselstuben in den *Flughäfen* haben erweiterte Öffnungszeiten, die sich auch nach den Flugplänen richten. Flughafen Edinburgh: Mo–Fr 8.30–19^h, Sa 8.30–13^h. In Edinburgh besteht die Möglichkeit, Mo–Mi, Fr, Sa 9–18^h und Do 9–20^h in der *Cook's Travel Agency* (Castle Street) Geld zu tauschen. Außerdem besitzt das *Tourist Information and Accomodation Centre* (5 Waverley Bridge) eine Wechselstube, die auch an Wochenenden und Bankfeiertagen geöffnet ist.

Auch größere *Hotels* nehmen Geldwechsel vor. In allen Fällen muß damit gerechnet werden, daß Personalausweis oder Paß vorzulegen sind.

Hotels

Schottland verfügt über ein relativ dichtes Netz von Hotels aller Kategorien. In den Sommermonaten können in einzelnen Gegenden die Betten jedoch knapp werden. Da die meisten Hotels zu Hotel-Ketten gehören, ist es möglich, von einem Hotel aus jeweils die nächsten Übernachtungen kostenlos im voraus zu buchen. Eine Reihe von Informationsämtern bietet ferner einen besonderen Service: *Book-a-Bed-Ahead* (Buchen Sie ein Bett im voraus). Diese Büros sind mit dem international üblichen Zeichen »Bett« ausgestattet (Einzelheiten vgl. u.). Die Hotel-Kategorien werden von den Automobil-Clubs AA (Automobile Association) und RAC (Royal Automobile Club) festgelegt (1–4 Sterne). Die Details können den Handbüchern beider Clubs entnommen werden (Anschriften S. 62). Außerdem gibt es eine Reihe kommerzieller Hotel- und Restaurant-Führer. Besonders hingewiesen sei auf die folgende Publikation des Scottish Tourist Board (Anschrift S. 61): *Where to Stay in Scotland: Hotels and Guest-Houses* (ca. 4 DM).

Die nicht sehr zahlreichen Hotelneubauten sind nach amerikanischem Vorbild aufgezogen, die Zimmer haben Bad/Dusche und WC, dafür aber sind die Wände dünn und die Hauptverkehrsstraßen nah.

Die Altbauten entsprechen oft nicht den vom Kontinent her gewohnten Standards: Selbst in 3-Sterne-Hotels haben nicht alle Zimmer WC und Bad, mitunter quieken die Fußböden, und unter den Teppichboden schaue man besser auch nicht. Bedingt durch die Wirtschaftslage des Landes fehlen vielerorts die dringend erforderlichen Investitionsmittel. Hotels mit Zimmern ohne Bad und WC verfügen allerdings auf jeder Etage über mehrere Bäder und Toiletten, so daß man davon ausgehen kann, daß eine Einrichtung für jeweils 2–3 Zimmer zur Verfügung steht.

Information

Schottland verfügt über rund 140 *Information Centres*. Die Anschriften der wichtigsten Büros finden sich, regional gegliedert, auf den Seiten 61 bis 62. Die meisten Zentren nehmen Buchungen für lokale Ereignisse vor. Viele der

Büros bieten einen Book-a-Bed-Ahead-Dienst an (vgl. die entsprechende Broschüre des Scottish Tourist Board, S. 61): Der Reisende entrichtet pro Buchung eine Gebühr von 1 £, die als Anzahlung gilt und bei der Begleichung der Hotelrechnung abgezogen wird. Außerdem wird pro Buchung eine Verwaltungsgebühr von 1 £ erhoben. Die Informationsbüros unterbreiten auch Touren-Vorschläge und verkaufen Broschüren für die Sehenswürdigkeiten in ihrem Einzugsbereich.

Jugendherbergen

Die schottischen Jugendherbergen können von jedermann besucht werden, der im Besitz des Jugendherbergs-Ausweises eines Mitgliedlandes des Internationalen Jugendherbergs-Verbandes (International Youth Hostel Federation) ist. Die Jugendherbergen stehen auch Erwachsenen offen, sofern gewisse Vorbedingungen gegeben sind. Der Preis für eine Übernachtung liegt bei 3 bis 5 DM. Das Netz der schottischen Jugendherbergen ist mit 80 Häusern relativ dicht. Hinsichtlich der Buchungsbedingungen sei auf die Broschüre der Scottish Youth Hostels Association *SYHA Handbook,* zu beziehen über die Geschäftsstelle in Stirling (vgl. S. 64), hingewiesen.

Landkarten

Zur Vorbereitung der Reise mag für den Auto-Touristen zunächst einmal eine Großbritannien-Karte interessant sein. Hier sei er auf die höchsten Ansprüchen genügenden Karten von *Hallwag: Großbritannien/Irland* sowie *Ravenstein: Großbritannien* hingewiesen. Für die Detailplanung in Schottland sollte man jedoch angesichts der erforderlichen größeren Feinkörnigkeit auf spezielleres Kartenmaterial zurückgreifen. Das britische Angebot in diesem Bereich ist umfangreich, die drucktechnische Ausstattung vorzüglich, auch thematisch orientierte Karten (etwa: Burgen und Schlösser) sind verfügbar. Wer möglichst viel sehen will, der sollte sich die vom Scottish Tourist Board neu herausgegebene Karte »New Touring Map of Scotland« (Maßstab 1:316 800) besorgen, die, auf der Basis einer Verkleinerung der Bartholomew-Kartenblätter, sämtliche Schlösser, Picknickplätze, Segelmöglichkeiten, Gärten, Jugendherbergen, Pony-Trekking Zentren, Landschaftsparks, Schlachtfelder, Golfkurse, Museen, Informationszentren, Wintersportzentren, Angelmöglichkeiten, Naturparks usw. verzeichnet. Aus dem großen Kartenangebot am empfehlenswertesten sind die Kartenblätter 7–10 des *Bartholomew Road Atlas Britain: South West Scotland* (7), *South East Scotland* (8), *North West Scotland* (9) mit Hebriden und *North East Scotland* (10).

Die Karten sind im Maßstab 1:253 440 (1 cm entspricht etwa 2,5 km) gehalten. Sie sind auch in größeren deutschen Buchhandlungen erhältlich. Die Karten zeichnen sich durch große Klarheit im Detail und angenehme Farbgestaltung

aus. Für den Autofahrer in der Forth-Clyde-Senke hat Bartholomew eine spezielle Autokarte herausgebracht: *Bartholomew Central Scotland Motoring Map*. Für die Orkney- und Shetland-Inseln empfehlen sich die *Bartholomew Revised Half-Inch Maps*, Kartenblätter 61 (Orkney) und 62 (Shetland).
Die Half-Inch-Karten (Maßstab 1:126 720) sind für das gesamte Großbritannien erhältlich, also auch für den Festlandteil Schottlands und die Hebriden (Kartenblätter 37–60). Wer eine spezielle Gegend erwandern möchte, der sei auf diesen Kartentyp ganz besonders hingewiesen oder aber auf die den Meßtischblättern entsprechenden *Ordnance Survey Maps*, Kartenblätter 1–85 (Maßstab 1:50 000).
Für die Hochlandregionen liegen darüber hinaus spezielle Wanderkarten unterschiedlichen Zuschnitts und sogenannte *Outdoor Leisure Maps* (Freizeitkarten) vor. Die Umgebung von Edinburgh wird erschlossen durch das *Pentland Hills Map and Walks Book* (Bartholomew, Maßstab 1:42 240).
Daneben findet der Reisende ein umfangreiches Angebot an speziellen touristischen Karten mit Souvenir-Charakter, Karten, die etwa die alten Siedlungsgebiete der einzelnen Clans verzeichnen, die Zentren der Whisky-Herstellung darstellen, speziell die Burgen und Schlösser auflisten, oder aber besondere Ereignisse der Geschichte thematisieren (alle von Bartholomew).

Maße und Gewichte

In Großbritannien gelten neben dem metrischen System noch die althergebrachten britischen Maße:

Längenmaße:

1 inch (in.) = 2,54 cm
1 foot (ft.) = 12 inches = 30,48 cm
1 Yard (Yd.) = 3 feet = 91,4 cm
1 mile (mi.) = 1,609 km

Flächenmaße:
1 square yard (sq.yd.) = 0,84 qm
1 acre = 4840 sq.yd. = 4046,83 qm
1 square mile (sq.mi.) = 640 acres = 2,59 qkm

Hohlmaße:
½ pint = 0,29 l
1 pint = 0,57 l
1 quart = 2 pints = 1,14 l
1 gallon = 4,54 l

Gewichte:
1 ounce = 28,35 g
1 pound (lb) = 16 ounces = 453,6 g
1 stone = 14 lb = 6,350 kg
1 quarter = 12,701 kg
1 Imperial Ton = 1016 kg

Medizinische Versorgung

Der Standard der medizinischen Versorgung in Schottland ist hoch; auch in den entlegeneren Landesteilen und auf den Inseln ist eine gute Infrastruktur gegeben. Wer einen Arzt benötigt, wende sich an die Hotelrezeption, das lokale *Tourist Information-Bureau* oder aber, in ländlichen Gebieten, an das »Fräulein vom Amt«, den Operator. Die Rufnummer ist 0 oder 100. Einen Krankenwagen erreicht man über die Rufnummer 999. In beiden Fällen ist der Anruf gebührenfrei. Die Apotheken sind meist in die Drogerien eingegliedert, sie bilden hier eine selbständige Abteilung, auf die das Stichwort *Prescriptions* (Rezepte) hinweist.

Die medizinische Versorgung erfolgt im Rahmen des seit 1948 bestehenden *National Health Service*. Im Rahmen dieses Gesundheitsdienstes besitzt jeder britische Staatsbürger das Recht auf kostenlose ärztliche und zahnärztliche Betreuung. Auch Krankenhausaufenthalte sind kostenlos. Eine Selbstbeteiligung wird nur dann verlangt, wenn besondere Leistungen (etwa: besondere Formen des Zahnersatzes, kosmetische Operationen, soweit sie nicht als unabdingbar gelten können) gefordert werden. Der ausländische Besucher Großbritanniens ist dem Briten hinsichtlich der Leistungen aus dem National Health Service grundsätzlich gleichgestellt, das heißt: im Normalfall erfolgen sämtliche Leistungen kostenlos. Dies ist besonders für Nicht-Privatversicherte interessant. Privatversicherten steht es offen, sich entsprechende Rechnungen ausstellen zu lassen, diese am Ort zu begleichen und die Rechnung dem Versicherungsträger nach Rückkehr von der Reise einzureichen. Gerade wenn für eine kurzfristige Erkrankung ohne Krankenhausaufenthalt der Hausbesuch eines Arztes erforderlich wird, empfiehlt es sich, den Arzt privat zu honorieren, eine Vorbedingung für eine zufriedenstellende ärztliche Versorgung ist dies aber keineswegs.

Münzen und Banknoten

Seit 1971 gilt das Dezimalsystem. 1 £ = 100 p (Pence). Es gibt Bronze-Münzen zu $^1/_2$ p, 1 p, 2 p sowie Kupfer-Nickel-Münzen zu 5 p, 10 p und 50 p. Banknoten werden im Werte von 1 £, 5 £, 10 £ und 20 £ ausgegeben. Dabei setzen die drei großen schottischen Banken *Royal Bank of Scotland, Bank of Scotland* und *Clydesdale Bank* eigene Banknoten in Umlauf, die neben den englischen Zahlungsmitteln in ganz Schottland Gültigkeit besitzen.

Der volle Name des englischen Pfundes, nämlich *Pound Sterling*, hat nichts mit der schottischen Stadt Stirling zu tun, obwohl sich hier eine Zeitlang die schottische Münze befand. Die Herkunft des Wortes Sterling ist dunkel, man bringt sie in Zusammenhang mit den Osterlingen, einer mittelalterlichen Währungseinheit der Hanse. Die Abkürzung £ leitet sich vom Lateinischen Librum, Libra ab (vgl. die italienische oder türkische Lira). Es handelt sich um ein großes L, der Querstrich entstammt dem b. Das Währungszeichen wurde zur Unterscheidung von der Abkürzung lb. für das Gewichts-Pfund eingebürgert. (Das alte deutsche ℔-Zeichen ist auch nichts anderes als ein lb.)

Post

Da sich die Karten und Brief-Gebühren in den letzten Jahren laufend geändert haben, ist es angezeigt, die neuesten Sätze beim lokalen Postamt oder beim Hotel-Empfang zu erfragen. Über alle weiteren Versandformen und Tarife informiert eine bei jedem Postamt erhältliche Broschüre.
Die Postämter sind normalerweise Mo–Fr 9–17,30^h und Sa 9–12,30^h geöffnet. Kleinere Postämter schließen über Mittag; außerdem gibt es außerhalb der großen Städte die Praktik, einen Nachmittag in der Woche zu schließen (»early closing day« – eine solche Regel gilt dann auch für die Einzelhandelsgeschäfte am Ort). Die Hauptpostämter in Edinburgh und Glasgow haben längere Öffnungszeiten, nämlich:
Edinburgh: Mo–Fr 8.30–18^h, Sa 8.30–12^h.
Glasgow: Mo–Fr 8–18^h, Sa 8.30–13^h.
Die britische Versandstelle für Sammlermarken *(Philatelic Bureau)* befindet sich im Hauptpostamt Edinburgh, Princes Street (auch Schalterverkauf).

Reiseliteratur

– Merian, Schottland. Hamburg 1979.
– Peter Sager: Schottland. Köln 1980.

– Heinrich Möller: Keltische (bretonische, kymrische, schottische, irische) Volkslieder. Mainz, ohne Jahr.
– Christiane Agricola: Schottische Sagen. Berlin 1967.
– Adrian Bailey: Die Küche der Britischen Inseln. Time Life-Bücher, deutsche Ausgabe 1970. Auch als Rowohlt-Taschenbuch.
– ADAC-Reiseratgeber: Wir gehen essen in Großbritannien. München 1979.
– Peter Fischer: Großbritannien und Irland im Farbbild. Frankfurt 1965.

– Morray McLaren: The Shell Guide to Scotland. London 1965.
– Automobile Association (AA): Illustrated Road Book of Scotland, with Gazetteer, Itineraries, Maps and Town Plans. Basingstoke, Hants 1973.
– AA Touring Guide to Scotland. London 1975.
– AA Illustrated Guide to Britain. London 1973.

– Illustrated Guide to Britain. London 1973.
– John Talbot White: The Scottish Border and Northumberland. London 1973.
– W.H. Murray: The Islands of Western Scotland, The Inner and Outer Hebrides. London 1973.

Reiseliteratur

- Ronald Miller: Orkney. London 1976.
- James N. Nicolson: Shetland. Newton Abbot 1972.

- Robin Prentice: The National Trust for Scotland Guide. London 1976.
- Hubert Fenwick: Scotland's Abbeys and Cathedrals, London 1978.
- Peter Verney: The Gardens of Scotland. London, ohne Jahr.
- George S. Emmerson: Rantin' Pipe and Tremblin' String, A History of Scottish Dance Music. Montreal 1971.
- Hubert Fenwick: Architect Royal, The Life and Works of Sir William Bruce 1630–1710. Kineton 1970.
- Oresko, R.: The Works in Architecture of Robert and James Adam. London 1975.
- R. J. S. McDowall: The Whiskies of Scotland, London 1967.
- John Prebble: The Lion in the North, One Thousand Years of Scotland's History. Harmondsworth 1973.
- Ian Grimble: Scottish Clans and Tartans. London 1973.
- Derek Cooper: Hebridian Connection, A View of the Highlands and Islands. London 1977.
- Tom Steel: The Life and Death of St. Kilda. Glasgow 1975.

- Wilfried Taylor und Noel Habgood: Scotland in Colour. London 1973.
- F. A. H. Bloemendal und Margret Hides: Scotland in Camera Colour, London 1972.
- H. V. Morton: The Splendour of Scotland. London 1976.
- Kenneth McKellar: The Romantic Scotland of Kenneth McKellar in Picture and Song. London 1972.

Mit Sicherheit ist Großbritannien das bestdokumentierte Reiseland Europas, denn alle Aspekte des Landes, der Geschichte und des sozialen Lebens sind nicht nur in einem umfangreichen Angebot an Buchpublikationen aufgearbeitet, sondern auch in einer Vielzahl von hervorragend ausgestatteten Broschüren, die man außerordentlich preiswert (etwa zwischen 0,80 DM und 2,50 DM) in jedem Papier-, Souvenir- oder Buchladen erwerben kann.

Von all jenen Sehenswürdigkeiten, die der Denkmalpflege des *Secretary of State for Scotland* unterstehen, sind genormte Führer erhältlich, die, von Spezialisten verfaßt, von staatlicher Seite vertrieben werden: Sie sind erhältlich bei Her Majesty's Stationery Office, Castle Street, Edinburgh (auch Laden-Verkauf) sowie bei den Aufsichtsbeamten vor Ort.

Im übrigen gibt das *Scottish Tourist Board* die folgenden Broschüren heraus, die zu Stückpreisen zwischen DM 2,- und 4,- von der Zentrale in Edinburgh (Anschrift S. 61) bezogen werden können.

- Where to Stay in Scotland: Bed and Breakfast.
- Self-Catering Accomodation in Scotland.
- Camping and Caravan Sites in Scotland.
- Scotland: 1001 Things to See.
- Scotland: Home of Golf.

- Scotland for Sea Angling.
- Scotland for Fishing.
- Walks and Trails in Scotland.
- Scotland for Hillwalking.
- Scotland's Architectural Heritage.

Hingewiesen sei auch auf die vom *Highland and Islands Developing Board*, Bridge House, 27 Bank Street, Inverness JV 1 1QR, herausgegebene Broschüre
- Getting around the Highlands and Islands.

Reisezeit

Die besten Reisemonate sind Juni, Juli und August. Ende Juni sind die Nächte am hellsten, ist der nordische Sommer am nächsten. Der Juli kann relativ warmes, aber auch dunstiges Wetter bringen, und in der 2. Augusthälfte sind Herbsteinbrüche mit recht tiefen Temperaturen und teilweise verregneten Tagen nicht unmöglich.
Dennoch hat Schottland ein atlantisch-ausgeglichenes Klima, ein wochenlang grauer Himmel, eine farblose Natur sind praktisch unbekannt, und winterliche Schneestürme bilden insgesamt eher die Ausnahme als die Regel. Wer also in der übrigen Jahreszeit nach Schottland reist, der wird besonders in den Monaten September und Oktober, wenn die Heide blüht und die Birken sich gelb färben, aber auch im April und Mai eine außerordentlich farbenprächtige Natur vorfinden. Auch die Zeit »zwischen den Jahren« bietet ihre Reize, besonders dann, wenn man schottische Freunde hat. Das Wetter ist um diese Zeit in Schottland oft besser als in Mitteleuropa, und das schottische Neujahrsfest ist – schottische Freunde vorausgesetzt – ein Ereignis für sich: *Hogmanay* bietet dem Mitteleuropäer einen landeskundlichen Intensivkurs, es ist Sonnwendfeier, Happening, rauschende Ballnacht und trautes Gelage in einem, kalkulierter Erdrutsch, der den puritanischen Seelengrund des Schotten verschüttet, in manchem ähnlich, aber doch keineswegs so kommerzialisiert wie der rheinische Karneval. In den Nächten um Neujahr operiert ein besonderes Nachtbus-System mit stündlicher Bedienung zwischen Mitternacht und 8 Uhr morgens, auf dem die schweigende Minderheit der Teatotallers, der Alkoholverächter, Dienst tut.

Stromspannung und elektrische Geräte

Die Spannung beträgt 220–250 Volt. Es gibt jedoch nebeneinander mehrere, nicht kompatible Stecker-Systeme, die alle mit den zentraleuropäischen Normen nicht vereinbar sind.
Für elektrische Rasierapparate bieten die Hotels spezielle Anschlußmöglichkeiten. Allerdings sind diese so ausgelegt, daß elektrische Geräte mit höherer Watt-Zahl nicht angeschlossen werden können.

Tanken

Benzin wird an britischen Tankstellen in bis zu drei verschiedenen Qualitäten angeboten: Regular/2-star (90–93 Oktan), Economy/3-star (94–96 Oktan), Premium/4-star (97–99 Oktan).
Schottland verfügt über ein dichtes Tankstellennetz, dennoch vergesse man nicht, in den einsameren Hochland- und Inselgegenden rechtzeitig aufzufüllen, besonders vor Feiertagen.
Der Reifendruck wird in *pounds per sqare inch* (Abkürzung psi) gemessen. Für Autofahrer ist die folgende Umrechnungstabelle wichtig:

atü	1,0	1,2	1,4	1,6	1,8	2,0	2,2	2,4
psi	14	17	20	23	26	28,5	31,5	34,5

Taxis

Taxis stehen in allen Großstädten in genügender Zahl zur Verfügung. Sie können herbeigewunken oder angerufen werden (Gelbe Seiten der Telefonbücher unter Taxis). Nur die Taxis in den großen Städten besitzen eingebaute Taximeter zur Fahrpreisberechnung. In allen übrigen Fällen empfiehlt es sich, den Fahrpreis vor Reiseantritt zu erfragen. Dies ist beim Antritt längerer Taxi-Fahrten ohnehin ratsam.

Telefon und Telefonieren

Die Vorwahl für Deutschland ist von Großbritannien aus 01049, die für Österreich 01043, und die für die Schweiz 01041. Alle größeren schottischen Städte sind an den internationalen Selbstwähl-Verkehr angeschlossen. Von den Inseln und vom Hochland aus muß jedoch zuweilen noch gestöpselt werden. Wählt man eine Nummer auf dem Kontinent selbst an, so darf man die Null der Vorwahl nicht mitwählen. Für München beispielsweise wählt man nicht 089 sondern ganz einfach 89, also 01049–89.
Die Vorwahl für Großbritannien ist 0044, und bezüglich der Ortsvorwahl gilt hier das gleiche: Edinburgh hat innerhalb des britischen Netzes die Vorwahl 031, von Deutschland aus wählt man jedoch 0044-31.
Englische Telefonautomaten haben es in sich: Zunächst einmal schlucken sie in der Regel nur Münzen im Werte von 5 p und 10 p, was bedeutet, daß man dauernd »nachschieben« muß, da es keine Münzspeicher wie bei unseren Telefonen gibt. (An Flughäfen, großen Bahnhöfen und Orten, von denen aus häufig Auslandsgespräche geführt werden, gibt es neuerdings Telefon-Automaten, die auch für 50 p-Münzen ausgelegt sind.) Für die Telefonzelle bzw. den Automaten ist umgangssprachlich der Ausdruck »Pay Phone« gebräuchlich.

Wie wird telefoniert? Zunächst einmal dreht sich die Scheibe, sofern es sich noch um Scheiben handelt, andersherum als auf dem Kontinent. Sodann darf man die Münze (5 p für Ortsgespräche, 10 p für Ferngespräche) nicht sogleich einwerfen. Man setzt sie vielmehr nur auf den Schlitz auf. (Ein entsprechender Widerstand bewahrt sie davor, hineinzufallen.) Man nimmt den Hörer ab und wartet, bis ein tiefer Surrton kommt. Nun wählt man seine Nummer an. Kommt der Ruf an, so hört man entweder das vom Kontinent her gewohnte Rufzeichen oder, bei britischen Anschlüssen, ein metallen klingendes tuttut – tuttut – tuttut. Hört man die Stimme seines Gesprächspartners, so wird die Leitung nach kurzer Zeit durch ein sehr schnelles und deutliches tut-tut-tut-tut teilweise unterbrochen, und dies ist das Zeichen, daß man die Münze in den Schlitz hineindrücken muß. Sinnvollerweise legt man dann bei Ferngesprächen sogleich die nächste 10 p-Münze nach, die man in den Schlitz drückt, sobald das Unterbrechungszeichen erneut ertönt.

Man kann von Telefonzellen aus auch dann Fern- und Auslandsgespräche führen, wenn handvermittelt werden muß. In diesem Fall wendet man sich an das Amt, indem man, je nach Gegend, die Null oder die 100 (letztere besonders in städtischen Bereichen) anwählt. Die jeweils gültige Nummer ist auf dem Automaten unter dem Stichwort *Operator* verzeichnet. Die Operators sind sehr hilfsbereit und auch geduldig, wenn es mit den Sprachkenntnissen nicht so klappt. Man sage ihnen die Nummer, die man haben will und die der Telefonzelle, sie rufen einen dann in der Zelle selbst zurück. Wichtig ist in diesem Zusammenhang, daß bei englischen Telefonnummern jede Ziffer einzeln buchstabiert wird. Null wird wie der Buchstabe O buchstabiert, also [əu]. Der Operator hilft übrigens, wenn man irgendwie in Not ist und nicht weiterweiß. In ländlichen Gegenden vermittelt er auch den Arzt.

Polizei, Feuerwehr, Krankenwagen und *Küstenwache* sind in der Regel unter der Rufnummer 999 erreichbar. Ist dies nicht der Fall, so schaue man auf den ersten Seiten des Telefonbuches nach oder wende sich wiederum an den Operator. Operator-Rufe und Notrufe sind gebührenfrei. Die Gelben Seiten des Telefonbuchs enthalten eine Reihe interessanter Einträge für Touristen, so etwa: *Airlines* (Luftverkehrs-Gesellschaften), *Banks* (Banken), *Booksellers* (Bücherläden), *Bus & Coach Services* (Stadt- und Überlandbusse), *Camping Sites* (Campingplätze), *Car Hire* (Mietwagen-Firmen), *Caravan Parks* (Abstellplätze für Wohnwagen), *Dental Surgeons* (Zahnärzte), *Garage Services* (Kfz-Werkstätten), *Gas Bottles* (Gasflaschen), *Guest Houses* (Gäste-Häuser), *Hairdressers* (Friseure), *Hospitals, Hostels* (Jugendherbergen), *Taxis*.

Temperaturen (Umrechnungstabelle)

Maßeinheit ist das Grad Fahrenheit (°F), sofern die Angabe nicht bereits in »Centigrade« (°Celsius) erfolgt.
9°F = 5°C.
Eis schmilzt bei 32°F.

Temperaturen – Vergünstigungen

Die folgende Umrechnungstabelle ist hilfreich:

°C	−30	−20	−10	0	5	10	15	20	25	30
°F	−22	−4	+14	+32	+41	+50	+59	+68	+77	+86

Vergünstigungen

Sowohl die Fluggesellschaften wie auch die Britischen Eisenbahnen bieten zwischen London und Glasgow/Edinburgh sowie auch auf anderen Strecken zeitlich begrenzte Sondertarife an. Man wende sich an ein großes Reisebüro oder aber unmittelbar an die Vertretungen von British Airways oder British Rail (Anschriften S. 62 f.).

Die Regionen

Südost-Schottland

Der schottische Süden gilt vielen Reisenden nur als letztes Hindernis auf der Fahrt in die Metropole und in das ersehnte Hochland. Dabei sind die Landschaften s. von Glasgow und Edinburgh überreich an geographischen und historischen Sehenswürdigkeiten. Die nachstehenden Streckenbeschreibungen zeigen, daß sich selbst entlang der relativ direkten, gut ausgebauten Zufahrtsstraßen eine Fülle von Gelegenheiten zu Fahrtunterbrechungen und Besichtigungen bietet. Wer gerne nach Großbritannien fährt, dem sei angeraten, die Borders (das Grenzland) und Galloway im SW zum Gegenstand einer eigenen Reise zu machen, vielleicht in Verbindung mit den englischen Landschaften North Yorkshire, Northumberland und Cumbria. Immerhin führt eine Fahrt längs des Tweed zu den wohl sehenswertesten drei Kirchen des Landes; im Bereich der Borders und auch der w. anschließenden Grafschaft Dumfries finden sich mittelalterliche Burgen, Renaissance-Schlösser und vornehme Landhäuser, die im übrigen Schottland ihresgleichen suchen, und die verträumten Fischerstädtchen des schottischen SW bieten ihre ganz eigene, unnachahmliche Atmosphäre.

Im folgenden sind die Hauptzufahrtswege nach Edinburgh (A 1, A 68 und A 7) mit den umgebenden Landschaften sowie eine Fahrt entlang des River Tweed beschrieben. Wo dies sinnvoll erscheint, werden »Abstecher« in benachbarte Täler angeregt. Die weniger direkte Zufahrt von Carlisle nach Edinburgh über die A 74 und die A 702 ist im Südwestschottland-Teil beschrieben (vgl. S. 243 ff.).

Route 1

Berwick – Haddington/North Berwick – Edinburgh

Berwick-upon-Tweed, am Nordufer des Flüßchens Tweed gelegen, gehört zur Grafschaft Northumberland und ist damit heute die nördlichste Stadtgemeinde Englands. Für den heimkehrenden Schotten ist die schmucke Kleinstadt allerdings mehr als ein bloßes Tor zur Heimat: sie ist eigentlich ein expatriiertes Stück davon, denn die alte Grenze zu England ist der Fluß selbst. Daß Berwick seit 1482 zu England gehört, ist Ergebnis jahrhundertelangen Zwistes, währenddessen die Stadt nicht weniger als 13mal den Herrn wechselte. Die Grafschaft Berwickshire, deren Hauptort Berwick war, blieb

Eyemouth – Coldingham 83

schottisch bis auf den heutigen Tag. Betrachtet man die geschichtlichen Abläufe großräumiger und bezieht man das frühe Mittelalter mit ein, so muß man freilich erkennen, daß auch die Tweed-Grenze künstlich ist: Berwick und der Tweed lagen ursprünglich im Zentrum eines großen Nordhumbrischen Königreiches, das sich von York bis in die Gegend von Edinburgh erstreckte. Die Einheit von Nordostengland und Südostschottland wird in Sprache und Volkstum deutlich; die Grenze des Tweed war, weil stets umkämpft, so durchlässig, daß heute die meisten nordenglischen und die meisten südschottischen Familien Vorfahren zu beiden Seiten der Grenze haben.

Rund 5 km nö. von Berwick erreicht die A 1 die heutige schottische Grenze: Besondere Tafeln weisen darauf hin. Die Straße folgt bis zur Gabelung bei dem Ort *Burnmouth* der Küste, sodann verläuft sie bis zum Dorf *Cockburnspath* (26 km ab Grenze) parallel zur Bahnlinie London–Edinburgh durch weniger sehenswertes Hinterland. Der Reisende tut gut, n. von Burnmouth auf die touristisch interessantere A 1107 abzuzweigen, die ö. der A 1 verläuft und s. Cockburnspath wieder in diese einmündet. Ein Umweg ergibt sich dadurch nicht.

1 Eyemouth

Der Ort (2600 Einwohner, Informationsamt), 4 km hinter der Abzweigung, besitzt seit 1597 den Status eines Königlichen Burgfleckens *(Royal Burgh)*. Eyemouth war durch Jahrhunderte ein bedeutendes Fischereizentrum. Heute hat der Fremdenverkehr den Rückgang der Fischerei wettgemacht. Sehenswert sind der von den »Hurcars«–Felsen geschützte Hafen von 1768 sowie die nach N und S anschließende Klippenszenerie. Hier befinden sich zahlreiche Höhlen, die bis ins 19. Jh. hinein den Schmugglern Unterschlupf boten: Eyemouth hatte den Status eines Freihafens. Ein schwarzes Datum in der Geschichte der Stadt ist der 14.10.1881, als ein schwerer Sturm die halbe Fangflotte versenkte. 129 Fischer fanden dabei den Tod.

Östlich des Hafens liegt *Gunsgreen House*, ein Herrenhaus aus dem 18. Jh., das wegen seiner vielen Geheimgänge und Treppen dereinst ein Zentrum der Schmuggler war (heute Pension). Schloß Linthill, sw. der Stadt beim Zusammenfluß der Flüßchen Ale und Eye gelegen, ist ein Herrenhaus aus dem frühen 17. Jh. mit hübschen Treppengiebeln. Im Jahre 1751 war Linthill Szene eines Mordes ganz besonderer Art: Der reichen Witwe des Eigentümers, Mrs. Patrick Hume, wurde von ihrem Butler Ross die Kehle durchgeschnitten, als sie ihn bei einem Juwelendiebstahl ertappte und zur Rede stellte. Die alte Dame schleppte sich noch bis zur Hausglocke und läutete die Dienerschaft zusammen. Ross sprang, da ihm kein anderer Weg zur Flucht blieb, aus dem Fenster, brach sich dabei ein Bein, wurde verhaftet und schließlich gehenkt.

2 Coldingham und seine Priorei

Coldingham (950 Einwohner), 5,5 km n. Eyemouth gelegen, ist ein hübsches Dorf im wesentlichen aus dem 18. Jh. Sehenswert sind die Überreste der 1854 restaurierten benediktinischen *Priorei*, die der Schottenkönig Edgar um das Jahr 1098 begründete. Sie sind heute Bestandteil der Pfarrkirche. Auch die Ruinen einer Reihe alter Wirtschaftsgebäude, im wesentlichen aus den Jahren nach 1147 und aus dem 13. Jh., sind erhalten.

3 St. Abbs

St. Abbs, von Coldingham aus über die B 6438 zu erreichen, ist ein pittoresker Weiler an der Küste und idealer Ausgangspunkt für Spaziergänge zu den 100 m hohen Sandsteinklippen und dem Leuchtturm von St. Abbs Head (3 km nö.) oder weiter entlang der Küste zu den Ruinen des einsam gelegenen *Fast Castle*.

4 Die alte Zehnten-Scheune von Foulden (Foulden Old Tithe Barn)

Folgt man der A 6105 in Richtung Duns und Greenlaw, so gelangt man nach 8 km zu einem zweistöckigen Scheunenbau mit Außentreppe und Treppengiebeln. Wie der Name *Tithe* andeutet, wurden in der Scheune die Naturalienabgaben der Bauern, der Zehnte, gesammelt und aufbewahrt. Von der Straße aus eröffnet sich ein guter Blick auf das Gebäude.

5 Die Kirche von Edrom

Gut 11 km ö. von Foulden befindet sich im Weiler Edrom, etwas n. der A 6105, die Ruine einer mittelalterlichen Kirche. Von besonderer Schönheit ist ein reich gestalteter romanischer Torbogen, der zu einer Gruft führt. Darüber hinaus sind eine Reihe interessanter Grabplatten erhalten, eine davon aus dem Jahre 1553.

6 Duns

Der Hauptort der Grafschaft Berwickshire (1800 Einwohner) ist Geburtsort des großen franziskanischen Ordenslehrers und Philosophen *Duns Scotus* (1266–1308), der an den Universitäten Oxford, Paris und Köln lehrte und in Köln begraben ist. Der Ort wurde 1545 durch die Engländer zerstört. Die moderne Stadt, im wesentlichen aus dem 19. Jh., macht einen freundlichen und geschäftigen Eindruck. Der am Rennsport Interessierte findet in den *Burgh Chambers*, Newton Street, eine Jim Clark-Gedächtnisstätte (Jim Clark Room) mit Trophäen und Erinnerungsstücken. Der zweimalige Formel-I-Weltmeister verunglückte 1968. MO–SA 10–13, 14–18, SO 14–18. Eintritt.

Gut 3 km ö. der Stadt (A 6105) liegt das *Manderston House*, ein Herrenhaus mit schönen Gärten, weitere 3 km s. das wegen seiner Schießscharten sehenswerte *Nisbet House* aus dem 17. und 18. Jh. (A 6112). Die Kirche im Weiler *Fogo* (A 6105 bis Gavinton, dann nk Straße nach S, 6 km ab Duns) hat 2 Emporen für den örtlichen Adel, sogenannte Laird's Lofts, aus den Jahren 1671 und 1677.

Die *Lammermuir Hills* im N erreichen mit Meikle Says eine Höhe von 532 m.

7 Der Broch von Edinshall

Am Südabhang der Lammermuir Hills liegt 4,5 km n. von Duns und ö. der A 6122 (am NO-Hang des Cockburn Law) der Broch von Edinshall. Als einer der 10 s. des Hochlands gelegenen Brochs lohnt er eine Besichtigung, wenn nicht besser erhaltene Bauten weiter n. auf dem Programm stehen. Immerhin sind seine Abmessungen recht spektakulär. Er wurde bis in die nachchristlich-römische Zeit hinein bewohnt.

8 Cockburnspath

Cockburnspath (650 Einwohner, Bahnstation), 2 km n. der Einmündung der A 1107 in die A 1 gelegen, ist ein Marktflecken aus dem frühen 17. Jh. Das alte Marktkreuz ist erhalten. Die ältesten Teile der Pfarrkirche gehen auf das 14. Jh. zurück. Die Kirche besitzt im Westgiebel einen interessanten Rundturm wahrscheinlich aus dem 16. oder frühen 17. Jh.

Rund 2 km ö. erstreckt sich der herrliche Sandstrand der *Pease Bay* am Ausgang des steilen Tals von Pease Dean. Die 91 m lange *Brücke* über das Tal aus dem Jahre 1786 galt den Zeitgenossen als technisches Meisterwerk. Im Park des 1,5 km n. des Ortskernes und ö. der A 1 gelegenen *Dunglass House* aus neuerer Zeit findet sich eine teilweise restaurierte Kollegienkirche aus der Zeit um 1440. Die Kirche hat einen kreuzförmigen Grundriß. Erhalten sind das Schiff, der Chor, die Querschiffe, die Sakristei sowie ein zentraler Turm. Die Innenausstattung der Kirche ist außerordentlich sehenswert.

9 Dunbar

Bis in das 13 km entfernte Dunbar (4600 Einwohner, Bahnstation, Informationsamt) folgt die A 1 der Küste, wobei etwa auf halber Strecke der eindrucksvolle Klippenpfad von *Barns Ness* passiert wird. Dunbar, *Royal Burgh* seit 1369, ist eines der traditionellen Fischereizentren der Ostküste und heute ein aufblühender Ferienort mit guten touristischen Möglichkeiten. Die Stadt hat ein besonders fruchtbares Hinterland, das für seine rote Erde bekannt ist. Sehenswert ist das alte Stadtbild aus der Zeit nach 1620. Das *Stadthaus* (West Port Street) hat einen eigenartig sechseckigen Turm. In unmittelbarer Nachbarschaft befindet sich das alte Marktkreuz. Die Ruinen des Schlosses auf einem Felsvorsprung oberhalb des Hafens (n. des Zentrums) sind angesichts ihrer geringen Erhaltung nur von untergeordnetem Interesse.

Die ältesten Teile der Anlage gehen auf das 13. Jh. zurück. In den Unabhängigkeitskriegen des 14. Jh. spielte es eine wichtige Rolle, im Jahre 1339 widerstand die Besatzung unter dem Kommando der Black Agnes, der Gräfin von March und Dunbar, einer sechswöchigen Belagerung durch die Engländer. Dunbar Castle überstand auch das Jahr 1544, als der Graf von Hertford im Zuge des *Rough Wooing* (vgl. S. 33) die Stadt niederbrannte. Maria Stuart bewohnte das Schloß 1566 mit Darnley nach der Ermordung Rizzios und erneut 1567 mit Bothwell nach dem Mord an Darnley (vgl. S. 35). Der Regent Moray (Reg. 1567–1570) zerstörte den Bau. – Südöstlich der Stadt fand 1650 die Schlacht von Dunbar statt, in der Cromwell die Convenanters unter General Leslie schlug (vgl. S. 37).

Wichtige Adressen: *Tourist Information,* im Rathaus, High Street, bei der Einmündung der West Port Street – *Bahnhof,* Ende der Station Road, ca. 500 m vom Zentrum – *Hauptpostamt,* High Street, bei der Abzweigung der Abbey Road – *Polizei,* Nordseite der Delisle Street, schräg gegenüber des Countess Crescent – *Krankenhaus,* Cottage Hospital, East Link Road, ca. 500 m ö. des Zentrums.

10 Stenton

Das 8 km sw. von Dunbar an der B 6370 gelegene hübsche Dorf (600 Einwohner) besitzt einen gotischen *Brunnen* aus dem 14. Jh., dessen Kreuzbogen ein Kardinalshut krönt, sowie, auf dem Dorfanger, ein sehenswertes Relikt aus dem mittelalterlichen Geschäftsleben: den *Wollstein.* Er wurde während der örtlichen Messen benutzt, um Wolle zu wägen. Nordöstlich des Dorfes liegt das Herrenhaus *Biel* mit einem terrassenförmigen Garten aus dem 16. Jh. Etwa 2 km s. des Ortes bietet der Waldpfad von Pressmennan am NW-Hang der Lammermuir Hills Gelegenheit zum Wandern.

11 Die Mühle von Preston und das Taubenhaus von Phantassie

7 km w. von Dunbar zweigt die Küstenstraße A 198 nach N ab. Sie bietet eine Alternative zu der zunächst beschriebenen, direkteren Strecke über die A 1 (Umweg 13 km). Beim Dorf East Linton (Informationsamt, 2 km w., auf der Nordseite der Straße) ist die im Tal des Flüßchens Tyne gelegene Preston Mill aus dem 17. Jh. ein lohnendes Ziel für kulturhistorisch und technisch interessierte Besucher. Die pittoresk gelegene und oft gemalte Wassermühle ist nach wie vor betriebsbereit. Quer über die Felder befindet sich ein ausgezeichnetes Beispiel für das traditionelle schottische Taubenhaus, das sehr sehenswerte, kreisrunde Phantassie Doocot (für dovecot, Taubenhaus) mit seiner interessant-funktionalen Dachkonstruktion.
MO–SA 10–12.30, 14–19.30; April bis September auch SO 14–19.30; Oktober bis März täglich 14–16.30. Eintritt.

12 Schloß Hailes

Ebenfalls im Tal des Tyne, aber s. der A 1 (3 km sw. von East Linton), finden sich die gut erhaltenen Ruinen des Hailes Castle aus dem 13.–15. Jh. Besonders sehenswert sind das Wassertor, das Verlies sowie eine hübsche Kapelle aus dem 16. Jh. Im Jahre 1567 beherbergte Schloß Hailes Maria Stuart und Bothwell, nachdem sie auf ihrer Flucht Borthwick Castle hatten verlassen müssen. Zuvor war das Schloß im Rahmen des *Rough Wooing* (vgl. S. 33) stark in Mitleidenschaft gezogen worden. Cromwell schleifte die Anlage im Jahre 1650.
April bis September MO–SA 9.30–19.00, SO 14.00–19.00; Oktober bis März MO–SA 9.30–16.00, SO 14–16. Eintritt.

13 Das Fliegermuseum, East Fortune Airfield

Zweigt man etwa 7,5 km hinter der Gabelung A 1/A 198 von der A 1 in Richtung North Berwick ab (B 1347), so erreicht man nach 5 km das Flugfeld von East Fortune. Zu den Exponaten des Fliegermuseums zählen eine *Autogiro* von 1934, eine *Spitfire*, verschiedene Düsenmaschinen und eine *Fairey Delta*, die den Weltgeschwindigkeitsrekord im Jahre 1956 hielt. Die Raketensammlung umfaßt u. a. die *Blue Streak*.
Anfang Juni bis Ende Juli 10–16.

14 Athelstaneford, seine Kirche und sein Taubenhaus

Nördlich der A 1, erreichbar über die B 1347/B 1343, befindet sich das schmucke Dorf Athelstaneford (1000 Einwohner), dessen Pfarrkirche auf die Zeit um 1100 zurückgeht. Unweit der Kirche kann ein weiteres gutes Beispiel für ein schottisches Taubenhaus in Augenschein genommen werden. Das steinerne Gebäude besitzt einen hübschen Treppengiebel.

15 Haddington

Haddington (6500 Einwohner) gilt als eine der sehenswertesten Kleinstädte Schottlands, dank der seit den späten 50er Jahren durchgeführten Restaurationsarbeiten. Die Stadt wurde im Mittelalter von den Engländern mehrmals niedergebrannt. König Alexander II. wurde 1198 hier geboren, und von Duns Scotus heißt es, er habe hier gewirkt.
High Street und Market Street werden von Bürgerhäusern des 17. und 18. Jh. gesäumt, die das Werk bedeutender schottischer Architekten wie *William*

Haddington

Adam sind. Sehenswert sind im übrigen die gut erhaltenen Ruinen der *Abtei*, die wegen ihres leuchtend roten Sandsteins im Mittelalter »Lamp of the Lothians« (Leuchte der Grafschaften Lothian) genannt wurde, die *Abbey Bridge*, ein Werk des frühen 16. Jh. (1,5 km ö. des Zentrums), die *Nungate Bridge*, die *Poldrate Mill*, die *St. Mary's Parish Church*, das *Haddington House*, das ebenfalls aus dem 17. Jh. stammende *Moat House*, Eastgate, sowie das Marktkreuz. Insgesamt sind 129 Bauwerke als architekturgeschichtlich oder allgemein historisch interessant eingestuft. Der Ort wird durch eine besondere Broschüre »Walk round the Town« erschlossen, die gegen eine Schutzgebühr bei der Stadtverwaltung erhältlich ist. Die Stadtbibliothek birgt eine wertvolle Büchersammlung aus dem 17. Jh.

Stadtrundgang

15.1 Town House. Der Stadtrundgang beginnt am Westende der Market Street. Hier zwischen Market Street und High Street, befindet sich das von William Adam entworfene und 1748 erbaute Rathaus. Der Bau ist ein schönes Beispiel für bürgerlichen Klassizismus, der Versammlungsraum stammt in seiner heutigen Form aus dem Jahre 1788. Der von Gillespie Graham 1831 geschaffene 52 m hohe Turm ist ein weithin sichtbares Wahrzeichen der Stadt.

15.2 Mitchells Close. Folgt man der Market Street in ö. Richtung, so gelangt man auf der Nordseite zur Mitchells Close, in der heute drei kunsthandwerkliche Betriebe arbeiten. Die vortrefflich restaurierten Häuser weisen die für die damalige Zeit typischen Ziegeldächer (*Pantile Roofs*) sowie die nicht minder typischen Treppengiebel auf.

15.3 Kinloch House. Auf der Nordseite der Market Street bei der Einmündung der Hardgate Street findet sich das Kinloch House, das städtische Domizil der Familie Kinloch of Gilmerton aus dem frühen 18. Jh.

15.4 St. Annes Place. St. Annes Place an der Einmündung der Church Street in die Sidegate-Straße ist ein liebenswerter kleiner Platz, in dem das Bischöfliche Haus (*Episcopal Manse*) als ein weiteres Beispiel für bescheiden-herrschaftliche Architektur des 18. Jh. besondere Beachtung verdient.

15.5 The Sands. Der Spaziergang führt nun durch die Church Street, in der sich eine Reihe interessanter restaurierter Häuser befindet. Unmittelbar beim Fluß Tyne gelangt man zu einem offenen Platz, an den eine alte Bowling-Wiese anschließt. Von der Nungate Bridge (Nonnentor-Brücke, 17. Jh.) genießt man den Blick auf das pittoreske Flüßchen.

15.6 St. Mary's Church. Folgt man der Church Street weiter, so gelangt man nach wenigen Schritten zur Marienkirche (14. und 15. Jh.). Sie dient immer noch als Gemeindekirche und ist von einem Friedhof mit interessanten barocken Grabplatten umgeben.

15.7 Poldrate Mill. Der Weg führt nun in w. Richtung zurück zum Südende des Sidegate. Auf der Westseite der s. anschließenden Poldrate-Straße befindet sich die Poldrate Mill, ein dreigeschossiges Bauwerk (18. Jh.), das als Getreidemühle immer noch in Betrieb ist. Die Mühle folgt technisch dem Prinzip des unterschlächtigen Mühlrads: Das Rad dreht in der Strömung selbst.

15.8 Haddington House. Von der Poldrate Mill aus führt der Weg ins Zentrum zurück. Auf der Ostseite des Sidegate befindet sich das Haddington House aus dem frühen 17. Jh. Es ist das älteste erhaltene Wohnhaus in Haddington und wurde in den vergangenen Jahren als Bibliothek und Museum hergerichtet. Das *Summerfield House* (gegenüber) ist ein weiteres sehenswertes Gebäude aus dem 18. Jh. mit einem Kutschenhaus und einem Stall.

15.9 High Street. Die alte Hauptstraße ist vor allem der Ensemble-Wirkung der Gebäude wegen von Interesse: Hier wurde 1962 erstmals in Schottland der Effekt einer abgestimmten Bemalung für eine ganze Häuserzeile ausprobiert. Die von der High Street abzweigenden kleinen Sträßchen bieten fotogene Perspektiven, das *Marktkreuz* (am w. Ende) stammt aus dem Jahre 1811 und ersetzt ein älteres Stück von 1693. Dieses wiederum trat an die Stelle des ursprünglichen Marktkreuzes aus dem 12. Jh.

15.10 Carlyle House. Am Westende der High Street (Südseite) befindet sich ein klassizistischer Bau aus dem 18. Jh. mit reichen Dekorationen; hinter diesem Gebäude wiederum liegt das kleinere aber nicht minder sehenswerte Wohnhaus der Jane Welsh Carlyle, der Gattin des Schriftstellers *Thomas Carlyle*.

15.11 Abbey Church. Die etwas außerhalb des Ortes gelegene kreuzförmige Abteikirche stammt vorwiegend aus dem 16. Jh. Der mächtige zentrale Turm trug einst eine Krone, wie sie von St. Giles, Edinburgh, her bekannt ist. Eindrucksvoll ist die Westfront des Schiffes mit ihrem zweifachen Torbogen. Im Chor befindet sich das Grab von Jane Welsh Carlyle (vgl. o.). Die Ruinen der in der Nachbarschaft gelegenen *St. Martins-Kirche* gehen auf das 12. Jh. zurück.

Gut 3 km n. von Haddington finden sich in der Nachbarschaft des Garleton Hill (180 m) die Überreste des *Barnes Castle* aus dem 16. Jh.; 3 km nö. liegt, in unmittelbarer Nachbarschaft des Flusses Tyne, das restaurierte *Stevenson House* (16.–18. Jh.). Etwa 5,5 km ö. der Stadt findet sich (1 km ö. der nk Straße nach Garvald) das einsame Kirchlein von *Morham* aus den Jahren 1685–1724, das eine Glocke von 1681 birgt.

16 Gifford und seine Kirche

Das Dorf Gifford (350 Einwohner), 8 km sö. von Haddington an der B 6369 gelegen, besitzt eine holländisch anmutende Kirche von 1708. Erhalten sind eine mittelalterliche Glocke sowie eine Kanzel aus dem 17. Jh. Südöstlich des Dorfes liegt in waldreichem Gelände im Tal des Hopes Water das *Yester House*, ein von den Gebrüdern Adam erbautes Herrenhaus von 1745. In der Nachbarschaft des Hauses werden die Überreste des *Yester Castle* aus dem 13. Jh. sichtbar.

17 Das Herrenhaus von Winton

Winton House, knapp 10 km sw. von Haddington an der B 6355, ist ohne Zweifel eines der sehenswertesten Bauwerke der schottischen Renaissance. Der Bau aus dem Jahre 1620 mit Erweiterungen aus dem 19. Jh. besitzt kunstvolle Stuckdecken. Auch die Ausführung der reich verzierten Kamine gilt als besonders gelungen, und die prachtvolle Innenausstattung (Mobiliar, Gemälde) stellt einen weiteren Anreiz dar.
Winton House ist nur nach vorheriger Absprache mit dem Besitzer (T.: Pencaitland 340222) zugänglich. Eintritt.

18 Musselburgh

Musselburgh (17 000 Einwohner, Bahnstation) ist heute eine Industriestadt vor den Toren von Edinburgh, obgleich die Muscheln, die dem Ort den Namen gaben, bis vor kurzem noch an den Ufern des Firth of Forth gezüchtet und gesammelt wurden. Die Stadt besitzt ein Rathaus aus der Zeit um 1591 mit einer niederländischen Glocke von 1496 sowie eine dreibogige Fußgängerbrücke über den Fluß Esk aus der Zeit um 1550.

Am Ostende der Stadt befindet sich *Pinkie House*, ein Herrenhaus aus dem Jahre 1613. Der alte in das Gebäude eingefügte Fried datiert von 1390. Sehenswert sind besonders die ö. Front und die Lange Galerie mit ihrer herrlichen Deckenbemalung sowie der Brunnen im Hof.

Nach dem Sieg von Prestonpans (**27**) nächtigte Prinz Charles Edward Stuart in dem Gebäude, das heute Teil des *Loretto College,* einer angesehenen Privatschule (Public School), ist.
Die Entfernung von Musselburgh zum Stadtkern von Edinburgh (**66**) beträgt 8 km.

19 Die Gärten von Tynninghame House

Zweigt man 6 km w. von Dunbar in n. Richtung auf die A 198 entlang der Küste ab, so gelangt man zunächst zu dem reichbewaldeten Park und den Gärten des Tynninghame House aus dem 18. und 19. Jh., die die weite sandige Bucht an der Tyne-Mündung säumen. Im Park mit seinen großartigen alten Bäumen befinden sich die Überreste einer romanischen Kirche aus dem 12. Jh. Sehenswert ist ein reichverzierter Bogen bei der Apsis.

20 Whitekirk

Nächste Sehenswürdigkeit ist die 3 km nw. des Weilers Tynninghame gelegene Kirche von Whitekirk aus dem 15. Jh. Der kreuzförmige Bau hat einen bemerkenswerten Altarraum mit einem Tonnengewölbe und einen massiven Turm, der eine hölzerne Dachkonstruktion trägt. Die Kirche verdankt ihre Existenz einer wundertätigen Quelle in der Nachbarschaft, zu der bereits 1294 gewallfahrtet wurde. Zu ihren Besuchern gehörte auch Aeneas Silvius, der spätere Papst Pius II. (1458–64). In der Nähe der Kirche befindet sich eine zweigeschossige Scheune, in der früher der Zehnte gesammelt wurde. Eine Zeitlang wurde sie auch von den Mönchen von Holyrood, Edinburgh, benutzt, um Korn zu speichern. 2 km nw., zu erreichen über nk Straßen, befindet sich das *Landhaus von Newbyth* mit einem schönen, von einer Mauer umgebenen Garten.

21 Schloß Tantallon

Nördlich des Weilers *Auldhame* (3,5 km ö. von North Berwick) erhebt sich auf einer felsigen Halbinsel unmittelbar über den Klippen das aus lebhaft rotem Sandstein errichtete Tantallon Castle. Der Herrensitz der mächtigen Familie Douglas wurde um 1375 errichtet. Von hier aus machte die Familie große schottische Politik, nicht selten gegen das Königshaus und in Konspiration mit den Engländern. Das Schloß überstand viele Belagerungen, so auch eine durch König Jakob IV. im Oktober 1491 sowie eine weitere durch Jakob V. im Oktober 1528. Gleichzeitig suchte die Familie sich dem Königshaus zu verbinden: 1514 heiratet Archibald, der 6. Graf, die Witwe des im Jahr zuvor in Flodden Field umgekommenen Jakob IV., Margarete Tudor. In der Folgezeit kommt es zu hochverräterischen Beziehungen zwischen Archibald und Margarete Tudor auf schottischer und deren Halbbruder Heinrich VIII. sowie Kardinal Wolsey auf englischer Seite mit dem Ziel, den noch minderjährigen König an den englischen Hof zu entführen. Im Jahre 1529 kommt Tantallon dann doch in die Gewalt der Krone: Archibald zieht sich ins englische Exil zurück. Aus den Jahren nach 1529 stammen auch zahlreiche Erweiterungs- und Umbauten an den Gebäuden und den Festungsanlagen. Während der Wirren des Bürgerkriegs verschanzt sich 1650 ein 30 Mann starkes königstreues Reiterschwadron in Tantallon, das aber so geschickt kämpft, daß es der Cromwellschen Streitmacht in der Nachbarschaft schwere Verluste zufügt. Das führt zu einer Generalattacke durch den gefürchteten General Monck, der im Februar 1651 mit einer Streitmacht von 2000 bis 3000 Mann angreift. Die Festung wird 12 Tage lang bombardiert. Dann erst ergeben sich die Verteidiger.

Südost-Schottland: Route 1

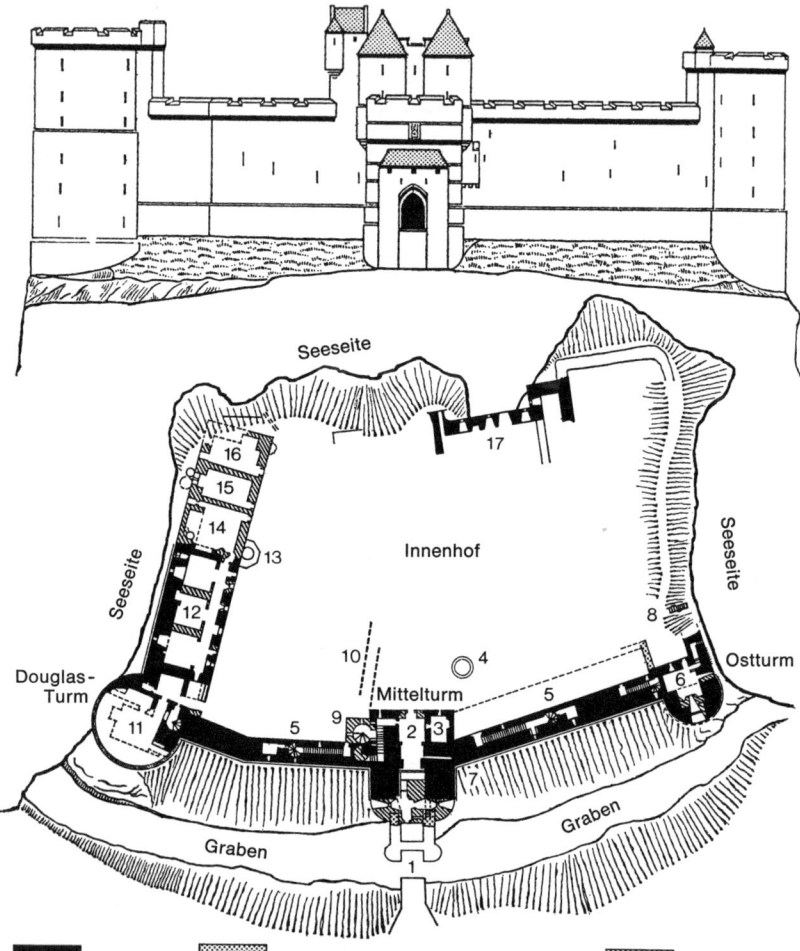

■ 14. Jh.	▦ spätes 14. Jh. oder frühes 15. Jh.	▨ 16. Jh.

1 Zugbrücke
2 Einfahrt
3 Wachstube
4 Ziehbrunnen
5 Verteidigungsgänge in der Blendwand
6 Waffenkammer
7 Toilettenschächte
8 Treppe zur See
9 Wendeltreppe
10 Fundamente älterer Gebäude
11 Verlies
12 Große Halle
13 Treppe
14 Küche
15 Backhaus
16 Kammer
17 Seetor

Tantallon House

Tantallon ist trotz aller Zerstörung eine außerordentlich imposante Ruine, nicht zuletzt infolge einer 15,2 m hoch aufragenden Blendwand, deren Funktion es war, den Gebäudekomplex zur Landseite hin zu schützen. Die Blendwand von mehr als 3,7 m Dicke wird von dem mächtigen zentralen Torturm, dem *Mid Tower* überragt, dessen Vorbauten aus dem 16. Jh. stammen. 2 Türme, der *East Tower* im SO und der mächtigere *Douglas* Tower im NW, sichern die Flanken. Die Wohn- und Wirtschaftsgebäude schließen an der NW-Seite unmittelbar über den Klippen an den Douglas Tower an. Der geräumige Innenhof sollte ursprünglich zur SO-Seite hin auch durch eine an den East Tower anschließende weitere Blendwand abgeschirmt werden. Das Vorhaben wurde aber ebensowenig ausgeführt wie ein weiteres Gebäude, das offenbar nach O zur See hin beim sogenannten *Sea Gate* vorgesehen war.

Tantallon war von drei Seiten her durch die gut 30 m hohe Steilküste sowie die See geschützt. Nur zur Landseite hin waren die Festungsanlagen verwundbar. Entsprechend umfangreich waren die Vorkehrungen: Schon im 14. Jh. war der Blendwand ein tiefer, in den Fels geschnittener Graben vorgelagert worden. Auch das zum zentralen Torturm gehörende Vorwerk wurde im ausgehenden 14. Jh. nach Fertigstellung des Mid Tower angelegt und nach 1529 nochmals verstärkt. Jenseits dieses nahezu unüberwindbaren Bollwerks befand sich eine weitere Befestigungsanlage in Gestalt eines weiten Grabens und eines Walles. Eine dritte Stellung gab es in etwa 200 m Abstand von dem Gebäudekomplex. Es handelt sich dabei um einen weiteren Graben, von dem man allerdings nicht weiß, ob er nicht als Gegenfortifikation im Rahmen einer der Belagerungen ausgehoben wurde.

Man gelangte in das Schloß über eine Zugbrücke, die den Weg über das Vorwerk in die zentrale Einfahrt freigab. Rechterhand befand sich die Wachstube. Der innere Torbogen wurde im 16. Jh. so weit verengt, daß nur ein schmaler Durchgang blieb. Gleiches gilt für das Vorwerk, dessen Passage im Zuge der Umbauten nach 1529 so verengt wurde, daß nur noch Öffnungen von 0,9 m Breite vorhanden waren. Eine ganze Reihe von schweren Eisentoren diente der zusätzlichen Sicherung. Ihre Angeln und Führungen sind zum Teil noch sichtbar. Eine Wendeltreppe auf der linken Innenseite des Mid Tower stellte einen Zugang zu den oberen Geschossen des Turmes sowie zur Brustwehr der Blendwand zu beiden Seiten des Turmes her. Die in die Blendwand eingelassenen Verteidigungseinrichtungen waren über besondere Treppen, die ebenfalls in das Mauerwerk eingefügt waren, zugänglich. Die verschiedenen Kammern der Blendwand wurden im 16. Jh., als die Festung artilleriefest gemacht werden mußte, mit Steinen ausgefüllt. Tritt man durch die Einfahrt des Mid Tower in den Innenhof, so finden sich rechter Hand der *Ziehbrunnen,* der ursprünglich eine Tiefe von 32,3 m aufwies, links die Fundamente einiger älterer Gebäude, möglicherweise aus dem 13. Jh. Der *Ostturm* war ursprünglich 5 Stockwerke hoch, wobei sich auf jedem Stockwerk ein größerer Raum befand, der über eine Wendeltreppe zugänglich war. Der Turm wurde nach 1529 stark umgestaltet, und das Maß der Umbauten ist infolge des hierbei verwandten graugrünen Steines (im Unterschied zum Rot der älteren Bauelemente) ohne weiteres sichtbar. Der Douglas Turm enthielt das Verlies, das in den nackten Fels hineingehauen war und nur über einen engen Luftschacht verfügte. Über dem Gefängnis erhoben sich 6 Stockwerke. Alle drei Türme verfügten über Toilettenschächte.

Die Küstenlinie sowie die offene See waren über eine schmale Treppe an der SO-Seite sowie über das Sea Gate an der NO-Seite erreichbar. Von den Wohn- und Wirtschaftsgebäuden an der NW-Seite sind nur schemenhafte Umrisse erhalten, so die Gewölbe unter der großen Halle, die Fundamente einer Treppe, die Küche, das Backhaus mit den Öfen und schließlich eine Kammer.

April bis September MO–SA 9.30–19, SO 14–19; Oktober bis März MO–SA 9.30–16, SO 14–16. Eintritt.

22 Bass Rock

Bass Rock, von Tantallon Castle aus gut sichtbar, ist ein 106 m hoher, knapp 2 km vor der Küste gelegener Vulkanfelsen, der östlichste einer Reihe von Vulkankegeln, die sich über den gesamten ö. Teil der Forth-Clyde-Senke erstrecken, und zu denen auch der Burgfelsen von Edinburgh gehört. Das älteste Zeugnis über den Bass stammt aus dem 7. Jh. Damals befand sich hier die *Eremitage von St. Baldred,* einem piktischen Mönch. Unter Karl II. wurde nach 1660 der Fels als Konzentrationslager für nonkonformistische Pfarrer verwendet (vgl. S. 37). Nach der Schlacht von Killiecrankie (**97**) nahmen einige jakobitische Offiziere den Bass ein und hielten ihn von Juni 1691 bis April 1694 für ihren exilierten König Karl II. Heute ist Bass Rock eines der bedeutendsten Vogelschutzgebiete der Britischen Inseln und drittgrößter Tölpel-Brutplatz der Welt. Eine Unterart des Tölpels hat nach dem Felsen sogar ihren Namen erhalten, die *Sula Bassana* oder *Bass Solan Goose*. Ausflugsboote umfahren in den Sommermonaten von North Berwick aus den Felsen, dessen Umfang rund 1,5 km beträgt.

23 North Berwick

Der alte königliche Burgflecken (4500 Einwohner, Bahnstation, Informationsamt) ist als Ferienort und Naherholungsgebiet für die Edinburgher und auch als Wohnort für Pendler beliebt. Der Ort bietet keine großen historischen Sehenswürdigkeiten, sieht man einmal von den Überresten der *St. Andreas-Kirche* (beim Hafen) und von den ebenfalls spärlichen Ruinen eines *Zisterzienserklosters* (in Bahnhofsnähe) ab. Beide Bauten stammen aus dem 12. Jh. Das *North Berwick Museum* (School Road) enthält Exponate zur Geschichte und Archäologie der Umgebung. Das *Rathaus* (Ostende der High Street) ist ein hübsches Beispiel für schottische Architektur des 18. Jh.

Rund 1,5 km s. der Stadt befindet sich der *North Berwick Law*, wie der Bass Rock (s.o.) ein Vulkanfelsen, von dessen 184 m hoher Spitze man einen vorzüglichen Rundblick genießt. Hier steht auch ein Wachtturm aus napoleonischer Zeit sowie ein Torbogen aus den Kiefern eines Wals.

24 Direlton und sein Schloß

Auf der A 198 in w. Richtung kommt man nach ca. 3 km in das Dorf Dirleton (2800 Einwohner). Der Ort gilt mit seinen vielen sehenswerten Häusern aus dem 17. und 18. Jh. als eines der schönsten Dörfer Schottlands.

Unmittelbar beim Dorfanger finden sich die Ruinen des *Dirleton Castle*, eines Baus aus der Zeit nach 1225 mit Erweiterungen aus dem 15.–17. Jh. Der Renaissanceteil ist bis zur Höhe des 3. Stockwerks erhalten. Zur Zeit des englischen Königs Eduard I. wurde das Schloß im Jahre 1298 erstmals erfolglos belagert, fiel im weiteren Verlauf des anglo-schottischen Zwistes dann aber in die Hände des Bischofs von Durham und wurde zerstört. Aus der frühesten Bauperiode stammen die mächtigen Türme. Der *Schloßgarten* umfaßt einen von Eiben gesäumten Bowling-Rasen aus dem 17. Jh. Außerdem ist ein kreisrundes *Taubenhaus* aus dem 16. Jh. von Interesse. Die endgültige Zerstörung der Anlage erfolgte 1650 durch Cromwells Generäle Monck und Lambert.
Nördlich des Dorfes erstreckt sich entlang der Küste das Gebiet von *Yellowcraig*, eine recht unberührte Landschaft mit schönen Bäumen und Rasenflächen, die durch den gleichnamigen Naturpfad erschlossen wird.

25 Aberlady und das Myreton Motor Museum

Aberlady (1100 Einwohner), 12 km sw. von North Berwick an der A 198, ist ein ruhiger Wohn- und Ferienort im Einzugsbereich von Edinburgh. Bis ins 19. Jh. war das Dorf Hafen für Haddington. Die *Kirche* aus dem 18. Jh. wurde vor rund 100 Jahren weitgehend neugestaltet; sie besitzt einen Turm aus dem 15. Jh. und recht ansehnliche Glasfenster. Der Aberlady Stone aus dem 8. Jh. im Altarraum ist Teil eines keltischen Kreuzes. – Die weiten Sandstrände und Dünen der gleichnamigen Bucht sind seit 1952 Naturschutzgebiet. In den seichten Gewässern überwintern viele Vogelarten. – Nicht weit vom Ufer entfernt liegt das *Luffness House* aus dem späten 16. Jh. mit modernen Anbauten. Sehenswert ist ein rundes, ebenfalls aus dem 16. Jh. stammendes *Taubenhaus*. Etwas ö. des Dorfes befindet sich s. der A 198 das Myreton Motor Museum, das eine Sammlung von Automobilen, kommerziellen Fahrzeugen, Motorrädern und Fahrrädern enthält. Auch Pferdewagen und militärische Fahrzeuge werden gezeigt.
Ostern bis Ende Mai 10–17; Juni bis Oktober 10–18; Wintermonate SA und SO 10–18.

26 Die Kollegienkirche von Seton

Die Kollegienkirche im Weiler Seton, 8 km w. von Aberlady, gilt als ein wichtiges Baudenkmal aus dem späten 14. Jh. Sie befindet sich auf dem Gelände des von Robert Adam im Jahre 1790 erbauten *Seton Castle*, das seinerseits ein älteres Bauwerk, den Seton Palace, ersetzt, in dem Maria Stuart mit Darnley nach dem Mord an Rizzio 1566 und dann wieder 1567 mit Bothwell nach dem Mord an Darnley Schutz suchte (vgl. S. 35). Sehenswert sind die Gewölbe des Altarraumes und der Apsis, das Taufbecken, das spätgotische Maßwerk der Fenster sowie einige vorzüglich erhaltene Grabplatten.
April bis September MO–SA 9.30–19, SO 14–19; Oktober bis März MO–SA 9.30–16, SO 14–16.

27 Prestonpans

Der Ort (3200 Einwohner) ist vor allem bekannt wegen der nur 10 Minuten währenden Schlacht, in der Prinz Charles Edward Stuart 1745 den hannoveranischen General Cope besiegte. Prestonpans war einst ein Zentrum der Salzgewinnung und der Austernzucht. Das Schlachtfeld liegt 1,5 km ö. des Dorfes. Ein Gedenkstein erinnert daran.
Ebenfalls 1,5 km ö. des Dorfes befindet sich das *Hamilton House* von 1628, das nach 1937 gründlich renoviert wurde. Das Haus selbst ist nicht zugänglich, doch ist auch der äußere Anblick lohnend: das weißgekalkte Mauerwerk, die Treppengiebel, die formschönen Kamine, die schwere, eisenbeschlagene Tür, das reich gestaltete Renaissance-Giebelfeld über der Tür mit dem Familienwappen und schließlich die kleinen, wohlproportionierten Fenster bilden ein schottisch-intimes Ensemble. Sehenswert ist im übrigen das *Northfield House,* ein recht stilreiner Bau aus dem 16. oder 17. Jh. mit bemalten Decken, einem zeitgenössischen Taubenhaus und einer Sonnenuhr von 1647. – Unweit des *Preston Tower,* einer Ruine aus dem 15. Jh. im N, befindet sich ein weiteres typisches Taubenhaus aus dem 17. Jh. mit Nestern für über 1000 Vögel.

Route 2

Carter Bar – Edinburgh (A 68)

Eine weitere direkte Zufahrt nach Edinburgh bietet sich von NO-England aus über die landschaftlich reizvolle A 68, wobei auch die Grenzlandabteien berührt werden können. Ggf. kann ein Umweg entlang des Tweed (vgl. Route 4) eingeplant werden.

28 Jedburgh

Die Straße überschreitet die schottische Grenze in 417 m Höhe in Carter Bar. Sie folgt sodann dem Jed Water nach N und erreicht nach 16 km das Städtchen Jedburgh, mit 3800 Einwohnern Hauptort der Grafschaft Roxburghshire. Jedburgh, bekannt vor allem wegen seiner *Abtei,* aber auch wegen des *Queen Mary's House,* liegt malerisch auf der Westseite des Flüßchens und besitzt zahlreiche restaurierte Häuser und Häuserzeilen mit den für Schottland so typischen Treppengiebeln.
Die Geschichte des Ortes kann bis ins 9. Jh. zurückverfolgt werden. In den Annalen von Lindisfarne heißt es, daß damals eine Kirche in Jedburgh erbaut wurde. Fragmente keltischer verzierter Steine, die man während der Restaurierung der Abtei fand, zeigen, daß diese Kirche von 1147 sich auf den Funda-

menten eines älteren Bauwerks erhebt. David I. richtete 1118 eine Priorei für die Augustiner Chorherren ein, die er aus der St. Quentin-Abtei in Beauvais herbeirief. 1147 verlieh er dieser Priorei den Status einer Abtei. Die Kriege mit England brachten dem Ort vielfache Verwüstung. Das inzwischen durch ein modernes Bauwerk ersetzte Schloß wurde aufgrund des Vertrages von Falaise 1174 zusammen mit 4 anderen Festungsanlagen als Sicherheit für die Auslösung Wilhelms des Löwen an die Engländer verpfändet. Hier starb 1195 Malcolm IV., und 90 Jahre später wurde Alexander III. in der Abtei mit Jolande, der Tochter des Grafen von Dreux, getraut. Damals soll ein Gespenst erschienen sein, das ihn vor seinem tragischen Tod im folgenden Jahr warnte. Der königliche Wohnsitz wurde 1409 auf Beschluß des schottischen Parlaments und auf Kosten der schottischen Nation zerstört, weil er ein Sicherheitsrisiko darstellte. 1523 wurde die Abtei von den Truppen des Grafen von Surrey bombardiert. Am 9. Oktober 1566 kam Maria Stuart in Jedburgh an, um den Verhandlungen des Grafschaftsgerichtes beizuwohnen. Während ihres Aufenthaltes diente ihr das Queen Mary's House als Residenz. Prinz Charles Edward Stuart wurde in Jedburgh zum König proklamiert. Auch Robert Burns und William Wordsworth besuchten die Stadt, und Walter Scott wohnte hier nach 1793, wenn er, wie vor ihm Maria Stuart, an den Sitzungen des Gerichtshofes teilnahm.

Heute ist Jedburgh ein Zentrum der Textilindustrie; Elektroindustrie und Maschinenbau sind in jüngster Zeit hinzugekommen. Die Stadt pflegt schottisches Volkstum nach Kräften, darunter auch eine Art Freistil-Handball, der zwischen den »Uppies« und den »Doonies« in der Altstadt ausgetragen wird. Die »Uppies« sind die oberhalb, die »Doonies« (vgl. engl. down) die unterhalb des Marktkreuzes geborenen Bürger. Das Fest, das vorreformatorischen Ursprungs ist, soll auf das fröhliche Spiel der Schotten mit den abgeschlagenen Köpfen ihrer englischen Feinde zurückgehen.

Wichtige Adressen:
Tourist Information, am s. Ortsende, unmittelbar hinter der Brücke über das Jed Water – *Postamt,* High Street – *Polizei,* auf der Ostseite des Castlegate, der südlichen Verlängerung der High Street, in unmittelbarer Nachbarschaft des New Gate.

Stadtrundgang

Der Stadtrundgang beginnt zweckmäßigerweise bei der Abtei, die von dem zentral gelegenen Parkplatz kaum 100 m entfernt ist.

28.1 Die Abtei von Jedburgh. Was den Erhaltungsgrad angeht, so ist Jedburgh Abbey sicherlich die sehenswerteste der Border Abbeys. Die Kirche ist seit Jahrhunderten ohne Überdachung, die Spuren des Wetters sind an dem Mauerwerk allenthalben sichtbar. Doch das Schiff ist bis zur Dachhöhe erhalten; das wirkungsvolle *Arkadenwerk* und die langen Reihen *romanischer und gotischer Fenster* sind beeindruckend. Der *Turm* von 1504–1508 ist nahezu intakt. Von den s. an die Kirche anschließenden *Klostergebäuden* finden sich allerdings nur noch die Grundmauern. Der Plan bietet einen Überblick.

Dem damaligen Usus folgend wurden Chor und Seitenschiffe zuerst erbaut. Sie zeigen die für das 12. Jh. typischen romanischen Stilelemente. Ein außergewöhnliches, aber sehr wirkungsvolles Spezifikum von Jedburgh ist, daß die mächtigen Stützpfeiler bis zur Höhe des Triforiums reichen. Im Schiff und in den Seitenschiffen kündigt sich die Gotik bereits im Werk der Pfeiler an: Schon die

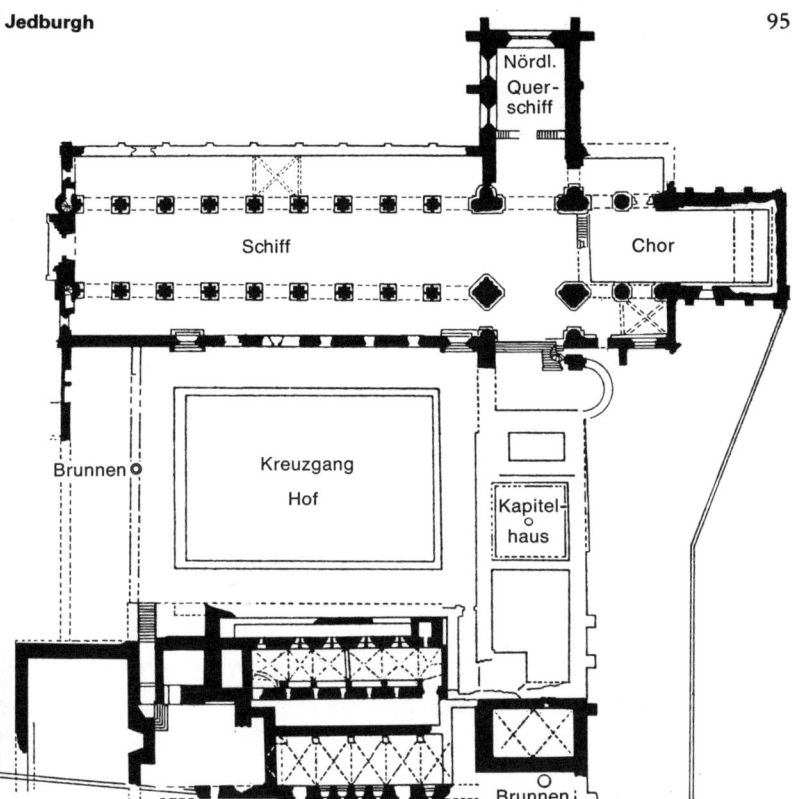

Jedburgh Abbey

Stützpfeiler der untersten Ebene sind zu Bündeln aufgelöst, und je höher das Auge schaut, um so leichter und reiner werden die gotischen Formen. Vom ehemaligen Westportal aus ergibt sich der vorteilhafteste Eindruck von der architektonischen Gestalt der Kirche. Infolge des fehlenden Daches wird der Blick frei auf die imposante Vierung und den mächtigen, aber leicht wirkenden Turm mit seinen klaren Formen. Freilich muß man davon ausgehen, daß das Kircheninnere durch die mittelalterlichen Fenster aus buntem Glas stark abgedunkelt war. Das Schiff hatte ursprünglich nur etwa die Länge des Chores, es wurde erst im 13. Jh. auf seine heutige Länge von 9 Arkaden (knapp 40 m) gebracht. In jener Zeit wurde auch die Ostfassade geschaffen, die eine ältere halbkreisförmige Apsis ersetzt, und die Verlängerung des Chores von vorher 2 auf nun 5 Arkaden vorgenommen. Im 14. Jh. wurde das n. Querschiff verlängert. Als Beispiel für den Übergangsstil von der Romanik zur Gotik ist besonders der Giebel der Westfassade interessant, zumal es sich hier um die einzige im wesentlichen intakte Westfassade aus jener Zeit in ganz Schottland handelt. Das n. Querschiff dient heute als Privatkapelle des Marquis von Lothian. Tritt man durch die an das s. Querschiff anschließende Tür in den Kreuzgang, so liegen links (Ostseite) die Gemächer des Abts, die Überreste der Tagestreppe, die früher zum Dormitorium führte, das Kapitelhaus und ein Raum, der möglicherweise als Schatzkammer diente. An der Südseite des Kreuzganges finden sich die Ruinen der Küche,

die Fundamente des Speisesaals sowie, auf dem niedrigsten Niveau, die Fundamente der Krankenstation. Alle diese Gebäude stammen aus dem 14. Jh. Der Klosterbrunnen befindet sich auf der Westseite des Kreuzgangs. Die w. anschließenden Bauten, von denen praktisch keine Spuren erhalten sind, mögen Vorratskeller gewesen sein.
April bis September MO–SA 9.30–19, SO 14–19; Oktober bis März MO–SA 9.30–16, SO 14–16. Eintritt.

28.2 New Gate. Nur rund 100 m nw. der Abtei befindet sich das aus dem 18. Jh. stammende Neue Tor mit seinem hübschen Uhrenturm. Der Bau trägt die Daten 1720, 1755 und 1761. Durch den Torbogen bietet sich ein Zugang zum Abteibezirk.

28.3 Castle. Folgt man der Castlegate-Straße etwa 400 m in s. Richtung, so gelangt man zu der Stelle, auf der sich seit dem 12. Jh. und bis zu seiner Zerstörung im Jahre 1409 das Königliche Schloß befand. Das heutige Gebäude stammt aus dem Jahre 1823, und die Bezeichnung Schloß ist eher als ein Euphemismus zu verstehen; wurde der Bau doch als Grafschaftsgefängnis errichtet. Allerdings handelte es sich damals um ein Gefängnis des »modernen« Typs. Um die Reform im Strafvollzug des frühen 19. Jh. deutlich zu machen, wurden einige Räume als Museum hergerichtet, und so ist das Jedburgh Jail Museum heute das einzige Gefängnis-Museum im Lande.

28.4 Prince Charlie's House. Vom Schloß führt der Weg in Richtung Zentrum zurück. Nach gut 200 m gelangt man zu einem Haus auf der Westseite der Straße, in dem 1745 Prinz Charles Edward Stuart auf seinem Marsch nach England (vgl. S. 39) wohnte.

28.5 Mary Queen of Scots House. Das Haus, in dem Maria Stuart während ihres Aufenthaltes in Jedburgh 1566 wohnte, befindet sich auf der Ostseite der Queen Street, etwa 200 m vom Marktplatz entfernt. Von Jedburgh aus unternahm die Königin ihren Ritt nach Hermitage Castle (**39**), um ihren dort verwundet liegenden Beschützer, den Grafen von Bothwell, zu sehen. Der anstrengende Tagesritt von knapp 80 km ließ Maria Stuart an einem Fieber erkranken, an dem sie fast gestorben wäre. Das winzige Krankenzimmer, in dem sie mehr als eine Woche – nach anderen Quellen fast einen Monat – zubrachte, befindet sich im Treppenturm des L-förmigen Hauses.
Queen Mary's House ist heute Museum. In der *Großen Halle* im ersten Stockwerk finden sich eine Reihe von besonders sehenswerten, da sehr persönlichen Erinnerungsstücken der Königin, darunter ihre Uhr, ihr Fingerhut, einer ihrer Briefe sowie schließlich ihre Totenmaske. Auch die alte Küche des Hauses ist erhalten.
März bis Oktober 10–17.30. Eintritt.

28.6 Canongate Bridge. Sofern Zeit bleibt, lohnt auf dem Rückweg ein Abstecher zu der um das Jahr 1147 errichteten Canongate Bridge über das Jed Water (am Ostende der Canongate-Straße), einer der wenigen dreibögigen mittelalterlichen Brücken in Schottland.

29 Schloß Ferniehurst

Etwa 3 km s. des Ortes findet sich auf der Ostseite des Tals des Jed Water das heute als Jugendherberge dienende Ferniehurst Castle von 1598. Das Schloß ersetzt einen älteren Bau, der 1523 in die Hände der Engländer gefallen war, dann aber 1549 von John Ker mit Hilfe französischer Truppen zurückerobert werden konnte. Dessen Sohn versuchte im Jahre 1570, die Engländer im Rahmen eines Betrugsmanövers zur Freigabe der Königin Maria Stuart zu verleiten. Dies mißlang, und als Vergeltungsaktion wurde das alte Schloß im Jahre 1571 vom Grafen von Sussex dem Erdboden gleichgemacht.
Das Haus folgt dem L-förmigen Grundriß, wobei allerdings der viergeschossige quadratische Turm im Vergleich zum anschließenden Bau etwas ungewöhnliche Abmessungen hat. Sehenswert sind der *große Saal* mit seinem riesigen Kamin sowie der kleine *Bibliotheksraum* im ersten Stockwerk des Turmes, der eine sehr ansehnliche holzgeschnitzte Decke besitzt.

30 Die Abtei von Dryburgh

Nördlich von Jedburgh durchquert die A 68 das Tal des Teviot, die über knapp 2 km gemeinsam mit der A 698 in w. Richtung verläuft. Dryburgh

Dryburgh Abbey

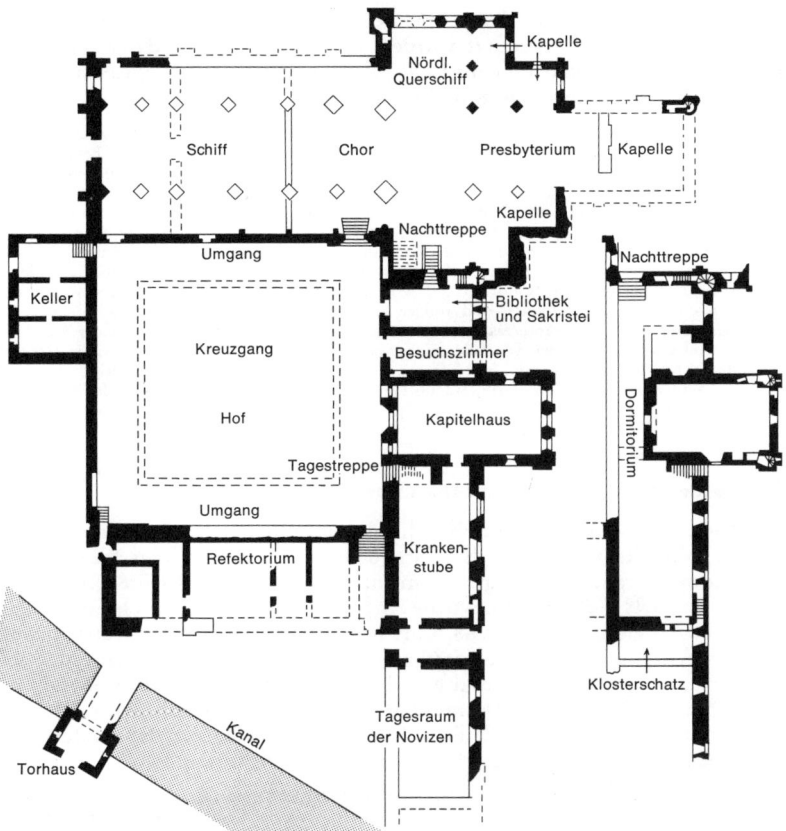

Abbey, 8 km n. der Abzweigung A 68/A 698, ist malerisch an einem Mäander des Tweed gelegen. Das benachbarte Dorf *St. Boswells* besitzt ein Informationsamt. Die Ruinen von Dryburgh bestechen durch die harmonische Einbettung in die Landschaft und die einnehmende Tönung ihres Steines. Die Gebäude der Abtei sind auf drei Ebenen angeordnet, die dem nach drei Seiten zum Fluß hin sanft abfallenden Gelände angepaßt sind: Die *Kirche,* von der, sieht man einmal vom n. Querschiff ab, nur spärliche Überreste erhalten sind, erhebt sich auf der oberen Ebene, auf der mittleren befindet sich der s. anschließende *Kreuzgang*, hier *Cloister Garth* genannt. Vom Kreuzgang aus führen Treppen hinunter zum *Kapitelhaus* und den anliegenden Gebäuden auf der untersten Ebene. Im Unterschied zur Kirche sind die Klostergebäude relativ gut erhalten. Dies hängt mit der Tatsache zusammen, daß sie noch nach der Reformation genutzt wurden. So diente die s. an das Kapitelhaus anschließende Krankenstube im 18. Jh. als Kuhstall, und im Kapitelhaus lebte für viele Jahre eine geistesgestörte Frau.

Die baulichen Details erhellen aus dem Plan. Die Anlage ist recht kompakt. Besonders auf der Ostseite des Klosterhofes ist der vorhandene begrenzte Raum optimal genutzt. Als Besonderheit verdient Erwähnung, daß der *Klosterhof* nicht an allen vier Seiten von Gebäuden umgeben war: An der Westseite wurde er lediglich durch eine hohe Mauer begrenzt, an die sich ein Kellergebäude von außen anfügte. Es war über eine Treppe vom Klosterhof her zugänglich. Das *Portal* am Westende der Abteikirche stammt aus dem 15. Jh. Die ältesten Teile der Kirche sind, wie die spärlichen Überreste zeigen, romanisch, während das Gros der noch vorhandenen Bauelemente der Gotik zuzurechnen ist. Auch das n. Querschiff, das im wesentlichen der ersten Bauperiode zugehört, weist früh- und hochgotische Stilformen auf. Vom baulichen Standpunkt her sehenswert sind die Tonnengewölbe des *Kapitelhauses* und einiger anschließender Wohnräume. Im Kapitelhaus ist ferner ein steinernes Becken interessant, das eigenartige Tiermotive zieren. Spuren einer Wandbemalung sind ebenfalls erhalten. Die Schlafräume befanden sich im Obergeschoß, das die gesamte Ostseite des Klosterhofes einnahm. Im 14. Jh. wurde ein weiteres Stockwerk hinzugefügt.
April bis September MO–SA 9.30–19, SO 14–19; Oktober bis März MO–SA 9.30–16, SO 14–16. Eintritt.

31 Lauder und das Schloß von Thirlestane

Der Reisende in Richtung Edinburgh folgt der A 68. 2 km hinter St. Boswells zweigt halblinks die A 72 ab, die weiter dem Tal des Tweed folgt. Sie stellt die Verbindungsstraße über das nur 4 km entfernte Melrose mit seiner Abtei (**58**) nach Galashiels (**46**) dar, von wo als Alternativroute die A 7 nach Edinburgh benutzt werden kann. Die A 68 führt nun das Tal des Leader Water hinauf und erreicht nach 17 km das Städtchen Lauder (600 Einwohner), das als Anglerzentrum bekannt ist und eine Kirche aus dem Jahre 1673 besitzt, an deren Bau der Königliche Architekt *Sir William Bruce* beteiligt war. Wenige hundert Meter nw. der Stadt liegt Thirlestane Castle, Sitz der Grafen von Lauderdale und eines der besterhaltenen Schlösser Schottlands.

Die ältesten Teile des Baus stammen aus der Zeit um 1595. Es handelt sich dabei um den in n.-s. Richtung jenseits der großen Terrasse gelegenen Block, dessen vier Ecken mit mächtigen *Rundtürmen* bewehrt sind, so daß sich ein recht atypischer Grundriß ergibt. Die 4 Türme tragen in der Höhe des 4. Stockwerkes quadratische, sogenannte *Cap-Houses* (Mützenhäuser), ein beliebtes Stilmittel der schottischen Architektur. Die Häuser sind so bemessen, daß ihre Mauern als Tangenten erscheinen, die an die Rundtürme angelegt sind. Die Ecken ruhen auf Kragsteinen, wobei die Konsolen als Zierglieder fungieren. Die Rundtürme und ihre Cap-Houses werden wiederum von symmetrisch angeordneten, recht formschönen *Treppentürmchen* flankiert, die in der Höhe des 2. Stockwerks aus dem Baukörper des Turmes hervortreten. Sie liegen auf der Diagonallinie und weisen nach SW, NW, NO und SO. Weitere 6 Rundtürme, 3 an der Ost- und 3 an der Westseite, vermitteln, zusammen mit den zahlreichen sonstigen Anbauten, den Eindruck eines Märchenschlosses. Die Erweiterungen stammen aus der Zeit um 1675, sowie aus der frühen viktorianischen Epoche (1841). Architekt der 2. Bauperiode war der Architekt Royal *Sir William Bruce,* der Erbauer des Holyrood-Palace, Edinburgh. Ihm verdanken wir u. a. die Westfassade.
Das Schloß enthält eine ansehnliche *Gemäldesammlung* sowie Mobiliar und Porzellan aus dem 17.–19. Jh; es ist für seine guten Stuckdecken aus der 2. Bauperiode bekannt.

Die am Nordende von Lauder nach W abzweigende B 6362 führt über sehenswerte Hochmoore und erreicht eine Höhe von 349 m.

32 Schloß Crichton

Nördlich von Lauder erreicht die A 68 bei der Wasserscheide zwischen Tweed und Forth eine Höhe von 359 m. Östlich der Straße liegen die einsamen Lammermuir Hills (500–550 m). Kurz vor *Pathhead* (26 km) zweigen mehrere nk Straßen nach SW zu dem 3 km entfernten Dorf Crichton (1400 Einwohner) ab. Die Gemeinde besitzt 800 m n. des Ortskerns eine kleine *Kollegienkirche* von 1449, die für ihr Tonnengewölbe und ihren Turm bekannt ist. Am Westende des Ortes befindet sich ein eisenzeitliches *Fort*, das aus einer Ringmauer besteht, die ein Terrain von 90 m Länge und 57 m Breite einfaßt. Hauptsehenswürdigkeit ist jedoch das Crichton Castle, ursprünglich ein einfaches Turmhaus des 14. Jh., an das im 15.–17. Jh. weitere Bauten angefügt wurden, so daß sich ein vierflügeliger Gebäudekomplex ergibt, der einen engen Innenhof umschließt.

Der einzigartige Nordflügel zeigt im Erdgeschoß Renaissance-Arkaden. Die Fassade ist durch Verwendung facettenhaft behauener Mauersteine reich gegliedert. Vorbild der in den Jahren 1581–1591 auf Geheiß des Grafen von Bothwell ausgeführten Arbeit scheint der Palast zu Ferrara gewesen zu sein. Das Schloß, dessen in landschaftlich beherrschender Position gelegene Ruinen bis zur Höhe des Dachgeschosses erhalten sind, gilt als eines der schönsten Bauwerke Schottlands.
Juni bis September MO–SA 9.30–19, SO 14–19; Oktober bis März MO–DO, SA 9.30–16, SO 14–16; April und Mai MO–DO, SA 9.30–19, SO 14–19. Eintritt.

33 Das Marktkreuz von Ormiston

Zweigt man 2 km nw. von Pathhead in nö. Richtung auf die A 6093 ab, und folgt man dann der B 6371 nach N, so gelangt man nach 6 km in den Marktflecken Ormiston (2200 Einwohner), in dessen Hauptstraße ein schönes Marktkreuz aus dem 15 Jh. zu sehen ist. Der Ort verdankt seine Prosperität einem weitsichtigen Agronomen und Reformer des 18. Jh., *John Cockburn of Ormiston,* der sein Landgut durch neue Techniken der Produktion zu einem Mustergut machte.

34 Dalkeith

Dalkeith (10 000 Einwohner) ist von einer Landstadt mit bedeutendem Getreideumschlag zu einer aufblühenden Industriestadt geworden. Haupterwerbszweig ist neben der traditionellen Herstellung von Nahrungsmitteln (Mühlen-Betriebe) die elektronische Industrie. Das Schloß von Dalkeith, *Dalkeith Palace,* ist heute Sitz eines Computer-Konzerns. Der Bau wurde um 1700 von Vanburgh für die Herzogin von Buccleuch errichtet. Zu den illustren Besuchern des Palastes gehörte neben Prinz Charles Edward Stuart auch Königin Victoria, die hier 1842 ihre erste Nacht in Schottland zubrachte. Die Gärten des Palastes bieten Naherholung in ansprechender Parklandschaft. Besondere Anziehungspunkte sind eine *Brücke* aus dem 18. Jh., ein *Tunnel-Weg* sowie eine *Orangerie.*
Der Park ist Mitte April bis Ende September ab 11 Uhr geöffnet. Eingang: Ostende der High Street. Eintritt.

Route 3

(Carlisle) – Langholm/Newcastleton – Hawick – Galashiels – Edinburgh (A 7)

Die A 7 stellt die direkteste Verbindung zwischen der englischen Grenzstadt Carlisle und Edinburgh dar. Die Entfernung beträgt 151 km. Die Trasse führt durch landschaftlich eindrucksvolles Gebiet sowie durch sehenswerte Städte und vorbei an einer Reihe interessanter Bauwerke.

35 Der Schottendeich

Die A 7 überquert die schottische Grenze auf dem Westufer des Flusses Esk beim Scots Dyke. Der *Grenzwall* aus dem Jahre 1552 verbindet den Esk mit dem 5 km weiter w. gelegenen Flüßchen Sark; er wird w. der Straße sichtbar. Der »Schottendeich« mußte errichtet werden, um eine Abschirmung gegen das n. anschließende Gebiet zwischen den beiden Flüssen zu schaffen, das, schwer kontrollierbar, ein Unterschlupf von Missetätern geworden war.

36 Hollows Tower

2 km n. des Dorfes *Canonbie* (1600 Einwohner) befindet sich in unmittelbarer Nachbarschaft der A 7 der Hollows Tower, im 16 Jh. Sitz von *Johnny Armstrong*, einem berüchtigten Freibeuter. Der Bau, auch unter dem Namen *Holehouse* bekannt, hat 1,8 m dicke Mauern.

In Canonbie zweigt als landschaftlich reizvolle Alternativroute nach Hawick die B 6357 ab. Sie führt über Newcastleton zum Hermitage Castle (**39**).

37 Langholm

Langholm (2400 Einwohner, Informationsamt) ist Mittelpunkt eines weiten Hinterlandes, in dem Schaf- und Rinderzucht dominieren. Fünf Fabriken im Ort weben und verarbeiten Tweed. Der schottische Nationalist und Dichter *Hugh McDiarmid* wurde hier geboren. Auch der Ingenieur *Thomas Telford*, dessen Bauwerke in Schottland auf Schritt und Tritt zu bewundern sind, stammt aus der Gegend.

38 Hawick

In Langholm verläßt die A 7 das Tal des Esk und führt, zunächst dem Lauf des Ewis Water folgend, durch fast unbewohntes Weide- und Moorland. Bei der Mosspaul Inn (18 km) wird in 234 m Höhe die Wasserscheide zwischen West- und Ostküste überschritten.

Hawick (16 800 Einwohner, Informationsamt) ist die größte und wirtschaftlich wichtigste Stadt der Borders. Führend sind die wollverarbeitende Industrie und die Herstellung von Feinwäsche (5000 Arbeitsplätze). Der Ort ist nicht reich an alten Bauwerken, hat aber eine reiche Geschichte. Die *St. Mary's Church* (Südende der High Street, Ostufer des Slitrig Water) stammt von 1763. *Hawick Mote,* ein in der Nachbarschaft der Kirche gelegener Erdhügel von 9 m Höhe und 90 m Umfang, trug wahrscheinlich eine hölzerne Burg aus dem 12 Jh. Die Stadt wurde 1570 von den Engländern niedergebrannt. 1771 machte *John Hardie* die Wollindustrie heimisch, deren Aufstieg im frühen 19. Jh. erfolgte.

Ein alljährlich in den ersten Junitagen gefeiertes Fest, das *Common Riding*, erinnert, wie auch das *Horse Monument* im Zentrum bei der Gabelung von A 7 / A 698, an einen Sieg über die Engländer 1514: Im Anschluß an die Niederlage der Schotten bei Flodden Field 1513 suchten englische Marodeure die Umgebung heim. Sie wurden bei Hornshole Bridge von den »Callants«,

Hermitage Castle 101

den jungen Leuten von Hawick, geschlagen, die damit ihre Stadt retteten. Ihre Väter waren im Jahre zuvor bei Flodden gefallen. Die Bezeichnung »Callant« ist eine Verballhornung von »Gallant« für »galanter junger Mann.«

Wichtige Adressen: *Postamt*, w. der Gabelung der A 7 / A 698, bei der Einmündung der Croft Road in die North Bridge Street – *Polizei*, am Nordende der Stadt, auf der Westseite des Wilton Hill genannten Stückes der A 7 – *Hospitäler*, am Südende der Stadt auf der Südseite des Buccleuch Road genannten Stückes der A 7 sowie beim Drumlanrig Square in der s. Verlängerung der High Street.

Im Wilton Lodge Park w. des Zentrums befindet sich das *Hawick Museum*, eine sehenswerte Sammlung von Altertümern und naturhistorischen Dokumenten aus der Region der Borders. Angeschlossen ist eine *Kunstgalerie*.

April bis Oktober MO–SA 10–17, SO 14–17; November bis März MO–SA 10–16. Eintritt.

Der 107 Morgen große *Park* ist für das Publikum zugänglich. Er bietet gepflegte Spazierwege, Gartenanlagen, Gewächshäuser sowie Spiel- und Sportplätze. Gut 3 km sw. befindet sich im Tal des Teviot, der die Stadt durchfließt, das alte *Turmhaus von Goldielands*. Sehenswert ist auch der 1,5 km weiter s. unmittelbar an der A 7 gelegene *Branxholm Tower* aus der Zeit nach 1571.

Von Hawick aus lohnt der Umweg über Jedburgh (**28**), Kelso (**52**), Dryburgh Abbey (**30**) und Melrose **58**) nach Galashiels. Die Mehrstrecke beträgt 42 km.

39 Schloß Hermitage

Wählt man in Canonbie die B 6357 als Alternativroute nach Hawick, so gelangt man über das 1793 gegründete Weberdorf Newcastleton (1000 Einwohner, 16 km) zum Hermitage Castle (23 km). Die trutzig-fotogene, recht gut restaurierte Zwingburg der Grafen Douglas (w. der B 6399) paßt in ihrer kargen Grandeur zu der einsamen Berglandschaft des oberen Liddisdale, das in etwa 5 km Abstand parallel zur englisch-schottischen Grenze verläuft. Hermitage Castle wurde um das Jahr 1240 errichtet. Die ältesten heute erhaltenen Teile im Zentrum der gegenwärtigen Anlage stammen aus dem 14. Jh. (vgl. den Plan).

Frühester Besitzer war die mächtige Familie Soulis, die die Butler für die schottischen Könige stellte. Ihre Ländereien wurden 1320 konfisziert, nachdem die Familie gegen König Robert the Bruce konspiriert hatte. Im Verlauf des 14. Jh. wechselte Hermitage Castle wiederholt den Herrn, wobei die Figur des *William Douglas*, des berühmten Knight of Liddisdale ein hervorragendes Beispiel für die anglo-schottische Schaukelpolitik eines mächtigen Grenzland-Fürsten darstellt. Von 1338–1492 war das Schloß im Besitz der Grafen Douglas, wobei mindestens bis 1365 der englische König als Lehnsherr fungierte. Aus dieser Zeit stammen die ältesten Teile der Anlage, es kann davon ausgegangen werden, daß ein L-förmiges Turmhaus auf der Westseite und ein Wirtschaftsgebäude auf der Ostseite den engen Innenhof umschlossen. Als dann um 1400 Erweiterungsbauten erforderlich wurden, entschloß man sich zu einer sehr unkonventionellen Lösung: Man fügte an die bestehenden Strukturen, die man weiter verstärkte, drei mächtige Ecktürme an der NW-, der NO- und der SO-Kante an, wobei im SO-Turm auch ein neuer Brunnen angelegt wurde. Etwas später wurde ein vierter Turm an der SW-Seite errichtet, der offenbar auch Wohnräume umfaßte und in dessen Untergeschoß das großzügig ausgestattete Backhaus lag. Die Türme sind durch die den zentralen Komplex umgebende und bis zur Höhe des Dachgeschosses reichende (Blend-)Mauer miteinander verbunden. Eine weitere bauliche Besonderheit, die sich aus der inneren Struktur der Anlage ergibt, stellen die weit überdimensionierten gotischen Torbogen in der Mitte der Nord- und der Südfassade dar. Das Burgverlies befindet sich im NO-Turm, ein finsteres Loch ohne Luftzufuhr und sanitäre Anlage.

1491 befahl Jakob IV. den Austausch von Hermitage gegen Schloß Bothwell am Clyde: Der König hatte hochverräterische Beziehungen zwischen dem Familienoberhaupt der Douglas-Sippe und der englischen Krone ausgemacht. Die Familie Douglas wurde an den Clyde verbannt, Hermitage ging

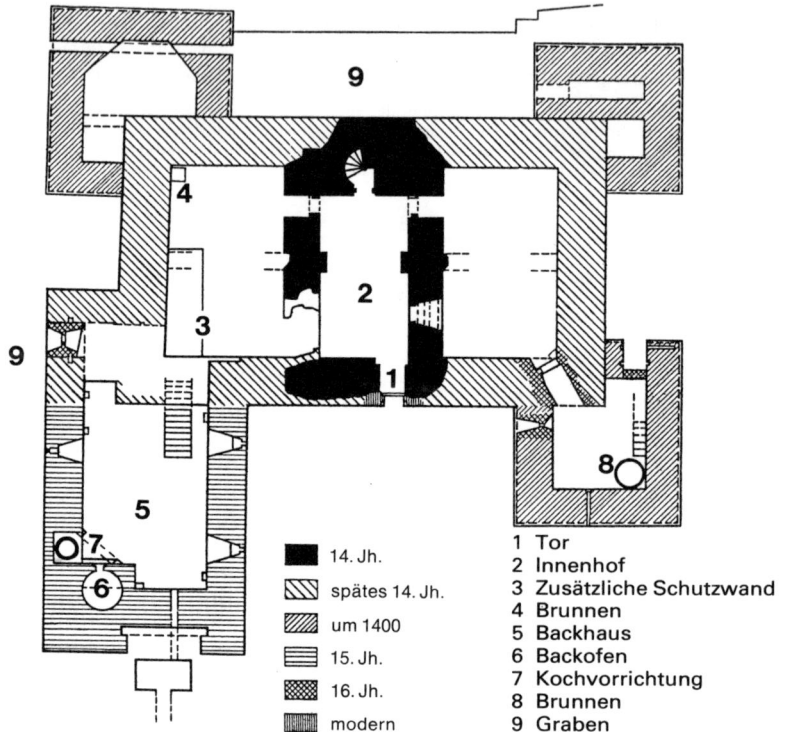

Hermitage Castle

in die Hände des königstreueren Patrick Hepburn, des Grafen von Bothwell, über. Die neuen Besitzer zeigten sich jedoch als nicht minder verräterisch, und so wurde Hermitage Castle im Jahre 1540 formal durch die Krone annektiert. Das Schloß wurde repariert und mit zahlreichen Schießscharten in den Außenmauern versehen. Trotz der königlichen Annexion gelang es der Familie Bothwell, sich den Zugriff auf das Schloß zu sichern: Am 15.Oktober 1566 ritt Maria Stuart von Jedburgh aus an einem Tag nach Hermitage Castle und zurück, um ihren Vertrauten, den Grafen Bothwell zu besuchen, der hier nach einem Scharmützel verwundet lag. Im Jahre 1594 wurde Hermitage erneut durch die Krone annektiert.
In der Folgezeit spielte das Schloß keine politische Rolle mehr. Quellen aus dem 18.Jh. berichten von Ruinen. Um das Jahr 1820 führte der Herzog von Buccleuch, in dessen Besitz sich der Bau inzwischen befand, umfangreiche Reparaturen durch, wobei einzelne Details im romantisierenden Stil der Zeit verändert wurden.
April–September MO–SA 9.30–19, SO14–19; Oktober–März MO–SA 9.30–16, SO 14–16.

40 Selkirk

Die A 7 verläßt in Hawick das Tal des Teviot und erreicht nach 18 km durch hochgelegenes Weide- und Moorland Selkirk (5700 Einwohner, Informationsamt), ein am Ettrick Water gelegenes Zentrum der Textilindustrie, mit einer langen Geschichte: Der spätere König David I. (1084–1153) begründete hier eine Abtei der Tyronenser, die 1128 dann aus politischen Gründen nach Kelso verlegt wurde. In dem königlichen Schloß, das die Stadt krönte, hielt *William the Lion* 1204 Hof. Nach dem Debakel von Flodden Field (vgl. S. 32) wurde die Stadt 1513 von den Engländern niedergebrannt.

Ein *Walter Scott-Denkmal* auf dem dreieckigen Marktplatz erinnert daran, daß der große Romancier in den Jahren 1799–1832 Grafschafts-Sheriff von Selkirkshire war. Ein weiteres Denkmal am anderen Ende der High Street ist dem bedeutenden Naturforscher *Mungo Park* (1771–1806) gewidmet, der zum Oberlauf des Niger vorstieß. Es stammte aus Selkirk. Zur Erinnerung an die Schlacht von Flodden Field wurde 1913 ein Mahnmal enthüllt, das eine Begebenheit darstellt, der alljährlich in einer Zeremonie, wie in Hawick *Common Riding* genannt, gedacht wird: Der einzig überlebende schottische Soldat aus Selkirk erbeutete eine englische Standarte und warf sie, so vom Desaster kündend, voller Verachtung mitten auf den Marktplatz. Beim Marktplatz befindet sich auch *Halliwell's House*, ein privat geführtes Museum mit einer Sammlung alter Eisenwaren.
MO–MI, FR, SA 10–17, DO 10–13. Freiwillige Spenden willkommen.

Wichtige Adressen: *Tourist Information*, s. des Marktplatzes in der Kirk Wynd, schräg gegenüber dem Postamt – *Postamt*, Kirk Wynd, s. des Marktplatzes – *Polizei*, auf der SO-Seite der Scotts Place-Straße, der nw. Verlängerung der High Street, knapp 1 km vom Marktplatz entfernt.

Von Selkirk aus lohnt ein Ausflug in das Tal des Yarrow Water:

41 Bowhill

Bowhill, 5,5 km w. von Selkirk (A 708), ist ein Herrensitz der Buccleuchs, den der Architekt der Londoner Parlamentsgebäude, *Sir Charles Barry* (1795–1860) im Jahre 1825 großzügig ausbaute. Sehenswert sind die Innenausstattung, das Porzellan und die Gemäldesammlung mit Werken u. a. von Van Dyck, Reynolds, Gainsborough, Canaletto, Guardi, Claude Lorrain und Raeburn. Die *Bowhill Walks* erschließen die Wald- und Parklandschaft in der Umgebung des Schlosses.
Mai bis Ende September: 14–17.15. Eintritt.

42 Schloß Newark

8 km w. von Selkirk (A 708) befindet sich ein kompakt wirkendes *Turmhaus* aus dem Jahre 1423 mit 3 m dicken Mauern, dessen Ruine 5 Stockwerke hoch aufragt. Die umgebende Mauer wie auch die auf das Obergeschoß aufgesetzten *Ecktürmchen* datieren wahrscheinlich aus späterer Zeit. In seiner Frühzeit diente der Bau als königliches Jagdschloß: Das königliche Wappen findet sich noch auf dem Schild im w. Giebelfeld. Im Jahre 1548 wurde das Schloß von den Engländern eingenommen, und 1645 brachte man hier nach der Schlacht von Philiphaugh, in der Montrose von den Covenanters vernichtend geschlagen wurde, 100 seiner Anhänger auf bestialische Weise um. 1650 hielten Cromwells Truppen die Anlage besetzt.
April bis September MO–SA 9.30–19, SO 14–19; Oktober bis März MO–SA 9.30–16, SO 14–16. Eintritt.

43 Die Kirche von Yarrow

Die A 708 folgt dem landschaftlich eindrucksvollen Oberlauf des Yarrow Water. Die Yarrow Kirk, etwa 13 km w. von Selkirk, stammt aus dem Jahre 1640.

44 St. Mary's Loch und das Turmhaus von Dryhope

Nach 23 km erreicht die A 708 den ca. 5 km langen, St. Mary's Loch genannten See, der, umgeben von grünen Hügeln und unberührter Natur, Möglichkeiten zu Kahnfahrten und neuerdings auch zum Segeln bietet. Auf einer Landzunge, die das Loch von dem anschließenden Loch of the Lows trennt, befindet sich *Tibbie Shiel's Inn,* ein Gasthaus, das im 19. Jh. Literatentreffpunkt war. Am NO-Ende des Sees liegt die Ruine des Dryhope Tower.

45 Abbortsford House

Der Weg in das 12 km von Selkirk entfernte Städtchen Galashiels (A 7) führt vorbei an Sir Walter Scotts romantischem Alterssitz, Abbotsford, der nach 8 km erreicht wird. Das recht fotogene Haus aus den Jahren 1817–1824 wurde weitgehend von Scott selbst geplant, und viele der alten Bäume im umgebenden Park wurden von ihm geplanzt. Sehenswert sind neben der Bibliothek mit 9000 Bänden Scotts Arbeitszimmer und seine Waffensammlung. Scott starb hier im Jahre 1832.
Ende März bis Ende Oktober: MO–SA 10–17, SO 14–17. Eintritt.

46 Galashiels

Galashiels (12 700 Einwohner, Informationsamt) ist eine blühende Industriestadt (Wolle, Textilien). Der Ort ist ohne bedeutende Sehenswürdigkeiten. Das *Old Gala House (Scott Crescent),* heute ein Kunst- und kunsthandwerkliches Zentrum, stammt aus dem 15.–17. Jh., hat aber Anbauten aus moderner Zeit. Das *Marktkreuz* (Kreuzung Scott Crescent und Lawers Brae) datiert von 1695. Die »Sauren Pflaumen« *Sour Plums* des Stadtwappens erinnern an eine Begebenheit aus dem Jahre 1337, als einige englische Soldaten als Pflaumendiebe gefaßt und erschlagen wurden.

Wichtige Adressen: *Postamt,* Ostende der High Street (Nordseite), bei der Abzweigung der Bank Street – *Krankenhaus,* in der Kirkbrae-Straße etwa 400 m w. des Zentrums.

47 Borthwick Castle

Die A 7 überschreitet die Wasserscheide zwischen Tweed und Forth in 270 m Höhe. Nach 32 km wird die Gemeinde Borthwick (2100 Einwohner) erreicht. Auf der Ostseite der Straße befindet sich Borthwick Castle aus dem Jahre 1430. Es ist in seiner Bausubstanz praktisch unverändert geblieben und bis heute bewohnt.

Die Anlage besteht aus einem rechteckigen Turm von etwa 34 m Höhe mit 2 Flügeln. Die Dicke der Mauern beträgt stellenweise 3,6–4,2 m. In der großen Halle mit ihrem Tonnengewölbe befindet sich ein sehr sehenswerter *Kamin.* – Maria Stuart bewohnte das Schloß nach ihrer Heirat mit Bothwell 1566. Der spätere Regent Morton und die ob der Eheschließung rebellierenden Lords antworteten mit einem Blockade-Ring. Maria entkam, als Junge verkleidet. Cromwell belagerte das Schloß im Jahre 1650. Während des 2. Weltkrieges diente Borthwick Castle als Hauptstaatsarchiv.
Die moderne Gemeindekirche von Borthwick umfaßt das mit einem Tonnengewölbe versehene Schiff eines älteren Bauwerks aus dem 15. Jh.

Route 4

(Berwick) – Coldstream – Kelso – Melrose – Peebles – Edinburgh

Die Strecke (A 702/A 703 – ca. 120 km) bietet nicht nur einen Querschnitt durch die schottische Architektur des 12.–19. Jh., sondern auch technische Bauwerke, Einblicke in handwerkliche Traditionen und in Aspekte der schottischen Industrialisierung sowie viel unberührte Natur mit zahlreichen Wandermöglichkeiten.

Von S her empfiehlt sich die Zufahrt über die A 697, die bei Coldstream den Tweed und damit die schottische Grenze überquert. Der von Berwick Anreisende wählt bis Coldstream sinnvollerweise die auf der englischen Seite verlaufende A 698, wobei der Tweed über eine nach N abzweigende Nebenstraße erreicht wird. Erfolgt die Südschottland-Rundreise von Edinburgh aus, so besteht die Möglichkeit, zunächst der Ostküstenstraße A 1 zu folgen (Route 1, S. 82) und dann die Reise über Berwick und auf der hier beschriebenen Route fortzusetzen.

48 Union Suspension Bridge

Das technisch interessanteste Bauwerk am unteren Tweed ist die 1820 als erste Hängebrücke Großbritanniens errichtete Union Suspension Bridge, deren Name an die anglo-schottische Einheit erinnert. Sie befindet sich 7 km w. von Berwick und wird über eine nk Straße erreicht, die Paxton auf der schottischen Seite mit Horncliffe auf der englischen Seite verbindet.

49 Ladykirk

10 km sw. von Berwick zweigt von der A 698 die B 6470 ab, die über das englische Grenzdorf Norham die schottische Gemeinde Ladykirk (500 Einwohner) erreicht. Der Ort besitzt eine interessante Kirche, die Jakob IV errichten ließ, nachdem er 1499 fast in den Fluten des Tweed ertrunken wäre. Die Kirche hat ein Steinplattendach und einen dreigeschossigen Westturm. Der viereckige Glockenturm stammt von 1743.

50 Coldstream

Folgt man dem Tal des Tweed weiter, so gelangt man nach 12 km in das Dorf Coldstream (1250 Einwohner, Informationsamt). In der Nachbarschaft des Ortes befindet sich eine berühmte Furt, die von Eduard I. bei seiner Invasion Schottlands im Jahre 1296 benutzt wurde, und die auch bei vielen weiteren englischen Invasionen eine strategisch wichtige Rolle spielte. Heute wird der Fluß von einer 1763 von *Smeaton* entworfenen 90 m langen Brücke überspannt, die Coldstream mit der englischen Gemeinde Cornhill auf dem Südufer des Tweed verbindet.

Bis in die erste Hälfte des 19. Jh. hatte Coldstream einen ähnlichen Ruf wie Gretna (**307**): Die liberalere Gesetzgebung Schottlands erlaubte es Paaren, auf eine bloße, vor Zeugen gegebene Willenserklärung hin die Ehe zu schließen, vorausgesetzt, daß die Partner das 16. Lebensjahr erreicht hatten. Nicht selten wurden diese Ehen im Zollhaus am schottischen Ende der Brücke geschlossen, besonders dann, wenn die Anverwandten dem jungen Paar dicht auf den Fersen waren. Eine Gedenktafel an einem Haus am Marktplatz weist darauf hin, daß sich hier 1659 das Hauptquartier des von *General Monck* geschaffenen berühmten Regiments der Coldstream Guards befand. Das Regiment war an der Restauration der Stuart-Monarchie 1660 maßgeblich beteiligt, es wurde daraufhin in den Rang einer Leibgarde erhoben.

51 The Hirsel

Etwa 3 km nw. von Coldstream befindet sich auf der Ostseite der A 697 der The Hirsel genannte Herrensitz der *Grafen von Home*. 1963 gab der 14. Graf, der *Foreign Secretary* gewesen war, seinen Titel auf, um als *Sir Alec Douglas-Home* Premierminister zu werden (1963–64). Das Haus selbst ist nicht zugänglich, wohl aber der großangelegte Park mit seinen Rhododendren, der u.a. ein Vogelschutzgebiet umfaßt. An 4 Sonntagen im Jahr wird zugunsten des staatlich geförderten schottischen Gartenbaus ein besonderer Eintritt erhoben.

52 Kelso

Mit seinem geräumigen Marktplatz, dem elegant wirkenden Rathaus, den schmucken Fassaden der umliegenden Gebäude und seiner fünfbögigen Steinbrücke ist das 18 km w. an der A 698 gelegene Kelso (4900 Einwohner, Informationsamt) ohne Zweifel eines der schönsten Städtchen des Grenzlandes. Hinzu kommt, daß es an Werktagen dank seines reichen Hinterlandes recht lebendig wirkt, und daß die umgebende Parklandschaft eine besonders eindrucksvolle Kulisse bildet. Kelso verdankt sein Aufblühen weniger der Abtei als vielmehr der Tatsache, daß ähnlich wie bei Coldstream, hier eine Furt den Fluß passierbar machte.

Stadtrundgang

52.1 The Square. Der Stadtrundgang beginnt sinnvollerweise beim Marktplatz, wo sich neben dem klassizistischen *Rathaus* von 1816 (zwischen Horse Market und Wood Market) das *Cross Keys Hotel* befindet, ein berühmtes Postkutschen-Relais aus dem 18. Jh.

52.2 Ednam House. Vom Marktplatz führt der Weg entlang der Bridge Street zum ca. 200 m entfernten Ednam House, einem 1761 von *James Nisbet* erbauten georgianischen Herrenhaus, dessen Eßzimmer eine sehenswerte italienische Rokokodecke und geschnitzte Mahagonitüren besitzt. Das Haus dient heute als Hotel.

52.3 Rennie Bridge. Der beste Blick auf die in den Jahren 1800–1803 von *John Rennie* erbaute fünfbögige Brücke über den Tweed ergibt sich von den Anlagen auf dem Südufer aus. Die Brücke stand Modell für die 1811 errichtete und 1934 abgetragene alte Waterloo Bridge in London. Von der Brücke hat man einen guten Blick auf Floors Castle.

52.4 Floors Castle. Von dem 1718 von *Sir John Vanburgh* für den 1. Herzog von Roxburghe geplanten und unter Mitwirkung des berühmtesten schottischen Architekten *William Adam* errichteten Herrenhaus sagt man, daß es das größte seiner Art im gesamten Großbritannien sei. Das Haus, nach wie vor in herzoglichem Besitz, wurde von dem bedeutenden Edinburgher Architekten *William Henry Playfair* (1789–1857) in den Jahren 1838–1849 im romantischen Tudor-Style umgebaut. Der Bau hat 365 Fenster, eines für jeden Tag im Jahr. Der umgebende Park ist ein Musterbeispiel für den Garten englischen Typs und reich an uralten Bäumen. Eine 500jährige Eibe soll den Platz kennzeichnen, an dem König Jakob II. (von Schottland) im Jahre 1460 bei der Belagerung von Roxburgh von einer berstenden Kanone getötet wurde. Das Haus ist über die B 6089 zu erreichen (Anfahrt 3 km).
Anfang Mai bis Ende September, MO–DO, SO, Park und Gärten 12.30–17.30, Haus 13.30–17.30. Eintritt.

52.5 Kelso Abbey. Der Weg zurück über die Bridge Street führt zu den Ruinen der 1128 von König David I. (1084–1153) gegründeten Abtei, deren Westende 6 Stockwerke hoch aufragt. David I. rief 1116 noch vor seiner Thronbesteigung französische Tironensermönche ins Land und siedelte sie zunächst in Selkirk (**40**) an. Selkirk erwies sich jedoch als ungeeignet, und so zogen die Mönche 1126 auf Davids Geheiß an die Ufer des Tweed, nach Kelso. Wie die Zisterzienser waren auch die Tironenser ein benediktinischer Reformorden. Der Orden besaß später in Schottland mehrere Häuser, darunter auch die reiche Abtei von Abroath, in England blieb er jedoch fast unbekannt.

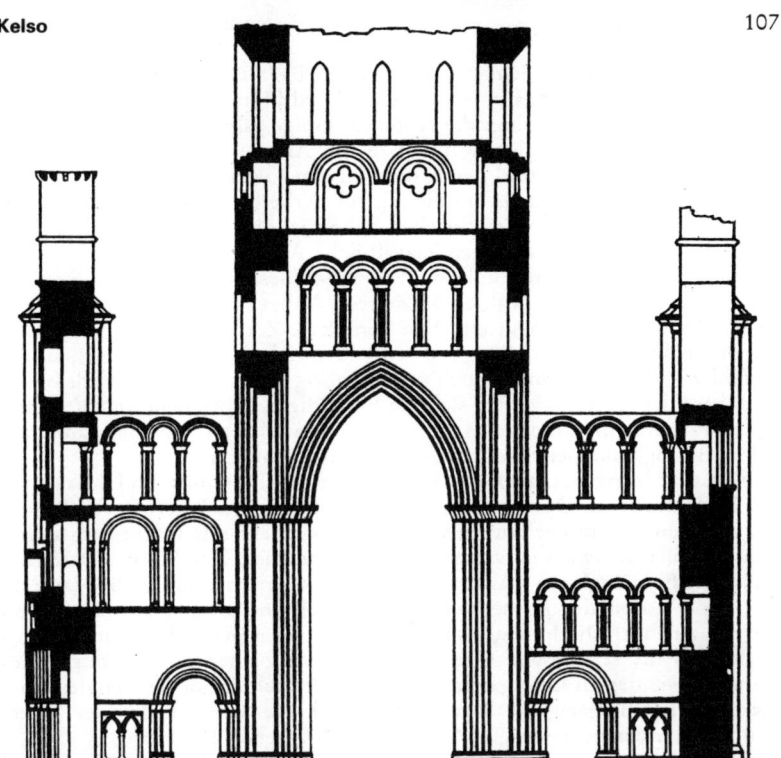

Kelso Abbey

Schnitt entlang des Querschiffes von Nord nach Süd

Kelso ist die älteste der mächtigen Grenzland-Abteien und war auch mit Abstand die bedeutendste. Dies wird schon aus den Abmessungen der Kirche sichtbar: was wir als Ruine sehen, ist nicht etwa das Ostende der Kirche mit Hauptturm und Seitenschiffen, sondern deren Westende: Kelso hatte die Form eines Doppelkreuzes. Auch das Westende besaß einen Turm und Seitenschiffe. Die Zerstörung der Abtei geschah so gründlich, daß deren Grundriß bis in jüngere Zeit unklar blieb. Dann aber wurde in den Archiven des Vatikan eine frühe Beschreibung der Kirche gefunden. Das Innere des Baus muß wahrhaft majestätisch angemutet haben, wobei besondere Lichteffekte zustande kamen: Das großräumige, relativ düstere Schiff wurde an beiden Enden von sehr viel heller erleuchteten Querschiffen begrenzt.

Die Äbte von Kelso beanspruchten lange Zeit hindurch die Ältestenwürde unter den schottischen Kirchenführern. Ihr Anspruch wurde jedoch schließlich von St. Andrews (140) zurückgewiesen. Dennoch verwandte sie das Königshaus immer wieder in politischer Mission. Im Jahre 1460 wurde Jakob III. in der Abteikirche gekrönt. Der Niedergang der Abtei beginnt mit dem

Tode Jakobs IV. in der Schlacht bei Flodden Field (1513), in deren Gefolge im schottischen Adel Anarchie ausbricht: Lord Home (vgl. The Hirsel, **51**) vertreibt den Abt und bringt die Abtei für einige Jahre in seinen Besitz. Im Jahre 1523 brennen englische Truppen die Anlage nieder und vernichten dabei auch das Dachgestühl der Kirche. In den folgenden Jahrzehnten werden die Gebäude allenfalls notdürftig wiederhergerichtet. Im Jahre 1536 schließlich wird einer der unehelichen Söhne Jakobs V. zum Kommendator erhoben – eine in der damaligen Zeit übliche Art der Pfründenbeschaffung, die zeigt, bis zu welchem Punkt die Perversion des mittelalterlichen Systems inzwischen gelangt war (vgl. auch Melrose Abbey, **58.1**). 1542 nehmen die Engländer die Abtei erneut ein. Die komplette Zerstörung erfolgt 1545 im Zusammenhang mit dem *Rough Wooing* Heinrichs VIII. (vgl. S. 33), als die Abtei bzw. das, was damals noch von ihr übrig ist, zur Festung wird. In der Endphase des Kampfes ziehen sich die Verteidiger, 12 Mönche und 90 Laien, in den Hauptturm zurück. Am folgenden Tag wird der Turm von spanischen Söldnern eingenommen; alle Insassen werden enthauptet.

Kelso ist die letzte eigentlich romanische Kirche Schottlands. Im Unterschied zur Kathedrale von Durham (England), die normannisch vermittelte Romanik zeigt, entspricht der Baustil von Kelso unmittelbar dem zeitgenössischer kontinentaler Bauwerke, besonders des Rheinlands. Parallelen zur Kathedrale von Ely (England) drängen sich vom Grundriß her auf, wobei der Plan für den Westteil der Kathedrale von Ely sich eng an den des Doms von Worms anlehnt: Die lombardische Tradition des romanischen Kirchenbaus strahlt bis ins schottische Grenzland aus. Die beiden großen Bögen des Turms sowie dessen Obergeschosse und schließlich der obere Teil des Narthex zeigen Übergangsstil. Man beachte auch die Blendarkaden der Querschiffe sowie den portalartigen Zugang zum n. Querschiff.

Seit 1649 diente das Querschiff, notdürftig repariert, als Gemeindekirche und Gefängnis. Als dann im Jahre 1771 ein Teil der Dachkonstruktion einbrach, baute die Gemeinde eine neue Kirche. Von den Klostergebäuden sind keine nennenswerten Überreste erhalten.

April bis September MO–SA 9.30–19, SO 14–19; Oktober bis März MO–SA 9.30–16, SO 14–16. Eintritt.

53 Das Schloß von Hume

Über die A 6089 und die B 6364 gelangt man zum Hume Castle (10 km nw.). Das auf einem Hügel 180 m hoch gelegene Schloß aus dem 13. Jh. war einst Sitz der Grafen von Home. Seine Besatzung kapitulierte 1651 vor Cromwell, der die Anlage weitgehend zerstörte. Der Bau wurde 1794 im romantisierenden Stil der Zeit restauriert.
MO–FR 10–17, SO 14–17. Eintritt.

54 Das Mellerstain House

Rund 13 km nw. von Kelso befindet sich w. der A 6089 das Mellerstain House. Es gehört zu den sehenswertesten schottischen Herrenhäusern des 18. Jh. Der Bau wurde um 1725 von *William Adam* begonnen und zwischen 1770 und 1778 von seinem Sohn Robert fertiggestellt. Sehenswert

sind die geschmackvollen Innendekorationen und Stuckarbeiten. Auch der Park sowie die italienischen Gärten lohnen einen Besuch.
Mai bis Ende September MO–FR, SO 14–17.30. Eintritt.

55 Das Turmhaus von Smailholm

Das kleine Dorf Smailholm (400 Einwohner), 12 km nw. von Kelso (B 6397), besitzt neben einem Herrenhaus aus dem Jahre 1707 (*Smailholm House,* in der Nähe der Kirche) ein sw. des Ortes in wildromantischer Landschaft gelegenes Turmhaus aus dem 16. Jh. Die bis zur Giebelhöhe (17,2 m) erhaltene schmucklose Ruine des dreigeschossigen Baus zeigt deutlich dessen Wehrcharakter.

56 Kirk Yetholm

Folgt man von Kelso der B 6352 in sö. Richtung, so gelangt man nach 13 km in das Dorf Yetholm in unmittelbarer Nachbarschaft der englischen Grenze. Das Dorf besteht aus zwei Teilen, *Town Yetholm* und *Kirk Yetholm.* Der letztere Teil war einst das Hauptquartier der schottischen Zigeuner. Hier wurde die letzte Zigeunerkönigin, Esther Faa Blythe, im Jahre 1883 zu Grabe getragen. Ihr »Palast«, einer Pachtbauernhütte gleichend, wird von den Dorfbewohnern gerne gezeigt. Esthers Sohn wurde 1898 Zigeunerkönig; er starb 1902.

57 Roxburgh und sein Schloß

Das Dorf Roxburgh (600 Einwohner) liegt abgeschieden im Tale des Teviot, rund 6 km sw. von Kelso. Die mittelalterliche Stadt, die immerhin einer Grafschaft den Namen gab, befand sich etwas weiter nö. in der Nachbarschaft der A 699 und des *Roxburghe Castle.* Die Stadt ist völlig verschwunden, von dem Schloß, das dereinst eine königliche Residenz war, sind nur spärliche Überreste erhalten. Jakob II. belagerte Roxburghe Castle im Jahre 1460; es heißt, er sei von einer krepierenden Kanone getötet worden.

Die A 699 folgt weiter dem Tal des Tweed und erreicht nach 18 km das Dorf St. Boswells (Informationsamt). Der Weg nach Melrose führt an der Dryburgh Abbey (**30**) vorbei. Man folgt zunächst der A 68, um dann am Ortsausgang von Newtown St. Boswells auf die A 72 abzuzweigen.

58 Melrose

Melrose (2200 Einwohner, Informationsamt), malerisch im Tal des Tweed gelegen, bietet neben seiner Abtei eine Reihe interessanter alter Häuser; das Marktkreuz datiert von 1642. Der Turm der Pfarrkirche wurde im Jahre 1810 errichtet.

58.1 Die Abtei von Melrose. Die im wesentlichen aus dem 15. Jh. stammenden spätgotischen Bauten der Melrose Abbey finden sich ö. des Zentrums (Abbey Street). Melrose ist ohne Zweifel die bekannteste der Border Abbeys, vielleicht auch die ansprechendste. Erhalten und überdacht sind der Chor und ein Teil des Schiffes, die Überdachung stammt aus nachreformatorischer Zeit. Außerdem haben substantielle Teile der Querschiffe, der Seitenschiffe und der s. daran anschließenden Kapellen überlebt. Die Westmauer des Turmes steht bis zur Höhe des Dachgeschosses. Die umliegenden Gebäude sind zumindest in ihren Grundmauern erhalten, so daß ihre Lage rekonstruierbar wird (vgl. den Plan).

Die Klostertradition am mittleren Tweed geht bis in das 7. Jh. zurück: Um 650 wurde 4 km flußabwärts ein keltisches Kloster gegründet, in dem einer der meistgeliebten Heiligen der keltischen Kirche, *St. Cuthbert,* seinen Wer-

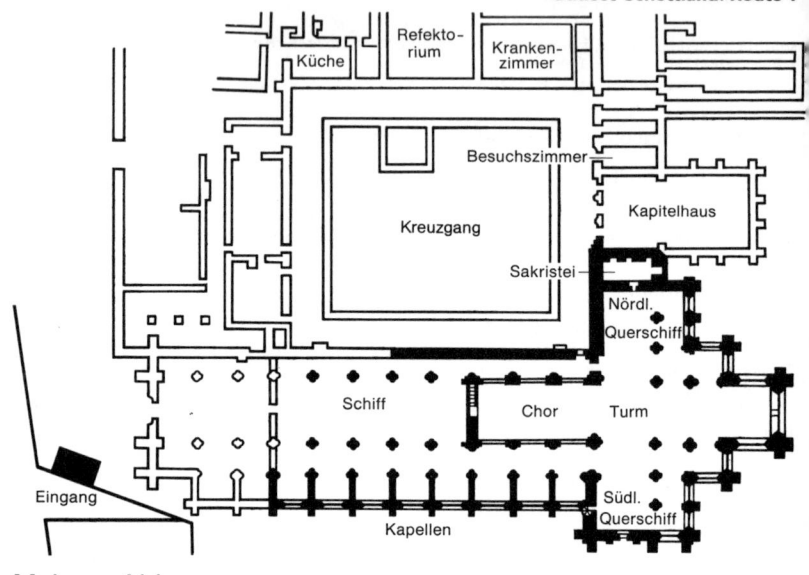

Melrose Abbey

degang als einfacher Mönch begann. Als dieses Kloster bereits aufgelassen war, blieb eine kleine romanische Kapelle an dem Old Melrose genannten Ort *Zentrum einer Wallfahrt*. Ein Kragstein dieser Kirche, der ein stark stilisiertes menschliches Gesicht zeigt, befindet sich heute im Abteimuseum. Die Zisterzienserabtei wurde 1136 von König David I. gegründet; die Mönche kamen aus der Abtei von Rievaulx in Yorkshire (England). Nach 10 Jahren waren die Klosterbauten fertiggestellt, und man darf annehmen, daß sie dem Geist des benediktinischen Reformordens entsprechend in einer recht nüchternen Romanik gehalten waren. Melrose hatte das Glück, in seiner Frühzeit eine Reihe von klugen und einflußreichen Äbten zu besitzen, die es verstanden, dem Kloster Ansehen zu verschaffen und seine Besitzungen zu mehren. Die Klostergemeinschaft bestand zu einem nicht geringen Teil aus Laienbrüdern, die als Bauern und Handwerker eine bedeutende kolonisatorische Funktion übernahmen. Auch Melrose ereilte das Schicksal der mehrfachen Verwüstung, zunächst 1322 durch die zurückweichenden Truppen Eduards II., sodann erneut 1385 durch die Streitkräfte Richards II. Dabei wurde die gesamte alte Bausubstanz zerstört; es ist fraglich, ob zwischen 1322 und 1385 überhaupt der Versuch eines partiellen Wiederaufbaus unternommen wurde, da sich die Abtei praktisch während der gesamten Zeit in englischem Besitz befand.

Mit der Befreiung 1385 beginnt die zweite große Bauperiode, wobei nordenglische Baumeister aus der Schule von York tonangebend sind. Der spätgo-

tisch-englische Einfluß wird besonders in der lotrechten Anordnung des Maßwerks im großen Ostfenster sichtbar, im Unterschied zu den Fenstern der Südfront. Die Bauten des 15. Jh. haben nichts mehr von der Strenge und Schmucklosigkeit aus der Frühzeit des Ordens. Die Kirche spiegelt Größe und Reichtum der Klostergemeinschaft, sie ist, wie später die Bauten des Barock und des Rokoko, visuelle Stütze des Glaubens: Die Wirkung des Buntglases, etwa in den großen Fenstern der Südfront, läßt sich nur noch erahnen, erhalten sind jedoch zahlreiche *Skulpturen* der Heiligen und der himmlischen Heerscharen, auch des diesseitigen Lebens. Da sind der Maurer mit seiner Kelle, der Koch mit seinem Löffel, und auch das Bildnis des plumpen Mönchs fehlt nicht. Dem Einfallsreichtum bei der Darstellung der menschlichen Komödie scheinen keine Grenzen gesetzt: Ein Wasserspeier präsentiert sich als dudelsackblasendes Schwein. – Einer der Strebepfeiler im SW des Bauwerks trägt das königliche Wappen. – Das Herz des Königs *Robert the Bruce* soll unter dem Ostfenster des Altarraumes bestattet worden sein. Die spätgotische Abtei wurde 1544 und 1545 im Rahmen des *Rough Wooing* Heinrichs VIII. (vgl. S. 33) zerstört.
1618 wurde ein Teil der alten Abteikirche notdürftig wiederhergestellt. Dabei wurden die Überreste des spätgotischen Kreuzgewölbes des Chores entfernt und durch ein recht unbeholfen wirkendes Gewölbe aus wiederaufbereitetem Material ersetzt. Dieser Bau diente bis 1810 als Gemeindekirche. Eine erste Restauration erfolgte unter der Oberaufsicht von *Sir Walter Scott* in den 20er Jahren des 19. Jh.

Die *Klostergebäude* schließen sich nach N an die Kirche an, wobei das Kapitelhaus parallel zum Chor angeordnet ist. Im ehemaligen *Kreuzgang* beachte man besonders die Arkadenwerk an der Außenmauer des n. Seitenschiffs und des n. Querschiffs. Das Kapitelhaus, 22,2 m lang und 10,6 m breit, muß besonders kunstvoll ausgestattet gewesen sein und einen gekachelten Fußboden gehabt haben. Jüngere Ausgrabungen haben gezeigt, daß unter dem Fußboden ein mumifiziertes Herz bestattet ist, vielleicht das des Königs Robert the Bruce. Auf der Nordseite des Kreuzgangs befand sich das Refektorium, ö. davon lag die Krankenstube, w. die Küche. Der Westtrakt enthielt ursprünglich Refektorium und Schlafräume für die (im 15. Jh.) rund 200 Laienbrüder. Das *Haus der Kommendatoren* (jenseits des ehemaligen Frischwasserkanals) ist relativ intakt geblieben und dient heute als Museum.
April bis September MO–SA 9.30–19, SO 14–19, Oktober bis März MO–SA 9.30–16, SO 14–16. Eintritt.

Der weitere Weg entland des Tweed führt vorbei an Abbortsford House (**45**), dem Wohnsitz von Sir Walter Scott, und wahlweise über Galashiels (**46**) oder über die A 7/B 7060/A 707 zurück auf die A 72.

59 Das schottische Museum für Wolltextilien

Östlich von Gallashiels verläuft die A 72 entlang des Nordufers des Tweed, dessen Lauf von dem 541 m hohen Seathope Law im N und dem 565 m hohen Minch Moor im S flankiert ist. Die Nordhänge des Minch Moor sind reich bewaldet. Unterwegs besteht Unterkunftsmöglichkeit in Clovenfords: 4 km ö. von Walkerburn wird auf der Südseite des Flusses die Ruine des *Turmhauses von Elibank* sichtbar, das um 1595 errichtet wurde.

In dem 1854 gegründeten Textilarbeiterdorf Walkerburn (900 Einwohner) befindet sich das Scottish Museum of Wool Textiles, das einen guten Überblick über die Entwicklung der Textilherstellung und des Textilhandels bietet. Regelmäßige Vorführungen zeigen, wie man manuell Wolle spinnt. MO–FR 10–17 Uhr, SA 11–16, SO 14–16. Eintritt.

60 Das Schloß von Traquair

2 km s. des Städtchens Innerleithen liegt das Dorf Traquair (400 Einwohner), das im Hochmittelalter ein recht bedeutender Ort war. Traquair House, dessen älteste Teile aus dem 10. Jh. stammen, ist ohne jeden Zweifel eines der ältesten bewohnten Herrenhäuser des Landes und zugleich eines der bedeutendsten. 27 schottische und englische Monarchen haben es besucht, darunter William the Lion, der hier im Jahre 1209 Hof hielt, und Maria Stuart, die mit ihrem Gemahl Lord Darnley 1566 hier wohnte. Das Haus stammt in seiner gegenwärtigen Gestalt im wesentlichen aus dem 16. und 17. Jh., wobei ältere Bauten in dem späteren Baukörper aufgegangen sind.

Der älteste deutlich sichtbare Bestandteil ist ein *Turmhaus* in der NO-Ecke des gegenwärtigen Gebäudes. Der Hauptblock datiert von 1642, die zu beiden Enden angefügten Flügel sind späteren Datums. Auch das wohlausgestattete Innere des Hauses ist sehenswert. Zu den Exponaten gehören von Maria Stuart gefertigte Stickereien sowie Erinnerungsstücke an den Prinzen Charles Edward Stuart. Das wegen seiner Wappentiere „Bärentor" genannte *Haupttor* zum Schloßbezirk wurde seit 1745 nicht mehr geöffnet: Damals wurde bestimmt, das Tor geschlossen zu halten, bis die Thronfolge der Stuarts wiederhergestellt sei. In dem *Brauhaus* aus dem 18. Jh. wird nach wie vor Bier gebraut. Die sehenswerten Gärten des Hauses sind unter dem Namen *Riggs of Traquair* bekannt. Ostersonntag, Ostermontag, Juli und August 10.30–17; Mai bis Oktober 13.30–17.30. Der Park kann in den Monaten Mai bis September 10.00–17.30 besucht werden. Eintritt.

61 Peebles

Für die Fahrt von Traquair nach Peebles (5900 Einwohner, Informationsamt) bieten sich zwei Routen: Wer die A 72 meiden will, kann unmittelbar die B 7062, die längs des Südufers des Tweed verläuft, benutzen. Unterwegs geben 2 Picknickplätze und Waldpfade Gelegenheit zur Erholung: Die *Glentress Forest Trails* (A 72) umfassen 4 Wanderrouten zwischen gut 1 km und 7 km Länge (Informationszentrum beim Parkplatz). Die *Cardrona Walks* (B 7062) umfassen 3 Wanderrouten von einer Länge zwischen gut 3 km und 7 km. Die Trassen führen durch Nadelwald und offenes Gelände.

Peebles, seit 1367 *Royal Burgh,* entwickelte sich im Schutze einer königlichen Burg, von der jedoch keine Überreste erhalten sind. 1545 wurde die Stadt von den Engländern niedergebrannt; ein zweites, versehentliches Feuer zerstörte Peebles 1607. 1649 hielten Cromwells Truppen die Stadt besetzt, und 1745 weilte Prinz Charles Edward Stuart in ihrem Mauern. Seit dem 18. Jh. entwickelte sich die Textilindustrie. Noch heute wird in der Stadt Tweed gewoben. Im übrigen hat sich Peebles einen guten Ruf als Sommerfrische und Anglerzentrum erworben. Der Ort verfügt über eine Reihe interessanter historischer Gebäude, die im Rahmen eines kurzen Stadtrundganges (vgl. u.) angeschaut werden können.

Neidpath Castle – Dawyck House

Stadtrundgang

Der Stadtrundgang beginnt sinnvollerweise bei der Straßengabelung A 72/ A 703 am Westende der High Street. Südlich der Straßengabelung befindet sich das Gebäude des *Chambers Institute*, das auf ein herrschaftliches Stadthaus, das *Queensberry Lodging* (Haus der Herzöge von Queensberry) von 1644 zurückgeht (heute u.a. Museum). – Unmittelbar bei der Straßengabelung ist der Schaft des alten *Stadtkreuzes* erhalten, eine achteckige, etwa 3,6 m hohe Säule.

61.1 Cross Keys Inn. Das alte Wirtshaus an der Ecke von Egate und Northgate (NW-Seite der Gabelung) stammt aus dem 17. Jh.

61.2 Cross Kirk. 300 m nw. der Straßengabelung befinden sich auf der Nordseite der Cross Road die Überreste der Kreuzkirche aus dem Jahre 1261. König Alexander II. ließ die Kirche bauen, nachdem hier ein altes Kreuz gefunden worden war, und er errichtete ein kleines *Trinitarierkloster*, dessen Fundamente ausgegraben worden sind. Die Ruinen der Kirche selbst umfassen Teile des Schiffes sowie den Westturm.
April bis September MO–SA 9.30–19, SO 14–19; Oktober bis März MO–SA 9.30–16, SO 14–16.

61.2 Cross Kirk. 300 m nw. der Straßengabelung befinden sich auf der Nordseite der Cross Road gelangt man zu dem etwa 500 m entfernten *Friedhof*, in dessen Mitte sich der Turm der mittelalterlichen St. Andreas-Kirche erhebt. – Wer den Rundgang weiter ausdehnen möchte, kann das 1 km w. an der A 72 gelegene *Neidpath Castle* (vgl. u.) einbeziehen. Ansonsten führt der Weg zurück über die Old Town genannte Straße und über die Eddlinston Brücke zur *Tweed Bridge* von 1467.
Über die High Street gelangt man zurück zum Ausgangspunkt des Rundgangs.

In Peebles zweigt die A 703 in n. Richtung ab. Sie stellt eine direkte Verbindung nach Edinburgh (Entfernung 37 km) dar. – Südlich von Peebles bietet das Massiv des *Dun Rig* (740 m) ideales Terrain für erfahrene Bergwanderer.

62 Schloß Neidpath

Rund 1,5 km w. des Zentrums von Peebles liegt in malerischer Hanglage über dem Nordufer des Tweed Neidpath Castle. Das schlank wirkende *Turmhaus* mit seinen 3,3 m dicken Grundmauern war ursprünglich eine Zwingburg der Frasers. Später ging es in den Besitz der Familie der *Hays of Tweeddale* über, deren Familienwappen, ein Ziegenkopf, über dem Tor zum Hof sichtbar ist. Während des Bürgerkrieges (vgl. S. 37) wurde das Schloß von dem königstreuen Grafen von Tweeddale gehalten, bis Cromwells Artillerie die Verteidiger zur Aufgabe zwang. Der stark angeschlagene Bau wurde später erneuert und 1686 an den 1. Herzog von Queensberry verkauft. Der 4. Herzog von Queensberry mit dem Spitznamen »Old Q«, einer der großen Verschwender in der schottischen Adelsgeschichte (geb. 1725), ließ alle alten Bäume des zum Schloß gehörenden Grundbesitzes fällen, um sie zu Geld zu machen. Das Innere des Schlosses ist nicht sonderlich sehenswert.
Von DO vor Ostern bis zum 2. SO im Oktober MO–SA 10–13 und 14–18, SO 10–18. Eintritt.

63 Die Gärten von Dawyck House

8 km w. von Peebles verläßt die A 72 das Tal des Tweed. Den Oberlauf des Flusses erschließt die B 712. Nach 6 km auf dieser Straße werden die Dawyck House Gardens erreicht. Die Gärten des neugotischen Herrenhauses bieten eine Reihe seltener Bäume und Stauden sowie Rhododendren und Narzissen. Sehenswert sind auch die mit Linden und Silbertannen bestandenen Alleen. – Die Gärten wurden von *Sir James Naesmyth* in den Jahren nach 1720 geschaffen. Naesmyth war ein Schüler des schwedischen Naturforschers Linné.
Ostern bis Ende September 12–17; Oktober MO–SA 12–17, SO 14–17. Eintritt.

64 Schloß Tinnis

1,5 km weiter talaufwärts finden sich in der Nachbarschaft des einsam gelegenen Dorfes Drumelzier (700 Einwohner) die nicht sonderlich gut erhaltenen Ruinen des Tinnis oder Thaens Castle, dereinst Sitz des Clanchefs der Tweedies. Das Haus, zu Beginn des 16. Jh. erbaut, wurde 1552 auf Anordnung Jakobs VI. (des späteren Jakob I. von England) zerstört. – In der Umgebung des Ortes Drumelzier wurden eine Reihe steinzeitlicher Funde gemacht.
Nach weiteren 2 km mündet die B 712 in die A 701 Moffat – Edinburgh ein. Die Entfernung nach Edinburgh beträgt 49 km. Zur Streckenbeschreibung vgl. S. 246 ff.

65 Schloß Drochil

Folgt man der A 72, so erreicht man rund 5 km hinter dem Abzweig der B 712 die Straßengabelung A 72/B 7059. Unmittelbar hinter der Abzweigung findet sich zwischen der B 7059 und der A 72 die Ruine des Drochil Castle. Das Schloß wurde nie zu Ende gebaut. Bauherr war der *Regent Morton:* Die Arbeiten wurden 1581 eingestellt, nachdem er, der Mittäterschaft bei der Ermordung Lord Darnleys für schuldig befunden, hingerichtet worden war (vgl. S. 36).
Die Entfernung vom Abzweig der B 7059 nach Edinburgh beträgt 35 km. Zur Streckenbeschreibung vgl. S. 246 ff.

66 Edinburgh (vgl. vordere Einbandkarte)

Mit rund 500 000 Einwohnern ist Edinburgh nach Glasgow die zweitgrößte Stadt Schottlands und seit 1437 Hauptstadt des Landes. Der mittelalterliche Stadtkern ist auf der Ostseite des *Castle Rock,* des Schloßfelsen, anzusiedeln, wobei allerdings die Gegend um den *Holyrood Palace* zunächst nicht einbezogen war. Stadtgrenze nach N hin war bis ins 18. Jh. das Nor'Loch, das an den Burgfelsen anschloß. Hier befinden sich heute die Princes Street Gardens. Die Hauptgeschäftsstraße der Stadt, *Princes Street,* schließt sich nach N an und ist zugleich die s. Grenze der im späten 18. Jh. begonnenen *New Town* mit ihren klassizistischen Fassaden, ihren rechtwinklig angelegten Straßen und ihren großzügigen Plätzen und Grünanlagen. Der *Hafen* von Edinburgh, Leith, liegt gut 3 km nö. des Zentrums, der Flughafen, *Turnhouse Airport,* 10 km w.

Edinburgh, von den Schotten liebevoll »Auld Reekie« (die alte Verrauchte) genannt, ist inzwischen nicht mehr so rauchgeschwängert wie in viktorianischer Zeit. Geheizt wird heute vorwiegend mit Nordsee-Gas, und die Eisenbahn ist völlig verdieselt. Allerdings wirkt die Stadt, aus lebhaft gefärbtem Buntsandstein vorwiegend in den Farbtönen Ocker, Silbergrau und Rostrot errichtet, stellenweise noch recht angeschwärzt. Doch das Stadtbild hebt sich positiv von dem vieler moderner Großstädte ab: Betonbauten sind, sieht man einmal von der Gegend um die Universität ab, im Zentrum selten. Die massiven Steinquader der Fassaden auch bescheidenerer Bauten wie etwa der Wohnhäuser aus spätviktorianischer Zeit und der Ära Eduards VII. (1901–1910) haben etwas Solides, das manch negativen Eindruck von Schmutz und Verfall aufzuwiegen vermag.

Seit 1583 ist Edinburgh *Universitätsstadt,* und seit dem 18. Jh. ist die Stadt das Zentrum schottischer Gelehrsamkeit. Sie ist daher reich an Schulen aller Art, worunter sich auch mehrere bekannte *Public Schools* befinden. Neben einer

Edinburgh

Reihe von Bildungseinrichtungen auf Fachhochschulebene verfügt Edinburgh heute auch über eine *Technische Universität* (Heriot-Watt University).

Für den, der sich einen ersten Überblick über die Stadt verschaffen will, eignen sich drei Aussichtspunkte in besonderer Weise:
Vom *Schloßfelsen* aus, der ohnehin in jedem Stadtrundgang figuriert, bietet sich ein besonders guter Blick über die auf dem Reißbrett entworfene New Town sowie auch nach O über die mittelalterlichen Stadtteile. Bei gutem Wetter sind im N der Firth of Forth sowie die Küste der Grafschaft Fife erkennbar. – Den fotogensten Blick in die *Princes Street* hinein hat man vom *Calton Hill* am Ostende der New Town. Auch dieser Hügel mit seinen Sehenswürdigkeiten ist normalerweise Bestandteil eines Stadtrundgangs bzw. der Stadtrundfahrt. Von der Nordseite des Calton Hill sind bei klarem Wetter der Forth, die Küste von Fife und auch die Hafenanlagen von Leith gut zu überblicken. Einen einzigartigen Ausblick auf das gesamte Edinburgh und sein Hinterland bis hin zu den Pentland Hills im SW, den fernen Cairngorms im NW, Fife im N und dem Bass Rock sowie Dunbar im O genießt man vom Hausberg der Edinburgher aus, dem 253 m hohen Vulkanstumpf *Arthur's Seat* s. des Holyrood Palace. Die schroffe Felswand an der Ostseite des Berges ist unter dem Namen *Salisbury Crags* ein fester Begriff.

Die Geschichte Edinburghs ist mit der schottischen Geschichte allgemein so eng verwoben, daß sie sich nur im Zusammenhang mit dieser sinnvoll darstellen läßt. Es sei daher auf die Seiten 30–43 verwiesen. Im folgenden wird ein tabellarischer Überblick geboten, wobei auf kulturgeschichtliche und politische Hintergründe verzichtet wird.

452 – Auf dem sanft abfallenden Grat ö. des Burgfelsens entsteht eine piktische Festung.
um 630 – Edwin, König von Northumberland, nimmt die Festung ein und baut sie weiter aus. Sie erhält den Namen Dunedin.
nach 954 – Unter der Regierung des pikto-schottischen Königs Indulf wird Edinburgh zurückerobert.
nach 1057 – König Malcolm III. Canmore, ein Sohn des von Macbeth ermordeten Duncan, erbaut auf dem Burgfelsen eine Festung. Malcolm III. ist der letzte König rein gälischer Abstammung. Er regiert bis 1093.
um 1090 – Margarete, Frau Malcolms III. und Großnichte des englischen Königs Eduard des Bekenners, läßt auf dem Gipfel des Burgfelsens eine Kapelle bauen, heute Edinburghs ältestes Bauwerk. Margarete wird später wegen ihrer Frömmigkeit heilig gesprochen.
um 1100 – Östlich des Burgfelsens entwickelt sich eine nach O führende zentrale Straße, die Hauptstraße (High Street) des späteren mittelalterlichen Edinburgh. Entlang der Straße entsteht eine Reihe von Märkten, auch der *Lawn Market* (Batist-Markt), wo ausländische Kaufleute Tuche, Schmuck und Edelmetalle anbieten.
1128 – König David I. (1124–1153) beruft die *Regular Canons* nach Edinburgh. Es handelt sich um Augustinermönche, wahrscheinlich aus Merton in Surrey (Südengland). Die Chorherren sind »regulär«, d. h. ihr Bekenntnis ist römisch-katholisch, nicht iro-schottisch. Der König überläßt den Mönchen eine Kirche auf dem Burgfelsen.
1144 und 1147 – David I. stellt die Gründungsurkunden für die Abtei von Holyrood aus. Die Augustiner ziehen nach Holyrood um. Aus den Gründungsurkunden geht hervor, daß Edinburgh zu diesem Zeitpunkt bereits den Status eines *Royal Burgh* besitzt. David I. gewährt den Augustiner-Chorherren das Recht, zwischen ihrer Abtei am Ostende des Burgberges und der Stadtgrenze von Edinburgh eine eigene Siedlung zu errichten, die mit ähnlichen Rechten ausgestattet wird wie Edinburgh selbst. Die Siedlung ist das spätere *Canongate*.
1329 – König Robert the Bruce gewährt eine weitere Charta, die das Stadtrecht zementiert. Gleichzeitig erhält die Stadt Stapelrechte im Hafen *Leith,* der jedoch bis zu seiner Eingemeindung im Jahre 1920 eine selbständige Verwaltungseinheit bleibt.
1437 – Edinburgh löst Perth als Hauptstadt Schottlands ab.
nach 1488 –In der Regierungszeit Jakobs IV. gelingt Edinburgh die allgemeine Anerkennung als schottische Hauptstadt. Jakob begründet das *Royal College* der Chirurgie und befiehlt, daß sowohl die Adeligen als auch die gemeinen Bürger jeweils den ältesten Sohn so lange auf eine Schule schicken sollten, bis dieser sich mit den Gesetzen des Landes vertraut gemacht habe.

1507 – Jakob IV. gewährt dem Edinburgher Kaufmann *Walter Shepman* und dem Buchhändler *Andrew Myllar* das Recht, eine Druckerei zu errichten, die älteste Druckerei des Landes.
nach 1513 – Im Anschluß an die Niederlage der Schotten bei Flodden Field, bei der auch Jakob IV. ums Leben kommt, erwarten die Edinburgher eine Belagerung ihrer Stadt. In aller Eile wird eine neue Stadtmauer, *Flodden Wall* genannt, errichtet. Reste der Flodden Wall sieht man heute noch in der Vennel-Gasse, die vom Lauriston Place zum Grassmarket (auf der Südseite des Burgberges) führt. In den folgenden 250 Jahren bleibt die Stadt innerhalb dieser Mauern.
1544 und 1547 – Im Rahmen des *Rough Wooing* Heinrichs VIII. um Maria Stuart als Schwiegertochter wird Edinburgh von englischen Truppen verwüstet.
1583 – Der Stadtrat von Edinburgh beschließt die Gründung der Universität.
17. 12. 1596 – Die Bürger von Edinburgh lehnen sich gegen die Gesetzgebung Jakobs VI. auf. Dieser droht daraufhin, Edinburgh den Status der Hauptstadt zu nehmen und den gesamten Verwaltungsapparat nach Linlithgow zu verlegen. Daraufhin lenkt die Bürgerschaft ein.
1650 – Cromwell besetzt Edinburgh und den Hafen Leith.
1671 – Unter Karl II. wird der Holyrood Palace neu errichtet und erweitert. Architekt ist *Sir William Bruce.*
März 1707 – Das schottische Parlament löst sich auf. Forthin wird Schottland im Parlament von Westminster, London, vertreten. Damit hört Edinburgh auf, Hauptstadt eines unabhängigen Landes zu sein. In den folgenden Jahrzehnten wird Edinburgh ein Zentrum der Wissenschaft und Kunst.
1760 – Das Nor' Loch wird trockengelegt.
1767 – Die Pläne des Städtebauers *James Craig* für die Errichtung der New Town n. des Nor' Loch werden angenommen. Die beiden geräumigen Plätze an ihrem West- und Ostende, *Charlotte Square* und *St. Andrew Square,* werden angelegt.
1772 – Die North Bridge wird errichtet. Sie überbrückt das Ostende des durch die Trockenlegung des Nor' Loch entstandenen Grabens zwischen Royal Mile und dem Ostende der Princes Street.
1822 – König Georg IV. stattet Edinburgh als Zeichen der Aussöhnung mit Schottland einen Besuch ab. Inzwischen ist die *New Town* fast fertiggestellt, die geistige Führungsrolle der Stadt im Bereich der schottischen Literatur und Kunst ist voll anerkannt.
1836 – Die ersten Eisenbahnlinien werden durch Edinburgh gebaut. Damit bricht für die Stadt das Industriezeitalter an: Die Bevölkerung wächst von rund 50 000 im Jahre 1780 auf 160 000 Einwohner im Jahre 1850 an.
1947 – In Edinburgh findet das erste *Edinburgh International Festival* statt. Es entwickelt sich schnell zu einer weltweit anerkannten kulturellen Institution.
1966 – Edinburgh erhält eine *Technische Universität,* die Heriot-Watt University.

Wichtige Adressen: *City of Edinburgh District Council Tourist Information and Accommodation Service,* 5 Waverley Bridge (T. 2 26 65 91) – *Scottish Tourist Board,* 5 Waverley Bridge (T. 2 26 65 91) – *Citizens' Advice Bureau,* 58 Dundas Street, T. 5 57 15 50 – *Automobile Association Office,* 18–22 Melville Street, Edinburgh, T. 2 25 84 64 – *Royal Automobile Club Office,* 17 Rutland Square, T. 2 29 35 55 – *Festival Offices,* 21 Market Street, T. 2 26 49 01 – *Tattoo Office,* 1 Cockburn Street, T. 225 11 88 – *Lothian Region Transport Centre,* Waverley Bridge, T. 5 56 56 56 – *Transport Offices,* 14 Queen Street, T. 2 25 39 41.

The Tourist Accomodation Service of the City of Edinburgh District Public Relations Department, 1 Cockburn Street, T. 2 26 65 91. (Die Abteilung gibt ein jährliches Unterkunftsverzeichnis heraus, das kostenlos von allen Reise- und Informationsbüros bezogen werden kann.)

Hauptbahnhof, Waverley Station, zugänglich von der Waverley Bridge aus oder über die Waverley Steps von der Princes Street aus (Zugverbindungen vgl. S. 68f.).
Haymarket Station, w. des Zentrums beim Hay Market (Vorortzüge nach W und N)
Motorail Terminal (Auto im Reisezug), Waverley Station (s.o.)
Air Terminal, Princes Street, Ecke Waverley Bridge
Busbahnhof (Bus Station), Dublin Street, Ostseite des St. Andrew Square

Hauptpostamt und Philatelisten-Dienst (Philatelic Bureau), North Bridge, Ecke Waterloo Place
Polizei-Hauptamt, Südseite der High Street, zwischen St. Giles Cathedral und Blair Street

Edinburgh

Fundämter: Polizei, Fettes Avenue – Britisch Rail, Hauptbahnhof (s.o.) – Lothian Region Transport, 14 Queen Street – Scottish Omnibuses, Busbahnhof, St. Andrew Square

British Airways Offices, 135 Princes Street
British Caledonian Airways, 30 George Street
Verkehrsmittel: Die letzten Linienbusse verlassen das Stadtzentrum um 23 Uhr. Auf 5 Hauptlinien besteht von MO–FR ein besonderer Nachtdienst zwischen 23 und 6 Uhr einmal stündlich.
Stadtrundfahrten: Von der Haltestelle City Tours Stance, Waverley Bridge. Hinsichtlich der Busverbindungen außerhalb Edinburghs wende man sich an Scottish Omnibuses, Bus Station, St. Andrew Square (s.o.). Scottish Omnibuses veranstalten auch Stadtrundfahrten.
Haupttaxistände: Waverley Station (T. 5 56 31 95) – Haymarket (beim Bahnhof Haymarket Station, T. 3 37 65 22) – Leith Walk (A 900, T. 5 54 12 04) und Tollcross (T. 2 29 54 31)
Taxi-Vorausbestellungen werden unter der Nummer 2 29 63 36 angenommen. Der Service ist zuverlässig.
Geschäftszeiten der Banken: MO, DI, MI 9.30–12.30 und 13.30–15.30; DO 9.30–12.30, 13.30–15.30 und 16.30–18.00, FR 9.30–15.30.
Abstellplatz für Wohnwagen: Der Wohnwagenplatz Muirhouse bietet Platz für 200 Wohnwagen und 50 Zelte. Er ist von April bis September geöffnet. Voranmeldungen sind zu richten an The City of Edinburgh Recreational Services Department, 27 York Place, Edinburgh EHA 3 HP, T. 225 24 24, App. 6311.
Apotheken-Notdienst: Drogerie Boots, 48 Shandwick Place, MO–SA 8.45–21.00 und SO 11.00–16.30 geöffnet.
Kirchen: Eine vollständige Liste der Kirchen und Gottesdienste kann auf Anforderung kostenlos bezogen werden von The Tourist Information Bureau of the City of Edinburgh District Public Relations Department, s.o.
Öffnungszeiten der Geschäfte: MO–MI, FR, SA: 9.00–18.00, DO 9.00–20.00. Je nach Lage schließen die Läden DI, MI oder SA bereits am frühen Nachmittag.

Stadtrundgang

Der im folgenden beschriebene Stadtrundgang wird sinnvollerweise als Tagesprogramm durchgeführt.

66.1 Edinburgh Castle. Wie Arthur's Seat ist auch der Burgfelsen vulkanischen Ursprungs. Sein höchster Punkt bei der St. Margaret's Chapel liegt 135 m ü.d.M. und 82 m über dem Niveau der Princes Street. Der Zutritt erfolgt von der Esplanade her über eine *Zugbrücke,* die über einen trockenen Graben führt. In den Nischen rechts und links des Torbogens stehen Bronzestatuen der schottischen Freiheitshelden *William Wallace* und *Robert the Bruce* (vgl. S. 30ff.) Sie wurden 1929 enthüllt. Der Eingang zur Burg ist durch das *Wachhaus,* das sich in der Form eines Torhauses anschließt, zusätzlich gesichert. Der gepflasterte Fahrweg führt an der Nordseite des Felsens entlang und hinauf zum *Portcullis Gate* (Fallgittertor) unterhalb der State Prison, das auch unter dem Namen *Argyll's Tower* bekannt ist und sich an der Stelle erhebt, wo vor der großen Belagerung von 1573 der *Constable's Tower* stand. (1573 wurde die immer noch Stuart-treue Schloßgarnison zur Kapitulation gezwungen.) Die Wände des Tores und des Gefängnisses haben eine Dicke von bis zu 5 m. Der Name Argylls Turm erinnert an die Tatsache, daß hier Archibald Campbell, der 8. Graf und 1. Marquis von Argyll (und später auch sein Sohn) im Gefolge der Restoration des Jahres 1660 (vgl. S. 37) eingekerkert waren, bevor sie den Weg zur Richtstätte antraten. Jenseits des Portcullis Gate befindet sich an der Nordseite des Burgberges die *Argyll Battery.* Von hier aus bietet sich ein guter Ausblick auf die Princes Street, die New Town, den Forth und die Küste von Fife. Unterhalb der Argyll's Battery liegen jenseits der Hauptmauer und unmittelbar über dem Abgrund die *Low Defence,* eine Art Vorwerk, sowie der ehemalige Garten des Gouverneurs. Nach NW schließt sich an die Argyll Battery die *Mill's Mount Battery* an, von wo täglich um 13 Uhr die *Time Gun* ihr Zeitzeichen feuert. Im Unterschied zu den jahrhundertealten Kanonen der Argyll Battery handelt es sich hierbei um ein modernes Geschütz, das von einem Offizier der in den anschließenden Kasernen stationierten Gardeeinheiten gezündet wird. Der Brauch wurde 1861 eingeführt. Nur sonntags schweigt die Kanone. Der weitere Weg führt vorbei an den Kasernengebäuden (rechter-

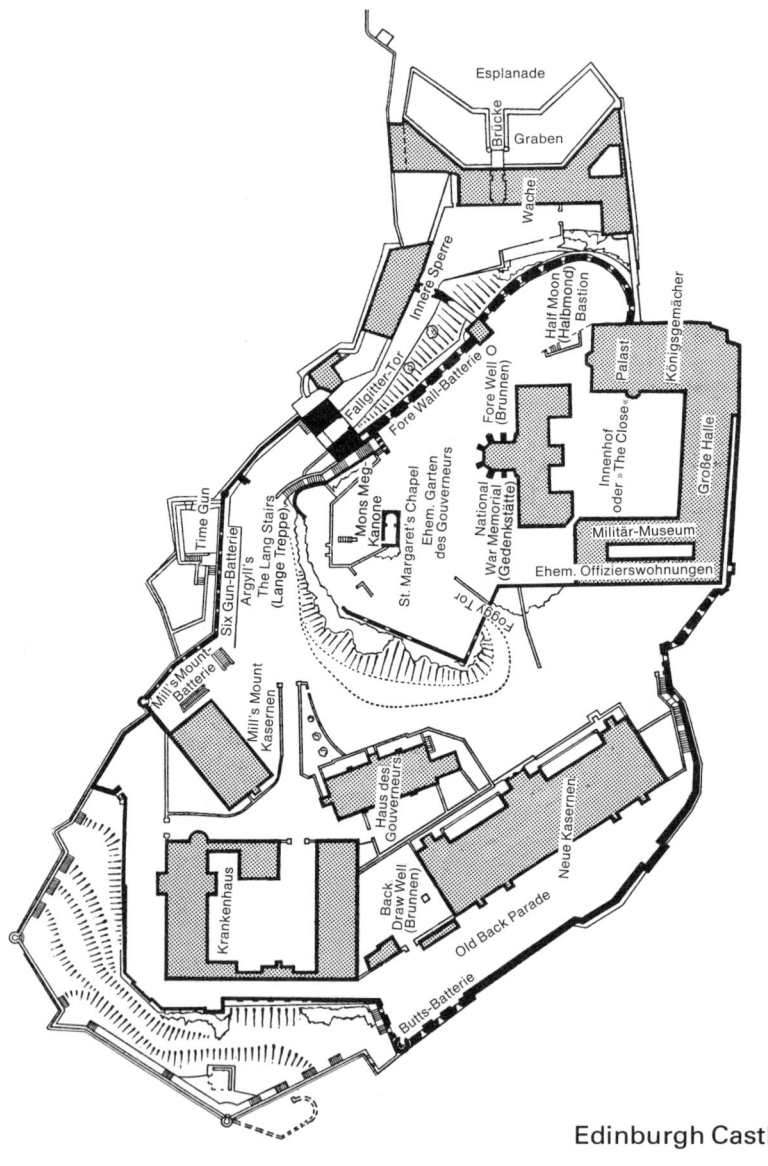

Edinburgh

hand) sowie am *Governor's House* zur Oberburg, die durch das *Foggy Gate* betreten wird. Hier muß sich der früheste Palast des Königs Malcolm III. Canmore (1057–1093) befunden haben, von dem die *St. Margaret's Chapel* aus der Zeit um 1090 als ältestes Bauwerk Edinburghs erhalten ist. Das Kirchlein, knapp 9 m lang und kaum mehr als 4 m breit, besitzt ein Tonnengewölbe und eine halbkreisförmige Apsis. Der Altarraum ist durch 2 sehenswerte, einander überlagernde *romanische Bögen* gegen das Schiff abgesetzt. Gleich neben der Kapelle ist die *Mons Meg* aufgestellt, die Dicke Berta Schottlands und berühmteste Kanone der Burg. Sie wurde 1486 in Mons in Belgien gegossen und wiederholt mit Erfolg eingesetzt. Nach S schließt sich das *National War Memorial* an, ein 1927 geweihter Bau von Sir Robert Lorimer für die rund 100 000 schottischen Soldaten, die im 1. Weltkrieg fielen. Der Weg zum Königlichen Palast führt entlang der *Fore Wall Battery* und der nach O auf die Altstadt gerichteten *Half-Moon Battery*. Beide zusammen bilden die ö. Front der Zitadelle, wo sich auch einer der Brunnen, *Fore Well* genannt, befindet. Die Half-Moon Battery wurde von dem Regenten Morton nach dem Fall der Burg im Jahre 1573 errichtet.

Die Gemächer des *Königspalastes* schließen nach S an das National War Memorial an. In dem Gebäude auf der Westseite des *The Close* genannten Innenhofs ist das *United Services Museum*, eine Sammlung zur Geschichte des schottischen Militärs, untergebracht. Der Bau selbst wurde während der Regierungszeit der Königin Anna (1701–1714) als Offiziersmesse errichtet. Im Flügel auf der Ostseite des Hofes liegen die königlichen Gemächer. Über dem Eingang findet sich das Monogramm Maria Stuarts und ihres Gemahls Lord Darnley. Von besonderem Interesse ist das kleine, holzgetäfelte *Schlafzimmer Maria Stuarts* in der SO-Ecke des Gebäudes, wo am 19. 6. 1566 der spätere Jakob VI. von Schottland bzw. Jakob I. von England geboren wurde. Die schottischen *Regalia*, auch „Honours of Scotland" genannt, befinden sich im *Crown Room*, der nach N an die königlichen Gemächer anschließt. Der Ursprung der aus schottischem Gold gefertigten und mit 94 Perlen, 10 Diamanten und 33 anderen Edelsteinen besetzten *Königskrone* ist unbekannt. Die Krone wurde im Jahre 1540 im Auftrage Jakobs V. umgeformt. Das *Zepter* datiert von 1494 und ist ein Geschenk des Papstes an Jakob IV. Das *Schwert* ist ebenfalls ein Geschenk des Papstes aus dem Jahre 1707. Nach der Auflösung des schottischen Parlamentes (1707) wurden die Regalien in einer Eichenkiste verborgen, bis sie im Jahre 1817 gewissermaßen offiziell von einer Kommission, der auch Sir Walter Scott angehörte, wiederentdeckt wurden. – Auf der Südseite des Innenhofes befindet sich die *Old Parliament Hall* oder *Banqueting Hall*, in der im ausgehenden Mittelalter das schottische Parlament zusammentrat. Karl I. und später Oliver Cromwell hielten hier ihre Bankette ab. Heute wird der Saal, der eine sehenswerte Waffendekoration enthält, für Staatsempfänge benutzt.

Mai bis Oktober, MO–SA 9.30–18, SO 11–18; November bis April, MO–SA 9.30–17.05, SO 12.30–16.20. Eintritt. Zur Zeit des Military Tattoo, das mit den Internationalen Festspielen zusammenfällt, sind die Öffnungszeiten verkürzt.

66.2 Esplanade. Die der Burg ö. vorgelagerte Esplanade war jahrhundertelang der *Richtplatz* für Edinburgh. Während der Regierungszeit Karls I. wurde die Esplanade zu einem Teil von *Nova Scotia* erklärt, damit die neuernannten Barone dieser überseeischen Provinz zumindest symbolisch von ihren Ländereien Besitz ergreifen konnten. Da das Dekret nie annulliert worden ist, gehört die Esplanade heute rechtsmäßig zu Kanada. In neuerer Zeit diente der Platz als Exerzierplatz für die im Schloß stationierten Truppen.

66.3 Royal Mile. Die Königliche Meile, eine rund 1,6 km lange Straße, die die Burg mit dem Palace of Holyrood verbindet, war bis zum Bau der New Town die Hauptstraße der Stadt und das Zentrum des öffentlichen Lebens. Die Royal Mile setzt sich aus 6 verschiedenen Abschnitten mit unterschiedlicher Namengebung zusammen: an die Esplanade schließt sich *Castle Hill* an, es folgen *Lawnmarket, Parliament Square, High Street, Canongate*. Canongate war Hauptstraße der gleichnamigen, im Mittelalter von Edinburgh unabhängigen Gemeinde. Der kleine eiserne Brunnen am Ausgang der Esplanade soll an die hier durchgeführten Hexenverbrennungen erinnern. In den *Ramsay Gardens* auf der Nordseite von Castle Hill findet sich eine Reihe hübscher alter Häuser.

66.4 Outlook Tower. Ebenfalls an der Nordseite der Straße findet sich der »Aussichtsturm«, ein Haus mit einer *Camera Obscura*. Hier kann man bei günstigem Wetter ein Spiegelbild von Edinburgh auf einer runden Tischplatte bewundern. Geboten wird ferner eine Ausstellung zur Edinburgher Stadtgeschichte.
9.30–18. Eintritt.

66.5 Mylne's Court. Etwas weiter in Richtung auf den Lawnmarket bietet Mylne's Court (auf der gleichen Straßenseite) eine sehenswerte Rekonstruktion von Gebäuden aus dem 17. Jh. *John Mylne*, Architekt und Baumeister König Karls II., schuf die Pläne für die Erweiterung des Holyrood Palace und überwachte auch die im Jahre 1689 durchgeführten Ausbesserungsarbeiten an der Burg. Im Mylne's Court lebte seine Familie. Die Häuser sind heute Studentenappartements.

66.6 James' Court. In der Ostecke des James' Court wohnte der Philosoph *David Hume* (1711–1776), bevor er in die New Town umzog. Das Haus wurde später von *James Boswell*, dem Biographen des Dr. Samuel Johnson, bewohnt.

66.7 Riddle's Court. Auf der Südseite des Lawnmarket liegt Riddle's Court, wo David Hume lebte, bevor er in das Haus im James' Court umzog. Der Bau am Südende gehörte einst *John MacMorran*, einem wohlhabenden Edinburgher Kaufmann, der als Schatzmeister der Stadt wirkte. Er wurde im September 1595 von einem Schüler der Royal High School erschossen, als er einen Schüleraufstand zu unterdrücken suchte. Den Schülern war ein Ferientag abgezogen worden, daraufhin waren sie auf die Barrikaden gegangen.

66.8 Brodie's Close. Nur wenige Schritte vom Riddle's Court entfernt liegt auf der gleichen Straßenseite im Lawnmarket Brodie's Close. Hier lebte der Geistliche *William Brodie*, der bei Tag als ehrbarer Bürger und Stadtrat wirkte und sich bei Nacht als Einbrecher herumtrieb. Er wurde 1788 an einem von ihm selbst erfundenen Galgen aufgehängt. Brodie war der Prototyp für Robert Louis Stevensons berühmte Erzählung »Dr. Jekyll und Mr. Hyde«.

66.9 Gladstone's Land. Neben der James' Close befindet sich, nun wieder auf der Nordseite des Lawnmarket, das unter dem Namen Gladstone's Land bekannte Gebäude, ein Stadthaus aus dem 17. Jh., das als eines der besten Beispiele für die Architektur dieser Zeit gelten kann. Das Haus besitzt eine Außentreppe, Treppengiebel, bemalte Decken und ist im Stile der Zeit möbliert.
Karfreitag bis 26. Oktober MO–SA 10–17, SO 14–17, 1. November bis 31. Januar SA 10–16.30, SO 14–16.30.

66.10 Lady Stair's House Museum. Lady Stair's House, ein Adelshaus von 1622 in unmittelbarer Nachbarschaft, beherbergt eine wertvolle Manuskriptsammlung zu *Robert Burns, Sir Walter Scott* und *Robert Louis Stevenson*.
Juni bis September MO–SA 10–18; Oktober–März MO–SA 10–17; zur Festspielzeit auch SO 14–17.

66.11 St. Giles Cathedral. Die St. Giles Kathedrale, 63 m lang und 33,5 m breit, ist mit ihrem eigenwilligen Grundriß eines der bedeutendsten gotischen Kirchenbauwerke Schottlands. Von besonderer Schönheit ist der 49 m hohe *Turm* aus der Zeit um 1495 in der Form einer Krone, die beste von drei in Schottland erhaltenen spätmittelalterlichen Konstruktionen dieser Art. Die Kathedrale erhebt sich auf den Fundamenten älterer Kirchen aus der Zeit seit dem 9. Jh. Die ältesten Teile des gegenwärtigen Baus sind die 4 8eckigen Säulen, die den Turm tragen: Sie sollen aus einem romanischen Kirchenbau stammen, der um 1120 errichtet wurde. Diese Kirche wurde 1385, als Richard II. von England in Schottland einfiel und Edinburgh niederbrannte, fast vollständig zerstört. Nach 1387 wurde der Bau, nun im hochgotischen Stil, neu errichtet, und es wurden Seitenschiffe und daran anschließende Kapellen hinzugefügt. Das *Albany Aisle* in der NW-Ecke des Baus gilt als schönstes Zeugnis der Wiederaufbautätigkeit jener Jahre. Die *Seitenschiffe* stammen aus dem 2. Drittel des 15. Jh., als auch der Altarraum nach O verlängert wurde.

Jakob III. machte die Kirche 1466 zur Kollegienkirche. 36 Altäre wurden errichtet; die Domherren bildeten in dieser Zeit eine wohlsituierte und einflußreiche Gemeinschaft. Im Juli 1560 predigte John Knox in der Kathedrale, im März 1561 fand erstmals ein reformierter Abendmahlsgottesdienst statt. Im weiteren Verlauf der Reformation wurde der Bau in zwei getrennte »Kirks« aufgeteilt, die *High Church* als Gemeindekirche für Edinburgh und die *Tolbooth Church* für die Bewohner des mittleren Teils der Royal Mile. In

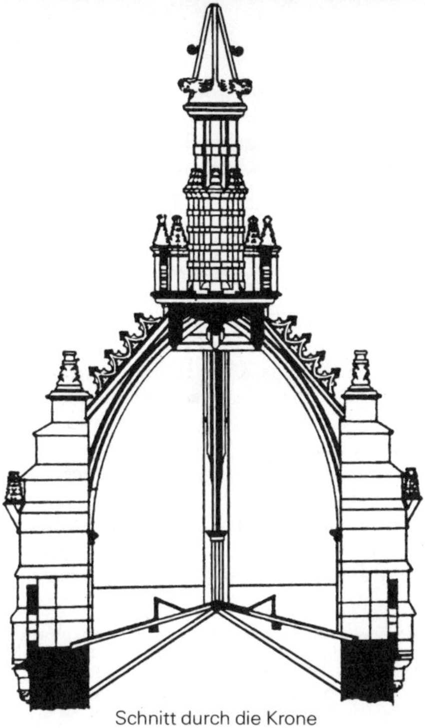

Edinburgh

Schnitt durch die Krone

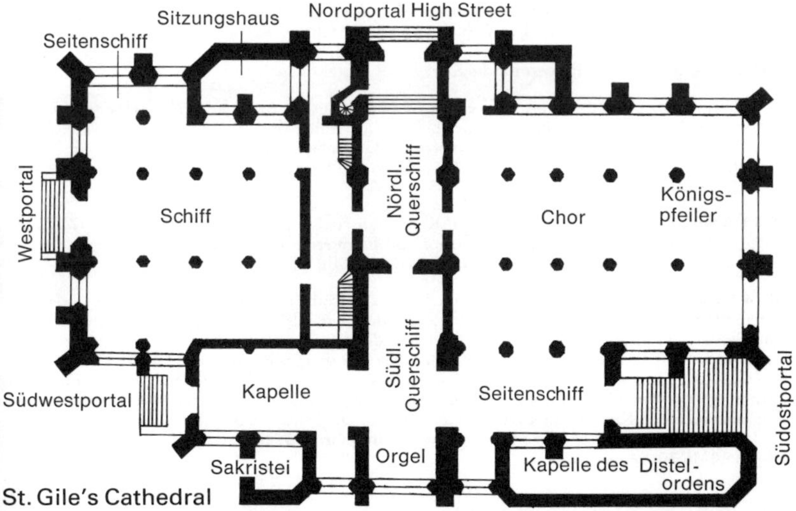

St. Gile's Cathedral

- Seitenschiff
- Sitzungshaus
- Nordportal High Street
- Westportal
- Schiff
- Nördl. Querschiff
- Chor
- Königspfeiler
- Südwestportal
- Kapelle
- Südl. Querschiff
- Seitenschiff
- Südostportal
- Sakristei
- Orgel
- Kapelle des Distelordens

der letztgenannten Kirche predigte John Knox. Schließlich wurde in dem Bau, der mit den Vorstellungen der Reformatoren ohnehin nicht vereinbar war, noch eine *Lateinschule* untergebracht, eine Nische wurde an einen Weber verpachtet, der hier seine Werkstatt einrichtete, und man fand sogar eine Ecke, in der man den Galgen verstaute. Die Kirche diente zeitweise auch als Gerichtssaal und als Gefängnis. Später, als die Einwohnerzahl Edinburghs wuchs und weitere Kirchen benötigt wurden, teilte man den Bau in vier Kirchen ein: Der Chor diente als *High Kirk*, die NW-Ecke als *Tolbooth Kirk*, die NW-Seite als *Little Kirk*, und die Mitte bis zur Südseite als *Old Kirk*. Das *Preston Aisle* im SO wurde nach wie vor für Versammlungen genutzt, in das n. Querschiff und die Vierung zog eine Polizeiwache ein. Als am 23. Juli 1637 auf Geheiß des englischen Königs Karls I. der Gottesdienst erstmals nach der Liturgie der anglikanischen Kirche gelesen wurde, kam es in der Kathedrale zu einem Aufruhr: Jenny Geddes, eine Gemüsefrau, schleuderte ihren Kirchensitz auf den Dekan: Das Ereignis bildete den Auftakt zu den außerordentlich grausamen Auseinandersetzungen zwischen Krone und Covenant bis zur *Glorious Revolution* (vgl. S. 37 ff.). Nach 1660 wurde die Kirche im Zuge der Restoration wiederum zur Kathedrale erhoben; sie blieb Bischofskirche bis 1688. Im Jahre 1829 erfolgte eine Restaurierung, leider mit dem mangelnden Feingefühl der Zeit, weitere Restaurierungsarbeiten wurden 1871 durchgeführt.

Die Kirche besitzt eine Reihe recht sehenswerter *Grabmäler*, darunter auch das des 1. Marquis von Argyll, der für die Hinrichtung des Herzogs von Montrose 1650 zuständig war, und den mit der Restoration der Stuart-Monarchie das gleiche Schicksal ereilte. Das klassizistische Grabmal ist aus irischem Marmor gefertigt. Ein Denkmal zur Erinnerung an Montrose aus dem Jahre 1888 findet sich in dem *Chapman-Seitenschiff*. Bemerkenswert sind auch die bunten Glasfenster aus dem 19. und 20. Jh. An den Pfeilern aufgesteckt sind die Fahnen berühmter schottischer Regimenter.

In der SO-Ecke der Kathedrale befindet sich die von Sir Robert Lorimer entworfene und 1911 im Stil des aus der Gotik entwickelten *Perpendicular Style* erbaute *Kapelle des Distelordens*, des höchsten schottischen Ritterordens. Die Kapelle ersetzt die Chapel Royal, die alte Königskapelle im Holyrood Palace.

10–17, im Sommer bis 19. Eintritt für die Kapelle des Distelordens.

66.12 The Heart of Midlothian. Unweit des Westeingangs der *St. Giles Kathedrale* findet sich im Pflaster eine herzförmige Musterung. Hier befand sich früher der Eingang zu dem 1466 erbauten Alten Rathaus *(Old Tolbooth)*, in dem zuletzt das Grafschaftsgefängnis für die Grafschaft Midlothian untergebracht war. Der Bau wurde 1817 abgerissen; er erlangte Berühmtheit durch *Sir Walter Scotts* gleichnamigen Roman.

66.13 Mercat Cross. Am Ostende der Kathedrale steht das von *William Ewart Gladstone* (1809–1898), dem viktorianischen Staatsmann und Premierminister errichtete Marktkreuz. Es befindet sich an der Stelle eines älteren Kreuzes aus dem 14. Jh.

66.14 Parliament House. In dem Gebäude hinter der Kathedrale tagte das schottische Parlament von 1639 bis zu seiner Auflösung 1707. Heute ist der Gebäudekomplex Sitz der höchsten schottischen Zivil- und Strafgerichte *(Court of Session* und *High Court)*. Neben dem Parlamentsgebäude liegt die der Universität angeschlossene Bibliothek der Rechtsanwälte und Strafverteidiger. Der *Parlamentssaal* mit seiner schönen Stichbalkendecke und seinen Gemälden (u. a. von *Raeburn*) dient heute als Wandelhalle für die Juristen, die hier die gemeinsam interessierenden Fragen besprechen und auch den Kontakt zu ihren Kunden pflegen. Das sehenswerte Südfenster stellt die feierliche Eröffnung des Court of Session durch Jakob V. im Jahre 1532 dar.
DI–FR 10–16.30, SA 10–12.30.

66.15 Parliament Square. Vor dem Parlamentsgebäude liegt der Parlamentsplatz, ursprünglich ein zu St. Giles gehörender Friedhof, in dem *John Knox* 1572 beerdigt wurde. Sein Denkmal findet sich an der Außenmauer der Kathedrale. Das Standbild im Zentrum des Platzes stellt König Karl II. dar; es wurde 1685 vom Stadtrat errichtet und ist das älteste Denkmal dieses Typs in Edinburgh.

66.16 City Chambers. Gegenüber der St. Giles Kathedrale befinden sich auf der Nordseite der High Street die Gebäude der Stadtverwaltung. Sie wurden 1753 als Börse errichtet.
MO–FR 10–15, sofern die Amtsgeschäfte eine Besichtigung zulassen.

66.17 The Wax Museum. In High Street No. 142 wurde 1976 ein Wachsfiguren-Kabinett eröffnet. Es enthält über 100 lebensgroße Darstellungen bedeutender Persönlichkeiten, vor allem aus der schottischen Geschichte. Besonders interessant für Kinder ist die *Land der Phantasie* genannte Abteilung. Außerdem ist ein *Horror Chamber* vorhanden.
April bis September 10–19, Oktober bis März 10–17.

66.18 Tron Kirk. Bei der Kreuzung von High Street und North/South Bridge findet sich die 1637 erbaute *Christuskirche am Tron.* Der »Tron« diente früher als Eichmaß für die Gewichte der Kaufleute. Stimmten die Gewichte nicht, so wurden die Händler mit den Ohren an den Waagebalken des Tron genagelt.

66.19 Old St. Paul's Church. Überquert man die North Bridge genannte Querstraße, so erreicht man auf der Nordseite der High Street eine kleine Gasse, Carrubber's Close, die zur alten St. Pauls-Kirche führt. Die St. Pauls-Gemeinde entstand, als im Jahre 1689 die im Zeitalter der Restoration nach dem Vorbild der anglikanischen Kirche organisierte schottische Bischofskirche aufhörte, Staatskirche zu sein. Der damalige Oberhirte von Edinburgh, Bischof Rose, zog mit seinen Anhängern aus der St. Giles-Kathedrale aus: St. Paul's wurde zur Mutterkirche der modernen *Episcopal Church of Scotland.* Die Anhänger des Bischofs Rose weigerten sich auch, die Thronfolge Wilhelms von Oranien anzuerkennen. Stuart-Treue blieb noch jahrzehntelang eines der Hauptmerkmale der Episcopalians. Die heutige Kirche wurde 1883 an der Stelle erbaut, wo sich zuvor ein Wollager befand, in dem sich die dem Bischofsprinzip treue Gemeinde 200 Jahre lang versammelt hatte.

66.20 John Knox' House. Folgt man der Nordseite der High Street weiter, so gelangt man zu einem der ältesten und malerischsten Bauten der Altstadt, dem 1490 errichteten späteren Wohnhaus des Reformators John Knox. Zwar ist nicht klar, ob es sich hier um das eigentliche Pfarrhaus der Tolbooth-Gemeinde handelt, sicher ist jedoch, daß John Knox von etwa 1561 bis 1572 hier lebte. Das Haus, dessen fotogenes Äußeres mit all seinen Farbkontrasten besticht, lohnt unbedingt einen Besuch, da die Inneneinrichtung aus dem Zeitalter der Renaissance weitgehend erhalten ist. Besonders sehenswert sind die Holzgalerien und die bemalte Eichendecke aus dem Jahre 1600. Auch die zahlreichen Erinnerungsstücke an John Knox verdienen Beachtung.
MO–SA 10–17. Eintritt.

66.21 The Netherbow. Das Netherbow genannte *Kunstzentrum* der Schottischen Kirche schließt sich an. In dem insgesamt modernen Gebäude werden regelmäßig Gemälde, Zeichnungen und Fotografien ausgestellt.
MO–SA 10–16, MI 10–14.

66.22 Museum of Childhood. Auf der Südseite der High Street befindet sich gegenüber dem John Knox' House in dem Hynford's Close das in seiner Art einzigartige Museum der Kindheit. Es enthält eine Sammlung von historischem Spielzeug, Puppen, Kostümen, Büchern, Bildern und anderen Gegenständen, die die Kindheit vergangener Generationen lebendig werden lassen. Außerdem führt es ein in kindliche Sitten und Gebräuche, Kinderhygiene und Kindergesundheit sowie Kinderausbildung und -arbeit.
Juni bis September MO–SA 10–18, während der Festspielzeit auch SO 14–17; Oktober bis Mai MO–SA 10–17. Eintritt.

Östlich der St. Mary's Street und des Hofes mit dem sinnigen Namen World's End beginnt der *Canongate.* Der 1143 von König David I. im Zusammenhang mit der Stiftung von Holyrood Abbey begründete Burgflecken war jahrhundertelang das Wohnviertel der Aristokratie. Einige der großen Adelshäuser sind heute noch erhalten und dienen als Museen oder öffentliche Einrichtungen.

66.23 Moray House. Folgt man der Royal Mile weiter in Richtung auf den Holyrood Palace, so gelangt man auf der Südseite der Straße zum Moray House, dem wohl berühmtesten Herrenhaus in Canongate. Karl I. besuchte das Haus mehrere Male, und Cromwell schlug hier sein Hauptquartier auf. In einem Sommerhaus im Garten des Anwesens wurde 1707 der Vertrag über die Vereinigung Schottlands und Englands unterzeichnet.

66.24 Huntley House. Gegenüber dem *Canongate Tolbooth* (vgl. u.) befindet sich das wiederaufgebaute Huntley House aus dem 16. Jh., das heute ein bedeutendes *lokalgeschichtliches Museum* beherbergt. Gezeigt werden Illustrationen aus dem Edinburgher Leben sowie eine Reihe alter Dokumente, darunter ein Exemplar des *National Covenant,* der am 28.2.1638 in der Greyfriars Church (vgl. u.), der alten Franziskaner-Kirche, unterzeichnet wurde. Außerdem beherbergt das Museum eine Reihe von Erinnerungsstücken an den 1861 in Edinburgh geborenen Douglas Earl of Haig, der seit 1915 Oberkommandierender der britischen Streitkräfte in Frankreich war.
Juni bis September MO–SA 10–18, zur Festspielzeit auch SO 14–17; Oktober bis Mai MO–SA 10–17.

66.25 Acheson House. Ebenfalls an der Südseite der Canongate-Straße liegt das 1633 erbaute und 1937 restaurierte Herrenhaus der Familie Acheson. Das Haus beherbergt heute das *Schottische Kunstgewerbezentrum.* Gezeigt werden wechselnde kunstgewerbliche Ausstellungen (Töpferei, Handweberei, Silberschmiedekunst, Glasbläserei usw.).
MO–SA 10–17.

66.26 Canongate Tolbooth. Gegenüber dem Acheson House befindet sich das leicht an seiner großen Uhr und seinem Glockentürmchen zu erkennende alte Rathaus, einst Sitz der Gemeindeverwaltung und Stadtgefängnis von Canongate. Der Bau stammt von 1591. Er enthält einen großen Saal, der sowohl als Ratszimmer als auch als Gerichtssaal diente. Unterhalb des Saals lagen die Gefängniszellen. Heute ist Canongate Tolbooth ein städtisches Museum, in dem u. a. eine Sammlung von Trachten des schottischen Hochlands gezeigt wird und Sonderausstellungen durchgeführt werden.
Juni bis September MO–SA 10–18Uhr, zur Festspielzeit auch SO 14–17 Uhr; Oktober bis Mai, MO–SA 10–17.

66.27 Canongate Kirk. Etwas weiter ö. befindet sich die 1688 als Pfarrkirche für die Gemeinde Canongate errichtete Canongate-Kirche. Sie wurde 1951 restauriert und ist reich an heraldischer Ornamentik. Auf dem zugehörigen Friedhof liegt der berühmte Moralphilosoph und Nationalökonom *Adam Smith* (1723–1790) begraben. Außerdem ruhen hier der Edinburgher Dichter *Robert Fergusson,* dessen Werke Robert Burns stark beeinflußten, und »Clarinda«, eine Vertraute von Robert Burns.

66.28 White Horse Close. Am unteren Ende des Canongate liegt auf der Nordseite der Straße White Horse Close, eine in jüngster Zeit glänzend restaurierte ehemalige *Postkutschenstation* aus dem 17. Jh. Hier fuhren u.a. die Postkutschen nach London ab. Ein langer Innenhof ist von einer Reihe von Gebäuden umgeben, die als typisch für die damalige schottische Architektur gelten dürfen.

66.29 Holyrood Palace (Palace of Holyroodhouse). Das Ostende der Royal Mile wird durch ein kunstvolles schmiedeeisernes Tor gegen den Palastbezirk abgegrenzt. Links liegt vor diesem Tor ein kleines, unregelmäßiges Gebäude, das im Volksmund als *Queen Mary's Bath House* bezeichnet wird. In Wirklichkeit handelt es sich hier um ein zum Palast gehöriges ehemaliges Sommerhaus.
Die *Augustiner-Abtei* aus den Jahren nach 1144 wurde in den folgenden Jh. eine königliche Residenz. Jakob IV. wohnte hier; er errichtete in Verbindung mit den älteren Klostergebäuden einen eigenen königlichen Palast, von dem Teile in der NW-Ecke des gegenwärtigen Baus, die sogenannten *Historical Apartments,* erhalten sind.

Edinburgh

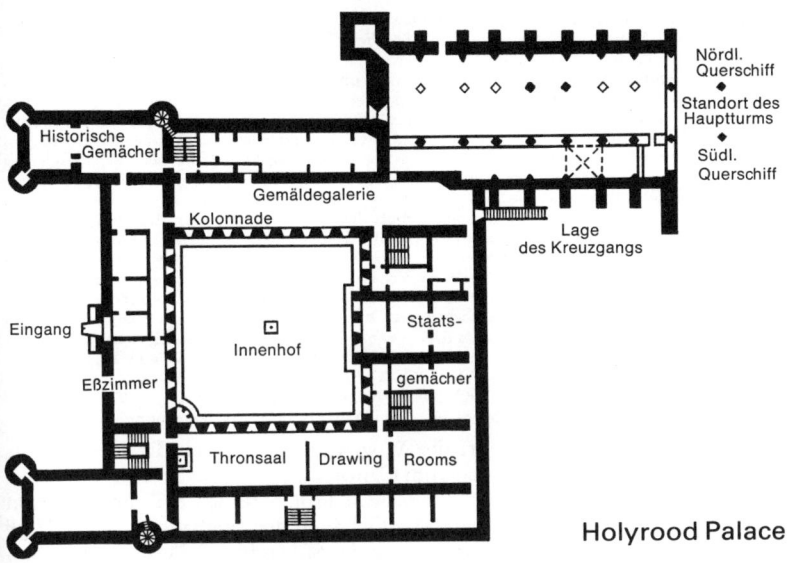

Holyrood Palace

Während der englischen Invasion von 1544 wurden Palast und Abtei niedergebrannt. Nur die Kirche und der NW-Turm gingen nicht in Flammen auf. Der Palast war nach seinem Wiederaufbau Hauptresidenz der Königin Maria Stuart und ihres Sohnes Jakob VI., bis letzterer den englischen Thron bestieg. 1650 zerstörte ein weiteres Feuer den größten Teil des Schlosses, wobei wiederum der NW-Teil den Flammen entging. Cromwell ließ den Palast wiederherstellen, doch die von ihm ausgeführten Arbeiten wurden 1671 niedergerissen, als Karl II. den Bau eines neuen Palastes nach den Plänen seines Architekten Sir William Bruce beschloß. Im September und Oktober 1745 hielt Prinz Charles Edward Stewart im Holyrood-Palast Hof. Von 1830–1832 lebte Karl X. von Frankreich hier im Exil.

Die *Führung* beginnt normalerweise auf der Südseite der um einen quadratischen Innenhof angeordneten Gebäude. Hier und auf der Ostseite befinden sich im 1. Stockwerk die Staatsgemächer. Besonders sehenswert ist der *Thronsaal*, in dem die Königin, wenn sie sich in Edinburgh aufhält, gewisse Amtsgeschäfte wie beispielsweise Investitionen vornimmt. Nach O schließt sich der *Evening Drawing Room*, das Wohnzimmer für die Abendstunden, an. Der 3. Raum ist der *Morning Drawing Room:* Er hat Fenster nach O. Sehenswert ist auch der im gedämpften Grün und Weiß der Adam-Zeit gehaltene *Dining Room* auf der Westseite des Gebäudes. Er wird über das sw. gelegene Treppenhaus erreicht. Die Staatsgemächer wurden in der Regierungszeit Georgs V. (1910–1936) neu hergerichtet. Sie enthalten französische und flämische Wandteppiche und Möbel aus dem 18. Jh. Von besonderem Interesse sind die Stuckdecken.

Die Ruinen der *Chapel Royal* werden durch eine kleine Tür in der NO-Ecke des Palastes betreten. Hier wurden viele schottische Monarchen getraut, unter ihnen Jakob II., Jakob III., Jakob IV., Jakob V. und Maria Stuart. Die Kirche wurde 1544 und 1547 von den Engländern verwüstet, sie verfiel in den Jahrzehnten nach der Reformation. Das 1898 von Königin Viktoria wiederhergestellte

Königliche Gewölbe *(Royal Vault)* am Ostende des s. Seitenschiffs enthält u.a. die Gebeine Jakobs II., Jakobs V. und Lord Darnleys. Die Königliche Kapelle ist das Schiff der gotischen Abteikirche. Von den Pfeilern, die einst den Turm trugen, sind nur noch Andeutungen erhalten.
Die historischen Gemächer an der Nordseite werden über eine 45 m lange *Picture Gallery* betreten, in der sich 111 imaginäre oder der Realität abgeschaute Portraits schottischer Könige befinden. Sämtliche Bilder wurden in nur 3 Jahren (1684 bis 1686) von dem Flamen *James de Witt* ausgeführt. De Witt erhielt während der 3 Jahre eine jährliche Remuneration von 120 £, wobei er für Farben und Leinwand selbst aufkommen mußte. Von der Gemäldegalerie führt der Weg durch den *Drawing-Room* der Herzogin von Hamilton in die Gemächer Lord Darnleys im alten Nordturm. Darnleys Gemächer bestanden aus einem Audienz-, einem Schlaf- und einem Ankleidezimmer. Eine Tür im Audienzzimmer führt zu einer Treppe, durch die die Gemächer Maria Stuarts erreicht werden konnten. Außerdem gab es eine enge private Wendeltreppe, durch die die Mörder Rizzios in die Gemächer der Königin eindrangen. Der erste Raum der Suite der Königin ist wiederum ein *Audienzzimmer*. Marias *Schlafzimmer* schließt sich an; das Bett stammt aus einer jüngeren Periode: Das gesamte alte Mobiliar des Palastes wurde durch die Truppen Cromwells zerstört oder verschleppt. Durch eine Tür neben dem oberen Ende der privaten Wendeltreppe gelangt man in den *Supper-Room* für das Abendessen, in dem Rizzio von seinen Mördern überwältigt wurde.
Der stattliche spätgotische Brunnen auf dem weiten Vorplatz des Palastes ist eine Kopie des von Jakob V. im Innenhof von Linlithgow Palace (**270.1**) errichteten Stückes.
Mai bis Oktober MO–SA 9.30–18, SO 11–18; November bis April MO–SA 9.30–17.15, SO 12.30–16.30. Bei Anwesenheit der Königlichen Familie sind Besichtigungen nicht möglich.

Vom Palace of Holyrood führt der Weg wahlweise durch die Abbey Hill-Straße und über die Regent Road zum Calton Hill.
In der Regent Road am Fuße des Calton Hill befinden sich neben einem Burns-Denkmal (auf der Südseite) die Gebäude der ehemaligen *Royal High School* (am Hang des Calton Hill) sowie des St. Andrew's House (wiederum Südseite). Das Gebäude der Royal High School in griechisch-klassizistischem Stil war ausersehen, Sitz des schottischen Nationalparlaments zu werden. Das Volksbegehren von 1979 erhielt jedoch nicht die notwendige Mehrheit. Das St. Andrew's House war bis vor wenigen Jahren Hauptsitz der regionalen schottischen Regierung. Inzwischen wurden einige Abteilungen in das New St. Andrew's House, eine von den Edinburghern wenig geliebte Betonburg, verlegt.

66.30 National Monument und City Observatory. Der Calton Hill wird von dem 1822 nach dem Vorbild des Parthenon errichteten Nationaldenkmal überragt. Der Bau wurde aus Mangel an Mitteln nie fertiggestellt. – Etwas w. des National Monument liegt das alte Gebäude des zu Beginn des 19. Jh. begründeten Royal Observatory. Das Observatorium wurde gegen Ende des 19. Jh. auf den Blackford Hill (vgl. u.) verlegt.

66.31 Nelson Monument. In der Nachbarschaft des Nationaldenkmals befindet sich eine Nelson-Säule aus den Jahren 1806–1816, die mit einem kleinen Museum verbunden ist. Die gut 30 m hohe Säule hat die Form eines Teleskops.
April bis September MO–SA 10–18; Oktober bis März MO–SA 10–15. Eintritt.

66.32 Princes Street. Princes Street, nach dem Sohn Georgs III., dem Prinzen von Wales, benannt, ist heute die *Hauptgeschäftsstraße* Edinburghs und hat in dieser Hinsicht die eigentliche Hauptstraße der New Town, die George Street, überrundet. Dabei befinden sich die Geschäfte nur auf der Nordseite der Straße. Entsprechend groß ist in den Sommermonaten oder zu Zeiten des Winterschlußverkaufs das Gedränge. Die Straße, als s. Begrenzung der Neustadt gedacht, wurde nach 1767 begonnen und 1805 fertiggestellt.

Edinburgh

66.33 Register House. Das General Register House am Ostende der Princes Street gegenüber dem Hauptpostamt wurde größtenteils 1774–1789 nach Plänen von *Robert Adam* gebaut. Fertiggestellt wurde es 1827 von *Robert Reid.* Das Register House beherbergt das schottische *Hauptarchiv.* Hier finden sich Urkunden historischer und juristischer Natur sowie Testamente vom 13. Jh. bis zur Gegenwart. Dokumente aus neuerer Zeit werden in einem Nebengebäude, dem *West Register House* in Charlotte Square (der ehemaligen Georgskirche) aufbewahrt. In diesem Gebäude befindet sich auch ein Museum. In dem neben dem Register House gelegenen *New Register House* sind vor allem standesamtliche Dokumente untergebracht. Hier ist auch das *Amt für Heraldik.* Das Gebäude im italienischen Stil wurde in den Jahren 1859–1863 errichtet.
Das schottische Archiv ist MO–FR 9–16.45 und SA 9–12.30 geöffnet. Die Ausstellungen im West Register House sind MO–FR von 10–16 zugänglich. Vor dem Register House befindet sich die Statue des Duke of Wellington, des Siegers über Napoleon.

66.34 Philatelic Gallery. Im Hauptpostamt (Waterloo Place, Ecke North Bridge) ist die britische Versandstelle für Sammlermarken (*Philatelic Bureau*). Angeschlossen ist eine philatelistische Galerie, die eine Ausstellung britischer Briefmarken zeigt.
MO–DO 9–16.30, FR 9–16, SA 8.30–12.30.

66.35 St. Andrew Square. Die von der Princes Street in Höhe des Hauptbahnhofs senkrecht nach N abzweigende Dublin Street führt zum St. Andrew Square am Ostende der George Street. Der Platz, zusammen mit dem Charlotte Square am Westende der George Street ein wichtiges Element der Stadtplanung des *James Craig* von 1767, ist heute das *Bankenzentrum* der Stadt. Besonders sehenswert ist der Stammsitz der *Royal Bank of Scotland.* Das Gebäude wurde 1772 als Wohnhaus für *Sir Laurence Dundas* errichtet. In der Mitte des Platzes steht auf der Spitze einer 30 m hohen Säule die Statue von *Henry Dundas,* dem ersten *Viscount Melville.*

66.36 National Portrait Gallery of Scotland and National Museum of Antiquities. Folgt man der Dublin Street weiter, so gelangt man zur Nationalen Portraitgalerie Schottlands (Ecke York Street). Die Galerie wurde 1882 gegründet, um »die schottische Geschichte anhand der Bildnisse ihrer Hauptakteure vor Augen zu führen.« Sie enthält eine Sammlung von Portraits berühmter Schotten von der Mitte des 16. Jh. bis heute. Für den kunsthistorisch Interessierten ist die Sammlung auch deshalb sehenswert, weil innerhalb der schottischen Malerei die Portraitkunst besonders bedeutsam ist. – Das *Nationalmuseum für Vor- und Frühgeschichte,* das im gleichen Gebäude untergebracht ist, bietet einen guten Aufriß der Kulturgeschichte Schottlands vom Neolithikum bis zum Beginn der Neuzeit. Angesichts der außerordentlich reichen vor- und frühgeschichtlichen Vergangenheit Schottlands empfiehlt sich der Besuch.
Beide Museen: MO–SA 10–17, SO 14–17; während der Festspielzeit haben die Museen bis 18 Uhr geöffnet.

66.37 The Scott Monument. Auf der Südseite der Princes Street ragt in Höhe der East Princes Street Gardens das 1844 nach einem Entwurf von *George Meikle Kemp* errichtete neugotische Scott-Denkmal 60 m hoch empor. Eine 1846 von *Sir John Steell* angefertigte Scott-Statue bildet den Mittelpunkt. Der Turm kann bestiegen werden (287 Stufen). In den Nischen des Denkmals finden sich 64 Statuetten bekannter Figuren aus den Romanen und Gedichten Scotts.
April bis September MO–FR 9–18; Oktober bis März MO–FR 9–15.

66.38 The Mound. Folgt man der Princes Street weiter nach W, so gelangt man zu der verkehrsreichen Kreuzung von Hanover Street und The Mound. Die Straße, zum Teil aus dem Bauschutt errichtet, der bei der Anlage der New Town anfiel, stellt eine Verbindung zur Royal Mile her. Am oberen Ende des Mound befindet sich in der Nachbarschaft des Stammhauses der Bank of Scotland die *Assembly Hall,* in der jedes Jahr im Mai die Geistlichen und Kirchenältesten der *Church of Scotland* zusammenkommen, um ihre Generalversammlung abzuhalten. An den Sitzungen nimmt auch der Hochkommissar der Königin teil.

66.39 Royal Scottish Academy. Am unteren Ende des Mound finden sich auf dessen Ostseite zwei Gebäude im klassizistisch-griechischen Stil des frühen 19. Jh.: die Königliche Schottische Akademie und (s. anschließend) die *Nationalgalerie von Schottland.* Beide Bauten wurden von dem gleichen Architekten, *William Henry Playfair,* 1823 bzw 1845 entworfen. Die Königliche Schotti-

sche Akademie für Malerei, Bildhauerei und Architektur begann 1826 ihre Arbeit mit dem Ziel der Förderung der Schönen Künste in Schottland. Jährliche Ausstellungen zeigen Werke der Mitglieder sowie anderer zeitgenössischer Künstler. Die Ausstellungen werden jeweils von Ende April bis Anfang August gezeigt. Eine Sonderausstellung aus Anlaß der Edinburgher Festspiele schließt sich an.
MO–SA 10–21, SO 14–17.

66.40 National Gallery of Scotland. Die 1859 gegründete schottische Nationalgalerie gehört zu den bedeutendsten unter den kleineren Galerien Europas. Sie bietet eine umfangreiche Dokumentation der schottischen Malerei, wobei Portraitkunst und Landschaften dominieren, sowie Sammlungen zu englischen und kontinentalen Schulen.
Die Sammlungen zur außerbritischen Malerei umfassen u.a. Werke von Rubens, Velasquez, El Greco, Rembrandt, Tizian, Watteau. Einen besonderen Schwerpunkt bilden die französischen Impressionisten mit Degas, Gauguin, Cézanne und Van Gogh.
Die Exponate stammen aus dem 14.–19. Jh.
MO–SA 10–17, SO 14–17; während der Festspielzeit verlängerte Öffnungszeiten. Eintritt frei.

66.41 Floral Clock. Gegenüber der Royal Scottish Academy beginnen die West Princes Street Gardens. Unmittelbar w. der Kreuzung Princes Street und The Mound befindet sich eine recht sehenswerte Blumenuhr. Die Blumenuhr wurde im Jahre 1903 angelegt. Sie ist die älteste der Welt. Die Zeiger sind 2,4 m bzw. 1,5 m lang. Der Durchmesser des gärtnerischen Kunstwerks beträgt 3,5 m. Zur Ausschmückung der Uhr werden ca. 2400 Pflanzen benötigt.

66.42 Assembly Rooms. Folgt man der Hanover Street bis zur George Street, um diese dann in w. Richtung entlangzugehen, so gelangt man nach wenigen Metern zu den 1787 geschaffenen Assembly Rooms, denen 1843 ein Musikauditorium hinzugefügt wurde. Hier lasen Dickens und Thackeray aus ihren Werken, hier gab Sir Walter Scott zu, die Waverley-Romane geschrieben zu haben, und hier hielt Gladstone zündende politische Reden. Heute dienen die Assembly Rooms auch als Kongreßzentrum; der größte Saal faßt immerhin 1200 Personen, die innerhalb des Hauses auch beköstigt werden können.

66.43 Scott's House. Zwischen George Street und Hill Street liegt das Edinburgher Wohnhaus von Sir Walter Scott (39 Castle Street). Hier lebte der berühmte Schriftsteller, bevor er sich nach Abbotsford House (**45**) zurückzog, und verfaßte den größeren Teil der *Waverley Novels*. Zuvor hatte Scott nach seiner Eheschließung für kurze Zeit in 108 George Street gewohnt.

66.44 Charlotte Square. Der große Platz am ö. Ende der George Street ist ohne Zweifel der Glanzpunkt der gesamten Neustadt. Charlotte Square, in seiner gesamten alten Bausubstanz erhalten, wurde 1791 von *Robert Adam* entworfen und nach der Gemahlin Georgs III. benannt. Das schöne Gleichmaß der klassizistischen Fassaden, die altertümlich anmutenden Bürgersteige, wo zum Teil noch die Tritte zu sehen sind, von denen aus man in die Kutschen stieg, die recht ursprünglich wirkenden Straßenlaternen, das alles vermittelt den wohl besten Eindruck von Georgianischer Baukultur, den Großbritannien heute überhaupt noch bieten kann. Darüber hinaus gilt die noch zu Lebzeiten Robert Adams geschaffene Nordseite des Platzes als eine der schönsten Straßenfronten Europas. – In der *St. Georgs-Kirche* auf der Westseite des Platzes, dem *West Register House* (vgl. Register House, s.o.), werden heute wichtige standesamtliche Dokumente und Urkunden aufbewahrt.
MO–FR 10–16.45.
Bute House, 6 Charlotte Square, ist die offizielle Residenz des Secretary of State for Scotland, des Ministers für schottische Angelegenheiten. Das Haus No. 7 wurde vom *National Trust for Scotland,* der in Haus No. 5 seinen Hauptsitz hat, als typisch georgianisches Haus erworben und der Öffentlichkeit teilweise zugänglich gemacht. Das Haus ist im Stile des ausgehenden 18. Jh. möbliert und vermittelt einen guten Einblick in die Wohnkultur der Zeit. Im Erdgeschoß wird eine audiovisuelle Einführung in die Entstehung der New Town gegeben. Die oberen Stockwerke sind offizielle Residenz des Moderators der Generalversammlung der Church of Scotland. Zu diesem Teil des Gebäudes besteht kein Zutritt.
Karfreitag bis 26. Oktober MO–SA 10–17, SO 14–17; 1. November bis 31. Januar SA 10–16.30, SO 14–16.30. Eintritt.

Edinburgh

66.45 Scottish Arts Council Gallery. Die Galerie des Schottischen Kunstrates im Haus No. 19 des Charlotte Square bietet monatlich wechselnde Ausstellungen.
MO–SA 10–18, SO 14–18. Teeraum.

66.46 Dean Bridge. Bei schönem Wetter ist ein kurzer Abstecher zur Dean Bridge von 1832, einer der besten Arbeiten des berühmten schottischen Ingenieurs Thomas Telford, lohnend. Der schnellste Weg hierher führt von Charlotte Square über Hope Street (in n. Richtung), Ainslie Place, Great Stuart Street (in w. Richtung), Randolph Crescent und Queensferry Street. Die Brücke überspannt das tief eingeschnittene, photogene Tal des Water of Leith; sie hat als Selbstmörderbrücke einen traurigen Ruhm. Aus diesem Grunde wurden die Brüstungen in den letzten Jahren zusätzlich gesichert. – Die kleine neugotische Kirche am Nordende dient heute als Transformatorenstation: Edinburgh hat, bedingt durch den religiösen Individualismus und die daraus folgende Vielzahl der Bekenntnisse, heute mehr Kirchen als Gemeinden.

Das malerisch gelegene alte Dorf Dean Village ist über den Dean Path, der am S-Ende der Brücke von der Queensferry Street abzweigt, zu erreichen. Auf dem Friedhof sind mehrere berühmte Edinburgher begraben. Das Water of Leith genannte Flüßchen ist, obgleich es mitten durch Edinburgh fließt, bekannt für seine Forellen. Früher trieb der Fluß mehr als 70 Wassermühlen an, die vor allem der Getreideverarbeitung dienten.

66.47 St. Mary's Episcopal Cathedral. Von der Dean Bridge aus führt der Weg zurück zum Randolph Crescent, wo man auf die rechts von der Queensferry Street ausgehende Straße Drumshugh Gardens und deren Verlängerung, die Chester Street abzweigt. Die beiden Straßen führen zur Palmerston Place genannten Straße in den Ortsteil Hay Market. Folgt man letzterer in nw. Richtung, so gelangt man zur Marienkathedrale.

Die 1874 von Sir George Gilbert Scott als Alternative zur St. Giles Cathedral errichtete Kathedrale der Scottish Episcopal Church wurde erst 1917 fertiggestellt. Sie ist die größte Kirche, die in Schottland seit dem Mittelalter gebaut worden ist. Der Hauptturm ist 84 m hoch.

66.48 Grass Market. Von Hay Market aus führt der Stadtrundgang zurück in die Altstadt Edinburghs, allerdings nun entlang der S-Seite des Burgfelsens (über Torphichen, Morrison, Bread und die West Port-Street). Die Gasse West Port/Lawson Street lag früher die *Tanner's Close*. Hier lebten 2 der berüchtigsten Mörder Alt-Edinburghs, Burke und Hare. – Der Grasmarkt ist ein von Bäumen gesäumter Platz, der in den früheren Jh. zugleich als *Richtstätte* diente. An seinem Ostende ist ein Kreuz aus rosa gefärbten Pflastersteinen in die Straße eingelassen, das die Stelle markiert, an der über 100 Covenanters als Märtyrer starben. Auf der Nordseite des Platzes liegt die alte *White Hart Inn*, ein Wirtshaus, das von Burns, Wordsworth und anderen Schriftstellern gerne besucht wurde.

66.49 St. Cecilia's Hall. Im Cowgate beim Grassmarket befindet sich der elegante Georgianische Saal St. Cecilia's Hall, der eine einzigartige Sammlung von frühen Tasteninstrumenten enthält. SA 14–17. Eintritt.

66.50 Magdalen Chapel. Zweigt man am Ostende des Grass Market auf die Candlemaker Row ab, so gelangt man zum s. Ende der George IV Bridge. Schräg gegenüber der Einmündung befindet sich an der Ecke der Chambers Street die Magdalenen-Kapelle, die vor allem ihrer mittelalterlichen bunten Glasfenster wegen – den einzigen in Schottland, die noch in ihrer ursprünglichen Umgebung erhalten sind – sehenswert ist. Im späten 17. Jh. wurde der Bau als Leichenhalle verwendet. Der Turm der Kirche geht auf das Jahr 1618 zurück.

66.51 Greyfriars Kirk. Auf der SW-Seite der Candlemaker Row, zu erreichen von der Forest Road am Südende der George IV Bridge, befindet sich die berühmte Franziskanerkirche von 1620. Auf dem zugehörigen Kirchhof, der zu einem Franziskanerkloster aus dem 15. Jh. gehört, ruhen eine Reihe berühmter Bürger des alten Edinburgh. Im Jahre 1679 diente der Friedhof als Konzentrationslager für 1400 Covenanters. Ein Merkmal erinnert an die düstere Zeit.

Greyfriars Bobby Fountain. Bei der Einmündung der Candlemaker Row in die George IV Bridge findet sich das leicht zu übersehende Denkmal eines Foxterriers, das an den Hund des Edinburgher Bürgers *John Gray* erinnert. Als Gray im Jahre 1858 gestorben war, hielt der Hund 14 Jahre lang bis zu seinem eigenen Tod bei dem Grabe seines Herrn im Greyfriars-Kirchhof Wache. Er wurde für die Edinburgher ein Symbol der Treue. Im Jahre 1867 verlieh ihm der Oberbürgermeister ein Halsband mit Inschrift und verpflichtete sich, die Hundesteuer für ihn zu bezahlen. Das Halsband des Greyfriars Bobby wird im Huntley House Museum (vgl. o.) gezeigt.

66.52 Old University. Überquert man beim Greyfriars Bobby die George IV Bridge, und folgt man der nach O führenden Chambers Street, so gelangt man zum Old College, dem Hauptgebäude der 1583 gegründeten Universität (Südseite der Straße). Der gegenwärtige Bau stammt aus den Jahren 1789 bis 1834. Die ursprünglichen Pläne für das College wurden von *Robert Adam* ausgearbeitet, vor allem der Säulengang (South Bridge) ist sein Werk. In späteren Jahren war *William Henry Playfair* für die Ausführung der Bauten zuständig; er änderte die Pläne Robert Adams teilweise ab.

Auch die übrigen Gebäude in der Chambers Street gehören zur Universität Edinburgh bzw. zur Technischen Universität Edinburgh, der *Heriot-Watt University,* darunter das Adam House, in dem das Theater und die Konferenzsäle untergebracht sind.

66.53 Royal Scottish Museum. Ebenfalls auf der Südseite der Chambers Street befindet sich das Königliche Schottische Museum. Es enthält Plastiken aus aller Welt sowie archäologische, ethnologische, naturgeschichtliche, geologische, technologische und naturwissenschaftliche Sammlungen. Die Bandbreite des Gezeigten reicht von Frühformen der Kunst bis zur Raumfahrt, von Fossilien bis zu Arbeitsmodellen im Bereich der Physik. Das Programm wird durch zusätzliche Ausstellungen, Vorträge, Filme und Galeriegespräche bereichert.
MO–SA 10–17, SO 14–17. Teestube.

66.54 National Library of Scotland. Von der Universität führt der Weg zurück zur High Street, wo der Stadtrundgang endet. Folgt man dabei der George IV Bridge, so gelangt man n. der Cowgate-Straße zur Schottischen Nationalbibliothek. Die 1682 von der juristischen Fakultät der Universität gegründete Bibliothek ist seit 1710 eine der britischen Bibliotheken, in denen von allen urheberrechtlich geschützten, im Lande publizierten Büchern ein Pflichtexemplar abzugeben ist. Sie hat heute einen Bestand von 3 Millionen Bänden und verfügt über eine umfangreiche Manuskriptsammlung.
Lesesaal MO–FR 9.30–20.30, SA 9.30–13. Eine besondere Buchausstellung ist MO–FR von 9.30–17, SA von 9.30–13 und SO von 14–17 geöffnet. Von Oktober bis März bleibt die Ausstellung SO geschlossen.

Gegenüber der Nationalbibliothek findet sich die *Central Library.* Von besonderem Interesse ist der Edinburgh gewidmete Raum mit seinen Karten, Drucken, Fotografien, Farbtransparenten, Büchern, Zeitschriften, Zeitungen und Presseausschnitten, die über die Geschichte der Stadt von der frühesten Zeit bis zum heutigen Tag Aufschluß geben. Gegen Hinterlegung einer Kaution können auch ausländische Besucher Edinburghs Bücher entleihen.

Sonstige Kunstgalerien und Museen

66.55 Fruit Market Gallery. Die Galerie, 29 Market Street, bietet Ausstellungen zeitgenössischer Künstler.
MO–SA 10–17.30. Teeraum.

66.56 Transport Museum. Das Museum ist in den Gebäuden der Edinburgher Verkehrsbetriebe (Lothian Region Transport, Leith Walk), untergebracht. Es bietet eine interessante Kollektion historischer Fahrzeuge einschließlich der Edinburgher Straßenbahnen und auch Modelle, die die Entwicklung der Verkehrsmittel im Raum Edinburgh verdeutlichen.
MO–FR 9.30–16.30, SA 9–12.30. Eintritt frei.

Edinburgh

66.57 Fire Station and Museum. Das Museum der Edinburgher Feuerwehr (McDonald Road, beim Leith Walk) enthält Uniformen, Ausrüstungen und Wagen. Die Besichtigung umfaßt auch einen Rundgang durch die modernen Gebäude.
Nach Vereinbarung, T. 229 7222.

66.58 Royal Botanic Garden und Scottish National Gallery of Modern Art. Der Königliche Botanische Garten in der Inverleith Row (Parkmöglichkeiten in der Arboretum Road) bietet u. a. einen weltberühmten Steingarten sowie Gewächshäuser, die ihresgleichen suchen. Besonderer Wert wird auf Landschaftsgärtnerei gelegt. Hier befindet sich derzeit auch die *Scottish National Gallery of Modern Art*. Sie bietet Malerei, Plastik und Graphik des 20. Jh. mit Werken von Derain, Matisse, Moore, Hepworth, Picasso und Giacometti sowie jüngeren Künstlern wie Hockney, Caulfield und Sol LeWitt. Auch die moderne schottische Malerei ist vertreten.
Garten: MO–SA bis 1 Stunde vor Sonnenuntergang bzw. Dämmerung. SO ab 11. Gewächshäuser: in den Sommermonaten MO–SA 10–17, SO 11–17 (während der Festspielzeit SO ab 10).
National Gallery: im Sommer MO–SA 10–18, SO 14–18; im Winter MO–SA 10–16, SO 13–16.

66.59 Scottish National Zoological Park. 6,5 km w. des Zentrums an der Corstorphine Road im gleichnamigen Ortsteil. Er gehört zu den bedeutendsten Tierparks Europas. Weltberühmt ist die Kolonie der Pinguine.
April bis September 9–19; Oktober bis März 9–17. Eintritt.

66.60 Royal Observatory. Blackford Hill im Ortsteil Morningside. Es umfaßt u. a. das Astronomische Institut der Universität Edinburgh. Das Observatorium ist führend in der Entwicklung fortgeschrittener Technologien.
Eine Besichtigung ist jeweils MI 15 unter sachkundiger Führung möglich.

Ausflüge in die Randgebiete und die unmittelbare Umgebung der Stadt

Die Umgebung von Edinburgh ist reich an kultur- und naturgeschichtlichen Sehenswürdigkeiten. Die Reiseziele jenseits der Stadtgrenzen sind im Zusammenhang mit den einzelnen Zufahrtswegen und Anschlußrouten beschrieben. Besonders hingewiesen sei in diesem Zusammenhang auf die folgenden Ziele:

– im O Edinburghs: Tantallon Castle (**21**), Preston Mill (**11**), Hailes Castle (**12**), Haddington (**15**), Crichton Castle (**32**);
– im S der Stadt: Borthwick Castle (**47**), Rosslyn Chapel (**315**), Castlelaw Fort (**316**);
– im W der Stadt: Dalmeny Kirk (**67**), South Queensferry (**68**) und die Forth Bridges (**68**), Hopetoun House (**264**), Blackness Castle (**267**), The Binns (**266**), Linlithgow Palace (**270.1**);
– im N der Stadt: Culross (**70**), Dunfermline Abbey (**69.1**), Aberdour Castle (**118**).

Die folgenden Ziele sind vom Stadtzentrum aus mit dem Stadtbus oder ggf. auch mit dem Taxi ohne hohe Kosten zu erreichen:

66.61 Schloß Craigmillar. Rund 5,5 km sö. des Zentrums befinden sich unweit der A 68 die imposanten Ruinen eines wuchtigen Burgfrieds von 1374, der von einer bewehrten Blendwand aus dem 15. Jh. umgeben ist. Das Schloß wurde 1544 von den Engländern niedergebrannt, jedoch unmittelbar danach wieder aufgebaut. Maria Stuart zog sich 1566 nach der Ermordung Rizzios hierher zurück und verbrachte auch die letzte Nacht vor ihrer Überführung als Gefangene nach Loch Leven Castle hier. Überhaupt war Craigmillar ein bevorzugter Aufenthaltsort der Stuart-Könige. Die Wohnräume stammen im wesentlichen aus dem 16. und 17. Jh.
April bis September MO–SA 9.30–19, SO 14–19; Oktober bis März MO–SA 9.30–16, SO 14–16.

66.62 Lauriston Castle. 7 km nw. des Zentrums liegt n. der A 90 in der Cramond Road South das Lauriston Castle. Der älteste Teil des Schlosses, ein recht ansehnlich proportioniertes Turmhaus mit hübschen Ecktürmchen, Treppengiebeln und wohlgeformten Kaminen wurde 1590 von *Archibald Napier*, dem Vater des Erfinders der Logarithmen, errichtet und 1823 von dem Edinburgher Advo-

katen und Bankier *Thomas Allan* erweitert. Letzterer erwarb den Bau von einem Nachfahren John Laws (1671–1729), der Begründer der ersten Staatsbank von Frankreich war. Das Haus, heute im Besitz der Stadt Edinburgh, ist sehr reizvoll gelegen und enthält sehenswertes Mobiliar, flämische Wandteppiche, Töpferwaren aus blauem Flußspat sowie Gemälde, vorwiegend aus dem 17. und 18. Jh.
April bis Oktober MO–DO, SA 11–13 und 14–17; November bis März SA, SO 14–16. Der Park ist von 11 bis zum Einbruch der Dunkelheit geöffnet. Eintritt.

66.63 Duddingston. An den Ufern des Duddingston Loch, einem Vogelschutzgebiet sö. des Arthur's Seat, befindet sich das Zentrum des gleichnamigen alten Dorfes. Sehenswert sind die *Kirche* aus dem 12. Jh., das Pfarrhaus und der Kirchhof. Bei der Kirche ist noch der alte Pranger zu sehen, bestehend aus einem schmiedeeisernen Halsband und einer Kette. Außerdem ist der sogenannte *Loupin-an-Stane* von Interesse, mit dessen Hilfe ältere oder übergewichtige Reiter aufs Pferd gehoben wurden. Der Beobachtungsturm diente zur Erspähung von Leichenfledderern.

66.64 Portobello. Der etwa 4 km von der Princes Street entfernte Vorort mit einem 1,5 km langen Sandstrand ist das *Seebad* der Edinburgher. Die Promenade ist 3,2 km lang und bietet einen interessanten Ausblick auf die Schiffe, die den Hafen von Leith oder auch die weiter w. im Firth of Forth gelegenen Häfen anlaufen. Auffallend groß ist die Zahl der Tanker; sie entladen ihre Fracht teilweise in der Mündung des Forth, von wo das Rohöl über eine Pipeline zu den Raffinerien von Grangemouth (**273**) gepumpt wird. Protobello besitzt heute das größte Wellen-Freibad Europas; es kann bis zu 3000 Schwimmer und 6000 Zuschauer aufnehmen. Daneben bietet Portobello Salz- und Frischwasser-Hallenbäder sowie türkische Bäder und andere Spezialeinrichtungen.

66.65 Newhaven. An den Seehafen von Leith, in dem Schiffe bis zu einer Größe von 35 000 BRT anlegen können und von wo aus auch zahlreiche Ölfelder der Nordsee versorgt werden, schließt sich nach O der wesentlich bescheidener anmutende Fischerhafen Newhaven an. Der Ort, heute ein Stadtteil von Edinburgh, wurde um 1500 von Jakob IV. gegründet. Sehenswert ist Newhaven am frühen Morgen, wenn die Fänge der Nacht angelandet und versteigert werden.

66.66 Granton. Die Hafenbecken des gut 2 km weiter ö. gelegenen Granton sind heute in erster Linie Yachthafen und Ausgangspunkt für Vergnügungsboote. Der in Granton ansässige Royal Forth Yacht Club veranstaltet viele Regatten.

66.67 Cramond. Der Küstenort Cramond liegt ganz im NW Edinburghs. Das alte Dorf geht auf das römische Fort *Caer Almond* (am Fluß Almond) zurück, das um 142 n. Chr. von Kaiser Antonius Pius, dem Erbauer der Antoninischen Mauer (vgl. S. 29 f.) errichtet wurde. In den vergangenen Jahren wurden umfangreiche Ausgrabungsarbeiten durchgeführt, die u. a. zur Entdeckung eines römischen Hauses führten, dessen Mauern noch bis in eine Höhe von 1,5 m erhalten sind. Eine Reihe von Fundstücken aus Cramond, u. a. Töpferwaren, Münzen und bemaltes Glas sind im Huntley House Museum (vgl. o.) ausgestellt. – Heute ist Cramond ein vorzüglich restauriertes, pittoreskes Küstendorf des 18. Jh. In den ein- und zweistöckigen, weißgekalkten Häusern mit ihren hübschen Kaminbatterien wohnten damals die Arbeiter der in der Umgebung eingerichteten frühen Eisenwerke. Der alte Turm unweit des Ortskerns stammt aus dem 15. Jh. Er soll den Bischöfen von Dunkeld (**85**) gehört haben. Cramond bietet Gelegenheit zu hübschen Spaziergängen entlang der Küste. Eine Führung durch das Dorf (Kirche, Kirchhof, Herrenhaus, Schulhaus, Eisenwerke) findet in den Monaten Juni bis September SO 15 statt. Treffpunkt bei der Kirche.

66.68 Swanston. Ganz im S des Stadtgebiets liegt w. der A702 an den Hängen der Pentland Hills Swanston Village, ein abgeschiedenes kleines Dorf, dessen strohgedeckte, weißgetünchte Häuschen, malerisch um den Dorfanger gruppiert, die Nähe der Stadt völlig vergessen lassen. Swanston Cottage diente dem Dichter und Romanschriftsteller *Robert Louis Stevenson* als Sommerhaus.

66.69 Hillend. Wer zum Ausgleich und zur Erholung von anstrengenden Stadtbesichtigungen in Edinburgh Sport treiben möchte, findet ein außerordentlich reichhaltiges Angebot, das hier nicht eigens beschrieben werden kann (vgl. Broschüren des Verkehrsamtes bzw. offizielle deutschsprachige Führer für die Stadt). Nur das Hillend-Skizentrum unweit des Swanston Village sei genannt,

Edinburgh

der größte künstliche Skihang in Großbritannien, zu erreichen über die Ausfallstraße A 702. Das Zentrum bietet auch Gelegenheit zum Langlauf. Der 400 m lange Hang ist durch einen Schlepp- und einen Sessellift erschlossen; letzterer dient auch Spaziergängern, die die Pentlands erkunden wollen. Ein in norwegischem Stil errichtetes Blockhaus bietet ein Restaurant mit kalten und warmen Mahlzeiten.
September bis April 10–21; Mai bis August MO–FR 10–21, SA, SO 10–17. Eintritt. Als besonderer Zubringerbus verkehrt MO–SA ab 14 und SO ab 10.30 Bus No. 4 bis Hillend.

Ostschottland

Architekturgeschichtlich ist der O Schottlands der wohl interessanteste Landesteil. Viele der Sehenswürdigkeiten sind von Edinburgh aus im Rahmen von Tagestouren zu erreichen, wobei auch auf die günstigen Eisenbahnverbindungen entlang der Strecken nach Inverness und Aberdeen hingewiesen wird. Darüber hinaus bietet der O sowohl klassische Hochlandszenerie zu beiden Seiten der Strecke Edinburgh – Inverness als auch – infolge des von der Westküste deutlich unterschiedenen Klimas – ausgedehnte Waldungen, in denen stellenweise noch die Schottische Föhre (Caledonian Pine) dominiert, klassische Heidelandschaften, liebliche Flußtäler und friedvoll wirkende Kulturlandschaften. Die Gestade sind nicht minder reich gestaltet als die im W, und auch ausgedehnte Sandstrände und Dünenlandschaften sind vorhanden. Allerdings liegen die Wassertemperaturen merklich unter denen der Westküste.

Im folgenden sind vier verschiedene Routen zwischen Edinburgh und Inverness beschrieben. Es fällt schwer, eine der Streckenführungen besondern zu empfehlen. Einerseits kann die Reise nach Inverness über die A9 mit zwei oder drei Zwischenstops an einem halben Tag bequem durchgeführt werden, andererseits bietet der Landesteil durchaus Stoff für eine 14tägige Studienreise.

Route 5

Edinburgh – Dunfermline – Perth – Dunkeld – Inverness

Diese Route (M 90/A 9) stellt die schnellste Verbindung nach Nordschottland dar. Die A 9 ist n. von Perth streckenweise als Schnellstraße ausgebaut und neu trassiert. Allerdings gibt es in der Gegend von Pitlochry noch einige Engstellen: Unfälle und Verkehrsstaus sind in den Sommermonaten an der Tagesordnung. Die Entfernung Edinburgh–Inverness beträgt 248 km, die Fahrzeit bei zügiger Fahrt 3 $^1/_2$ Stunden.

67 Die Kirche von Dalmeny

Noch bevor (über die A90) der Forth erreicht wird, bietet sich im Dorf Dalmeny (1500 Einwohner, n. der Hauptstraße) eine wenig beachtete Sehenswürdigkeit ersten Ranges: die besterhaltene normannisch-romanische Pfarrkirche des Landes. Die Kirche aus dem 12.Jh. dient heute noch als Gemeindekirche. Der Turm sowie das n., nicht zugängliche Querschiff sind späteren Datums; der Turm ersetzt eine ältere Konstruktion, die im 15.Jh. einstürzte. Von besonderem Interesse sind das reichverzierte Südportal, die Rundbögen des Altarraums mit der typischen gezähnten Musterung sowie eine halbkreisförmige Apsis. Der Friedhof enthält interessante Grabmäler mit naiv-barocken Darstellungen.

South Queensferry – Dunfermline

68 South Queensferry und die Brücken über den Forth

Zu den bedeutendsten technischen Bauwerken Großbritanniens zählen die Forth Bridges, die entweder von einem Parkplatz an der Ostseite der s. Auffahrt zur Straßenbrücke oder vom alten Fähranleger in South Queensferry aus betrachtet und fotografiert werden können. Die 2522 m lange Eisenbahnbrücke aus den Jahren 1883–1890 wurde von den Ingenieuren *Sir John Fowler* und *Sir Benjamin Baker* ausgeführt. Die drei Hauptausleger erreichen eine Höhe von 108 m, die lichte Höhe über der Wasseroberfläche beträgt 45 m, und die beiden Spannweiten über dem Forth messen je 520 m. Die wahrhaft gigantischen Dimensionen des Bauwerks werden am deutlichsten, wenn ein Zug die Brücke passiert. In den 90 Jahren seit Inbetriebnahme hat sich die Konstruktion als überaus solide erwiesen: Nur ein einziger Bolzen mußte ausgewechselt werden. Die behäbig-eigenwillige Stahlkonstruktion war eine Reaktion auf den Einsturz der Tay-Brücke am 28.12.1879 (vgl. **131.**1), der 90 Menschenleben gekostet hatte. – Eine Fahrt mit dem Zug über die Brücke kann von Edinburgh oder Dunfermline (vgl. u.) aus unternommen werden: Zwischen beiden Städten verkehren Vorortzüge, und Dunfermline lohnt einen Besuch.

Die 1964 von Königin Elisabeth eröffnete Straßenbrücke war damals die höchste Hängebrücke Europas. Die zentrale Spannweite zwischen den beiden Pfeilern beträgt 1000 m, die seitlichen Spannweiten messen je 407 m. Für die Brücke wurden 39 000 t Stahl und 114 000 m³ Beton benötigt. Mit ihrer filigranartigen Struktur bildet sie einen interessanten Gegensatz zur älteren Eisenbahnbrücke und verdeutlicht den technischen Fortschritt von 70 Jahren. Sie deutet zugleich an, welches wohl die ästhetischen Leitlinien des ersten Brückenbauprojekts aus den späten 70er Jahren des 19. Jh. waren.

Die Straßenbrücke ersetzt eine uralte Fährverbindung, die schon von Königin Margarethe im 11. Jh. regelmäßig benutzt wurde, wenn sie von Edinburgh nach Dunfermline unterwegs war (daher der Name Queensferry). Das alte Fährpier von South Queensferry, *Hawes Pier* genannt, liegt unmittelbar unterhalb der Eisenbahnbrücke. Beim Pier findet sich die pittoreske *Hawes Inn,* ein Wirtshaus, dessen älteste Teile aus dem 17. Jh. stammen.

South Queensferry (5200 Einwohner) besitzt im Zentrum entlang der Hauptstraße zwei recht sehenswerte Häuserzeilen (Little Houses, vgl. S. 50) und ein Stadthaus (tolbooth) von 1720. Auf der Nordseite der Straße, ebenfalls im Zentrum, befindet sich die 1330 gegründete *Karmeliter-Kapelle.* Der heute vorhandene Bau stammt aus dem 15. Jh. Er ist kreuzförmig ausgelegt, allerdings fehlt das n. Seitenschiff. Der Chorteil ist länger als das Schiff. Die Kirche besitzt einen zentralen Turm und hübsche Tonnengewölbe. Sie dient heute der *Episcopalian Church* als Gemeindekirche und ist damit die einzige noch funktionstüchtige Karmeliterkirche in Großbritannien. – Das städtische *Museum* enthält interessante Stücke zur Ortsgeschichte.

Auf der Insel Inchgarvie im Forth, auf der einer der Pfeiler der Eisenbahnbrücke ruht, finden sich Überreste eines Forts aus dem 15. Jh., dessen Besatzung sich im Jahre 1650 Cromwells Truppen widersetzte.

Der ehemalige Fähranleger auf der Nordseite des Forth, North Queenferry, ist heute ein pittoreskes Fischerdorf.

69 Dunfermline und seine Abtei

Die auf den ersten Blick etwas verraucht und kleinstädtisch wirkende Leinenweberstadt Dunfermline (50 000 Einwohner, Bahnstation, Informationsamt) war 6 Jahrhunderte lang Schottlands Hauptstadt und ist letzte Ruhestätte für eine ganze Reihe schottischer Könige. Jakob I. (1394) und Karl I. (1600) wurden hier geboren. Zu den großen Persönlichkeiten, die in der Stadt aufwuchsen, gehörte auch *Andrew Carnegie* (geb. 1835). Carnegie wanderte in die Vereinigten Staaten aus; er wurde Millionär. In seinen späteren Jahren machte er sich als Wohltäter einen Namen. Die erste der 3000 *Carnegie-Bibliotheken* wurde 1881 in Dunfermline eröffnet (St. Margaret Street, Ecke Canmore Street). Auch das heute für Ausstellungen benutzte Herrenhaus *Pittencrieff Glen* (w. der Abtei) aus dem 17. Jh. ist mit dem zugehörigen Park ein Geschenk Carnegies an die Stadt. *Carnegies Geburtshaus* (Moody Street) ist heute Museum.

Sommermonate MO–SA 11–13 und 14–19, SO 14–18.

In den s. Außenbezirken (A 906) liegt *Hill House* aus dem 16. und 17. Jh. – Hauptsehenswürdigkeit ist die ehemalige *Benediktinerabtei* (vgl. u.). Die Stadt verfügt über ein sehenswertes *Museum* (Viewfield Terrace, sö. des Zentrums), das neben Exponaten zur Geschichte der Stadt und ihrer Umgebung eine gute Sammlung von Leinendamastartikeln enthält, die in Dunfermline hergestellt wurden. Darüber hinaus werden wechselnde Ausstellungen gezeigt.

Juni bis September MO, MI–SA 11–17, SO 13–17; Oktober bis Mai MI–SA 11–17, SO 13–17.

Wichtige Adressen: Tourist Information, Chalmers Street, s. der Glen Bridge und n. der Bridge Street, n. des Carnegie Drive – Bahnhof, am Südende der Stadt, ö. der New Row – Busbahnhof, n. des Carnegie Drive, ö. der Bruce Street – Postamt, Pilmuir Street, Ecke Queen Anne Street.

69.1 Dunfermline Abbey. Die Gebäude der ehemaligen Benediktinerabtei befinden sich an den Ufern des Tower Burn sw. des Zentrums. Die Abteikirche besteht in ihrer heutigen Form aus zwei Gotteshäusern ganz unterschiedlicher Epochen: Der Westteil, das Schiff der mittelalterlichen Abteikirche, wurde von König David I. (1124–1153) errichtet und 1150 geweiht. Der daran anschließende Ostteil auf den Fundamenten der mittelalterlichen Abteikirche stammt von 1821. Unter dem Schiff finden sich – sichtbar gemacht durch 5 Öffnungen im Boden – die Fundamente zweier früherer Kirchen, einer kleinen romanischen mit halbkreisförmiger Apsis, die König Malcolm III. Canmore für seine Gattin, die später heiliggesprochene Margaret, um das Jahr 1072 errichten ließ, sowie die einer noch älteren keltischen. Die beachtlichen Überreste der benediktinischen Klostergebäude schließen nach S an. Die Bauten wurden um 1128 errichtet, 1303 durch die Engländer verwüstet, später dann wieder aufgebaut und schließlich in der Reformation teilweise zerstört, teilweise dem Verfall preisgegeben. Weiter w. befinden sich auf einer Anhöhe die Ruinen von *King Malcolms' Tower*, der ebenfalls mit Malcolm III. Canmore in Verbindung gebracht wird, wahrscheinlich aber noch älteren Datums ist. Die Ruinen des Abtshauses liegen nö. der Kirche. Das Schiff der Abteikirche ist ein Meisterwerk normannisch inspirierter Spätromanik. Parallelen zur Kathedrale von Durham drängen sich auf. Einen besonderen Akzent setzen die im 16. Jh. errichteten massiven Stützmauern zu beiden Seiten des Schiffes. Die Westfassade oberhalb des sehenswerten Portals geht in ihrer heutigen Form auf das 15. Jh. zurück. Um die 4 Seiten des 30 m hohen, zinnenbewehrten Hauptturms – der ursprüngliche Turm brach 1753 zusammen – stehen die Worte *King Robert the Bruce*. Die mächtigen romanischen Säulen des Schiffes sind 8,7 m hoch und haben einen Durchmesser von 1,35 m. Auf der Höhe des Triforiums befinden sich zu beiden Seiten des Schiffes *Galerien*, die ursprünglich über eine Passage durch den Westgiebel miteinander verbunden waren. Die teilweise erhaltene, reiche Steinornamentik der Seitenschiffe stammt aus dem 13. Jh. Das s. Seitenschiff enthält auf der Höhe des zweiten Pfeilers einen *Brunnen*, der wahrscheinlich ebenfalls auf das 13. Jh. zurückgeht. Im n. Querschiff wurden bei Restaurierungsarbeiten am Gewölbe Malereien aus dem 16. Jh. entdeckt. Dargestellt werden 4 Apostel, von denen drei als Petrus, Johannes und Andreas identifiziert worden sind. Die Kirche besaß ursprünglich mindestens 26 Altäre, die jedoch in der Reformation zerstört wurden. Die Buntglasfenster stammen im wesent-

lichen aus der Zeit nach 1860. Eines der Fenster, *Durie Window* genannt, enthält teilweise auch mittelalterliches Buntglas.
Welchen Stellenwert die Kirche in vorreformatorischer Zeit hatte, wird aus den zahlreichen *Königsgräbern* im Schiff und auch im Chorteil deutlich: Im Schiff wurden die Könige Duncan II. (1094), Alexander I. (1124), David I. (1154), Malcolm IV. (1165) sowie die hl. Margaret (1093) und ihr Sohn Edward (1093) bestattet. Im Chor ruhen neben Malcolm III., der 1250 zusammen mit seiner Frau hierher umgebettet wurde, Alexander III. (1274), Robert the Bruce (1329), Robert III. (1403) und schließlich Robert, der Sohn Jakobs VI. Das Grab des Königs Robert the Bruce wurde 1818 wiederentdeckt, als die Fundamente für die moderne Kirche gelegt wurden.
Von den *Klostergebäuden* sind der Gemeinschaftsraum der Mönche, das *The Pends* genannte Torhaus, der Küchentrakt sowie das Gästehaus partiell erhalten. Das Gästehaus wurde später zu einem Herrenhaus *(Dunfermline Palace)* umgestaltet, in dem König Jakob VI. und seine dänische Gattin Anna vor 1603 einen großen Teil ihrer Zeit verbrachten. Nordöstlich der Abteikirche befinden sich die Ruinen des *Abtshauses.*
Abteikirche: April bis September MO–SA 9.30–12 und 13–17, SO 14–16; Oktober bis März MO–SA 9.30–12 und 13–16, SO 14–16. Während der Gottesdienste ist die Kirche nicht zugänglich. Eintritt.

70 Culross

12 km w. von Dunfermline befindet sich am Nordufer des Forth ein sehenswertes Beispiel für ein dereinst florierendes schottisches Gemeinwesen des 16. und 17. Jh., eine Kleinstadt, an der das Industriezeitalter fast spurlos vorbeigegangen ist. Mit seinen aus groben Steinen gepflasterten Straßen, seinen nahezu intakten, meist kalkweißen und wohlproportionierten Häuserzeilen und -gruppen, mit seinen Treppengiebeln, Türmchen und altertümlichen Ziegeldächern, den malerischen Haustüren und den fast quadratischen kleinen Fensterchen ist Culross (500 Einwohner, Informationsamt) ein liebenswertes Stück lebendiger Vergangenheit. Besonders positiv fällt auf, daß viele der Häuschen, obgleich durch den *National Trust for Scotland* museal betreut, nach wie vor bewohnt werden. In seiner Blütezeit hatte Culross regen Kontakt mit Häfen in Skandinavien, Deutschland und den Niederlanden. Hauptexportartikel waren Salz und Kohle. So bedeutend war das Städtchen, daß Jakob VI. persönlich kam, um sich die Salzpfannen anzuschauen. Im 18. Jh. ging die Bedeutung des Hafens zurück; als die Industrie das Gesicht der schottischen Städte zu entstellen begann, war Culross bereits vergessen.

Stadtrundgang

70.1 The Palace. Der Rundgang beginnt beim Parkplatz w. des Ortes. Auf der Nordseite der Sandhaven-Straße (ca. 100 m ö.) findet sie ein Gebäudekomplex, dessen Liebreiz auf einer innigen Mischung von schottischen und niederländischen Stilelementen beruht. Der Bau, Wohnsitz eines reichen Kaufherrn, wurde 1597 begonnen und mit steigendem Wohlstand seines Besitzers immer weiter ausgebaut, bis 1611 der gegenwärtige Gebäudekomplex errichtet war. Sehenswert sind besonders die bemalten Balkendecken sowie die in Tempera-Farben abgesetzten Wände. Interessant sind auch die typisch schottischen Fenster mit bleigefaßtem Glas im Oberlicht und hölzernen Läden im Unterteil.
April bis September MO–SA 9.30–19, SO 14–19; Oktober bis März MO–SA 9.30–16, SO 14–16.

70.2 The Town House. Rund 50 m weiter w. liegt das Rathaus von 1626 mit seiner markanten Doppeltreppe und seinem Uhrenturm von 1783. Das Haus, das ursprünglich unmittelbar am Mee-

Culross

Culross

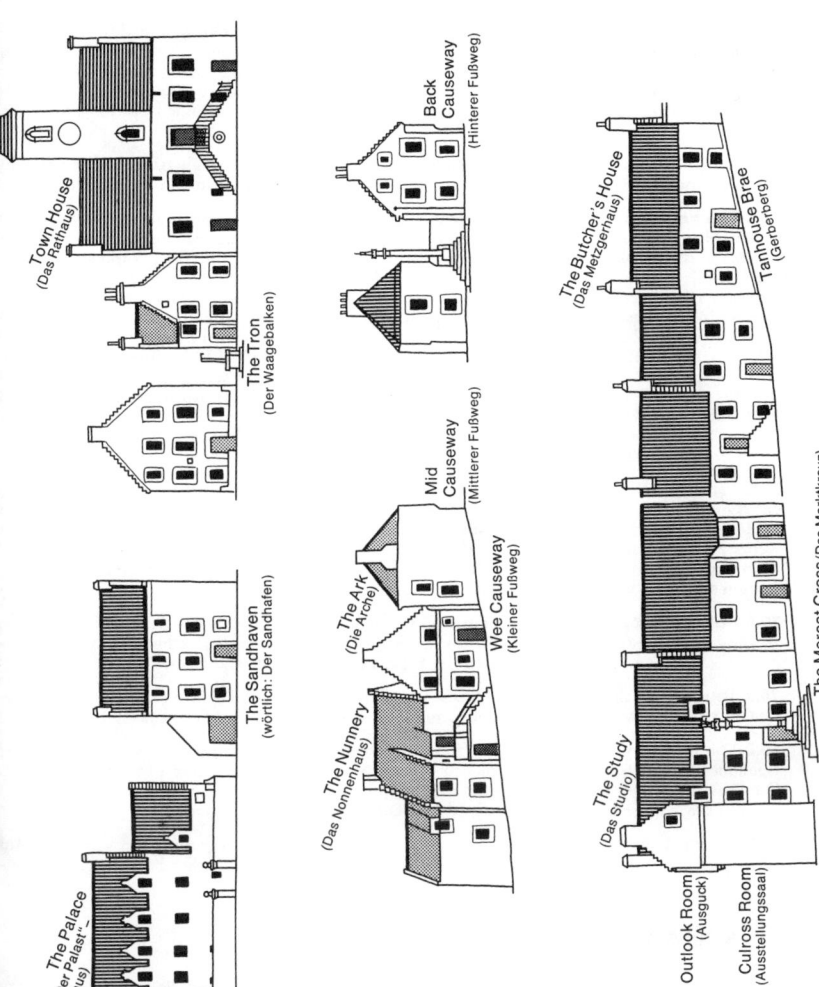

Culross

resufer lag – der Name Sandhaven deutet darauf hin –, hat im Versammlungsraum des Gemeinderates ebenfalls eine bemalte Holzdecke. Das Erdgeschoß diente ursprünglich als *Gefängnis,* und unter dem Dach wurden eine Zeitlang Frauen eingekerkert, die verdächtig waren, Hexen zu sein. Auf dem Vorplatz ist noch die Aufhängevorrichtung für den Eichbalken (Tron) zu sehen. Das Instrument diente dazu, die Gewichte der Kaufleute zu überprüfen (vgl. auch den Eintrag Tron Kirk, Edinburgh).

70.3 Back Causeway. In der anschließenden, nach N abzweigenden Straße Back Causeway befinden sich zahlreiche restaurierte Häuser aus dem 17. Jh. mit Treppengiebeln und Ziegeldächern.

70.4 The Study. Am oberen Ende der Straße lohnt ein weiteres Herrenhaus aus der Zeit um 1600 (linker Hand) einen Besuch. Der Name rührt von der Tatsache her, daß Bischof Leighton von Dunblane das Haus eine Zeitlang als Studienort wählte. Es dient heute dem *National Trust for Scotland* als Informationszentrum. Der *Culross Room* illustriert drei Jahrhunderte lokaler Geschichte. Die Inneneinrichtung des Hauses besteht aus schottischem, englischem und holländischem Mobiliar des 17. Jh. Sehenswert sind Täfelungen aus schottischer Eiche, die um das Jahr 1633 eingefügt wurden. Eine Wendeltreppe führt zum *Outlook Room,* einem nach Art eines *Caphouse* aufgesetzten Zimmerchen, von dem der Besitzer den gesamten Firth of Forth überschauen konnte. Das Marktkreuz auf dem Vorplatz ist modern, ruht aber auf alten Fundamenten.
Mai bis September 9.30–12.30 und 14–16, SO 14–16; Oktober bis April SA 9.30–12.30 und 14–16, SO 14–16. Ferner nach Vereinbarung, Tel. Newmills 88 03 59.
Das der Study schräg gegenüberliegende Haus auf der SW-Seite des Platzes datiert von 1577 und ist damit das älteste erhaltene Haus von Culross.

70.5 Tanhouse Brae. Nach NO schließen sich weitere schmucke Häuschen aus dem 17. Jh. an, so das *Butcher's House* mit handwerklichen Symbolen und dem Datum 1664. Etwa 50 m weiter liegen w. der Straße das *Tanhouse* (Gerberhaus) und diesem gegenüber die *Snuff Cottage.* Die Straße führt weiter zu den spärlichen Ruinen der *Culross Abbey.*
Über dem Fenster eines der kleinen Häuschen am Nordende des Marktplatzes steht in griechischer Lettern der Satz: »Gott sorgt und wird weiter sorgen«.

70.6 Culross Abbey. Die Zisterzienserabtei wurde um 1300 von Malcolm, dem Grafen von Fife, gegründet. Der rekonstruierte Chor dient heute als Pfarrkirche. Nach O schließt sich das restaurierte *Culross House* an, das dem Grafen von Elgin als Familienwohnsitz dient.

70.7 The Ark. An der Ecke von Mid Causeway und Wee Causeway liegt ein recht klar strukturiertes Gebäude, das, wie der Name andeutet, im 17. Jh. wahrscheinlich eine Seemannsherberge war.

70.8 The Nunnery. Folgt man dem Wee Causeway zwei Häuser weiter, so steht man vor einem Gebäude von 1609, das den verfänglichen Namen Nunnery (Nonnenkloster, Freudenhaus) trägt. Die Diskretion, mit der der Bau in dem offiziellen Prospektmaterial behandelt wird, deutet darauf hin, daß die letztgenannte Übersetzung der tatsächlichen Funktion entsprach.

70.9 Bishop Leighton's House. Der Weg zurück zum Sandhaven folgt sinnvollerweise dem Mid Causeway und führt vorbei am Haus des Bischofs Leighton, das – äußerlich hervorragend restauriert – heute als Transformatorenstation dient.

71 Schloß Dunimarle

Am w. Ortsausgang von Culross befindet sich, zu erreichen über eine nk Straße, Dunimarle Castle. Der Bau aus dem 19. Jh. enthält ein Museum und eine recht interessante Gemäldesammlung. Auch die Gärten und der Park lohnen einen Besuch.
April bis Oktober MI, DO, SA, SO 14–18. Eintritt.

72 Clackmannan und sein Turmhaus

Wer nicht über Dunfermline zur M 90 zurückfahren will, kann als Zufahrt nach Kinross (vgl. u.) die A 977 benutzen, wobei die Route zunächst an einem der größten schottischen Kohlenbergwerke

mit Förderanlagen zu beiden Seiten des Forth vorbeiführt. Die geförderte Kohle wird über Bänder unmittelbar einem Kraftwerk zugeführt. Durch Kincardine, dessen imposante Brücke über den Forth links sichtbar wird, führt der Weg weiter in die Nachbarschaft des Ortes Clackmannan (3000 Einwohner). Westlich des Städtchens befindet sich auf dem King's Seat Hill der knapp 24 m aufragende Clackmannan Tower, möglicherweise ein von König Robert the Bruce angelegter Herrensitz.
– Bis zum teilweisen Einsturz aufgrund von Bergbewegungen war Clackmannan Tower das besterhaltene Turmhaus in Schottland. Die heute sichtbaren Überreste stammen aus dem 14., 15. und 17. Jh. Man beachte die besonders schön gearbeiteten Pechnasen. Der Turm ist infolge der dringend erforderlichen Restaurationsarbeiten bis auf weiteres nicht zugänglich, er kann aber aus der Nähe betrachtet werden.
Im Ort selbst sind der *Glockenturm des Stadthauses* aus dem 17. Jh. und das *Stadtkreuz* (daneben) interessant.

73 Dollar Glen und Schloß Campbell

Rund 12 km nö. von Kincardine erreicht die A 977 die Kreuzung mit der B 913. Folgt man dieser in nw. Richtung, so gelangt man nach 4 km in das malerisch gelegene Städtchen Dollar (2300 Einwohner). Etwa 1,5 km n. findet sich im waldreichen, romantischen Dollar Glen zwischen zwei Bächen mit den klangvollen Namen Burn of Sorrow und Burn of Care die Ruine des Castle Campbell. Ein großer Teil des Dollar Glen untersteht heute dem *National Trust*; das Gebiet ist durch Wanderwege erschlossen. Von Castle Campbell aus ergibt sich ein weiter Blick nach S auf den Forth und die fernen Pentland Hills.

Das Schloß war früher unter dem Namen Castle Gloom bekannt, wobei die Vokabel Gloom wahrscheinlich eine volksetymologische Verballhornung eines Eigennamens (Gloume) ist, die thematisch (Düsternis, Schwermut) zu den Namen der Bäche paßt. Das Schloß besitzt einen sehenswerten *Fried* aus dem 14. Jh., an den sich ein Flügel aus dem 16. Jh. anschließt. Von Interesse sind auch der *Hof*, die *Große Halle* und das imposante Tonnengewölbe im 3. Stock. 1556 predigte *John Knox* hier. Um 1655 äscherten Cromwells Truppen das Schloß ein, nachdem 10 Jahre zuvor Montrose vergeblich versucht hatte, die Anlage in seine Gewalt zu bringen.
April bis September MO–SA 9.30 bis 19, SO 14–19; Oktober bis März MO–SA 9.30–16, SO 14–16.

Der nw. des Castle Campbell gelegene *King's Seat Hill* (642 m) ist ein beliebtes Ausflugsziel. Der *Ben Cleuch* (3 km w.) bringt es als höchste Erhebung der Umgebung auf 719 m.

74 Kinross

Kinross (2500 Einwohner, Informationsamt), 30,5 km von Kincardine und 29 km von North Queensferry entfernt, ist ein bedeutendes Agrarzentrum, ein Brennpunkt der wollverarbeitenden Industrie (Kaschmir-Spinnereien), ein beliebter Ferienort und – der Lachsforellen des Loch Leven wegen – ein bekannter Anglertreffpunkt. Im Winter tummeln sich auf dem unmittelbar ö. des Ortes gelegenen See die Schlittschuhläufer. Das Zollhaus aus dem 17. Jh. wurde 1771 von *Robert Adam* ausgeschmückt. Am Stadtkreuz sind noch die Utensilien des Prangers, bestehend aus Halseisen und Ketten, zu sehen. Der *Turm der ehemaligen Stadtkirche* datiert ebenfalls aus dem 18. Jh. Das von William Bruce entworfene *Kinross House* wurde in den Jahren 1685–1692 errichtet. Das Haus liegt in einem Garten in französischem Stil, der der Öffentlichkeit zugänglich ist.
Mai bis September 14–19. Eintritt.

75 Das Naturschutzgebiet von Vane Farm

Etwa 7 km sö. von Kinross befindet sich am Südufer des Loch Leven das Vane Farm Nature Reserve. Es untersteht der *Royal Society for the Protection of Birds*. Von September bis April ist die

Gegend ein bevorzugter Rast- und Futterplatz für Wildgänse und Wildenten. Im Mittelpunkt des Naturschutzgebietes liegt die *Vane Farm*, ein umgewandelter Gutshof. Hier wird u. a. eine audiovisuelle Einführung in die umgebende Landschaft und die Ökologie des Loch Leven vermittelt.
April bis Oktober MO–DO, FR 10–17; November bis März SA–DI 9.30–16.30. Eintritt.

76 Das Schloß von Loch Leven

Auf einer Insel (Castle Island) am Westende des Loch Leven (Bootsverbindung mit Kinross) befindet sich Loch Leven Castle. Der quadratische, drei Stockwerke hohe *Fried*, der auch von der Autobahn aus sichtbar ist, sowie die Umfassungsmauer stammen aus dem 14. Jh. Das Schloß wird 1335 erstmals erwähnt. Im 16. Jh. wird in der SO-Ecke der Umfassungsmauer ein Turm angefügt. Ansonsten bleibt der Bau durch die Jahrhunderte unverändert – Berühmtheit erlangte das Schloß als Gefängnis von Maria Stuart. Nachdem sich die Königin am 16.6.1567 ihren Gegnern überantwortet hatte, wurde sie hier unter der Obhut der Lady Douglas of Loch Leven 11 Monate lang festgehalten, bis es ihr schließlich gelang, sich selbst zu helfen: Sie konnte George Douglas, den Sohn ihrer Hüterin, für sich einnehmen, der daraufhin von der Insel verbannt wurde. Er ließ jedoch den 18jährigen William Douglas als Gewährsmann zurück. Dieser bemächtigte sich am Abend des 2. Mai 1568, als die Schloßbewohner beim Gebet versammelt waren, der Schlüssel, ließ die Königin frei und floh mit ihr in einem Nachen. Doch das Glück der Königin währte nicht lange: Bereits 13 Tage später wurden die sich um sie sammelnden, stuarttreuen Kräfte in der Schlacht von Langside (bei Glasgow) vernichtend geschlagen. Die Königin mußte nach England fliehen (vgl. S. 35 f. sowie Dundrennan **368**).
Mai bis Anfang Oktober MO–SA 10–18, SO 14–18. Fährgebühr.

77 Schloß Burleigh

3 km nö. von Kinross liegt am ö. Ausgang des Marktfleckens Milnathort an der A 911 die Ruine eines recht ansehnlichen Turmhauses von 1582, das einst eine Festung der Balfours of Burleigh war. Jakob VI. hat das Schloß mehrmals besucht.
April bis September MO–SA 9.30–19, SO 14–19; Oktober bis März MO–SA 9.30–16, SO 14–16.

78 Der Rundturm von Abernethy

Folgt man von Kinross aus der A 90 weiter nach N, so gelangt man nach 16 km zur Abzweigung der A 913. Gut 2 km ö. liegt das Dorf Abernethy. Der Ort, einst Mittelpunkt eines piktischen Königreiches, ist bekannt für seinen 22,5 m hohen Rundturm, einen Kirchturm nach irischem Vorbild, der wahrscheinlich aus dem frühen 12. Jh. stammt. Die Tradition will, das *Malcolm Canmore* hier Wilhelm dem Eroberer huldigte. Ein Stein in der Nachbarschaft des Turmes trägt piktische Symbole.
2 km nö. von Abernethy sind im *römischen Hafen von Carpow* am Firth of Tay in den letzten Jahren römische Bäder ausgegraben worden.

79 Newburgh und die Abtei von Lindores

Folgt man der A 913 weiter in ö. Richtung, so gelangt man nach 5 km in das Städtchen Newburgh am Firth of Tay (2100 Einwohner), das seit 1266 den Status eines Königlichen Burgfleckens besitzt. Etwas w. liegt am Ufer der Förde das 1786 erbaute *Mugdrum House*. Sehenswert ist hier das wahrscheinlich über 1000 Jahre alte Mugdrum Cross. Ein ähnliches Kreuz, *Macduff's Cross*, findet sich s. der Stadt. Von letzterem nahm man früher an, daß es ein Ort des Asyls für Clan-Angehörige war, die einen Mord begangen hatten. Die älteste Siedlung stellt wahrscheinlich die Bergfeste *Clachard Craig*, 800 m sö. der Stadt, dar.
Die Lindores Abbey (4 km nw. des heutigen Dorfes und unmittelbar ö. von Newburgh) wurde 1178 von David von Huntingdon, einem Sproß der königlichen Familie, gegründet und mit Tironensermönchen aus Kelso beschickt. Die Abtei war bis zur Reformation als geistiges und politi-

sches Zentrum von großer Bedeutung, und sie wurde wiederholt von Königen besucht. Einer ihrer Äbte, Lawrence of Lindores, brachte es sogar bis zum Großinquisitor. Von der Kirche, die dem großen Bildersturm von 1559 (vgl. Perth, s. u.) zum Opfer fiel, ist nur wenig erhalten, darunter der gerippte Torbogen und ein Teil des Westturms. – In der Nachbarschaft befinden sich die Ruinen des *Denmylne Castle* aus dem 16. Jh.

80 Schloß Elcho

Das an den Ufern des Tay 7 km sö. von Perth gelegene Elcho Castle ist von Bridge of Earn aus über eine nk Straße zu erreichen. Der 4 Stockwerke hohe, noch bewohnbare Bau ist bekannt für seine 4 vorspringenden Türmchen und vor allem für die schmiedeeisernen Gitter, die seine relativ großen Fenster schützen. Elcho Castle war Erbsitz der Grafen von Wemyss seit 1633, als Karl I. anläßlich seiner Krönung im Holyrood House, Edinburgh, der Familie den Grafentitel verlieh. Das Haus besitzt einen L-förmigen Grundriß; es wirkt, vom Garten her betrachtet, recht photogen. Das Mauerwerk besteht aus Bruchsteinblöcken ansehnlicher Größe, deren intensive Färbung ihre Wirkung nicht verfehlt.
April bis September MO–SA 9.30–19, SO 14–19; Oktober bis März MO–SA 9.30–16, SO 14–16.

81 Perth

Perth (43 000 Einwohner, Bahnstation, Informationsamt) ist eine Industrie- und Messestadt und eines der bedeutendsten Handelszentren des Landes. Sein Viehmarkt ist führend in ganz Schottland. Die Stadt ist wie so manche andere ein Opfer der Bilderstürmerei von 1559 und der Zerstörungswut des frühen Industriezeitalters geworden. Das einzige mittelalterliche Bauwerk von Rang ist heute die restaurierte *St. John's Kirk* (King Edward Street, im Zentrum) mit einem Chor von 1450, einem Schiff aus der Zeit um 1490 und einem Turm ebenfalls aus dem 15. Jh. Die Wiederherstellung der Kirche und ihre Umwandlung zu einer Gedenkstätte für die Opfer des 1. Weltkriegs erfolgte 1923–1928. Die *Kathedrale* der schottischen Bischofskirche, St. Ninian geweiht, stammt aus dem 19. Jh. (Ecke North Methuen Street und Atholl Street).

Bis 1437 war Perth Hauptstadt Schottlands. Infolge ihrer strategisch exponierten Lage am Eingang zum Hochland wurde die Stadt mehrfach von den Engländern überrannt, ja es war der englische König Eduard I., der die Stadt 1298 befestigte. Als der Schottenkönig Jakob I. 1437 im Dominikanerkloster von Perth ermordet wurde, verlegte seine Witwe den Hof nach Edinburgh, nicht zuletzt, um ihren kleinen Sohn, den späteren Jakob II., zu schützen. Der Mord an Jakob I. geschah trotz der heroischen Handlungsweise von Catherine Douglas, einer Kammerzofe der Königin, die ihren Arm als Türriegel benutzte, um den Mördern den Eintritt zu verwehren: Die Verschwörer hatten den eigentlichen Riegel entfernt. 1559 hielt der schottische Reformator *John Knox* (vgl. S. 33) in der St. John's Kirk seine berühmt gewordene Predigt wider die Idolatrie. Damit gab er das Zeichen zum Aufruhr gegen die altkirchliche Ordnung und zu einem Bildersturm ohnegleichen. – Jakob VI. wurde 1600 von einer Gruppe von Adeligen in Perth entführt und eine Zeitlang gefangen gehalten. Auch die Könige Karl I. und Karl II. hielten sich zeitweise in Perth auf. 1651 fiel die Stadt an Cromwell, und 1715 wurde sie im

Gefolge des Thronstreites nach dem Tode der Königin Anna von den Jakobitern besetzt. 1745 hielt sich Prinz Charles Edward Stuart in der Stadt auf.
Sir Walter Scott hat der Stadt in seinem Roman »Valentine's Day or the Fair Maid of Perth« (1828) ein Denkmal gesetzt. Im Mittelpunkt steht die Figur der Catherine Glover, deren 1893 restauriertes Haus sich in der Curfew Row befindet.

Die alte Brücke über den Tay (Perth Bridge) stammt von 1771 und ist ein Werk Smeatons. Die Stadt besitzt ein sehenswertes *naturgeschichtliches Museum* und eine im gleichen Gebäude untergebrachte Kunstgalerie (George Street, Ecke Atholl Street). – *Balhousie Castle*, beim North Inch Park gelegen (Eingang von der Hay Street aus), zeigt in 7 Ausstellungsräumen in chronologischer Folge die Geschichte des berühmten *Black Watch Regiments* von seinen Anfängen 1740 bis heute.
Mai bis September MO–FR 10–12 und 14–16; Oktober MO–FR 10–12 und 14–15.30.

Wichtige Adressen: *Tourist Information,* Tay Street, Ecke Marshall Place. Das Tourist Information Centre ist im sogenannten Round House untergebracht. Es handelt sich dabei um die 1832 errichteten ersten Wasserwerke der Stadt. Gezeigt wird im Rahmen einer audiovisuellen Darbietung eine Diaserie mit Rundum-Panoramabildern von Perthshire. – *Bahnhof,* Kings Place und Leonard Street – *Motorail Terminal,* Caledonian Road, beim Bahnhof – *Busbahnhof,* Leonard Street – *Hauptpostamt,* South Street, w. der King Edward Street – *Informationsamt der Automobile Association,* Princes Street, Ecke Canal Street – *Hauptkrankenhaus,* City and Country Royal Infirmary, Rose Crescent, w. des Zentrums.

82 Die Gärten von Branklyn

1 km s. des Zentrums von Perth befinden sich auf der Ostseite des Tay und ö. der Dundee Road (A 85) die 2 Morgen großen Branklyn Gardens, von denen Kenner sagen, sie seien die interessantesten privaten Gärten im gesamten Land. Gezeigt werden in erster Linie alpine Pflanzen.
März bis Oktober 10–Sonnenuntergang. Übrige Zeit: Nach Vereinbarung, Tel. Perth 255 35. Eintritt.

83 Der Park des Schlosses von Megginch

Folgt man der A 85 nach Dundee (**131**) weiter, so gelangt man 16 km ö. von Perth zu den Megginch Castle Grounds. Der Park des in Privatbesitz befindlichen Schlosses aus dem 15. Jh. ist reich an Osterglocken, Rhododendren und sehenswerten alten Bäumen. Von besonderem Interesse ist eine tausendjährige Eibe.
April bis Juni und September MI 14–17; Juli und August MO–FR 14–17. Eintritt.

84 Schloß Huntingtower

5 km nw. von Perth befindet sich in der Nachbarschaft der A 85 das Huntingtower Castle, ein befestigtes Haus aus dem 15. Jh., das bis zum Jahre 1600 unter dem Namen *Ruthven Castle* bekannt war. Das Schloß war Szene des Raid of Ruthven im Jahre 1582: Als Jakob VI. 16 Jahre alt war, wurde er auf dem Weg zu einem Besuch auf Ruthven von einer Gruppe adeliger Verschwörer abgefangen, die ihn aufforderten, seine engsten Berater zu entlassen. Als der König entkommen wollte, versperrte ihm der Master of Glamis den Weg. Für einige Monate hielten die Verschwörer die Macht in ihren Händen, dann brach ihr Komplott zusammen. Der Graf wurde 1584 enthauptet.

85 Dunkeld

Die gut ausgebaute A 9 führt n. von Perth durch sanft ansteigendes Gelände. Der nach N Fahrende kann bei gutem Wetter die Umrisse des Hochlands, der

Dunkeld

Grampian Mountains, vor sich erkennen. Nach 25 km wird Dunkeld erreicht (1100 Einwohner, Informationsamt, Bahnstation). Über die 1809 von Thomas Telford errichtete, fotogene Steinbrücke gelangt man in den inmitten reicher Vegetation liegenden Ort. Links werden die restaurierten Häuserzeilen der Altstadt sichtbar, der Kathedralbezirk schließt sich an. Der Parkplatz befindet sich am Südende der Stadt, etwa 300 m vom Stadtkern entfernt, auf der Westseite der Hauptstraße.

Dunkeld besitzt einen Stadtplatz und mehrere Straßenzüge, die das Gepräge des späten 17. Jh. fast vollständig bewahrt haben. Von besonderem Interesse ist die zum schmiedeeisernen Tor des Kathedralbezirks führende Cathedral Street. Die *Little Houses* stammen aus der Zeit des Wiederaufbaus der Stadt nach der Schlacht von Dunkeld im Jahre 1689, die auf die vernichtende Niederlage der Streitkräfte Wilhelms von Oranien durch das Jakobiterheer des Bonnie Dundee bei Killiecrankie (**97**) folgte. Die Häuschen sind vom National Trust for Scotland als private Wohnungen restauriert worden. Sie sind nicht zugänglich, bieten aber ein ästhetisches Äußeres. An einem der Häuser am Marktplatz ist ein schottisches Ellenmaß aus dem Jahre 1706 angebracht. Der *National Trust* unterhält auf der Nordseite des Marktes ein eigenes Besucherzentrum.

Dunkeld blickt auf eine mehr als 1000jährige Geschichte zurück. Wahrscheinlich gründete *St. Adamnan*, Biograph des Heiligen Columba, hier im ausgehenden 7. Jh. ein Kloster. Kenneth MacAlpin, der die Königreiche der Pikten und Scoten im Jahre 843 vereinigte, machte Dunkeld und Scone (**174**) zu gleichberechtigten Hauptstädten. Dunkeld war seit dem 9. Jh. Bischofssitz. Im 12. Jh. wurde die Diözese im römisch-katholischen Sinne reorganisiert. In der Folgezeit spielten die Bischöfe von Dunkeld in der schottischen Politik als Botschafter und Sonderbeauftragte eine bedeutende Rolle. Über die Kirchen des 11., 12. und 13. Jh. ist wenig bekannt. Der Baubeginn der spätgotischen Kathedrale, deren Chor nahezu vollständig erhalten ist, wird allgemein auf das Jahr 1318 datiert. Allerdings hat der Bau infolge der politischen Wirren des 14. Jh. erst nach 1398 wirkliche Fortschritte gemacht. Im Jahre 1464 wurde die Kirche von *Bischof Lauder,* einem der politisch bedeutendsten kirchlichen Würdenträger seiner Zeit, eingeweiht. Der große NW-Turm wurde im Jahre 1501 durch *Bischof Brown,* dem letzten altkirchlichen Bauherrn von Rang, vollendet. In den Jahren nach Flodden (1513) erlebte die Diözese den für Schottland allgemein typischen Niedergang kirchlichen Einflusses. 1560 wurde das Kircheninnere von den Kräften der Reformation gründlich zerstört, und das Dach wurde etwa zu diesem Zeitpunkt eingerissen. 1600 wurde der Chor erneut überdacht, doch blieb die Kirche in einem eher erbärmlichen Zustand. Im Zusammenhang mit der Einnahme der Stadt 1654 durch Cromwells Truppen sowie im Rahmen der Schlacht von Dunkeld (1689) entstanden an der Ruine weitere schwere Schäden. 1691 wurde dann der Chor mit staatlichen Geldern renoviert. Weit umfassendere Restaurationsarbeiten setzten im Jahre 1815 ein, als der Herzog von Atholl 5000 £ aufbrachte und der Staat einen weiteren Zuschuß von 1000 £ leistete.

Das 1406 begonnene Schiff besitzt sehenswertes *Maßwerk*. Im Erdgeschoß des Turmes werden 2 Wandmalereien sichtbar, die biblische Szenen, so etwa die Geschichte vom ehebrecherischen Weibe aus dem Neuen Testament, darstellen. In der Ostecke des s. Seitenschiffs befand sich bis zur Höhe des 2. Pfeilers die *St. Ninian-Kapelle,* die das Grab des Bischofs Cardeny aus dem Jahre 1420 enthält. Cardeny, neben Lauder der bedeutendste Bischof von Dunkeld im 15. Jh., war der Initiator

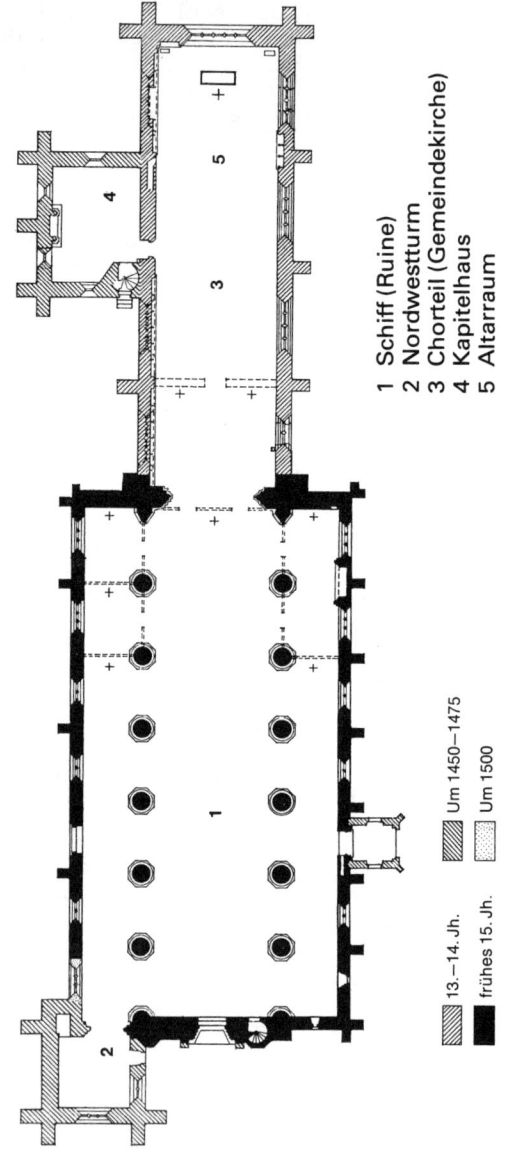

der mit dem Jahre 1398 einsetzenden 2. Bauphase. Besonders deutlich wird spätgotisch-französischer Einfluß an der Westfassade, deren ursprüngliche Gestalt jedoch von späteren Teilrekonstruktionen überdeckt worden ist. Das nach N an den Chor anschließende *Kapitelhaus*, ein Werk des Bischofs Lauder, diente in späterer Zeit als Mausoleum für die Herzöge von Atholl. Im Chor der Kirche befindet sich ein Grab, das die sterbliche Hülle des gefürchteten *Wolf von Badenoch* enthalten soll, der u. a. die Kathedrale von Elgin (**220.1**) anzündete, weil er glaubte, der Bischof, der ihn zuvor exkommuniziert hatte, befinde sich darin. Kirchhof und Schiff enthalten interessante Grabplatten.
Die Umgebung des Ortes ist durch eine Reihe von Spazierwegen erschlossen, unter denen der *Hermitage Forest Woodland Trail* besondere Beachtung verdient (vgl. u.).

86 Das Loch of the Lowes

Unmittelbar bei der Tay-Brücke zweigt die enge, aber landschaftlich eindrucksvolle A 923 nach Blairgowrie (**179**) ab. Etwa 3,5 km nö. liegt unweit dieser Straße das Loch of the Lowes. Hier befindet sich ein vom *Scottish Wildlife Trust* betreutes Nistgebiet der Fischadler. Der Vogel kann von besonderen Unterständen aus beim Fischen beobachtet werden. Ein Besucherzentrum führt in die Ökologie des Gebietes ein.

87 Die Eremitage

1,5 km w. von Dunkeld befindet sich auf der Westseite der Umgehungsstraße (A 9) die durch den *Hermitage Forest Woodland Trail* erschlossene Eremitage, auch *Ossian's Hall* genannt, ein der vorromantischen Empfindsamkeit des 18. Jh. zuzuschreibender Bau, von dem aus sich ein fotogener Ausblick auf den Fluß Bran und seine Wasserfälle ergibt. Der Waldweg beginnt bei einem Parkplatz, der über eine nk Straße von der A 9 aus zu erreichen ist.

88 Die Marienkirche in Grandtully

Nördlich von Dunkeld verläuft die A 9 auf dem hohen Ostufer des Tay. Nach 11 km wird der Weiler Ballinluig erreicht. Hier verläßt die nach N führende A 9 den Tay, um bis zum *Pass of Killiecrankie* (vgl. u.) dem Lauf des Tummel zu folgen. Weiter durch das Tal des Tay verläuft die rechtwinklig nach W abzweigende A 827, die die Verbindung nach Killin (**293**) und zur Westküste herstellt. Man kann diese Straße von Dunkeld aus auch über die. B 898 entlang des Westufers des Tay erreichen. Sehenswert sind im Rahmen eines Abstechers die Gegend um Aberfeldy sowie Loch Tay.

Der 10 km w. von Ballinluig gelegene Weiler Grandtully (500 Einwohner) besitzt in der St. Mary's Church eine bemerkenswerte Kirche aus dem 16. und 17. Jh. mit einer bemalten Holzdecke (heraldische und symbolische Darstellungen). Die Kirche liegt auf dem Gelände der Pitcairn Farm; sie ist jederzeit zugänglich.
Rund 3 km sw. des Ortes befindet sich das *Grandtully Castle* von 1560 mit Erweiterungsbauten von 1626 und 1893.

89 Aberfeldy

Aberfeldy (1600 Einwohner, Informationsamt) ist ein lebendiges Marktstädtchen und ein passender Standort für Ausflüge in das umgebende Hochland. Architekturgeschichtlich und historisch von besonderem Interesse ist die im Jahre 1733 von General Wade im Zuge seines Militärstraßen-Programms erbaute fünfbögige *Brücke über den Tay*.

Nördlich der Brücke wurde im Jahre 1887 das *Black Watch Memorial* errichtet, ein Denkmal, das an die Eingliederung des berühmten Hochlandregiments in die britische Armee im Jahre 1740 erinnert. Das Regiment war 1725 in der Umgebung von Aberfeldy aufgestellt worden, um als neutrale Streitmacht bei Clan-Fehden zur Verfügung zu stehen und den überhandnehmenden Viehdiebstählen zu begegnen. Der eigentümliche schwarze Tartan der Truppe sollte die Soldaten auch farblich als zwischen den Parteien stehend kennzeichnen.
In Aberfeldy arbeitet seit einiger Zeit eine Mühle, die auf althergebrachte Weise Hafer verarbeitet. Sie kann besichtigt werden.

90 Schloß Menzies

Aberfeldy ist über die B 846 mit dem Tal des Tummel (13 km n.) verbunden. In unmittelbarer Nachbarschaft der Straße befindet sich Castle Menzies, ein z.T. in den Jahren nach 1571 erbautes Turmhaus mit einem Z-förmigen Grundriß. Die reich verzierten Giebelfenster stammen von 1577. Das Schloß, traditioneller Wohnsitz des Clan Menzies, ist von einem hübschen Park umgeben und wirkt vor seiner Waldkulisse sehr fotogen.
Mai bis Oktober SA 10–12.30 und 14–17, SO 14–17. Auch: nach Vereinbarung.

91 Die Eibe von Fortingall

Folgt man der B 846 weiter bis in das Strath of Appin genannte Tal, um dann auf eine am Ostufer des River Lyon verlaufende nk Straße nach W abzuzweigen, so gelangt man nach weiteren gut 9 km in das Dorf Fortingall (500 Einwohner). Im Kirchhof der Gemeinde befindet sich die möglicherweise älteste Eibe Großbritanniens, ein mehr als 3000 Jahre alter Baum. Die Tradition will, daß Fortingall Geburtsort von Pontius Pilatus war. Im SW des Ortes befinden sich uralte Erdaufschüttungen, möglicherweise Bestandteil eines römischen Vorpostens.

92 Kenmore

10 km w. von Aberfeldy erreicht die A 827 das am Ostende des Loch Tay gelegene Dorf Kenmore (700 Einwohner). Die Straße führt unmittelbar am Strand entlang, von wo aus sich ein guter Blick auf den See und das Massiv des 1211 m hohen Ben Lawers an dessen Nordseite ergibt. Zu den Bewunderern der Aussicht zählten im ausgehenden 18.Jh. die Dichter *Robert Burns* und *William Wordsworth*. 1842 hielt sich Königin Victoria in Kenmore auf. Auf einem kleinen Inselchen im See befinden sich die Ruinen einer Priorei von 1122.
Die ausgedehnten Waldungen des Drummond Hill n. von Kenmore sind durch die *Drummond Hill Forest Walks* erschlossen, die an der nk Straße nach Comry Bridge, rund 400 m n. des Ortszentrums, beginnen. Die Wanderrouten haben eine Länge zwischen 4 und 7 km. Ein hübscher Picknickplatz befindet sich gut 1 km w. des Ortes an der A 827. Er ist von Lärchenwald umgeben und eröffnet einen guten Ausblick auf Loch Tay.

93 Pitlochry

Pitlochry (2600 Einwohner, Bahnstation, Informationsdienst) ist einer der beliebtesten Ferienorte des sö. Hochlands und Ausgangspunkt für Ausflüge in die Grampian Mountains sowie entlang der waldreichen Täler von Tummel und Garry. Im N steigen die Gipfel des wildromantischen Forest of Atholl mit Beinn Dearg auf 1005 m an, das Bergland im W zwischen Tummel und Tay erreicht mit dem Schiehallion-Massiv eine Höhe von 1078 m. Eine besondere Attraktion ist in den Sommermonaten das *Pitlochry Festival Theatre* mit einem täglich wechselnden Programm. Das hohe künstlerische Niveau der Darbietungen hat das Theater über die Grenzen Schottlands hinaus bekannt gemacht. Darüber hinaus besitzt der Ort ein reges Kultur- und Unterhaltungsprogramm, das Hochlandtänze, sportliche Wettkämpfe und Dudelsackmusik einschließt und auch bei regnerischem Wetter keine Langeweile aufkommen läßt.

Pitlochry entstand in den 30er Jahren des 18. Jh. im Zuge des Straßenbau-Programms des Generals Wade (vgl. auch S. 39). Sehr viel älter ist der heute eingemeindete kleine Ort *Moulin* (A 924), gut 1 km oberhalb des neuen Ortskerns. Er geht auf eine piktische Siedlung des späten 5. Jh. zurück und besitzt eine recht ansehnliche Burgruine, *Castle Dubh*, aus der 1. Hälfte des 14. Jh. Erbauer war *John Campbell of Lochow*, ein Neffe des Königs Robert the Bruce. Östlich des Dorfes befindet sich die *Kinnaird Cottage*, wo *Robert Louis Stevenson* sich im Jahre 1881 aufhielt. Moulin ist auch Ausgangspunkt für die Besteigung des n. gelegenen Ben Vrackie (838 m).

Ein Anziehungspunkt besonderer Art ist die berühmte Fischleiter auf der Westseite des 16,4 m hohen Staudammes der Pitlochry Power Station, 500 m nw. des Ortskerns: Die Leiter wurde gebaut, um den Lachsen, die den River Tummel zum Laichen hinaufschwimmen, die Überwindung des Dammes zu ermöglichen. Die Fischleiter besteht aus einer Anzahl von Kammern, die unter der Wasseroberfläche durch Rohre miteinander verbunden sind, so daß eine permanente starke Strömung entsteht, die den Fischen die Orientierung ermöglicht. Eine der Kammern ist mit einer Glaswand ausgestattet, und die Besucher können wie in einem Aquarium das Aufsteigen der Lachse beobachten. Ein elektrisches Zählwerk registriert ihre Zahl, gegenwärtig zwischen 5000 und 7000 Fische pro Jahr. Zu den eindrucksvollsten Schauspielen gehört es, die knapp 1 m langen Lachse am unteren Ende der Fischleiter springen zu sehen. Auch Aale schwimmen den Tummel hinauf. Ihnen gelingt es jedoch nicht, die Fischtreppe zu überwinden. Ihre hilflosen Versuche, aus dem Wasser der unteren zwei Becken herauszukriechen, lassen sich ebenfalls gut beobachten. Die jungen Aale werden eine leichte Beute der Möwen.

Die zahlreichen Spazier- und Wandermöglichkeiten der Umgebung sind in einer an den Hotelrezeptionen erhältlichen Broschüre zusammengefaßt, die der Gemeinderat herausgibt. Neben den schon genannten Wegen sind folgende Routen von besonderem Interesse:

– der unmittelbar von Pitlochry ausgehende *Faskally Walk*. Der 3 km lange Weg führt durch hübsches Waldgelände an den Ufern des Stausees Loch Faskally (oberhalb des oben beschriebenen Dammes) sowie am Loch Dunmore entlang. Ein Picknickplatz (Faskally Picnic Place) befindet sich 1,5 km n. von Pitlochry auf der Westseite der A 9.
– die *Linn of Tummel Trails*, die bei der Abzweigung der B 8019 von der A 9 (5 km nw. von Pitlochry) beginnen und das Nordufer des Tummel sowie die Klamm des Pass of Killiecrankie (s. u.) erschließen.
– Ein besonders schöner Spaziergang führt von Pitlochry aus längs des Westufers des Tummel in n. Richtung und vorbei am Gebäude der Forstakademie mit ihrem sehenswerten *Arboretum*. Die asphaltierte nk Straße ist wenig befahren und auch bei schlechtem Wetter gut begehbar.

94 Queen's View

Ein eindrucksvoller Halbtagsausflug von Pitlochry aus führt über die B 8019 das Tal des Tummel hinauf bis zu der einsam in den Bergen gelegenen Bahnstation *Rannoch Station* (Entfernung ab Abzweiger B 8019/A 9: 59 km). Nach 7 km auf der kurvenreichen Straße wird einer der schönsten Ausblicke des zentralen Hochlands, Queen's View, erreicht: Von einer Anhöhe am Ostende des Loch Tummel aus ergibt sich ein weiter Blick nach W und auf das

Schiehallion-Massiv (1078 m). Königin Victoria kam im Jahre 1866, um den Blick zu genießen, daher der Name. Das *Loch Tummel Visitor Centre* der Staatlichen Forstbehörde bietet eine ausgezeichnete Einführung in die Naturgeschichte und Ökologie des Tummel-Tals. Das Zentrum befindet sich beim Parkplatz unterhalb des Aussichtspunktes.

MO–SA 9–18, SO 10–16. Eintritt.
Rund 400 m w. der Queen's View befindet sich der Allean Picnic Place. Hier nehmen eine Reihe von beschilderten Waldwegen, die Allean Walks, ihren Ausgang, die das Terrain n. der B 8019 erschließen und eine Länge zwischen 3 und 6 km haben. Einer der Wanderwege berührt eine keltische Ringburg sowie einen wiederhergestellten Weiler aus der Zeit vor den Clearances (vgl. S. 41 f.).

95 Kinloch Rannoch

Nach 33,8 km erreicht die B 8019 das Ostende des berühmten, mitten in einsamer Bergwelt gelegenen Loch Rannoch. Der Weiler Kinloch Rannoch (300 Einwohner) ist eine bekannte Sommerfrische und Anglerzentrum.

Das Südufer des Sees ist durch die *Rannoch Forest Walks* erschlossen. Sie haben eine Länge zwischen 1,5 und 8 km und beginnen beim Carie Picnic Place, 7 km w. des Ortes an der nk Uferstraße. Die Wanderwege führen durch Birken- und Nadelwald und entlang romantischer Bachtäler.

96 Rannoch Station

Der technisch Interessierte wird bis zur einsam im Hochland gelegenen Rannoch Station vorstoßen. Für den Bahnreisenden ist der viktorianisch anmutende kleine Bahnhof in 400 m Höhe Ausgangspunkt für die Erkundung des Tummel-Tals sowie der umgebenden Bergwelt der Grampian Mountains, die im N mit Sgor Gaibhre auf 950 m ansteigen. Nach NO erschließt sich dem Wanderer über fast 40 km ein völlig straßenloses Gelände.

97 Der Paß von Killiecrankie

4 km n. von Pitlochry liegt auf der Westseite der A 9 der durch die Schlacht von 1689 berühmt gewordene Pass of Killiecrankie. Hier errang in dem auf die Flucht Jakobs II. folgenden Erbfolgestreit die jakobitische Partei unter Bonnie Dundee einen Pyrrhussieg über die englischen Truppen. Dundee selbst wurde während der Schlacht getötet (vgl. S. 37).

Auf der Westseite der A 9 unterhält der *National Trust* ein Besucherzentrum, das auch die Vorgänge des Jahres 1689 anschaulich macht.
Karfreitag bis Juni MO–SA 10–18; Juli und August MO–SA 9.30–18, SO 13–18.
Vom Besucherzentrum führt ein stellenweise recht steiler und etwas schlüpfriger Fußpfad in die wildromantische Schlucht des River Garry hinab und zum *Soldier's Leap*, einem Felsen, von dem ein britischer Soldat Hals über Kopf in den Fluß gesprungen sein soll, um auf diese Weise seinen jakobitischen Verfolgern zu entgehen.

98 Schloß Blair

Das in den Sommermonaten überlaufene, dennoch aber wegen seiner Sammlungen (Mobiliar, Portraits, Porzellan, Dokumente aus jakobitischer Zeit)

Blair Castle

sehenswerte Schloß ö. der A 9 im Dorf Blair Atholl (1400 Einwohner) ist der Erbsitz der dem Clan Murray zugehörigen mächtigen Grafen und Herzöge von Atholl. Der weißgekalkte und mit seinen Türmchen und Treppengiebeln außerordentlich effektvolle Bau liegt malerisch in einem weitläufigen Park. Er wird über eine mit alten Linden bestandene Allee erreicht. In der weiteren Umgebung des Schlosses befinden sich ausgedehnte Lärchenpflanzungen. Die ältesten Teile des Baus gehen auf 1269 zurück. Seine gegenwärtige Gestalt ist allerdings keineswegs Ausdruck des *Baronial Style*, sondern vielmehr ein Werk des bedeutenden viktorianischen Architekten *David Bryce,* der dem Haus 1869 das Aussehen eines Schlosses des 16. Jh. gab: Im 18. Jh. hatte man den ursprünglichen Baukörper so verändert, daß er die (in diesem Falle ziemlich plumpen) Dimensionen eines Georgianischen Herrenhauses erhielt. Aber auch in romantisierender Brechung bietet der Bau einen guten Eindruck von einer Clan-Trutzburg des späten Mittelalters, nicht zuletzt angesichts der Dimensionen des *Cumming's Tower* aus dem 13. Jh.

Das Schloß hatte eine wechselvolle Geschichte: Nachdem im englischen Bürgerkrieg nach 1640 der 5. Graf von Atholl sich als überzeugter Royalist hervorgetan hatte, wurde die Anlage 1652 durch Cromwells Truppen eingenommen. Im Zeitalter der Restoration wechselte die Familie die Partei: Der 7. Graf erwies sich, nicht zuletzt infolge der familiären Bindungen seiner Gattin, als Unterstützer Wilhelms von Oranien. Deswegen fehlten auch die »Athollmen«, die Soldaten des Grafen, bei der *Schlacht von Killiecrankie.* Politisches Wohlverhalten brachte der Familie im Jahre 1703 den Herzogstitel. Der 1. Herzog, der sich bei der Aufklärung des Massakers von Glen Coe (1692) einen Namen gemacht hatte, war maßgeblich an den Verhandlungen beteiligt, die 1707 zur Vereinigung des schottischen und des englischen Parlamentes führten. Ein kurioses Relikt der Machtentfaltung vergangener Tage ist die Tatsache, daß es dem Herzog als einzigem britischen Adeligen heute noch erlaubt ist, eine private Armee (bestehend aus seinen Angestellten und Gärtnern) zu halten, die *Atholl Highlanders.*

Wiederholte Male erhielt die Familie im Verlauf der Jahrhunderte königlichen Besuch: 1336 weilte Eduard III. von England in den Mauern des Schlosses, und gut 200 Jahre später kam Maria Stuart, um an einer Jagd im weitläufigen Atholl Forest n. des Schlosses teilzunehmen. Damals wurden 360 Stück Rotwild und 5 Wölfe erlegt. 1745 hielt sich Prinz Charles Edward Stuart auf seinem Marsch von Glenfinnan (**531**) nach S einige Tage im Schloß auf, angesichts der mangelnden Stuarttreue des 1. Herzogs von Atholl im Jahre 1715 eine etwas prekäre Situation. Immerhin sich aber die Einstellung der Familie in den 30 Jahren zuvor erneut gewandelt: Lord George Murray, ein Sohn des 1. Herzogs, diente Bonnie Prinz Charlie im Range eines Generalleutnants. Allerdings gelang dem Prinzen der Zutritt zum Schloß erst nach einer Belagerung, was der Anlage den Ruhm einbrachte, das letzte Schloß zu sein, das jemals in der britischen Geschichte belagert wurde.

Insgesamt sind 32 Räume der Öffentlichkeit zugänglich, die anhand eines am Eingang erhältlichen, übersichtlich gestalteten Führers individuell angeschaut werden können. Cafeteria und Andenken-

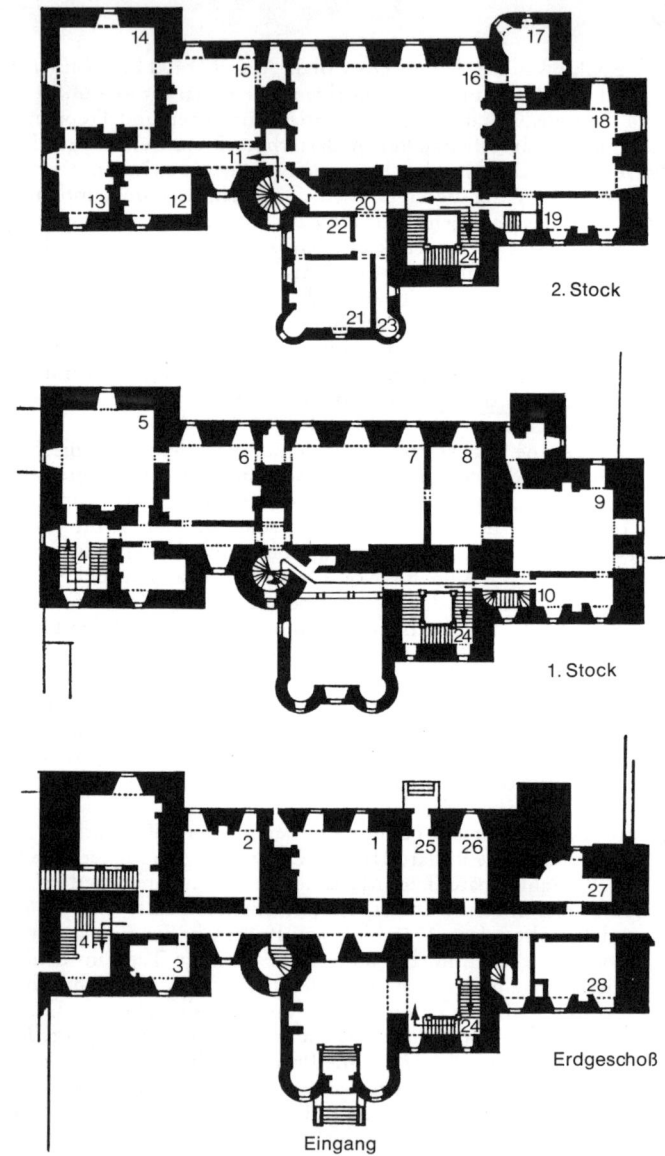

Blair Castle

Blair Atholl – Newtonmore

laden sind ebenfalls vorhanden. Der Eintrittspreis für das nach wie vor im Privatbesitz der Herzöge befindliche Schloß ist vergleichsweise stattlich.
Ostern sowie April SO, MO 10–18; von Mai bis Mitte Oktober MO–SA 10–18, SO 14–18. Eintritt.

99 Die alte Wassermühle von Blair Atholl

Zweigt man bei der Blockstelle am Südende des Bahnhofs von der A 9 in sw. Richtung ab, so gelangt man nach rund 100 m zu der *Meal and Flour Mill,* einer auf die Initiative eines pensionierten Ingenieurs zurückgehenden, technisch und kulturhistorisch sehr interessanten Einrichtung: Eine alte Wassermühle, in der früher Hafer gemahlen wurde (meal = Hafermehl) wurde so wiederhergerichtet, daß der altertümliche Mahlprozeß verfolgt werden kann.

Die Mühle arbeitet heute wieder als kommerzielles Unternehmen, wobei neben Hafer auch andere Getreidesorten verarbeitet werden. Mit der Mühle ist eine kleine Teestube verbunden, in der traditionelles schottisches Hafergebäck und Haferbrot gereicht werden. Die Führungen werden von dem Initiator des Projektes, *Donald Cameron Ridley,* persönlich durchgeführt.

100 Das Museum des Clan Donnachaidh

,8 km w. von Blair Atholl befindet sich auf der Nordseite der A 9 das Clan Donnachaidh Museum. Das vor einigen Jahren geschaffene kleine Museum der Clans Reid, Robertson, MacConnachie, Duncan und MacInroy umfaßt eine Reihe von interessanten Stücken zur Clangeschichte sowie zu den jakobitischen Aufständen der Jahre 1715 und 1745.

April bis Mitte Oktober MO–SA 10–17.30, SO 14–17.30 Eintritt frei.

101 Newtonmore und das Clan MacPherson Museum

Nordwestlich des Weilers Calvine beginnt eine weitere Ausbaustrecke der A 9. Nach 29 km durch das weitläufige Glen Garry zweigt beim Dorf Dalwhinnie, das an seiner Whiskybrennerei zu erkennen ist, die A 889 in nw.

1 Stewart-Zimmer
2 Graf Johanns Zimmer
3 Wachkammer
4 Gemäldegalerie im Treppenhaus
5 Kleiner Salon
6 Teezimmer
7 Eßzimmer
8 Vorzimmer
9 Blaues Schlafzimmer
10 Blaues Ankleidezimmer
11 Korridor des 4. Herzogs
12 Bücherei
13 Derby-Ankleidezimmer
14 Derby-Zimmer
15 Rotes Schlafzimmer
16 Salon
17 Tullibardine-Zimmer
18 Zimmer der Tapisserien
19 Ankleidezimmer
20 Glenlyon-Vorzimmer
21 Banvie-Zimmer
22 Banvie-Ankleidezimmer
23 Banvie-Türmchen
24 Vorderes Treppenhaus
25 Terrassen-Zimmer
26 Schwerterzimmer
27 Altes Schottenzimmer
28 Naturgeschichtliche Sammlung

1–28: Reihenfolge der Räume bei der Besichtigung

Richtung ab, die zu der A 86 nach Spean Bridge (**522**) hinüberführt (Streckenbeschreibung vgl. S. 326).

Newtonmore (700 Einwohner, Bahnstation, Informationsamt) liegt in etwa 240 m Höhe und ist eine beliebte Sommerfrische. Auch Wintersport ist möglich. Das Clan MacPherson Museum enthält sehenswerte Dokumente zur Clan-Geschichte sowie Erinnerungsstücke an Prinz Charles Edward Stuart.
Mai bis September MO–SA 10–12 und 14–18. Eintritt frei.

Newtonmore wie auch die nachfolgend beschriebenen Orte sind Ausgangspunkt für Ausflüge in die w. der A 9 gelegenen *Monadhliath Mountains,* die auf knapp 1000 m ansteigen, sowie in die *Cairngorm Mountains,* die mit dem Ben Macdui (25 km Luftlinie ö. Newtonmore) eine Höhe von 1306 m erreichen und zu den höchsten Bergen Großbritanniens zählen.

102 Kingussie und sein Volkskunde-Museum

Kingussie (1000 Einwohner, Bahnstation) ist Geburtsort des Ossian-Übersetzers *James MacPherson* (vgl. S. 52). Eine Sehenswürdigkeit ersten Ranges stellt das *Am Fasgadh* (gälisch für Unterstand, Unterschlupf) genannte Highland Folk Museum dar, das eine recht umfassende Sammlung zur Kulturgeschichte des Lebens im Hochland zeigt: Mobiliar, Werkzeuge, landwirtschaftliche Maschinen, Haushaltsgeräte, Kleidungsstücke, Tartans sowie fotografische und schriftliche Dokumente. Ein angeschlossenes Freilicht-Museum umfaßt u. a. ein Black House von den Hebriden und zwei altertümliche Mühlen.
April–Oktober MO–SA 10–18, SO 14–18; November–März MO–FR 10–15. Eintritt.

103 Die Kasernen von Ruthven

Die Ruthven Barracks (1 km sö., B 970), deren stattliche Ruinen weithin sichtbar sind, wurden in den Jahren 1716–1718 gebaut, um nach dem jakobitischen Aufstand von 1715 die Bewohner des Hochlands in Schach zu halten. General Wade erweiterte die Bauten im Jahre 1734. Nach der Schlacht von Culloden am 16. 4. 1746 versammelten sich die Überreste des geschlagenen Heerhaufens des Prinzen Charles Edward Stuart in den Kasernen, in der Hoffnung, daß der Prinz seine Truppen erneut sammeln und ins Feld führen werde. Als sie erkannten, daß ihre Sache hoffnungslos war, sprengten sie die Kasernen in die Luft.

104 Kincraig und der Hochland-Wildpark

Das 400 Einwohner zählende Dorf Kincraig (Bahnstation) liegt inmitten eines reich bewaldeten Geländes, das sich zu beiden Seiten der A 9 erstreckt. Der s. des Ortes auf der Westseite der A 9 gelegene Highland Wildlife Park bietet einen umfassenden Querschnitt durch die schottische Tierwelt, wobei auch Arten gezeigt werden, die inzwischen ganz oder fast ausgestorben sind (etwa Bisons oder Wölfe). Besonderer Wert ist auf jene Tierarten gelegt, die lediglich in Schottland heimisch sind. Ein Teil des Tiergartens ist in Form eines Safari-Parks angelegt und kann mit dem Wagen durchfahren werden. Ein Besucherzentrum enthält eine Ausstellung über Mensch und Fauna im Hochland.
In den Sommermonaten 10–18. Eintritt.

Die Waldungen ö. von Kincraig sind durch 3 Picknickplätze (Feshiebridge Picnic Place, Rock Wood Ponds Picnic Place und Tolvah Picnic Place) erschlossen. Beim Picknickplatz von Rock

Aviemore – Loch Garten

Wood Ponds unweit der B 970 beginnt ein interessanter Waldpfad, der besonders mit dem Ziel der Vogelbeobachtung angelegt wurde.

105 Aviemore

Der für englische Verhältnisse mondän und sehr unpersönlich wirkende Ferienort Aviemore (1000 Einwohner) wurde in den Jahren nach 1960 zum Touristenzentrum ausgebaut. Er bietet die für Orte dieses Zuschnitts typischen Attraktionen, vom Einkaufszentrum bis zum Kurtheater. Aviemore eignet sich, sofern man nicht pittoreskere Standquartiere vorzieht, als Ausgangspunkt für Ausflüge in die landschaftlich reizvolle Umgebung (vgl. u.). Im Winter ist Aviemore ein Zentrum all jener britischen Skifahrer, die sich eine Reise zu den Skigebieten des Kontinents nicht erlauben können.

106 Die Strathspey-Eisenbahn

Zwischen Aviemore und dem 8 km entfernten Weiler *Boat of Garten* im Tal des River Spey verkehrt auf einem Reststück der ehemaligen Hauptstrecke nach Forres (**226**), auf der der Verkehr 1965 eingestellt wurde, die Museumsbahn Strathspey Railway. Die meist von einer Schnellzug-Maschine des Pacific-Typs geförderten Züge der privaten Eisenbahngesellschaft beginnen und enden auf einem besonderen Bahnsteig nö. des Staatsbahnhofes. Das rollende Material stammt hauptsächlich aus den 20er und 30er Jahren. In Boat of Garten befindet sich ein Depot mit einer sehenswerten Fahrzeugsammlung. Auch der Lokomotivschuppen von Aviemore enthält interessantes, allerdings zum Teil noch nicht restauriertes Material.
Die Züge verkehren an Ostern und in den Monaten Mai bis September SA 13–18 und SO 12–18, in den Monaten Juli und August auch DI–DO 9.30–18.

107 Das Besucherzentrum von Loch-an-Eilean

4 km s. von Aviemore liegt an dem malerisch in die Bergwelt der Cairngorm Mountains eingebetteten Loch-an-Eilean ein Besucherzentrum das *Nature Conservancy Council*, der Staatlichen Naturschutzbehörde. Die Ausstellung gilt der Geschichte des schottischen Föhrenwaldes von der Eiszeit bis heute: ö. von Aviemore befinden sich besonders reiche Bestände des stattlichsten aller schottischen Bäume (*Caledonian pine*).
Das Besucherzentrum ist von Mai bis September tagsüber zugänglich. Eintritt frei.

108 Der Forstpark von Glen More

11 km ö. von Aviemore, zu erreichen über eine nk Straße, befindet sich an den Nordhängen der Cairngorms der 12 000 Morgen große Glen More Forest Park. Im Zentrum des Gebietes, das durch die staatliche Forstbehörde auf vorbildliche Weise erschlossen worden ist, liegt in etwa 300 m ü. d. M. das von prächtigen schottischen Föhren umsäumte Loch Morlich. In seiner Umgebung finden sich Überreste des ursprünglichen schottischen Föhrenwaldes (*Caledonian pine*). Was den Wildbestand angeht, so ist das Gebiet wahrscheinlich das sehenswerteste in Großbritannien überhaupt: Die Fauna umfaßt unter anderem Rentier, Wildkatze, Goldadler, Auerhuhn und Alpenschneehuhn.
Über die Wandermöglichkeiten und das Angebot zur sportlichen Betätigung gibt ein besonderer Führer Auskunft, der am Eingang des Parks im Informationsamt der Forstbehörde erhältlich ist. Die Wanderwege haben eine Länge von bis zu 16 km. Für Bewunderer der schottischen Föhre ist der *Pinewood Trail* besonders geeignet, der durch Wälder führt, in denen 250jährige Exemplare dieses Baumes zahlreich sind.

109 Das Naturschutzgebiet von Loch Garten

Folgt man von Aviemore aus der landschaftlich eindrucksvollen B 970 nach Grantown-on-Spey (vgl. u.), so erreicht man nach 12 km eine nach S abzweigende nk Straße, die in das Loch Garten

Nature Reserve hineinführt. Das der *Royal Society for the Protection of Birds* unterstehende Gebiet ist seiner Fischadler wegen bekannt, die seit 1959 hier wieder brüten. Die umgebenden Föhrenwälder des Abernethy Forest verfügen über einen reichen Wildbestand. Das Gebiet unterliegt einer strikten Kontrolle. Während der Anwesenheit der Seeadler von Mitte April bis Mitte August darf es nur über einen ausgeschilderten Pfad, der zu einem Beobachtungsposten führt, betreten werden. Der Weiler Nethy Bridge im N des Naturschutzgebietes verfügt über ein Informationsamt.

110 Grantown-on-Spey

Der direkteste Weg von Aviemore nach Grantown (Entfernung 23 km) führt über die A 95. Der in waldreicher Umgebung 210 m hoch gelegene Sommer- und Winter-Kurort (1600 Einwohner, Informationsamt) ist ein empfehlenswertes Standquartier für Ausflüge in den schottischen NO. Das Städtchen, fast völlig aus Granit gebaut, hat ein angenehmes Äußeres und bietet eine gute Mischung aus Idylle und Geschäftigkeit. Sein Grundriß verrät den Planungsgeist des 18. Jh.: Grantown wurde 1776 gegründet. Die s. des Ortes gelegene *Old Spey Bridge* stammt mit ihren hübschen drei Bögen aus dem Jahre 1754. Der Fluß ist berühmt für seine Lachse.
Eine der höchsten Paßstraßen Schottlands ist die von Grantown nach Tomintoul (**184**) führende A 939, die auf gut halbem Wege eine Seehöhe von 433 m erreicht.

111 Carrbridge

12 km n. von Aviemore erreicht die alte Trasse der A 9 das Dorf Carrbridge (300 Einwohner, Bahnstation), ein weiteres beliebtes Etappenziel im zentralen Hochland. Der Ort ist bekannt für die unmittelbar neben der modernen Straßenbrücke gelegene mittelalterliche *Bridge of Carr* über den River Dulnain, deren sehenswerter, fast an türkische Brücken erinnernder Bogen in der Mitte nur noch durch wenige Steine zusammengehalten wird. – Vor einigen Jahren hat ein modernes Besucherzentrum, das *Landmark Visitor Centre* (A 9) seine Pforten geöffnet, das im Rahmen einer Multimedia-Vorführung die Natur- und Kulturgeschichte des Hochlands auf eindringliche Weise illustriert. Einen Schwerpunkt bildet dabei die Strathspey-Region. Angeschlossen sind ein recht guter Buchladen mit landeskundlicher Akzentuierung sowie Verkaufsstände für Produkte des schottischen Kunsthandwerks und Schallplatten. Eine Teestube und ein Restaurant sind ebenfalls vorhanden.

112 Das Schlachtfeld von Culloden

Von Carrbridge aus verläuft die A 9 in recht gerader Trassierung nach Inverness (vgl. u.), wobei sie in Zukunft ö. an dieser Stadt vorbeiführen wird. Nach 15 km wird der Weiler *Tomatin* (200 Einwohner) passiert, der eine sehenswerte alte Brennerei besitzt.

Die Zufahrt zum berühmten Culloden Moor erfolgt über die B 851 und die B 9006, wobei die B 851 31 km nw. von Carrbridge von der A 9 abzweigt. Infolge umfangreicher Aufforstungsaktionen während der letzten Jahrzehnte kann das Schlachtfeld heute nicht mehr ohne weiteres überblickt werden. Ein Besucherzentrum des *National Trust for Scotland* unmittelbar an der B 9006 bietet auf audio-visuellem Wege eine detaillierte Beschreibung der Schlacht und ihrer historischen Hintergründe (vgl. S. 38 ff.).

Die Schlacht von Culloden besiegelte die weitere schottische Entwicklung bis zur Gegenwart. Mit der vernichtenden Niederlage endeten alle Hoffnungen auf ein selbständiges Schottland unter jakobitischer Führung. Mehr als 1500 Gefallene waren zu beklagen, darunter 1200 Hochländer aus der Armee des Prinzen.

Sehenswert sind die von den einzelnen Clans für ihre Toten ausgehobenen Massengräber, die mit Steinpyramiden entlang der Straße gekennzeichnet sind, wobei jeweils nur der Name des Clans verzeichnet wird. Ein einfacher Stein, *Well of the Dead* genannt, bezeichnet den Begräbnisplatz der Truppen des Herzogs von Cumberland. Seine schlichte Inschrift lautet: »The English were buried here«. Freilich kämpften auf englischer Seite auch Angehörige anti-jakobitisch eingestellter Hochland-Clans, so etwa des Clan Campbell.

In unmittelbarer Nachbarschaft des modernen Besucherzentrums befindet sich eine alte *Hochlandhütte*, die heute als Museum dient. Besonders sehenswert ist ihre Dachkonstruktion, die die traditionelle Bauweise verdeutlicht. Das Dach wird durch Seile aus Heidekraut gehalten. Solche Seile wurden früher überall in Schottland geflochten. Ihre Herstellung war Frauenarbeit.

Das Schlachtfeld ist das ganze Jahr über zugänglich. Besucherzentrum: Karfreitag bis Mai und September bis Mitte Oktober MO–SA 9.30–18.30, SO 14–18.30; Juni bis August MO–SA 9.30 bis 21.30, SO 14–18.30. Eintritt.

Das Schlachtfeld und das umgebende Aufmarschgebiet wird durch zwei Waldpfade erschlossen, den *Culloden Moor Battlefield Trail* (1 km w. des Besucherzentrums, B 9006) sowie den *Culloden Forest Trail* (beim Weiler Smithtown, n. der Bahnlinie).

113   Die Steine von Clava

In der Nachbarschaft von Culloden werden w. der Gabelung B 851/B 9006 zahlreiche neolithische Steinsetzungen, die Clava Cairns, sichtbar. Sie stammen aus dem 2. vorchristlichen Jt.

114   Inverness

Die Stadt Inverness (35 000 Einwohner, Bahnstation, Flughafen, Informationsamt), in strategisch beherrschender Position am Ausgang des Great Glen gelegen und mit einem guten Naturhafen ausgestattet, wird nicht zu Unrecht als Metropole des Hochlands bezeichnet. Sie ist ohne Zweifel das größte Handelszentrum der Highland Region und nördlichster Punkt des britischen Intercity-Netzes. Die Stadt besitzt Schlafwagenverbindungen nach Edinburgh und London; der Flughafen (Dalcross, 13 km ö.) spielt eine wichtige Rolle im Inlandsnetz und besonders im Verkehr mit den *Orkney-* und *Shetland-Inseln*. Infolge seiner wechselvollen Geschichte ist Inverness nicht reich an alten Baudenkmälern, doch ist der Stadtkern und hier besonders die Uferpartie durchaus reizvoll.

Die Anfänge der Stadt gehen zumindest bis ins 6. Jh. zurück. Damals war Inverness Hauptstadt eines piktischen Königreiches, das St. Columba im Jahre 565 besuchte, um mit dem Piktenkönig Brude zu verhandeln. Bis zum 12. Jh. entwickelte sich ein königlicher Burgflecken; das alte Königsschloß war im frühen 11. Jh. mit großer Wahrscheinlichkeit Residenz des Königs *Macbeth*. Ein befestigter Flußübergang an der Stelle der heutigen Straßenbrücke, eine Konstruktion aus Eichenholz, wurde 1411 von dem Lord of the Isles Donald of Harlaw zerstört. König David I. erbaute um 1141, wahrscheinlich an der Stelle, an der sich zuvor die Residenz des Macbeth befunden hatte, die früheste steinerne Burganlage. *Wilhelm der Löwe* umgab die Stadt 1180 mit einem Wallgraben, der ein halbes Jahrtausend lang als Verteidigungsanlage diente. König *Robert the Bruce* besuchte die Stadt 1307. – In seinem Bestreben, das Hochland in den Griff zu bekommen und die wohlhabende Handelsstadt zu kontrollieren, errichtete *Cromwell* 1652–1657 auf

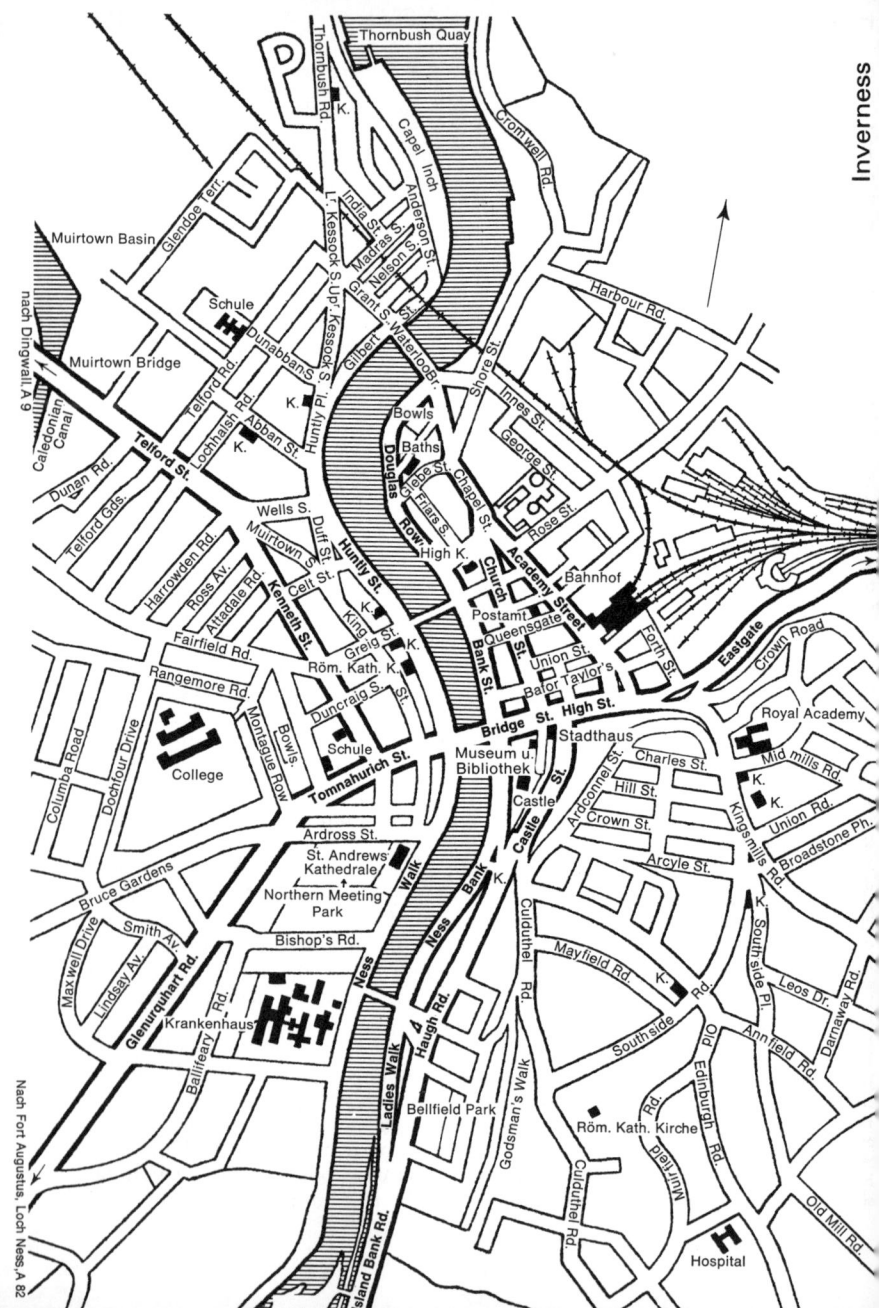

dem rechten Ufer des Ness eine Festung *Sconce Fort*, von der heute nur noch ein Uhrenturm übrig ist: Nach dem Abzug der Truppen riß die Bevölkerung das Fort nieder. Die Jakobiter-Aufstände 1715 und 1745/46 brachten den Niedergang: in diesen Jahren hatten die Stadtväter in ihrer Bündnispolitik eine wenig glückliche Hand; während sie 1715 zu den Jakobitern hielten und zuließen, daß Prinz James Francis Edward, der »Old Pretender« (vgl. S. 39) im Schloß von Inverness zum König (Jakob VIII.) ausgerufen wurde – was zu einer wenn auch vergleichsweise milden Strafaktion durch Georg I., den ersten hannoveranischen König, führte – stand die Stadt 1745 zunächst auf hannoveranischer Seite. Sie wurde von Bonnie Prinz Charlie überrannt; der das von Generalmajor George Wade in der Zwischenzeit errichtete Fort George (benannt nach dem englischen König) in die Luft sprengen ließ. Nun blieb die Stadt bis zur Schlacht von Culloden jakobitisch. Am 17.4. 1746, dem Tag nach der Schlacht, erreichten die siegreichen Truppen des Herzogs von Cumberland die Stadt. Im Sinne der in Schottland bewährten Politik der verbrannten Erde wurde Inverness völlig niedergebrannt (s. S. 40). Von den Schäden konnte sich die Stadt erst im Verlauf des 19. Jh. erholen, als der *Caledonian Canal* und später der Anschluß an das britische Eisenbahnnetz neuen Handel in die Gegend zogen.

Wichtige Adressen: *Tourist Information,* Church Street, Ecke Bank Lane – *Bahnhof,* Academy Street – *Hauptpostamt,* Queensgate – *Informationsamt der Automobile Association,* s. Verlängerung der Ardross Terrace, auf der Westseite des Flusses.

Stadtrundgang

Der Stadtrundgang beginnt am Ostende der Bridge Street und führt zunächst die Bank Street in n. Richtung entlang. An der Ecke von Fraser Street und Church Street befindet sich das *Abertarff House* aus dem 16. Jh. mit einer sehenswerten Wendeltreppe. Das Haus ist heute Sitz des *An Comunn Gaidhealach,* der schottischen Vereinigung für die Erhaltung der gälischen Sprache und Kultur. Rund 100 m weiter n. liegt auf der Westseite der Church Street die *High Church,* die alte Hauptkirche der Stadt, ein Bau im wesentlichen aus den Jahren nach 1772. Schräg gegenüber der Kirche befindet sich *Dunbar's Hospital* von 1668. Der Turm des alten Stadthauses (*Tolbooth Steeple,* Ecke Church/Bridge Street) datiert von 1791. Typisch viktorianisch ist das auf der Südseite der Bridge Street, Ecke Castle Street, gelegene neue *Stadthaus* von 1878–1882. Vor dem Gebäude befindet sich das Marktkreuz mit dem *Clach-na-Cudainn* (wörtlich: Kübelstein), wo die Frauen ihre Kübel absetzten, wenn sie im Fluß Wasser geholt hatten oder Wäsche trugen. Sehenswert ist das n. des modernen Schlosses gelegene *Inverness Museum* mit angeschlossener Kunstgalerie: Neben archäologischen Funden und jakobitischen Erinnerungsstücken werden Gewänder und Waffen aus dem Hochland sowie Silberwaren aus Inverness und Exponate zur Kulturgeschichte und Folklore der Umgebung gezeigt.
MO–SA 9–17.
Die *St. Andrew's Cathedral* (Westseite des Flusses, s. der Young Street) stammt aus den Jahren 1866–1871.
In der näheren *Umgebung* von Inverness sind mehrere Herrensitze von Interesse, so das restaurierte *Castle Stewart* von 1625 an der nach Fort George (**234**) führenden B 9039, das ein gutes Beispiel für den schottischen Baronsstil des 17. Jh. darstellt, oder aber das 12 km sw. von Inverness am Nordende des Loch Ness gelegene *Aldourie Castle.* Es wurde 1626 errichtet und war seit 1750 Sitz der mächtigen Familie Fraser.
Hinsichtlich der anschließenden Strecken vgl. auch die Kapitel Westschottland (S. 292 ff.) und Nordschottland (S. 342 ff.).

Route 6

(Edinburgh) – Burntisland – Kirkcaldy – Cupar (Fife) – Dundee

Die hier beschriebene Route stellt die direkteste Verbindung zwischen Edinburgh und Dundee dar, wobei die Strecke bis North Queensferry (jenseits des Forth) mit der nach Perth identisch ist (vgl. S. 134 ff.). Die längere, aber auch interessantere Küstenroute berührt zahlreiche pittoreske Fischerdörfer im SO von Fife sowie die Stadt St. Andrews. Diese Streckenführung (Umweg 34 km) wird auf S. 168 ff. beschrieben.

115 Inverkeithing

Das Stadtrecht des unmittelbar n. der Forth-Brücken gelegenen Ortes (5800 Einwohner, Bahnstation) geht auf König William the Lyon und das Jahr 1165 zurück. Sehenswert sind der Turm der *St. Peter's Church* aus dem 14. Jh. sowie das heraldisch verzierte *Marktkreuz* aus dem 16. Jh., das seit 1688 von einem Einhorn gekrönt ist. Auch das *Franziskaner-Hospiz* aus dem 15. Jh., das heute als Museum dient, lohnt einen Besuch. Bekannt ist Inverkeithing vor allem für die 1922 in der gleichnamigen Bucht errichtete Verschrottungsanlage für Schiffe der englischen Marine.

116 Die Kirche St. Bridget

Ab Inverkeithing folgt die Strecke zunächst über 34 km der A 92. Nach 4 km werden auf der Südseite der Straße beim Weiler Dalgety die Ruinen der 1244 geweihten St. Bridget's Church sichtbar, an die in späterer Zeit weitere Gebäude, zum Teil im Stile der Renaissance, angefügt wurden. Nach W schließt sich ein zweigeschossiger Bau an die Kirche an, der aus einer Gruft und einer darüber errichteten Empore besteht.

117 Die Abtei von Inchcolm

In der Abgeschiedenheit der kleinen Insel Inchcolm, rund 1 km vor der Südküste von Fife, finden sich die besterhaltenen Klosterruinen des gesamten Schottland. Nicht zu Unrecht ist Inchcolm als das Iona des Ostens bezeichnet worden: Die frühesten christlichen Bauten auf der Insel gehen bis in die Zeit des St. Columban (vgl. S. 29 f.) zurück. Die Abtei wurde um 1123 von König Alexander I. (1078–1124) begründet und von Augustinermönchen aus Scone (**174**) besiedelt. Zuvor hatte ein Sturm den König auf die Insel verschlagen, wo er einige Tage in der Zelle eines Eremiten zubrachte: Die Klostergründung, zunächst in der Form einer Priorei, geschah als Danksagung für seine Errettung und die ihm erwiesene Gastfreundschaft.

Die Abteikirche ist mit Ausnahme des Turmes und des s. Seitenschiffes, das später als Wohnhaus benutzt wurde, fast völlig verschwunden, weil ihre Steine benötigt wurden, um die Befestigungsanlagen von Edinburgh nach der verheerenden Niederlage der Schotten bei Flodden (1513) zu verstärken. Die Klostergebäude, vorwiegend aus dem 13. Jh., sind jedoch in einmaliger Vollständigkeit erhalten, und sie sind sogar überdacht, da sie über die Reformation hinaus durch die Nachfahren des Regenten Moray, des Halbbruders der Maria Stuart, als Wirtschaftsgebäude benutzt wurden. Besonders sehenswert ist das oktogonale *Kapitelhaus*. Während der Sommermonate besteht eine private Bootsverbindung von Aberdour (vgl. u.) aus.
April bis September MO–SA 9.30–19, SO 14–19; Oktober bis März MO–SA 9.30–16, SO 14–16. Eintritt.

Ebenfalls auf der Insel befindet sich die wahrscheinlich auf das frühe Mittelalter zurückgehende kleine *St. Colm's Cell*, eine Eremitenzelle und das einzige völlig erhaltene Bauwerk dieser Art in ganz Schottland.

118 Schloß Aberdour

Im Dorf Aberdour, 6 km ö. von Inverkeithing, liegen in unmittelbarer Nachbarschaft des Hafens die ausgedehnten Ruinen des Aberdour Castle. Der älteste Teil der Anlage ist ein rhombenförmiger Fried aus dem 14. Jh., dem im 16. und 17. Jh. weitere Gebäude angefügt wurden. Einige dieser Bauten sind heute noch wie vor überdacht. Auch ein Renaissance-Garten und der Bowling-Rasen sind noch in Umrissen erkennbar. Besonders sehenswert sind die *Wandmalereien*, das zum Schloß gehörige *Taubenhaus* sowie die St. Fillans geweihte *Gemeindekirche*, die in ihren ältesten Teilen normannisch-romanische Stilelemente aufweist, während der Rest aus dem 16. Jh. stammt.
April bis September MO–SA 9.30–19, SO 14–19; Oktober bis März MO–SA 9.30–16, SO 14–16.

119 Burntisland

Burntisland (*Royal Burgh,* 5400 Einwohner, Bahnstation), im 19. Jh. ein bedeutender Kohlehafen, entwickelte sich um das *Rossend Castle*, dessen älteste Teile aus dem 12. Jh. datieren. In vorreformatorischer Zeit war es Sitz der Äbte von Dunfermline (**69**). Später wurde das Haus zu einer privaten Residenz. 1563 hielt sich Maria Stuart in Rossend auf; 1651 fiel die Anlage in die Hände Cromwells.

Besonders sehenswert ist die St. Columba geweihte *Gemeindekirche* von 1592, die eine Kopie der Alten Nordkirche in Amsterdam ist, wobei allerdings der oktogonale Turm im Jahre 1749 hinzugefügt wurde. Die Galerien mit den Insignien der Gilden datieren aus dem 17. Jh. Die Empore der Seeleute ist über eine äußere Treppe zu erreichen. 1601 entschied sich in St. Columba die Generalversammlung der schottischen Kirche für die sogenannte *Authorized Version* der Bibel, jene klassische und heute noch von vielen Kanzeln verlesene Bibelübersetzung, die 1611 von Jakob I. von England als allgemein verbindlich erklärt wurde. In der Somerville Street sind mehrere Häuser aus dem 17. Jh. erhalten. Im übrigen bietet Burntisland ein sehenswertes *Stadtmuseum*. – Rossend Castle ist der Öffentlichkeit nicht zugänglich.

120 Kinghorn

Nach weiteren 4 km erreicht die A 92 den Königlichen Burgflecken Kinghorn (2000 Einwohner). Der Ort besitzt einen hübschen Sandstrand. Auf dem Vorgebirge von Pettycur steht ein Denkmal zur Erinnerung an König Alexander III. der hier im Jahre 1286 starb. Die Tradition will, daß er von seinem Pferd über die Klippen ins Meer geworfen wurde.

121 Kirkcaldy

Die Industriestadt Kirkcaldy (50 000 Einwohner) ist *Royal Burgh* seit 1450. Sowohl der Architekt *Robert Adam* (vgl. S. 51) als auch der Nationalökonom *Adam Smith* wurden hier geboren, und beide besuchten das alte Gymnasium der Stadt, die Burgh School, in der *Thomas Carlyle* (vgl. Ecclefechan, **309**) und *Edward Irving* später Lehrer waren.

Die Pfarrkirche hat einen Turm aus dem 13. Jh.; in der steilen Gasse Kirk Wynd sind eine Reihe von pittoresken alten Hütten erhalten. Auch beim Hafen finden sich mehrere Häuser aus dem 17. Jh. und aus noch früherer Zeit, die heute vom *National Trust* betreut werden. Die Gegend zwischen

High Street und Dunnikier Road ist unter dem Namen Sailor's Walk bekannt. - Die Stadt verfügt über mehrere Museen, so das Städtische *Kirkcaldy Museum* mit angeschlossener Kunstgalerie, das außerordentlich sehenswerte *Kirkcaldy Industrial Museum* und das *John McDoual Stuart Museum.*

Wichtige Adressen: *Tourist Information,* Nordseite der Esplanade, w. des Swimming Pool - *Informationsamt der Automobile Association,* Nordseite der Esplanade, ö. des Swimming Pool - *Bahnhof,* Bennochy Road - *Postamt,* Hunter Street - *Polizei-Hauptquartier,* St.Brycedale Avenue - *Krankenhaus,* Dunnikier Road, Ecke Haxfield Road.

122 Schloß Ravenscraig

Auf einem Vorgebirge zwischen Kirkcaldy und der unmittelbar nö. anschließenden Stadt Dysart befinden sich die imposanten Ruinen des 1460-1463 von König Jakob II. errichteten Ravenscraig Castle. Die Anlage ist zum Land hin durch einen tiefen, in den Felsen geschnittenen Graben geschützt. Bemerkenswert sind die Ruinen sowohl wegen der Ebenmäßigkeit des aus sorgsam behauenen Steinen errichteten Mauerwerks als auch infolge der Tatsache, daß es sich hier wahrscheinlich um die erste Burg in Großbritannien handelt, die von Anfang an für die Verteidigung durch Feuerwaffen ausgelegt war. In späteren Jahren war das Schloß Sitz der Familie Sinclair und der dieser Familie entstammenden Grafen von Orkney.
April bis September MO-SA 9.30-19, SO 14-19; Oktober bis März MO-SA 9.30-16, SO 14-16.

123 Der Stein von Dogton

Biegt man in Thornton (5 km n. von Kirkcaldy, A 92) auf die nach W führende nk Straße ab, so gelangt man unweit der B 922 auf dem Gelände von Gut Dogton zu einem freistehenden und recht verwitterten keltischen Kreuz, das Spuren von figürlichen Darstellungen und keltische Rankenornamentik zeigt.

124 Falkland und sein Palast

4 km n. des Ortsausgangs von Glenrothes zweigt die A 912 in nw. Richtung von der A 92 ab. Nach abermals 4 km erreicht man Falkland (*Royal Burgh,* 1 000 Einwohner, Informationsamt). Mit seinen gepflasterten Straßen und den zahlreichen *Little Houses* hat das Städtchen etwas Anheimelndes, zumal es abseits der großen Verkehrs- und Touristenwege liegt. Sehenswert sind die Häuser auf der Südseite der High Street sowie längs der Straßen Cross Wynd, Horse Market, Brunton Street und Mill Wynd in unmittelbarer Nachbarschaft des Palastes. Einige der Häuser haben Namen, und viele sind mit sehenswerten Sinnsprüchen und Erinnerungstafeln geschmückt. Überhaupt ist die Liebe zum Detail einer der auffallendsten Züge des Stadtbildes wie der Architektur der Little Houses überhaupt.

Falkland Palace, ursprünglich ein Jagdschloß der Stuarts, ist heute noch in königlichem Besitz: Königin Elisabeth ist über Königin Victoria und die Kurfürstin Sophia, deren Mutter Elisabeth Stuart die zunächst in Heidelberg residierende Frau des Winterkönigs und Tochter Karls I. war, mit den Stuarts verwandt. Sehenswert sind nicht nur die wiederhergestellten Gemächer, hier vor allem die Königliche Kapelle und das Schlafzimmer des Königs, sondern auch die auf den Innenhof hinausgehenden Fassaden im Stil der französischen Renaissance, die liebevoll gepflegten Gärten, die königlichen Stallungen und der königliche Tennishof. Die ältesten Teile des Palastes gehen auf König Jakob III. (1460-1488) zurück. Der Bau ersetzte ein älteres Schloß, das sich n. des niedergebrannten Nordflügels befand; von ihm sind nur noch geringe Überreste erhalten. Der *Nordflügel* (vgl. den Plan) muß als erster Erweiterungsbau dieser älteren, wahrscheinlich aus dem frühen 14. Jh. stammenden Anlage angesehen werden.

Falkland Palace 163

Das Jagdschloß wurde von den nachfolgenden Königen Jakob IV. und Jakob V. weiter ausgebaut und erhielt unter letzterem 1530–1540 seine heutige Gestalt. Nach der Niederlage von Solvay Moss zog sich Jakob V. nach Falkland zurück, wo er am 14.12. 1542, gebrochenen Herzens, wie es heißt, im Alter von 30 Jahren starb. Maria Stuart hielt sich häufig und gern in Falkland auf, und ihr Sohn Jakob VI. überlebte hier sogar einen bewaffneten Überfall seiner Gegner. Im Jahre 1654, als Cromwells Soldaten den Bau besetzt hielten, brannte der Nordflügel nieder. Als letzter Monarch bewohnte Karl II. (1630–1685) den Palast. Seither ist er in den Händen der Grafen und Marquis von Bute, einer Nebenlinie der Stuarts, die das erbliche Amt eines Burgverwalters innehaben. 1952 beauftragte die Familie den *National Trust for Scotland*, als »Deputy Keeper« tätig zu werden. Gleichzeitig übergab sie dem Trust ein Stiftungskapital, das die Unterhaltung des Baus und der Gärten für alle Zeiten sichert.

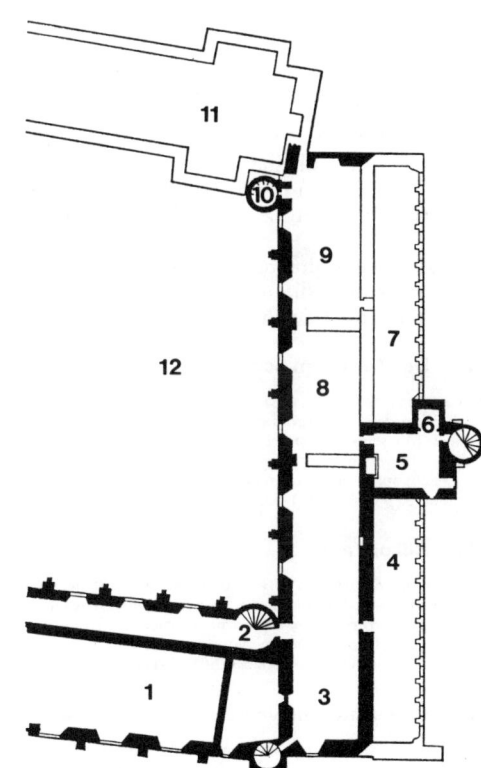

Falkland Palace

1 Königliche Kapelle
2 Große Treppe
3 Gardesaal des Königs
4 Südgalerie
5 Schlafzimmer des Königs
6 Toilette
7 Nordgalerie
8 Audienzzimmer
9 Eßzimmer
10 Küchentreppe (Taubenturm)
11 Großer Saal

Der Südflügel wurde durch den 3. Marquis von Bute nach 1887 aus eigenen Mitteln völlig restauriert und wieder bewohnbar gemacht. Die einzigartige, an französische Vorbilder erinnernde Fassade stammt von 1537-1542, als Jakob V. zunächst mit Madeleine, der Tochter von François Ier (1537) und nach deren Tod mit der Adoptivtochter des französischen Königs, Marie de Lorraine (1538), verheiratet war. Französische Architekten, Bildhauer und Stukkateure hatten damals den Auftrag, Falkland Palace zunächst für die erste, dann für die zweite Braut des Königs herzurichten. Im Südflügel befindet sich auch die *Chapel Royal*, die als römisch-katholische Kirche geweiht ist. Das Interieur ist original erhalten; es wurde in den Jahren nach 1887 restauriert. Die Kapelle stammt aus der Zeit nach 1501, sie wurde 1512 fertiggestellt. Man beachte besonders das hübsche Eichenholzgitter beim Eingang. Die flämischen Wandteppiche zeigen Szenen aus der Geschichte von Joseph und Benjamin. Die Decke aus der Ära Jakobs V. wurde unter Karl I. 1633 teilweise umgestaltet und neu bemalt. Das *King's Bed Chamber* in dem sogenannten Cross-House im Mittelteil des Ostflügels wurde vor wenigen Jahren wieder so hergerichtet, wie es zur Zeit Jakobs V. ausgesehen haben könnte, und wie es von dem König akzeptiert worden wäre. Dabei wurden zeitgenössische Pläne und Stiche anderer Stuart-Bauten zugrundegelegt. Das goldene Bett stammt aus der Regierungszeit Jakobs VI. In der Nordwand befindet sich die Latrine. Eine Wendeltreppe führte in das über dem Schlafzimmer des Königs gelegene Schlafzimmer der Königin. Das stark befestigte *Torhaus* mit seinen beiden Rundtürmen wurde 1541 fertiggestellt. Man beachte die 3 Wappenschilde an den Fassaden der beiden Türme sowie über dem Eingang: Der linke Schild zeigt den roten Löwen der Grafen von Fife, der frühesten Besitzer der Burg von Falkland, im rechten Schild findet sich das Wappen der Stuarts of Bute, während der mittlere Schild das auf William the Lyon zurückgehende schottische Löwenwappen darstellt. Die *Gärten* von Falkland werden bereits im 15. Jh. erwähnt, doch geht ihre heutige Gestalt auf die Jahre nach 1628 zurück. Die Stallungen wurden 1531 vollendet. Der Tennishof von 1539 ist eine von zwei noch erhaltenen Anlagen dieser Art aus der Stuart-Zeit.
April bis Oktober MO–SA 10–17.15, SO 14–17.15. Eintritt.

Die nö. von Falkland gelegenen ehemaligen königlichen Wälder werden durch den Edensmuir Picnic Place (1,5 km w. von Ladybank und w. der A 914) erschlossen. Zwei Waldpfade von 1 bzw. 2 km Länge schließen sich an.

Für die Weiterfahrt nach Dundee ergeben sich zwei Möglichkeiten: über die A 91 oder über die n. davon verlaufende A 914. Die folgende Streckenbeschreibung folgt der A 91.

125 Der Turm von Scotstarvit

Bevor die A 92 Cupar (vgl. u.) erreicht, zweigt die A 916 nach S ab. Auf dieser Straße erreicht man nach 2 km den aus sorgfältig behauenen Mauersteinen errichteten, 5 Stockwerke hohen Scotstarvit Tower. Mit seiner Brustwehr und seinen Türmchen bietet der Bau ein recht fotogenes Äußeres. Die beiden Hauptgemächer zeigen ansehnliche Gewölbe. Ein Wappenschild ist auf 1627 datiert, allerdings geht aus alten Quellen hervor, daß das Turmhaus bereits 1579 existierte.
April bis September MO–SA 9.30–19, SO 14–19; Oktober bis März MO–SA 9.30–16, SO 14–16.

126 Hill of Tarvit

Unweit des Scotstarvit Tower befindet sich auf dem Gelände des gleichnamigen Landgutes das Herrenhaus von Hill of Tarvit. Der heute als Genesungsheim dienende Bau stammt von 1696; er wurde 1906 von *Sir Robert Lorimer* erneuert. Sehenswert sind das Mobiliar, die Tapisserien, das Porzellan und eine Sammlung von Gemälden.
Mai bis September MO–DO, SA, SO 14–17.30. Eintritt.

127 Ceres und sein volkskundliches Museum

Das 5 km s. von Cupar an der B 939 gelegene Dorf Ceres (1800 Einwohner) gehört zu den schönsten Orten der Grafschaft Fife. Er bietet zahlreiche *Little Houses* mit den für Fife typischen roten Ziegeldächern und eine mittelalterliche Brücke, die *Bishop's Bridge*. Die Pfarrkirche oberhalb des Ortes enthält mittelalterliche Grabdenkmäler der Grafen von Crawford. An einer Hauswand findet sich eine Renaissance-Darstellung des 1578 in sein Amt eingeführten letzten Bürgermeisters. Über der Tür des Hauses, in dem sich die alte Dorfwaage befindet, ist die Darstellung eines schmiedeeisernen Waagbalkens zu sehen, an dem gerade ein Ballen gewogen wird. In den letzten Jahren wurde in dem Haus ein volkskundliches Museum, das *Fife Folk Museum*, eingerichtet. April bis Oktober MO, MI–SA 14–17, SO 14.30–17.30 (SO im Oktober 14–17). Eintritt.

128 Cupar/Fife

Der 6600 Einwohner zählende Ort Cupar (*Royal Burgh* seit 1363, Bahnstation) ist Mittelpunkt eines reichen Agrargebietes. Das alte *Marktkreuz* (Ecke St. Catherine Street und Crossgate, A 91/ A 92) wird von einem Einhorn gekrönt. Die alte Stadtkirche (Kirkwynd/Kirkgate) besitzt einen Turm von 1415.

129 Das nationale Naturschutzgebiet von Tentsmuir Point

5 km nö. von Cupar zweigt die A 92 nach Dundee von der nach St. Andrews (**140**) führenden A 91 ab. Nach weiteren 7 km erreicht die A 92 einen Straßenknotenpunkt. Fährt man an dieser Stelle geradeaus weiter, um der B 945 in Richtung Tayport zu folgen, so gelangt man nach 3 km zu dem *Picknickplatz von Kinshaldy Beach*. Von hier aus bietet sich der Zugang zu der Tentsmuir Point Nature Reserve, die ein Gebiet von rund 35 km² umfaßt. Sehenswert sind die von Fichten- und Kiefernwaldungen gesäumte Dünenlandschaft ö. und sö. von Tayport sowie der rund 10 km lange Sandstrand.

130 Die Abtei von Balmerino

Folgt man von der A 92 aus einer der nk Straßen nach W, so erreicht man nach 8 km den am Südufer des Firth of Tay gelegenen Weiler Balmerino. Hier befinden sich in einer Umgebung, die den ganzen Liebreiz der Landschaft von Fife ausstrahlt, die Überreste der 1226 von der Witwe Wilhelms des Löwen gegründeten Balmerino Abbey. Die Zisterziensermönche kamen von Melrose (**58**). Balmerino war in jener Zeit Fährhafen über den Tay, die Abtei lag damit an sehr verkehrsgünstiger Stelle. Von der Kirche und den Klostergebäuden sind nur spärliche Überreste erhalten: 1547 kamen die Engländer von der Seeseite her und zerstörten die Anlage; was sie übersahen, wurde von den Bilderstürmern der Reformation zu Beginn der 60er Jahre zerschlagen. Der Sarg der Gattin Wilhelms des Löwen wurde im 19. Jh. aufgefunden: Er war als Viehtrog verwendet worden. Die eindrucksvollen Ruinen des spätgotischen Kapitelhauses aus dem 15. Jh. mit ihren Gewölben lohnen einen Besuch; sehenswert ist auch ein uralter Kastanienbaum, der von den Zisterziensermönchen gepflanzt wurde.

131 Dundee

Die Weiterfahrt nach Dundee erfolgt über die A 914 und die A 92. Am Südende der Tay-Straßenbrücke befindet sich bei Newport-on-Tay ein Informationsamt.
Dundee (*Royal Burgh* seit 1190, 182 000 Einwohner, Bahnstation, Informationsamt), am Nordufer der Tay-Mündung gelegen, ist die viertgrößte Stadt Schottlands. Obwohl Dundee zu den ältesten Städten des Landes zählt, wirkt die Stadt modern und gestaltlos. Die mittelalterliche Bausubstanz wurde bereits im 14.–16. Jh. weitgehend zerstört, als die Engländer sich immer wieder der Stadt bemächtigten. Der royalistische Marquis von Montrose (vgl. S. 37) erstürmte Dundee 1645, und 1651 brachte Cromwells gefürchteter General

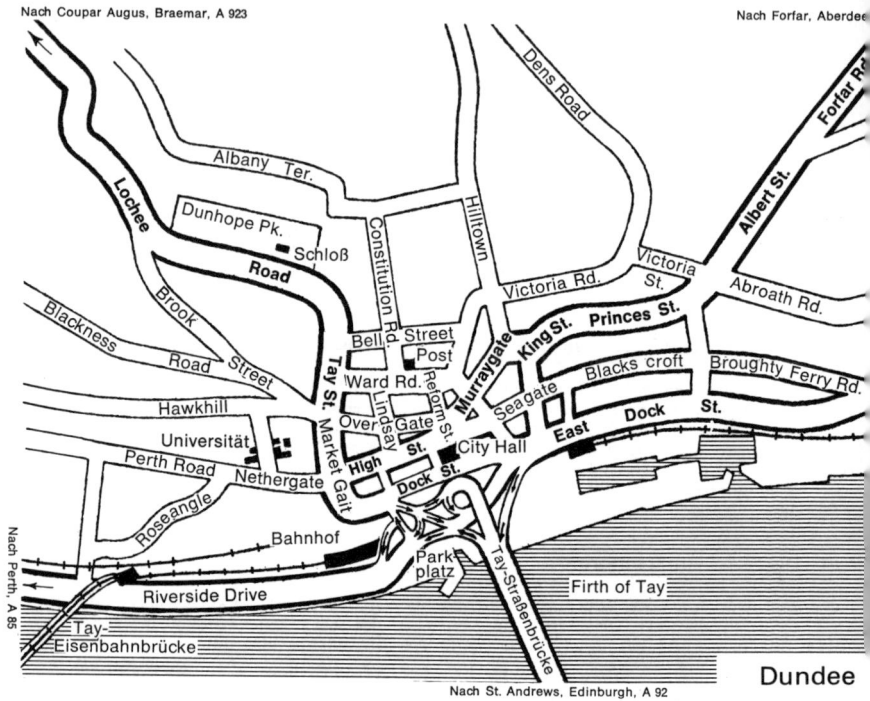

Monck die Stadt in seine Hände. Was an alten Bauten übriggeblieben war, wurde mit ganz wenigen Ausnahmen im Zeitalter der Industrialisierung zerschlagen. Das Dundee des 19. Jh. war eine trostlose Stadt mit ausgedehnten Slums, so daß man sich in den Jahren nach dem 2. Weltkrieg entschloß, die gesamte Innenstadt neu zu erstellen. Gleichzeitig erfolgte die Anbindung an das Straßennetz von Fife über die 3 km lange Straßenbrücke (A 92).

Von Interesse ist die Wirtschaftsgeschichte der Stadt. Obwohl sich die *Dundee Whale Fishing Company* (die Walfang-Gesellschaft) erst 1756 formierte, reichen die Anfänge dieses Industriezweigs ins 12. Jh. zurück. Spätestens im 15. Jh. ist Dundee ein wichtiger Walfängerhafen. Während die Männer unterwegs waren, verarbeiteten die Frauen Flachs aus lokalen Anbaugebieten und begründeten damit einen zweiten Erwerbszweig, der trotz aller politischen Rückschläge in der Folgezeit immer stärker aufblühen sollte. Als nach der völligen Vernichtung der Stadt durch General Monck im Jahre 1651 das Kapital für den Wiederaufbau der inzwischen etablierten Leinenindustrie fehlte, stellten sich die Webereien von Dundee auf billigsten russischen Import-Flachs ein, der zu Textilien gröbster Qualität verarbeitet wurde. Dieser

Dundee

Industriezweig erlebte seit dem 18. Jh. einen Aufschwung ohnegleichen: Die amerikanischen Plantagen benötigten in zunehmendem Maße billige Säcke für die Stapelung ihrer Produkte und deren Versand nach Europa. Dundee mit seiner jahrzehntelangen Erfahrung im Umgang mit groben Geweben eroberte sich schnell eine marktbeherrschende Position. Im Jahre 1822 schickte die *East India Company* den Flachswebern von Dundee einige Muster einer neuen indischen Faser, der Jute. Zunächst konnten sie nichts mit dem neuen Material anfangen, bis einer von ihnen auf die Idee kam, die Faser unter Zusatz von Walöl gefügig zu machen. Der Juteimport der Stadt stieg von 4000 Ballen im Jahre 1836 auf 30000 im Jahre 1840 und auf 289000 Ballen im Jahre 1850. In der gleichen Zeit entwickelte sich die Bevölkerungszahl von 35000 auf 130000. Einige Jahrzehnte lang war Dundee die Weltmetropole der Juteverarbeitung, bis Kalkutta, der indische Ausfuhrhafen, eigene Industrien aufbaute und Dundee diese Rolle streitig machte. Dennoch ist die Jute-Verarbeitung bis zum heutigen Tage in der Stadt heimisch: Jute ist ein wichtiger Grundstoff für die Teppichindustrie geworden.

In den letzten Jahrzehnten haben sich zahlreiche neue Firmen angesiedelt, wobei Leichtindustrie und elektronische Industrie dominieren. Gewichtig ist nach wie vor der Maschinenbau, wobei die Stadt auf eine jahrhundertealte Erfahrung im Bau von Textilmaschinen und Schiffszubehör zurückgreifen kann. Dundee ist aber auch Ursprungsort der bitteren Orangenmarmelade, die auf keinem britischen Frühstückstisch fehlen darf. Die ersten Gläser kamen 1797 auf den Markt, und noch heute finden zahlreiche Arbeitskräfte in diesem Industriezweig Beschäftigung.

Wichtige Adressen: *Tourist Information*, High Street, bei der Caird Hall – *Informationsbüro der Automobile Association*, High Street, etwas w. der Caird Hall – *Hauptbahnhof*, s. des Zentrums und w. der Auffahrt zur Straßenbrücke, am Ostende des Riverside Drive – *Busbahnhof*, Trades Lane, Ecke Seagate – *Hauptpostamt*, Meadowside, Ecke Constitution Road – *Polizei-Hauptquartier*, West Bell Street – *Hauptkrankenhaus*, Royal Infirmary, Barrack Road und Somerville Place.

Dundee eignet sich nicht für einen Stadtrundgang, es sei denn, man verbinde ihn mit einem Einkaufsbummel. Die Stadt besitzt folgende Sehenswürdigkeiten:

131.1 Tay Rail Bridge. Die zwischen 1883 und 1888 erbaute, 3277 m lange Eisenbahnbrücke ist weit weniger spektakulär als die über den Firth of Forth (**68**). Sie ersetzt einen älteren, unter der Leitung des Ingenieurs *Thomas Bouch* entstandenen Brückenbau, dessen Mittelteil am Abend des 28.12.1879 von einem Wintersturm in die Tiefe gerissen wurde, als der 17.27 Uhr-Postzug von Burntisland nach Dundee gerade diesen Streckenabschnitt befuhr: 80 Menschen, Passagiere und Zugpersonal, fanden den Tod. Die meisten der Opfer trug der Gezeitenstrom auf die offene See hinaus. Der Einsturz der Brücke führte zu einem Skandal ohnegleichen: Es zeigte sich, daß die statischen Berechnungen den am Tay herrschenden klimatischen Bedingungen, wie etwa extremer Windbelastung, in keiner Weise gerecht wurden, daß man viel zu viel Gußeisen verwandt hatte, ja, daß die gesamte Ausführung des Bauwerks außerordentlich liederlich war. Dem kurz zuvor von Königin Victoria geadelten Thomas Bouch wurde der Bauauftrag für die Eisenbahnbrücke über den Forth entzogen. Seine soziale Ächtung folgte. *Theodor Fontane* hat in seinem Gedicht »Die Brücke am Tay« unter geschickter Einblendung der Hexenszenen aus Shakespeares Macbeth den Hergang der Katastrophe nachgezeichnet. Weniger bekannt ist, daß die Lokomotive des Zuges nach einigen Wochen fast unversehrt wieder aus dem Tay gefischt wurde. Sie erhielt einen neuen Namen und verkehrte dann noch mehr als 40 Jahre lang – sozusagen inkognito – auf Schottlands Strecken.

131.2 Old Steeple. Der Alte Kirchturm (Kirkstile, Nethergate), auch *St. Mary's Tower* genannt, ist der einzige in seiner Substanz erhaltene mittelalterliche Bau im Zentrum der Stadt. Der aus dem 15. Jh. stammende, 46,8 m hohe Turm gilt als der größte und schönste seiner Art in ganz Schottland.

Der Bau überragt einen aus 4 Kirchen, den *City Churches*, gebildeten Komplex. Die Kirchen mußten nach einem Großfeuer 1841 von Grund auf erneuert werden. Einer der düstersten Augenblicke in der Geschichte der Stadt ist eng mit dem Old Steeple verknüpft: Als 1651 General Monck mit 4000 Mann die Stadt belagerte, brachten die Stadtväter alle Wertgegenstände und Dokumente in den Turm, in der Hoffnung, daß sie im Asylbereich der vier Kirchen sicher seien. Monck nahm die Stadt ein und ließ in Ermangelung geeigneten Brennmaterials die Bücher aus den Stadtbibliotheken holen und um den Turm aufschichten. Dann zündete er das Ganze an und begoß die brennenden Bücher mit Wasser, um alle, die sich in den Turm zurückgezogen hatten, auszuräuchern. Schließlich wurde auch der Turm geplündert.
MO–DO, SA 13–17, SO 14–17.

131.3 East Port. Von dem alten Osttor (King Street), auch *Wishart Arch* genannt, soll der Vorläufer der Reformation in Schottland, *George Wishart*, im Jahre 1544 gepredigt haben, als in der Stadt die Pest wütete. Wishart wurde auf Geheiß des Kardinal-Erzbischofs von St. Andrews, David Beaton, 1546 gefangengesetzt, erwürgt und vor dem Schloß von St. Andrews verbrannt. Es hieß, er habe an einer Verschwörung gegen Beaton teilgenommen.

131.4 City Museum and Art Gallery. Das Städtische Museum mit angeschlossener Kunstgalerie (Albert Square, im Zentrum) enthält heimatkundliche und archäologische Sammlungen sowie schottische, flämische, niederländische, französische und englische Gemälde. Eine besondere Sehenswürdigkeit ist der älteste bekannte *Sternhöhenmesser* von 1555. – Das 3 Minuten entfernte *Barrack Street Museum* (in der gleichnamigen Straße) zeigt Exponate zur Stadtgeschichte sowie zur Seefahrt, zur Ethnologie und Ökologie.
MO–SA 10–17.30.

131.5 HMS Unicorn. Am Victoria Dock, ö. der Straßenbrücke über den Tay, ist die Unicorn (Einhorn) vertäut, eine mit 46 Kanonen bestückte, noch aus Holz gefertigte Fregatte aus dem Jahre 1824. Sie ist das älteste noch auf dem Wasser befindliche britische Schiff.
April bis Oktober MO–DO, SA 11–13, 14–17. Eintritt.

131.6 Mills Observatory. Auf dem Balgay Hill n. des Stadtzentrums befindet sich ein der Öffentlichkeit zugängliches Himmels-Observatorium mit Teleskopen und Anschauungsmodellen.
April bis September MO–FR 14–21, SA 14–17; Oktober bis März MO–FR 14–22, SA 14–16.

131.7 Spalding Golf Museum. 5,5 km nw. des Zentrums liegt in der Nachbarschaft der A 923 das um 1829 für den 1. Grafen von Camperdown errichtete gleichnamige Herrenhaus. In dem Gebäude ist das dem Golfsport gewidmete Museum untergebracht.
MO–DO 13–17, SA 14–19. Eintritt.

Ein guter *Aussichtspunkt* ist der 174 m hohe Dundee Law n. der Stadtmitte. Der alte Friedhof *The Howff* im Zentrum (s. der Meadowside) enthält zahlreiche interessante Grabdenkmäler. Das restaurierte *Dunhope Castle* (n. der Lochee Road), ein Bau aus dem 15. Jh., dient heute als Technikum. (Zu Broughty Castle und dem angeschlossenen Museum vgl. **142**, zu Claypotts Castle vgl. **143**.)

Route 7

(Edinburgh – North Queensferry – Burntisland –) Kirkcaldy – Crail – St. Andrews (– Dundee)

Die im folgenden beschriebene Strecke folgt der Südküste der Grafschaft Fife und berührt zahlreiche pittoreske Fischerdörfer sowie die alte Universitäts-

und Bischofsstadt St. Andrews. Zum Streckenverlauf Edinburgh – North Queensferry vgl. S. 134. Zum Streckenabschnitt North Queensferry–Burntisland vgl. S. 160f.

132 Largo

Zwischen Kirkcaldy und Largo benutzt man sinnvollerweise die n. an dem Städtekomplex von Methil, Buckhaven und Leven vorbeiführende A 915. Leven (9500 Einwohner), das zugleich Industriestadt und Seebad ist, besitzt ein Informationsamt.

Largo (9800 Einwohner) besteht aus dem Ortsteil *Lower Largo* an der mit feinem Sandstrand ausgestatteten Largo Bay und dem kleinen *Upper Largo* im Schatten des 287 m hohen Largo Law, von dem aus sich ein guter Rundblick ergibt. Die *Kirche* in Upper Largo besitzt einen Turm und einen Altarraum aus dem 16. Jh. In der Nachbarschaft des Eingangs zum Friedhof findet sich ein *keltisches Kreuz*. Westlich der Kirche beginnt das hübsche kleine Tal von Kiels Den. Die *Statue* beim Hafen stellt *Robinson Crusoe* dar: Daniel Defoe's Vorbild für die Gestalt des Robinson wurde in Lower Largo geboren. Von dem *Schloß* aus dem 16. Jh. ist nur ein Rundturm mit konischem Dach erhalten.

Während die A 915 von Largo unmittelbar nach St. Andrews führt (Entfernung 18 km), folgen A 921 und A 917 weiter dem Verlauf der Küste.

133 Elie

Elie (900 Einwohner) ist das erste der an der sö. Steilküste von Fife gelegenen Fischerdörfer. Der Ort besteht aus zwei Teilen, Elie und Earlsferry, die sich um eine kleine Bucht gruppieren. An den Stränden der Umgebung sind Granatsteine gefunden worden. Elie bietet gute Bademöglichkeiten. Das *Gillespie House* (South Street) besitzt einen reich verzierten, säulengeschmückten Eingang von 1682. Auch die *Pfarrkirche* stammt aus dem 17. Jh. Östlich des Städtchens liegt am Ufer der Bucht der *Lady's Tower*, ein ursprünglich für Lady Janet Anstruther errichteter Bau. In Earlsferry findet sich das Kincraigh House von 1680.

134 St. Monance und die St. Monan-Kirche

Der Fischerort St. Monance (1200 Einwohner), 5 km ö., ist eines der bekanntesten und fotogensten Dörfer der Küste. Die *Little Houses* sind unmittelbar am Wasser oder über den Klippen errichtet und um den Hafen herum gruppiert. Die typischen »Fifie«-Fischerboote wurden früher im Dorf selbst gebaut; die kleine Werft hat sich inzwischen auf den Bau von Yachten spezialisiert. Eine ganz besondere Sehenswürdigkeit ist die von König David II. um das Jahr 1362 errichtete gotische *Church of St. Monan* mit ihrem gedrungenen quadratischen Turm, der oktogonalen Dachkonstruktion und dem gerippten Dach. David II. errichtete die Kirche aus Dankbarkeit für die am Schrein des Heiligen erfolgte wunderbare Genesung von einer schweren Wunde. Der Bau, der ohne Schiff blieb, wurde 1828 restauriert. – Südwestlich des Dorfes lohnen die Überreste des *Newark Castle* aus dem 17. Jh. einen Besuch. In der Nachbarschaft befindet sich ein kreisförmiges *Taubenhaus* aus der gleichen Zeit.

135 Pittenweem

Ein weiteres sehenswertes Fischerdorf ist Pittenweem (1500 Einwohner), 3 km nö. von St. Monance. Die typischen *Little Houses* sind um einen malerischen Hafen herum angeordnet, in dem auch, ähnlich wie in St. Monance oder Crail, die Hummerkörbe aus Drahtgeflecht und Holzlatten nicht fehlen. Der gälische Ortsname Pittenweem bedeutet soviel wie »Ort der Höhle«. Die *Höhle* in

Hafennähe, ein St. Fillan geweihtes Heiligtum der iro-schottischen Kirche, wurde im 12. Jh. durch einen Schacht mit der 1141 gegründeten *Augustinischen Priorei* verbunden. Sie wurde 1935 wiederhergerichtet und erneut geweiht.
10–12.30 und 14–20. Eintritt.
Die *Pfarrkirche* besitzt einen quadratischen Turm mit Balustrade aus dem Jahre 1592. 3 km nw. befindet sich n. der B 942 das *Balcaskie House* aus der Zeit um 1675. Es wurde von *Sir William Bruce*, dem Architekten des Holyrood House, Edinburgh, entworfen.

136 Schloß Kellie

6 km n. von Pittenweem liegt an der N-Seite der A 921 Kellie Castle, das im wesentlichen aus dem 16. und 17. Jh. stammt, obwohl die ältesten Teile auf die Zeit um 1360 zurückgehen. Das Schloß, in dem der berühmte Architekt des frühen 20. Jh. *Sir Robert Lorimer* (1864–1929) seine Jugendzeit verbrachte, besitzt sehenswerte Stuckdecken und bemalte Holztäfelungen. Der Garten umfaßt ein Terrain von 16 Morgen.
Haus: April bis September MO–DO, SA, SO 14–18. Gärten: Ostern bis September 10–17. Eintritt.

137 Die Eisenbahn von Lochty

5 km nö. von Kellie Castle liegt an der Einmündung einer von der A 921 herkommenden nk Straße der Weiler Lochty, Sitz der Lochty Private Railway Co. Die *Museumsbahn* bietet auf einer Strecke von 2,5 km Länge Fahrten mit historischen Dampfzügen.
Juni bis August SO 14–17. Eintritt bzw. Fahrkarte.

138 Anstruther und das Schottische Fischereimuseum

Der Heringsfischerhafen Anstruther (3100 Einwohner, Informationsamt) besteht eigentlich aus 2 Städten, *Anstruther Wester* und *Anstruther Easter*, die sich den zwischen beiden liegenden Hafen teilen. Anstruther Easter erhielt 1583 den Status eines Royal Burgh, Anstruther Wester folgte im Jahre 1587.

Der *Kirchturm* von Anstruther Wester datiert aus dem 16. Jh. Die *Pfarrkirche* von Anstruther Easter wurde 1634 erbaut, das Pfarrhaus von 1590 ist das älteste bewohnte Pfarrhaus in Schottland. Der Reiz der umgebenden Küste und die pittoreske Architektur der Stadt haben Anstruther zu einem der beliebtesten Ferienorte an der SO-Küste von Fife werden lassen. In *St. Ayles House* beim Hafen, einem mittelalterlichen Bau (Charta von 1318), der der Abtei von Balmerino (**130**) unterstand, befindet sich das *Scottish Fisheries Museum*, das eine Einführung in Leben und Arbeitsweise der schottischen Fischer in Vergangenheit und Gegenwart bietet. Das Museum umfaßt auch ein Aquarium.
April bis Oktober MO, MI–SA 10–12.30 und 14–18, SO 14–17; November bis März MO, MI–SA 14.30–16.30. Eintritt.
Die vorgelagerte *Isle of May* (Entfernung 8 km) ist heute Naturschutzgebiet und Nistplatz für mehr als 200 Vogelarten. Die Insel, die auch einen Leuchtturm besitzt, ist von Anstruther aus mit dem Boot zugänglich.

139 Crail

7 km nö. von Anstruther liegt der älteste der zahlreichen Königlichen Burgflecken an der Küste von Fife: Crail (1100 Einwohner). Mit seinen vielen pittoresken *Little Houses* entlang der zum Hafen hinabführenden Straßen, mit seinen Treppengiebeln und seinen roten Ziegeldächern gilt der Ort als besonders typisch.

Das Rathaus *(Tolbooth)* datiert aus dem frühen 16. Jh. Zu seiner Ausstattung gehören eine holländische Glocke von 1520 und ein vergoldeter Lachs als Wetterfahne. Das Wappen nennt als Datum 1602, das Obergeschoß des Baus stammt jedoch aus späterer Zeit. Die *Kollegienkirche* und jetzige Gemeindekirche geht auf das späte 12. und frühe 13. Jh. zurück, wurde jedoch seitdem stark verändert. Ein Teil der Holzschnitzereien im Inneren stammt aus dem 17. Jh. Sehenswert ist auch ein *piktisches Kreuz* aus dem 8. Jh. Der umgebende Kirchhof ist reich an interessanten Grabdenkmälern. Ein weiterer Piktenstein, ein mit christlicher Symbolik versehener Menhir, findet sich in den *Victoria Gardens*. Bemerkenswert ist auch das alte *Marktkreuz*, das von einem Einhorn gekrönt wird. – Crail besitzt ein *Heimatmuseum*. Etwa auf halbem Wege zwischen Anstruther und Crail finden sich an der Küste die *Caves of Caiplie*, Erosionshöhlen, deren größte eine Länge von 12 m aufweist. Gut 3 km nö. liegt unweit von Fife Ness, dem östlichsten Punkt der Küste, das Turmhaus *Balcomie Castle*, in dem sich Marie de Guise, die Mutter von Maria Stuart, im Jahre 1538 aufhielt.

140 St. Andrews

Die alte Universitätsstadt St. Andrews (*Royal Burgh* seit 1140), 11 700 Einwohner, Informationsamt) gehört zu den sehenswertesten mittelalterlichen Städten des Landes und ist ein Kristallisationspunkt schottischer Geschichte. Neben den Ruinen der Burg und der Kathedrale lohnen die zahlreichen Bauten aus reformatorischer und nachreformatorischer Zeit entlang der North Street und der South Street einen Besuch; auch die zahlreichen *Little Houses* verdienen Beachtung. Nach NW schließen sich entlang der flacher werdenden Küste die weltberühmten *Golfplätze* an, die bereits im 15. Jh. bespielt worden sein sollen: St. Andrews und Aberdeen streiten sich um die Ehre, Geburtsstätte des Golfsports zu sein. Der 1754 gegründete *Royal and Ancient Golf Club*, dessen Clubhaus am Westende der North Street n. der Straße sichtbar wird, gilt als der führende Golfclub der Welt und als eine Art letzte Autorität, was die Regeln des Spiels angeht.

Mit dem Bau der Kathedrale wurde 1161 begonnen, die Burg geht in ihren ältesten Teilen auf die Zeit um 1200 zurück. Im Spätmittelalter war St. Andrews Sitz des Primas von Schottland im Range eines Erzbischofs oder – am Vorabend der Reformation – eines Kardinals. Die *Universität*, die älteste in Schottland, wurde 1412 gegründet. Einige der folgenreichsten Ereignisse aus der ersten Phase der schottischen Reformation spielten sich in und vor der Burg von St. Andrews ab (vgl. u.). In nachreformatorischer Zeit verlor die Stadt an politischer Bedeutung. Sie verkam; ein Reisebericht von 1697 beschreibt den Gestank in den Straßen, der nicht nur von den zahlreichen Misthaufen herrühre, sondern auch von der Tatsache, daß überall die verrottenden Eingeweide von Heringen herumlägen. Vor den Kollegiengebäuden der Universität weideten, wie der Bericht weiter anmerkt, die Kühe und suhlten sich die Schweine. Angesichts solchen Niedergangs wurde 1697 der Vorschlag gemacht, die Universität nach Perth zu verlegen. Das 18. Jh. brachte einen wirtschaftlichen Aufschwung, der bis in die Gegenwart hinein anhält. Heute ist St. Andrews ein beliebter Ferienort geworden und Ausgangspunkt für Ausflüge in das kulturhistorisch so reiche Hinterland.

Wichtige Adressen: *Tourist Information*, South Street, Ecke Queen's Gardens – *Busbahnhof*, Westseite der City Road, am w. Ortsausgang – *Hauptpostamt*, Nordseite der South Street, zwi-

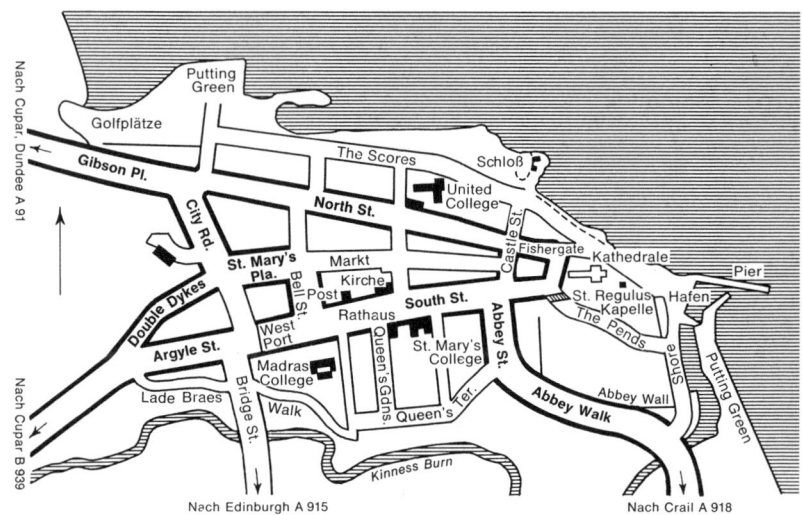

St. Andrews

schen Bell Street und Church Street – *Polizei-Hauptquartier*, Südseite der North Street, zwischen Greyfriars Gardens und College Street – *Krankenhaus*, Argyle Street, Ecke City Road.

Stadtrundgang

140.1 St. Andrews Castle. Günstiger Ausgangspunkt für einen Stadtrundgang ist das Ostende der North Street, wo sich auch in begrenztem Maße Parkmöglichkeiten befinden. Durch die North Castle Street gelangt man zu der unmittelbar an der Küste gelegenen Burg. Die aus ansehnlichen Quadersteinen errichtete Anlage geht auf die Zeit um 1200 zurück, ihre früheste Geschichte liegt jedoch im Dunkeln. In den Freiheitskriegen der Jahre 1297–1314 wechselte sie wiederholt den Besitzer. Um 1304 wurde sie als Residenz für Eduard I. und seine Gattin hergerichtet. Nach Bannockburn (1314) ließ Bischof William Lamberton die Anlage reparieren. In der Folgezeit war die Burg Residenz der Bischöfe von St. Andrews. 1336 befand sich das Schloß erneut in englischer Hand, 1337 wurde es von den Schotten belagert und zerstört. Die Ruinen wurden offenbar im späten 14. Jh. wieder aufgebaut. König Jakob I. (1394–1437) wurde in der Burg von Bischof Wardlaw, dem Gründer der Universität, unterrichtet. Seit 1425 diente die Anlage Jakob I. als Residenz. Auch Jakob II. (1430–1460) verbrachte einige Zeit in St. Andrews, und sein Sohn Jakob III. (1451–1488) wurde aller Wahrscheinlichkeit nach in dem Schloß geboren. Unter seiner Regierung wurde St. Andrews Sitz eines Erzbischofs. Die farbigsten Erscheinungen in der Reihe der Prälaten von St. Andrews sind ohne Zweifel *Erzbischof James Beaton* (1523–1539), dessen glanzvolle Hofhaltung selbst den repräsentationsfreudigen englischen Botschafter verblüffte, und sein Nachfolger und Neffe *Kardinal David Beaton* (1539–1546), der sich weigerte, den von Heinrich VIII. aufgesetzten Ehekontrakt für dessen Sohn und Maria Stuart zu ratifizieren und sich als strikter Opponent aller reformatorischen Tendenzen einen Namen machte. Als er 1546 in Erwartung eines Angriffs der Engländer die Verteidigungsanlagen der Burg verstärken ließ, gelang es einer Gruppe protestantischer Verschwörer, darunter auch dem Reformator *John Knox*, als Maurer verkleidet Einlaß zu finden. Kardinal Beaton wurde umgebracht, seine Leiche wurde zur Abschreckung der Bevölkerung an der Burgmauer an einem Arm und einem Fuß aufgehängt. 1547 wurde die Burg nach langer

St. Andrews

Belagerung von einem französischen Expeditionscorps zurückerobert, die protestantischen Eindringlinge wurden als Galeerensträflinge gefangengenommen. Der letzte vorreformatorische Erzbischof von St. Andrews, *John Hamilton* (1549–1571) baute die Anlage noch einmal um. In den folgenden Jahrzehnten verlor die Burg so an politischer Bedeutung, daß der Stadtrat 1654 beschloß, einen Teil der Steine für die Ausbesserung des Hafens zu verwenden.
Die Burganlage war zur Landseite hin durch einen tiefen Graben zusätzlich gesichert. Er wird heute auf einer hölzernen Brücke überquert, die die alte Zugbrücke ersetzt. Am besten erhalten sind die *Tordurchfahrt*, die aus relativ später Zeit stammt und deutlichen Renaissanceeinfluß zeigt, sowie der unter dem Namen *Fore Tower* bekannte mächtige Südturm. Der Fore Tower war vier Stockwerke hoch, seine Dimensionen, sein Treppengiebel und besonders das breite Zierfeld aus Kragsteinen, diesmal im Schachbrettmuster, sind typisch für die schottische Architektur der Renaissance.
Zu beiden Seiten des Eingangs befinden sich Kammern mit sehenswerten Deckengewölben, in denen unterirdische Gänge ihren Ausgang nehmen: Es handelt sich um Teile eines Stollensystems, das von den Verteidigern des Schlosses während der großen Belagerung 1546/47 gegraben wurde, um den von den Belagerern vorgetriebenen Schacht strategisch unbrauchbar zu machen. Die beiden Hauptstollen, *Mine* und *Counter-Mine* genannt, sind vielleicht interessanteste Teil der Schloßbesichtigung. Sinn der »Mine«, die w. der Uferstraße ihren Ausgang nimmt, war es, unter den Fore Tower zu gelangen, um ihn in die Luft zu sprengen – eine Technik, die noch im Festungskrieg 1914–1918 Verwendung fand. Das Vorhaben wurde von den Verteidigern zunichte gemacht. Es war ihnen möglich, die Lage der »Mine« auszumachen und die »Counter-Mine« so vorzutreiben, daß ein Durchbruch in den Schacht der Belagerer gelang. Das Stollensystem ist von der »Counter-Mine« her zugänglich. Diese ist nur in gebückter Haltung passierbar, während die »Mine« sehr geräumige Abmessungen hat: Sie war für den Einsatz von Ponys ausgelegt. In der »Counter-Mine« wird eine Kohlenader sichtbar. Von der Nord- und der Ostseite der Burganlage sind nur spärliche Überreste erhalten; einige Mauern des Ostflügels sind im 19. Jh. ins Meer abgerutscht. An der NO-Ecke befand sich der mächtige Küchenturm, an der NW-Ecke der Sea Tower, der das flaschenförmige Burgverlies von 7,3 m Tiefe und etwa 4,6 m unterer Weite enthielt, einen *Bottle Dungeon* ohne Lüftung und sanitäre Anlagen. Das finstere Loch ist in seiner ganzen Trostlosigkeit erhalten. Von den Ruinen des Nordflügels aus genießt man einen guten Blick auf die umgebende Küste.
April bis September MO–SA 9.30–19, SO 14–19; Oktober bis März MO–SA 9.30–16, SO 14–16. Eintritt.

140.2 St. Rule's Church und St. Andrews Cathedral.

Durch ein Tor am Ostende der North Street gelangt man in den Kathedralbezirk. Dieser birgt neben einem weiten Gräberfeld die Ruinen zweier Kirchen: die der romanischen *St. Regulus-Kirche* mit ihrem schlanken quadratischen Turm und die der Kathedrale, der einst größten Kirche Schottlands. Erhalten sind auch einige Gebäude des zur Kathedrale gehörenden Klosters sowie der Kreuzgang.
Die *Regulus-Kirche (St. Rule's Church)* ist eine der interessantesten frühen Kirchen Schottlands, wobei die Datierung des Bauwerks Anlaß zu erheblichen Kontroversen gegeben hat. St. Rule's war die erste Kirche der in den 20er Jahren des 12. Jh. nach St. Andrews berufenen Augustiner Chorherren, deren politische Funktion es war, als *Regular Canons* (vgl. S. 30) für die Verbreitung der römisch-katholischen Form des Christentums in Fife zu sorgen: St. Andrew, seit 908 Bischofssitz, war bis ins ausgehende 11. Jh. fest in den Händen der iro-schottischen Kirche, die auch die Bischöfe stellte. Im Jahre 1107 bahnte sich dann ein Wandel an, als ein gewisser Turgod erster römisch-katholischer Bischof von St. Andrews wurde. Ein großes keltisches Kloster bestand noch das gesamte 12. Jh. hindurch, wenn auch die neue römisch-katholische Oberaufsicht die Rechte der iro-schottischen Mönche immer mehr beschnitt.
Auf den Klippen oberhalb des Hafens (ö. des Kathedralbezirks) finden sich noch die Fundamente der von den iro-schottischen Mönchen im 12. Jh. erbauten Kirche *St. Mary of the Rock*, was beweist, daß die angestammte Kirche den römisch-katholischen Repressionen vor Ort jahrzehntelang widerstand. Die St. Regulus-Kirche besteht aus einem Altarraum und Chor. Ihr Wahrzeichen ist der massive, 32,9 m hohe und vorzüglich erhaltene *Westturm*. Ein Schiff aus späterer Zeit ist völlig verschwunden. An der eigenwillig-romanischen Kirche wurden bis ins 16. Jh. hinein bauliche Veränderungen vorgenommen. Einige Details lassen darauf schließen, daß in der frühesten Bauphase, wahrscheinlich zwischen 1127 und 1144, Baumeister aus Yorkshire maßgeblich beteiligt waren, die bis zu einem gewissen Grade vorromanische Traditionen fortsetzten. Parallelen ergeben sich zur Kirche von Wharram-le-Street in Yorkshire.

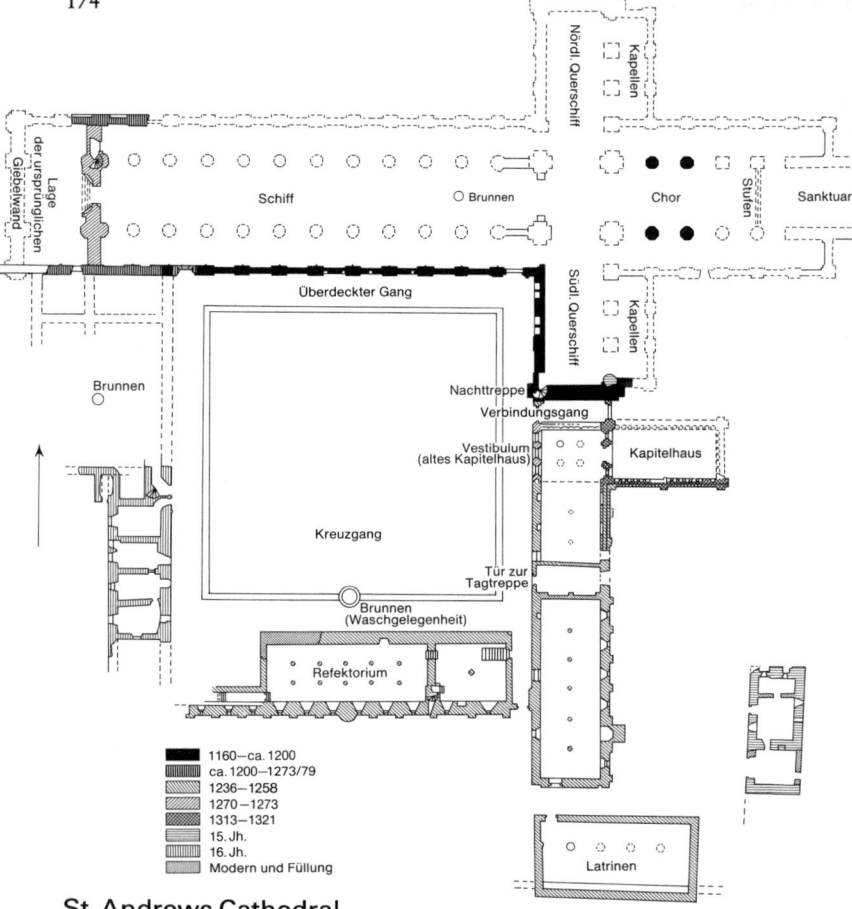

St. Andrews Cathedral

Die *Kathedrale* wurde 1161 unter Bischof Arnold, einem Tironenser-Mönch und ehemaligen Abt von Kelso (**52**), begonnen. Nach allgemeinem Usus errichtete man zunächst die Westfassade, die jedoch während eines Sturmes einfiel und in den Jahren 1273–1279 in ihrer heutigen Form, etwas nach O versetzt, neu hochgezogen wurde. Der Chor wurde 1238 vollendet, und 1318 wurde die Kathedrale im Beisein von König Robert the Bruce geweiht. Die Länge des Baus wurde in Großbritannien nur von der Kathedrale von Norwich übertroffen. Rund 50 Jahre später wurde die Kirche durch ein Großfeuer zerstört. Die Querschiffe mußten teilweise erneuert werden, der Chor erhielt ein neues Balkenwerk. Um das Jahr 1440 war die Kirche in neuem Glanz erstanden. Die letzte bedeutende politische Handlung, die in der Kathedrale vollzogen wurde, war die Eheschließung zwischen König Jakob V. und Marie de Lorraine (1538). – Die Predigten des *John Knox* führten auch in St. Andrews zu einem Bildersturm, der sich jedoch offenbar in Grenzen hielt. In den

Jahrzehnten nach der Reformation wurde die Kathedrale, aller wertvollen Einrichtungsgegenstände entkleidet, dem Verfall preisgegeben. Später wurde der Bau zum Steinbruch. Erhalten geblieben ist die 18,3 m hohe *Ostfassade* aus dem 12. Jh. mit ihren drei Fenstern im Übergangsstil und dem nach 1419 eingesetzten großen gotischen Fenster darüber. Die ursprüngliche Gestaltung der Fassade (3 weitere Fenster im Übergangsstil, die ihre Basis auf der Höhe des Triforiums hatten) ist im Mauerwerk gut sichtbar. Die beiden *Ecktürme* enthielten Wendeltreppen, die die Umgänge auf den verschiedenen Ebenen miteinander verbanden, deren Lage aufgrund der vorhandenen Öffnungen rekonstruierbar wird. Die Überreste des s. *Querschiffs* stammen wahrscheinlich aus der Zeit nach 1409, als dieser Teil der Kirche nach dem Einsturz des Südgiebels erneuert werden mußte. In der SW-Ecke des Querschiffs befindet sich die Nachttreppe, die zu den Schlafsälen der Mönche führte. Sehenswert sind hier die *Blendarkaden*. Die erhaltene *Südwand* des Schiffes wurde im Übergangsstil des späten 12. Jh. erstellt. Von besonderem Interesse ist die Tatsache, daß die vier w. Fenster rundbögig sind, während die anschließenden 6 ö. Fenster eindeutig gotische Stilmerkmale zeigen: Letztere wurden im späten 13. Jh. eingefügt, sie sind jedoch älter als die gegenwärtige Westfassade. Bei der Neukonstruktion der Westfassade nach 1273 wurde das Schiff um 10,36 m verkürzt. Die nun außerhalb des eigentlichen Kirchenbaus liegenden Bauelemente wurden zu einem *Narthex* umgestaltet. Besonders sehenswert daran ist das gut erhaltene gotische Arkadenwerk. Die *Klostergebäude* sind soweit erhalten, daß ihre Lage rekonstruierbar ist (vgl. den Plan). Sehenswert sind auch die *Steinsärge* im Kapitelhaus, die aus dem 14. Jh. stammen. Die Krankenstube *(Warming House)* auf der Ostseite des Kreuzgangs und s. des Kapitelhauses wurde im 19. Jh. weitgehend wiederhergerichtet. Das weiter ö. isoliert stehende sogenannte *Haus des Priors* stammt aus späterer Zeit und dient heute als Museum. Es enthält eine sehr interessante Sammlung von mittelalterlich-keltischen Grabsteinen sowie einen einzigartig gestalteten Sarkophag mit keltischer Rankenornamentik und Darstellungen aus dem Leben König Davids. Die Arbeit datiert aus dem 8.–10. Jh.
April bis September MO–SA 9.30–19, SO 14–19; Oktober bis März MO–SA 9.30–16, SO 14–16. Eintritt nur für die Regulus-Kirche.

140.3 The Pends. Westlich der Kathedrale wölben sich über die Pends Road die mächtigen gotischen Torbögen des ehemaligen Eingangs zum Klosterbezirk. Dazwischen werden die Gewölbeansätze des einstigen Torhauses sichtbar. Der Bau stammt aus dem 14. Jh. – Von Interesse ist auch die *Einfriedungsmauer* des Klosterbezirks selbst. Sie hatte eine Länge von 1,6 km, war 6,1 m hoch und 0,9 m dick. Ein System von Wehrtürmen diente der zusätzlichen Sicherung. Die derzeitige Mauer stammt wahrscheinlich aus dem frühen 16. Jh.

140.4 Queen Mary's House. Am Ostende der South Street befindet sich auf deren Südseite ein 1523 erbautes Haus, in dem Maria Stuart gewohnt haben soll. Das Haus dient heute für die benachbarte St. Leonard's School als Bibliothek.

140.5 St. Mary's College. Folgt man der South Street in w. Richtung bis zur West Burn Lane, so gelangt man zu den Gebäuden des 1537 von Kardinal Beaton gegründeten Marienkollegs, einem Teil der Universität. Sehenswert sind der alte Innenhof sowie ein Weißdornbaum, den Maria Stuart pflanzte.

140.6 Town Hall. Ebenfalls auf der Südseite der South Street, Ecke Queen's Gardens, findet sich das alte Rathaus, das einige interessante Relikte wie beispielsweise die Axt des Scharfrichters enthält.

140.7 Holy Trinity Church. Unmittelbar gegenüber der Town Hall liegt auf der Nordseite der South Street die der Heiligen Dreifaltigkeit geweihte alte Stadtkirche von 1412. Der Bau wurde in der Zwischenzeit stark verändert. Der Turm stammt aus dem 16. Jh. 1547 predigte *John Knox* in der Kirche. Sehenswert sind die Überreste des Chorgestühls von 1505 sowie das Grabmal für den 1679 ermordeten *Erzbischof Sharp* (vgl. S. 37). Die modernen Glasfenster stammen von *Douglas Strachan*.

140.8 Blackfriars Chapel. Weiter w. befindet sich, wiederum auf der Südseite der South Street und auf dem Gelände des modernen Madras College (das nicht Bestandteil der Universität ist) die Dominikaner-Kapelle von 1525, letzter Überrest eines 1274 gegründeten Klosters.

140.9 West Port. Über dem Westende der South Street wölbt sich als Bestandteil der alten Stadtbefestigung das Westtor von 1589. Die seitlichen Bögen wurden 1843 hinzugefügt.

140.10 St. Andrews University und Church of St. Salvator. Der Weg zurück zur North Street führt durch das alte Stadtzentrum, über Market Street und Union Street. Gegenüber der Einmündung der letztgenannten Straße in die North Street befindet sich das Zentrum der 1412 gegründeten Universität, bestehend aus den 1747 vereinigten Colleges St. Salvator (1455) und St. Leonard (1512). Besonders sehenswert ist die aus dem 15. Jh. stammende St. Salvator-Kirche, die heute als Universitätskirche dient. Die Kirche besitzt das älteste erhaltene Tabernakel in Schottland.

141 Die normannische Kirche von Leuchars

9 km nw. von St. Andrews befindet sich im Weiler Leuchars (ö. der A 91) eine gut erhaltene normannisch-romanische Kirche, Leuchars Norman Church. Besonders sehenswert sind Altarraum und Apsis.

Route 8

Dundee – Arbroath – Montrose – Stonehaven – Aberdeen

Die im folgenden beschriebene Route verläuft im wesentlichen entlang der Ostküste. Die Entfernung Dundee – Aberdeen (A 92) beträgt 106 km.

142 Schloß Broughty

Verläßt man Dundee nicht über die A 92, sondern über die s. davon längs der Küste verlaufende A 930, so gelangt man nach 7 km in die Vorstadt Broughty Ferry. Hier befindet sich in unmittelbarer Nachbarschaft des Hafens das 1860 als Armee-Garnison hergerichtete Broughty Castle aus dem 15. Jh. Das Schloß beherbergt ein kleines, dem Walfang gewidmetes *Museum*.

143 Schloß Claypotts

Sehr viel fotogener ist das ebenfalls innerhalb von Broughty Ferry gelegene Claypotts Castle an der Kreuzung A 92/B 978 mit seinen Treppengiebeln und sehr ausgeprägten *Cap Houses*. Claypotts ist ohne Zweifel eines der vollständigsten Beispiele für ein schottisches Turmhaus des 16. Jh. Der Bau, angeblich Behausung der Geliebten des Kardinals Beaton, trägt die Daten 1569 und 1588. Er folgt dem Z-förmigen Grundriß, wobei sich an jeder der diagonal gegenüberliegenden Ecken ein mächtiger Rundturm mit Cap House erhebt. Eine Reihe von Schießscharten im fensterlosen Erdgeschoß unterstreichen den Festungscharakter. In den Jahren vor 1689 war Claypotts Castle Wohnsitz von James Graham of Claverhouse, besser bekannt unter dem Namen *Bonnie Dundee*, der als Befehlshaber der jakobitischen Streitkräfte in der Schlacht von Killiecrankie (**97**) fiel. Nach dem Zusammenbruch der jakobitischen Rebellion wurde der Bau enteignet; er fiel der mächtigen Familie Douglas zu.

144 Carnoustie

Nach weiteren 11 km erreicht die A 930 das Seebad und Golferzentrum Carnoustie (6200 Einwohner, Bahnstation, Informationsamt). Die nach S anschließende Küste von Buddon Ness bietet eine sehenswerte Dünenlandschaft und einen kilometerlangen Sandstrand.

Johnshaven, südlich von Stonehaven. ▶

145 Die Erdhäuser von Ardestie und Carlungie

15 km ö. von Dundee finden sich auf der Nordseite der A 92 bei Muirdrum zwei gut erhaltene große Erdhäuser, wie sie in den ersten nachchristlichen Jahrhunderten als Wohnstätten in Gebrauch waren, die Ardestie und Carlungie Earth-Houses. Das Erdhaus von Ardestie besitzt eine 24 m lange unterirdische Galerie, in Carlungie haben die sehr komplexen unterirdischen Strukturen sogar eine Ausdehnung von insgesamt 45 m.

146 Arbroath

Das 26 km nö. von Dundee gelegene Städtchen Arbroath (22 600 Einwohner, Bahnstation, Informationsamt) ist ein wichtiger Fischereihafen sowie ein Seebad mit einem guten Sandstrand im S und einer reich gestalteten Klippenküste mit zahlreichen Höhlen im N. Zu den touristischen Einrichtungen gehört ein am Meer gelegenes Freischwimmbad. Hauptsehenswürdigkeiten sind neben dem wiederhergestellten *Herrenhaus von Hospitalfield* (am W-Rand), das als Kunstschule dient und eine recht interessante Sammlung schottischer Portraits enthält, die *Tironenser-Abtei* und der *Signal Tower* sowie das St. Vigean's Museum (vgl. u.). – In Arbroath fand die Polizei 1951 den zuvor von schottischen Nationalisten aus der Abtei von Westminster, London, gestohlenen *Stone of Scone* (vgl. **174**).

Wichtige Adressen: *Tourist Information*, High Street, Ecke Hill Street – *Bahnhof*, Keptie Street – *Postamt*, Hill Street – *Polizei-Hauptquartier*, Springfield Terrace, Ecke Cliffburn Road – *Hauptkrankenhaus*, Rosemount Road

146.1 Arbroath Abbey. Arbroath, das erst 1599 den *Royal Burgh*-Status erhielt, besitzt eine der imposantesten Abteikirchen Schottlands (ca. 300 m n. des Zentrums). Als Ruine erhalten sind neben den mächtigen Westtürmen Teile des Schiffes und des s. Seitenschiffes, des Chores und des nicht mit Seitenschiffen versehenen Presbyteriums sowie das s. Querschiff mit der nach O anschließenden Sakristei, die noch überdacht und relativ intakt ist. Besonders sehenswert ist die Südwand des s. Querschiffs mit seinem großen *Rosettenfenster*. Die Rosette ist als das »O von Arbroath« bekannt: Das Fenster war im Mittelalter nachts erleuchtet, als Orientierungsmarke für die Schiffahrt. Die noch erhaltenen Strukturen sind von frühgotischem Formsinn geprägt. Man darf annehmen, daß die kreuzförmige Kirche einen zentralen Turm hatte. Von den Klostergebäuden sind mit Ausnahme des säkularen Abtshauses nur noch die sehenswerten Überreste des mächtigen *Torhauses* (Abbey Street, w. der Kirche) sowie das ihm w. davon gelegene *Gefängnis* mit seinen Gewölben vorhanden. Die den Klosterhof umgebenden Gebäude sind mit Ausnahme des an das s. Querschiff anschließenden Kapitelhauses nicht mehr rekonstruierbar.

Architekturgeschichtlich ist die Abtei dem goldenen Zeitalter der kirchlichen Baukunst in Schottland zuzurechnen, sie wurde 1178 von Wilhelm dem Löwen (1143–1214) als kluniazensische Priorei gegründet. Der König wurde 1214 in der Kirche beigesetzt. 1233 übernahmen Tironenser-Mönche aus Kelso (**52**) die Anlage, die nun den Status einer Abtei erhielt und der Jungfrau Maria sowie dem *hl. Thomas à Becket* geweiht wurde. Becket war kurz zuvor heiliggesprochen worden, und er war mit William the Lyon persönlich bekannt gewesen. Im übrigen wollte man durch die Wahl des Patrons dem englischen Königshaus offenbar deutlich machen, wie sehr man Heinrich II. verachtete. In einem Saal des Torhauses wurde 1320 die berühmte *Declaration of Arbroath*, die Magna Charta Schottlands, unterzeichnet. Sie war Ergebnis einer Versammlung der schottischen Stände und Antwort auf eine Bannbulle des in Avignon im Exil lebenden Papstes Johannes XXII., der darin auf Betreiben König Eduards II. von England, in dessen kontinentalem Einflußbereich er geboren worden war, die gesamte schottische Nation hochverräterischer Bestrebungen wegen exkommuniziert hatte. Die Deklaration enthielt die formale Unabhängigkeitserklärung Schottlands von England und bestätigte Robert the Bruce als schottischen König. Sie wurden von 2 schottischen Gesandten im Palais des Papes in Avignon verlesen. Die Abtei wurde nie zerstört. Sie florierte sogar

◀ *Die Eisenbahnbrücke über den Forth.*

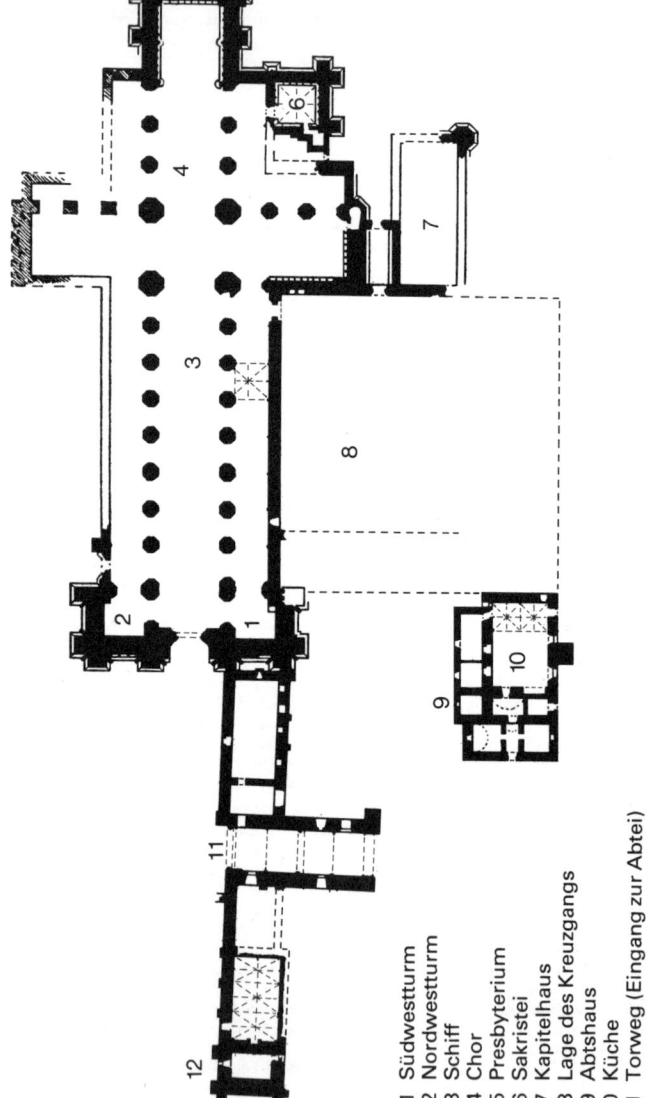

1 Südwestturm
2 Nordwestturm
3 Schiff
4 Chor
5 Presbyterium
6 Sakristei
7 Kapitelhaus
8 Lage des Kreuzgangs
9 Abtshaus
10 Küche
11 Torweg (Eingang zur Abtei)
12 Fried

Arbroath Abbey

noch nach der eigentlichen Reformation bis zum Jahre 1606, als die mit ihr verbundenen Besitzungen endgültig säkularisiert wurden. Danach verfielen die Gebäude, und sie wurden schließlich als Steinbruch benutzt. Das Abtshaus dient heute als Museum. Es besitzt eine Küche aus dem 13. Jh.
April bis September MO–SA 9.30–19, SO 14–19; Oktober bis März MO–SA 9.30–16, SO 14–16.

146.2 Signal Tower. Der Signal-Turm im Ortsteil Ladyloan hatte nach Fertigstellung des 18 km vor der Küste gelegenen Leuchtturms von Bell Rock im Jahre 1811 die Funktion, der Leuchtturmbesatzung als Küstenbasis zu dienen und Signale zu übermitteln. Der unmittelbar am Meer liegende Turm beherbergt heute ein *Heimatmuseum*.
MO–SA 9.30–13 und 14–17.

146.3 St. Vigean's Museum. Das 2 km n. des Zentrums und w. der A 92 gelegene, in einer Hütte untergebrachte Museum enthält eine Reihe sehenswerter piktischer Grabsteine.
April bis September MO–SA 9.30–19, SO 14–19; Oktober bis März MO–SA 9.30–16, SO 14–16.

147 Schloß Kellie (Arbroath)

4 km w. von Arbroath liegt an der B 9127 ein im 19. Jh. restauriertes und noch bewohntes Turmhaus, Kellie Castle, das 1614 seine heutige Gestalt erhielt. In der Bibliothek des Hauses ist eine *Galerie* eingerichtet, in der schottische Künstler ihre Werke ausstellen können.
März bis 23. Dezember MO, MI–SO 11–17.

148 Das Rote Schloß

Folgt man von Arbroath aus der ö. der Hauptstraße verlaufenden nk Straße nach Montrose, so gelangt man nach 13 km im Mittelteil der wegen ihres Sandstrandes bekannten *Lunan Bay* zu der Ruine eines Turmhauses, dem die intensive Farbe des verwendeten Sandsteines den Namen gegeben hat: Red Castle. Der Bau ersetzt ein älteres Herrenhaus, das König *Robert the Bruce* im Jahre 1328 seinem Schwiegersohn Hugh, dem 6. Grafen von Ross, übergab. Funktion des Baus war ursprünglich die Sicherung der Küste vor wikingischen Einfällen.

149 Montrose

Die Geschichte des Ferienortes und Fischerhafens Montrose (*Royal Burgh* seit 1369, 10000 Einwohner, Bahnstation, Informationsamt), reicht bis ins 10. Jh. zurück. Die mächtige mittelalterliche Burg war 1296 Aufenthaltsort des englischen Königs Eduard I., wurde dann aber im folgenden Jahr durch den schottischen Freiheitshelden William Wallace zerstört. 1612 wurde James Graham, der berühmte 1. Marquis of Montrose, der sich im Bürgerkrieg der 40er Jahre als Royalist hervortat und unter Cromwell enthauptet wurde (vgl. S. 37), in der Stadt geboren. Nach der fehlgeschlagenen Rebellion von 1715 schiffte sich *James Francis Edward Stuart,* der Old Pretender, der als Jakob VIII. von Schottland ausgerufen worden war, auf seinem Weg ins Exil hier ein.

Die Stadt, auf einer Landzunge zwischen Montrose Basin und Nordsee gelegen, ist zu beiden Seiten von Wasser umgeben. In das Montrose Basin mündet der River South Esk. Die Altstadt besitzt pittoreske kleine Sträßchen.

Wichtige Adressen: *Tourist Information*, Town House, High Street – *Bahnhof*, Western Road, unweit des Montrose Basin – *Postamt*, Ostseite der Bridge Street – *Polizei-Hauptquartier*, Panmure Place.

Das *William Lamb Memorial Studio* (Ostseite der Murray Street) enthält eine Kunstsammlung. Außerdem besitzt Montrose ein sehenswertes Heimatmuseum *(Panmure Place)*. Allabendlich um 10 Uhr wird die 300 Jahre alte Abendglocke geläutet. – Nördlich von Montrose findet sich ein hübscher Sandstrand mit einer Reihe von Golfplätzen.

150 Die Kirche von Kinneff

Zwischen St. Cyrus und Inverbervie führt die A 92 unmittelbar über der in diesem Abschnitt recht steilen und klippenreichen Küste entlang. Fotogen ist ein Blick von der rund 35 m hoch gelegenen Straße in das pittoreske Fischerdorf Johnshaven (13 km n. von Montrose) mit seinem kleinen, gezeitenabhängigen Hafen.

Nördlich von Inverbervie, zu erreichen über eine nach 2 km abzweigende nk Straße, liegt an der Küste das kleine Dorf Kinneff. Die Tradition will, daß im Jahre 1652, als die Truppen Cromwells Dunnottar Castle (vgl. u.) bedrängten, die schottischen Insignien im Altarraum der Pfarrkirche des Ortes versteckt wurden. Sie blieben bis zur Restoration 1660 hier.

151 Schloß Dunnottar

3 km s. von Stonehaven befinden sich auf einem isolierten, weit ins Meer hinausragenden Felsstock von rund 50 m Höhe mit senkrecht abfallenden Wänden die ausgedehnten Ruinen von Dunnottar Castle, dem einstigen Sitz der Marschälle von Schottland. Die Kulturgeschichte des Felsens reicht bis ins früheste Mittelalter zurück, auch wenn die spärlichen historischen Quellen hinsichtlich seiner Nutzung und Bedeutung wenig explizit sind. Ortsnamen wie *St. Ninian's Den* oder *St. Ninian's Well* sowie in der Umgebung gefundene piktisch-frühchristliche Symbolsteine deuten darauf hin, daß Dunnottar seit dem ausgehenden 6. Jh. ein »Disert« der keltischen Kirche war, eine Einsiedelei und Missionsstation. 681 wurde der Fels möglicherweise zum ersten Mal belagert. In der Regierungszeit des Königs William the Lion (1165–1214) war Dunnottar bereits befestigt, und im Mai 1276 weihte Bischof *Wishart* von St. Andrews (**140**) auf dem Felsen die Gemeindekirche von Dunothyr, die eine St. Ninian geweihte ältere Kapelle ersetzte. 1297 befand sich Dunnottar in der Hand der Streitkräfte Eduards I. von England. Der schottische Freiheitsheld *William Wallace* erstürmte die Festung und verbrannte die Besatzung, die sich in die Kirche geflüchtet hatte, unter Mißachtung des Asylrechtes bei lebendigem Leibe. 1336 befand sich das Schloß erneut in englischer Hand. In der Folgezeit wechselte der Fels mehrfach den Besitzer, bis im ausgehenden 14. Jh. *Sir William Keith*, Großmarschall von Schottland, Herr der Burg wurde. Keith errichtete den mächtigen Fried an der SW-Ecke, was ihm die Exkommunikation durch den Bischof von St. Andrews einbrachte, der das gesamte Terrain des Burgfelsens als geweihten Grund betrachtete. Die Angelegenheit kam vor Papst Benedikt XIII., der 1394 in Avignon eine Bulle ausstellte, die den Bischof aufforderte, die Exkommunikation zurückzuziehen, wenn Keith sich bereit erkläre, in der Mitte des Felsens eine neue, größere Kirche zu errichten. – In der Folgezeit wurde Dunnottar eine der mächtigsten und strategisch bedeutendsten Festungen des

Dunnottar Castle

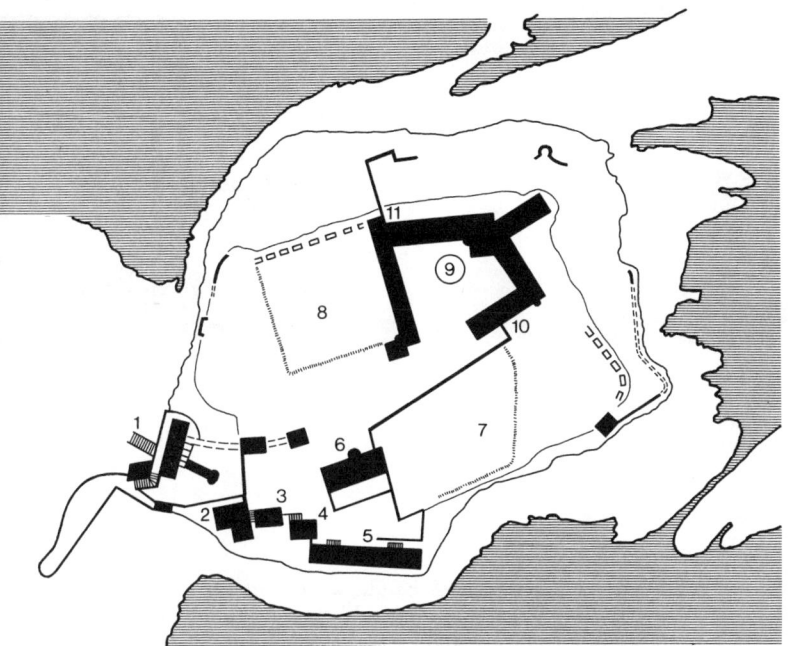

1 Zugang und Blendwand mit Brustwehr
2 Fried
3 Vorratsraum
4 Schmiede
5 Ställe
6 Waterton's Wohnstatt
7 Kirchhof
8 Bowling-Rasen
9 Brunnen
10 Kapelle
11 Wassertor

Landes. In der 1. Hälfte des 17. Jh. erreichte die politische Macht der Marschälle von Schottland ihren Höhepunkt. Damals entstanden die zahlreichen Bauten ö. des alten Frieds sowie auf der NO-Seite des Felsens (zu letzteren vgl. die beiden Pläne). Zunächst wurde offenbar die zu klein gewordene Küche aus dem 1. Stockwerk des Frieds in dessen Erdgeschoß verlegt, wo mehr Platz vorhanden war. Der alte Küchenraum wurde zu einem Wohnraum umgestaltet. Gleichzeitig mußten neue und größere Vorratskammern errichtet werden. Sie wurden ö. des Frieds angelegt, wobei das Obergeschoß als Wohnraum für die zahlreicher werdenden Bediensteten hergerichtet wurde. 1574 wurde das geräumige *Priest's House* errichtet. Das mächtige Torhaus und die damit zusammenhängenden Befestigungsanlagen stammen aus der gleichen Zeit. Der Westflügel der um einen Innenhof an der NO-

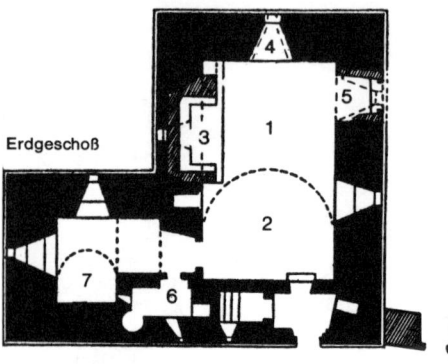

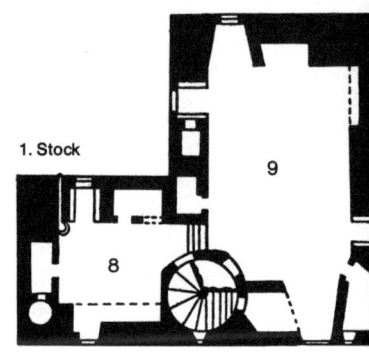

1 Lagerraum
2 Küchen-Umbau
3 Kamin, zuvor Schießscharte
4 Abfluß, zuvor Schießscharte
5 Durchgang, zuvor Schießscharte
6 Gefängniszelle
7 Vorratskammer
8 Privatzimmer, zuvor Küche
9 Großer Saal

Dunnottar Castle

Ecke des Felsens angesiedelten Gebäude wurde offenbar von dem 5. Earl Marischal im Jahre 1581 begonnen. Die übrigen Gebäude mit Ausnahme der *Whig's Vault* und der Suite des Marschalls stammen aus den ersten Jahren des 17. Jh. Diese Bauten wurden im Jahre 1645 vollendet. Im gleichen Jahr wurde die Burg im Gefolge des Bürgerkriegs von dem königstreuen Marquis von Montrose belagert. Ursprünglich hatten Montrose und der Marschall gemeinsam auf der Seite der Covenanters (vgl. S. 37) gekämpft, dann aber hatte Montrose nach 1640 die Seiten gewechselt, und so standen sich die ehemaligen Kampfgefährten nun als erbitterte Feinde gegenüber. Montrose, der sich hintergangen fühlte, nahm an den Untertanen des Marschalls grausame Rache, indem er im Hinterland von Dunnottar eine Politik der verbrannten Erde verfolgte. Der Marschall konnte von der Höhe seiner Burg aus zuschauen, wo ihm der überlieferte Trost eines puritanischen Eiferers, des Pfarrers Cant zuteil wurde: »Trouble not, for the reek will be a sweet-smelling savour in the nostrils of the Lord.« (Sei unbesorgt, denn der Rauch wird der Nase des Herrn ein wohlriechender Duft sein.) Cant hatte sich mit 16 anderen nonkonformistischen Pfarrern in die Burg geflüchtet. Von Oktober 1651 bis Mai 1652 wurde das Schloß erneut belagert, diesmal von Cromwells General Lambert. Man hoffte, Zugang zu den hier in Sicherheit gebrachten privaten Papiere des Königs Karl I. sowie zu den schottischen Regalien zu bekommen. Als die Besatzung schließlich kapitulieren mußte, wurde ihr erlaubt, dies mit allen militärischen Ehren zu tun. Die Stücke, die man zu finden dachte, waren jedoch nicht mehr vorhanden: die privaten Papiere

Karls I. waren von Anne Lindsey, einer Kammerzofe der Gattin des Gouverneurs, durch die feindlichen Linien geschmuggelt worden, und gleiches war mit den schottischen Regalien geschehen, wobei die Gattin des Pfarrers von Kinneff (vgl. o.) es der Kammerzofe gleichgetan hatte. Im Mai 1652 war Dunnottar das letzte schottische Schloß, von dem die königliche Flagge wehte. Während der Rebellion der Grafen von Monmouth und Argyll wurden im Mai 1685 167 gefangene Covenanters, 122 Männer und 45 Frauen, in die Whigs' Vault gebracht und den ganzen Sommer über hier gefangen gehalten. Der größere Teil von ihnen starb. Das letzte Kapitel in der langen Geschichte von Dunnottar begann 1715, als der 10. Earl Marischal, der jakobitischen Sache zugetan, die Kanonen des Schlosses der Streitmacht des Old Pretender (vgl. S. 39) zur Verfügung stellte. Nach der Niederschlagung des Aufstandes wurden die Besitzungen des Schloßherrn im Jahre 1716 von der Krone eingezogen. Dunnottar wurde 1718 geschleift, wobei die Dach- und Deckenkonstruktionen sowie das in den Dachstühlen enthaltene Blei verkauft wurden.

Ein bescheidener Eindruck von der Innenausstattung des Schlosses läßt sich in dem wieder überdachten *Drawing Room* im 1. Stock des Nordflügels des Gebäudekomplexes an der NO-Seite des Felsens gewinnen. Auch der L-förmige *Fried* und eine Reihe von Kellergewölben sind zugänglich.
MO–SA 9–18, SO 14–17. In den Monaten November bis März bleibt die Anlage FR geschlossen. Eintritt.

152 Stonehaven

Der malerisch in einer Bucht gelegene Fischerhafen Stonehaven (4600 Einwohner) besitzt ein ehemaliges Rathaus *(tolbooth)* aus dem 16. Jh., das ursprünglich dem Marschällen von Dunnottar als Vorratshaus diente. Später wurde es bis 1784 als Gefängnis benutzt. Hier waren von 1748 bis 1749 Pfarrer aus der Umgebung eingekerkert, die der Idee der Bischofskirche *(Episcopal Church)* zugetan waren. Das 1963 wiederhergerichtete Haus (am Kai) dient heute als *Museum*. Während der Sommermonate ist hier ein kleines Restaurant geöffnet.

Anfang Juni bis Ende September MO, MI–SO 10–12.

Am Ostende der High Street befinden sich in der Nachbarschaft des Hafens das *Marktkreuz* sowie ein Turm aus dem 18. Jh., in dem der Old Pretender *James Francis Edward Stuart* am 2.1.1716 zum König ausgerufen wurde. Eine Plakette an einem Haus am Südende des Marktplatzes erinnert daran, daß hier *Robert William Thomson* (1822–1873), der Erfinder des pneumatischen Reifens, des Federhalters und des Trockendocks geboren wurde. Jedes Jahr im Juni wird zur Erinnerung an ihn ein Wagenrennen mit Oldtimern durchgeführt. – In der Neujahrsnacht werden alte Schiffstaue zu Knoten geknüpft und als Feuerbälle durch die Hauptstraße getragen.
Die umgebende Küste bietet interessante Klippenszenerie. – Die landschaftlich eindrucksvolle A 957 nach Banchory (**196**) im Tal des Dee erreicht eine Seehöhe von 230 m. 7 km nw. von Stonehaven finden sich auf der Nordseite der Straße die Überreste des römischen Lagers von *Raedykes*.

153 Schloß Muchalls

8 km n. von Stonehaven liegt auf der Westseite der A 92, von der Straße aus durch eine Baumgruppe verdeckt, das noch bewohnte Schlößchen Muchalls Castle. Der 1619 von *Alexander Burnett of Leys*

(vgl. Crathes, **197**) in Auftrag gegebene Bau besitzt sehenswerte Stuckdecken mit heraldischen Motiven. Die Anlage folgt dem E-förmigen Grundriß. Muchalls ist ein Musterbeispiel für die intime Atmosphäre eines abgelegenen kleinen Familienwohnsitzes aus der Zeit nach der Vereinigung der schottischen und der englischen Krone.

154 Aberdeen

Aberdeen (182 000 Einwohner, Bahnstation, Flughafen, Fährhafen, Informationsamt) ist nach Glasgow und Edinburgh die drittgrößte Stadt Schottlands und der größte *Fischereihafen* des Landes. Der Rückgang der Heringsbestände, der »Silver Darlings«, wie die Einwohner der Stadt die Heringe liebevoll nennen, hat der Fischindustrie sehr zugesetzt, doch konnte der Hafen, bedingt durch das Nordseeöl, in jüngster Zeit einen neuen Aufschwung nehmen. Die im Zentrum etwas gestaltlos und schmutzig wirkende Stadt ist in ihren älteren Teilen fast vollständig aus dem silbergrauen Granit der Umgebung errichtet, was zu dem Werbe-Slogan von der »Silver City with the Golden Sands« geführt hat. Bei schlechtem Wetter und bewölktem Himmel kommen die Glimmer-Plättchen des Granits allerdings nicht zur Geltung, und die Stadt wirkt recht grau. Den goldenen Sand kann man auch nur an den wenigen wirklich warmen Sommertagen genießen, es sei denn, man sei Golfer: Aberdeen und St. Andrews (**140**) streiten sich darum, welche Stadt das Attribut »Geburtsstätte des Golf-Spiels« verdient.

Aberdeen ist als Endpunkt an das britische Intercity-Netz angeschlossen und wird neuerdings von dem 200 km/h schnellen IC 125 ab King's Cross, London, bedient. Die Stadt verfügt auch über Schlafwagenverbindungen nach London. Der Flughafen Dyce spielt eine wichtige Rolle im britischen Inlandsnetz. Zur Lerwick-Fähre vgl. S. 70. – Das moderne Aberdeen präsentiert sich als Geschäfts- und Industriestadt (Maschinenbau, Schiffsbau, Erdöl-Technologien, Papierverarbeitung, Chemikalien, Granit); die vorviktorianische Bausubstanz ist weitgehend vernichtet. Um so sehenswerter ist das rund 2 km n. gelegene *Old Aberdeen* (vgl. u.).

Aberdeen ist *Royal Burgh* seit 1179. Robert the Bruce suchte nach der Schlacht von Methven in Aberdeen Zuflucht. 1337 brannte Eduard III. von England die Stadt nieder. Bei ihrem Wiederaufbau wurde sie in zwei Zentren unterteilt: *Old Aberdeen* und das s. davon gelegene *(New) Aberdeen*. 1498 erhielt die Neustadt den Status eines *Burgh of Barony*. Während des Bürgerkriegs nach 1642 besetzte der Marquis von Montrose dreimal die Stadt; dem allgemeinen Niedergang im Anschluß an die Schlacht von Culloden (**112**) folgte im 19. Jh. mit der Anbindung an das Eisenbahnnetz, dem Ausbau des Hafens und der Ansiedlung einer Vielzahl von Industrien der Aufschwung zur modernen Großstadt. Im Jahre 1891 wurden Aberdeen und Old Aberdeen vereinigt.

Wichtige Adressen: *Tourist Information*, Union Street, Ecke Broad Street – *Informationsamt der Automobile Association*, Golden Square, Ecke Crimon Place, n. der Union Street – *Hauptbahnhof*, Guild Street und College Street – *Busbahnhof*, Guild Street, w. des Güterbahnhofs – *Motorail Terminal*, Guild Street, s. des Busbahnhofs – *Hauptpostamt*, Crown Street – *Air Terminal*, Südseite der Union Street – *Krankenhaus*, City Hospital, Urquhart Road.

Stadtrundgang

154.1 Town House. Der Stadtrundgang beginnt sinnvollerweise bei dem Stadthaus am Ostende der Union Street, der modernen Hauptstraße von Aberdeen. Der Bau stammt aus dem 19. Jh. und enthält eine gute *Portrait-Sammlung*. Auf dem nach O anschließenden Platz findet sich das *Marktkreuz* aus dem Jahre 1686. Es wurde für 100 £ errichtet, die man damals aus der Weinkasse der Kaufmannsgilde nahm.

154.2 St. Andrew's Episcopal Cathedral. Die Kathedrale der Episcopal Church auf der Nordseite der King Street ist modernen Datums.

154.3 Marischal College. Die Universität von Aberdeen umfaßt zwei mittelalterliche Colleges: das 1593 gegründete Marischal-College in der Broad Street und das *King's College* von 1494 in der High Street, Old Aberdeen. Das Gebäude des von *George Keith* von Dunnottar gegründeten Marischal College wurde 1836–1844 neu errichtet. Der Bau im neugotischen Stil gilt als einer der sehenswertesten Granitbauten der Welt.
Von dem 71 m hohen *Mitchell Tower* bietet sich ein guter Rundblick über die Stadt. Die Aula besitzt recht hübsche Glasfenster; das angeschlossene *anthropologische Museum* umfaßt klassische, ägyptische und chinesische Altertümer sowie Zeugnisse aus der schottischen Vergangenheit und Exponate zur Naturgeschichte. Hier befindet sich auch der 1958 auf der St. Ninian's Isle in Shetland (**710**) gefundene Silberschatz.
Museum: MO–FR 9–17.

154.4 Provost Skene's House. Das Haus aus der Zeit um 1545 (beim Rathaus, Westseite der Broad Street) war in den Jahren 1676–1685 Wohnsitz des Bürgermeisters Sir George Skene. Das sehenswerte Stadthaus besitzt gute Stuckdekorationen und bemalte Decken sowie eine interessante Sammlung zur Stadtgeschichte. – Das *Rathaus* Castle Street umfaßt den Turm eines älteren Rathauses aus dem 14. Jh. Vor dem Gebäude wurden bis zum Jahre 1857 die Todesurteile vollstreckt. Die hierzu benutzte Maschine, *Aberdeen Maiden* genannt, soll Vorbild für die französische Guillotine gewesen sein.
MO–SA 10–17. Eintritt.

154.5 Provost Ross's House. Das in der kleinen Ship Row zwischen Market Street und Union Street gelegene Haus von 1593 gilt als ältestes unverändert erhaltenes Haus Aberdeens. Es besitzt Erkerfenster, einen vorspringenden Turm und hübsche Arkaden.

154.6 Fishmarket. Rund 450 m weiter s. befindet sich auf der Ostseite der Market Street beim Albert Basin der Fischmarkt von Aberdeen, der größte des Landes. Hier werden allmorgendlich viele hundert Tonnen Fisch versteigert. Ein Besuch lohnt sich MO–FR zwischen 7.30 und 9.30.

154.7 St. Nicholas's Church. Kehrt man über die Market Street zurück, so gelangt man nach Überqueren der Union Street auf der Ostseite der St. Nicholas Street zu einer der größten Gemeindekirchen Schottlands, die – in der von Edinburgh und Glasgow her bekannten Weise – seit der Reformation in zwei Kirchen, *die East and West Churches of St. Nicholas*, unterteilt ist. Sehenswert sind die zwischen beiden Kirchen gelegenen Querschiffe aus dem 12. und 13. Jh. *Drum's Aisle*, ein Teil des Querschiffes, enthält ein mittelalterliches Grabmal mit einer Bronzeplatte. In der *Krypta* von 1420 haben Holzschnitzereien aus dem 15. Jh. die Wirren der Reformation überlebt. Die Krypta diente im 17. Jh. als Hexengefängnis, im 18. Jh. dann als Klempnerwerkstatt. 1830 wurde sie zur Armenküche umgestaltet. – Sehenswert ist auch das Grabmal von *Sir Alexander Irvine* und seiner Gattin. Irvine war 1439–1442 Gouverneur von Aberdeen. Die Kirche besitzt ein 48 Glocken umfassendes *Glockenspiel*, das während der Sommermonate zu bestimmten Tageszeiten geläutet wird.

154.8 Aberdeen Art Gallery and Museum. Das n. der Nicholas-Kirche an der Ecke von Schoolhill und Blackfriars Street gelegene Museum umfaßt einen regionalen Teil und eine sehenswerte Skulpturensammlung. Die angeschlossene Gemäldegalerie enthält eine umfassende Sammlung zur englischen Malerei des 20. Jh. sowie ältere Portraits und Gemälde von Künstlern wie Raeburn,

Aberdeen

Romney, Monet und Toulouse-Lautrec. Darüber hinaus werden Bronze-Plastiken von Epstein sowie eine Skulptur von Henry Moore gezeigt.
MO–SA 10–17, DO 10–20, SO 14–17.

154.9 Music Hall. Der neuhumanistisch inspirierte Bau mit seinen 6 massiven ionischen Säulen (Union Street, w. der Eisenbahnüberführung) ist ein Werk *Archibald Simpsons* von 1820. Er enthält Konzert- und Versammlungsräume.

154.10 St. Mary's Cathedral. Nordwestlich der Music Hall liegt in der Huntly Street die moderne römisch-katholische Kathedrale der Stadt.

154.11 Grammar School and Byron Statue. Folgt man der Huntly Street weiter, um dann den Weg über die Rose Street nach N fortzusetzen, so gelangt man zum alten Gymnasium, dessen Schüler Lord Byron von 1794–1798 war.

154.12 James Dun's House. Das in der Schoolhill genannten Straße gelegene Haus ist der ehemalige Wohnsitz von *James Dun*, dem Rektor des alten Aberdeener Gymnasiums. Es beheimatet heute ein Museum für »Kinder jeden Alters«.

Die Altstadt

Nach Old Aberdeen gelangt man durch die unmittelbar nach N führende King Street (A 92). Neben den nachstehend genannten Sehenswürdigkeiten bietet der Stadtteil eine Reihe interessanter *Little Houses*.

154.13 King's College. Das am Südende der High Street (w. der King Street, zu erreichen über die University Road) gelegene King's College von 1494, eines der beiden Colleges der Universität Aberdeen, wurde ähnlich wie das Marischal College im 19. Jh. erneuert. Allerdings ist die Kapelle aus der Zeit um 1500 praktisch unverändert erhalten. Sie ist für ihr Schnitzwerk (Chorgestühl, Kanzel) berühmt und besitzt sehenswerte Glasfenster. Der Turm stammt aus dem Jahre 1525. Die Kuppelkonstruktion in der Form einer Krone wurde 1633 nach einem Sturm erneuert. Die Bibliothek des College enthält sehenswerte alte Manuskripte.
Kapelle: MO–FR 8–17, SA 8–12.

154.14 St. Machar's Cathedral. Folgt man der High Street weiter in n. Richtung, so gelangt man, vorbei an den w. der der Straße gelegenen Universitätsgebäuden, zur Querstraße St. Machar Drive. Auf der Nordseite dieser Straße und w. der Kreuzung befinden sich die *Botanischen Gärten* der Stadt. Nach N schließt sich die Chanonry an, die zum Kathedralbezirk führt. Von der 1136 gegründeten Kathedrale haben nur das heute als Gemeindekirche benutzte Schiff, die beiden Westtürme sowie die Seitenschiffe überlebt. Der von *Bischof Leighton* errichtete Bau stammt im wesentlichen aus der 1. Hälfte des 15. Jh. Er wurde im Jahre 1552 fertiggestellt, nachdem 1540 die berühmte Eichendecke mit ihren 48 bemalten Wappenschilden eingezogen worden war. Die Kirche aus dem 15. Jh. wurde aus Granit errichtet, umfaßt allerdings einige ältere Bauteile aus Buntsandstein, die aus dem 14. Jh. und aus noch früherer Zeit stammen (Vierungspfeiler, Teile der Querschiffe und ein Fenster des s. Seitenschiffs). Der Chorteil wurde im Zeitalter der Reformation eingerissen, ansonsten überstand die Kirche die Wirren der Zeit relativ intakt, da John Knox in Aberdeen wenig Anhänger hatte und die Bischöfe bis zum Beginn der Cromwell-Ära im Amte blieben. Cromwell ließ den unmittelbar mit der Kirche verbundenen Bischofspalast einreißen, um Steine für den Bau einer Garnison zu erhalten. Nicht zuletzt als Folge der baulichen Veränderungen an der Kirche stürzte 1688 der zentrale Turm ein und riß Teile der Querschiffe mit. Mit der Restoration 1660 wurde die Kathedrale erneut Bischofskirche, sie blieb es bis 1689.
Das Barockgrab des vorletzten Bischofs, *Patrick Scougal*, findet sich am Westende des s. Seitenschiffs. Es hat die Jahrhunderte unbeschädigt überstanden. Das Innere der Kathedrale macht heute einen recht disproportionierten Eindruck; die von einfachen runden Säulen getragenen gotischen Arkaden wirken in einem Bau des 15. und 16. Jh. deplaziert. Erst der Anblick der *Facettendecke* mit ihrer Heraldik und ihren Portraits versöhnt den Beschauer.

154.15 Brig o'Dee. Aberdeen liegt zwischen den Mündungen der Flüsse Dee (im S) und *Don* (im N). Die beiden Steinbrücken, die seit dem ausgehenden Mittelalter über die Flüsse hinweg die Verbindung mit dem s. und dem n. anschließenden Hinterland herstellen, lohnen einen Besuch. Die alte Brücke über den Dee ist vom Westende der Union Street aus über die Holburn Street zu erreichen. Sie ist siebenbögig und 120 m lang. Der Bau besitzt ansehnlichen heraldischen Zierat.

154.16 Brig o'Belgownie. Die auch unter dem Namen *Auld Brig o'Don* bekannte einbögige Brücke mit einer Spannweite von 18,9 m liegt in der Verlängerung der ö. an der Kathedrale vorbeiführenden Don Street. Die recht malerisch über einer Schlucht gelegene Brücke wurde von *Bischof Cheyne* um das Jahr 1320 errichtet und 1607 repariert. Für die Solidität des Bauwerks spricht, daß ein 1605 zur Erhaltung der Brücke gestiftetes Kapital sich in der Zwischenzeit so vermehrte, daß damit 1830 für 26 000 £ die etwas weiter ö. gelegene *Neue Brücke* über den Don (A 92) errichtet wurde. In der Zwischenzeit ist das Kapital wieder so angewachsen, daß zahlreiche öffentliche Bauten aus diesem Fundus bezuschußt werden konnten.

Route 9

Dundee – Forfar – Brechin – Edzell – Stonehaven (– Aberdeen)

Die Alternativroute von Dundee nach Aberdeen führt durch das Binnenland, wobei sich gegenüber der Route über Arbroath (vgl. o.) kein Umweg ergibt. Die Strecke ist reich an Sehenswürdigkeiten.

155 Das Erdhaus und das Taubenhaus von Tealing

Man verläßt Dundee über die unmittelbar nach N führende A 929. Nach gut 6 km (ab Stadtzentrum) zweigt rechts eine nk Straße nach Kirkton of Tealing ab. Hier befindet sich neben einem sehenswerten Taubenhaus aus dem späten 16. Jh. *(Tealing Dovecot)* ein gut erhaltenes eisenzeitliches Erdhaus *(Tealing Earth-House)* mit Passage, Galerie und kleiner Innenkammer.

156 Glamis und das volkskundliche Museum von Angus

10 km n. von Dundee zweigt die A 928 von der unmittelbar nach Forfar (vgl. u.) führenden A 929 ab. Nach weiteren 10 km erreicht die Straße das Dorf Glamis (1200 Einwohner). In einer vorbildlich restaurierten Häuserzeile aus dem 17. Jh., den Kirkwynd Cottages, ist eine sehenswerte volkskundliche Sammlung untergebracht, die dem bäuerlichen und häuslichen Leben in der Grafschaft Angus im 19. Jh. und in früherer Zeit gilt. Die Hütten haben Steinplattendächer. – Beim Tor zum Kirchhof finden sich noch Halseisen und Kette als alten Prangers.
Mai bis September 13–17.30 sowie nach Vereinbarung. Eintritt.

157 Schloß Glamis

Das Königsschloß Glamis ist eines der fotogensten Schlösser Schottlands, zumal wenn man sich über die großzügig angelegte Hauptauffahrt, vorbei an dem sehenswerten *Taubenhaus* (links), der Anlage nähert. Klar erkennbar ist das L-förmige *Turmhaus* mit dem typischen Treppenturm im inneren rechten Winkel der beiden Flügel, an das zu beiden Seiten in späterer Zeit weitere Bauten angesetzt worden sind.

Der obere Teil des Turmhauses ist mit seinen auf Kragsteinen ruhenden Ecktürmchen, seinen Balustraden und dem Zinnenwerk des Treppenturms ein typisches Beispiel für den schottischen

Baronial Style. Die Stelle, auf der sich heute das Schloß erhebt, war bereits im 11. Jh. befestigt. Es wird angenommen, daß König Malcolm II. 1034 in Glamis starb. Das gegenwärtige Turmhaus stammt im wesentlichen aus den Jahren 1675–1687, wobei jedoch ein älterer Fried mit Mauern von bis zu 4,5 m Dicke auf sehr geschickte Weise in den Neubau einbezogen wurde. Der *The Crypt* genannte Teil des Hauses wird bei der Schloßführung gezeigt. Hier befanden sich zumindest bis ins beginnende 17. Jh. die *Große Halle* und das *Eßzimmer* des Schlosses. Eine Treppe führt zu dem ursprünglichen Eingang mit seiner schweren Holztür und dem noch vorhandenen Eisengitter hinab. Das Burgverlies des alten Hauses dient heute als Weinkeller.

Mit der Eheschließung zwischen Sir John Lyon of Forteviot und einer Tochter König Roberts II. (1316–1390) kam Glamis 1372 in den Besitz der Familie Lyon. Der König erhob Sir John zum Thane of Glamis. Noch heute ist Glamis im Besitz der Familie Lyon; spätere Könige benutzten den Bau als Jagdschloß. Jakob V. (1512–1542) hielt in dem Schloß Hof, wobei allerdings die Beziehungen zwischen diesem König und der Familie alles andere als freundschaftlich waren: Die Witwe des 6. Lord Glamis war eine geborene Douglas, sie entstammte damit einem Grafengeschlecht, mit dem die königliche Familie in Todfeindschaft lebte. Auf Betreiben des Königs wurde Lady Glamis der Hexerei beschuldigt und am 3.12.1540 auf der Esplanade zu Edinburgh »unter großem Mitleid der Bevölkerung, da sie in der Blüte ihrer Jahre und von einzigartiger Schönheit war«, verbrannt. Später söhnte sich die Familie mit den Stuarts aus, der 8. Lord Glamis brachte es zum Amt des Kanzlers von Schottland, sein Sohn allerdings war (zusammen mit dem Marquis von Montrose, bevor dieser die Seiten wechselte) maßgeblich an der Durchsetzung des Covenant von 1638 (vgl. S. 37) beteiligt. 1677 erhielt die Familie ein neues Patent, das den Familienältesten in den Stand eines Earl of Strathmore and Kinghorne erhob. Der 14. Graf von Strathmore war der Großvater von Königin Elisabeth II. Die Königinmutter und auch Prinzessin Margaret wurden in Glamis geboren.

Das Innere des Schlosses lohnt mit seinen Sammlungen von Portraits, Porzellan, Tapisserien und Mobiliar einen Besuch. Die einzelnen Räume sind in einem reich bebilderten Führer beschrieben, der beim Einlaß verkauft wird. Besonders sehenswert sind neben den Räumen des Frieds aus mittelalterlicher Zeit die vom dem Flamen *De Witt* (vgl. Edinburgh, Holyrood Palace, **66.29**) nach Darstellungen in der Familienbibel ausgestaltete *Schloßkapelle* mit ihrer Holztäfelung und bemalten Decke, die Stuckdecken von 1621 und eine Reihe von Kaminen. In der Schloßkapelle erscheint von Zeit zu Zeit der Schloßgeist in Gestalt einer jungen Dame. – Ein Souvenir-Laden und eine Cafeteria können nach Abschluß der Führung besucht werden. Die Familie des Grafen bewohnt heute eines der moderneren Nebengebäude. – Im weitläufigen Schloßpark befindet sich eine sehr schöne, mit 4 Löwen ausgeschmückte barocke *Sonnenuhr*.
Mai bis September SO–DI 13–17. Eintritt.

158 Der Stein von Eassie

Folgt man von Glamis aus der s. der A 94 nach Meigle (**177**) verlaufenden nk Straße, so gelangt man nach 6 km in den Weiler Eassie, in dessen altem Kirchhof sich eine frühchristliche Skulptur in Gestalt eines Steines (Eassie Sculptured Stone) befindet, der auf der Vorderseite ein reich verziertes keltisches Kreuz mit Symbol- und Tierdarstellungen zeigt, während auf der Rückseite piktische Symbole und Prozessions-Szenen dargestellt sind.

159 Der Stein von St. Orland

Ein weiteres frühchristliches Dokument findet sich in einem Feld in der Nähe des Gutshofes von Cossans 2 km nö. von Glamis und 5,5 km w. von Forfar. Der Stein (St. Orland Sculptured Stone) zeigt auf der einen Seite ein keltisches Kreuz mit der typischen Rankenornamentik, auf der anderen Seite figürliche Darstellungen.

160 Kirriemuir

8 km n. von Glamis, zu erreichen über die A 928, befindet sich der Ort Kirriemuir (4100 Einwohner), Geburtsort des Schriftstellers *Sir James Barrie* (1860–1937) und bekannt als Ausgangspunkt für Ausflüge in die Täler Glen Isla, Glen Prosen und Glen Clova. Barries Geburtshaus (Brechin Road 9) ist als *Museum* eingerichtet.

Das Nordende des Glen Clova ist über Langstrecken-Wanderrouten mit dem Tal des Dee verbunden (vgl. Braemar, **181** und Ballater, **185**).

161 Forfar (Angus)

Mit 10500 Einwohnern ist das 10 km nö. von Glamis an der A 94 gelegene Forfar eines der Zentren des bedeutenden Agrargebietes der Grafschaft Angus, wo u. a. die weltberühmten schwarzen Aberdeen-Angus-Rinder gezüchtet werden. Die ehemalige Grafschaftshauptstadt ist seit dem Mittelalter *Royal Burgh*, doch ist von der Burg, die König Robert the Bruce zu Beginn des 14. Jh. zerstörte, nichts erhalten. Das Rathaus wurde von dem bekannten Architekten *William Playfair* (1789–1857) entworfen. Hier befindet sich noch der mittelalterliche »Zügel von Forfar« (Forfar Bridle), ein Halseisen mit einem Dorn, das benutzt wurde, um Missetäter auf dem Weg zur Exekution zum Schweigen zu bringen.

162 Die Priorei von Restenneth

3 km nö. von Forfar befinden sich unweit der B 9113 an den Ufern des Loch Fithie die Ruinen einer wahrscheinlich von König David I. (1084–1153) gegründeten und von Eduard I. von England niedergebrannten augustinischen Priorei, die unter König Robert the Bruce im frühen 14. Jh. zu neuem Ansehen gelangte. Ein Sohn des Königs, Prinz Robert, ist hier begraben. Sehenswert ist vor allem der große quadratische Turm, an dessen Basis frühromanische Formgebung beobachtet werden kann. Der Altarraum stammt aus dem 13. Jh. Das Schiff und die Klostergebäude sind nicht erhalten. Reizvoll ist die landschaftliche Einbettung der Anlage.

163 Die Piktensteine von Aberlemno

Wählt man für die Fahrt von Forfar nach Brechin die ö. der Hauptstraße verlaufende B 9134, so gelangt man nach 9 km in den kleinen Ort Aberlemno. Im Kirchhof befindet sich ein reich gestalteter, gut erhaltener piktisch-frühchristlicher *Kreuzstein* (Aberlemno Sculptured Stone) mit symbolischen und figürlichen Darstellungen. Drei weitere, ähnlich gestaltete Steine finden sich entlang der B 9134 in der Nachbarschaft des Friedhofs.

164 Schloß Finavon

Unweit der Hauptstraße nach Brechin befindet sich 7 km nö. von Forfar auf der Südseite des River South Esk die Ruine eines um 1500 von den Grafen von Crawford errichteten Frieds, an den 1593 weitere Gebäude angefügt wurden. Das Turmhaus stürzte im 18. Jh. ein. – Sehenswert ist auch das Taubenhaus von Finavon *(Finavon Doocot)*.

165 Brechin

Das auf der Nordseite des River South Esk 18 km nö. von Forfar gelegene Städtchen Brechin (6500 Einwohner), *Royal Burgh* seit 1641, ist ein Agrarzentrum mit interessanter Vergangenheit. Teile der heutigen Gemeindekirche gehen auf eine mittelalterliche Kathedrale aus der Zeit um 1150 zurück. Die Kirche wurde 1807 teilweise abgerissen, 1900–1902 allerdings wiederhergestellt. Größte Sehenswürdigkeit des Städtchens ist der mit der Gemeindekirche verbundene *Brechin Round Tower* aus der Zeit um 1000. Der 26,5 m hohe Turm ist eines von zwei Beispielen für die mittelalterlich-irische Turmbauweise auf schottischem Boden. (Das zweite Beispiel findet sich in Abernethy, **78**). Der Eingang zum Turm zeigt die Verwandtschaft mit irischen Bauwerken gleichen Typs besonders deutlich. Türme wie der von Brechin hatten eine dreifache Funktion: Sie dienten als baulicher Bestandteil der Kirche wie auch als Wehr- und als Beobachtungsturm. In der Kirche selbst befinden sich mittelalterliche Grabdenkmäler.

Sehenswert sind auch die Überreste der wahrscheinlich 1256 von William de Brechin gegründeten *Maison Dieu Chapel*. Von der vermutlich zu einem mittelalterlichen Hospiz gehörenden Kapelle sind Teile der Südwand sowie Ansätze der Ostwand erhalten. Die Ausführung der Portale und Fenster ist ungewöhnlich verfeinert.

166 Die Caterthuns

8 km nw. von Brechin befinden sich in der Nachbarschaft des Dorfes Kirkton of Menmuir (zu erreichen über nk Straßen) zwei gut erhaltene Beispiele für eisenzeitliche Hügelfestungen. Der noch unausgegrabene *Brown Caterthun* besitzt vier konzentrische Wälle und Gräben; der *White Caterthun* verfügt über einen massiven steinernen Schutzwall und einen tiefen Graben sowie über weitere, vorgelagerte Verteidigungsanlagen.

167 Das Schloß und die Gärten von Edzell

Zwischen Brechin und Stonehaven lohnt sich der geringfügige Umweg (5 km) über die nw. der A 94 verlaufende B 966. Nach 10 km wird das Dorf Edzell (1000 Einwohner) am River North Esk erreicht. Edzell eignet sich als Standort für Ausflüge und Wanderungen in das nw. anschließende Bergland, das Höhen von 800 m erreicht. 1 km w. des Ortes liegt an einer nk Straße auf der Nordseite des West Water einer der schönsten Barockgärten Schottlands, verbunden mit einer Schloßanlage aus dem 16. Jh: Edzell Castle.

Der älteste Teil der aus rotem Sandstein errichteten Anlage ist ein rechteckiger *Fried* aus der Zeit um 1500, der mit seiner sehenswerten Kragstein-Verzierung auf Giebelhöhe nahezu intakt erhalten ist. Um 1580 wurde ein rechteckiger *Wohnblock* mit rundem Eckturm angefügt. 1602 kamen der geräumige Garten im französischen Stil sowie ein Badehaus und ein Sommerhaus hinzu. Der *Garten* ist von einer feingliedrig gestalteten Schutzmauer mit reichem allegorischem Zierat umgeben, aus deren Nischen Hängepflanzen in kunstvoller Anordnung herauswachsen. Dargestellt werden die Tugenden, die Freien Künste und die planetarischen Gottheiten. Die Darstellungen zeigen deutschen Einfluß. In den Gartenanlagen selbst sind heraldische Muster und der Wappenspruch der Lindsays of Glenesk: *Dum spiro spero* (So lange ich atme, hoffe ich) wiederkehrende Themen. Das Schloß wurde 1651 durch Cromwells Truppen besetzt und 1746 in der Endphase des Jakobiteraufstandes von den Campbells, den Parteigängern der Hannoveraner, völlig zerstört.
April bis September MO–SA 9.30–19, SO 14–19; Oktober bis März MO–SA 9.30–16, SO 14–16. Eintritt.

168 Das volkskundliche Museum von Glenesk

Folgt man der 2 km n. von Edzell nach N in das Glen Esk hinein abzweigenden nk Straße, so gelangt man nach 18 km in den Ort Tarfside. Hier befindet sich das Glenesk Folk Museum mit Exponaten zur Geschichte des Volkstums im Glen Esk von 1800 bis heute.
Osterwochenende 14–18; Ostern bis Ende Mai SO 14–18; Juni bis September 14–18. Eintritt.

Tarfside ist über mehrere Langstrecken-Wanderrouten mit dem Tal des Dee verbunden (vgl. Ballater, **185** sowie Aboyne, **195**).

169 Fettercairn

Das 8 km von Edzell gelegene hübsche Dorf Fettercairn (1100 Einwohner) ist vor allem durch den *Fettercairn Arch* bekannt, einen steinernen Bogen über die B 966, mit dem die Gemeinde einen Besuch von Königin Victoria und Prinz Albert im Jahre 1861 feierte. Auf dem Marktplatz findet sich der Schaft eines *Stadtkreuzes* von 1670. Eine Einkerbung zeigt das schottische Ellenmaß.

170 Schloß Fasque

Von Fettercairn führt die landschaftlich eindrucksvolle B 974 nach Banchory (**196**) ins Tal des Dee. 3 km n. des Ortes befindet sich auf der Südseite einer abzweigenden nk Straße das 1809 errichtete Fasque House. Im Jahre 1828 wurde es vom Vater des Politikers und Premierministers *William Ewart Gladstone* (1809–1898) erworben. Das Haus kann nur von außen angeschaut werden.

Der n. von Fettercairn gelegene *Mearns Forest* ist durch den Drumtochty Picnic Place (8 km nö. und 5 km ö. der B 974 an einer nach Auchenblae führenden nk Straße) erschlossen. Bei dem Picknickplatz beginnt der etwa 1,5 km lange Drumtochty Walk.

171 Die Kirche von Arbuthnott

Benutzt man von Fettercairn aus die auf die A 94 zurückführende B 9120 nach Laurencekirk, um dann nach 5 km auf die nach O abzweigende B 967 abzubiegen, so gelangt man im Tal des Bervie Water nach abermals 5 km zur Arbuthnott Church, die auf 1242 zurückgeht. Im 16. Jh. wurde eine zweigeschossige Kapelle angebaut. Die sehenswerten Buntglasfenster stellen den Glauben, die Hoffnung und die Liebe dar. Interessant sind auch die Stützmauern und das Gewölbe.

172 Das Haus und die Gärten von Arbuthnott

1 km w. der Kirche liegt am Nordufer des Bervie Water das Arbuthnott House, ein Bau aus dem 16.–18. Jh., der ein älteres Turmhaus ersetzte. Arbuthnott ist seit etwa 1206 Wohnsitz der gleichnamigen Familie. Das Haus besitzt sehenswerte Stuckdecken aus dem 17. Jh. Der Garten stammt aus der gleichen Zeit.

173 Schloß Fiddes

Das in unmittelbarer Nachbarschaft der A 94 7 km sw. von Stonehaven gelegene Fiddes Castle (zu erreichen über eine nach SO abzweigende, nk Straße) war ursprünglich ein weiterer Sitz der Arbuthnotts. Das gegen Ende des 16. Jh. errichtete Haus folgt im wesentlichen dem L-förmigen Grundriß, obwohl eine Reihe von Besonderheiten die zeitgenössische Tendenz zeigen, mit der

Schloß Kildrummy. ▶

Scone

überkommenen Norm zu brechen. So ist der Treppenturm an die SO-Fassade des längeren Flügels angesetzt. Ein weiterer, höherer Rundturm befindet sich auf der SW-Seite des Blocks. Ein dritter Rundturm schließlich findet sich auf der Nordseite; er ruht auf Kragsteinen in Höhe des 1. Stockwerks. Darüber hinaus besitzt der Bau 2 Ecktürmchen. Die Anlage wurde 1965 von ihrem gegenwärtigen Besitzer völlig restauriert. Sie kann von außen angeschaut werden.
Die A 94 führt weiter nach Stonehaven (**152**) und von dort in das 25 km entfernte Aberdeen (**154**). Hinsichtlich der weiteren Streckenbeschreibung vgl. S. 183 ff.

Route 10

Perth – Blairgowrie – Braemar – Ballater – Banchory und Alford – Aberdeen

Die nachstehend beschriebene Route (A 93) bietet eine landschaftlich eindrucksvolle Alternative zu den entlang der Ostküste und durch deren Hinterland führenden Strecken nach Aberdeen; sie ist auch die direkteste Verbindung von der Forth-Clyde-Senke in das Hochland-Zentrum Braemar.

174 Der Palast von Scone

Scone (3000 Einwohner), 5 km n. von Perth, ist einer der geschichtsträchtigsten Orte Schottlands. Traditionell wird zwischen dem Dorf *New Scone* (an der A 93) und dem 3 km weiter w. gelegenen *Old Scone* unterschieden, wo sich die ehemalige *Abtei* und der *Palast* befinden. Die Abtei war viele Jahrhunderte lang bis zu ihrer völligen Zerstörung durch die von John Knox zur Bilderstürmerei angestachelten Einwohner von Perth (1559 – vgl. auch S. 33 f.) Krönungskirche der schottischen Könige.
In Scone besiegte Kenneth MacAlpin die Pikten, eine Vorbedingung für das Entstehen des ersten gesamtschottischen Königreiches (843). Kenneth MacAlpin soll es auch gewesen sein, der den legendären Krönungsstein der schottischen Könige, den *Stone of Scone* oder *Stone of Destiny,* hierher brachte, von dem man im Mittelalter annahm, daß er das Kopfkissen des alttestamentarischen König Jakob zu Bethel gewesen sei (Genesis 28. II). Wahrscheinlich handelt es sich bei dem Stein, der sich heute unter dem Krönungssessel in der Westminster Abbey, London, befindet und dort auch angeschaut werden kann, um den tragbaren Altar eines frühkeltischen Missionars. Der Stein wurde eine Beute König Eduards I. von England, der ihn 1297 nach London entführte. 1950 wurde er von schottischen Nationalisten gestohlen und später in Arbroath (**146**) wiedergefunden. Die an ihn geknüpfte Weissagung, daß dort, wo sich der Stein befinde, Schotten zu Königen gekrönt werden sollten, hatte sich bereits 1603 mit der Krönung Jakobs VI. zum König von England (Jakob I.) erfüllt. Der Palast von Scone wurde nach den Zerstörungen der Reformationszeit noch im 16. Jh. wieder aufgebaut. Karl II. war der letzte Monarch, der hier 1651 zum König von Schottland gekrönt wurde. Der Old Pretender James Francis Edward Stuart (vgl. S. 39) hielt 1716 in Scone Hof; 29 Jahre später kam Prinz Charles Edward Stuart.

◀ *Oban, Argyll.*

Der gegenwärtige Scone Palace entstand zwischen 1803 und 1808 als Wohnsitz der Grafen von Mansfield, die immer noch Schloßherren sind. Das Haus ist heute ein gerne besuchtes *Museum* der im Familienbesitz befindlichen Sammlungen (Portraits, Mobiliar, Porzellan, Elfenbein, Tapisserien, Tafelsilber). Besonders sehenswert sind eine Reihe von Nadelarbeiten aus dem Umkreis Maria Stuarts sowie aus georgianischer Zeit. Über die einzelnen Räume des Palastes informiert ein reich bebilderter Führer, der am Eingang verkauft wird. Das Schloß liegt in einem weitläufigen, von zahlreichen Pfauen bevölkerten Park, der auch ein Pinetum besitzt. Auf den umliegenden Wiesen grasen in den Sommermonaten Hochlandrinder.
Mai bis September MO–SA 10–17.30, SO 14–17.30. Eintritt.

175 Die Buchenhecke von Meikleour

18 km n. von Perth und s. des Dorfes Meikleour befindet sich die angeblich höchste Buchenhecke der Welt *(Meikleour Beech Hedge)*: Sie wurde im Jahre 1746 gepflanzt und ist heute 26 m hoch bei einer Länge von 180 m.

176 Coupar Angus

Von Meikleour aus besteht eine Querverbindung über die von Dunkeld (**85**) nach Coupar Angus führende A 984.

Coupar Angus (2000 Einwohner) ist Mittelpunkt eines Obst und Beerenfrüchte produzierenden Distrikts (große Himbeerplantagen). Der Ort, in dessen Kirchhof sich die spärlichen Überreste einer 1164 gegründeten Zisterzienserabtei befinden, besitzt ein recht sehenswertes *Heimatmuseum*.

177 Meigle und sein Museum

Von Coupar Angus aus lohnt ein Abstecher in das 8 km entfernte Dorf Meigle (800 Einwohner), dessen Museum 25 Skulpturen aus der Zeit der iro-schottischen Kirche beherbergt, die alle in der Nachbarschaft des alten Kirchhofs gefunden wurden. Damit besitzt Meigle eine der besten Sammlungen frühchristlich-keltischer Bildhauerkunst.
April bis September MO–SA 9.30–19; Oktober bis März MO–SA 9.30–16. Eintritt.

178 Alyth

Die Rückfahrt zur A 93 kann über Alyth (1700 Einwohner), 5 km nw. von Meigle, erfolgen. Die Leinenweberstadt besitzt eine alte Brücke *(Auld Brig)* aus dem 16. Jh. sowie ein kleines volkskundliches *Museum*.

179 Blairgowrie

Das lebendige Landstädtchen Blairgowrie (5500 Einwohner, Informationsamt) ist Zentrum eines Distrikts, in dem Himbeer- und Erdbeerplantagen vorherrschen. Oberhalb der Stadt befindet sich das dem Z-förmigen Grundriß folgende, weißgetünchte *Newton Castle*, dessen älteste Teile aus dem 17. Jh. datieren. W. der Stadt liegt an der nach Dunkeld (**85**) führenden A 923 das *Ardblair Castle* aus dem 16. Jh. Der benachbarte See trägt den gleichen Namen.

180 Der Teufels-Ellenbogen

Zwischen Blairgowrie und Braemar (s. u.) verläuft die A 93 geradewegs nach N. Nach 10 km wird die Bridge of Cally erreicht, wo die A 924 nach Pitlochry (**93**) abzweigt.

Braemar

Zwischen Spittal of Glenshee und Braemar führt die A 93 über den höchsten von einer Nationalstraße überqueren Paß in Schottland (669 m). Die lange Steigungsstrecke an der Südflanke wird Devil's Elbow genannt, weil die alte Trasse hier eine Kehre aufwies. Auf der Paßhöhe befinden sich ein Skilift und ein Informationszentrum. Die umliegenden Gipfel erreichen durchwegs Höhen von 900–1000 m. Der Glas Maol ö. des Passes ist 1065 m hoch.

181 Braemar

Der im Oberlauf des River Dee am Westende der Royal Deeside in 320 m Höhe gelegene Ferienort (1000 Einwohner, Informationsamt) ist eines der bekanntesten Hochlandzentren überhaupt. Die Umgebung wurde durch Königin Victoria populär gemacht (vgl. u. Balmoral Castle). An der Stelle, wo sich heute das *Invercauld Arms Hotel* befindet (am Ortsausgang auf der Südseite der A 93), pflanzte im Jahre 1715 der Graf von Mar die jakobitische Standarte ein (vgl. S. 39). Das alljährlich im September abgehaltene *Braemar Gathering* ist das wohl bekannteste aller Hochland-Spiele (vgl. auch S. 53). Die Bergwelt rings um Braemar ist durch eine Reihe von Langstrecken-Wanderrouten und Spazierwegen erschlossen. Im folgenden ist nur ein knapper Überblick möglich:

Für Spaziergänge eignet sich besonders das Tal des Dee, das nach W hin durch eine nk Straße zu dem sehenswerten Holzbau der *Mar Lodge* (5 km) und zum Weiler Inverey (Jugendherberge, 8 km) erschlossen wird. Von den n. Mar des Weilers gelegenen sehenswerten Stromschnellen des Dee, den Linns of Dee, führt ein Fahrweg weitere 8 km das Tal hinauf. Mar Lodge ist durch einen breiten Fahrweg, der n. an Braemar vorbeiführt, mit dem in seinen ältesten Teilen aus dem 15. Jh. stammenden *Invercauld House* und der berühmten und viel fotografierten *Auld Brig of Dee*, einer massiven aber doch sehr formschönen dreibögigen Brücke von 1753 (5 km ö. des Ortes) verbunden. Überquert man die Brücke, so kann man auf der nach Balmoral führenden Forststraße längs des Südufers weiter flußabwärts wandern. Auch mehrere Seitentäler des Dee sind durch nk Straßen erschlossen, die auch bei schlechtem Wetter gut begehbar sind, so beispielsweise das von Inverey nach N führende *Glen Lui* oder auch das 2,5 km s. von Braemar gelegene *Glen Callater*.

Die 5 wohl bedeutendsten Langstrecken-Wanderrouten verbinden Braemar
– mit Blair Atholl (**98**), wobei die Wegführung zunächst dem Tal des Dee folgt und dann das Seitental des Bynack Burn hinaufführt, um ö. des kleinen, hochgelegenen Loch Tilt die Wasserscheide zum Forest of Atholl zu überschreiten und, vorbei an den Falls of Tarf, das Glen Tilt hinab zur Brig of Tilt zu gelangen (42 km ab Braemar, 32 km ab Jugendherberge Inverey);
– mit Aviemore (**105**); die Wegführung zweigt bei der Mündung des Bynack Burn von der eben beschriebenen Route nach N ab und folgt dem Glen Dee bis zur Quelle des Flusses (33,8 km ab Braemar);
– mit dem *Glen More Forest Park* (**108**), wobei ebenfalls Inverey Ausgangspunkt sein kann und die Wegführung zunächst dem Glen Lui und dem Glen Derry folgt (vom Oberlauf dieses Flusses her Aufstieg zu dem 1305 m hohen Ben Macdui), um dann in durchwegs 700–800 m Höhe durch den Lairig Pass zu führen. Die Entfernung von der Jugendherberge in Inverey zur Jugendherberge im Glen More Forest Park beträgt 25 km;
– mit *Tomintoul* (**184**). Der Weg führt von Invercauld House geradewegs nach N zu dem hochgelegenen Loch Builg, von wo die Trasse den Tälern des Builg Burn und des River Avon flußabwärts folgt (28 km), Jugendherberge in Tomintoul;
– mit *Braedownie* (Jugendherberge) im Glen Clova (B 955). Die Wegführung folgt dem Glen Callater und führt über den 893 m hohen Tolmount-Pass. Die Entfernung von Braemar zur Jugendherberge in Glendoll beträgt 20 km. Von Glen Callater aus kann auch der 1043 m hohe Cairn Taggart bestiegen werden.

181.1 Braemar Castle. Im Vergleich zu den weiter unten beschriebenen Schlössern ist das auf den ersten Blick fast verkommen wirkende Braemar Castle (2 km nö.) des Ortes an der A 93) mit seiner Blendwand *en miniature* und seinen pseudo-alten Ecktürmchen weniger als ein Abglanz. Seine Baugeschichte ist jedoch interessant, und auch der für viele schottische Schlösser typische L-förmige Grundriß mit dem im inneren rechten Winkel angesiedelten Treppenturm wird deutlich. Das Schloß wurde 1628 durch den 7. Grafen von Mar errichtet. Während des Jakobiteraufstands von 1689 wurde es von den Farquharsons von Inverey angegriffen und angezündet. Der Bau blieb Ruine bis 1748, als ihn die britische Regierung mietete, um hannoveranische Truppen darin zu stationieren. Damals wurden die ursprünglich recht formschönen Ecktürmchen mit ihren konischen Dächern durch die gegenwärtigen, zinnenbewehrten Strukturen ersetzt. Seit 1733 ist das Schloß im Besitz der Familie Farquharson von Invercauld. Sehenswert sind die Wendeltreppe des zentralen Treppenturms, die Tonnengewölbe und ein unterirdisches Verlies.
Mai bis Oktober 10–18. Eintritt. In den Monaten August und September finden besondere Son-et-Lumière-Veranstaltungen statt.

182 Schloß Balmoral

4 km ö. von Braemar überquert die A 93 den Dee, wobei rechter Hand für kurze Zeit die oben beschriebene Auld Brig sichtbar wird. Nach weiteren 9 km wird der Parkplatz für Balmoral Castle erreicht. Das in einem weitläufigen, sehenswerten Park gelegene Schloß stammt im wesentlichen aus den Jahren nach 1830, es geht jedoch in seinen ältesten Teilen auf das 15. Jh. zurück.

Der Bau wird 1484 erstmals erwähnt. 1662 kauften die Farquharsons von Inverey die Anlage von den Gordons. Sie verkauften das Schloß 1798 an den Grafen von Fife, der es 1830 an Sir Robert Gordon vermietete. Dieser schuf die zahlreichen Erweiterungsbauten. Durch einen Zufall erfuhr Königin Victoria von Balmoral: Der Sohn ihres Arztes war zu einem Dinner bei Gordon eingeladen und berichtete seinem Vater von dem Schloß, der wiederum der Königin davon erzählte. Der plötzliche Tod Sir Robert Gordons eröffnete im Jahre 1848 für die Königliche Familie die Möglichkeit, den Bau anzumieten. Nach vierjähriger Mietzeit kaufte Prinz Albert das Schloß und beauftragte *William Smith*, einen Architekten aus Aberdeen, den Bau so umzugestalten, daß er sein heutiges Aussehen erhielt. 1855 wurde der Neubau fertiggestellt (vgl. auch S. 42).
Zugänglich ist nur der Park; das Haus kann von außen angeschaut werden. Mai bis Juli MO–SA 10–17, sofern nicht Mitglieder der Königlichen Familie anwesend sind. Eintritt.
Zum Gottesdienst benutzen die Mitglieder der Königlichen Familie die 1895 erbaute kleine *Kirche von Crathie* (n. der A 93).

183 Schloß Corgarff

1 km ö. der Zufahrt zum Schloß Balmoral zweigt die landschaftlich eindrucksvolle, großenteils aber nur einspurig befahrbare A 939 nach Tomintoul (vgl. u.) und Grantown-on-Spey nach N ab. Folgt man dieser Straße, so gelangt man nach 20 km zu dem 1537 als Jagdschloß erbauten Turmhaus Corgarff Castle (Südseite der Straße). Das Schloß wurde 1571 von den Gordons belagert; dabei wurden Margaret Forbes und ihre Familie im Hause verbrannt. In späteren Jahren spielte der Bau bei den Feldzügen des Grafen von Montrose (1645) sowie bei allen jakobitischen Aufständen (1689, 1715, 1745/46) eine strategische Rolle. Wie Braemar Castle, so wurde auch Corgarff nach 1746 Garnison der Hannoveraner. Der weißgetünchte Bau ist von einer 1748 errichteten sternförmigen Blendwand mit Schießscharten umgeben.
April bis September MO–SA 9.30–19, SO 14–19; Oktober bis März MO–SA 9.30–16, SO 14–16. Eintritt.

184 Tomintoul

Der 340 m hoch gelegene Ort Tomintoul (500 Einwohner, Informationsamt) ist während der Sommermonate ein bekanntes Anglerzentrum und im Winter ein Treff der Skifahrer. Er besitzt ein recht interessantes kleines *Heimatmuseum*. Die Landschaft des umgebenden Hochplateaus wird durch den *Tomintoul Country Walk* erschlossen. – Die Trassenführung der A 939 zwischen Corgarff und Tomintoul geht auf eine Militärstraße des Jahres 1754 zurück. Etwa auf halbem Wege befindet sich in rund 600 m Höhe ein Schlepplift, der *Lecht Ski Tow*.

185 Ballater

Von Balmoral aus führen zwei Straßen längs des Dee-Tals nach O: die A 93 auf der Nord- und die B 976 auf der Südseite. Wer den direkten Weg auf der A 93 wählt, erreicht nach 13 km den in waldreicher Umgebung gelegenen Ferienort Ballater (1700 Einwohner, Informationsamt), wo es von Hoflieferanten nur so wimmelt: man beachte die meist über den Eingangstüren angebrachten heraldischen Hinweistafeln. Das nach SW in die Bergwelt des Balmoral Forest und des Cairn Taggert (1043 m) führende *Glen Muick* wurde von Königin Victoria als Ziel ihrer Ausfahrten besonders geschätzt. Von Lochend am Südende der nk Straße führt ein Wanderweg hinüber ins *Glen Clova* und zur Jugendherberge von Glendoll. Das Schlößchen *Berkhall* im Glen Muick wurde 1715 errichtet. Es wurde von Eduard VII. angekauft und wird heute zeitweise von der Königinmutter bewohnt. Im Weiler *Tullich* (A 93, 2 km ö. von Ballater), finden sich die Ruinen der *St. Nathalan-Kirche*, die einige interessante keltische Skulpturen birgt.

Ca. 8 km ö. von Ballater zweigt die nach Banff führende A 97 in n. Richtung von der A 93 ab. Von hier aus ergeben sich 3 Möglichkeiten der Weiterfahrt nach Aberdeen: Direkt über die A 97 und A 94 (58 km); durch das Tal des Dee (A 93, 68 km); über die A 97 relativ weit nach N und dann über die A 944 via Alford (89 km). Alle drei Strecken haben ihren landschaftlichen Reiz und bieten eine Reihe von Sehenswürdigkeiten. Im folgenden wird zunächst der Weg über die *A 97/ A 944* beschrieben.

186 Schloß Glenbuchat

Ohne Zweifel gehört die Ruine des Glenbuchat Castle, 16 km n. der Abzweigung der A 97 auf einer Kuppe am Zusammenfluß von Buchat und Don gelegen, zu den Ansichten, die das Beiwort »romantisch« verdienen: Die rostbraunen Natursteinquader des Mauerwerks sind mit leuchtend gelben und roten Flechten reich bewachsen, der auf Z-förmigem Grundriß errichtete Bau, der bis zur Höhe des Dachgeschosses steht, wirkt recht verwinkelt, zeigt aber gerade in seiner Komplexität den für die ältere schottische Architektur so typischen Sinn für Proportion. Ein sehenswertes Detail sind auch hier wieder die Kragsteine; allerdings werden die beiden Treppentürmchen – dies ist eine Besonderheit – durch Bogenwerk getragen. Das Haus wurde gegen Ende des 16. Jh. von *John Gordon* errichtet. Über dem Eingang steht das bezeichnende Motto: »Nothing on arth remains but fame.« (Nichts bleibt auf der Erde, nur der Ruhm.)

Die farbigste Erscheinung unter den vielen Gordons von Glenbuchat ist ohne Zweifel der letzte Laird, der den populären Namen *Old Glenbuchat of the '45* trägt: Als überzeugter Anhänger der jakobitischen Sache hatte er bereits an der Rebellion von 1715 teilgenommen. Als dann Prinz Charles Edward Stuart zum Marsch auf London aufforderte, sammelte er, schon 68jährig, eine kleine Armee um sich und machte den gesamten Feldzug bis zum bitteren Ende in Culloden (**112**) mit. Nach der vernichtenden Niederlage vom 16.4. 1746 entzog er sich der hannoveranischen Verfolgung, indem er verkleidet nach Norwegen floh, von wo er nach Frankreich gelangte. Hier starb er völlig verarmt. Die Ruine ist von einem hübschen kleinen Garten umgeben, der die ganze Farbenpracht des schottischen Sommers zu entfalten vermag. Das Haus selbst ist derzeit nicht zugänglich, es kann aber aus der Nähe betrachtet werden.

187 Schloß Kildrummy

Folgt man der A 97 weiter, so gelangt man nach 9 km zu den w. der Straße gelegenen imposanten Ruinen des Kildrummy Castle. Kildrummy ist, obgleich weniger gut erhalten als manche andere Anlage aus der gleichen Epoche, das wohl umfassendste Beispiel für eine mittelalterliche Burg in Schottland, da sämtliche Wohngebäude von ihren Überresten her rekonstruierbar sind. Die große *Halle* flankiert die n. Blendwand; die durch ihre drei hohen Fenster kenntliche *Kapelle* ragt, dies ist verteidigungstechnisch schwer erklärbar, über die ö. Blendwand hinaus. Die Anlage wurde in der Regierungszeit Alexanders II. (1214–1249) von Gilbert de Moravia, der Bischof von Caithness war, errichtet.

Der Grundriß folgt dem Prototyp des Château de Coucy bei Laon in Frankreich. Ein zentrales Element ist dort wie auch in Kildrummy die als Umfassungsmauer ausgeführte *Blendwand,* die durch mächtige Türme an den Eckpunkten sowie über der Toreinfahrt verstärkt wird. Kildrummy besitzt vier solche Türme; das massive *Torhaus* datiert aus dem späten 13. Jh. *Vorwerk* und *Zugbrücke,* die aus späterer Zeit stammen, sind von besonderem Interesse. An der Anlage wurde bis ins 16. Jh. gebaut. Die Burg war Herrensitz der Grafen von Mar, bis die Anlage im Anschluß an die Jakobiter-Rebellion von 1715 geschleift wurde.

188 Die Gärten des Schlosses Kildrummy

In dem mittelalterlichen Steinbruch in der Nachbarschaft des Kildrummy Castle, aus dem die Steine für den Burgbau genommen wurden, hat man einen alpinen Garten und einen Wassergarten angelegt: Die Kildrummy Castle Gardens sind für ihren Reichtum an Staudengewächsen bekannt. April bis Oktober 9–17. Eintritt.

189 Alford

Der an den Ufern des River Don gelegene Ort (1800 Einwohner) war 1645 Schauplatz einer Schlacht, in der der königstreue Marquis von Montrose die Covenanters unter General Baillie schlug. Der Ort ist ein guter Ausgangspunkt für Ausflüge in den n. anschließenden *Bennachie-Forest* (**206**) und zu den Schlössern der Umgebung. Die Nachbarschaft wird durch den *Murray Park Nature Trail* sowie durch den *Haughton House Nature Trail* erschlossen. – Für Eisenbahnfans und Freunde der Technik bildet die Museumsbahn *Alford Valley Railway* einen weiteren Anziehungspunkt.

190 Schloß Fraser

Zweigt man 11 km ö. von Alford auf die nach O führende B 993 ab, um dann nach gut 8 km auf die zum Weiler Craigearn führende nk Straße einzubiegen, so gelangt man zur Domäne des Castle Fraser (1 km s. des Weilers). Der nicht sehr homogen wirkende Bau, dessen Fried auf das 15. Jh. zurückgeht, wobei in den Jahren nach 1575 ein Z-förmiges Turmhaus und ein wuchtiger, sieben Stockwerke hoher Rundturm angefügt wurden, reflektiert alles in allem den Schottischen Baronsstil

des 16. und 17. Jh. Allerdings sind auch niederländische Einflüsse nachweisbar. Die 1636 fertiggestellte Anlage wurde von der Familie Fraser bis 1921 bewohnt.
Mai bis September MO–SA 11–17.15, SO 14–17.15.

Die Entfernung von Castle Fraser nach Aberdeen (**154**) beträgt 26 km. Die schnellste Verbindung zwischen Ballater und Aberdeen führt über die A 93/A 97/A 974; die Strecke ist im folgenden beschrieben.

191   Der Steinkreis von Tomnaverie

5 km nö. der Abzweigung A 974/ A 97 gelangt man zum Dorf *Tarland*. Rund 1,5 km sö. des Dorfes befinden sich in der Nachbarschaft der B 9094 und der *Mühle von Wester Coull* die Überreste des noch nicht ausgegrabenen Tomnaverie Stone Circle aus der Zeit um 1800 bis 1600 v. Chr.

192   Das Erdhaus von Culsh

Auf dem Grundstück des Gutshofes von Culsh, 3 km nö. von Tarland (A 974), liegt das gut erhaltene Culsh Earth House mit einer noch intakten Dachkonstruktion, die eine Kammer von vergleichsweise ansehnlicher Dimension überdeckt. Die Anlage ist eisenzeitlichen Ursprungs.

193   Der Ring um den Wehrturm von Lumphanan

11 km ö. von Tarland kreuzt die A 980 die A 974. Folgt man der A 980 5 km nach SO, so gelangt man in das Dorf Lumphanan. 1 km sw. des Ortes werden im Gelände die Überreste einer frühmittelalterlichen Befestigungsanlage sichtbar, bestehend aus einer Erdaufschüttung *(Mote)* und einem sie umgebenden Wassergraben. Die Anlage hat einen größten Durchmesser von 36 m und eine Höhe von 5,4 m. Überreste von Steinmauer-Fundamenten sind nachweisbar. Die Tradition will, daß Lumphanan Schauplatz der letzten, vernichtenden Niederlage des König Macbeth war.

194   Schloß Craigievar

Ohne Zweifel gehört Craigievar Castle, 4 km n. der A 974 und 1 km w. der A 980 in ansprechender Parklandschaft gelegen, zu den bedeutendsten Bauwerken Schottlands. Der Anblick des schlanken, sich leicht nach oben verjüngenden Baus, die Eleganz der Proportionen, die Perfektion der Details (etwa der Kragsteine), dies alles gibt dem Betrachter ein Gefühl des ästhetischen Genusses, den kaum ein anderes schottisches Schloß in diesem Maße zu vermitteln vermag. Das Innere des bis 1963 bewohnten Anwesens strahlt Geborgenheit und Wärme aus. Die Räume sind klein und gemütlich, zum Teil holzgetäfelt, geschmackvoll eingerichtet und frei von den üblichen, bunt zusammengewürfelten Schaustücken aus den großen Tagen des Empire. Sehenswert und im Rahmen einer Führung zugänglich sind die Gewölbe des Erdgeschosses, die *Große Halle* (1. Stock) mit ihrer exquisiten Stuckdecke (es gibt hier auch eine Minstrel's Gallery für den Barden oder Dudelsackbläser; die Dimensionen erinnern eher an eine repräsentative, aber doch behagliche Wohnstube), das im gleichen Stockwerk gelegene, gemütliche *Boudoir*, die *Frauengemächer* des 3. Stockes, die *Kinderstube* in der 4. Etage und schließlich das *Lange Zimmer* im 5. Stockwerk. Der letztgenannte Raum, dem ein ähnliches Zimmer im Schloß Crathes (vgl. u.) entspricht, diente unterschied-

Ostschottland: Route 10

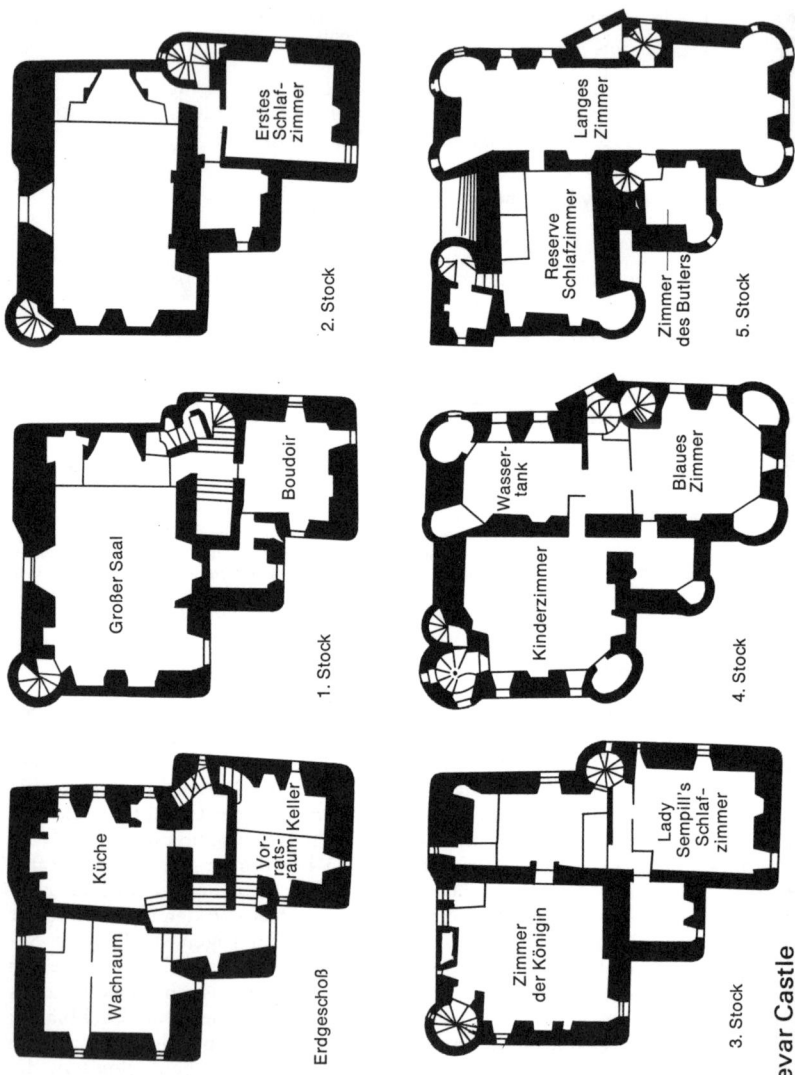

Craigievar Castle

lichen Zwecken: Hier wurden Empfänge gegeben, schritten bei schlechtem Wetter die Damen des Hauses auf und ab, und hier saß der Schloßherr zu Gericht. Die alten Gerichtsprotokolle sind zum Teil erhalten, und sie sind, nachdem die Zeit die Wunden geheilt hat, eine ebenso amüsante wie kulturhistorisch interessante Lektüre: Vandalismus ist ebenso häufig wie üble Nachrede. Da werden Frau und Mutter des Nachbarn zu Hexen erklärt, und der Dorfgeistliche wird ein Lügner genannt. Verschiedentlich wird unerlaubter Waffenbesitz geahndet, und 1736 wird ein Mann verurteilt, der die Frau eines anderen zu Boden gestoßen und mit dem Riemen auf den nackten Hintern geschlagen hat. Er muß 54 £ (schottischer Währung) Strafe bezahlen, 50 £ an den Schloßherrn und 4 £ an den entehrten Ehemann. Überhaupt scheinen Schlägereien an der Tagesordnung gewesen zu sein.

Wie die Pläne zeigen, ist der Bau ein typisches Beispiel für den L-förmigen Grundriß mit einem rechteckigen Turm in dem von den beiden Flügeln gebildeten inneren rechten Winkel. Der strategisch günstig gelegene Eingang ist durch eine schwere Eichentür und ein eisernes Gitter doppelt gesichert. Als der Bau 1626 von *William Forbes* vollendet wurde, waren Befestigungswerke mittelalterlichen Ausmaßes infolge der fortgeschrittenen Waffentechnik nicht mehr sinnvoll, man mußte sich jedoch bei begrenzten Konflikten, die an der Tagesordnung waren, verteidigen können. William Forbes, auch *Danzig Willie* oder *Willie the Merchant* genannt, hatte nach zahlreichen anfänglichen Fehlschlägen und finanziellen Schwierigkeiten, aus denen ihm sein Bruder, der Bischof von Aberdeen, stets geholfen hatte, sein Geld im Handel mit den baltischen Häfen gemacht und bürgerlich geheiratet. Als Kapitalist gewann er den Einfluß zurück, den die bloße Zugehörigkeit zu einer Familie des kleinen Adels damals nicht mehr zu gewähren vermochte. Das Haus überstand die Zeiten des Bürgerkriegs (1642–1649), der Ära Cromwells sowie der jakobitischen Aufstände nahezu unangetastet, und die bauliche Substanz wurde nicht durch spätere Hinzufügungen oder Umbauten verändert, sieht man einmal von geringfügigen Modernisierungsarbeiten (Wasserleitung, Elektrizität u. dgl.) ab. Zwischen den Stockwerken beachte man das anhand der nebenstehenden Pläne rekonstruierbare, strategisch durchdachte System enger Wendeltreppen: Zum einen waren die Treppen so ausgelegt, daß jeweils nur ein Eindringling den Verteidigern gegenübertreten konnte, zum anderen mußte gewährleistet sein, daß die Schloßbewohner auch noch entkommen konnten, wenn ein Stockwerk oder ein Treppenhaus bereits in feindlicher Hand war. – Der Bau befindet sich seit 1963 in den Händen des *National Trust*, der die Anlage in vorzüglicher Weise unterhält. Mai bis September MO–DO, SA, SO 14–18.15. Eintritt.

Die Entfernung von Craigievar nach Aberdeen (**154**) beträgt 43 km. Im folgenden ist die dem Tal des Dee folgende Route *(A 93)* beschrieben.

195 Aboyne

Der beliebte Ferienort (2300 Einwohner), 18 km ö. von Ballater, ist ein guter Ausgangspunkt für die oben beschriebenen Sehenswürdigkeiten sowie für Wanderungen durch das sö. des Ortes gelegene *Glen Tanar*, in dem die Staatliche Forstbehörde ein Besucherzentrum *(Braeloine Visitor Centre)* unterhält. Langstrecken-Wanderrouten führen zum Gipfel des 16 km sw. gelegenen *Mount Keen* (936 m) sowie in s. Richtung nach *Tarfside* im Glen Esk (18 km).

196 Banchory

Nach weiteren 21 km wird Banchory (2400 Einwohner, Informationsamt), ein weiterer Ferienort erreicht. Hier zweigt die landschaftlich eindrucksvolle B 974 nach Fettercairn (**169**) ab. Die reichen Waldungen w. des Ortes werden durch den Picknickplatz von *Shooting Greens* (an der nk Straße, die von

Potarch Bridge am Dee zur B 976 hinüberführt) erschlossen. Hier beginnen drei Waldpfade (Länge zwischen 1,5 und 5,5 km) durch Föhren- und Lärchenwälder mit guter Aussicht auf das Dee-Tal. Ein weiterer Picknickplatz, der *Mulloch Picnic Place*, befindet sich 5,5 km sö. von Banchory zwischen Blairydryne (A 957) und Strachan (B 976). Sehenswert in Banchory selbst ist das *Wee Museum*, das eine hübsche heimatkundliche Sammlung enthält und in Privatinitiative betrieben wird.

Juni bis September MO, DI, MI, FR, SA, SO 14–17, SA auch 10–12.

Landschaftlich reizvoll ist die auf 230 m Seehöhe ansteigende kurvenreiche A 957 Banchory – Stonehaven (152). Sie bietet eine Möglichkeit, die Großstadt Aberdeen zu umfahren.

197 Schloß Crathes und seine Gärten

Neben Craigievar (vgl. o.) ist Crathes Castle (5 km ö. von Banchory, Nordseite der A 93) das zweite Juwel unter den schottischen Schlössern, und vieles, was für Craigievar gesagt worden ist, gilt auch hier: die durchdachte Kompaktheit der Anlage, die Heimeligkeit der Atmosphäre, der Sinn für Proportion und Form. Dennoch fehlt der äußeren Gestalt von Crathes jene ästhetische Vollendung, die Craigievar eigen ist. In Crathes lassen sich einmal mehr die Stilmittel der klassischen schottischen Architektur studieren: da sind die Ecktürmchen mit ihren konischen Dächern, die Treppengiebel und Zinnenwerke, die vorspringenden *Cap Houses* und der ins barocke Extrem getriebene Zierat der Kragstein-Felder mit seinen steinernen Kanonenröhrchen.

Crathes ist älter als Craigievar, und es mag in vieler Hinsicht als Vorbild gedient haben. *Alexander Burnet of Leys* begann den Bau 1553, starb jedoch vor dessen Fertigstellung. Drei weitere Generationen traten als Bauherren auf, bis 1602 auch die Inneneinrichtung fertiggestellt war. *Alexander Burnet d. J.* bezog den Bau mit seiner Frau Katherine Gordon 1596. Die Initialen des Ehepaars und das Datum finden sich an verschiedenen Stellen. Wenn Crathes durch die Jahrhunderte als ein Muster guten Geschmacks gegolten hat, so hängt dies nicht zuletzt mit der Tatsache zusammen, daß die Familie der Burnets of Leys weit mehr war als bloßer begüterter Landadel, der sich für gutes Geld gute Architekten leisten konnte: Gerade bei Alexander Burnet d. J. und seinen 4 Brüdern haben wir es mit umfassend gebildeten Renaissance-Persönlichkeiten zu tun, die über einen feinen Sensus für kulturelle Entwicklungen verfügten. Einer der Brüder studierte Theologie und ging in den Kirchendienst, zwei weitere studierten Medizin und praktizierten später in den englischen Grafschaften Essex und Norfolk, der vierte, Gilbert Burnet, erwarb sich als Professor der Philosophie an den Universitäten Basel und Montauban einen europäischen Ruf. Wenige Monate vor seinem Tod 1619 begann Alexander mit dem Bau von *Muchalls Castle* (**153**) n. von Stonehaven. Die Pläne weisen ihn als einen Vertreter der bautechnischen Avantgarde seiner Zeit aus.

Der Grundriß des Hauses folgt der bekannten L-Form, wobei allerdings die Proportionen insofern verzogen sind, als der im inneren Winkel der beiden Flügel normalerweise befindliche *Treppenturm* ausgedehnt und - bei rechtwinkligem Grundriß - in die Fluchtlinie der Südmauer des Hauptblocks gerückt wurde. Wie in Craigievar ist der Eingang durch ein Eisengitter zusätzlich gesichert. Besonders sehenswert ist die eisenbeschlagene schwere Holztür mit ihrem »Spion«.
Jeder Versuch, den Reichtum der Innenausstattung in wenigen Sätzen zusammenzufassen, muß mißlingen. Genannt seien hier nur die 1877 unter dem Gips des 18. Jh. wiederentdeckten bemalten *Holzdecken* von 1599 mit biblischen und allegorischen Motiven und Sinnsprüchen (*Chamber of the Nine Nobles*, *Chamber of the Nine Muses*), sowie die einzigartige Eichentäfelung in der *Langen Galerie* des obersten Stockwerks. Diese Galerie gleicht auch hinsichtlich ihrer Funktion der von Craigievar und auch der von Castle Fraser (**190**), das zur gleichen Zeit errichtet wurde. Ein Schaustück besonderer Art ist das *Horn of Leys*, das sich auch im Wappen der Burnets findet: Es soll Alexander de Burnard im Jahre 1323 von König Robert the Bruce verliehen worden sein, als die Familie die Ländereien von Leys im königlichen Wald von Drum zum Lehen erhielt.
Das Schloß besitzt einen Schloßgeist, die *Green Lady*, deren Zimmer sich an den Nine Nobels' Room anschließt. Die Geschichte der Frau hat in anderen schottischen Schlössern ihre Parallelen: Ein junges Mädchen unter der Obhut des Laird wurde Mutter eines Kindes, das sie von einem Diener empfangen hatte. Mutter und Kind starben unter mysteriösen Umständen; der Vater mußte das Schloß verlassen und kehrte nie wieder zurück. Die Geschichte hat wahrscheinlich einen realen Hintergrund: Bei Umbauarbeiten im 19. Jh. wurde in einer Höhlung im Mauerwerk unter der Kaminplatte das Skelett eines Säuglings, offenbar aus dem 17. Jh., gefunden.
Bis 1951 wurde das Schloß von der Familie bewohnt, es ging dann, zusammen mit den sehenswerten und in den Sommermonaten in ihrer Blütenpracht paradiesisch-verwunschen wirkenden Gärten, in die Obhut des National Trust über, der beim Schloß auch eine gute und preiswerte Cafeteria unterhält und einen kunsthandwerklichen Laden betreibt.
Mai bis September MO–SA 11–17.15, SO 14–17.15. Die Gärten sind 9.30–18 zugänglich. Eintritt.
Die das Schloß umgebenden weitläufigen Parkanlagen sind durch die *Crathes Castle Wooldlands Nature Trails* erschlossen.

198 Schloß Drum

8 km nw. von Crathes liegt, wiederum auf der Nordseite der A 93, ein weiteres sehenswertes Schloß, Drum Castle, früher Wohnsitz der Irvines of Drum. Die Anlage ist Bauperioden zuzuordnen, zwischen denen 3 Jahrhunderte liegen: Der auffällige, 21 m hohe, zinnenbewehrte *Granitfried* stammt aus den Jahren nach 1323, als König Robert the Bruce die Ländereien von Drum dem Vasallen William de Irvine zum Lehen gab. Die Mauern des Turms sind an ihrer Basis 3,6 m dick, seine Kanten sind aus strategischen Gründen gerundet: So konnte es potentiellen Belagerern nicht gelingen, einzelne Steine herauszubrechen. Die Gebäude der 2. Periode auf der Süd- und Ostseite des Innenhofes stammen aus der Zeit nach 1619 und folgen dem damals üblichen L-förmigen Grundriß. Der in einem gepflegten Park gelegene Bau befindet sich heute ebenfalls unter der Obhut des *National Trust*.
Mai bis September MO–SA 11–17.15, SO 14–17.15. Eintritt.
Der Schloßpark ist durch den *Drum Castle Woodland Walk* erschlossen.

199 Der Steinkreis von Cullerlie

Folgt man der ö. der Einfahrt zum Drum Castle nach Garlogie an der A 974 abzweigenden nk Straße, so gelangt man nach 4 km zu dem aus 8 Menhiren bestehenden Cullerlie Stone Circle, der wahrscheinlich im späten 2. vorchristlichen Jt. errichtet wurde und ein Gräberfeld aus 8 kleinen Kammergräbern umschließt, die allerdings aus späterer Zeit stammen.
Die Entfernung von Drum Castle nach Aberdeen (**154**) beträgt 14 km.

Route 11

Aberdeen – Huntly – Elgin – Inverness

Zwischen Aberdeen und Elgin sind 3 Streckenführungen möglich, die architekturgeschichtlich und landschaftlich gleichermaßen reizvoll sind und im folgenden nacheinander beschrieben werden. Dabei wird mit der direktesten Route über Huntly begonnen (179 km).

200 Balbithan House

Die A 96 nach Inverness verläuft bis Inverurie (28 km) auf der Südseite des Flüßchens Don. Unterwegs passiert sie n. des *Royal Burgh* Kintore (800 Einwohner) das aus dem 17. Jh. stammende Balbithan House mit sehenswerten Gärten. Das mit seinen schmucken Treppen- und Eckürmchen recht fotogene Haus hat einen L-förmigen Grundriß, der allerdings infolge späterer An- und Umbauten von der Norm abweicht. In Balbithan traf sich der Herzog von Montrose (vgl. S. 37) mit seinen Freunden; nach der Schlacht von Culloden (vgl. S. 38 ff.) gelang es, eine Reihe von Soldaten aus der Streitmacht des Prinzen Charles Edward Stuart hier vor den Verfolgungen der Hannoveraner in Sicherheit zu bringen.

201 Inverurie

Die direkte Umgebung von Inverurie (*Royal Burgh,* 5500 Einwohner, Bahnstation, Informationsamt) am Zusammenfluß von Urie und Don bietet mehrere Sehenswürdigkeiten aus frühmittelalterlicher Zeit: Die 15 m hohe Erhebung *The Bass* trug wahrscheinlich piktische Befestigungsanlagen; der Kirchhof in der Nachbarschaft birgt einen Stein mit piktischen Symbolen. Rund 800 m nw. des Ortszentrums befindet sich der *Brandsbutt Stone,* ein tonnenschwerer Findling, der neben piktischen Symbolen (u. a. ist eine Schlange dargestellt) auch eine Zeile in Ogham-Schriftzeichen aufweist. 4 km w. lohnt der *Steinkreis von East Aquhorthies* einen Besuch. Im übrigen besitzt Inverurie ein gut ausgestattetes *Heimatmuseum.*

202 Die Kirche von Kinkell

3 km sö. von Inverurie liegen am Ostufer des Don die Ruinen einer Gemeindekirche (Kinkell Church) aus dem frühen 16. Jh. mit einer reich gestalteten Sakristei von 1524. Der Bau ist über die B 993 und eine nach S abzweigende nk Straße zu erreichen.

203 Schloß Pitcaple

8 km nw. von Inverurie findet sich auf der Nordseite der A 96 eines der sehenswertesten kleinen Schlösser des schottischen NO: Pitcaple Castle. Der Bau ist ein vorzügliches Beispiel für ein Turmhaus mit Z-förmigem Grund-

riß. Seine ältesten Teile datieren aus der 2. Hälfte des 15. Jh., die Ästhetik der Proportionen und die Einpassung des Hauses in die Landschaft verdeutlichen jedoch, daß der größere Teil der Anlage im frühen 17. Jh. entstand.

Drei schottische Könige, Jakob IV., Maria Stuart und Karl II., wurden in Pitcaple bewirtet, und 1650 übernachtete hier der Marquis von Montrose als Gefangener auf seinem Wege nach Edinburgh. Noch heute ist Pitcaple ein Familiensitz, ohne Grandeur, doch von anheimelnder Atmosphäre. April bis September, sofern der Terminkalender der Familie dies zuläßt, 11–18.

204 Der Maiden Stone

Zweigt man in Pitcaple von der A 96 auf die nach S führende nk Straße nach Chapel of Garioch ab, so gelangt man in der Nachbarschaft des Weilers auf dem Gelände der Drumdurno Farm zu dem vielleicht berühmtesten frühchristlichen Denkmal in Aberdeenshire, dem Maiden Stone, der mit einer ganzen Reihe von lokalen Sagen verbunden ist. Auf der einen Seite zeigt der Stein ein reich verziertes keltisches Kreuz und Ornamentik gleichen Stils, auf der anderen Seite finden sich piktische Symbole.

205 Der Steinkreis von Loanmead

Fährt man von Pitcaple aus über nk Straßen nach NO, so gelangt man auf der Ostseite der B 9001, 500 m nw. des Weilers Daviot (8 km nw. von Inverurie) zu einem der sehenswertesten Steinkreise NO-Schottlands, einem Bauwerk aus der Zeit von 1800–1600 v. Chr., dem Loanmead Stone Circle. Im Zentrum der Anlage befindet sich eine kreisförmige Grabstätte.

Wer von Pitcaple aus die A 96 weiterbenutzt, gelangt nach 29 km in die Stadt Huntly (vgl. u.).
Allerdings lohnt der Umweg über die B 9002 und die von Huntly nach S führende A 97, der im folgenden beschrieben ist.

206 Der Forst von Bennachie

Der w. von Inverurie zwischen dem Oberlauf des Don und der B 9002 gelegene Forest of Bennachie ist von der letztgenannten Straße her durch den *Back o'Bennachie Picnic Place* 1 km w. des Weilers Oyne erschlossen (kurzer Waldpfad). Wer die Waldung und den romantischen Oberlauf des Don näher kennenlernen will, benutze die vom Weiler Chapel of Garioch nach S führende nk Straße (bzw. folge von Inverurie aus auf der B 993 dem Tal des Flusses). Das *Don View Visitor Centre* der Staatlichen Forstbehörde beim Don View Picnic Place (an der nk Straße, die dem Nordufer des Don folgt) bietet eine gute Einführung in die Arbeit der *Forestry Commission* und die Ökologie der Umgebung.

207 Der Stein von Picardy

3 km nw. von Insch, zu erreichen über eine nk Straße, befindet sich der Picardy Stone mit Symbolen, die der archaischen Periode der piktischen Kultur zuzurechnen sind.

208 Leith Hall

1 km n. von Kirkhill of Kennethmont liegt auf der Ostseite der B 9002 (n. der Bahnlinie) Leith Hall, über 3 Jahrhunderte Wohnsitz der Familien Leith und Leith-Hay. Die stilistische Homogenität der um einen rechteckigen Innenhof angeordneten Gebäude läßt nicht erahnen, daß sich ihre Bauzeit über mehr als 2 Jahrhunderte erstreckte. Die ältesten Teile der Anlage (Nordseite) gehen auf 1650 zurück. Damals entstand der 4 Stockwerke hohe *Wohnblock* mit seinen Ecktürmchen. Die Gebäude auf der Nord- und Südseite waren hingegen zunächst allenfalls zweigeschossig.

Das heutige *Torhaus* mit seiner Renaissance-Fassade und der großen Halle stammt von 1868. Nach 1756 wurden der Ost- und der Südflügel aufgestockt und die beiden die Einfahrt flankierenden zweigeschossigen Häuschen, allerdings ohne die schmucken Ecktürme, errichtet. Letztere sind ebenfalls viktorianischen Ursprungs. 1797 nahm der Südflügel seine heutige Gestalt an. Der Ostflügel wurde 1868 stark verändert und erhielt den repräsentativen, turmbewehrten Eingang. Zur gleichen Zeit entstand der w. Block, der eine recht schlichte Einfahrt, die im Grunde nur aus einem Torbogen bestand, ersetzte. – Eine Ausstellung im Exhibition Room führt in die militärische Tradition der Familien Leith und Leith-May ein. Sehenswert sind auch die Gartenanlagen (u.a. Kräuter- und Steingarten). Das Haus untersteht heute dem *National Trust für Scotland*.
Mai bis September MO–SA 11–17.15, SO 14–17.15. Gärten: ganzjährig 10 bis Dämmerung.

209 Schloß Druminnor

Auf der Ostseite der A 97, 16 km s. von Huntly, liegt Druminnor Castle, ursprünglich Sitz des Clan Forbes, bis dieser in ein neues Haus 13 km weiter sö., das heutige Castle Forbes, umzog. Der Bau datiert aus der 2. Hälfte des 16. Jh., er umschließt jedoch ein ca. 100 Jahre früher errichtetes *Turmhaus*. Nach dem Auszug des Clan verfiel das Gebäude, bis es von einem Clan-Mitglied erworben und wiederhergestellt wurde.

Die Räume im Erdgeschoß (Talseite) besitzen ansehnliche Gewölbe. Angeblich war das Schloß Szene eines Mordes an 15 Angehörigen des Clan Gordon: Die Gordons wurden während eines Bankettes umgebracht, das der Clan Forbes für sie ausgerichtet hatte.
28. Mai bis August SO 14.30–17.30. Eintritt.

210 Schloß Craig

Das noch bewohnte Craig Castle an der B 9002 (w. der A 97, 18 km von Huntly) geht auf ein L-förmiges *Turmhaus* zurück, das das Datum 1528 trägt, wahrscheinlich jedoch älter ist. Die 2 m dicken Mauern sowie die Schießscharten zeigen, daß das Herrenhaus der Gordons of Craig ursprünglich eher den Charakter einer Festung hatte. Sehenswert ist die heraldische Ausschmückung der Innenräume; die *Große Halle* besitzt eine besondere Galerie für den Barden bzw. Dudelsackbläser.

211 Die Marienkirche von Auchindoir

An der B 9002 liegen 800 m w. der A 97 die bis auf das Dachgestühl erhaltenen Ruinen einer der schönsten mittelalterlichen Gemeindekirchen Schottlands, der St. Mary's Church, Auchindoir. Die Kirche besitzt einen Torbogen, dessen Stil auf die Übergangszeit zwischen normannisch inspirierter Romanik und Frühgotik verweist, sowie eine reich ausgestaltete Sakristei aus dem frühen 16. Jh. Sehenswert sind auch mehrere heraldisch ausgeschmückte Grabdenkmäler aus dem 16. Jh.
Zu den Schlössern von Kildrummy und Glenbuchat vgl. S. 197f.

212 Huntly und sein Schloß

Huntly (3700 Einwohner, Bahnstation, Informationsamt) ist ein beliebter Ferienort und ein geeignetes Standquartier für Ausflüge in die Umgebung. Das am Zusammenfluß von Deveron und Bogie gelegene lebendige Landstädtchen mit einem sehenswerten Heimatmuseum wird von den Ruinen des Huntly Castle überragt, einem imposanten fünfstöckigen Bau, der bis 1544 Herrensitz der Marquis von Huntly aus dem mächtigen Clan Gordon, der sogenannten *Gay Gordons*, war. Einer von ihnen erlangte immerhin den Ruhm, im Volksmund »Cock of the North« genannt zu werden.

Der Bau, an dem architekturgeschichtlich besonders die reiche Ornamentik des oberen Geschosses zu rühmen ist, ersetzte eine Anlage aus der Zeit nach 1452, die 1551–54 umgebaut und 1594 niedergebrannt worden war. Das Schloß wurde bis ins 18. Jh. hinein bewohnt, dann überließ man es dem Verfall. Ein Teil der Steine wurde verwandt, um die Huntly Lodge zu erbauen, die heute als Hotel dient. Man beachte auch das heraldische Zierwerk des Hauptturmes.
April bis September MO–SA 9.30–19, SO 14–19; Oktober bis März MO–SA 9.30–16, SO 14–16. Eintritt.

In Adamston, 4 km sö. an der A 96, befindet sich ein landwirtschaftliches Museum *(Agricultural Museum)*.

Zwischen Huntly und Elgin ergeben sich 2 Reisewege: Der etwas direktere führt über Keith und Fochabers (A 96), die Alternativroute durch Dufftown und Rothes. Beide Strecken sind nachstehend beschrieben.

213 Keith

Die kleine Stadt Keith (4200 Einwohner, Bahnstation, Informationsamt), 18 km nw. von Huntly, liegt im Strath Isla, das bekannt ist für seine vorzüglichen Whiskys. Eine der Brücken über den Fluß Isla, die das ältere Fife Keith mit der rechtwinklig geplanten Neustadt verbinden, datiert von 1609. Sehenswert ist die *Strathisla Distillery*, ein für die Gegend typischer, altertümlich wirkender Betrieb. Die Firma datiert von 1786 und ist die älteste kommerzielle Whiskybrennerei Schottlands.
Von Mitte Juni bis Mitte September finden MO–FR um 10, 11, 14, 15 und 16 Führungen statt.

214 Fochabers

In Fochabers (1200 Einwohner), einem Dorf, das in seiner heutigen Gestalt aus dem 18. Jh. stammt, erreicht die A 96 die im wesentlichen dem Verlauf der Nordküste folgende A 98. Das reiche Waldgebiet des *Speymouth Forest* im SO ist durch eine Reihe von Waldpfaden, die *Winding Walks*, erschlossen. Sie beginnen an dem gleichnamigen Picknickplatz 1,5 km ö. des Ortes an der A 98 und haben eine Länge zwischen 1 und 4 km. Birken und schottische Föhren sind vorherrschend. N. des Ortes liegt der große Park des *Gordon Castle*, das 1955 bis auf einen einzigen Turm abgetragen wurde.

215 Dufftown und Schloß Balvenie

Die von Huntly nach O führende A 920 erreicht nach 23 km das Städtchen Dufftown (1500 Einwohner, Informationsamt), eines der großen Zentren der schottischen Whiskyherstellung im Glen Fiddich. Hauptsehenswürdigkeit des Ortes sind dann auch, neben dem Balvenie Castle (vgl. u.), die *Glenfiddich and Balvenie Distilleries* (n. des Zentrums), in denen die auf S. 58 ff. beschriebenen Prozesse eingehend verfolgt werden können.

MO–FR 10–12 und 14–16.

Die Stadt ist in ihrer heutigen Gestalt ein Produkt des frühen 19. Jh.: Sie wurde von *James Duff*, dem 4. Grafen von Fife, im Jahre 1817 neu geplant. Die Grafenfamilie geht auf Duff of Braco zurück, der Balvenie Castle im Jahre 1687 erwarb. Dufftown besitzt ein sehenswertes *Heimatmuseum*.

Die imposanten Ruinen des *Balvenie Castle* datieren in ihren ältesten Teilen aus den ersten Jahren des 14. Jh. Die Tatsache, daß der Bau auf einem felsigen Hügel errichtet ist, den ein tiefer Graben umgibt, zeigt, daß er eine ältere, primitivere Burg ersetzte. Die um einen Innenhof angeordneten Gebäude, im wesentlichen aus dem 15. Jh., sind in sehr unterschiedlichem Maße erhalten: Während das eigentliche *Herrenhaus* mit seinem mächtigen Eckturm und auch das L-förmige *Turmhaus* in der SW-Ecke aus dem 16. Jh. in recht gutem Zustand sind, wurden die gegen die n. und die w. Umfassungsmauer errichteten Wirtschaftsgebäude aus dem 14. und 15. Jh. weitgehend zerstört. In der Einfahrt auf der Südseite ist noch das ursprüngliche Fallgitter zu sehen. Das Wappen über dem Eingang des vom Innenhof her zugänglichen w. Treppenturms ist das der Familie Atholl Stewart, einer auf Jakob I. zurückgehenden Nebenlinie des schottischen Königshauses.

April bis September MO–SA 9.30–19, SO 14–19; Oktober bis März MO–SA 9.30–16, SO 14–16.

216 Schloß Auchindoun

3 km sö. von Dufftown liegt im Glen Fiddich eindrucksvoll auf einer einsamen Bergkuppe die massive Ruine des Auchindoun Castle. Der zentrale Turm wurde von *Thomas Cochran*, dem Lieblingsbaumeister Jakobs III. (1460–1488) errichtet, dem die Rippengewölbe allerdings zunächst mißlangen. Nach dem Tod von Bonnie Dundee in der Schlacht von Killiecrankie zogen sich 1689 die Führer der jakobitischen Partei nach Auchindoun zurück, um hier das weitere Vorgehen zu beraten.

217 Die Brücke von Craigellachie

Der direkte Weg von Dufftown nach Elgin (vgl. u.) führt über die A 941. Nach 8 km erreicht die Straße das idyllisch am bewaldeten Ufer des Spey gelegene Dorf Craigellachie (400 Einwohner). Nördlich des Dorfes findet sich eine der schönsten Brückenkonstruktionen von *Thomas Telford:* Craigellachie Bridge aus den Jahren nach 1812. Bis 1973 führte die Hauptstraße über diese Brücke, deren 50 m langer Mittelteil, in der damaligen Zeit eine technische Sensation, in Wales gegossen wurde. Die neue Straßenbrücke verläuft parallel.

Wer sich für Whisky und Whisky-Brennereien interessiert, wähle den Umweg von 35 km über die B 9009, die B 9008 und die B 9102. An dieser Strecke liegen 3 der berühmtesten Brennereien NO-Schottlands, die Glenlivet Distillery (B 9008, auf der Ostseite des River Avon), die auch ein Besucherzentrum unterhält, die Glenfarclas Distillery (vgl. u.) und die Tamdhu Distillery (ö. der B 9102 im Tal des River Spey).

218 Die Brennerei von Glenfarclas

Die auf der Südseite der A 95 10 km sw. von Craigellachie gelegene Malzwhisky-Brennerei kann besichtigt werden. Besonders sehenswert ist ein kleines Museum, das private Destilliergeräte zeigt, deren Herstellung und Gebrauch streng verboten war.

219 Rothes

Das am Westufer des River Spey gelegene Dorf (1200 Einwohner, Informationsamt) ist ein weiteres Zentrum der Whisky-Herstellung und Sitz der Glen Grant and Caperdonich Distilleries.

220 Elgin

Elgin (16 500 Einwohner, Bahnstation, Informationsamt) ist das bedeutendste Kultur- und Wirtschaftszentrum zwischen Inverness und Aberdeen. Sehenswert ist die Stadt vor allem der Ruinen ihrer *Kathedrale* wegen (vgl. u.). Im ausgehenden Mittelalter wurde Elgin zweimal niedergebrannt, zunächst 1390 von dem zum Gesetzlosen erklärten Sohn Roberts II., dem *Wolf von Badenoch*, der den gesamten schottischen NO terrorisierte, sodann 1452. Der Anschluß an das Eisenbahnnetz um die Mitte des 19. Jh. brachte Elgin einen neuen Aufschwung.

Wichtige Adressen: *Tourist Information,* City Chambers, South Street, n. der Abzweigung der Main Road – *Bahnhof,* im S der Stadt, w. der Ross Street – *Busbahnhof,* im Zentrum, North Lane, w. der Lossie Wind-Straße – *Postamt,* Südseite der High-Street, zwischen Northfield Terrace und West Park Road – *Polizei-Hauptquartier,* Moray Street, zwischen Gordon Street und North Guildery Street – *Krankenhäuser,* Südseite der West Road, w. des Zentrums.

220.1 Elgin Cathedral

Heute liegen Kathedrale und Kathedralbezirk nö. des Zentrums, inmitten des städtischen Siedlungsbereichs. Ein Blick auf den Stadtplan zeigt jedoch, daß der Kirchenbau und sein Umfeld ursprünglich gar nicht Teil der Stadt waren. Die Kathedrale, deren eindrucksvolle Ruinen in die grüne Flußlandschaft des River Loosie eingebettet sind, entstand nach 1224, als der Sitz der Bischöfe von Moray auf Dauer in die als kleinere Kirche bereits existierende Dreifaltigkeitskirche „bei Elgin" verlegt wurde. In der frühesten Zeit besaß die Kathedrale mit Ausnahme des Raumes unter den beiden Westtürmen keine Gewölbe, statt dessen waren Balkendecken vorhanden. Die Ansätze des Holzdaches sind auf der Ostseite der beiden Westtürme noch sichtbar. Die Brandkatastrophe von 1270 bot Gelegenheit zu einem prächtigeren Neubau. Damals nahm die Kathedrale ihre heutige Form an, und auch das überaus sehenswerte oktogonale Kapitelhaus wurde errichtet. Das Schiff erhielt zu beiden Seiten doppelte Seitenschiffe, wobei die äußeren Seitenschiffe in einzelne Kapellen unterteilt wurden. Damit fand ein Charakteristikum der zeitgenössischen französischen Architektur im schottischen Norden Eingang. Chor und Presbyterium wurden in ihrer Länge verdoppelt und erhielten Seitenschiffe mit steinernen Gewölben. Das Kapitelhaus wurde durch ein Vestibül mit dem n. Seitenschiff des Chors verbunden. Gegen Ende des 13. Jh. war die „Lantern of the North" fertiggestellt. Doch dem Bau war eine Glanzzeit von nur 100 Jahren beschieden: Im Juni 1390 brannte *Alexander Stewart,* Graf von Buchan und Herr von Badenoch, einer der berüchtigtsten Missetäter seiner Zeit, Stadt und Kathedrale nieder, weil ihn der Bischof zuvor exkommuniziert hatte. Als Entschuldigung für die Freveltat an der

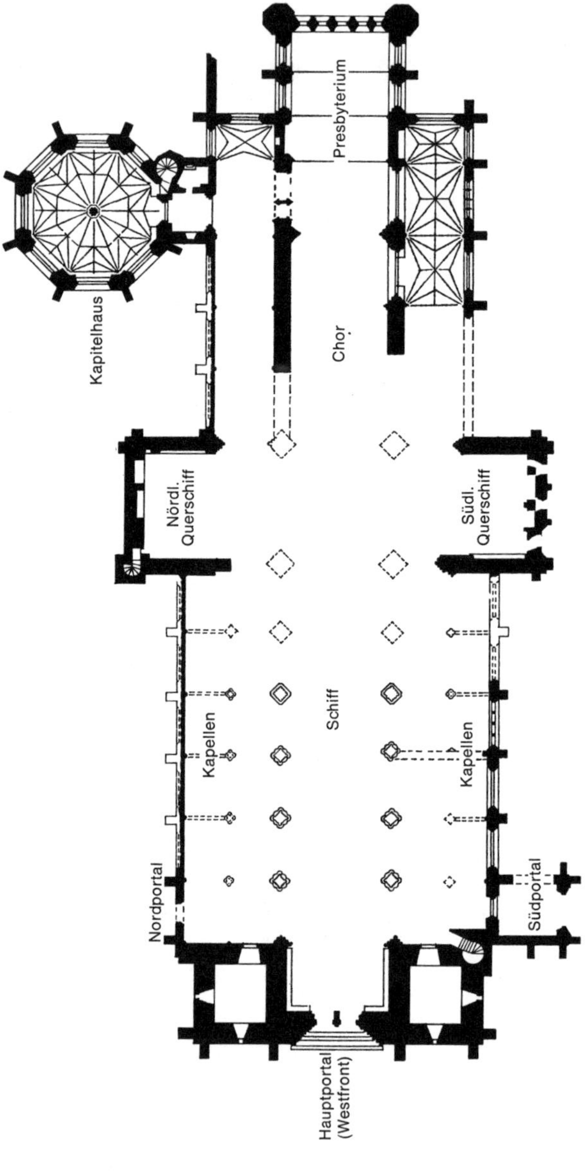

Ostschottland: Route 11

Elgin Cathedral

Kathedrale gab er später an, er habe geglaubt, der Bischof befinde sich in der Kirche. Der greise Bischof wandte sich an König Robert III. mit der Bitte, beim Wiederaufbau mitzuhelfen. Der Appell war nicht vergebens, und bis etwa 1402 wurde das Kircheninnere erneut umgestaltet: Vierung und zentraler Turm wurden neu hochgezogen, die Pfeiler der Westseite wurden erneuert, und die Rosette des Ostgiebels erhielt neues Maßwerk. Auch das Innere des Kapitelhauses wurde neu gestaltet, nachdem die enorme Hitze des Brandes den zentralen Pfeiler und die Gewölbe weitgehend zerstört hatte. Zeitgenössische Berichte beschreiben die Kathedrale am Vorabend der Reformation als ein Meisterwerk der Architektur und des Geschmacks. Spätgotik dominiert, vor allem auch in der offenbar zum Teil aus Frankreich und Flandern stammenden Inneneinrichtung, von der uns leider kein Teil erhalten ist. – Die Bilderstürmer der Reformation verwüsteten das Kircheninnere; 1567 wurde das Blei aus dem Dachstuhl entfernt und in die Niederlande versandt, damit die Söldner des Regenten Moray bezahlt werden konnten. In wenigen Jahren wurde die Kathedrale zur Ruine. Lediglich der große Kreuzaltar aus bemaltem Holz überstand die ersten Wirren der Reformation, bis auch er der kleinmütigen Denkungsweise eines Elginer Stadtpfarrers namens Gilbert Ross zum Opfer fiel: Er wurde 1640 zerstört. Am Ostersonntag 1711 stürzte der zentrale Turm ein und riß das n. Querschiff und die Arkaden und Wände des Schiffes mit. Zuvor hatten Cromwells Soldaten, die 1651 bis 1658 in der Nähe der Kathedrale stationiert waren, das noch vorhandene Maßwerk der Kirche zerstört und Statuen und Reliefs zerschlagen. Lediglich das Kapitelhaus überstand auch das weitere 18. Jh. einigermaßen intakt, als die Ruine zum Steinbruch geworden war. Die denkmalpflegerischen Bemühungen begannen 1807. Erster Denkmalpfleger war ein Schuhmachermeister aus Elgin, der es verstand, in aufopfernder Arbeit die Ruine so wiederherzustellen, daß sich später die breitere viktorianische Öffentlichkeit für sie interessieren konnte.

Die Lage der einzelnen Gebäudeteile erhellt aus dem beigegebenen Plan. Verglichen mit anderen vorreformatorischen Kirchenbauten in Schottland ist der Grad ihrer Erhaltung recht zufriedenstellend. Gemäß ihrer Geschichte zeigt die Kathedrale deutlich drei Stilepochen: den Übergangsstil von der Romanik zur Gotik, der sich besonders an den Querschiffen, den ältesten Teilen des Bauwerks, darstellen läßt, den frühgotischen Stil der 1. Hälfte des 13. Jh., etwa an den 27,4 m hohen Türmen der Westfassade, und hoch- bis spätgotische Elemente, etwa in den nach 1290 neu errichteten Gewölben des Kapitelhauses. Ausgesprochen spätgotische Züge tragen mehrere Grabmäler aus dem 15. und frühen 16. Jh. – Im Chor befindet sich auch ein piktischer Grabstein, wahrscheinlich aus dem 6. Jh. Weitere sehenswerte Grabsteine sind auf dem Friedhof s. der Kathedrale erhalten.
April bis September MO–SA 9.30–19, SO 14–19; Oktober bis März MO–SA 9.30–16, SO 14–16.
Cathedral Precincts. Im Kathedralbezirk hatten die kirchlichen Würdenträger ihre Wohnsitze und Gemeinschaftsräume. Der Bezirk war von einer hohen Einfriedungsmauer umgeben. Das East Gate, auch *Panns Port* genannt (sö. der Kathedrale, Ecke North College Street/Pannsport Road) ist ein letzter Rest dieser mittelalterlichen Einfriedung.

220.2 The Bishop's House. Am SW-Ende des Kathedralbezirks werden relativ spärliche Überreste eines Gebäudes sichtbar, von dem man annimmt, daß es sich um das Stadthaus der Bischöfe von Moray von 1406 handelt. Sehenswert ist die Treppengiebel, deren Stufen sich hier wieder als Giebel ausgeführt sind. Der Bau trägt u.a. die Wappen von Bischof *Patrick Hepburn* (1535–1573) und des berühmten Bischofs von Orkney und Abts von Kinloss, *Robert Reid* (1541–1558, zu Reid vgl.

Kirkwall (**681**). Die recht pittoreske Ruine mit ihrem schönen Erkerfenster ist derzeit nicht zugänglich.

Sieht man einmal von den oben beschriebenen Bauwerken ab, so ist Elgin nicht sonderlich reich an Altertümern, auch wenn die Stadtverwaltung viel unternommen hat, um noch vorhandene Baustubstanz wiederherzustellen. Das in unmittelbarer Nachbarschaft des Museums am Ostende der High Street gelegene *Little Cross* stammt aus dem 17. Jh.; das *Duff of Braco-Haus* (1694) unmittelbar w. des Museums besitzt sehenswerte Arkaden. Das *Thunderton House*, heute Hotel (Südseite der High Street, Ecke Thunderton Place), war einst das imposanteste Herrenhaus der Stadt. Der Bau, in dem Prinz Charles Edward Stuart im März 1746 unmittelbar vor der Schlacht von Culloden (**112**) wohnte, ersetzt ein älteres Herrenhaus, in dem im Mittelalter die schottischen Könige gerne abstiegen.

Elgin besitzt ein interessantes *Museum* (High Street), das u.a. eine Sammlung von Fossilien, die aus torridonischem Rotsandstein geborgen wurden, und auch eine Kollektion prähistorischer Waffen enthält.
Mitte März bis Mitte Oktober MO, MI–SA 10–12.30 und 14–17, DI 10–13; Mitte Oktober bis Mitte März MI, SA 10–12.

221   Der Palast von Spynie

Gut 3 km n. von Elgin liegen auf der Ostseite der A 941, zu erreichen über eine nk Straße, die Ruinen von Spynie Palace. Der Palast war der Herrensitz der Bischöfe von Moray; der eindrucksvolle Steinturm stammt aus der Zeit um 1470. Das Innere des Baus ist nicht zugänglich.

222   Lossiemouth

Der bekannte Badeort an der Spey Bay (5700 Einwohner) besitzt weite Sandstrände. Der Hafen am Westende der Stadt ist unter dem Namen Branderburgh bekannt und dient Elgin als Seehafen. 3 km w. des Ortes (B 9040) befinden sich die sehenswerten Klippenformationen der *Covesea Skerries.*

223   Duffus Castle

7 km nw. von Elgin und 2,5 km sö. von Duffus (800 Einwohner), zu erreichen über die B 9012, finden sich die massiven Ruinen eines Schlosses des *Moat and Bailey-Typs.* Der Wassergraben *(Moat)*, der die kegelstumpfförmige Erdaufschüttung *(Bailey)* umgibt, ist noch intakt und mit Wasser gefüllt. Ein Turm aus dem 14. Jh. mit besonders dicken Mauern überragt die im Kern normannische Anlage. Duffus ist das älteste Stammschloß der Familie Moravia, woraus der Name Murray wurde.

224   Der Brunnen von Burghead

Das pittoreske Fischerdorf Burghead (1400 Einwohner), 13 km nw. von Elgin (B 9013) liegt am Ostende einer bewaldeten Bucht, der *Burghead Bay.* Ein eisenzeitliches Fort in unmittelbarer Nachbarschaft des Ortes besitzt ein eigentümliches, in den Fels geschnittenes Bassin, bei dem es sich wahrscheinlich um ein frühchristliches Taufbecken handelt.
April bis September MO–SA 9.30–19, SO 14–19; Oktober bis März MO–SA 9.30–16, SO 14–16.

225 Die Abtei von Pluscarden

Folgt man von Elgin aus einer nach SO führenden nk Straße, so gelangt man vorbei an den Laigh of Moray Forest Walks und einem hübschen Picknickplatz (Torrieston Picnic Place) zu den Ruinen der Pluscarden Abbey (11 km). Die Abtei wurde 1230 als eine der drei Prioreien der Valliscaulianer auf schottischem Boden gegründet. Der Orden war französischen Ursprungs, jedoch nicht sehr mitgliederstark, was sich auch in der Baugeschichte der Anlage bemerkbar macht: Die Valliscaulianer vollendeten nur den Chor und die Querschiffe der Kirche; die nachrückenden Benediktiner beließen es dabei. Die Kirche wurde 1390 niedergebrannt, wahrscheinlich durch den Wolf von Badenoch (vgl. Elgin Cathedral, vgl. o.). 1454 wurde Pluscarden eine von der Benediktinerabtei von Dunfermline (**69**) abhängige Priorei. Das Kloster hatte diesen Status bis 1560 inne, dann wurde mit dem Einbruch der Reformation auch Pluscarden dem Verfall preisgegeben. Einen Neubeginn brachte das Jahr 1948, als sich eine Gruppe von Benediktinermönchen aus der Abtei von Prinknash in Gloucestershire (England) in Pluscarden ansiedelte.

Heute sind die Querschiffe neu überdacht. Die an das s. Seitenschiff anschließende Sakristei dient den Mönchen als Kapelle. – Im s. Querschiff ist die ursprüngliche Nachttreppe erhalten. Baugeschichtlich ergeben sich starke Anklänge an Elgin: Offenbar wurden beide Kirchen von den gleichen Baumeistern errichtet und ausgeschmückt. Man beachte in diesem Zusammenhang den formschönen gewölbetragenden Pfeiler des Kapitelhauses. Auch im Maßwerk einiger spätgotischer Fenster lassen sich Analogien feststellen. Der Erhaltungsgrad der Bauten ist vergleichsweise vorzüglich: Die abseits gelegene Kirche wurde nie von den Bilderstürmern der Reformation erreicht. Die Gebäude blieben nach 1560 einfach leer stehen und wurden von Efeu überrankt, bis im 19. Jh. auch hier die denkmalpflegerischen Bemühungen einsetzten.

226 Forres

Die kleine Handelsstadt Forres (4700 Einwohner, Bahnstation, Informationsamt), 18 km w. von Elgin an der A 96 gelegen, ist heute von der Architektur des 19. Jh. geprägt, in Wirklichkeit aber eine sehr alte Stadt. Forres ist in Shakespeares »Macbeth« erwähnt: Hier hält König Duncan Hof, und auf dem Wege nach Forres treffen Macbeth und Banquo mit den Hexen zusammen.

Das *Schloß des Duncan* auf einem Erdhügel am W-Ende der High Street ist seit langem verschwunden. Sein Standort wurde im Jahre 1857 durch einen Granitobelisk markiert. Am ö. Ortsausgang, wo die Straße nach Findhorn von der A 96 nach Elgin abzweigt, befindet sich der *Suenos Stone,* ein 6,9 m hoher, reich ausgestalteter Obelisk, dessen Ursprung ungewiß ist. Man nimmt an, daß er errichtet wurde, um einen Sieg des Dänenfürsten Sweyn über den Schottenkönig Malcolm II. (1005–1034) 1008 zu feiern. 1813 wurden bei dem Stein 8 menschliche Skelette gefunden. – Das 1870 eröffnete *Museum* (High Street) bietet u.a. eine reiche Fossiliensammlung und steinzeitliche Funde.
Auf dem Cluny Hill im SO der Stadt wurde 1806 ein 21 m hoher oktogonaler Turm errichtet, der Lord Nelson gewidmet ist. Von seiner Spitze aus bietet sich ein vorzüglicher Rundblick.

227 Die Gärten von Kincorth

8 km nw. von Forres befinden sich an einer w. des River Findhorn von der A 96 abzweigenden nk Straße die Kincorth Gardens. Die Gärten wirken vor allem durch das Zusammenspiel von Blumen, Stauden, Büschen, Kräutergewächsen, Rasenflächen und Bäumen.
Juni bis August 9–21. Eintritt.

228 Randolph's Leap

Folgt man von Forres aus der A 940 in Richtung Grantown-on-Spey (**110**), um nach 9 km auf die nach SW führende B 9007 abzuzweigen, so gelangt man im Oberlauf des River Findhorn in eine tiefe Schlucht, deren sehenswertester Teil, Randolph's Leap, durch einen am Oberrand entlangführenden Pfad erschlossen ist.

229 Das Schloß von Lochindorb

Kurz hinter der Einmündung A 940/A 939, 23 km s. von Forres, zweigt eine nk Straße nach SW zum Weiler Lochindorb (4 km) ab. Auf einem Inselchen in dem 320 m hoch gelegenen See befinden sich die Ruinen des Lochindorb Castle aus dem 13. Jh. Die Burg war einst Sitz der mächtigen Familie Comyn. König Eduard I. von England machte die Anlage 1303 zu seiner Residenz und baute sie weiter aus. Als 1336 der Schottenkönig David II. die Gräfin von Atholl in der Burg belagerte, griff König Eduard III. von England ein und zwang die Belagerer zur Aufgabe. 1372 wurde die Anlage Zwingburg des Wolf of Badenoch (vgl. auch Elgin, **220**). Die Burg wurde um 1458 unbenutzbar gemacht.

230 Der Glockenturm von Ardclach

Folgt man von der Einmündung A 940/A 939 aus der letztgenannten Straße 10 km nach NW, so gelangt man im Tal des Findhorn zu dem 1 km w. der Straße gelegenen Ardclach Bell Tower, einem zweistöckigen Glockenturm von 1655. Funktion der Glocken war es, die Gläubigen zum Gottesdienst zusammenzurufen und auch vor herannahenden Gefahren zu warnen.
April bis September MO–SA 9.30–19, SO 14–19; Oktober bis März MO–SA 9.30–16, SO 14–16.

231 Das Taubenhaus von Boath

Wählt man für die Fahrt von Forres nach Nairn die direkte Straße A 96, so gelangt man 15 km ö. von Forres im Weiler Auldearn in der Nähe einer alten Burg zu einem recht ansehnlichen Taubenhaus, Boath Doocot, aus dem 17. Jh. In der Nachbarschaft der Burg n. der Straße fand 1645 eine Schlacht statt, in der der Graf von Montrose die Covenanters besiegte.
Das Taubenhaus kann zu den normalen Zeiten (von außen) angeschaut werden. Zutrittsgebühr.

232 Nairn

Nairn an der Mündung des gleichnamigen Flusses (8000 Einwohner, Bahnstation, Informationsamt) besitzt einen von *Thomas Telford* 1820 errichteten Hafen, der allerdings durch die großen Überflutungen von 1829 sehr in Mitleidenschaft gezogen wurde. Das Viertel der Fischer (Fishertown) verfügt über ein eigenes Museum, *Nairn Fishertown Museum*. Der Schaft eines alten *Marktkreuzes* (High Street) erinnert an die Tatsache, daß die Stadt, obgleich heute nicht reich an historischen Gebäuden, als *Royal Burgh* eine recht bedeutende Vergangenheit hat. Zu beiden Seiten der Mündung des River Nairn erstreckt sich ein insgesamt rund 10 km langer Sandstrand.

233 Schloß Cawdor

Shakespeares Macbeth führte den Titel eines Thane of Cawdor; der Mord an Duncan (1040) fand, so will es die Tradition, in Cawdor Castle statt. Der älteste Teil der gegenwärtigen Anlage, der massive zentrale Turm, stammt allerdings erst von 1454. Sehenswert sind die *Zugbrücke* und das eiserne *Fallgitter*. Die umgebenden Gebäude datieren aus dem 16. Jh., sie wurden im 17. Jh. jedoch teilweise umgebaut. Mit seinen gepflegten *Gärten* bietet das Schloß, das heute noch von der Grafenfamilie der Campbells of Cawdor bewohnt wird, ein pittoreskes Äußeres.
Mai bis September 10–17.30. Eintritt.

234 Fort George

Nördlich der nach Inverness (**114**) führenden A 96 liegt an der Spitze der Landzunge, die den Moray Firth von dem Inverness Firth trennt, die Festung Fort George, benannt nach dem Hannoveraner König Georg II., dem Begründer der Universität Göttingen. Das Fort wurde nach 1748 im Zuge der Befriedung des Hochlands im Anschluß am Culloden (**112**) errichtet. Es ist eines der besten europäischen Beispiele für ein Artillerie-Fort aus der Spätphase des Festungsbaus.

Die Anlage ist in vorzüglichem Zustand und beherbergt u.a. das Regimentsmuseum der *Queen's Own Highlanders*. Von den Festungsanlagen aus hat man einen guten Blick über die an dieser Stelle kaum 2 km breite Förde auf Shanonry Point (vgl. Fortrose, **604**) und die Ostküste der Black Isle. April bis September MO–SA 9.30–19, SO 14–19; Oktober bis März MO–SA 9.30–16, SO 14–16. Eintritt.

Von Fort George aus kann die Weiterfahrt nach Inverness (**114**) über die B 9039 entlang der Küste erfolgen. Für den historisch interessierten Schottland-Besucher ist ein Abstecher nach Culloden (**112**, 15 km sw. von Fort George) unabdingbar.

Route 12

Aberdeen – Oldmeldrum – Turriff – Banff (– Elgin – Inverness)

Die im folgenden beschriebene Route bietet eine Alternative zu der direkten Strecke über die A 96, wobei die Städtchen Macduff (**262**) und Banff (**246**) sowie sehenswerte Abschnitte der Nordküste berührt werden. Der Umweg beträgt 26 km.

235 Die Piktensteine von Dyce

Die nach Banff führende A 947 zweigt beim Stadtausgang von Aberdeen in stumpfem Winkel von der A 96 ab. Nach 4 km erreicht man den Ort Dyce (3300 Einwohner, Bahnstation) ö. des gleichnamigen Flughafens von Aberdeen. Knapp 3 km nw. zu erreichen über die zum Weiler Pitmedden führende nk Straße, finden sich am Westufer des River Don die Ruinen der *Old Church*, einer alten Gemeindekirche, in deren Kirchhof sich 2 sehenswerte Steine mit piktischen Symbolen, die Dyce Symbol Stones, befinden. Einer der Steine zeigt u.a. ein keltisches Kreuz. Sehenswert ist auch das im Kirchhof errichtete *Wachhaus*, das die frisch bestatteten Toten davor bewahren sollte, wieder ausgegraben und entführt oder für anatomische Zwecke verkauft zu werden.

236 Oldmeldrum

Das Dorf (1100 Einwohner) mit einer Kirche von 1684 ist bekannt als Sitz der Glengarioch Distillery. Der *Barra Hill*, 2 km sw., wird von einer Festung aus prähistorischer Zeit gekrönt. Barra Castle an der A 981 datiert teilweise aus dem 17. Jh.

237 Der Garten von Pitmedden

10 km von Oldmeldrum bietet das 600 Morgen große Landgut Pitmedden einen der sehenswertesten Gärten Schottlands. Die Anlage im klassisch-französischen Stil wurde 1675 von Sir *Alexander Seton,* einem Advokaten aus Edinburgh, geschaffen. Leider wurde das zugehörige Haus 1818 durch Feuer schwer beschädigt. Vorbilder für die Anlage waren möglicherweise der gerade im Entstehen begriffene Garten des Holyrood Palace in Edinburgh sowie der Garten des Edzell Castle (**167**). Pitmedden hat allerdings die sechsfache Größe des Gartens von Edzell.

Bis ins 17. Jh. hinein war NO-Schottland, wie wir aus Reisebeschreibungen wissen, nicht nur eine politisch unsichere Gegend, sondern auch eine Landschaft weitgehend ohne Liebreiz. Es gab nur noch wenig ursprüngliche Waldungen, und die Neuanpflanzung von Bäumen blieb auf die direkte Umgebung der Gebäude beschränkt; man nahm an, daß angesichts des schottischen Klimas Neuanpflanzungen von Wald keine Chance hätten. Der Ackerbau war über alle Maßen rückständig: Selbst primitive Formen der Entwässerung des Moorbodens oder aber die Dreifelder-Wirtschaft waren unbekannt. In den relativ ruhigen ersten Jahrzehnten des 17. Jh. beginnen die Großgrundbesitzer dann, sich für Fragen des Ackerbaus und der Garten- und Forstkultur zu interessieren. Vorbilder sind Frankreich und das wohlhabende nachelisabethanische England. Es entsteht eine umfangreiche theoretische Literatur; man beginnt mit der Aufzucht wetterfesterer Pflanzen und lernt, durch Anlage von Mauern und Waldgürteln Parzellen zu schaffen, in denen auch die zuvor auf Mitteleuropa beschränkten Arten überlegen können. Der Aufschwung der Agrarwirtschaft ist eine der Triebfedern für die soziale Umgestaltung Ostschottlands in den nächsten 150 Jahren. Vor diesem Hintergrund muß die Anlage des Gartens von Pitmedden als eine Pioniertat ersten Ranges angesehen werden, die den umgebenden Großgrundbesitzern ebenso wie den kleinen Pachtbauern verdeutlichen konnte, welche Möglichkeiten im schottischen Boden steckten.

Die völlig verwahrlosten Gärten wurden 1953 dem *National Trust for Scotland* übergeben, der sie, weil die ursprünglichen Pläne bei dem Feuer von 1818 vernichtet worden waren, nach Skizzen der Holyrood Palace Gardens (**66.29**) aus den Jahren nach 1670 wiederherstellte. Nicht nur die formale Ästhetik der Anlage, sondern auch der Reichtum der Bepflanzungen und die Intensität der Farben verfehlen auf den Besucher aus Mitteleuropa ihren Eindruck nicht.
9.30 bis Dämmerung. Eintritt.

238 Schloß Tolquhun

2 km nw. von Pitmedden befinden sich die gut erhaltenen Ruinen des Tolquhun Castle. Der älteste Teil der Anlage, ein rechteckiger Fried, datiert aus dem frühen 15. Jh., die übrigen Gebäude wurden 1584–1589 von *William Forbes* errichtet. Zwei massive Rundtürme flankieren die Toreinfahrt mit ihrem reich gestalteten Wappenfeld. Die Daten beziehen sich auf Baubeginn und Fertigstellung. Der großenteils aus hochwertigem Stein gefertigte Bau mit seinen Treppengiebeln und formschönen Kaminen wirkt auch von der Rückseite her recht fotogen.
April bis September MO–SA 9.30–19, SO 14–19; Oktober bis März MO–SA 9.30–16, SO 14–16.

239 Das Grab von Tarves

Im Friedhof des Dorfes Tarves, 3 km n. von Tolquhun Castle, findet sich die Grabstätte des Schloßherrn *William Forbes* (vgl. **238**). Das reich verzierte Grab ist ein gutes Beispiel für den Übergangsstil von der Spätgotik zur Renaissance.

240 Haddo House

In einem weiten, bewaldeten Areal n. der B 999 und s. der B 9005 liegt auf der Ostseite der A 981 Haddo House, ein 1732 von *William Adam* über älteren Fundamenten errichtetes georgianisches Herrenhaus, Wohnsitz der Gordons of Haddo und Grafen von Aberdeen. Haddo House ist heute ein bedeutendes Zentrum des schottischen Musiklebens: Hier hat die *Haddo House Choral Society*, eine bekannte Chorgemeinschaft, ihren Sitz; Opernaufführungen und Konzerte erfreuen sich regen Besuchs.
Anfang Mai bis Ende September MO–SA 11–18, SO 14–18. Eintritt.

241 Das Schloß von Fyvie

Folgt man von Oldmeldrum aus der direkten Straße nach Turriff, so gelangt man nach 12 km in den Ort Fyvie. N. des Dorfes liegt auf dem bewaldeten Ostufer des Ythan ein Schloß, das als »die Krönung des schottischen Baronsstils« beschrieben worden ist: Fyvie Castle. Der älteste Teil der Anlage, der *Preston Tower*, wurde um 1400 von *Sir Harry Preston* errichtet. Der *Seton Tower* in seiner heutigen Form ist ein Werk des *Alexander Seton*, Lord Urquhart, aus den Jahren nach 1596. Alexander Seton gab auch der 50 m langen Südfront ihr heutiges Aussehen: Die an ein französisches Schloß der klassischen Epoche erinnernde Fassade wird von 2 Turmhäusern mit hübschen Ecktürmchen flankiert; ein mächtiger Torhausturm bildet das Zentrum. Im Inneren (z. Zt. noch nicht zugänglich) ist vor allem eine großzügig angelegte Wendeltreppe sehenswert.

242 Schloß Towie-Barclay

Etwa auf halbem Weg zwischen Fyvie und Turriff befindet sich unmittelbar w. der A 947 in der Gemarkung Auchterless das restaurierte Towie-Barclay Castle aus dem 15. Jh. Die alte Bausubstanz ist durch spätere Umbauten stark verändert worden. Das Innere besitzt sehenswerte Gewölbe und eine Galerie für die Barden oder Dudelsackbläser *(Minstrels' Gallery)*. Das Schloß ist der Öffentlichkeit derzeit nicht zugänglich.

243 Turriff und Schloß Delgatie

Turriff (2800 Einwohner), 28 km n. von Oldmeldrum an der A 947, besitzt eine *Kirche* mit einem Chor aus dem 16. Jh. Der Glockenturm trägt das Datum 1635. Das gut 3 km ö. gelegene Delgatie Castle ist ein imposantes fünfstöckiges Turmhaus, im wesentlichen aus dem 15. und 16. Jh., dessen Fried allerdings auf das 12. Jh. zurückgeht. Der Bau gehörte ursprünglich dem Clan Hay, der im 16. Jh. unerschütterliche Stuart-Treue bewies. In späterer Zeit war der Bau im Besitz der Familie Duff, bis er 1948 von Angehörigen des Clans Hay zurückerworben wurde. Delgatie Castle ist heute Clanzentrum. Es enthält *Portrait- und Waffensammlungen* und besitzt eine Wendeltreppe mit 97 Stufen. Eine besondere Sehenswürdigkeit stellen die bemalten *Holzdecken* aus der Zeit um 1590 dar.

244 Schloß Craigston

Zweigt man 3 km n. von Turriff von der A 947 auf die B 9105 ab, so gelangt man nach abermals 5 km zum Craigston Castle (ö. der Straße). Das E-förmige Turmhaus aus den Jahren 1604–1607 ist seit jener Zeit Wohnsitz der Familie Urquhart. Eine bauliche Besonderheit ist die Tatsache, daß die beiden Flügel in der Höhe des 4. Stockwerks unterhalb des Giebelansatzes durch einen Bogen miteinander verbunden sind, der einen *Balkon* mit reich ausgestalteter Brüstung trägt. Die Kragsteinkonsolen an den 4 Außenkanten deuten darauf hin, daß ursprünglich Ecktürmchen vorgesehen waren. Sehenswert sind die Gewölbe des Erdgeschosses und die Holzdecken und -verkleidungen sowie die ausgezeichnete *Bibliothek*.

245 Schloß Eden

Die 10 km n. von Turriff auf der Westseite der A 947 gelegenen Ruinen des Eden Castle datieren von 1676. Das Schloß war Wohnsitz der Familie Nicholas. Die Tradition will, daß ihr Niedergang dadurch zustande kam, daß die Frau eines Pachtbauern Sir Nicholas bat, auf ihren mißratenen Sohn aufzupassen. Er nutzte die Gelegenheit, um den Jungen im nahen Flusse Deveron zu ertränken. Daraufhin traf ihn ein Fluch.

246 Banff

Banff (*Royal Burgh* seit 1372, 3700 Einwohner, Informationsamt) ist eine alte Hafenstadt. Der Ort an der Mündung des River Deveron bietet an seiner Westseite (Boyndie Bay) einen hübschen Sandstrand mit guten Bademöglichkeiten. Im Ortskern haben einige Häuser aus dem 17. Jh. überlebt. Von dem einstigen Schloß ö. der Castle Street sind nur spärliche Überreste erhalten. Gleiches gilt für die mittelalterliche *Old Church* (Carmelite Street). In der Low Street findet sich an der Stelle, wo früher der Galgen stand, die *Biggar Fountain* mit dem Schaft des alten Stadtkreuzes. Der Platz erlangte im Jahre 1701 traurige Berühmtheit, als der geächtete Fiedler *James MacPherson* hier der schaulustigen Menge seine Geige als Geschenk bot, bevor er dem Henker entgegentrat. Hauptsehenswürdigkeit des Ortes ist das *Duff House* (vgl. u.).

246.1 Duff House. Das um 1735 von *William Adam* errichtete Duff House ist, obgleich unvollendet, ein Meisterwerk der Georgianischen Architektur. Der 3 Stockwerke hohe Bau besitzt eine sehenswerte klassizistische Fassade mit geschwungenen Treppenaufgängen. Die zunächst vorgesehenen Flügelbauten wurden nie errichtet. Das Haus ist erst seit kurzer Zeit der Öffentlichkeit wieder zugänglich, nachdem es während des 2. Weltkriegs als Kriegsgefangenenlager diente und von den Deutschen bombardiert worden war.
April bis September MO–SA 9.30–19, SO 14–19.

Hinsichtlich der Nachbarstadt Macduff vgl. S. 221.

247 Portsoy

Zwei Wege führen von Banff in den Fischerhafen Portsoy: die A 98 (13 km) und die direktere, wenn auch engere B 9139, die das pittoreske Fischerdorf Whitehills berührt und längs der sehenswerten Küste verläuft (11 km). Der Ort ist bekannt für seinen Marmor *(Portsoy Marble)*, der lindgrün und rosa gemasert ist und nicht nur in vielen britischen Herrenhäusern des 17. und 18. Jh. Verwendung gefunden hat, sondern auch für 2 Kamine im Schloß Versailles benutzt wurde. Die Ruinen des 3 km ö. an der B 9139 gelegenen *Boyne Castle* datieren von 1485.

248 Fordyce

5 km sw. von Portsoy liegt das pittoreske Dorf Fordyce (1400 Einwohner) mit seinem Schloß *(Fordyce Castle)* aus dem 16. Jh. Der Bau besitzt recht ansehnliche Kragsteine und ein wohlproportioniertes Eckstürmchen. In der Nachbarschaft befinden sich die Überreste einer alten *Kirche* mit einem hübschen Glockenturm.

249 Cullen

Das Seebad und Fischerdorf Cullen (1200 Einwohner, Informationsamt) besitzt eine gute Badebucht (w. des Ortes). Das sw. des Ortskerns gelegene *Cullen House* geht in seinen ältesten Teilen auf das 16. Jh. zurück. Hier befand sich auch der alte Ortskern von Cullen, bevor das Dorf 1822 an seine heutige Stelle verlegt wurde. In der Nachbarschaft des Schlosses ist die kreuzförmige *St. Mary's Church* von Bedeutung, die ebenfalls auf das 16. Jh. zurückgeht.

250 Die Kirche von Deskford

Folgt man von Cullen aus der B 9018 nach S, so erreicht man nach 5 km die Ruinen der Deskford Church. Die Kirche wurde, wie eine Inschrift besagt, 1551 von *Alexander Ogilvy of Deskford* gestiftet.

251 Buckie

2 km w. von Cullen zweigt die A 942 nach N von der A 98 ab. Sie führt zu einer Kette von Fischerdörfern und Seebädern, in deren Zentrum das Städtchen Buckie (8000 Einwohner) liegt. Der Ort besitzt ein der Fischerei und dem Meer gewidmetes Museum *(Buckie Maritime Museum)*.

In Fochabers (**214**), 23 km sw. von Cullen, erreicht die A 98 die direkte Straße Aberdeen – Inverness (A 96). Hinsichtlich des weiteren Streckenverlaufs vgl. S. 207 ff.

Route 13

Aberdeen – Peterhead – Fraserburgh – Macduff (– Elgin – Inverness)

Die hier beschriebene Route (Umweg gegenüber der direkten Strecke über Inverurie und Huntly: 75 km) folgt im wesentlichen dem Verlauf der Küste und berührt einige sehenswerte Fischerstädtchen. – Die A 92 verläßt Aberdeen über den Stadtteil Bridge of Don n. der modernen Straßenbrücke über den Fluß Don. Die berühmte *Old Brig* (**154.15**) befindet sich etwas weiter flußaufwärts. Nach 16 km zweigt halbrechts die A 975 nach Newburgh ab.

252 Newburgh

Das Dorf (250 Einwohner) liegt an der weiten, schilfreichen Mündung des River Ythan und besitzt einen kleinen Hafen. Newburgh ist ein Fischer- und Anglerparadies (Salm, Lachsforelle und Meeresforelle) sowie ein Zentrum der Naturfreunde.

253 Das Naturschutzgebiet der Sands of Forvie

Das vom *Nature Conservancy Council* betreute 1800 Morgen große Sands of Forvie and Ythan Estuary National Nature Reserve erstreckt sich vom Nordufer der Mündung des River Ythan bis zum Dorf Collieston. In der Dünenlandschaft mit zahlreichen seltenen Pflanzen brüten Seeschwalben, Eiderenten, Dreizehenmöven, Brandenten und Eissturmvögel.

254 Ellon

Ellon (2300 Einwohner, Informationsamt), 28 km n. von Aberdeen an der A 92 gelegen, ist Zentrum eines Agrardistrikts.

255 Schloß Slains

Auf der A 975 erreicht man 16 km n. von Newburgh die Abzweigung der nach Port Erroll am Nordufer der Cruden Bay führenden nk Straße. 1 km ö. des Fischerdorfes liegen die recht umfangreichen Ruinen des Slains Castle von 1664. Der Bau ersetzte ein 7 km weiter s. gelegenes Schloß gleichen Namens, das später wiederaufgebaut und erweitert wurde.
Der s. Teil der Cruden Bay besitzt einen weiten Sandstrand und gute Golfplätze.

256 Die Bullers of Buchan

3 km n. von Port Erroll führt die A 9711 an der eindrucksvollen Klippenszenerie der Bullers of Buchan vorbei: Die amphitheatralisch gestaltete Küste ragt 60 m hoch auf, wobei die Bucht einen Durchmesser von nur 15 m besitzt. Bei stürmischer See bietet sich ein faszinierendes Wellenspiel.

257 Peterhead

Das auf einer in die Nordsee hinausragenden Landzunge 1593 gegründete Peterhead (14 200 Einwohner, Informationsamt) ist eine recht lebendige kleine Hafenstadt. Peterhead war, nachdem der Walfang nach 1850 an Bedeutung verloren hatte, jahrzehntelang ein Zentrum der Heringsfischerei. Die Einbußen, die diesem Erwerbszweig seit den 40er Jahren beschieden waren, sind in jüngster Zeit durch Aufträge im Rahmen des Ölgeschäfts wettgemacht worden: Peterhead als östlichste Gemeinde Schottlands ist Ausgangspunkt für Pipelines zu den Bohrfeldern und Versorgungsbasis.

Das *Stadthaus* datiert von 1788. Sehenswert sind die Ruinen der *St. Peter's Kirk* aus dem 12. Jh. (beim Golfplatz, zwischen West Street und South Road). Der Turm der *Gemeindekirche* von 1592 enthält eine holländische Glocke von 1647. Das *Arbuthnot Museum* mit angeschlossener Kunstgalerie führt in die Entwicklung der Fischereiindustrie ein und bietet interessante Exponate zu den Themen Walfang und Leben in der Arktik. Sehenswert ist auch eine Münzsammlung.
MO–SA 10–12 und 14–17.

258 Deer Abbey

Die von Peterhead aus nach Macduff (vgl. u.) führende A 950, berührt nach 14 km den s. der Hauptstraße an der B 9030 gelegenen Weiler Old Deer. Hier befinden sich die spärlichen Überreste einer 1219 gegründeten Zisterzienserabtei. Die Anlage geht auf ein keltisches Kloster zurück, das

St. Drostan um das Jahr 520 gründete. In diesem Kloster entstand das 1857 in der Universitätsbibliothek Cambridge wiederentdeckte berühmte mittelalterliche Manuskript des *Book of Deer*. April bis September MO–SA 9.30–19, SO 14–19. Eintritt.

Der n. von Old Deer gelegene *Forest of Deer* ist durch den White Cow Wood Picnic Place (n. der A 950 an der nk Straße nach Strichen) erschlossen. Hier beginnen zwei Waldpfade durch Lärchen- und Fichtenwälder mit einer Länge von 1,5 bzw. 4,5 km.

259 Inverallochy

Verläßt man Peterhead über die A 952, um nach 18 km auf die B 9033 abzuzweigen, so gelangt man nach abermals 7 km zu einem sehr schönen Sandstrand, der sich von St. Combs bis Fraserburgh (vgl. u.) erstreckt und in dessen Zentrum der Bade- und Ferienort Inverallochy liegt. Im Hinterland finden sich auf der SW-Seite der B 9033 2 von den Comyns erbaute Schlösser: das restaurierte *Cairnbulg Castle* (3 km sw.) und das nur noch als Ruine erhaltene *Inverallochy Castle* (gut 3 km s.).

260 Das Kammergrab von Memsie

Zweigt man n. des Weilers Rathen (2 km n. der Einmündung A 952/A 92) nach W auf die B 9032 nach Memsie ab, so gelangt man in der Nachbarschaft des Ortes zum Memsie Burial Cairn, einem guten Beispiel für ein großes Kammergrab aus der Zeit um 1500 v. Chr.

261 Fraserburgh

Die 1546 von *Alexander Fraser* gegründete Stadt (10 600 Einwohner, Informationsamt) ist mit dem Rückgang der Heringsfischerei zu einer etwas verträumten Kleinstadt geworden. Auch die Eisenbahnlinie nach Inverurie (**201**), die in den letzten Jahren nur noch von Güterzügen befahren worden war, wurde 1979 eingestellt.

Der Ort besitzt einen recht pittoresken Hafen und einen Sandstrand. Von dem 1570 erbauten *Schloß*, einem Turmhaus im N der Stadt, sind die unteren 4 Stockwerke erhalten, während der 5. Stock 1787 zum Leuchtturm umgebaut wurde. Der sogenannte *Wine Tower* am unteren Ende des Aufgangs zum Schloß datiert wahrscheinlich aus dem 15. Jh. Daß der Turm nie als Weinkeller benutzt wurde, gilt als fast sicher. Fraserburgh war 10 Jahre lang die 5. Universitätsstadt Schottlands: Die Hochschule wurde 1595 unter Einschaltung des schottischen Parlamentes gegründet. Ihr erster Rektor fiel jedoch 1605 bei König Jakob VI. in Ungnade und wurde unter Arrest gestellt. In seiner Abwesenheit erlitt die Universität den Zusammenbruch.

262 Macduff

Zwischen Fraserburgh und Macduff bieten sich zwei Strecken etwa gleicher Länge an: Während die relativ gradlinig trassierte A 98 durch das weniger interessante Landesinnere führt, folgt die kurvenreiche B 9031 dem Verlauf der streckenweise reich gestalteten Küste.

Macduff (3700 Einwohner) war bis vor wenigen Jahren ein betriebsamer Heringsfischer-Hafen. Trotz des Rückgangs dieses Erwerbszweiges wurden die Hafenanlagen in den letzten Jahren im Rahmen eines 150 000 £-Projektes erweitert: Der Hafen gilt als der sicherste des gesamten Moray Firth. Die ö. anschließende Küste ist recht zerklüftet und durchaus sehenswert. In der *Banff Bay* findet sich ein hübscher Sandstrand.

Nur 1 km w. von Macduff liegt auf dem Westufer des River Deveron die Stadt Banff (**246**). Zum weiteren Streckenverlauf vgl. S. 218 ff.

Route 14

Edinburgh – Linlithgow – Stirling – Crianlarich und Stirling – Dunblane – Perth

Die im folgenden beschriebene Strecke stellt die direkteste Verbindung zwischen Edinburgh und dem w. Hochland dar (Entfernung Edinburgh – Oban: 168 km). Für Reisende, die ohne allzu große Umwege von Edinburgh nach Inverness gelangen wollen, wohl aber die Königspaläste von *Linlithgow* und *Stirling* sehen möchten, bietet sich ab Stirling die Fahrt über die A9/A822 nach Dunkeld an, wo der Anschluß an die A9 nach N erreicht wird.
Der schnellste Weg von Edinburgh nach Stirling führt über die Autobahn M9, von der aus sich ein guter Blick auf Linlithgow Palace ergibt. Allerdings ist die Umgebung so reich an Sehenswürdigkeiten, daß die Fahrt über die Autobahn nach Möglichkeit vermieden werden sollte. Eine Sehenswürdigkeit unmittelbar vor den Toren von Edinburgh ist, zumindest für technisch Interessierte, die alte Trasse des *Union Canal,* die beispielsweise von der Brücke beim Weiler Ratho aus (11 km w. des Stadtzentrums) gut überblickt werden kann.

263 Der Freizeitpark von Almondell

18 km w. von Edinburgh und rund 7 km w. von Ratho wurde im Tal des River Almond ein System von Wanderwegen geschaffen, das heute den Edinburghern als Naherholungsgebiet dient, der Almondell Country Park. Die Ausgestaltung des Tals erfolgte durch Jugendliche aus vielen Ländern, die hier im Rahmen von internationalen Jugendlagern zusammenarbeiteten. Der Park wird am besten über die A 71 erreicht, wobei man im Dorf East Calder nach N abzweigt.

264 Schloß Hopetoun

Am w. Ortsende von South Queensferry (**68**) zweigt eine nk Straße längs des Forth zum Hopetoun House ab, das inmitten eines reich gestalteten Parks etwa 4 km w. der Straßenbrücke am Ufer des Forth liegt. Das Herrenhaus, Wohnsitz der Marquis von Linlithgow, wurde 1696 von dem *Architect Royal* Karls II., *Sir William Bruce* (vgl. S. 51), erbaut, der das fast quadratische Gebäude im Zentrum der Anlage errichtete (vgl. Grundriß). Die heutige Formgebung ist das Werk *William Adams* und seiner Söhne John und Robert, die den Herrensitz 1721 bis 1754 von Grund auf umbauten und erweiterten. Die geschwungenen Linien der Fassaden und auch nahezu die gesamte heutige Raumeinteilung gehen auf die Familie Adam (vgl. auch S. 51) zurück.

Sehenswert ist die prachtvolle Innenausstattung mit Mobiliar und Tapisserien aus dem 18. Jh. und mit Gemälden von Rembrandt, Van Dyck, Tizian und Rubens. Ein besonderes Schmankerl ist der Tresor-Raum, der noch aus der Zeit von William Bruce stammt. Auch die Gestaltung des Treppenhauses geht im wesentlichen auf Bruce zurück, wobei die Holzschnitzereien von *Alexander Eizat* ausgeführt wurden, einem schottischen Holzschnitzer, der auch am Holyrood Palace (**66.29**) arbeitete. Holztäfelung und Schnitzereien wurden erst in jüngster Zeit unter dicken Gipsschichten

Hopetoun

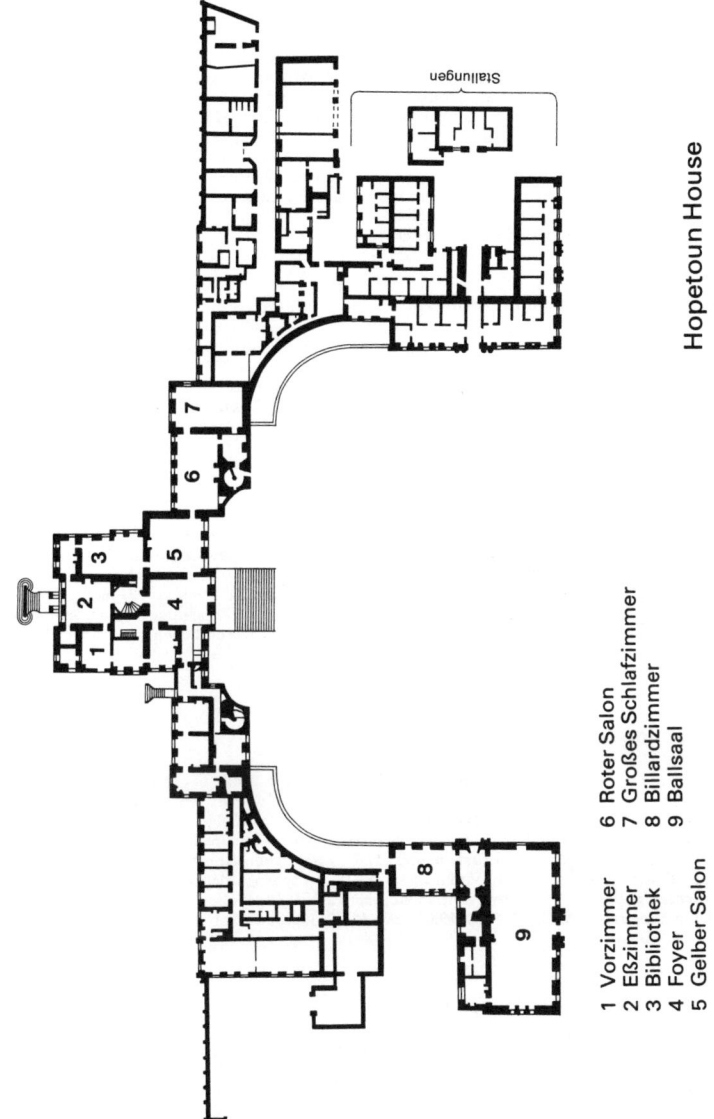

Hopetoun House

1 Vorzimmer
2 Eßzimmer
3 Bibliothek
4 Foyer
5 Gelber Salon
6 Roter Salon
7 Großes Schlafzimmer
8 Billardzimmer
9 Ballsaal

wiederentdeckt. Die Gemälde im Treppenhaus sind jüngsten Datums: Sie wurden vom 2. Marquis zur Erinnerung an seine Gattin ausgeführt.
Die politische Bedeutung der Familie wird durch die Tatsache unterstrichen, daß der 1. Marquis von 1900–1902 Generalgouverneur von Australien war, während der 2. Marquis in den Jahren 1936–1943 das Amt eines Generalgouverneurs und Vizekönigs von Indien bekleidete.
Der *Park* ist durch den Hopetoun House Nature Trail erschlossen. In den Sommermonaten lohnt der Rosengarten einen Besuch. Auf den Weideflächen vor dem Hause grasen u.a. Schafe von der Hebrideninsel St. Kilda (**680**). Sie stellen eine Mutation dar und besitzen 4 Hörner. Die Weideflächen sind durch sogenannte »Hahas« von Haus und Schloßpark abgesetzt. Es handelt sich dabei um künstlich geschaffene Abstufungen im Gelände, die vom Hause aus nicht als solche zu erkennen sind, von den Tieren aber nicht überwunden werden können. Auf diese Weise entsteht der Eindruck, als grasten die Tiere in völliger Freiheit.
Anfang Mai bis Mitte September 11–17. Eintritt.

265 Abercorn und seine Kirche

Westlich von Hopetoun liegt an den Ufern des Forth die kleine Gemeinde Abercorn (600 Einwohner). Die mittelalterliche Kirche wurde in den Jahren 1597 und 1838 restauriert, sie enthält neben einem vorreformatorischen Altarraum und den Schäften mehrerer keltischer Kreuze Betstühle für die Adeligen der Umgebung, die von dem Architekten Sir *William Bruce* gestaltet wurden. Sehenswert sind auch die alten Grabsteine im Kirchhof.

266 The Binns

Etwas w. des Weilers Abercorn liegt auf der Ostseite der nach Blackness führenden B 9109 ein von außen unscheinbares, aber in vieler Hinsicht besonders sehenswertes Herrenhaus, The Binns. Das Haus, das in seinen ältesten Teilen auf 1478 zurückgeht und bemerkenswerte Stuckdecken aus dem 17. Jh. besitzt, ist seit den Zeiten des berühmten Generals Tam Dalyell (1599–1685), der u.a. dem Zaren von Rußland diente und 1666 die Covenanters (vgl. S. 37) schlug, Sitz der gleichnamigen Familie. Mit seiner wohlkomponierten Inneneinrichtung im wesentlichen aus dem frühen 17. Jh. wirkt The Binns recht intim und behaglich.
Mai bis September MO–DO, SA, SO 14–17.30. Eintritt.

267 Schloß Blackness

2 km n. von The Binns, zu erreichen über die B 9109 und die B 903, liegt am Ufer des Forth das aus dem 15. Jh. stammende Blackness Castle. Als es errichtet wurde, was Blackness ein blühender Seehafen. In der Folgezeit zählte das Fort zu den strategisch wichtigsten des gesamten Schottlands. Im 17. Jh. wurde es als Gefängnis für Covenanters benutzt. Die im Rahmen der Vereinigung des englischen und des schottischen Parlamentes (1707) getroffenen Abmachungen halten ausdrücklich fest, daß Blackness Castle als eine von insgesamt 4 schottischen Anlagen befestigt bleiben soll. Nach 1870 diente das Fort als Pulvermagazin, in jüngerer Zeit als Jugendherberge.
April bis September MO–SA 9.30–19.00, SO 14.00–19.00; Oktober bis März MO–SA 9.30–16, SO 14–16. Eintritt.

268 Boness und sein Museum

Das am Ostende der heute kaum mehr sichtbaren Antoninischen Mauer (vgl. S. 29 sowie **275**) gelegene Industriestädtchen Boness (aus Borrowstounness, 13 600 Einwohner) wird über die A 904 erreicht. Das in Stallungen aus dem 17. Jh. untergebrachte *Bo'ness Museum* enthält Exponate zur industriellen Geschichte der Umgebung (Gußeisenherstellung, Salzgewinnung, Töpferei usw.). Daneben werden Ausstellungen mit wechselnder Thematik gezeigt.

Linlithgow

269 Schloß Kinneil

In unmittelbarer Nachbarschaft des Bo'ness Museum befindet sich Kinneil House, der aus dem 16. und 17. Jh. stammende Wohnsitz der Herzöge von Hamilton. In einem zugehörigen Wirtschaftsgebäude experimentierte *James Watt* nach 1760 mit seiner Dampfmaschine, von der ein erstes Exemplar 1765 in einem benachbarten Kohlenbergwerk installiert wurde.
April bis September MO–SA 9.30–19, SO 14–19; Oktober bis März MO–SA 9.30–16, SO 14–16. Eintritt.

270 Linlithgow

Benutzt man von Bo'ness aus die A 706 in s. Richtung, so gelangt man nach 5 km in das recht pittoreske Städtchen Linlithgow (*Royal Burgh* seit dem 12. Jh., 5700 Einwohner, Bahnstation, Informationsamt). Die Geschichte der Stadt ist eng mit der des *Königlichen Palastes* (vgl. u.) verbunden. Wichtigste Erwerbszweige sind heute neben der Papier- und Whisky-Herstellung verschiedene Leichtindustrien. – In der High Street befinden sich eine Reihe von interessanten Häusern aus dem 16. Jh. Im Jahre 1570 wurde hier der Graf von Moray, einer der Regenten für Jakob VI., erschossen. Die *St. Michael's Well* (Südseite der High Street, ö. des Postamts), stammt von 1720.

270.1 Linlithgow Palace. Nördlich der High Street liegt in beherrschender Position auf einer in den See *(Linlithgow Loch)* hinausragenden Landzunge der Königliche Palast, zu dessen Bekanntheitsgrad im deutschsprachigen Raum Theodor Fontane (»Zu Roß, wir reiten nach Linlithgow«) wesentlich beigetragen hat. Hier wurde am 8. 12. 1542 Maria Stuart geboren, 6 Tage vor dem Tode ihres Vaters in Falkland (**124**). Die gegenwärtige Anlage, von König Jakob I. (1394–1437) begonnen, ersetzt eine ältere Burg aus dem 12. Jh., die 1424 niederbrannte. Man erreicht den Palast, indem man beim Marktplatz (*Cross Well* von 1807) nach N auf die sanft ansteigende Kirkgate-Straße (links des Rathauses) abbiegt. Nach 60 m gelangt man zum »Äußeren Eingang« (*Foir Entress*), einem Werk Jakobs V. (1512–1542) von 1535.
Die Zinnen oberhalb des Torbogens und die 4 prächtigen Wappenfelder sind allerdings Nachempfindungen des 19. Jh. Die Wappen stellen die Insignien des Hosenband-, Distel-, St. Michaels-Ordens und des Ordens vom Heiligen Vlies dar. Sie ersetzen die im Verlauf des 17. und 18. Jh. zerstörten Originale. Sehenswert ist auch der Gewölbeteil des Durchgangs (*The Pend*). Der äußere Hof gibt den Blick frei auf die Südfassade des Palastes mit den 5 aufragenden Fenstern der Palastkapelle und dem mächtigen SW-Turm, dem ältesten Teil der Anlage. Unmittelbar rechter Hand befindet sich der Eingang zur *Michaelskirche*, die ein gutes Beispiel für spätmittelalterliche schottische Kirchenarchitektur darstellt. Die Kirche ist in ihrer ursprünglichen Gestalt erhalten, nur der Turm ist verändert: ehemals bildete eine steinerne Krone den Abschluß, so wie sie von der St. Giles Cathedral in Edinburgh (**66.11**) her bekannt ist. Die Krone wurde 1820 beseitigt. Heute ist sie durch eine Stahlkonstruktion ersetzt, die ein gelungenes Beispiel für die Einpassung moderner Architektur in ältere Bausubstanz darstellt. Sie wurde von einem Helikopter aus von oben aufgesetzt.
Auch der »Innere Eingang« (*Inner Entrie*) ist ein Werk Jakobs V. Er ersetzt den älteren Eingang an der Ostseite des Palastes, der in den späten 30er Jahren des 16. Jh. nach Fertigstellung des neuen Eingangs zugemauert wurde. Letzterer wurde im Rahmen der Restaurierungsarbeiten an der Palastruine soweit wie möglich in seine alte Gestalt zurückversetzt. Mit seinem imposanten Königswappen und den beiden repräsentativen Nischen stellt er die architektonische Krönung der wesentlich archaischer anmutenden Ostfassade aus den Jahren 1425 bis 1435 dar. Als Zugang zum Schloß wurde damals der sogenannte *Palisgait* gewählt, ein Weg, der hinter dem Rathaus rechts abzweigte und um den Garten des Pfarrvikars herumführte. Durch den von 2 Festungstürmen flankierten Inneren Eingang und den nachfolgenden Durchgang, der durch ein rechter Hand befindliches Wachzimmer gesichert ist, gelangt man in den Innenhof des Schlosses, in dessen Mitte sich der ursprünglich 5,8 m hohe *Brunnen* befindet. Er gilt als schönster Brunnen des gesamten Schottland und ist ein bedeutendes Beispiel für den Übergangsstil von der Spätgotik zur Frührenaissance. Die Treppenhäuser (Wendeltreppen) befinden sich in den 4 Ecken des Innenhofes, eine 5. Wendeltreppe

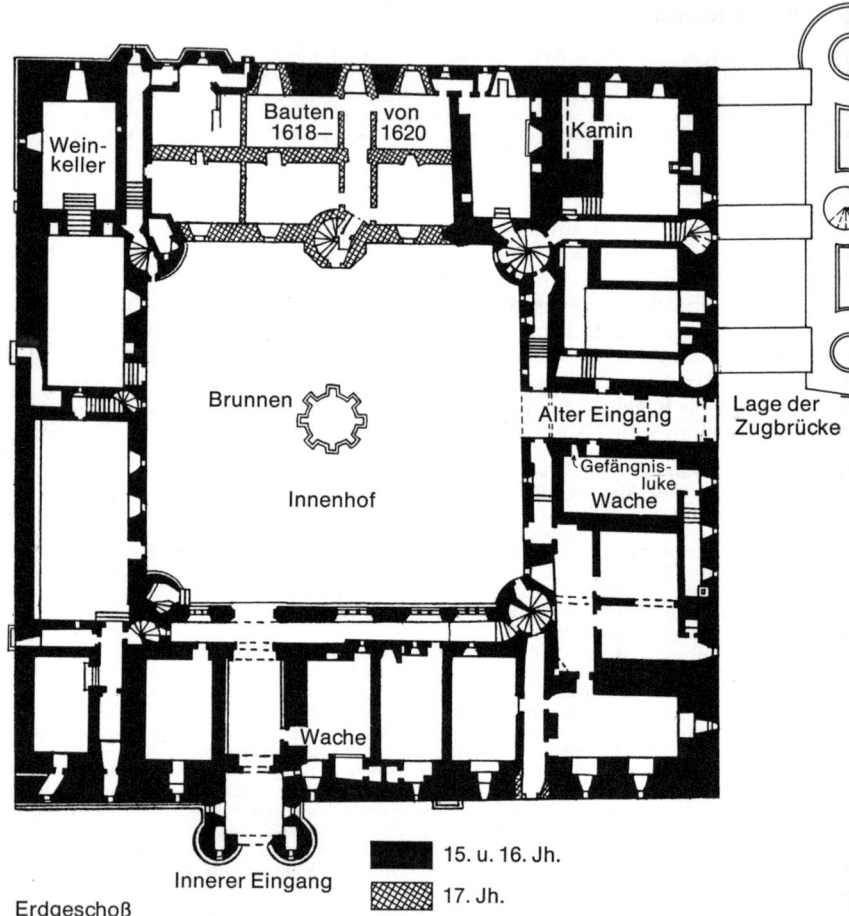

Linlithgow Palace

im Zentrum der Nordfassade führt zu den 4 Stockwerken des »Neuen Werkes« von 1617–1620 und schafft auch einen Zugang zu dem flachen, zinnenbewehrten Dach dieses Gebäudeteils. Gemäß ihrer Funktion wird die Treppe in der SW-Ecke als *Treppe des Königs* bezeichnet: Sie führte zu den Königsgemächern und den großen Sälen. Die Treppe in der NW-Ecke heißt aus dem gleichen Grunde *Treppe der Königin*. Die Schlafgemächer lagen in der Nordecke des Westflügels, oberhalb des Weinkellers. Hier befanden sich auch die Kapellen von König und Königin.

Linlithgow

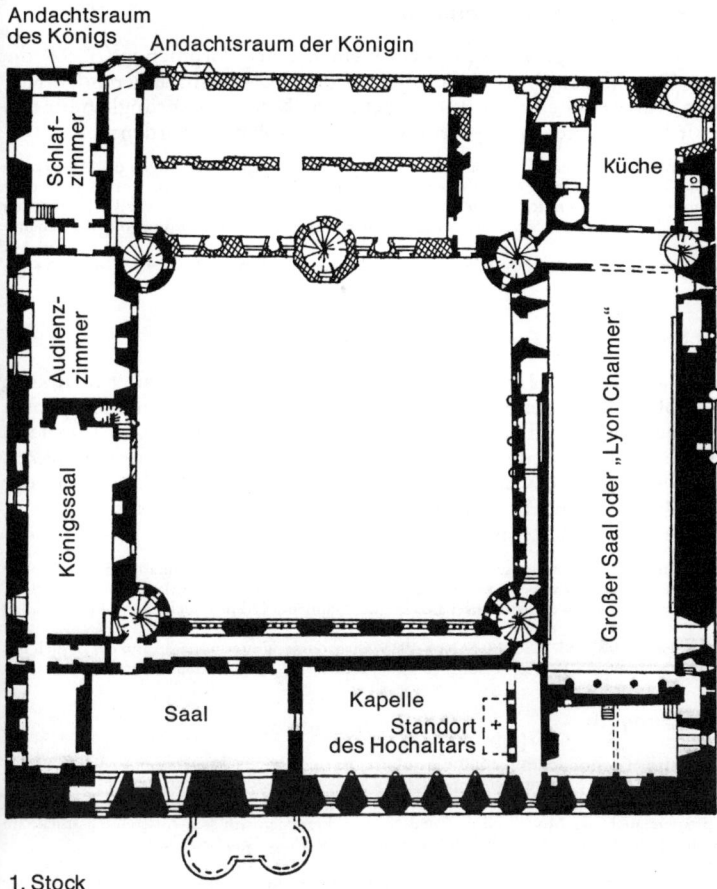

Die letzten Reparaturen wurden 1628–1633 ausgeführt; eine Quelle von 1668 berichtet, daß der »einst so großartige Palast nun großenteils in Ruinen liegt.« Die endgültige Zerstörung erfolgte am 1. Februar 1746, als die im Schloß stationierten Soldaten des Herzogs von Cumberland, der das Jakobiterheer des Prinzen Charles Edward Stuart verfolgte (vgl. S. 38 ff.) – wahrscheinlich aus Fahrlässigkeit – das Stroh in Brand setzten, auf dem sie gelagert hatten. Versuche, das Feuer zu löschen, wurden nicht unternommen. 1914 hielt König Georg V. in der Ruine des Palastes Hof.
St. Michaelskirche: MO, MI–SA 10–12 und 14–16, SO 10–12. Königspalast: April bis September MO–SA 9.30–19, SO 14–19; Oktober bis März MO–SA 9.30–16, SO 14–16.
Der alte Forth-Clyde-Kanal führt s. an Linlithgow vorbei. Südwestlich der Stadt befindet sich unweit der A 706 ein kleines *Canal Museum*. Auf einem Teilstück des Kanals führt die *Barke Victoria* Ausflugsfahrten durch.

271 Das Praeceptorium von Torphichen

8 km sw. von Linlithgow liegt in dem kleinen Dorf Torphichen (B 792) die Ruine des Torphichen Preceptory, eine aus dem 12.–15. Jh. datierenden Kirche, deren Äußeres eher einer Burg gleicht. Die Kirche, ursprünglich für den Templerorden errichtet, war später im Besitz des Johanniterordens.

Von der ursprünglich normannisch-romanischen Konstruktion ist nur der Bogen des Altarraums erhalten. Die Seitenschiffe stammen aus dem 13. Jh., die Gemeindekirche aus dem 16. Jh. wurde über den Fundamenten des mittelalterlichen Schiffes errichtet. Die Vierung und der Turm stammen aus dem 15. Jh. Die oberen Stockwerke des Baus dienten ursprünglich als Hospital und Wirtschaftsräume.
April bis September MO–SA 9.30–19, SO 14–19; Oktober bis März MO–SA 9.30–16, SO 14–16. Eintritt.

272 Der Steinkreis von Cairnpapple Hill

Fährt man auf der B 792 weiter in Richtung Bathgate, so gelangt man kurz hinter Torphichen zu den vorgeschichtlichen Grabanlagen von Cairnpapple Hill. Das neolithische Heiligtum wurde in der frühen Bronzezeit (um 1800 v. Chr.) wesentlich erweitert: Ein von einem Graben umgebener Steinkreis wurde um die älteren Kammergräber gelegt. Um 1500 v. Chr. wurde der Begräbnisplatz geplündert und mit einem bronzezeitlichen Grab überbaut, das mehrere Jahrhunderte später nochmals erweitert wurde.

Die gesamte Anlage wurde in jüngster Zeit ausgegraben und aufbereitet. Cairnpapple Hill gilt heute als eines der bedeutendsten vor- und frühgeschichtlichen Monumente Schottlands. Der Besuch ist besonders zu empfehlen, wenn die Insel Lewis und Mainland/Orkney nicht auf dem Reiseplan stehen.
April bis September MO–SA 9.30–19, SO 14–19. Während der Wintermonate kann ein Besuch mit dem Aufsichtsbeamten des Praeceptoriums von Torphichen (vgl. o.) vereinbart werden.

273 Grangemouth

Die Industriestadt Grangemouth (24 500 Einwohner) ist bekannt für ihre riesigen Erdölraffinerien (vgl. auch S. 43 f.). Der Ort besitzt ein interessantes Museum *(Victoria Library, Bo'ness Road)*, das die Geschichte der zentralschottischen Kanäle zum Gegenstand hat. Die Exponate umfassen altes Werkzeug sowie auch das Modell einer Kanalschleuse. Ferner finden sich Ausstellungsstücke im Zusammenhang mit dem ersten wirklichen Dampfschiff der Welt, *Charlotte Dundas*.
MO–SA 10–17.
Ein besonderer ›Paraffin‹ *Young Heritage Trail*, ein Lehrpfad zum Andenken an den Begründer der Erdölindustrie James Young (1811–1883), findet sich in der Nachbarschaft.

274 Falkirk

Bis ins 19. Jh. hinein war Falkirk bekannt als Sammelpunkt für das Hochlandvieh; die Stadt wurde über zahlreiche *drove roads,* spezielle Wege für den Viehtrieb, erreicht. Heute dominieren in der Industriestadt (27 600 Einwohner, Bahnstation) Kohle und Stahl. Zwei Schlachten fanden in der Umgebung statt, eine 1298, in der der schottische Freiheitsheld *William Wallace* von den Truppen Eduards I. von England geschlagen wurde, und eine weitere 1746, in der Prinz Charles Edward Stuart über die Engländer siegte.

Antonine Wall – Bannockburn

Die Stadt verfügt über ein interessantes, lokalgeschichtliches *Museum* (Dollar Park). Der an der Geschichte der Technik interessierte Reisende kommt in Falkirk ganz besonders auf seine Kosten: Zum einen bietet die Stadt zwei alte Kanaltrassen, den *Forth and Clyde Canal* mit seinen Schleusenanlagen im S sowie den nach Grangemouth (vgl. o.) führenden *Union Canal* im N. Zum anderen befindet sich in der Wallace Street das schottische Zentrum für Eisenbahngeschichte *(Scottish Railway Preservation Centre)* mit seiner sehenswerten Fahrzeugsammlung.

275 Die Antoninische Mauer

W. von Falkirk und ö. von Bonnybridge, zu erreichen über die A 803, findet sich ein gut erhaltenes Teilstück des Antonine Wall, die Boness am Forth (**268**) mit Old Kilpatrick am Clyde verband. Die 138–143 erbaute Anlage bestand aus einem Erdwall und einem Graben; alle 3 km befand sich ein kleines Fort. Die Mauer wurde schon vor Ende des 2. Jh. wieder verlassen (vgl. auch S. 29). Eines der Befestigungswerke ist *Rough Castle*.

276 Kilsyth und Schloß Colzium

Folgt man der A 803 weiter, so erreicht man 10 km w. von Bonnybridge die Bergwerksstadt Kilsyth (10000 Einwohner). Hier fand die berühmte Schlacht statt, in der 1645 der *Marquis von Montrose* die Covenanters besiegte (vgl. auch S. 37). Erinnerungsstücke an die Schlacht sind im *Colzium House* erhalten, das teilweise in ein Museum umgewandelt worden ist. Das Haus liegt in einem sehenswerten Park.
Morgens bis Sonnenuntergang, sofern die Familie nicht anwesend ist.

277 Cumbernauld

Die Stadt (35000 Einwohner, Bahnstation) an der A 80 wurde nach 1956 als »New Town« zur Entlastung von Glasgow (20 km) großzügig ausgebaut. Sie wird von Städteplanern gerne besucht.

278 Der Freizeitpark von Palacerigg

5 km sö. von Cumbernauld befindet sich der Palacerigg Country Park, zu erreichen über eine nk Straße. Die Anlage umfaßt einen *Zoo* mit Tieren, die in Schottland heimisch sind oder waren, darunter auch Wölfe und Wildkatzen. Außerdem sind Sportanlagen sowie ein *Museum* vorhanden.
Sommer: 10–20; Winter: 10–16.30.

279 Der Wald von Carron Valley

Fährt man von Kilsyth (vgl. o.) auf einer nk Straße nach N, so gelangt man nach rund 8 km im Weiler Carronbridge zur Kreuzung mit der B 818, die in w. Richtung zu dem in waldreicher Umgebung gelegenen Carron Valley Reservoir, einem großen Speichersee, führt. Der Carron Valley Forest ist durch den *Spittal Bridge Picnic Place* auf einer Insel im Fluß Carron (1,5 km w. der Straßenkreuzung) erschlossen. Bei dem Picknickplatz nehmen 3 Waldpfade von 1 bis 5,5 km Länge ihren Ausgang. Ein weiterer Picknickplatz befindet sich am Westende des Carron Reservoir.

280 Bannockburn

Von Falkirk bzw. Grangemouth bieten sich 3 Alternativrouten nach Stirling, die A 9, die A 905 sowie die Autobahn M 9. Auf der A 905 wird auch die sehenswerte Kincardine Bridge (A 876) über den Forth erreicht, die eine Verbindung nach Kinross und Fife herstellt (anschließende Streckenbeschreibungen vgl. S. 140 ff.).

Das unmittelbar s. von Stirling (vgl. u.) gelegene Bannockburn (3000 Einwohner, Informationsamt) ist neben Culloden (**112**) das wohl berühmteste Schlachtfeld auf schottischem Boden: Hier errang König Robert the Bruce im Jahre 1314 den entscheidenden Sieg über Eduard II. von England (vgl. auch S. 31f.). Der Sieg gab Schottland die im Verlauf des 12. Jh. schrittweise verlorengegangene Unabhängigkeit zurück. Die geschichtlichen Hintergründe werden im Rahmen einer audiovisuellen Darbietung mit dem Titel »Forging of a Nation« im *Besucherzentrum des National Trust* dargestellt. Ein 1964 von Königin Elisabeth enthülltes *Reiterstandbild* stellt Robert the Bruce dar. April bis Juni MO–SA 10–18; Juli und August MO–SA 10–19, SO 11–19; September bis Mitte Oktober MO–SA 10–18. Eintritt.

281 Stirling

Für den Schottlandreisenden ist Stirling (30000 Einwohner, Bahnstation, Informationsamt) die Pforte zum Hochland. Die Stadt, deren Geschichte als *Royal Burgh* bis ins 12. Jh. zurückgeht, ist heute eines der wichtigsten kleineren Handelszentren zwischen Forth und Clyde. Der Mäander des Forth können vom Burgberg aus gut überblickt werden. Stirling besitzt einen *Motorail-Terminal* und ist in das britische Intercity- und Schlafwagennetz eingebunden. Die *Campus-Universität* besteht seit 1967; sie ist die erste Neugründung seit Edinburgh (1583).

Wahrzeichen von Stirling ist das auf dem Burgfelsen gelegene *Schloß*, wobei die Geologie des Felsens (Vulkanschlot, einseitige Abschleifung durch eiszeitliche Gletscher) etwa der des Burgfelsens von Edinburgh entspricht. Die Stadt ist seit dem 12. Jh. immer wieder königliche Residenz gewesen: Alexander I. starb 1124 in der mittelalterlichen Burganlage, einer Vorgängerin des heutigen Schlosses; sein Nachfolger David I. (1084–1153) nannte Stirling wiederholt in Urkunden. Im ausgehenden 13. Jh. rückten Burg und Stadt in den Mittelpunkt des nationalen Geschehens: Der schottische Freiheitsheld William Wallace brachte der Streitmacht Eduards I. von England in der Schlacht bei Stirling Bridge 1297 eine vernichtende Niederlage bei. Das Schloß, zuvor in der Hand der Engländer, fiel an die Schotten zurück. 1304 geriet die Burg erneut in die Hände der Engländer, nachdem William Wallace in Falkirk geschlagen worden war. Der Versuch Eduards II. von England, der in der Burg von Stirling in Bedrängnis geratenen englischen Garnison zu Hilfe zu eilen, führte zu dem glänzenden *Sieg von Bannockburn* (1314, vgl. o.). Dieser Sieg machte Robert the Bruce zum König. Später wurde die Burg erneut eine Residenz der schottischen Monarchen: Jakob II. und Jakob V. wurden hier geboren (1430 bzw. 1512), und sowohl Maria Stuart als auch Jakob VI. verbrachten mehrere Jahre ihres Lebens in dem Schloß. Der Cromwellsche General Monck nahm Stirling 1651 ein. Weniger erfolgreich war der Versuch des Prinzen Charles Eduard Stuart, die Stadt 1746 zu besetzen.

Die in den Sommermonaten überlaufene *Altstadt* ist reich an historischen Bauten, die im Rahmen eines Stadtrundgangs angeschaut werden können. Neben den im einzelnen dargestellten historischen Bauten sind eine Reihe von *Little Houses* aus dem 16.–18. Jh. von Interesse. Im übrigen ist der Stadtkern geprägt durch spätviktorianische Architektur.

Wichtige Adressen: *Tourist Information,* Albert Place, Albert Halls – *Bahnhof,* Station Road, Thistle Street – *Hauptpostamt,* Barnton Street, beim Bahnhof – *Polizei-Hauptquartier,* s. des Zentrums, w. der Ninian's Road und s. des Snowdon Place – *Krankenhaus,* Union Street.

Stirling

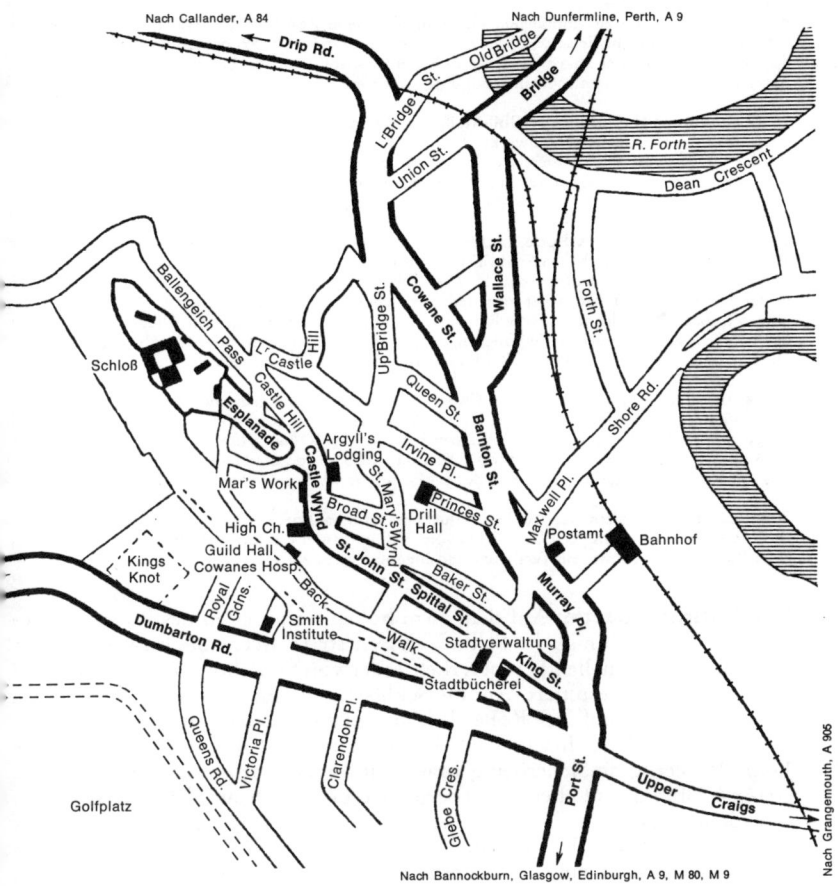

Stadtrundgang

Der Rundgang beginnt in der Spittal Street und führt über die St. John Street zum Burgberg, von wo der Rückweg über die Broad Street und die Baker Street angetreten wird.

281.1 Mar's Wark. Auf der Westseite der St. John Street befindet sich am oberen Ende des *Castle Wynd* die imposante Ruine eines 1570–1572 von dem Grafen von Mar, einem der Regenten für Jakob VI., errichteten Renaissancepalastes, der jedoch nie ganz fertiggestellt wurde. Das Baumaterial kam von der *Cambuskenneth Abbey*. Über der Toreinfahrt findet sich das königliche Wappen, die beiden flankierenden Türme tragen die Embleme des Regenten und seiner Gattin. Jakob VI. und seine Königin wohnten eine zeitlang in dem Palast, da das Schloß auf dem Burgberg noch nicht hergerichtet war, sie zu empfangen. Der Bau blieb eine Residenz der Grafen von Mar, bis der 6. Graf im Anschluß an die jakobitische Erhebung von 1715 (vgl. S. 39) das Land verlassen mußte. In der Folgezeit diente der Palast zunächst als Kaserne, später dann als Arbeitshaus. Die jakobitische Artillerie des Jahres 1746 machte ihn endgültig zur Ruine.

281.2 Cowane's Hospital oder Guildhall. Etwas w. von Mar's Wark liegt das von *John Cowane,* dem Dekan der örtlichen Handwerker-Gilde, zwischen 1639 und 1649 für 12 in Not geratene Brüder (»Decayed Gild Breithers«) errichtete Hospiz. Cowane war ein begüterter Kaufmann, der sein Vermögen im Handel mit den Niederlanden erworben hatte. Die Inneneinrichtung wurde 1852 erneuert.

281.3 Church of the Holy Rude. Im Castle Wynd befindet sich die Heiligkreuz-Kirche, seit mehr als 500 Jahren Hauptkirche der Stadt. Das Schiff und der untere Teil des Turmes stammen aus der Zeit um 1415, der Chor datiert von 1510–1523. Ob die damals einjährige Maria Stuart im Jahre 1543 in der Kirche gekrönt wurde, ist unsicher. Mit Sicherheit fand hier jedoch 1567 die Krönung Jakobs VI. statt, wobei der schottische Reformator John Knox die Predigt hielt. Die Innenausstattung der Kirche weist nicht jenen Verfeinerungsgrad auf, den man aufgrund der großzügigen äußeren Dimensionierung erwarten würde. Der Bau wurde 1936–1940 restauriert.

281.4 Argyll's Lodging. Das auf der Ostseite des Castle Wynd gelegene, 1630 erbaute Stadthaus des 1. Grafen von Stirling dient heute als Jugendherberge. Der Bau ist ein hervorragendes Beispiel für ein städtisches Adelshaus des 17. Jh. Sein Erbauer, *Sir William Alexander of Menstrie,* gehörte 1643 zu den Gründern von Nova Scotia (Kanada). 1655 wurde das Haus vom dem 1. Marquis von Argyll, dem Covenanter und Todfeind des 1. Marquis von Montrose (vgl. auch S. 37) erworben.

281.5 Landmark Visitor Centre. Das Besucherzentrum auf der Ostseite der Esplanade bietet eine audio-visuelle Darstellung der Geschichte von Stirling Castle. Ein kunsthandwerklicher Laden mit einer Buchabteilung sowie ein Teegarten sind angeschlossen. 9–17.

281.6 Stirling Castle. Auf dem 75 m hohen Basaltfelsen des Burgbergs befindet sich das Königliche Schloß, dessen strategischer Stellenwert aus der Nähe der traditionellen Hauptverkehrsader von Südschottland ins Hochland (heute A 9, M 9) resultiert. Auf die Schlüsselposition der Burg in den Befreiungskriegen und auf ihre Rolle als königliche Residenz wurde bereits hingewiesen. Nach der Schlacht von Flodden Field (1513) wurde der einjährige Jakob V. hierher in Sicherheit gebracht, und auch Maria Stuart verbrachte die ersten 6 Jahre ihres Lebens – wiederum hauptsächlich aus Sicherheitsgründen – in dem Schloß, das in seiner heutigen Gestalt im wesentlichen ein Werk ihres Vaters, Jakob V., ist. Auch der 1566 geborene Jakob VI. wurde als Kleinkind nach Stirling in Sicherheit gebracht, und er verlebte hier einen großen Teil seiner späteren Jugend. Sein Sohn, Prinz Friedrich Heinrich, wurde 1594 hier geboren und in der eigens dafür umgestalteten *Chapel Royal* getauft. Mit der Vereinigung der schottischen und der englischen Krone im Jahre 1603 schwand der Glanz der königlichen Hofhaltung. Forthin nahm Stirling Castle eine sehr untergeordnete Stellung ein. Anfang August 1651 belagerte Cromwells General Monck die Anlage; seine Artillerie richtete an den Gebäuden großen Schaden an. Die Festung fiel am 14. August; Stirling Castle wurde englische Garnison. Im Jakobiteraufstand von 1715 spielte es insofern eine Rolle, als der Vormarsch der jakobitischen Streitmacht durch die in Stirling stationierten Regierungstruppen gestoppt wurde. Im Januar 1746 belagerte Prinz Charles Edward Stuart die Anlage vergeblich.

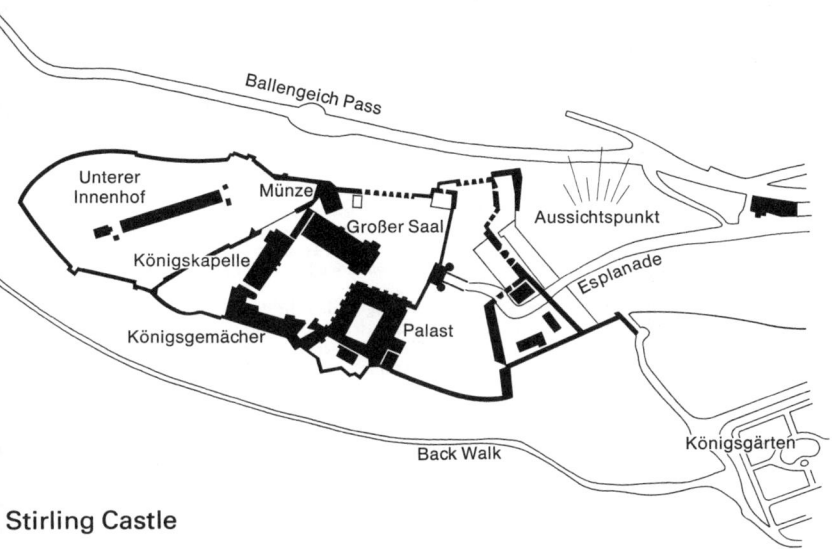

Stirling Castle

Von der Esplanade mit dem Denkmal König Roberts führte der Weg zunächst durch den als *Counter-Guard* bezeichneten Vorbezirk der Burg, einen im wesentlichen aus einem äußeren und einem inneren Graben sowie einer Blendwand und drei Batterien (*Over Port Battery*, *Anne Battery* und *Spur Battery*) gebildeten Festungswerk, dessen gegenwärtige Gestalt auf 1708 zurückgeht. Den äußeren Graben überspannte früher eine Zugbrücke. Der eigentliche Schloßbezirk wird durch das *Portcullis House* (wörtlich: Fallgitterhaus) betreten, dem ein 1633 zugeschütteter Graben vorgelagert war. Die oberen Stockwerke des Torhauses wurden im 18. Jh. entfernt. Die ursprüngliche Höhe des Torhauses entsprach der des *Princes Tower* linkerhand am Ende der ursprünglichen Blendwand, der heute Bestandteil des Palastes ist. Die 3 Durchgänge des Torhauses waren durch Fallgitter und massive Eichentüren gesichert. Eines der kleineren Fallgitter ist noch vorhanden. Die Seitenpassagen wurden von Wachräumen flankiert, unter denen sich je ein Verlies befand. Durch das Torhaus gelangt man zum *Lower Square*, dem Paradeplatz. Linker Hand befindet sich der Palast Jakobs V., der einen rechteckigen Innenhof umschließt. Seine Initialen sind in den Zierfeldern über den Fenstern zu sehen. Die Fassaden des Palastes sind ein einzigartiges Beispiel für den Einfluß der italienischen und französischen Renaissance auf die schottische Architektur der 30er Jahre des 16. Jh. Die aus sorgsam behauenen Quadern errichteten Fassaden sind mit allegorischen Standbildern ausgeschmückt, die sich auf reich verzierten Säulen erheben, die ihrerseits auf Kragsteinsockeln in der Gestalt grotesker menschlicher und tierischer Darstellungen ruhen. Besonders sehenswert ist eine Darstellung des Teufels an der Südfassade. Der beste Blick auf die Südfassade ergibt sich von dem gepflegten Rasen des s. vorgelagerten *Bowling Green* aus. Sehenswert sind die Blumen- und Rosenrabatten sowie der Blick über die w. Begrenzungsmauer auf den *King's Knot*. Der Palast enthielt im 1. Stockwerk die *Königlichen Gemächer*, wobei sich die Räume des Königs im Nord-, die der Königin hingegen im Südflügel befanden. Der offene Innenhof wird *Lion's Den* genannt; einiges spricht dafür, daß Jakob V. sich ein lebendes Exemplar des schottischen Wappentiers hielt. An der Ostseite des Lower Square befinden sich die Kanonen der *Grand Battery*. Von hier aus ergibt sich ein guter Ausblick auf den vorgelagerten *Gowan Hill*, den ehemaligen Richtplatz der Stadt, wo der Block des Scharfrichters noch zu sehen ist.

Vorbei an der Ostfassade des Palastes gelangt man in den *Inner Court*, der nach N durch die Chapel Royal von 1594 begrenzt ist. Der Bau im Stil der Frührenaissance besaß ursprünglich eine blaugestrichene und mit Blumenornamentik versehene Balkendecke, die Wände waren mit heraldischen Malereien ausgeschmückt. Das Innere ist nach wie vor eindrucksvoll, wenn auch stark verändert. Eine überwölbte Passage am Westende der Kapelle führt zu dem *Nether Green* genannten Garten von 1532. Entlang der w. Brüstungsmauer sind eine Reihe von Stellen markiert, von denen aus Mitglieder des Königshauses von Maria Stuart bis Elisabeth II. die umgebende Landschaft betrachtet haben. Nach O schließt die *Great Hall* an den Inner Court an. Der Bau wurde von Jakob III. (1451–1488) errichtet, jedoch gegen Ende des 18. Jh. von Grund auf umgestaltet. Ursprünglich enthielt er im 1. Geschoß den Thron- und Festsaal, während die darunterliegenden Gewölbe als Vorratskammern, Wein- und Bierkeller sowie als Brauhaus dienten. Die Große Halle, die jahrhundertelang als Soldatenunterkunft diente, wird zur Zeit in ihre alte Gestalt zurückversetzt, nachdem Stirling Castle nicht mehr den Status einer Garnison besitzt. Der Gebäudekomplex auf der Westseite des Inner Court, *King's Old Building* genannt, diente bis vor wenigen Jahren als Offizierswohnung. Das Gebäude ö. der Great Hall, das zugleich als Torhaus für das n. Vorwerk, den *Nether Bailey*, diente, trägt die Bezeichnung *Old Mint House*, weil sich hier eine Zeitlang die schottische Münze befand.

Den krönenden Abschluß einer Schloßbesichtigung bilden die *Stirling Heads*, eine einzigartige Sammlung von geschnitzten Eichenmedaillons aus der Zeit Jakobs V. Die Schnitzereien zierten ursprünglich die Holzdecke des Königlichen Wohnzimmers in der NO-Ecke des Palastes. Als das Schloß Kaserne geworden war, wurden die Medaillons im Jahre 1777 entfernt, nachdem eines von ihnen heruntergefallen war und einen Soldaten verletzt oder getötet hatte. Die Soldaten, stets auf der Suche nach Feuerholz, verwandten die Schnitzwerke zu ihren eigenen Zwecken. Glücklicherweise erkannte der damalige Gouverneur der Zitadelle jedoch den künstlerischen Wert der Darstellungen: Es gelang ihm, etwa die Hälfte der rund 60 Medaillons sicherzustellen. 28 von ihnen sind heute wieder in Stirling vorhanden, 3 weitere befinden sich im *National Museum of Antiquities* in Edinburgh. Einstweilen sind die Kunstwerke, die in einer eigenen, bei der Burgpforte erhältlichen Broschüre eingehend beschrieben sind, im Südflügel des Palastes untergebracht, es ist jedoch vorgesehen, sie an ihren ursprünglichen Platz zurückzuversetzen. Die dargestellte Thematik ist außerordentlich weitläufig und in ihrem Zusammenhang nur teilweise geklärt.

April, Mai und September MO–SA 9.30–18.15, SO 11–18; Juni bis August MO–SA 9.30–20, SO 11–19; Oktober bis März MO–SA 9.30–16, SO 13–16. Eintritt.

281.7 Tolbooth und Mercat Cross. Der Weg zurück führt durch die Broad Street und vorbei an *Darnley's House* (Nordseite), das in seiner heutigen Gestalt aus dem 17.Jh. stammt und 1957 von Grund auf restauriert wurde. Möglicherweise diente der ursprüngliche Bau Jakob VI. und auch seinem Sohn Prinz Heinrich als Kinderstube. Das Stadthaus *(Tolbooth)* auf der Südseite der Straße datiert von 1701. Im Zentrum der Straße befindet sich das *Marktkreuz*. Hier wurde 1571 Erzbischof Hamilton zum Tode durch den Strang verurteilt, nachdem man ihn, einen Anhänger Maria Stuarts, der Mittäterschaft an der Ermordung Lord Darnleys (vgl. auch S. 35) für schuldig befunden hatte.

Weitere Sehenswürdigkeiten

281.8 King's Knot. Auf der Nordseite der Dumbarton Road (A 811) befindet sich unterhalb des Schloßbergs der ursprünglich von einer hohen Mauer umschlossene Königliche Park, in dem sich auch ein 1627 angelegter Barockgarten befand. Die frühere Gestalt der Gartenanlage ist von der Höhe des Schlosses aus gut zu erkennen.

281.9 Smith Institute. Das Heimatmuseum (Nordseite der Albert Place-Straße, zwischen Royal Gardens und Greenwood Avenue) bietet interessante Exponate zur Geschichte von Stadt und Burg.

281.10 Old Bridge. Im N des Zentrums befindet sich n. des großen Kreisverkehrs A 9/A 84 die malerische alte Steinbrücke über den Forth. 4 Jahrhunderte lang war sie die einzige Brücke über den Forth, und jeder schottische Monarch von Jakob I. bis Karl II. hat sie überquert. Eine ältere Brücke (rund 100 m oberhalb), die der Schlacht von Stirling Bridge den Namen gab, brach während dieser Schlacht 1297 zusammen. Sie wurde im 14. Jh. durch einen Fährbetrieb ersetzt.

Doune

281.11 Wallace Monument. 2,5 km n. des Stadtzentrums befindet sich unweit der A 997 auf einer Bergkuppe das 1870 zur Erinnerung an die Schlacht von Stirling Bridge errichtete Wallace Monument. Von dem 66 m hohen Turm (246 Stufen) bietet sich ein guter Rundblick.
November bis Januar 10–16; Februar und Oktober 10–17; März und September 10–18; April und August 10–19; Mai bis Juli 10–20. Eintritt.

281.12 Cambuskenneth Abbey. 2 km nö. des Zentrums (zu erreichen über Seaforth Place und Abbey Road sowie die anschließende Fußgängerbrücke) befinden sich die Ruinen eines 1147 gegründeten Augustinerklosters. 1326 hielt König Robert the Bruce hier eine Parlamentssitzung ab. Der besterhaltene Teil der Anlage ist ein freistehender Turm aus dem späten 13. Jh. Vor dem Hochaltar der Abteikirche wurden Jakob III. und seine Gattin begraben. Das Denkmal zu ihrer Erinnerung wurde 1864 von Königin Victoria enthüllt.
April bis September MO–SA 9.30–19, SO 14–19. Eintritt.

282 Scotland's Safari Park

Der an der A 84 zwischen Stirling und Doune (vgl. u.) unweit der Einmündung der A 873 gelegene afrikanische Safaripark kann mit dem eigenen Wagen durchfahren werden. Für Besucher ohne Fahrzeug steht ein Kleinbus zur Verfügung. Gezeigt werden Löwen, Elefanten, Zebras, Kamele, Giraffen, Tiger, Flußpferde, Affen und andere Tierarten. Während der Sommermonate kann auch eine Safari mit dem Boot unternommen werden. Die Anlage verfügt ferner über einen Kinderspielplatz, einen Picknickplatz, ein Restaurant sowie verschiedene Läden.
Mitte März bis Ende Oktober 10 bis Einbruch der Dunkelheit.

283 Doune

Hauptsehenswürdigkeit des malerisch am River Teith gelegenen Ortes Doune (750 Einwohner) sind die Ruinen des mittelalterlichen *Schlosses*. Interessant ist aber auch die Geschichte der 1535 gebauten *Straßenbrücke über den Teith* (A 84): James Spittal, der wohlhabende Schneider Jakobs IV., ließ die Brücke erbauen, nachdem ihm der Fährmann die Überfahrt verweigert hatte, weil er kein Geld bei sich trug. Durch den Brückenbau wurde der Fährmann überflüssig. Die Brücke wurde 1715 partiell zerstört und 1866 erweitert. Doune, das ein hübsches *Marktkreuz* besitzt, war früher bekannt für die Herstellung von Pistolen, ein Erwerbszweig, der seit 1645 hier beheimatet war.

283.1 Doune Castle. Auf einer Landzunge beim Zusammenfluß von Teith und Ardoch erheben sich die in ihrem Erhaltungsgrad einzigartigen Ruinen von Schloß Doune, dessen älteste Teile wie aus zeitgenössischen Dokumenten ersichtlich wird, auf das späte 14. Jh. zurückgehen. Das Gros der Gebäude, so der mächtige Fried, wurde von *Murdoch, dem Herzog von Albany* errichtet, der von 1419–1424 Regent über Schottland war. Allerdings wurde das Schloß nie vollendet: die um den Innenhof herum geplanten 12 m hohen Wohngebäude blieben Fragment. Jakob I. (1394–1437) konfiszierte den Bau, um ihn als Königliche Residenz zu benutzen. Die späteren Stuart-Könige folgten dem Beispiel, bis das Schloß 1528 einem Nachkommen des ursprünglichen Besitzers zurückgegeben wurde. Der Bau wurde zuletzt von Prinz Charles Edward Stuart benutzt, der hier nach der Schlacht von Falkirk im Frühjahr 1746 Kriegsgefangene unterbrachte.
April, Mai, September, Oktober MO, MI–SO 10–16.30; Juni bis August 10–18. Eintritt.

283.2 Doune Park Gardens. Gut 2 km nw. von Doune befinden sich unweit der A 84 die 60 Morgen großen Gärten von Doune Park. Die Anlage umfaßt einen von einer Mauer umgebenen formalen Garten, ein Pinetum aus den Jahren nach 1860 sowie eine Reihe von Waldpfaden. Rhododendren, Azaleen und andere Blütensträucher machen die Gärten zu einem lohnenden Ziel.
April, Mai, September, Oktober 10–18; Juni bis August 10–17; Eintritt.

283.3 Doune Motor Museum. In der Nachbarschaft der Doune Park Gardens, 1,5 km vom Ort entfernt, lohnt die Autosammlung des Grafen von Murray und Herrn über Doune Castle einen Besuch. Die Sammlung umfaßt einige seltene frühe Modelle, aber auch neue Typen.
April, Mai, September, Oktober 10–17; Juni bis August 10–18. Eintritt.

284 Callander

Der schmucke Ort Callander (1800 Einwohner, Informationsamt), 13 km nw. von Doune an der A 84, ist Ausgangspunkt für Ausflüge zu den *Trossachs* sowie in den *Queen Elizabeth Forest Park*. In der South Church Street findet sich eine *Sonnenuhr* von 1753. Der 8 km nw. gelegene Ben Ledi (873 m) kann von der A 821 aus erklommen werden. Der Weg zweigt beim Weiler Coilantogle ab.

285 Die Priorei von Inchmahome

Zweigt man 10 km nw. von Stirling vor der A 84 in Richtung auf die A 873 ab, so gelangt man nach 16 km zu dem kleinen Ort Port of Menteith am Nordufer des gleichnamigen, malerisch gelegenen Sees. Auf der größten der 3 Inseln im See befinden sich die Ruinen der Inchmahome Priory, eines Augustinischen Hauses aus dem Jahre 1238. Die Ruinen umfassen Schiff, Chor und Turmbogen. Von besonderem Interesse ist der verfeinerten Ausführung wegen das *Westportal*. Die Kirche wurde von König Robert the Bruce mehrfach besucht. Die Insel ist von Port of Menteith aus mit dem Boot zu erreichen.

April bis September 9.30–19; Oktober bis März 9.30–19; Während der Wintermonate verkehrt das Fährboot nur bei günstiger Witterung. Eintritt.

286 Aberfoyle

Der Luftkurort Aberfoyle (2100 Einwohner mit Menteith, Informationsamt) ist ein weiterer guter Ausgangspunkt für Ausflüge zu den Trossachs (vgl. u.) und zum *Queen Elizabeth Forest Park*.

287 Queen Elizabeth Forest Park

W. von Aberfoyle liegt das Zentrum des 170 km² großen, nach Elisabeth II. benannten Waldparks. Der Park reicht bis zum Ostufer des Loch Lomond (vgl. Balmaha, **438**). Er wird durch Forststraßen und Waldwege mit einer Gesamtlänge von 275 km erschlossen, über die ein besonderer Führer der *Forestry Commission,* der *Queen Elizabeth Forest Park Guide,* Auskunft gibt. Ein Informationszentrum findet sich an der A 821 n. von Aberfoyle (David Marshall Lodge). Von hier aus führen mehrere Wanderwege in sw. Richtung in den Ard Forest hinein. Besondere Erwähnung verdient der 10 km lange *Silver Ring Walk*. Die B 829 verbindet Aberfoyle mit dem 18 km nw. gelegenen Weiler Stronachlachar am Südufer des berühmten Loch Katrine. Unterwegs lädt der Loch Chon Picnic Place, 12 km nw. von Aberfoyle am Ufer des malerischen Sees, zur Rast ein. Vom Weiler Ledard (Jugendherberge) aus führen Wanderwege zum Gipfel des Ben Lomond (971 m, 15 km) sowie nach Rowardennan am Loch Lomond (vgl. S. 294, 13 km).

288 Die Trossachs

Die A 821 führt durch waldreiches Gelände in das 12 km weiter n. gelegene Gebiet der Trossachs. Entlang der Strecke finden sich 4 Picknickplätze, von denen zahlreiche Waldpfade und Wanderwege ihren Ausgang nehmen. Sie sind in dem *Queen Elizabeth Forest Park Guide* im einzelnen beschrieben. Wer sich nicht von seinem Wagen trennen möchte, kann den *Achray Forest Drive* benutzen, eine 12 km lange Rundstrecke über Forstwege, von denen aus sich die umgebende Landschaft der Berge, Seen und Wälder erschließt.

März bis Oktober 10–16, Maut. Der Einlaß befindet sich 2 km n. der David Marshall Lodge auf der Ostseite der A 821.

Ein günstiger Aussichtspunkt findet sich unmittelbar bei der A 821 etwa auf halbem Wege zwischen Aberfoyle und den Trossachs.

Die Trossachs sind fester Bestandteil des romantisch vermittelten Schottlandbildes: Sir Walter Scott (vgl. auch S. 52f.) hat sie in mehreren seiner Werke auch dem mitteleuropäischen Publikum bekannt gemacht. Der Pass of Achray und Loch Achray sowie vor allem das w. anschließende Loch Katrine sind daher altangestammte Touristenzentren und entsprechend überlaufen. Dennoch verfehlt die Gebirgslandschaft, die mit Ben Venue (sw. der Trossachs) auf 728 m ansteigt, dank der ungewöhnlich reichen und urtümlich anmutenden Vegetation ihren Eindruck auf den Besucher nicht. Besonders beliebt sind Spaziergänge auf der Forststraße, die beim Pier am Ostende des Loch Katrine ihren Ausgang nimmt und längst des Nordufers führt. Auch Ausflüge mit einem altertümlichen Dampfboot sind möglich. Vom Pass of Achray aus führt ein Fußpfad auf den Gipfel des Ben Venue (6 km).

289 Loch Lubnaig und Strathyre

Zwischen Callander und Lochearnhead führt die A 84 durch waldreiches Gelände und längs der romantisch bewachsenen Ufer des Loch Lubnaig. Der Benvane auf der Westseite des Loch erreicht eine Höhe von 816 m, der Stuc a Chroin auf der Ostseite bringt es auf 970 m.
In Strathyre (100 Einwohner) befindet sich an der A 84 ein Informationszentrum der Staatlichen Forstbehörde. Angeschlossen ist ein Picknickplatz. Auf der gegenüberliegenden Straßenseite beginnt ein kurzer Waldlehrpfad, der Strathyre Forest Trail. Ein weiterer, recht steiler Waldpfad führt zur Spitze des rund 1,5 km entfernten Ben Shian (547 m).

290 Das Grab von Rob Roy

Zweigt man in Strathyre auf die nk Straße ab, die längs der Westseite des River Lochlarig nach NW führt, so gelangt man nach 7 km in den Weiler Balquhidder (700 Einwohner) am Ostende des Loch Voil. Im Friedhof der alten Kirche, deren Ruinen bis auf das Dachgestühl erhalten sind, befindet sich das Grab des berühmten Freibeuters Rob Roy MacGregor (1671–1734). Als Titelfigur eines historischen Romans von Walter Scott erlangte er im 19. Jh. europäische Berühmtheit. In dem Familiengrab wurden auch seine Frau und 2 seiner Söhne beigesetzt. Die alte *Kirche* von 1631 wurde über den Fundamenten einer älteren Kirche aus dem 13. Jh. oder aus noch früherer Zeit errichtet. Die moderne Pfarrkirche stammt von 1855. Sehenswert sind ein in die Nordwand eingelassener keltischer Stein, der mit St. Angus in Verbindung gebracht wird und wahrscheinlich aus dem 8. Jh. stammt, das Taufbecken aus dem 13. Jh. sowie eine 1684 gegossene Glocke. Loch Voil ist bekannt für seine Lachse und Forellen. Auch die seltene Rotforelle ist vertreten.

Von Balquhidder führt ein 8 km langer, relativ beschwerlicher Wanderweg nach N in das Glen Dochart. Er überquert die Wasserscheide zwischen beiden Tälern in 540 m Höhe.

291 Lochearnhead

In Lochearnhead (300 Einwohner, Informationsamt) am Westende des Loch Earn erreicht die A 84 die von Perth nach Oban führende A 85. Der See in waldreicher Umgebung bietet gute Wassersport-Möglichkeiten. Das Südufer ist über eine nk Straße zugänglich. Hier befinden sich unweit des Ortes die spärlichen Ruinen der *St. Blaine's Chapel.* In unmittelbarer Nachbarschaft des befestigten *Herrenhauses von Edinample,* etwas weiter ö., bietet der untere Teil des Glen Ample einen sehenswerten Wasserfall. Folgt man der Straße weiter, so gelangt man nach gut 3 km zum *Ardvorlich House,* einem Herrensitz, der 1620 von 7 Angehörigen des Clan Macdonald of Glencoe (vgl. S. 38) überfallen wurde. Die Angreifer kamen bei dem Überfall ums Leben. Ein Gedenkstein erinnert daran.

292 Comrie und das Tartan-Museum

Folgt man von Lochearnhead der A 85 in ö. Richtung, so gelangt man nach 21 km in das Dorf Comrie (1800 Einwohner).

Hauptsehenswürdigkeit von Comrie ist das *Museum of Scottish Tartans* (Drummond Street). Das Museum untersteht der *Scottish Tartans Society;* es enthält die umfassendste Sammlung zum Thema Tartan überhaupt, alte Stoffmuster, Kleidungsstücke, Stiche, Bilder, Landkarten, Manuskripte sowie eine Spezialbibliothek. Ein besonderes Karteisystem ermöglicht präzise Information zur Geschichte und Funktion sämtlicher bekanntgewordener Tartans.
Mitte März bis Oktober MO–SA 9–17, SO 14–17; November bis Mitte März MO–FR 10–15, SA 10–13, SO nach Vereinbarung (Tel. Comrie 779). Eintritt.

1,5 km n. von Comrie befindet sich auf einer Anhöhe (255 m) ein Obelisk zur Erinnerung an Lord Melville *(Melville Monument).* Lord Melville (1742–1811) war einer der einflußreichsten schottischen Politiker des ausgehenden 18. Jh. Seine Zeitgenossen bezeichneten ihn als »Harry IX. den ungekrönten König von Schottland.« Von der Anhöhe aus genießt man einen weiten Rundblick. – Die nähere Umgebung von Comrie ist durch 2 Waldpfade, den *Devil's Cauldron Walk* und den *Creaghmor Walk* erschlossen. Ersterer beginnt beim Golfplatz, letzterer beim Campingplatz, rund 500 m ö. des Zentrums.

Zur weiteren Streckenführung vgl. S. 242.

293 Killin

Nw. von Lochearnhead folgt die A 85 dem Glen Ogle, um in 288 m Meereshöhe die Wasserscheide zum Tal des Dochart zu überqueren. Nach 8 km wird die Einmündung der A 827 erreicht, die eine schnelle Querverbindung zur A 9 (Edinburgh – Inverness) herstellt. Folgt man dieser Straße nach NO, so erreicht man nach 3 km den am Ostende des Loch Tay gelegenen Luftkurort Killin (1300 Einwohner, Informationsamt). Das Dorf ist malerisch um eine 1760 errichtete Steinbrücke gruppiert, die die sehenswerten Stromschnellen des Dochart überquert. Die Ortsdurchfahrt ist besonders tückisch, Unfälle sind in den Sommermonaten an der Tagesordnung.

An der n. Ortsausfahrt liegt die Ruine des *Finlarig Castle*, eines Herrensitzes der mächtigen Familie Breadalbane. Eine Besonderheit der Anlage ist der »beheading pit«, eine Grube, in der die Todesurteile (durch Enthauptung) an Adeligen vollstreckt wurden, während Missetäter aus dem Volk an einer benachbarten Eiche erhängt wurden. Das *Kinnell House* auf dem Ostufer des Dochart wurde im 17. Jh. Sitz des Clan MacNab, dem die kleine Insel Inch Buie bei der Brücke als Toteninsel diente. Später gelangte das Haus in den Besitz der Familie Breadalbane. Sehenswert ist ein uralter Weinstock, der seit 1832 alljährlich Früchte getragen haben soll.

294 Ben Lawers Visitor Centre

Folgt man der A 827 weiter nach NO, so gelangt man nach 13 km zu einer nach N abzweigenden nk Straße, die längs der Westflanke des Ben Lawers, des höchsten Berges der Umgebung (1212 m), führt. Hier befindet sich ein Besucherzentrum des *National Trust for Scotland (Ben Lawers Visitor Centre)*, das in die Naturgeschichte des Gebirgsstockes einführt. Das Ben Lawers-Massiv ist bekannt für seine subarktische Flora.
Eine Alternativroute zwischen Killin und Kenmore (**92**) verläuft längs des Südufers des Loch Tay. Es handelt sich um eine enge, nk Straße. Von beiden Trassen aus ergeben sich gute Fernblicke. – Zur weiteren Streckenführung vgl. S. 148.
Folgt man der A 85 nach W, so erreicht man nach 18 km Crianlarich (**444**). Zur weiteren Streckenführung vgl. S. 295.

295 Schloß Menstrie

Man verläßt Stirling in n. Richtung (A 9). Nach 2 km zweigt, noch bevor die Hauptstraße Bridge of Allen erreicht, die nach St. Andrews führende A 91 in ö. Richtung ab. Hier lohnt ein Abstrecher in das 6 km entfernt gelegene Weber- und Tischlerdorf Menstrie (800 Einwohner). Sehenswert ist das restaurierte Menstrie Castle aus dem 16. Jh., ein 3 Stockwerke hoher, sehr schottisch wirkender Bau aus Naturquadern mit hübschen Treppengiebeln, Kaminbatterien und einem auf Kragsteinen ruhenden schlanken Ecktürmchen. Schloß Menstrie ist Geburtshaus von *Sir William Alexander* (1567–1640), der 1621 die schottische Kolonie Nova Scotia (Kanada) von Jakob VI. als Geschenk erhielt und 1626 zum Staatssekretär aufrückte. Der König war auf Sir Alexander durch dessen Dichtung aufmerksam geworden. Der *National Trust* unterhält in dem Schloß eine Nova Scotia Ausstellung *(Nova Scotia Exhibition Room)*.
Mai bis September MI, SA, SO 14.30–17. Eintritt.

296 Die Gärten von Keir

2 km n. von Bridge of Allan zweigt bei der Einmündung der M 9 in die A 9 die B 824 in nw. Richtung ab. Auf der Südseite dieser Straße liegt Keir House, in dem *Frédéric Chopin* 1848 als Gast weilte. Sehenswert sind die Gärten, die neben Rhododendren, Azaleen und Eiben Wasser- und Schlingpflanzen sowie Blumenrabatten umfassen. Zur Frühjahrszeit sind die Wiesen mit Osterglocken übersät.
April bis Oktober DI, MI, DO 14–18. Eintritt.

297 Dunblane

Das 10 km n. von Stirling an der A 9 gelegene Städtchen Dunblane (4500 Einwohner, Bahnstation, Informationsamt) hatte im 19. Jh. ebenso wie das 6 km s. gelegene Bridge of Allan einen gewissen Ruf als Heilbad. Der idyllisch gelegene Ort mit seinen engen Straßen ist Ausgangspunkt für Ausflüge in das n. anschließende Bergland sowie in die Umgebung von Stirling. Neben einer Reihe von gut erhaltenen Häusern aus dem 17. Jh. sowie der einbogigen *Brücke* über das Allen Water – ein Bauwerk aus dem 16. Jh. – ist vor allem die *Kathedrale* von Interesse. Das *Dean's House* unweit der Kathedrale dient heute als *Museum;* von dem ehemaligen *Bischofspalast* sind nur noch Spuren erhalten.

297.1 Dunblane Cathedral. Im Unterschied zu den meisten anderen schottischen Kathedralen ist Dunblane dank der zwischen 1892 und 1914 ausgeführten Restaurierung heute wieder überdacht und intakt. Der Bau geht in seiner gegenwärtigen Gestalt im wesentlichen auf die Zeit nach 1233 zurück. Der ursprünglich freistehende quadratische *Turm* ist jedoch, zumindest in seinen unteren Teilen, älteren Datums: Er zeigt den normannisch-romanischen Stil des 11. Jh. Die Kathedrale besteht aus einem Schiff mit Seitenschiffen (wobei der ältere Turm auf recht unkonventionelle Weise in das s. Seitenschiff einbezogen wurde) sowie einem Chor ohne Seitenschiffe. Die Querschiffe fehlen ganz. An der Nordseite des Chores findet sich die *Liebfrauenkapelle.* Sie verfügt als einziger Teil der Kirche über Gewölbe. Der *Chor* ist wahrscheinlich älter als das Schiff, jedoch auch stärker verändert: Er diente in nachreformatorischer Zeit als Gemeindekirche und auch – im Zeitalter der Restoration – als Bischofssitz. Das Schiff blieb dem Verfall preisgegeben, nachdem das Dach im späten 16. Jh. eingestürzt war. Besonders sehenswert ist die Westfassade mit ihren drei hohen gotischen Fenstern. Die Kirche verfügt über kunstvoll geschnitztes *Chorgestühl* aus der 1. Hälfte des 15. Jh. Angesichts der Tatsache, daß fast die gesamte Inneneinrichtung der vorreformatorischen Kirchen Schottlands in der Zeit der Reformation verlorenging, ist das Gestühl kunsthistorisch von ganz besonderem Interesse. Im n. Seitenschiff befindet sich ein keltischer Kreuzstein. Drei blaue Grabplatten im Boden des Chorteils erinnern an Margaret Drummond, die Geliebte Jakobs IV., und ihre beiden Schwestern: Er zeigt den normannisch-romanischen Stil des 11. Jh. Die Kathedrale aus dem 15. Jh. Angesichts der Tatsache, daß fast die gesamte Inneneinrichtung der vorreformatorischen Kirchen Schottlands in der Zeit der Reformation verlorenging, ist das Gestühl kunsthistorisch von ganz besonderem Interesse. Im n. Seitenschiff befindet sich ein keltischer Kreuzstein. Drei blaue Grabplatten im Boden des Chorteils erinnern an Margaret Drummond, die Geliebte Jakobs IV., und ihre beiden Schwestern: Er zeigt den normannisch-romanischen Stil des 11. Jh. und ihre beiden Schwestern: Alle drei wurden 1502 im Schloß Drummond (vgl. u.) vergiftet. – Die Restaurierung des Schiffes in den Jahren 1892–1895 lag in den Händen von *Sir Rowland Anderson,* der im Unterschied zu seinen Zeitgenossen auf neugotische Verfremdung des Baukörpers verzichtete. Sein Nachfolger, der berühmte Architekt *Sir Robert Lorimer,* der für einen Teil der Innenausstattung verantwortlich war, erreichte nicht das gleiche Maß an Werktreue und historischer Glaubwürdigkeit.
April bis September MO–SA 9.30–17, SO 14–17; Oktober bis März MO–SA 9.30–16, SO 14–16.

298 Das Römerkastell von Ardoch

Folgt man der A 9 weiter, um 8 km nö. von Dunblane auf die A 822 in Richtung Crieff (vgl. u.) abzuzweigen, so gelangt man gut 2 km n. des Dorfes Braco zu einem der größten Römerkastelle in Großbritannien, dem Ardoch Roman Camp aus dem 2. Jh. Etwas weiter w. liegt ein weiteres Römerkastell. In den Anlagen konnten insgesamt 40000 Mann stationiert werden.

299 Die Kirche und der Turm von Muthill

Nach weiteren 9 km wird das Dorf Muthill (1200 Einwohner) erreicht. Sehenswert sind die Ruinen einer spätgotischen Pfarrkirche aus dem 15. Jh. sowie ein in das Westende des Schiffes eingebetteter, ursprünglich aber frei stehender normannisch-romanischer Turm, der aus dem 12. Jh. oder aus noch früherer Zeit stammt.

300 Schloß Drummond und seine Gärten

Gut 3 km w. von Muthill, zu erreichen über nk Straßen, finden sich auf einer kleinen Anhöhe zwei Herrensitze, das heute als Museum dienende Drummond Castle aus dem späten 15. Jh. und ein nachviktorianisches Haus. Der mächtige, zinnenbewehrte *Fried* des ursprünglich L-förmigen Schlosses ist nahezu intakt erhalten. Die Anlage wurde während des Bürgerkriegs (1642–1649) belagert und teilweise zerstört. Weitere Schäden nahm der Bau 1745, als die jakobitisch gesonnene Herzogin von Perth das Haus unbewohnbar machte, aus Angst, es könne in die Hände der hannoveranischen Truppen fallen. In der Folgezeit wurde die Anlage teilweise wieder aufgebaut.

Eine Sehenswürdigkeit ersten Ranges stellen die im 17. Jh. von dem 2. Grafen von Perth geschaffenen Gärten im italienisch-französischen Stil dar. Sie wurden um 1840 umgestaltet, wobei allerdings das barocke Gepräge und die Terassenform beibehalten wurden. Der Garten enthält zahlreiche seltene Pflanzen und Bäume. Von besonderem Interesse ist eine *Sonnenuhr* aus dem Jahre 1630, die die Zeit in den damals bedeutenden Städten Europas anzeigt.
April bis Oktober MI und SA 14–18.

301 Die Kirche von Tullibardine

Folgt man von Dunblane aus der A 9 bis zu deren Kreuzung mit der A 823, um dann die letztgenannte Straße nach NW zu benutzen, so gelangt man nach weiteren rund 5 km zu der Tullibardine Chapel, einer der wenigen unverändert erhaltenen Kollegienkirchen aus vorreformatorischer Zeit. Der kreuzförmige Bau wurde 1446 von *Sir David Murray von Dumbarton,* einem Vorfahren des Herzogs von Atholl, errichtet.

Die Westfassade ist befestigt. Der kleine Turm wird vom Kircheninneren aus durch eine enge Pforte betreten. Sehenswert ist die Balkenkonstruktion des Daches. Die Giebel weisen die typisch schottische Treppenform auf. Die Kirche diente eine Zeitlang als Begräbnisstätte der Familie Atholl; inzwischen ist sie Totenkirche der Familie Strathallan geworden, deren Schloß etwas weiter n. beim Zusammenfluß von Machany Water und River Earn liegt.
April bis September MO–SA 9.30–19, SO 14–19; Oktober bis März MO–SA 9.30–16, SO 14–16.

302 Strathallan Air Museum

7 km ö. von Methill und 6 km nw. von Auchterader liegt w. der B 8062 (nk Straße ab Kinkell Bridge) das Strathallon Air Museum, das eine Sammlung zur Geschichte der Luftfahrt seit 1929 bietet. Der Schwerpunkt liegt dabei auf den Jahren des 2. Weltkriegs. An einem Tag im Juli jeden Jahres werden die alten Modelle auch geflogen.
10–17. Eintritt.

303 Die Bibliothek von Innerpeffray

Ebenfalls an der B 8062, 7 km sö. von Crieff (vgl. u.), befindet sich die Innerpeffray Library, eine der ältesten nicht akademischen und nach wie vor betriebsbereiten Bibliotheken Schottlands. Sie ist in einem Haus aus dem späten 18. Jh. untergebracht. Die benachbarte Kirche datiert von 1508. Ebenfalls in der Nachbarschaft befinden sich die Ruinen des *Innerpeffray Castle,* eines Baus von 1610.
Mai bis Ende September MO–MI, FR, SA 10–13, 14–17, SO 14–16; Oktober bis April MO–MI, FR, SA 10–13, 14–16, SO 14–16.

304 Crieff

Das verkehrsgünstig am Schnittpunkt von A 85 und A 822 sowie mehrerer Nebenstraßen gelegene Kurstädtchen Crieff (5600 Einwohner, Informationsamt) ist ein beliebter Ausgangspunkt für Ausflüge in das benachbarte Hochland. Die unmittelbare Umgebung ist durch den *Crieff Nature Trail* erschlossen.

Vor dem Rathaus *(Town Hall)* befindet sich das oktogonale *Drummond Cross* von 1688. Beim alten Rathaus *(Tolbooth)* aus dem 17. Jh. ist noch der Pranger zu sehen, der bis 1816 benutzt wurde. Ein keltischer *Kreuzstein* aus dem 10. Jh. mit reicher Ornamentik dient heute als Marktkreuz. Während der Jakobiteraufstände 1716 und 1745 wurde Crieff zweimal niedergebrannt. 1746 hielt Prinz Charles Edward Stuart im Drummond Arms Hotel einen Kriegsrat ab. – Von dem 277 m hohen *Knock of Crieff* n. des Zentrums bietet sich ein weiter Rundblick.

Wichtige Adressen: *Busbahnhof,* s. der High Street, ö. der Church Street – *Postamt,* Südseite der High Street – *Polizei-Hauptquartier,* King Street, gegenüber der Addison Terrace – *Krankenhaus,* zwischen Church Street und Pittenzie Road, schräg gegenüber dem Busbahnhof.

3 km nw. von Crieff sind die *Falls of Turret* von besonderem Interesse. Sie können über eine nk Straße erreicht werden. – Die A 822 führt durch das landschaftlich reizvolle *Sma'Glen* und das n. anschließende *Strath Bran* nach Dunkeld (**85**). Sie erreicht auf der Wasserscheide zwischen Glen Almond und Strath Bran eine Meereshöhe von 281 m. Das Gebirgsmassiv im W erreicht mit Ben Chonzie 927 m Höhe; die Berge auf der Ostseite der Straße sind niedriger (Meall nan Caoraich: 622 m).

305 Die Gärten von Abercairny

Folgt man von Crieff aus der A 85, so gelangt man nach 7 km zu den Abercairny Gardens (Südseite der Straße). In der weitläufigen Anlage dominieren Azaleen und Rhododendren. Besonders lohnend ist ein Besuch auch zur Zeit der Osterglockenblüte.
Anfang April bis Ende September MI Sonnenaufgang bis Sonnenuntergang. Eintritt.

306 Die St. Bean Kirche und der Piktenstein von Fowlis Wester

8 km ö. von Crieff befindet sich auf der Nordseite der A 85 im Weiler Fowlis Wester (nk Straße) die 1927 restaurierte St. Bean Church aus dem 13. Jh. Bei der Kirche befindet sich ein 3,3 m hoher piktischer *Kreuzstein* mit symbolischen und figürlichen Darstellungen und reicher keltischer Ornamentik. Eine Eigentümlichkeit des Steines ist, daß die Arme des Kreuzes über die Steinplatte hinausragen.

Die Entfernung von Fowlis Wester nach Perth (**81**) beträgt 21 km. Zur weiteren Streckenführung vgl. S. 143.

Südwest-Schottland

Der schottische Südwesten bietet – freilich nur für den Schottland-Spezialisten, der sich die notwendige Zeit dazu nimmt – durchaus Stoff für eine ausgefüllte Reise von 8- bis 10tägiger Dauer, zumal eine Reihe von lohnenden Abstechern, etwa nach Isle of Whithorn oder zum Mull of Galloway, möglich sind. Hinsichtlich der Sehenswürdigkeiten ergibt sich eine besonders ausgewogene Mischung: Da sind Klippenszenerien und Leuchttürme, die ausgedehnten Waldgebiete von Galloway, Burgen und Turmhäuser, georgianische Landsitze und Little Houses, mittelalterliche Stadtbilder, idyllische Fischerhäfen und mondäne Seebäder. – Nachfolgend sind drei touristische Hauptrouten beschrieben, von denen die erste, Gretna – Glasgow (A 74), mit 137 km die kürzeste ist, während die landschaftlich sehr viel reizvollere dritte, über Dumfries, Stranraer, Ayr und Greenock, immerhin 359 km mißt. Die mittlere Strecke, über Dumfries und Kilmarnock, ist mit 168 km um 31 km länger als die direkte Verbindung, allerdings sind die Straßen nicht so gut ausgebaut wie es die A 74 ist. Die Strecken über Kilmarnock und über Stranraer können ggf. auch miteinander kombiniert werden.

Route 15

Gretna – Moffat – Abington – Glasgow und Edinburgh (A74/A702)

Die durchgehend vierspurig ausgebaute A 74 überquert den von vielen Schotten als Grenze betrachteten River Esk unmittelbar bei dessen Trichtermündung und erreicht 17 km nw. von Carlisle beim Flüßchen Sark die eigentliche schottische Grenze. Die Entfernung von hier nach Glasgow beträgt 137 km. Unmittelbar hinter der Grenze befindet sich das traditionelle Ziel zahlloser Liebespaare: das Dorf Gretna.

307 Gretna

Der Ort (2000 Einwohner, Bahnstation, Informationsamt) verdankt seine Weltgeltung der schottischen Ehegesetzgebung des 18. Jh. Eine Ehe galt als geschlossen, wenn ein Paar seinen Willen zur Eheschließung vor Zeugen kundgetan hatte, und heiraten konnte ohne elterliche Einwilligung, wer mindestens 16 Jahre alt war.

Die Ehen wurden in erster Linie im Rathaus von Gretna, in Gasthöfen und in der Schmiede beim Dorfanger geschlossen. Letztere war nach 1826 beliebtester Rahmen, doch hatten auch andere Schmiedemeister des Ortes ihren Marktanteil. Paare, die es ganz eilig hatten, weil ihre Eltern ihnen dicht auf den Fersen waren, wählten das Zollhaus auf der Nordseite der 1830 gebauten Brücke über den Sark als Szene. Sowohl im Rathaus als auch in den verschiedenen Schmieden sind entsprechende Dokumente überliefert. Die Herrlichkeit endete 1856, als das Parlament in Westminster verfügte, daß eine Eheschließung in Schottland erst dann stattfinden dürfe, wenn das Paar mindestens 3 Wochen n. der Grenze gemeldet gewesen sei. Seit 1939 ist aufgrund eines weiteren Gesetzes, des *Marriage (Scotland) Act*, die Anwesenheit eines Pfarrers oder Standesbeamten erforderlich. Nach 1969 verloren Gretna Green und die übrigen Grenzorte den Rest ihrer Kundschaft, nachdem ein neues Gesetz das Alter für eine Eheschließung ohne Einwilligung der Eltern in England und Wales von 21 auf 18 Jahre gesenkt hatte. Die traditionellen Glücksschmieden können – zum Teil gegen Eintritt – besichtigt werden.

1,5 km s. des Ortes befindet sich am Ufer des Solway Firth der 2,1 m hohe und 10 t schwere Menhir von Lochmaben *(Lochmaben Stone)*, wahrscheinlich Überrest eines neolithischen Steinkreises. Er war wiederholt Treffpunkt schottischer und englischer Delegationen, so auch im Rahmen eines Friedensschlusses von 1398. – 5 km nö. liegt zwischen den Flüsen Sark und Esk das Schlachtfeld von *Solway Moss*, wo die Schotten 1542 eine der verlustreichsten Niederlagen ihrer Geschichte erlitten (vgl. auch S. 33).

308 Das Wegkreuz von Merkland

12 km nw. von Gretna und 1,5 km s. von Kirtle Bridge befindet sich an einer nach S von der A 74 abzweigenden nk Straße ein mit stilisierten Blumen verziertes Wegkreuz aus dem 15. Jh.

309 Das Geburtshaus Thomas Carlyles

Ecclefechan (600 Einwohner) an der A 74 ist Geburtsort des Schriftstellers, Historikers und Literarkritikers Thomas Carlyle (1795–1881), der es in seinem »Sartor Resartus« unter dem Decknamen »Entepfuhl« beschrieb. Carlyle, 1865 Rektor der Universität Edinburgh, reiste häufig nach Deutschland und gehörte zum engeren Bekanntenkreis Goethes. Mit seinen Arbeiten über die deutsche Literatur der Klassik und Romantik wurde er zu einem der bedeutendsten Mittler zwischen den Kulturen der beiden Länder.

Carlyles Geburtshaus ist unter dem Namen *Arched House* (Haus mit dem Bogen) bekannt. Der Bau wurde von Carlyles Vater, einem Maurermeister, über einer Durchfahrt errichtet und ist architekturgeschichtlich von Interesse. Er ist als ein dem Dichter gewidmetes *Museum* der Öffentlichkeit zugänglich (Carlyle's Birthplace). Gezeigt wird u. a. ein Teil des Briefwechsels mit Goethe. Mai bis Oktober MO–SA 10–18. Eintritt.
Das Grab des Dichter und seiner Eltern findet sich auf dem Kirchhof. Hier ruht auch Archibald Arnott, Napoleons Arzt auf St. Helena.
Folgt man von Ecclefechan der B 725 nach SW, so gelangt man nach gut 3 km im Tal des River Annan zu den *Kinmont* oder *Kinmount Gardens*. Die Gärten im englischen Stil (Wald- und Parklandschaft) gehören zu den Hoddom and Kinmount Estates.

310 Lockerbie

Der 10 km nw. von Ecclefechan auf der Ostseite der A 74 gelegene Ort (3000 Einwohner, Bahnstation) ist für seinen aus dem 17. Jh. stammenden *Lämmermarkt* bekannt. Der *Old Tower* war früher Stadtgefängnis. – 5 km s. befindet sich zwischen B 723 und A 74 am Ostufer des Water of Milk das Herrenhaus *Castle Milk* mit seinen hübschen Gärten. Es ist über die B 723 zu erreichen. In der Umgebung sind mehrere Kirchen dem *hl. Mungo*, einem Missionar des 6. Jh., der später in der Gegend von Glasgow wirkte, geweiht. St. Mungo soll eine Zeitlang als Bischof von der Kirche von Hoddom aus tätig gewesen sein (B 725). – Auf dem flachen Hügel Birrenswark Hill im SO des Städtchens sind die Überreste eines *römischen Kastells* mit umfangreichen Befestigungsanlagen sehenswert. Archäologisch besonders interessant ist ein kreisrunder Ofen von 1,8 m Durchmesser.

311 Lochmaben

Folgt man von Lockerbie aus der A 709 nach Dumfries (**333**), so gelangt man nach 6 km in den Ort Lochmaben (*Royal Burgh*, 1250 Einwohner). Das Städtchen liegt malerisch zwischen vier Seen: Castle Loch, Kirk Loch, Mill Loch und Hightae Loch. Castle Loch und Hightae Loch sind Naturschutzgebiete, u. a. weil in ihnen eine seltene, *Vendace* genannte Lachsart vorkommt. Die Ruine des *Lochmaben Castle* am Südende des Castle Loch stammt aus der Zeit um 1330. Lochmaben gehörte zu den Ländereien der Familie Bruce, und manches spricht dafür, daß König Robert the Bruce in einer hölzernen Burg des Moat-and-Bailey-Typs beim heutigen Golfplatz geboren wurde. In der *Gemeindekirche* aus dem 19. Jh. ist eine Glocke *(Bruce Bell)* aus der Zeit vor 1400 erhalten.

3 km nw. von Lochmaben (nk Straße) befindet sich im Tal des Water of Ae der *Elshieshields Tower*, ein in späterer Zeit teilweise umgebautes Turmhaus aus dem 16. Jh., das heute noch bewohnt wird. Das benachbarte Herrenhaus datiert aus dem 18. Jh. – 5 km s. von Lochmaben liegt sw. des Weilers Hightae (B 7020) das *Herrenhaus von Rammerscales*. Es wurde in den Jahren 1763–1773 von *Dr. James Mounsey* erbaut, der eine Zeitlang als Leibarzt am zaristischen Hofe gewirkt hatte.

312 Moffat

N. von Lockerbie folgt die A 74 dem Tal des River Annan. Nach 23 km wird der Ort Beattock erreicht (Bahnstation), wo die A 701 in n. Richtung abzweigt. Sie führt in das 3 km entfernte Städtchen Moffat.

Moffat (*Royal Burgh* seit 1648, 2000 Einwohner, Informationsamt) ist ein reizvoll gelegenes kleines Kurstädtchen und, wie der Widder auf der Spitze der Steinpyramide des *Colvin Brunnens* in der High Street zeigt, Zentrum eines Schafzüchter-Distrikts. Das umgebende Bergland eignet sich für ausgedehnte Wanderungen. Höchste Erhebung im SW ist der Queensberry (695 m). Im NO bringt es der Hartfell auf 806 m, der ö. anschließende White Coomb auf 820 m. Die *Schwefelquelle* 2,5 km nö. des Dorfes wurde 1630 entdeckt; sie brachte dem Ort im 18. Jh. eine Reihe illustrer Besucher, darunter *Boswell* und *Burns*. 1827 wurden die ersten Badehäuser errichtet, ein großes hydropathisches Hotel aus der Zeit um die Jahrhundertwende brannte 1921 nieder. – Der schottische Dichter und Übersetzer *James MacPherson* (vgl. S. 52) publizierte 1759/60 von Moffat aus seine berühmt gewordenen »Fragments of Ancient Poetry«, die er nach seinen Angaben im Hochland gesammelt und aus dem Gälischen übersetzt hatte. MacPherson wohnte in dem kurz zuvor errichteten *Moffat House* (heute Hotel).

Von Moffat aus stellt die nach NO führende A 708 die Verbindung über St. Mary's Loch (**44**) nach Selkirk (**40**) her (Entfernung 55 km), wobei die Trasse an der Ostflanke des White Coomb auf 294 m Meereshöhe ansteigt und nach 16 km links einen 60 m hohen Wasserfall mit dem klangvollen Namen »Schweif der Grauen Mähre« (Grey Mare's Tail) passiert. Die unmittelbar nach N führende A 701 schafft eine recht direkte Verbindung mit Edinburgh (Entfernung 84 km). Die Straße führt nach 10 km an einer sehenswerten Schlucht mit dem Namen »Devil's Beef Tub« vorbei, einem verwunschenen, meist nebelverhangenen Ort, wo die Freibeuter des Grenzlandes früher gestohlenes Vieh versteckten. Die Wasserscheide zum Tal des Tweed wird in der für südschottische Verhältnisse recht spektakulären Meereshöhe von 410 m überquert. Die Trasse folgt dann dem Oberlauf des Tweed (ö. der

Straße) bis zum Dorf Broughton (37 km). Zur weiteren Streckenbeschreibung vgl. S. 113.

313 Biggar und das Gladstone Court Street Museum

Eine weitere, auch bei schlechter Witterung günstige Verbindung nach Edinburgh ergibt sich über die A 702, die beim Dorf Abington (77 km nw. von Gretna) zusammen mit der ö. an Glasgow vorbeiführenden A 73 in nö. Richtung von der A 74 abzweigt.

In Biggar (19 km ab Abzweig, 1650 Einwohner, Informationsamt; *Royal Burgh* seit 1451) ist die restaurierte alte *Kirche* des Ortes sehenswert, ein kreuzförmiger Bau, dessen Anfänge auf 1545 zurückgehen. Im zugehörigen Kirchhof sind die Vorfahren des berühmten englischen Liberalen und Staatsmannes William Ewart Gladstone begraben. Von dem alten Schloß, dem *Boghall Castle*, ist nur ein Turm erhalten. Der bedeutende Lyriker und Schriftsteller *Hugh McDiarmid* (vgl. S. 53) verbrachte seinen Lebensabend in Biggar. Eine besondere Attraktion ist das *Gladstone Court Street Museum*, die überdachte Nachbildung einer Geschäftsstraße aus dem 19. Jh. mit Schaufenstern und Läden. Auch eine Schule und eine frühe Telefonzentrale werden gezeigt. Ein *Freilichtmuseum* mit alten Bauernhäusern wird gegenwärtig geschaffen.
Ostern bis Oktober MO–SA 10–12.30 und 14–17. SO 10–12.30. Eintritt.

314 West Linton

Auf der A 702 gelangt man nach 19 km nach West Linton (850 Einwohner) am Fuße der Pentland Hills, die auf der NW-Seite der Straße mit dem West Cairn Hill auf 561 m ansteigen. Der Ort war früher berühmt für seine Steinmetze. Sehenswert ist eine steinerne Figur auf dem Dorfbrunnen (*Lady Gifford's Well*) von 1666. Weitere Zeugnisse der Bildhauerkunst befinden sich an dem gegenüberliegenden Haus, sie datieren von 1660 und 1678. West Linton ist beliebter Ausflugsort für Wanderungen durch die Pentlands entlang einer alten Drove Road, einem Pfad, über den das Vieh aus den s. Grafschaften auf die Märkte im Forth-Clyde-Tal getrieben wurde. Der Pfad, *Cauld Stane Slap* genannt, überquert die Wasserscheide in 435 m Höhe.

315 Roslin (Rosslyn)

Das kleine Bergarbeiterdorf Roslin oder Rosslyn vor den Toren von Edinburgh (Entfernung zum Stadtzentrum 11 km, 1200 Einwohner) erreicht man, indem man gut 7 km n. von West Linton nach NW auf die Straße nach Penicuik abzweigt und n. dieses Städtchens die B 7003 in ö. Richtung benutzt. Drei Dinge haben den Ort berühmt gemacht: seine Burg, seine Kapelle und der ehemalige Gasthof »Old Rosslyn«; letzterer, auf dem College Hill gelegen, wurde von *Dr. Johnson* und *Boswell,* von dem Dichter *Robert Burns* (vgl. S. 52), von Königin Victoria (1856) und von König Eduard VII. besucht.

Das *Schloß* auf einer Felsnase über dem Fluß North Esk blickt auf das pittoreske Roslin Glen herab. Die ältesten Teile stammen aus dem frühen 14. Jh. Erster Bauherr war der 1330 verstorbene *William Sinclair.* Sein Enkel erbaute den Fried; der 3. Graf von Orkney, William, erweiterte die Anlage um die Mitte des 15. Jh. Er legte 1446 den Grundstein zur *Rosslyn Chapel*. Das Schloß wurde 1554 im Rahmen des Rough Wooing (vgl. S. 33) von den Engländern zerstört, jedoch 1580 wieder hergerichtet.
Die Räume aus dem 16. und 17. Jh. können besichtigt werden: 10–16, im Sommer auch länger.
Die *Kapelle* sollte nach dem Willen des Erbauers eine Kollegienkirche werden. Verwirklicht wur-

den jedoch nur der Chor, die Liebfrauenkapelle und die Ansätze der Seitenschiffe. Später wurde die Kapelle Totenkirche der Sinclairs. 1688 wurde sie im Rahmen lokaler Unruhen beschädigt, 1842 jedoch gründlich restauriert. Der Reichtum der Steinornamentik zeigt kontinentalen Einfluß. Von ganz besonderer Schönheit ist der *Prentice Pillar,* ein eigenwilliger, außerordentlich reich verzierter, mit stilisiertem Girlandenwerk ausgeschmückter spätgotischer Pfeiler, nach der Überlieferung das Werk eines Lehrlings (daher der Name), das dieser heimlich angefertigte, während sich sein Meister zu Studien in Italien aufhielt. Als der Meister das Opus seines Lehrlings sah, wurde er von Eifersucht gepackt und tötete ihn. Die Kirche besitzt eine kleine *Krypta,* die offenbar auch als Kapelle benutzt wurde. Die Liebfrauenkapelle hat eine Höhe von nur 4,5 m.
April bis Ende Oktober MO–SA 10–13 und 14–17. Eintritt.

316 Das Fort von Castlelaw

Kurz bevor die A 702 die Außenbezirke von Edinburgh erreicht (10 km s. des Zentrums) befindet sich am Osthang der Pentland Hills in der Nachbarschaft der *Crosshouse Farm* (dort Schlüssel) das Castlelaw Fort, eine kleine Festungsanlage aus der Eisenzeit. Das Fort umfaßt 2 konzentrische Wälle und Gräben. Ein Erdhaus, das bis ins 2. Jh. bewohnt wurde, ist erhalten.

317 Die Brigittenkirche in Douglas

15 km nw. der Straßengabelung von Abington (A 74/A 73 und A 702) kreuzt die A 70 (Edinburgh – Ayr) die Trasse der nach Glasgow führenden A 74. Folgt man der A 70 2 km nach SW, so gelangt man in die Stadt Douglas (5000 Einwohner), die einst Sitz eines Zweiges der gleichnamigen Familie und Grafen von Angus war. Gräber der Familie aus dem 13.–15. Jh. sind im Kirchhof erhalten.

Das Schloß selbst wurde ein Opfer des Kohlenbergbaus: Es mußte 1938–1948 nach Bergbewegungen abgetragen werden. Nur die *Schloßkapelle* und ein *Portal* sind erhalten. Im Kirchhof findet sich auch der restaurierte Altarraum der St. Bride's Church von 1350. Die Fundamente der Kirche stammen aus dem 12. Jh. Besonders sehenswert ist das reich ausgeschmückte Grab von *Archibald Bell-the-Cat,* der 1514 starb. Der eigenwillige *Turm* von 1565 soll ein Geschenk Maria Stuarts gewesen sein. Er enthält eine holländische Glocke von 1609. Die Glasfenster sind französischer Herkunft.

318 Lanark

Lanark (Bahnstation, 8700 Einwohner, Informationsamt) wird über die A 70 (nach NW) und die A 73 (ebenfalls in nw. Richtung) erreicht. Die Stadt hoch über den Ufern des Clyde ist recht alt, doch sind sehenswerte Baudenkmäler nicht erhalten, sieht man einmal von den Überresten der *St. Kentigern's Church* aus dem 12. Jh. ab, in der *William Wallace* möglicherweise getraut wurde.

Die Gemeindekirche stammt von 1777. Was Lanark in den vergangenen Jahren ins allgemeine Bewußtsein gehoben hat, ist die nahezu komplette Wiederherstellung der 1,5 km s. gelegenen Stadt *New Lanark,* einer Gründung von 1784 mit frühen Textilfabriken und den damals üblichen sozialen Einrichtungen. Die Restaurierung und museale Aufbereitung der Gebäude und Anlagen ist eines der Hauptwerke der immer bedeutsamer werdenden Archäologie des frühen Industriezeitalters. New Lanark galt im frühen 19. Jh. als Mustersiedlung. Vaterfigur war der Industrielle *Robert Owen* (1771–1858). Oberhalb der Stadt befindet sich das Naturschutzgebiet von Corehouse *(Corehouse Nature Reserve).*

319 Schloß Craignethan

10 km nw. von Lanark und 1,5 km w. von Crossford (A 72) liegt am Ufer des Flüßchens Nethan die sehenswerte Ruine des Craignethan Castle, der Hauptfeste der Familie Hamilton. Die Hamiltons waren Parteigänger der Maria Stuart; ihr Schloß wurde nach einer Reihe erfolgloser Belagerungen 1579 von den Protestanten zerstört. Die umfangreiche Anlage stammt aus dem 16. Jh. Ältester Teil ist ein Turmhaus, dessen Mauerwerk reiche Verzierungen aufweist. Erhalten sind ferner ein Turm sowie Wirtschaftsgebäude und Umfassungsmauern.

320 Strathaven

8 km w. der A 74 liegt an der A 726 in 180 m Höhe die Weberstadt Strathaven (4100 Einwohner). Auf einer Anhöhe über dem Flüßchen Powmillon befinden sich die Ruinen des *Strathaven* oder *Avondale Castle* aus dem 15. Jh. Das Schloß hatte den Grundriß eines Parallelogramms mit 2 diagonal einander gegenüberliegenden Türmen. Ein Fragment des Gesimses zeigt die für die Zeit charakteristischen Stilelemente. Die Stadt selbst war im ausgehenden Mittelalter für ihre Seidenindustrie berühmt. Sie besitzt ein interessantes *Museum*.

321 East Kilbride

Von Strathaven aus führt der direkteste Weg nach Glasgow über die A 726 und East Kilbride. Die Stadt (70000 Einwohner, Bahnstation) vor den Toren von Glasgow ist der *New Town* wegen von Interesse: Die Satellitenstadt für Glasgow entstand als erste Baumaßnahme dieser Art nach dem 2. Weltkrieg. Im alten Dorf wurde 1653 das erste Treffen der *Scottish Society of Friends*, der schottischen Quäker, abgehalten. 1,5 km n. des alten Zentrums befindet sich das in jüngster Zeit restaurierte *Mains Castle* aus dem 13. Jh., und 3 km ö. liegt *Calderwood House,* Geburtsstätte der berühmten Anatomisten *William* und *John Hunter* aus dem 18. Jh.

322 Hamilton

Hamilton (*Royal Burgh* seit 1548, 47500 Einwohner, Bahnstation, Informationsamt), 19 km sö. von Glasgow im Tal des Clyde gelegen, ist Zentrum eines Bergwerksreviers. Die Stadt ist für ihre Pferderennen bekannt. Der traditionelle Sitz des Herzogs von Hamilton, 1822 bis 1829 errichtet, wurde 1927 abgetragen. Sehenswert sind die 2 km s. in ansprechender Parklandschaft über den Ufern des Avon gelegenen Ruinen des *Cadzow Castle,* zu erreichen über die ö. des Zentrums in spitzem Winkel von der A 72 abzweigende Barncluith Road. Cadzow, seit dem 10. Jh. königlicher Besitz, wurde von *Robert the Bruce* der Familie Hamilton geschenkt, als Dank für Gefolgschaftstreue in der Schlacht von Bannockburn (1314, vgl. S. 31 f.). Im Park grasen weiße, zottelige Hochland-Rinder, ein heute selten gewordener Anblick.

Der Weg zum Schloß führt am *Barncluith House* (linker Hand) aus dem 16. Jh. vorbei, dessen 1583 angelegte Terrassengärten im niederländischen Stil von Interesse sind. – Hamilton besitzt eine oktogonale *Gemeindekirche*, ein Werk *William Adams* von 1732. Vor der Kirche steht das keltische *Netherton Cross*. Eine weitere Sehenswürdigkeit ist das 1840–1855 vom 10. Herzog von Hamilton errichtete, von *David Bryce* entworfene *Hamilton Mausoleum* n. des Zentrums mit seinem berühmten Echo und seinen großen Bronzetüren. Der Bau kostete seinerzeit 150000 £ (umgerechnet 3 Millionen Goldmark).
9.00 bis 1 Stunde vor Sonnenuntergang. An Renntagen bleibt das Gebäude geschlossen. Eintritt.

323 Die Nationale Gedenkstätte für David Livingstone

Wählt man von Hamilton aus für die Weiterfahrt nach Glasgow die A 724, so gelangt man nach 5 km in das Dorf Blantyre. Hier wurde in einem Fabrikarbeiter-Wohnblock in der Shuttle Row der berühmte Entdecker und Missionar David Livingstone (1813–1873) geboren. Die Geburtsstätte *(Livingstone National Memorial)* ist sehenswert sowohl als Relikt aus dem Zeitalter der Industrialisierung als auch wegen der Livingstones Person und Lebenswerk betreffenden Sammlungen. Von Zeit zu Zeit werden afrikakundliche Ausstellungen gezeigt.
Mo–SA 10–18, SO 14–18. Eintritt.

324 Bothwell und sein Schloß

Über die A 74 gelangt man unmittelbar hinter der Clyde-Brücke in die alte Stadt Bothwell (9200 Einwohner), die heute in eine Landschaft der Fördertürme und Hochöfen eingebettet ist. Bothwell war im Mittelalter von erheblicher strategischer Bedeutung, denn die um 1400 errichtete Brücke nach Hamilton war neben der alten Brücke von Glasgow der einzige Flußübergang. Bei der Bothwell Brig lieferten Cromwells Truppen 1650 den Royalisten eine Schlacht, und 1679 wurden die Covenanters hier von den Truppen des Generals Monmouth geschlagen.

Die Ruinen des Bothwell Castle, dereinst Sitz der verräterischen Familie Douglas, finden sich in beherrschender Position über den Ufern des Clyde am NW-Ende der Stadt. Sehenswertester Teil der prachtvollen Anlage aus dem 13.–15. Jh. ist der *Douglas-Turm,* ein Rundturm, der in 36jähriger Arbeit errichtet und wahrscheinlich einem Prototyp im Schloß von Coucy (Frankreich) nachgebildet wurde. Die *Große Halle* des Schlosses gehörte zu den schönsten des gesamten Landes (vgl. auch Hermitage Castle, **39**).
April bis September MO–SA 9.30–19, SO 14–19; Oktober bis März MO–SA 9.30–16, SO 14–16. Eintritt.
Die *Kollegienkirche* von Bothwell datiert in ihren ältesten Teilen von 1398. Sie besitzt ein interessantes Tonnengewölbe und sehenswerte Gräber der Familie Douglas aus dem 18. Jh. Die Entfernung zum Stadtzentrum von Glasgow (**433**) beträgt 15 km.

325 Motherwell und Wisham

Die beiden Orte Motherwell und Wisham am Ostufer des Clyde an der A 721 bilden heute eine einzige Stadt mit 75 000 Einwohnern (Bahnstation). Eisenverhüttung, Stahlerzeugung und Maschinenbau sind die wirtschaftliche Basis und prägen das Bild der Landschaft. Die Entfernung zum Stadtzentrum von Glasgow (**433**) beträgt 22 km.

326 Coatbridge und Airdrie

Wer auf dem Weg nach Stirling (**281**) und ins ö. Hochland Glasgow umfahren möchte, benutze die Autobahnen M 74/M 73, die die A 74 mit der A 80/M 80 verbinden. Bei der Einmündung der M 8, der Stadtautobahn von Glasgow, bietet sich die Möglichkeit, in die unmittelbar auf der Ostseite der Autobahn gelegenen Industriestädte Coatbridge (55 000 Einwohner, Bahnstation) und Airdrie (38 000 Einwohner, Bahnstation) abzuzweigen. Die Entfernung zum Stadtzentrum von Glasgow (**433**) beträgt 20 km.

Route 16

Gretna – Dumfries – Kilmarnock – Glasgow

327 Annan

Von Gretna (**307**) aus führt die A 75 in recht geradliniger Trassierung in die 40 km nw. gelegene alte Stadt Dumfries. Nach 15 km wird das Städtchen Annan (5800 Einwohner, Bahnstation) berührt, dessen Brücke über den gleichnamigen, für seine Fische berühmten Fluß ein Werk *Robert Stevensons* von 1826 ist. Thomas Carlyle (vgl. S. 244) besuchte in Annan das Gymnasium; er beschreibt es in seinem »Sartor Resartus« als »Hinterschlag Gymnasium«. Am Stadtrand wurde in den letzten Jahren ein Kernkraftwerk errichtet.

328 Das Kreuz von Ruthwell

Von Annan aus empfiehlt sich der Umweg über die B 724/B 725, die in einigem Abstand der Küstenlinie folgt. Das Ruthwell Cross, 11 km w. von Annan in der Gemeindekirche des gleichnamigen Ortes, ist ein aus dem 8. Jh. stammendes, 5,4 m hohes Evangelisationskreuz in der Tradition der irischen Kirche. Seine Runeninschrift ist die älteste überlieferte Schriftprobe des Englischen (Altenglisch, nordhumbrischer Dialekt). Das Kreuz wurde 1642 umgestürzt, 1823 jedoch restauriert. Es ist heute in einer eigens dafür errichteten Apsis untergebracht.

329 Das Henry Duncan Cottage Museum

Das Henry Duncan Cottage Museum, ebenfalls in Ruthwell, erinnert an die frühen Tage der Sparkassenbewegung: Der Ortsgeistliche Dr. Henry Duncan gründete hier 1810 die erste schottische Sparkasse.

330 Schloß Caerlaverock

Von Ruthwell aus folgt man der recht engen A 725 (im Weiler Bankend links abbiegen) und erreicht nach 10 km Caerlaverock Castle. Der Bau, dessen älteste Teile auf 1290 zurückgehen, gehört ohne Zweifel zu den sehenswertesten Anlagen ganz Großbritanniens, nicht nur wegen des eigenwillig dreieckigen Grundrisses (vgl. den Plan) und der berühmten Renaissancefassade auf der linken Seite des Innenhofes, sondern auch wegen seiner idyllischen Einbettung in die Küstenlandschaft.

Die Geschichte des Schlosses ist die vielleicht beste Illustration für den nie endenden Bruderzwist im englisch-schottischen Grenzland. Fünfmal wurde die Anlage belagert und einmal bis fast auf die Grundmauern zerstört. Sieben verschiedene Bauperioden lassen sich nachweisen. Der Bau in seiner heutigen Form stammt im wesentlichen aus dem 15. Jh.

Die Entstehung einer steinernen Burg in Caerlaverock nach 1290 hängt wahrscheinlich eng mit den Auseinandersetzungen im Anschluß an den Tod Alexanders III. (vgl. S. 31) zusammen. Caerlaverock ist strategisch exponiert: Die Nordküste des Solway-Firth ist ein traditioneller Landeplatz für Angreifer aus dem S. 1299 wird Caerlaverock Castle erstmals genannt. Ein Jahr später wird die Burg von Eduard I. von England belagert. Von der Begebenheit existiert ein Versgedicht in altfranzösischer Sprache, das die Uneinnehm-

Caerlaverock Castle

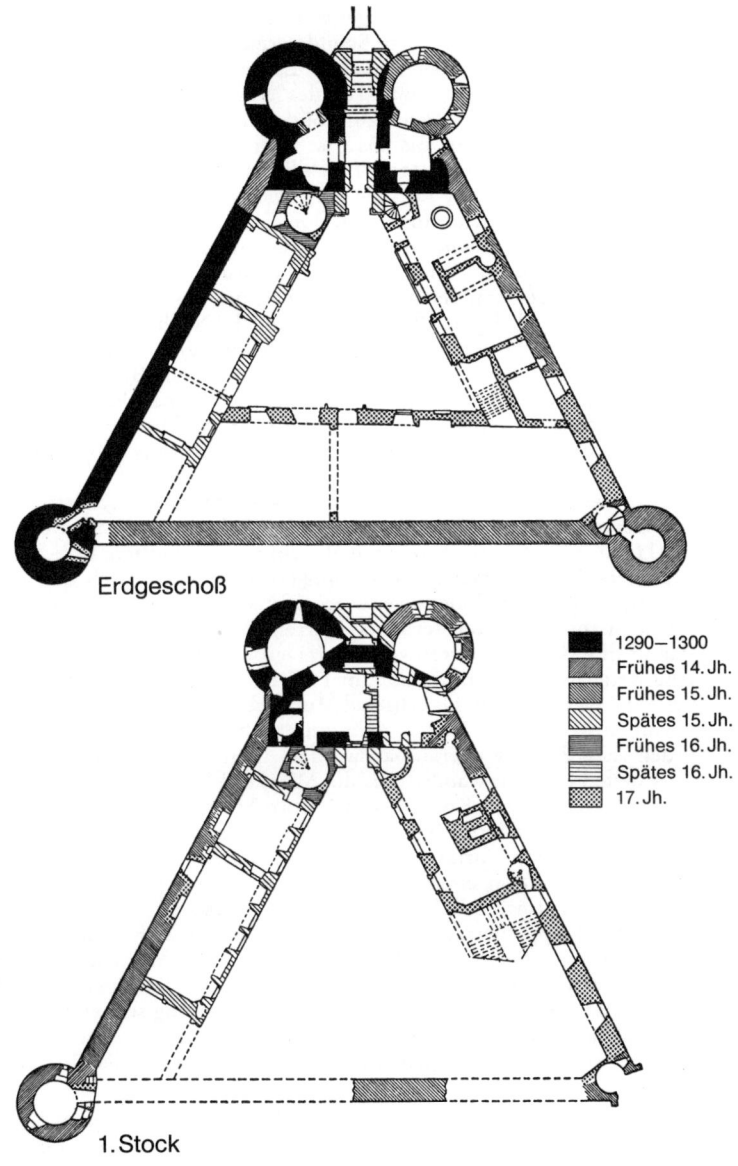

Erdgeschoß

1. Stock

■ 1290–1300
▨ Frühes 14. Jh.
▨ Frühes 15. Jh.
▧ Spätes 15. Jh.
▦ Frühes 16. Jh.
☰ Spätes 16. Jh.
▦ 17. Jh.

barkeit der Festung mit ihren ausgeklügelten Grabensystemen preist und den Grundriß von Caelaverock mit einem Schild vergleicht, insofern als nur drei Seiten vorhanden sind. – Aus der frühesten Bauperiode stammen Teile des Torhauses, hier vor allem der größte Teil des Westturms, sowie der untere Teil der äußeren Verbindungsmauer zum Südturm *(Murdoch's Tower)* und der untere Teil dieses Turmes. Bis 1312 ist Caerlaverock eine Festung der Engländer. Der Burgvogt, *Sir Eustace Maxwell,* betreibt in diesen Jahren eine kluge Schaukelpolitik, die ihm Vorteile von beiden Seiten bringt. Als 1312 erwiesen ist, daß der schwache Eduard II. von England nicht wie sein Vater ein »Schottenhammer« *(Hammer of the Scots)* sein wird, erklärt sich Maxwell zugunsten des schottischen Königs Robert the Bruce, kurz nachdem ihm Eduard II. eine größere Schuldenlast erlassen hat, um sich so seine Loyalität zu sichern. Eduard II. belagert die Burg vergeblich. Nach dem Abzug der Engländer läßt Maxwell die Festungsanlagen schleifen und die Burg zerstören: eine Huldigung an den schottischen König Robert the Bruce, der allzu exponierte Anlagen einebnen ließ, damit sie dem englischen Feind nicht in einer späteren Offensive als Stützpunkt dienen konnten. Die Zerstörung der Burg bringt Maxwell eine Jahresrente, außerdem erläßt ihm König Robert einen weiteren Schuldenberg.

Mit der Thronbesteigung Eduards III. von England wird der schottische S erneut Aufmarschgebiet. 1347 ist Caerlaverock Castle neu erstanden und in englischer Hand. 1356 fällt die Burg einmal mehr an die Schotten. Dabei wird sie teilweise zerstört. Eine weitere Zerstörung erfolgt offenbar nach 1357. Für zwei Generationen verschwindet Caerlaverock aus den Annalen. Ein wesentlich bescheidenerer spätmittelalterlicher Herrensitz weiter s. in der Marsch deutet darauf hin, daß die Herren von Caerlaverock während dieser Zeit ein Ausweichquartier benutzen mußten. Um 1425 ist Caerlaverock Castle zum ein drittes Mal neu erstanden. Damals soll Murdoch, der Herzog von Albany, im sogenannten Murdoch's Tower, dem gut erhaltenen Südturm, eingekerkert worden sein. Zum Wiederaufbau werden die noch brauchbaren Steinquader aus dem 14. Jh. verwandt. Um die Mitte des 15. Jh., wahrscheinlich während der Regierungszeit Roberts, des 2. Lord Maxwell (1452–1488), wird das Torhaus verstärkt und mit Brustwehr und Pechnasen versehen. Auch die Brustwehr des Murdoch-Turmes entsteht in jener Zeit. Schließlich gewinnt das Torhaus die Funktion eines Turmhauses, d.h., es wird in aller Form bewohnbar gemacht: Im 1. Stock wird eine *Große Halle* eingerichtet, die nur über eine äußere Treppe betreten werden kann. Weitere Wohnräume finden sich auf der gleichen Ebene in den beiden Türmen sowie in einem 2. Stockwerk. Aller Wahrscheinlichkeit nach war die zur großen Kammer führende Treppe aus Holz; sie konnte also im Falle einer Belagerung schnell beseitigt werden, so daß sich der Burgherr mit seiner Familie in der Halle verbarrikadieren konnte, selbst wenn es dem Feind gelungen war, in den Innenhof einzudringen.

Caerlaverock Castle ist von einem doppelten Graben umgeben. Den besten Eindruck von der Baugeschichte der Anlage erhält man, wenn man den Wall zwischen den beiden Gräben gegen den

Uhrzeigersinn abschreitet. Hier zeigt sich zunächst auf der Westseite im unteren Mauerwerk des w. *Torhausturmes* sowie des *Murdoch's Tower* die sorgfältige Bauweise aus den Jahren um 1300: Sauber behauene Quader herrschen vor. Der größere Teil der w. Blendwand ist aus gröber behauenen Steinen gefügt. Hier handelt es sich offenbar um einen Wiederaufbau aus dem 15. Jh. unter Mitverwendung älteren Materials. Der obere Teil der Mauer ist aus Bruchsteinen errichtet und datiert wahrscheinlich aus der Zeit um 1640. Der Murdoch's Tower stammt im wesentlichen aus dem frühen 14. Jh.; die Pechnasen wurden rund 150 Jahre später hinzugefügt. Die s. Blendwand ist fast völlig zerstört. Die Struktur des Mauerwerks deutet darauf hin, daß diese Wand im frühen 15. Jh. im Rahmen eines Wiederaufbaus neu errichtet wurde. Die ö. Blendwand ist schwer zu datieren. – Das über dem Tor aufgesetzte, typisch schottische *Caphouse* datiert aus noch späterer Zeit. Das Schloß wurde über eine im 15. Jh. errichtete *Zugbrücke* betreten. Zuvor war lediglich eine Drehbrücke vorhanden. Von den insgesamt 3 *Fallgitter-Führungen* stammt die innere aus der 1. Bauperiode. Die beiden anderen Fallgitter wurden im späten 15. Jh. eingebaut, als der Eingang weiter befestigt wurde. Zwei *Wachstuben* dienten der zusätzlichen Sicherung des Tores. – Die Gebäude auf der W-Seite stammen aus der 2. Hälfte des 15. Jh. Das Oberteil der Fenster bestand jeweils aus bleigefaßtem Glas, während das Unterteil in der für Schottland typischen Weise lediglich verschließbare Läden aus Holz besaß. Die Bauten zeigen verhaltenen Renaissance-Einfluß. Den baulichen Höhepunkt bilden die *Nithsdale's Apartments*, ein gegen die ö. Blendwand errichtetes Herrenhaus aus der Zeit um 1634. Es wurde vom 1. Grafen von Nithsdale in Auftrag gegeben. Die *Fassade* des viergeschossigen Baus ist eines der besten Beispiele für schottische Renaissance überhaupt. Die reichgestalteten Tympana zeigen heraldische oder allegorische Darstellungen. Das Erdgeschoß besteht aus einer Reihe von Räumen mit Tonnengewölbe, wobei der nördlichste Raum auch den Burgbrunnen enthielt und die übrigen Zimmer als Wirtschaftsräume (Backhaus, Küche, Anrichte) fungierten. Die repräsentativen Gemächer befanden sich im 1. Stockwerk und besaßen Fenster zu beiden Seiten. Ähnlich strukturierte, wenn auch bescheidenere Räume befanden sich im 2. Stockwerk sowie in dem ausgebauten Dachgeschoß. Fast alle Gemächer waren mit Latrinen versehen. Die jeweils nördlichsten Räume im 1. und 2. Stockwerk besaßen einen Durchgang zu den Räumen des Torhauses.

April bis September MO–SA 9.30–19, SO 14–19; Oktober bis März MO–SA 9.30–16, SO 14–16. Eintritt.

331 Das nationale Naturschutzgebiet von Caerlaverock

Die zu Caerlaverock gehörenden 6200 Morgen großen Ländereien bilden heute das Caerlaverock National Nature Reserve. Die Landschaft zwischen den Mündungen der Flüsse Nith und Lochar Water besteht aus weiten Sandflächen und bewachsenen, salzreichen Marsch. Zahlreiche Vogelarten wie etwa die Ringelgänse überwintern hier. Das Gebiet ist mit Ausnahme einer 600 Morgen großen Vogelschutzzone frei zugänglich. In der Schutzzone befinden sich Unterstände für die Vogelbeobachtung, die allerdings von Mitte Mai bis Anfang September nicht betreten werden dürfen.

332 Glencaple

5 km n. von Caerlaverock Castle liegt am Westufer des River Nith (B 725) das pittoreske Dorf Glencaple. Der Ort wird von den Einheimischen *The Auld Quay* genannt. Er wurde 1746/47 als Verladestation von den Maxwells of Nithdale errichtet. Die lange Zeile weißgekalkter, einstöckiger Häuschen verfehlt ihren Eindruck auf den Beschauer nicht.

Der Ort war bis in die 30er Jahre, zusammen mit dem 6 km flußaufwärts gelegenen New Quay oder Kingholm Quay, ein recht reger Hafen, wobei auch die Verschiffung von Auswanderern im 19. Jh. eine Rolle spielte. Das Ende der Küstenschiffahrt versetzte Glencaple den Todesstoß. Heute ist das Dorf Ferienort und Wohnsitz für zahlungskräftige Pendler nach Dumfries (7 km); die alten Kaianlagen werden von Freizeitkapitänen gerne angelaufen. Die lokalen Fischer verfügen über besondere Techniken der Schollen- und Lachsfischerei.

333 Dumfries

Dumfries (30 000 Einwohner, Bahnstation, Informationsamt), 12 km landeinwärts auf dem Ostufer des River Nith gelegen und *Royal Burgh* seit dem 12. Jh., wurde 1929 mit der ursprünglich zur Grafschaft Kirdcudbrightshire gehörenden Stadt Maxwelltown auf der Westseite vereinigt. Infolge ihrer Nähe zu England hatte die Stadt eine wechselvolle Geschichte, und mittelalterliche Bauwerke sind, sieht man einmal von der eindrucksvollen *Old Bridge* ab, nicht erhalten. – Die Stadt steht ganz im Zeichen des schottischen Nationaldichters *Robert Burns* (vgl. auch S. 52), der seit 1781 Ehrenbürger, seit 1791 dann wirklicher Bürger von Dumfries war.

Dabei war die Stadt der schottischen Sache nicht immer mit Begeisterung zugetan: Zwar setzte Robert the Bruce in Dumfries das Zeichen zur erneuten Erhebung, als er 1306 vor dem Hochaltar des Franziskanerklosters den Abgesandten des englischen Königs, den *Roten Comyn*, versehentlich erschlug, doch zeigte man im Dezember 1745 dem vor den Engländern zurückweichenden Charles Edward Stuart die kalte Schulter: Drei Tage lang hielt er die Stadt in Angst und Schrecken, als er die Stadtväter mit allen zu Gebote stehenden Mitteln zu einer Unterstützung seiner Sache zu bewegen suchte. Als ihm dennoch kein Beistand zuteil wurde, begnügte er sich mit 200 £ und 1000 Paar Schuhen für seine heruntergekommene Hochlandarmee. Den Bürgermeister hielt er eine Zeitlang als Geisel fest. Immerhin verhalf er der Stadt zu einem »Prince Charlie's Room«, der heute noch im Hochlanddekor des 19. Jh. erhalten ist.

Wichtige Adressen: *Informationsamt*, White Sands-Straße (Ostseite der Alten Brücke) – *Postamt*, Newall Terrace, zwischen Queensberry und Lobeburn Street – *Bahnhof*, nö. des Zentrums, Station Road (Ostseite des Flusses) – *Polizei-Hauptquartier*, Newall Terrace, zwischen Lobeburn und Catherine Street – Krankenhaus, sw. des Zentrums, Craigs Road.

Stadtrundgang

Der Stadtrundgang nimmt sinnvollerweise bei der White Sands-Straße längs des Ostufers des River Nith seinen Ausgang. Hier befinden sich auch mehrere Parkplätze.

333.1 Old Bridge. Die Alte Brücke wird traditionell der Begründerin der Sweetheart Abbey (**358**), *Lady Devorgilla* (ca. 1209–1289), zugeschrieben, der Gattin des John Balliol. Allerdings stammt die Steinbrücke, die heute noch als Fußgängerbrücke benutzt wird, von 1431. Sie ersetzte eine ältere Holzkonstruktion. Die Old Bridge ist die zweitälteste Steinbrücke in Schottland, nach der Brig o'Balgownie in Alt-Aberdeen (**154.16**).

333.2 High Street. Der Weg führt weiter zur Buccleuch Street und folgt dieser in nö. Richtung, vorbei am Gericht und an den städtischen Verwaltungsgebäuden. Am Ende der Straße befindet sich bei dem Stadtplatz, der zur High Street gehört, die *Greyfriars Church*, davor die *Burns-Statue*. In der High Street liegt linker Hand das von Burns frequentierte Wirtshaus *Hole in the Wa'*, in der Straßenmitte dann der *Mid Steeple*.

333.3 Mid Steeple. Das alte Rathaus von Dumfries, *Dumfries Tolbooth* oder auch *Mid Steeple*, wurde 1707 erbaut und diente bis 1867 auch als Gerichtsgebäude und Gefängnis. Typisch ist der Treppenaufgang. Man beachte das Stadtwappen von Dumfries, das Königlich Schottische Wappen sowie das alte schottische Ellenmaß von 94 cm. Eine Tafel an der Fassade nennt die Entfernungen zu einer Reihe schottischer und englischer Städte.

333.4 Globe Inn. Folgt man der High Street weiter, so gelangt man linker Hand zur Globe Inn, einem Wirtshaus, in dem Robert Burns häufig verkehrte. Die Atmosphäre des späten 18. Jh. ist weitgehend erhalten. Mehrere Erinnerungsstücke an den Dichter tragen mit dazu bei.

333.5 Burns House. In der Burns Street (früher: Mill Vennel) befindet sich das Haus, in dem der Dichter seit Mai 1793 und bis zu seinem Tode am 21.7.1796 lebte. Die Wohnung, in der auch seine Frau bis zu ihrem Tode 1834 blieb, ist heute *Museum* und zu einem Wallfahrtsort für Bewunderer des Dichters aus vieler Herren Länder geworden. Gezeigt werden persönliche Gegenstände und Handschriften.
April bis September MO–SA 10–13 und 14–19, SO 14–19; Oktober bis März MO–SA 10–12 und 14–17. Eintritt.

333.6 St. Michael's Church. Jenseits der Brooms Road befindet sich die Michaelskirche von 1744–1754, in deren Kirchhof, der seiner monumentalen Grabsteine wegen ohnehin einen Besuch lohnt, auch das Mausoleum der Familie Burns gelegen ist. Der Bau wurde 1815 fertiggestellt. Eine Tafel an der Südwand des Innenraumes hält den Dank der Norweger an die Bewohner der Stadt fest: Während der deutschen Besetzung Norwegens fanden viele Landsleute in Dumfries und Umgebung Zuflucht.

333.7 Dumfries Burgh Museum oder **Town Museum**. Der Rundgang führt nun über die St. Michaels Bridge Road (Traffic Bridge) in das ehemalige *Maxwelltown*. Durch die Troqueer Road (gut 150 m w. der Brücke) gelangt man zum Städtischen Museum, das in einer Windmühle aus dem 18. Jh. untergebracht ist. Als regionales Museum bietet das Burgh Museum interessante Exponate aus vielen Lebensbereichen, darunter auch eine Camera obscura von 1836. Das zum Museum gehörige *Old Bridge House* bei der mittelalterlichen Brücke ist im Stile des 18. Jh. möbliert.
April bis September MO, MI–SA 10–13 und 14–17, SO 14–17; Oktober bis März MO, MI–SA 10–13 und 14–17.
Vom Museum führt der Weg in n. Richtung und über die Old Bridge zum Ausgangspunkt zurück.

334 Lincluden College

1,5 km n. von Dumfries befinden sich ö. der A 76 beim Zusammenfluß von Nith und Cluden Water die Überreste der Abtei bzw. des Kollegs von Lincluden. Das Benediktinerkloster wurde im 12. Jh. errichtet, die Kollegienkirche im 15. Jh. erneuert. Sehenswert sind der heraldische Schmuck an der Kirche und am Haus des Rektors sowie das reichgestaltete Grab der Prinzessin Margarete, der Tochter König Roberts III., die um 1430 starb. Ein häufig wiederkehrendes Thema ist das Wappen der Familie Douglas. – Lincluden besitzt romantische Ausstrahlungskraft: Die warmen Töne des lebhaft rotgefärbten Sandsteins der Bauten kontrastieren angenehm mit dem heimeligen Grün der umgebenden Parklandschaft. Viele Burns-Gedichte sind hier entstanden.

335 Das Herrenhaus von Terregles

Knapp 4 km nw. von Dumfries, z,u erreichen über eine nk Straße, die bei New Bridge von der A 76 nach W abzweigt, liegt das 1789 umgestaltete Herrenhaus von Terregles, von dem es heißt, es sei 1568 Maria Stuarts letzter Aufenthaltsort auf schottischem Boden gewesen. Diese Ehre gebührt jedoch eher der *Abtei von Dundrennan* (**368**). Die Kirche aus dem 18. Jh. besitzt einen restaurierten Chor von 1583, in dem sich ein sehenswertes Gestühl und mehrere interessante Grabstätten sowie ein mittelalterliches Gemälde auf Holz befinden.

336 Der Gutshof von Ellisland

11 km nw. von Dumfries liegt auf der Ostseite der A 76 die Ellisland Farm, die *Robert Burns* im Juli 1788 übernahm. Er errichtete das Gutshaus und versuchte sich in neuen Methoden der Landwirt-

schaft. Sein Vorhaben scheiterte, und so wurde er im September 1789 Steuereinnehmer. Im August 1791 wurde das Gut versteigert, und im November des gleichen Jahres zog Burns nach Dumfries. Einige seiner berühmtesten Gedichte wurden in Ellisland verfaßt, darunter *Tam o'Shanter* und *Auld Lang Syne*.

337   Thornhill und der Wald von Ae

Die recht ansprechende kleine Stadt (1500 Einwohner) 24 km n. von Dumfries (A 76) besitzt ein *Museum* mit Erinnerungsstücken an die Covenanters (vgl. S. 37) und an *Robert Burns*. Eine 1714 errichtete und 1955 nach Beschädigung durch einen Sturm wiederhergestellte Säule trägt das Emblem der Familie Queensberry, ein springendes geflügeltes Pferd. Bei der Brücke über den Nith w. des Zentrums befindet sich das *Boatford Cross* aus dem 15. Jh. als Markierungszeichen für eine alte Furt. Im O steigt der Queensberry auf 698 m an. Die Südhänge des Queensberry Massivs sind reich bewaldet (Forest of Ae).
Die Ae Forest Walks und ein zugehöriger Picknickplatz sind von Dumfries aus über die A 701 und eine 11 km n. bei Ae Bridge nach NW abzweigende nk Straße oder aber von der A 76 aus über eine s. von Closeburn abzweigende nk Straße zu erreichen. Die Entfernung von Thornhill beträgt 15 km. Die Wanderwege führen durch Fichtenwald sowie durch ein von Erlen und Weiden gesäumtes Bachtal.

338   Das Herrenhaus von Maxwelton

10 km sw. von Thornhill (A 702) bei der Einmündung der von Lincluden (vgl. o.) kommenden B 729 liegt Maxwelton House, ein Landsitz, dessen älteste Teile auf das 14. und 15. Jh. zurückgehen. Sehenswert sind das *Herrenhaus*, die *Gärten* im französischen Stil und das *Museum*, dessen Hauptthemen die Landwirtschaft und frühe Formen des häuslichen Lebens sind. Maxwelton war ursprünglich eine Zwingburg der Grafen von Glencairn. Der Besitz ging dann an die Familie Laurie über. Hier wurde auch die schöne Annie Laurie geboren, der William Douglas von Fingland sein berühmt gewordenes Lied widmete.
Mai bis September MI, DO und jeden 4. SO 14.30–17. Eintritt.

339   Schloß Morton

3 km n. von Thornhill zweigt die A 702 nach Edinburgh rechter Hand von der A 76 ab. Nach weiteren 2 km auf der A 702 kreuzt eine nk Straße, die in sö. Richtung zu den gut erhaltenen Ruinen des Morton Castle führt. Die Burg an einem kleinen See war Sitz von Randolph, dem 1. Grafen von Moray, der Regent für David II. (1324–1371) war. Der Besitz ging später an die Familie Douglas über. Die Anlage kann nicht betreten werden, doch ist ihr Äußeres sehenswert.

340   Das Kirchlein von Durisdeer

Folgt man der A 702 weiter, um beim Weiler Drumcruilton die alte, im Tal verlaufende Trasse, den sogenannten Well Path, zu wählen, so gelangt man in den kleinen Ort Durisdeer (1000 Einwohner) 10 km n. von Thornhill an der Westflanke des Ballencleuch Law. Das Kirchlein von 1699 ist bekannt wegen des Queensberry-Flügels *(Queensberry Aisle)*, der das von *Van Nost* gestaltete Grabmal für den 2. Herzog von Queensberry (gest. 1711) enthält. Auf dem Kirchhof finden sich Grabdenkmäler aus dem 17. Jh., u.a. für die Kinder des John Lukup, eines Werkmeisters der Familie Queensberry.

341   Schloß Drumlanrig

5 km n. von Thornhill liegt auf der Westseite der A 76 und des Flusses Nith eines der besten Beispiele für die schottische Baukunst des 17. Jh., das im rosaroten Sandstein der Umgebung erbaute Drumlanrig Castle. Die Anlage,

deren Äußeres an ein französisches Schloß der klassischen Epoche erinnert, wurde 1676–1689 von dem Architekten des Holyrood House (**66.29**), *Sir William Bruce*, für den 1. Herzog von Queensberry errichtet. Der Herzog wohnte jedoch nur einen einzigen Tag hier. Der in weitläufige Parklandschaft inmitten des herben Berglandes des n. Dumfriesshire eingebettete Bau erhebt sich auf den Ruinen eines älteren Wohnsitzes der Familie Douglas. Heute gehört die Anlage dem Herzog von Buccleuch.

Das Haus enthält Mobiliar aus der Zeit Ludwigs XIV. sowie Gemälde von Rembrandt, Holbein, Murillo, Reynolds, Ruysdale und anderen. Einige der Gemälde aus dem frühen 19. Jh. sind insofern historisch interessant, als sie Mitglieder des Haushalts der Herzöge von Buccleuch portraitieren. Sehenswert ist ein Bild des Chefkochs Joseph Florence von 1817. Auch einige Erinnerungsstücke an Charles Edward Stuart werden gezeigt, unter anderem eine kleine Schatztruhe. Der Park ist durch die *Drumlanrig Castle Walks* erschlossen. Hier finden sich auch die Überreste des *Tibber's Castle*, das Robert the Bruce 1311 zerstörte.
Ende April bis Ende August: Schloß 14–18. Eintritt. Gärten 12–18.

342 Das Museum des schottischen Bleibergbaus

Nördlich des Weilers Mennock (16 km nw. von Thornhill) zweigt die B 797, dem engen Tal des Mennock Water folgend, nach NO ab. Im Dorf Wanlockhead in 429 m Höhe (10 km ab Abzweigung) bietet das Museum of the Scottish Lead Mining Industry eine Dokumentation zur Technologie und Sozialgeschichte des lokalen Bleibergbaus. Das Museum befindet sich in einer wiederhergerichteten Bergmannshütte. Die angeschlossene *Miners' Library* (Leihbibliothek für Bergleute) zählt 3000 Bände und Aufzeichnungen der 1756 gegründeten *Reading Society*.
April bis Juni 13–17; Juli bis September 11–17. Eintritt.

343 Leadhills und die Allan Ramsay Bibliothek

Auf der B 797 gelangt man 3 km weiter n. in das 411 m hoch gelegene Dorf Leadhills (670 Einwohner), das auf eine lange Bergbautradition zurückblickt. In erster Linie wurde, wie der Ortsname (Bleihügel) andeutet, Blei gefördert, das vor allem zur Befestigung von Dächern verwandt wurde, daneben aber wurden spätestens seit dem 12. Jh. auch Silber und Gold gewonnen. Die Allan Ramsay Library ist ein weiteres Beispiel für eine frühe Leihbibliothek auf Subskriptionsbasis. Die 1741 gegründete Büchersammlung enthält viele seltene Drucke, dazu Bergbaudokumente und lokale Schriftstücke.

344 Sanquhar

Die Stadt (*Royal Burgh* seit 1484, 2000 Einwohner) inmitten eines alten Bergbaubezirks ist vor allem bekannt wegen der beiden Deklarationen *(Sanquhar Declarations)*, die Covenanters 1680 und 1685 gegen Karl II. und Jakob II. am Marktplatz anschlugen. Das Marktkreuz ist heute durch einen *Granitobelisken* ersetzt. Das *Sanquhar Castle* ging 1639 in den Besitz des 1. Herzogs von Queensberry über (vgl. Drumlanrig, **341**). Das architektonisch interessante Rathaus *(Tolbooth)* datiert von 1735. Sanquhar besitzt ein kleines *Museum*.

345 New Cumnock

Bei New Cumnock, einer alten Bergbaugemeinde mit 7000 Einwohnern (Informationsamt) überquert die A 76 in rund 240 m Höhe die Wasserscheide zwischen Nith und Ayr. New Cumnock ist

Ausgangspunkt für Ausflüge in das s. anschließende Blackcraig-Massiv (699 m) und durch das landschaftlich eindrucksvolle Glen Afton zum Afton Reservoir (Stichstraße).

346 Cumnock

Cumnock (5800 Einwohner) ist Zentrum eines Bergbaudistrikts. 3 km nö. wurden 1845 die großen Eisenwerke von Lugar errichtet. Hier kreuzt die A 70 Ayr-Edinburgh die A 76. Folgt man von der Kreuzung A 76/A 70 der letztgenannten Straße 3,5 km nach W, so gelangt man zu dem in einem Park n. der Straße gelegenen *Dumfries House*, einem im Originalzustand erhaltenen Bau der Gebrüder Adam. Im Park befinden sich die Ruinen des *Terrenzean Castle*.

347 Die Kirche von Auchinleck und das Boswell Mausoleum

Die Gemeinde Auchinleck (8000 Einwohner), 2,5 km nw. von Cumnock, ist Wohnsitz der Familie Boswell. Die alte Gemeindekirche, ursprünglich eine keltische Mönchszelle, wurde zwischen 1145 und 1165 von *Walter FitzAlan* ausgebaut und 1641 bis 1643 von *David Boswell* nochmals erweitert. Sie dient heute als *Museum* zur Familiengeschichte der Bosewells. Das *Familienmausoleum* wurde 1754 errichtet. 5 Generationen sind hier bestattet, darunter auch *James Boswell* (1795, vgl. auch S. 120).

Rund 3 km w. befindet sich das Landgut Auchinleck mit einem von James Boswells Vater 1757–1759 errichteten georgianischen Herrenhaus. Das Anwesen ist der Öffentlichkeit nicht zugänglich.

348 Mauchline

Der Ort (4400 Einwohner) ist bekannt als Wirkungsstätte von *Robert Burns*. Nach seiner Eheschließung 1788 ließ sich der Dichter mit seiner Frau Jean Armour im »Burns House« (Castle Street) nieder. Das Interieur des Zimmers, das er im oberen Stockwerk für Jean einrichtete, ist im wesentlichen intakt geblieben. Die übrigen Räume sind als *Museum* dem Andenken des Dichters gewidmet. Auch folkloristische Sammlungen werden gezeigt.

MO–SA 10–19, SO 14–19. Eintritt.

Poosie Nansie's Tavern, ein altes Wirtshaus im Ortszentrum, ist ebenfalls reich an Erinnerungsstücken.

1,5 km n. befindet sich der *Burns Memorial Tower* mit einem weiteren Burns-Museum. Etwas w. davon liegt das *Gut von Mossgie*, das Burns und sein Bruder von 1784 bis 1788 gepachtet hatten; hier wurde der größte Teil des ersten Bandes der Gedichte vollendet, bevor der Dichter 1786 Edinburgh besuchte (vgl. S. 52). Auf der *Lochlea Farm*, 3 km nw., lebte die Familie Burns von 1777 bis 1784.
Mauchline Castle, auch Abbot Hunter's Tower genannt, besitzt eine Halle mit sehenswertem Gewölbe. Der Bau stammt aus dem 15. Jh.

349 Der Bachelors' Club in Tarbolton

Tarbolton (7000 Einwohner), 11 km w. von Mauchline (B 744), befindet sich ein Haus aus dem 17. Jh., in dem Burns und seine Freunde 1780 eine literarische Gesellschaft, den Bachelors' Club, gründeten. Burns hatte in dem Haus 1779 Tanzstunden genommen; 1781 wurde er hier zum Freimaurer. Die Räumlichkeiten sind im Stile der Zeit möbliert und enthalten Erinnerungsstücke an das Leben des Dichters auf der benachbarten Lochlea Farm.

350 Kilmarnock

Kilmarnock (50000 Einwohner, Bahnstation, Informationsamt) ist eine bedeutende Handelsstadt (Whisky, Stiefel, Teppiche). Hier begründete der Gemischtwarenhändler *Johnny Walker* 1820 die nach ihm benannte Firma, heute eine der bedeutendsten Whiskymarken der Welt. Der Turm der alten Stadtkirche *(Old Laigh Kirk)* datiert von 1410 und überstand das große Feuer von 1668. Die neue Laigh Kirk (im Zentrum s. des Bahnhofs) wurde 1802 errichtet. – In Kilmarnock wurde 1786 die 1. Ausgabe der Burns-Gedichte *(Kilmarnock Edition)* gedruckt. Im *Kay Park* befindet sich ein Denkmal des Dichters von *W.D. Stevenson* und ein *Burns-Museum* mit wichtigen Dokumenten und Handschriften.
Mai bis September 13–17; Oktober bis April SA, SO 13–17. Eintritt.
1,5 km n. der Stadt befinden sich beim Fenwick Water die Ruinen des *Dean Castle* aus dem 15. Jh. Zwei Türme sind erhalten.

351 Schloß Rowallan

Die direkteste und schnellste Verbindung nach Glasgow (34 km) bietet sich von Kilmarnock aus über die A 77. Westlich des Dorfes Fenwick (6 km n.) liegt auf dem Grundstück des gleichnamigen Gutes zwischen B 751 und B 778 das Rowallan Castle aus dem 16. und 17. Jh. Der Eingang wird von zwei imposanten Rundtürmen mit konischen Dächern flankiert. Die Zufahrt erfolgt durch ein reich gestaltetes Renaissance-Tor. Rowallan ist der Öffentlichkeit z. Zt. noch nicht zugänglich, kann jedoch von außen betrachtet werden.

352 Newton Mearns

Die Stadt (5000 Einwohner) vor den Toren von Glasgow (12 km) ist, anders als ihr Name es andeutet, mittelalterlichen Ursprungs, und sie hat sich ihre Eigenständigkeit seit dem 14. Jh. zu bewahren gewußt. Die *Hauptkirche* stammt aus dem 18. Jh. Die Gärten des *Pollok Castle* (3,5 km nw.) bieten ein gutes Beispiel für die schottische Gartenarchitektur der Barockzeit.

Route 17

Dumfries (– New Galloway) – Kirkcudbright – Newton Stewart (– Whithorn) – Stranraer (– Kirkmaiden) – Girvan – Ayr – Largs – Greenock – Glasgow

Drei Hauptstraßen verlassen Dumfries in w. Richtung: die A 75 nach Castle Douglas, die als Zufahrt über New Galloway (A 712) zum Galloway Forest Park von Bedeutung ist, die A 711 als s. Zufahrt nach Kirkcudbright und die zunächst nach S gerichtete A 710, die ebenfalls nach Kirkcudbright führt und die touristisch interessanteste Strecke darstellt.

353 Glenkiln

Verläßt man Dumfries auf der A 75, so kann man einen Abstecher nach Glenkiln machen: Man zweige 10 km w. von Dumfries rechter Hand auf die nk Straße nach Shawhead ab und benutze die nk Straße, die dem Oberlauf des Old Water nach NW folgt (am Ortseingang von Shawhead links!). Um das *Glenkiln Reservoir* herum sind in einsamer Berglandschaft Skulpturen u. a. von Henry Moore, Epstein und Rodin, darunter auch *Henry Moores »King and Queen«*, aufgestellt.

354 Die Gärten von Corsock House

In Crocketford (15 km w. von Dumfries) zweigt die A 712 von der A 75 ab. Nach 10 km erreicht sie den Weiler Corsock. Hier befinden sich in der bewaldeten Umgebung des Corsock Loch die sehenswerten Gärten des Corsock House.

355 New Galloway

Die kleine Stadt, einst *Royal Burgh,* hat heute kaum 400 Einwohner, ist aber ihrer schönen Lage wegen bekannt. Nach S erstreckt sich das 15 km lange Loch Ken, nach W schließt sich das Waldgebiet des *Galloway Forest* an. Der *Kirchhof von Kells* n. der Straßenkreuzung A 712/A 762 enthält eine Reihe interessanter Grabsteine aus dem 17. Jh., darunter auch eine naive Darstellung von Adam und Eva. Das Kells-Massiv (13 km nw.) erreicht eine Höhe von 744 m.

356 Die Waldungen von Galloway (Südteil)

Folgt man der A 712 weiter in w. Richtung, so gelangt man nach 8 km zum *Galloway Deer Museum,* einem naturkundlichen Museum, das den Galloway Forest Park und seine Tierwelt zum Hauptgegenstand hat. Das Museum befindet sich in direkter Nachbarschaft des *Bruce's Stone Picnic Place* am Südende des Clatteringshaws Loch, einem der Elektrizitätsgewinnung dienenden Stausee. Ein Felsbrocken bei der benachbarten *Upper Bridge of Dee* markiert den Austragungsort eines Gefechts aus den frühen Jahren des Königs Robert the Bruce. Eine besondere Aussichtsstrecke, *Raiders' Road* genannt, beginnt bei der Upper Bridge of Dee und führt das Tal des Black Water of Dee hinauf. Die 16 km lange Straße erschließt dem Autofahrer die zerklüftete Landschaft des *Bennan* und des *Clatteringshaws Forest.* Längs der Trasse und an den Ufern des Stroan Lock befinden sich mehrere Picknickplätze. Die *Raiders Road Walks* führen vom Parkplatz beim Stroan Loch aus durch Kiefern- und Fichtenwälder zum Bennan Hill (380 m). Die Bergrücken n. der Straße erreichen mit Millfore, Larg Hill und Lamachan Höhen von 653 m, 674 m und 714 m. Mehrere Picknickplätze säumen die Straße. Der *Talnotry Trail* (7 km sw.) erschließt ein Gebiet, in dem Rotwild in seiner natürlichen Umgebung beobachtet werden kann. Besondere Unterstände können im Galloway Deer Museum gebucht werden. In dem Gebiet kommen auch wilde Ziegen vor.
Das *Murray's Monument* (oberhalb der A 712, 10 km w. des Clatteringshaws Loch) erinnert an Dr. Alexander Murray (1725–1813), den Sohn eines Hirten, der es zum Professor für orientalische Sprachen an der Universität Edinburgh brachte.

357 Das Turmhaus von Drumcoltran

Verläßt man Dumfries auf der A 711, so gelangt man nach 13 km zu der gut erhaltenen Ruine des Drumcoltran Tower (nö. der Straße, 2,5 km vom Dorf Kirkgunzeon entfernt). Der 3 Stockwerke hohe Bau, dessen schmuckloses Äußeres und klare Formen beeindrucken, wurde um 1750 errichtet. Ein vorspringendes Treppentürmchen verbindet das obere Stockwerk mit dem Dachgeschoß. – Unmittelbar n. der A 711 und 1,5 km s. von Kirkgunzeon finden sich die Ruinen eines weiteren Turmhauses, des *Corra Castle.* Nach abermals 7 km erreicht die Straße Dalbeattie (**361**).

358 Die Sweetheart-Abtei

Über die A 710 gelangt man 12 km s. von Dumfries in das Dorf New Abbey. Etwa auf halber Strecke befindet sich auf dem Gelände einer früheren Sägemühle ein Picknickplatz. Hier nehmen 4 beschilderte Wanderwege von 1,5

Sweetheart Abbey

bis 6,5 km Länge ihren Ausgang, die *Maibie Forest Walks*. Sie erschließen ein sehenswertes, fichtenbestandenes Terrain. *New Abbey* (1300 Einwohner) liegt in waldreicher Umgebung malerisch an den Ufern des Pow Burn. Das *Kirkconnell House* im Zentrum stammt aus dem 16. bis 18. Jh. Hauptsehenswürdigkeit sind die fotogenen Buntsandstein-Ruinen der 1273 gegründeten Sweetheart Abbey. Gründerin war *Devorgilla*, die Gattin John Balliols von Schloß Barnard in Nordengland, eine in jeder Hinsicht bemerkenswerte Frau, die auch das Balliol College, Oxford, gründete und ausstattete. Die Verbindung zwischen John Balliol und seiner Gattin kann in moderner Terminologie als Musterehe bezeichnet werden. Als John Balliol starb, ließ Devorguilla sein Herz einbalsamieren und in einer elfenbeinernen Truhe mit silbernen Beschlägen zur letzten Ruhe betten. Diese Reliquie bewahrte sie als ihren »sweet, silent companion« (ihren süßen, stummen Gefährten) bei sich auf, bis sie selbst 1289 verschied. Devorguilla wurde vor dem Hochaltar des von ihr gegründeten Klosters beigesetzt, zusammen mit dem Herzen ihres Gatten. Die Zisterziensermönche, denen die Abtei gehörte, wählten daraufhin als Namen »Dulce Cor«. Reste des im 16. Jh. zerstörten Grabmals finden sich heute in der Kapelle des s. Seitenschiffes. Sie wurden 1933 zusammengefügt.

John, der 1. Abt von Sweetheart, huldigte 1279 in Berwick dem englischen König Eduard I. Damit war die Abtei von Anfang an in den Strudel der anglo-schottischen Auseinandersetzungen einbezogen. Im Juni 1300 fiel Eduard I. in Galloway ein. Die Abtei wurde jedoch nicht zerstört: Aufgrund einer Intervention des Papstes zog Eduard seine Truppen zunächst wieder zurück. 1307 erbat der Abt von Sweetheart vom englischen König Eduard II. die stattliche Summe von 400 £ als Wiedergutmachung für die von den walisischen Verbänden an der Abtei angerichteten Schäden. Das Ende der Freiheitskriege brachte eine neue Blütezeit. Allerdings wurden 1381 weite Teile des Klosters durch ein Feuer im Anschluß an einen Blitzschlag zerstört. 1404 wurde einem Abt von Sweetheart freies Geleit durch England zugesichert, damit er 2 Jahre an englischen Universitäten studieren konnte. Die Abtei überstand auch die schweren Zeiten im Anschluß an die schottische Niederlage von Flodden Field sowie die ersten Jahre der Reformation relativ unbehelligt. Damals begaben sich die Mönche unter den Schutz der einflußreichen Familie Maxwell. 1547 wurde die Abtei endgültig von der schottischen Krone annektiert; ihr letzter Abt, *Gilbert Broun*, wurde gezwungen, sich nach Frankreich zurückzuziehen. Er kehrte jedoch 1589 zurück und ließ sich immerhin auf einen offen ausgetragenen Glaubensstreit mit *John Welsche*, dem Schwiegersohn des schottischen Reformators John Knox, ein. Dies führte 1603 zu seiner Inhaftierung in Schloß Blackness (**267**). Nach kurzer Haft wurde ihm allerdings gestattet, sich vom Edinburgher Hafen Leith aus nach Frankreich einzuschiffen. Der streitbare Abt kehrte 1608 ohne die Einwilligung Jakobs I. nochmals nach Sweetheart zurück. Ein Versuch, ihn in Dumfries gefangenzusetzen, wurde von der Bevölkerung vereitelt. Schließlich setzte ihn dann die Königliche Garde selbst fest. 1609 führte der reformierte

Erzbischof von Glasgow eine Säuberungsaktion in den Gebäuden des Klosters durch. Die Bibliothek ging in den Besitz der Familie Maxwell über, Gemälde und Bilder »and such other Popish Trash« wurden in der High Street in Dumfries öffentlich verbrannt. Abt Broun kehrte wahrscheinlich nach Frankreich zurück; er starb 1612. Walter Scott hat Gilbert Broun zur Titelfigur seines Romans »Der Abt« gemacht.

Der Ortsname *New Abbey* stammt aus dem 17. Jh. In jener Zeit wurde die Abteikirche nicht mehr für Gottesdienste benutzt: ein kleineres Gebäude an der Südseite des alten Klosters, offenbar das alte Refektorium, war als Gemeindekirche hergerichtet worden. 1731 wurde auch dieses niedergerissen und eine neue Kirche an der Südwand des Schiffes und quer über die Fundamente der Klostergebäude an der Westseite errichtet. Nach 1770 wurden die Ruinen von 2 Ortsansässigen erworben, die planten, sie als Steinbruch zu benutzen. 1779 wurde dann aber ein Verein für die Erhaltung der Ruinen gegründet, und es kam zu einem Vergleich zwischen beiden Parteien: Die Abteikirche blieb vor weiterer Zerstörung bewahrt, jedoch wurde es den Grundbesitzern gestattet, das Kapitelhaus samt Gewölbe und die anderen südlich der Kirche gelegenen Klostergebäude niederzureißen. Planmäßigere Bemühungen zur Denkmalpflege setzten um 1860 ein.

Die Lage der einzelnen Gebäude geht aus dem beigegebenen Plan hervor. Da die Abteikirche nie mit jener Gründlichkeit zerstört wurde, die für die Grenzland-Abteien Jedburgh (**28.1**), Dryburgh (**30**), Kelso (**52.5**) und Melrose (**58.1**) typisch ist, hat mehr Bausubstanz überlebt als bei diesen Kirchen. In besonders gutem Zustand sind der mächtige 27 m hohe *Vierungsturm* mit seiner Brüstung und dem darauf aufgesetzten Giebelteil sowie die *Westfront* und das *Schiff*. Stilistisch lehnt sich die Kirche an südenglische Hochgotik an. Das Zinnenwerk des Turms ruht auf Kragsteinen in der Form grotesker Figuren und Masken. Sein sattelförmig aufgesetztes Dach anscheinend spätmittelalterlichen Ursprungs wurde von zwei Giebelwänden mit hübscher Treppenstruktur getragen. Die Dachkonstruktion von Chor und Schiff läßt sich aus den an den Fassaden des Turmes sichtbaren Versatzteilen rekonstruieren. Offenbar handelte es sich um ein Holzbalkenwerk. Die Seitenschiffe und die Kapellen im Querschiff hatten gotische Gewölbe. Ursprünglich wurde das Schiff von der Westseite her durch eine Vorhalle betreten, wie aus den noch erhaltenen Kragsteinen für deren Dachkonstruktion ersichtlich ist. Während die Nordseite des Schiffes 6 relativ breite Fenster aufwies, war die Südseite fensterlos. Hier befanden sich nur ein Durchgang (am Ostende) sowie die zum Dormitorium der Laienbrüder führende Nachttreppe (am w. Ende). Ein Triforium war nicht vorhanden. Dafür aber waren die Fenster des *Lichtgadens* besonders sorgsam ausgestaltet. Der Chor der Mönche befand sich auf der Westseite der Vierung bis zur Höhe der 2. Säule. Er war

1 Chorraum
2 Nördl. Querschiff
3 Vierung
4 Nachttreppe (südl. Querschiff)
5 Chor der Mönche
6 Chor der Laienbrüder
7 Nachttreppe
8 Nördl. Seitenschiff
9 Südl. Seitenschiff
10 Kreuzgang
11 Innenhof
12 Klosterpforte
13 Sakristei und Bibliothek
14 Kapitelhaus
15 möglicherweise Schatzkammer
16 Sprechzimmer
17 Krankenstube
18 möglicherweise Latrinen
19 Tageszimmer und Raum der Novizen
20 möglicherweise Speisesaal
21 Küche
22 Bauten für die Laienbrüder

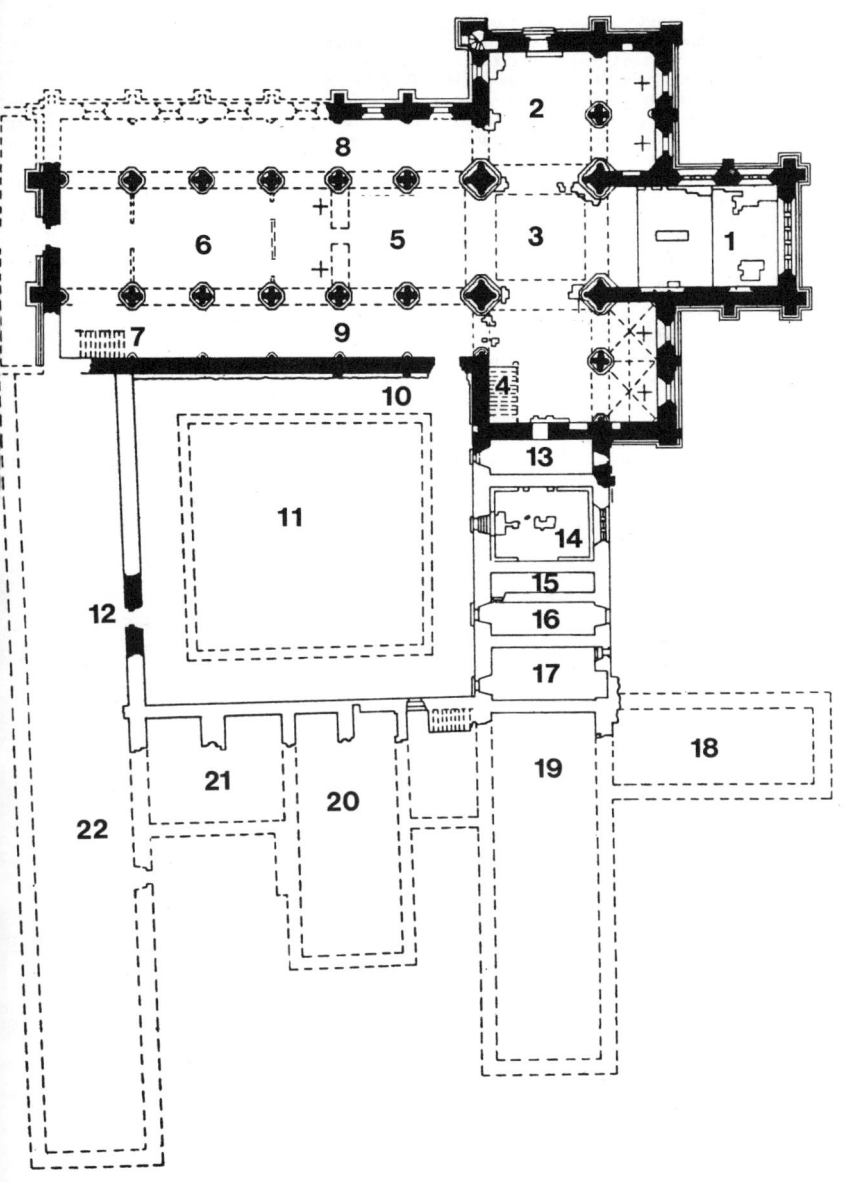

durch ein Chorgitter abgetrennt. Nach W schloß sich der Chor der Laienbrüder an. Die Kapellen an der Ostseite der Seitenschiffe waren mittels durchbrochener Trennwände abgeschirmt. Die Seitenschiffe besaßen Umgänge in der Höhe des Triforiums, wobei der Zugang (gleichzeitig Zugang zum Turm) über eine Wendeltreppe in der NW-Ecke des n. Querschiffes erfolgte. Das s. Querschiff besaß einen Zugang zur Sakristei und, auf einem höheren Niveau, einen Durchgang zum Dormitorium der Mönche, der über eine Nachttreppe innerhalb der Kirche zu erreichen war. Der gesamte Ostteil der Kirche war Altarraum. Die Apsis war auf der Höhe des Lichtgadens mit einem Umgang versehen, der den Umgang des n. mit dem des s. Seitenschiffs verband. – Die Klostergebäude schlossen sich nach S an. Bemerkenswert sind hier die Abmessungen der Gebäude für die Laienbrüder.
Ca. 1 km nö. der Abtei findet sich der wahrscheinlich in der 2. Hälfte des 16. Jh. von Abt John Broun erbaute *Abtsturm*, von dem aus man die nahegelegene Mündung des Nith gut überblicken kann. Man beachte auch die aus schweren Blöcken gefügte Umfassungsmauer des Klosterbezirks (in einem Abstand von 100 bis 250 m von den Abteigebäuden).
April bis September MO–SA 9.30–19, SO 14–19; Oktober bis März MO–SA 9.30–16, SO 14–16.

359 Die Gärten von Arbigland

Folgt man der A 710 weiter, so gelangt man nach 8 km in das Dorf Kirkbean, von wo eine nk Straße zu den etwa 2 km s. gelegenen, sehenswerten Gärten von Arbigland führt. Das Gut Arbigland ist Geburtsort von *Paul Jones* (geb. 1747), der als Vater der amerikanischen Marine gilt, und *Dr. Craig*, dem medizinischen Berater von George Washington. Die ausgedehnten Gärten im englischen und französischen Stil sind um eine sandige Bucht herum gruppiert. Von hier aus ergibt sich ein umfassender Rundblick über den Solway Firth auf die Bergrücken des englischen Lake District.
Mai bis Ende September DI, DO, SO 14–18. Eintritt.

360 Die Festung von Mark

Südwestlich von Kirkbean verläuft die A 710 längs der weiten Sandstrände der Sandyhills Bay. Auf dem Ostufer der Trichtermündung des Urr Water (w. der Straße, 8 km s. von Dalbeattie) befindet sich die eisenzeitliche Hügelfestung, *Mote of Mark*, von wo sich ein guter Blick auf das Vogelschutzgebiet Rough Island ergibt.

361 Dalbeattie

Dalbeattie (3400 Einwohner, Informationsamt) ist seiner Granitsteinbrüche wegen bekannt. Der in waldreicher Umgebung gelegene Ort hat sich in den letzten Jahren mehr und mehr zu einem Touristenzentrum entwickelt. – Die *Solway Dalbeattie Walks* erschließen den sw. der Stadt gelegenen Forst. Hier befindet sich auch ein Picknickplatz.

362 Die Befestigungsanlage von Urr

Die 4 km n. von Dalbeattie gelegene Mote of Urr (B 794) ist ein gutes Beispiel für eine Befestigungsanlage normannischen Ursprungs aus der Zeit vor Übernahme der Steinbauweise (sogenannter *Moat-and-Bailey-Typ*): Der fast kreisrunde Erdflügel ist von einem tiefen Graben umgeben.

363 Castle Douglas

Dalbeattie ist über die A 745 mit dem 10 km entfernten Marktstädtchen und Handelszentrum Castle Douglas (3300 Einwohner, Informationsamt) verbunden. Von hier bietet die A 713 eine direkte Verbindung nach Ayr (**410**). Die Straße führt am Ostufer des Loch Ken entlang, wobei sich gute Ausblicke auf das Bergland des Galloway Forest ergeben.

364 Das Herrenhaus von Threave und seine Gärten

3 km w. von Castle Douglas liegt auf der Südseite der A 75 das viktorianische Threave House. Seine Parkanlagen sind für ihren Reichtum an Narzissen und Rhododendren berühmt. Sehenswert sind auch der Moor-, Fels- und Wassergarten. Der *National Trust for Scotland* unterhält ein eigenes Besucherzentrum. Das Herrenhaus selbst ist nicht zugänglich. Es beherbergt eine Gärtnerschule. Garten und Gewächshäuser 9–17. Besucherzentrum: April bis Oktober. Eintritt.

365 Das Vogelschutzgebiet von Threave

An die Gärten von Threave House schließt sich das Threave Wildfowl Refuge an, ein Nist- und Futterplatz für viele Arten von Wildgänsen und -enten im Mündungsgebiet des Flusses Dee. November bis März.

366 Schloß Threave

5 km w. von Castle Douglas befindet sich n. der A 75 auf einer Insel im Fluß Dee (hinter der Dee-Brücke nach N abzweigen!) Threave Castle, eine alte Zwingburg der Black Douglases. Das viergeschossige Turmhaus wurde 1639–1690 von Archibald dem Grimmigen *(Archibald the Grimm)*, Lord of Galloway, erbaut. Die ältesten Teile der Anlage stammen aus dem 14. Jh., der Innenhof kam im 15. Jh. hinzu. 1455 war Threave Castle die letzte Douglas-Festung, die sich Jakob II. ergab. Dieser benutzte die heute auf dem Schloß von Edinburgh (**66.1**) abgestellte Kanone *Mons Meg*, um die Burg sturmreif zu schießen. Das Innere des Schlosses wurde 1640 von den Covenanters zerstört. April bis September MO–SA 9.30–19, SO 14–19; Oktober bis März MO–SA 9.30–16, SO 14–16. *Gärten:* 9–17, im Sommer bis Sonnenuntergang. Eintritt.

367 Das Turmhaus von Orchardton

Wählt man für die Weiterfahrt von Dalbeattie nach Kirkcudbright die in Küstennähe verlaufende A 711, so gelangt man nach 7 km zum Orchardton Tower (ö. der Straße, unweit der Einmündung der B 736). Architekturgeschichtlich ist der Bau insofern von Interesse, als er das einzige Beispiel für ein rundes Turmhaus ist. Die Anlage wurde um die Mitte des 15. Jh. errichtet.
April bis September MO–SA 9.30–19, SO 14–19, Oktober bis März MO–SA 9.30–16, SO 14–16.

368 Die Abtei von Dundrennan

Dundrennan (100 Einwohner), 12 km weiter sw. (A 711), ist zu einem Teil aus den Steinen der 1142 gegründeten Zisterzienserabtei erbaut, deren Gebäude nach der Reformation dem Verfall preisgegeben wurden. Dundrennan Abbey, einst eines der bedeutendsten Klöster des Landes, ist in sehr viel geringerem Maße erhalten als etwa Jedburgh (**28.1**) oder Sweetheart (**358**). Sehenswert sind jedoch das *Kapitelhaus* aus dem 13. Jh. und die aus der gleichen Epoche stammenden *Querschiffe*. Der Baustil ist spätromanisch bis frühgotisch. Ferner sind einige besonders alte Grabdenkmäler erhalten, darunter das eines Abtes aus dem 13. Jh. – Man nimmt an, daß Maria Stuart ihre letzte Nacht auf schottischem Boden, die des 15.5.1568, in der Abtei zubrachte.
April bis September MO–SA 9.30–19, SO 14–19; Oktober bis März MO–SA 9.30–16, SO 14–16.

369 Kirkcudbright

Kirkcudbright (2500 Einwohner, Informationsamt), Hauptort der gleichnamigen Grafschaft, ist ein pittoresker Marktflecken mit einem kleinen Hafen. Die Stadt hat das Gepräge des 18. Jh. im wesentlichen bewahrt. Wahrzeichen ist die mitten in der Stadt beim Fluß Dee gelegene massive Ruine des *MacLellan's Castle* von 1582. Die sehr überlegt geplante Anlage wurde 1752 zerstört.

MO–SA 9.30–19, SO 14–19; Oktober bis März MO–SA 9.30–16, SO 14–16.

Das Renaissance-Grab des Erbauers und Stadtgouverneurs *Sir Tomas MacLellan* befindet sich in der Alten Franziskanerkirche *(Old Greyfriars Kirk)*. Das Rathaus *(Tolbooth)* aus dem 16. und 17. Jh. enthält zwei alte Glocken. Bei der Außentreppe findet sich das *Marktkreuz* von 1610. An der NW-Seite ist der alte *Pranger*, bestehend aus Halseisen und Ketten, angebracht. *Broughton House* (High Street) ist ein herrschaftliches Haus aus dem frühen 18. Jh. Es gehörte später dem Maler *E. A. Hornel* und enthält eine Sammlung seiner Bilder.
April bis Oktober 11–13 und 14–16; November bis März SA, SO, MO 14–16. Eintritt.
Das *Stewartry Museum* in der St. Mary Street (Stewartry ist ein anderer Name für Kirkcudbrightshire) zeigt als Heimatmuseum Ausschnitte aus dem häuslichen und handwerklichen Leben der vergangenen Jahrhunderte, dazu vorgeschichtliche Stücke und die Arbeiten lokaler Künstler, besonders die von *Jessie M. King* (1875–1949). Auch *John Paul Jones,* dem Begründer der Seestreitkräfte der Vereinigten Staaten, ist eine Abteilung gewidmet.
Ostern bis Oktober MO–SA 10–12 und 13–17. Eintritt.
Kirkcudbright beherbergt seit Jahren eine Künstlerkolonie; es werden daher auch Sommerkurse und Ausstellungen in kleineren Galerien durchgeführt, beispielsweise in einem weißgekalkten Haus beim Hafen, der *Harbour Cottage Gallery.*
Der Hafen wurde durch den Piraten *Leonard Robertson* sehr in Mitleidenschaft gezogen. Letzterer war Bürger von Leith (vgl. Edinburgh, **66**) und Kirkcudbright; der Magistrat tat alles, um ihn und seine Männer loszuwerden. Robertson hatte es besonders auf englische Schiffe abgesehen. Die reichen Adeligen um Kirkcudbright waren auf seiner Seite: sie nahmen die Beute gerne zu günstigen Preisen ab. Der Freibeuter entwickelte sich schließlich zu einer solchen Bedrohung, daß Königin Elisabeth Jakob VI. deswegen um Amtshilfe ersuchte. Der König setzte eine Untersuchungskommission ein, die just aus jenen Adeligen bestand, die mit dem Freibeuter zusammenarbeiteten.

370 Gatehouse of Fleet

8 km w. von Kirkcudbright mündet die A 750 in die A 75 ein, die nach weiteren 7 km das malerisch an den Ufern des Fleet gelegene Städtchen Gatehouse of Fleet (850 Einwohner, Informationsamt) erreicht. Der Ferienort in waldreicher Umgebung ist eine Schöpfung des ausgehenden 18. Jh. Er florierte um 1800, als sich zahlreiche Leichtindustrien, darunter auch Baumwollspinnereien, hier angesiedelt hatten. Doch gelang der Ausbau des Hafens nicht in dem gewünschten Umfang. Allgemeine Stagnation folgte. Der nicht zu übersehende 23 m hohe *Uhrenturm* aus Granit wurde 1871 errichtet. Die nähere Umgebung des Ortes ist reich an neolithischen, römischen und frühchristlichen Fundstätten. Die umgebenden Wälder werden durch das *Murray Forest Centre* der staatlichen Forstverwaltung (1 km ö., A 75) erschlossen. In der Umgebung des Zentrums bieten 3 beschilderte Waldpfade *(Coronation Walk, Mote Walk, Burn Walk)* Gelegenheit zum Wandern. Der Mote Walk berührt eine anglo-normannische Befestigungsanlage aus dem 12. Jh.

Gatehouse of Fleet ist ein Ausgangspunkt für Ausflüge in das n. anschließende Bergland von Galloway, das sich besonders gut von der B 796 und der B 795 aus erschließt. Folgt man der erstgenannten Straße, so erreicht man nach 6 km im Tal des Fleet Water die Ruine des imposanten *Rusko Castle,* einst Familiensitz der Gordons of Lochinvar, aus der Zeit um 1500. An der B 795 befindet sich 2,5 km w. von Laurieston ein Picknickplatz, von dem ein Waldpfad, der *Laurieston Walk,* seinen Ausgang nimmt.

371 Schloß Cardoness

Zwischen Gatehouse of Fleet und dem 18 km weiter w. gelegenen Creetown führt die A 75 unmittelbar an der klippenreichen Küste entlang. Nach 1,5 km wird die Ruine des Cardoness Castle erreicht, eines 4 Stockwerke hohen Turmhauses aus dem 15. Jh., von dem aus man einen herrlichen

Rundblick über die Fleet Bay genießt. Das Haus war durch viele Generationen Sitz der McCullochs von Galloway. Besonders sehenswert sind die Kellergewölbe, die Treppe, die kunstvoll ausgestatteten Kamine und die steinernen Bänke.
April bis September MO–SA 9.30–19, SO 14–19; Oktober bis März MO–SA 9.30–16, SO 14–16.

372 Das Schloß von Carsluith

7 km w. von Cardoness erreicht die A 75 ein besonders wildes, aber doch bewaldetes Stück Küste, die *Ravenshall Rocks*. In den Erosionsnischen und -höhlen wurde früher Schmuggelware versteckt. Nach weiteren 2 km wird oberhalb der Straße die Ruine des kleinen *Turmhauses von Barholm* sichtbar, in dem sich einst der schottische Reformator John Knox versteckt hielt. Die Ruine eines weiteren Turmhauses aus dem 16. Jh. findet sich abermals 3 km weiter w.: Carsluith Castle besitzt einen L-förmigen Grundriß, wobei der Treppenflügel 1568 an den ursprünglich rechteckigen Turm angefügt wurde. Das Schloß gehört den Brouns of Carsluith, einer heute noch einflußreichen Grundbesitzer-Familie.
April bis September MO–SA 9.30–19, SO 14–19; Oktober bis März MO–SA 9.30–16, SO 14–16.

373 Das Edelsteinmuseum von Creetown

In dem 900 Einwohner zählenden Ort Creetown befindet sich ein privat geführtes Gem-and-Rock-Museum. Es enthält eine Sammlung von Gesteinen, Mineralien und Halbedelsteinen aus der ganzen Welt.

374 Newton Stewart

Newton Stewart (19 000 Einwohner, Informationsamt), ursprünglich ein Weber- und Fischerstädtchen, ist dank seiner kleinen, längs der Ufer des River Cree gebauten Häuschen und des insgesamt recht pittoresken Stadtbilds in den letzten Jahren zu einem beliebten Ferienort geworden. Die Verkehrslage ist für Tagesausflüge günstig: Fünf Hauptstraßen gehen sternförmig von Newton aus. Die nach S anschließende Halbinsel The Machars sowie auch die *Rinns of Galloway* sind reich an historischen Zeugnissen und anderen Sehenswürdigkeiten. Nach N schließt sich der *Galloway Forest Park* an. Die A 714 schafft eine günstige Verbindung nach Girvan (**400**) an der Westküste. Von Gatehouse of Fleet her erfolgt die Zufahrt vorbei an dem Waldgebiet von Larg Hill (Picknickplatz, Largs Hill and Bruntis Trails) und über das Dorf Minnigaff am Ostufer des Cree, dessen alter Kirchhof eine Reihe von reich gestalteten Grabdenkmälern enthält.

375 Der Waldpark von Galloway (westlicher Teil)

Von Newton Stewart aus erschließen zwei weitere Straßen den Galloway Forest Park: die A 712 in Richtung New Galloway und die A 714, von der nach 15 km zwei nk Straßen nach NO in das Waldgebiet hinein abzweigen. Der Galloway Forest Park ist ein rund 700 qkm großes Gebiet der Wälder, Hügel und Seen. Folgt man der A 712, so gelangt man nach 12 km zum *Murray's Monument* und zum *Talnotry Trail*. Über die A 714 erreicht man, wenn man beim Weiler Bargrennan (nach 15 km) rechts abzweigt und dann die das Glen Trool hinaufführende Stichstraße benutzt, 5 Naturpfade: den *Loch Trool Trail*, der um das Loch Trool herumführt und Kiefern- und Eichenwälder erschließt (7 km), den *Jenny's Hill Walk* (4 km) zum gleichnamigen Hügel, den *Martyr's Tomb and Stroan Bridge Walk* längs des River Trool und vorbei an dem Martyr's Tomb, einer Gedenkstätte für die Covenanters aus Galloway (500 m), den *Merrick Walk* zum Gipfel des 840 m

hohen Merrick (7 km einfacher Weg) und den *Stroan Forest Walk* durch jungen Wald längs des River Minnoch (5,5 km).
Das Gebiet ist durch eine Reihe von Park- und Picknickplätzen erschlossen. Ein weiterer Bruce's Stone, ein Granitblock auf der Ostseite des Loch Trool am Endpunkt der Straße (21 km von Newton Stewart), erinnert an einen Sieg des Königs Robert the Bruce über die Engländer im März 1307.

376 Wigtown

Über die A 714, die Newton Stewart in s. Richtung verläßt, gelangt man nach 12 km in die alte Stadt Wigtown (12 000 Einwohner), die infolge ihrer relativen Abgeschiedenheit viel an Ursprünglichem bewahrt hat. Der Ort an der Mündung des River Bladnoch wurde 1457 zum Royal Burgh.

Ein verfallener *Kai* bei der Mündung des Flusses zeugt von der Zeit, als sich Wigtown an der Küstenschiffahrt beteiligte. Das *Stadtkreuz* mit seiner Sonnenuhr datiert von 1748. In der recht breiten Hauptstraße befindet sich ein rechteckiges, umzäuntes Areal, in dem man früher das Vieh zusammentrieb. Auf dem Kirchhof erinnert ein Gedenkstein an die *Wigtown Martyrs*, eine Frau von 63 Jahren und ein Mädchen von 18, die 1685 ihres puritanischen, dem Covenant zugetanen Glaubens willen in der Mündung des Bladnoch an Pfähle gebunden und in der steigenden Flut ertränkt wurden. Ein weiteres Martyrs' Monument, ein Gedenkstein mit einer Säule, befindet sich unmittelbar am Ufer der Bucht. Die Verfolgung der Covenanters war in Südschottland besonders grausam. Todesurteile wurden praktisch in jeder Gemeinde vollstreckt.

377 Der Steinkreis von Torhouse

6 km w. von Wigtown liegt an der B 733 der Torhouse Stone Circle, ein Kreis von 19 Menhiren aus dem 2. vorchristlichen Jahrtausend, die um einen niedrigen Erdhügel plaziert sind.

378 Die Priorei und das Museum von Whithorn

3 km s. von Wigtown zweigt die A 746 von der A 714 ab. Die Straße führt durch das Waldgebiet von Kilsture, das durch den *Kilsture Forest Walk* erschlossen ist. Nach 15 km wird Whithorn (1000 Einwohner), *Royal Burgh* seit 1325, erreicht. Der Ort ist eines der ältesten Zentren des schottischen Christentums. Hier erbaute St. Ninian, unter römischer Herrschaft geboren und erzogen, 397 die wohl früheste Steinkirche des Landes. Mit ihr verband er ein Kloster: *Candida Casa* oder *White House*. Eine frühe Kapelle, deren Außenmauern mit einer Gipsschicht versehen waren, wurde 1949 ausgegraben. Ein frühchristliches Gräberfeld ist inzwischen unmittelbar w. der Kapelle freigelegt worden, darunter befindet sich ein römisches Urnenfeld. Im frühen Mittelalter war das Kloster des hl. Ninian ein bedeutendes Kulturzentrum. Hier entstand im 7. Jh. eine Legendensammlung vom wundertätigen St. Ninian, die den Grundstein für die spätere Wallfahrt legte. Zu den berühmten Pilgern des ausgehenden Mittelalters gehörte König Robert the Bruce, der Whithorn wenige Monate vor seinem Tode im Jahre 1329 besuchte. Auch König Jakob IV. (1472–1513) war ein häufiger Gast. Einmal, als die Ärzte das Leben seiner Gemahlin schon aufgegeben hatten, kam er sogar

zu Fuß von Edinburgh. Die Königin kam mit dem Leben davon, und das Herrscherpaar unternahm eine weitere Pilgerreise nach Whithorn, wenn auch diesmal zu Pferde. Der Schrein blieb Wallfahrtszentrum bis 1581, als die Wallfahrt für ungesetzlich erklärt wurde.

Die Ruinen der Priorei aus dem 12. Jh. werden durch einen überwölbten Torweg aus dem 16. Jh., *the Pend*, betreten. Das Wappenfeld zeigt das schottische Wappen aus der Zeit vor der Vereinigung der Kronen. Die Priorei erhebt sich über den Fundamenten der *St. Ninian-Kirche*. Das angeschlossene Museum enthält eine Reihe von sehenswerten frühchristlichen Kreuzen, darunter den *St. Peter's Stone* (7. Jh.) und den *Latinus Stone* (5. Jh.). Einige der Kreuze wurden in der *St. Ninian's Cave* gefunden, einer Erosionshöhle an der Küste 6 km sw., wo weitere Kreuze in den Fels eingeritzt sind. Die Höhle wird über einen Fußpfad (1,5 km) von Kidsdale aus erreicht. Kidsdale ist mit der A 750 über eine nk Straße verbunden.

9 km n. von Isle of Whithorn liegen ö. der B 7063 an der Küste die Ruinen einer normanisch-romanischen Kirche aus dem 12. Jh.: *Cruggleton Church*. Unweit der Kirche befinden sich die spärlichen Überreste einer Burg, des *Cruggleton Castle*.

379 Die Kapelle des hl. Ninian (Isle of Whithorn)

Etwa 7 km sö. von Whithorn liegt der Isle of Whithorn genannte Fischerort, der Endpunkt der A 750. Hier befinden sich an einer Stelle, die man traditionellerweise mit St. Ninian in Verbindung bringt, die Ruinen einer Kapelle aus dem 13. Jh. (St. Ninian's Chapel). Die Giebelwände des Kirchleins sind weitgehend intakt. Daß die älteste Kirche des hl. Ninian nicht auf der Isle of Whithorn (damals tatsächlich einer Insel) erbaut wurde, sondern in Whithorn selbst, gilt heute als sicher. Allerdings geht die christliche Tradition des Ortes auch bis ins 7. Jh. zurück. Oberhalb des Hafens befindet sich ein *Turmhaus* aus dem 17. Jh.

380 Das Fort von Barsalloch

Von Whithorn aus stellt die A 747 die Verbindung längs der Westküste von Machars und nach Glenluce her. Die Straße verläuft zunächst durchs Landesinnere, um dann bei der weiten, sandreichen Bucht von Monreith die Küste zu erreichen. Am Südende der Bucht liegt die alte, partiell restaurierte *Kirche von Kirkmaiden-in-Fernis*. In der Nachbarschaft befindet sich der *Steinkreis von Wren's Egg*. Das eisenzeitliche Barsalloch Fort (12 km ab Whithorn) erhebt sich am Nordende der Bucht an einer erhöhten Stelle, rund 20 m über Meeresniveau. Es ist von einem 3,6 m tiefen und 9,9 m breiten Graben umgeben.

381 Port William

2,5 km nw. liegt an einem sandigen Küstenstreifen, der Luce Bay, das 1770 gegründete Hafenstädtchen und Seebad Port William (600 Einwohner). 3 km landeinwärts (A 714) befindet sich das *Monreith House,* dessen Park berühmt für seine Rhododendren ist. Sehenswert sind im Park gelegene kleine See, das *White Loch of Myrton,* benannt nach Myrton Castle (Ruine), sowie das *Monreith Cross,* ein 2,2 m hohes Steinkreuz in der Tradition der irischen Kirche. Die nähere Umgebung von Port William ist reich an bronzezeitlichen Fundstätten.

382 Die Finian Kapelle

8 km nw. von Port William lohnt die Ruine der Chapel Finian (A 747) einen Besuch. Die Fundamente der Kapelle stammen aus dem 10. oder 11. Jh., der Grundriß verrät irische Tradition.

383 Der alte Palast von Mochrum

Folgt man der 1,5 km nw. der Chapel Finian abzweigenden B 7005 nach O, um beim Weiler Culshabben auf die nk Straße nach N einzubiegen, so gelangt man nach 4 km am NO-Ende des Mochrum Loch zum Schloß Drumwalt, einem mit 2 Türmen versehenen Bau aus dem 15. und 16. Jh. Das Innere des unter dem Namen *Old Place of Mochrum* bekannten Baus ist nicht zugänglich, doch lohnt der Anblick.

384 Glenluce

21 km nw. von Port William mündet die A 747 in die A 75 ein. Nach 1,5 km wird Glenluce erreicht. Das hübsche Dorf (750 Einwohner) liegt n. der sandigen Luce Bay am Osthang des gleichnamigen Tales. Von 1654 bis 1658 war Glenluce Wohnsitz von *Gilbert Campbell:* In ganz Schottland für seine Untaten bekannt, versetzte der *Devil of Glenluce* die Einwohner in Angst und Schrecken.

385 Die Abtei von Luce

3,5 km nw. von Glenluce liegen an der nk Straße nach New Luce die Ruinen der (Glen) Luce Abbey. Die Zisterzienserabtei wurde 1192 von *Roland Lord of Galloway* in der reizvollen Flußlandschaft des Water of Luce gegründet. Ihr Anblick gehört zu den nachhaltigsten Eindrücken, die Galloway zu vermitteln vermag. Die Gründung erfolgte von Dundrennan (**368**) aus; Frühgotik herrscht vor.

Am besten erhalten sind das s. *Seitenschiff* sowie das s. *Querschiff*. Sehenswert sind auch das fast intakte *Kapitelhaus* von 1470 mit seinem kunstvollen Gewölbe, ferner eine Reihe von Grabsteinen sowie das Be- und Entwässerungssystem mit seinen Leitungsrohren, Verbindungsstücken und der Regulierungsmechanik. Im Rahmen der Grabungs- und Restaurierungsarbeiten wurde eine gute Sammlung mittelalterlicher Töpferwaren gefunden, darunter polychromes Material aus der Gegend von Bordeaux. Die Abtei wird traditionell mit *Michael Scott* in Verbindung gebracht, einem Zauberer aus dem 13. Jh., von dem es hieß, er habe die Pest, die damals wütete, in die Abtei gelockt und in einem Gewölbe eingeschlossen. Jakob IV. und seine Gattin Margarete besuchten die Abtei 1507 auf einer Pilgerreise nach Whithorn, und auch Maria Stuart schloß Glenluce Abbey in ihre Pilgerreise des Jahres 1567 ein.
April bis September MO–SA 9.30–19, SO 14–19; Oktober bis März MO–SA 9.30–16, SO 14–16.

386 Schloß Park

2 km w. des Dorfes Glenluce befinden sich an der A 75 die imposanten Ruinen des 1590 von *Thomas Hay of Park* aus Steinen der aufgelassenen Abtei erbauten Herrenhauses Castle of Park. Thomas Hay war Sohn des letzten Abtes der Glenluce Abbey.
April bis September MO–SA 9.30–19, SO 14–19; Oktober bis März MO–SA 9.30–16, SO 14–16.

387 Die Steine von Kirkmadrine

Wer bis zur südlichsten Gemeinde Schottlands, Kirkmaiden (vgl. u.) vorstoßen will, benutze von Glenluce aus die A 715 und A 716, wobei letztere längs der Ostseite der Rinns of Galloway genannten Halbinsel verläuft. Die Kirkmadrine Stones vor der (geschlossenen) Kirche von Kirkmadrine (3 km sw. des Weilers Sandhead an einer nk Straße, die s. Sandhead abzweigt) stellen 3 der ältesten frühchristlichen Zeugnisse in Großbritannien dar: Die Steine aus dem 5. oder frühen 6. Jh. tragen das *Chi-Rho-Symbol.*

388 Die Gärten des Ardwell House

5 km s. von Sandhead liegt am Westufer der Luce Bay das restaurierte Ardwell House aus dem 17. Jh. Die Gärten (Narzissen, Rhododendren, Azaleen, Rosen, Stauden und Wassergewächse, schöne alte Bäume) lohnen besonders in den Monaten April und Mai einen Besuch.
März bis Oktober 10–18. Eintritt frei, Spenden willkommen.

389 Der Botanische Garten von Logan

Zweigt man 2,5 km s. Sandhead nach SW auf die B 7065 ab, so gelangt man nach 1 km zur Einfahrt des Logan Botanic Garden. In dem zu einem georgianischen Herrenhaus *(Logan House)* gehörenden Garten wachsen dank des milden Klimas Pflanzen aus den subtropischen Regionen der ganzen Welt, darunter besonders viele Arten aus der s. Hemisphäre.
April bis September 10–17. Eintritt.

390 Das Fischbassin von Logan

In der Logan Bay gegenüber dem kleinen Fischerdorf Port Logan befindet sich ein bemerkenswertes, im Gezeitenbereich liegendes Fischbassin *(Logan Fish Pond)*. Es wurde 1788 begonnen und in 12jähriger Bauzeit fertiggestellt. Ursprünglich erfüllte es den Zweck eines Frischfisch-Reservoirs für Logan House. Heute enthält das ca. 9 m tiefe und 16 m umfassende Bassin etwa 30 Fische, vor allem Kabeljaus, die so zahm sind, daß sie mit der Hand gefüttert werden können.
Ostern bis September MO, MI–FR, SO 10–12 und 14–17.30. Eintritt.

391 Kirkmaiden

Kirkmaiden am s. Ende der A 716 (1100 Einwohner) ist die südlichste Gemeinde Schottlands. Die Entfernung nach John o'Groats (**583**) beträgt rund 450 km. Im alten Kirchhof befinden sich sehenswerte Grabsteine. Von Interesse ist auch eine *Windmühle* aus dem 17./18. Jh.

392 Der Mull of Galloway

Südlichster Punkt Schottlands ist der Mull of Galloway (B 7041). Von dem in 70 m Höhe stehenden Leuchtturm ergibt sich eine weite Sicht über das Meer, die an klaren Tagen bis zu der 36 km s. gelegenen Isle of Man reicht. In der Nachbarschaft des Leuchtturms befinden sich uralte Grabensysteme, von denen es heißt, sie seien die letzten Verteidigungsanlagen der vor den Schotten zurückweichenden Pikten gewesen.

393 Portpatrick

Der Ort mit dem Namen des irischen Heiligen (1100 Einwohner), 13 km sw. von Stranraer, war früher Fährhafen für Nordirland. Da die häufigen schweren SW-Stürme den Fährverkehr jedoch zusehr behinderten, wurde der Hafen nach Stranraer verlegt. Vom Ufer aus wird bei gutem Wetter die 32 km entfernte irische Küste sichtbar. Der recht schmucke, um eine halbkreisförmige kleine Bucht gruppierte Fischerort hat sich in den letzten Jahren zu einem Fremdenverkehrszentrum entwickelt. Rund 1 km s. des Dorfes (Fußpfad entlang der Küste) finden sich auf einem ins Meer hinausragenden Felsvorsprung die in ihrer herben Umgebung besonders imposant anmutenden Ruinen des *Dunskey Castle* (um 1510).

394 Stranraer

Die alte Stadt Stranraer (9900 Einwohner, Bahnstation, Informationsamt) am inneren Ende des Loch Ryan ist Fährhafen für Larne (55 km) und Belfast in Nordirland (Dauer der Überfahrt: 2$^1/_2$ Stunden). Sie besitzt daher auch eine Schlafwagenverbindung mit London. Das im Zentrum (Castle Street) gelegene *Stranraer Castle* stammt wahrscheinlich aus dem frühen 16. Jh. Es wurde im 17. Jh. umgestaltet und diente eine Zeitlang als Gefängnis. Das *North West Castle* (Port Rodie-Straße) war Wohnsitz des Arktikforschers *Sir John Ross* (1777–1856). In Stranraer war auch das Fährschiff *Princess Victoria* beheimatet, das im Januar 1953 auf der Überfahrt nach Irland in Seenot geriet und sank. Fast alle Passagiere fanden den Tod.

Wichtige Adressen: *Tourist Information,* unmittelbar am Hafen, n. der Market Street – *Informationsamt der Automobile Association,* Market Street, gegenüber der Tourist Information – *Bahnhof,* East Pier – *Car Ferry Terminal,* Cairnryan Road, East Pier – *Hauptpostamt,* Hanover Street, Ecke St. John Street – *Polizei-Hauptquartier,* Port Rodie, unweit des Car Ferry Terminal – *Krankenhäuser,* Edinburgh Road und Dalrymple Street.

395 Die Gärten von Schloß Kennedy und Schloß Lochinch

5 km ö. von Stranraer befindet sich auf der Nordseite der A 75 das viktorianische Lochinch Castle von 1870 (nicht zugänglich). Die umgebenden Gärten lohnen im Frühling und Frühsommer der Rhododendren wegen einen Besuch. Das ebenfalls sehenswerte *Pinetum* ist eines der frühesten Schottlands. Die efeuberankten Ruinen des Castle Kennedy im Zentrum der Gärten ragen 6 Stockwerke hoch auf: Der Herrensitz der Kennedys wurde 1607 vom 5. Grafen von Cassillis erbaut und 1715 niedergebrannt.
Mitte April bis Ende September MO–FR, SO 10–17. Eintritt.

396 Schloß Craigcaffie

Die Fahrt von Stranraer entlang der Küste nach Glasgow erfolgt bis Girvan über die A 77. Die Straße verläuft zunächst längs des Ostufers der Förde Loch Ryan. Nach 6 km werden die Ruinen des Turmhauses von Craigcaffie erreicht, das sich auf den Fundamenten einer Burg aus dem 13. Jh. erhebt. Diese älteren Fundamente sollen auf Wollsäcken ruhen, des Moorbodens wegen.

397 Die Gärten von Schloß Glenapp

Nach 14 km verläßt die A 77 die Küste, um das waldreiche Glen App hinaufzuführen. Dabei erklimmt sie eine Seehöhe von 174 m. Bevor die Straße in kurvenreicher Führung das Seebad Ballantrae erreicht, berührt sie die Glenapp Castle Gardens, die das von *David Bryce* 1870 erbaute viktorianische Herrenhaus des Grafen von Inchcape umgeben. Sehenswert sind die Gärten im französischen Stil sowie die Terrassengärten. Der Park ist durch mehrere Waldpfade erschlossen.
Ostern bis September MO–Fr, SO 10–17. Eintritt.

398 Ballantrae

Ballantrae (1600 Einwohner) am Nordufer des River Stinchar ist ein Seebad und Ferienort mit einem Strand aus Sand und flachen Kieseln. Bei der Brücke über den Fluß finden sich die recht spärlichen Überreste des *Ardstinchar Castle,* einer alten Zwingburg der Kennedys. Zwei weitere Clanburgen der Kennedys, die von *Knockdolian* und von *Kirkhill,* liegen weiter nö. im Tal des Stinchar.

399 Schloß Carleton

N. von Ballantrae folgt die A 77 erneut der Küste. Dabei wird nach NW der Blick frei auf den 339 m hohen, einsam in der Mündung des Firth of Clyde gelegenen Vogelfelsen *Ailsa Craig*. Nach 10 km erreicht die Straße Carleton Castle, einen weiteren Sitz der Kennedys. Von Carleton heißt es in einer Sage, daß einer der hier residierenden Barone sich seiner ersten 7 Frauen entledigte, indem er sie über die Klippen ins Meer warf. Seine 8. Frau aber, Mary Cullean, drehte den Spieß um. – Das Schloß war Bestandteil einer Kette von Wachtürmen entlang der Küste, die als Frühwarnsystem fungierten.

400 Girvan

Girvan (7500 Einwohner, Bahnstation, Informationsamt) ist ein zweitrangiger Fischereihafen und ein beliebter Badeort mit schönem Sandstrand, jedoch ohne besondere Sehenswürdigkeiten. Der Hügel oberhalb des Hafens war in frühester Zeit befestigt. Später diente er als Richtstätte. Der River Girvan ist für seine Meeresforellen berühmt. – 3 km s. des Zentrums befindet sich auf der Ostseite der A 77 das *Ardmillan House* aus dem 16. Jh., in dem sich die Königin Maria Stuart im August 1563 aufgehalten hat.

401 Ailsa Craig

16 km vor der Küste liegt auf der Höhe von Girvan die 338 m hohe Felseninsel Ailsa Craig (Leuchtturm). Sie hat einen Umfang von gut 3 km und ist für ihre Granitsteinbrüche bekannt. Aisla Craig ist Nistplatz für Tausende von Seevögeln. Die Lage des Felsens auf halbem Weg zwischen Glasgow und Belfast hat ihm den Namen *Paddy's Milestone* eingebracht.

402 Souter Johnnie's House

Beim Weiler Milton, 8 km n. von Girvan, wendet sich die A 77 nach NO, um als Umgehungsstraße an Ayr (vgl. u.) vorbeizuführen. Die A 719 folgt weiter der Küste und führt ins Zentrum von Ayr. Benutzt man die A 77, so gelangt man nach 5 km in das Dorf Kirkoswald. Hier ist das reetgedeckte Haus des Flickschusters *John Davidson* von Interesse. Davidson war ein Jugendfreund von Robert Burns. Der Dichter hat ihm in seinem *Tam o'Shanter* ein Denkmal gesetzt. Das Haus stammt aus dem ausgehenden 18. Jh. Es enthält zeitgenössische Erinnerungsstücke an Burns sowie altes Schusterwerkzeug.
April bis September MO–DO, SA, SO 12–17 und nach Vereinbarung. Tel. Kirkoswald 243. Eintritt.

403 Die Abtei von Crossraguel

3 km nö. von Kirkoswald befinden sich unweit der A 77 die Ruinen der von *Duncan Graf von Carrick* gegen Ende des 12. Jh. gegründeten Crossraguel Abbey. Die Gebäude stammen in ihren ältesten Teilen aus der Zeit nach 1214, als die Mönche von Paisley (**431**) sich endlich bereitfanden, die auf dem Papier bereits existierende Abtei zu besiedeln. Im 14. und 15. Jh. besaßen die Äbte von Crossraguel in den s. Bezirken der Grafschaft Ayrshire unumschränkte Macht. Die Mönche hatten das Recht, ihr eigenes Geld zu prägen, sie kontrollierten die Fischerei, betätigten sich in der Rechtsprechung und unterhielten eigene Brauereien und Werkstätten. Selbst die ersten Jahrzehnte der Reformation vermochten nicht, die politische Ausstrahlung von Crossraguel völlig zu brechen. Die Mönche blieben bis 1592; Crossraguel war letztes

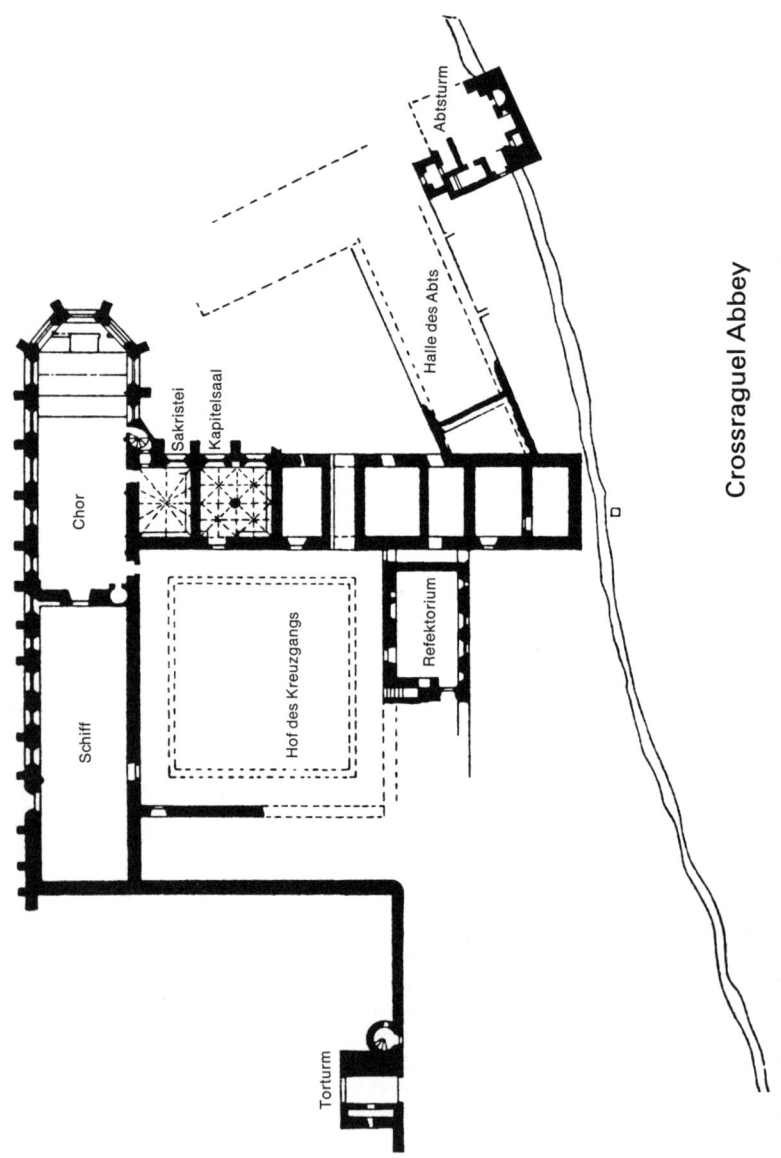

Zentrum kirchlichen Widerstandes gegen die Reformation auf schottischem Boden.

Angesichts der Bedeutung der Abtei in vorreformatorischer und reformatorischer Zeit nehmen sich deren Ruinen vorwiegend aus dem 15. Jh. eher bescheiden aus. Am besten erhalten sind der *Abbot's Tower* (Abtsturm) im O der Anlage sowie das im W gelegene imposante dreigeschossige *Torhaus*, das eher an ein Festungswerk erinnert als an ein Kloster. Letzteres diente auch als Gästehaus. In der NW-Ecke des Klosterbezirks befindet sich ein vorzüglich erhaltenes, bienenkorbförmiges *Taubenhaus*.
Die frühesten Gebäude aus dem 13. Jh. wurden in den Freiheitskriegen der Jahre 1297–1314 weitgehend zerstört. Die Überreste der *Kirche* sowie die Gewölbe der *Sakristei* und des *Kapitelhauses* zeigen spätgotischen Stil. Über dem Kapitelhaus haben Teile des Bibliotheksraumes sowie des Schreibzimmers die nachreformatorischen Zerstörungen überlebt. Die Bauten sind teilweise aus Bruchsteinen errichtet, teilweise aber auch aus wohlbehauenen Quadersteinen gefügt.
April bis September MO–SA 9.30–19, SO 14–19; Oktober bis März MO–SA 9.30–16, SO 14–16. Eintritt.
Etwa 1 km weiter ö. liegen auf der Ostseite der A 77 die Ruinen des *Turmhauses von Baltersan*, einer Feste der Kennedys von 1584, von der aus sich ein weiter Blick eröffnet.

404 Maybole und seine Kollegienkirche

Maybole (4500 Einwohner, Bahnstation) ist ein Zentrum der Schuh- und Landmaschinenindustrie. Das wiederhergestellte *Maybole Castle* in der High Street datiert aus dem 17. Jh. Es diente einst den Grafen von Cassillis als städtischer Wohnsitz und fällt durch seine pittoresken Türmchen mit ihren Erkerfenstern auf. Auch das teilweise in seiner alten Form erhaltene Rathaus war früher ein Herrenhaus der Kennedys. Die Kollegienkirche von 1371 wurde später Totenkirche der Grafen von Cassillis.

405 Schloß Turnberry

Folgt man von Milton aus der Küstenstraße A 719, so gelangt man n. des Ortes zu den recht spärlichen Überresten des Turnberry Castle (w. der Straße). Hier wurde König Robert the Bruce (1274–1329) möglicherweise geboren.

406 Schloß Culzean

Culzean Castle lohnt einen Besuch, weil es wie kaum ein anderer Herrensitz einen Einblick in die Glanzzeit der schottischen Architektur des 18. Jh. bietet und der Reichtum der geometrischen, geschwungenen Formen an keiner anderen Stelle in vergleichbarer Perfektion studiert werden kann. Im Unterschied auch zu vielen anderen schottischen Schlössern ist die Innenausstattung weitgehend homogen.
Der Bau stammt in seiner heutigen Form im wesentlichen von 1777 und ist eine der bedeutendsten Schöpfungen *Robert Adams*. Die Anfänge von Culzean gehen auf das 12. Jh. zurück. 600 Jahre lang war das Schloß nichts anderes als ein relativ unbedeutender Herrensitz der Kennedys, ein wahrscheinlich nicht sonderlich ansehnliches Turmhaus mit dem typischen L-förmigen Grundriß.
Eine Beschreibung aus dem Jahre 1693 besagt, daß Culzean auf der Südseite von terrassenförmig angelegten Zier- und Obstgärten umgeben war, wie sie noch heute sichtbar sind. 1762 ging der Besitz an Thoms Kennedy of Cul-

zean, den 9. Grafen von Cassillis über, der zu den reformfreudigen, liberal denkenden »improving Lairds« (wörtlich: den [welt]verbessernden Herren) seiner Zeit gehörte. Er führte neue Methoden der landwirtschaftlichen Produktion ein und schaffte die Voraussetzungen für weiterreichende Reformen, die sein Bruder David nach 1775 in die Wege leitete. Letzterer beauftragte den damals berühmtesten schottischen Architekten, Robert Adam, das Turmhaus zu modernisieren und zu erweitern.

Adam errichtete zunächst die *Südfassade,* wobei er einen Teil des älteren Mauerwerks in den zentralen Block einbezog. Danach wurden ein neuer *Küchenflügel* nach O hin und nach W hin ein neues *Brauhaus* errichtet. Einige Jahre später folgte der große *Rundturm* unmittelbar über den Klippen. Schließlich wurde der *Brunnenhof* im Zentrum der alten Anlage mit dem berühmt gewordenen ovalen Treppenhaus ausgefüllt. Zur gleichen Zeit entstanden die den Vorhof umschließenden Stallungen sowie die zum Schloß gehörenden Gutsgebäude auf dem Landvorsprung im N und schließlich der in vorromantischen Empfinden als Ruine erbaute Torbogen im Bereich der Zufahrt. Die Inneneinrichtung wurde von Robert Adam selbst den neuen Design angepaßt. So ist Culzean heute das umfassenste Beispiel für die Architektur der Adam-Ära, von der allgemeinen Strukturierung und Einpassung des Baukörpers in die Landschaft bis hin zur Komposition des Mobiliars und der Farbgebung der einzelnen Räume. Im Jahre 1879 wurde das Haus, das für die Ansprüche einer großen viktorianischen Adelsfamilie mit 6 Kindern zu klein geworden war, nochmals unter der Leitung der Architekten *Wardrop* und *Reid* umgestaltet. Dabei wurde das von Adam errichtete Brauhaus abgetragen und ein neuer Westflügel errichtet.
April bis September 10–17.30; März und Oktober 10–16. Eintritt.

407 Der Landschaftspark von Culzean

Der Culzean Country Park in der waldreichen Umgebung des Culzean Castle war der erste erfolgreiche Versuch dieser Art in Schottland. Der Park wurde 1969 durch den *National Trust,* der auch das Schloß und seine Gärten unterhält, geschaffen. Im Zentrum des Parks liegen die von Robert Adam errichteten Gutsgebäude, in denen 1973 ein Besucherzentrum eröffnet wurde, das eine Darstellung des Parks und seiner Geschichte bietet. Das 565 Morgen große Areal umfaßt einen von einer Mauer umgebenen Garten aus dem Jahre 1783, eine Voliere, einen Schwanenweiher, ein Kamelienhaus und eine Orangerie.
Besucherzentrum: April bis Oktober 10–18. Gebühr für Fahrzeuge. Der Park ist jederzeit zugänglich.

408 Electric Brae

Auf der Nordseite der Culzean Bay findet sich ein *Coy Brae* oder auch Electric Brae genannter Punkt, der Beachtung verdient, weil der Autofahrer hier infolge des Zusammentreffens einer Reihe von Landschaftsfaktoren einer optischen Täuschung unterliegt: Er meint, die A 719 verlaufe abschüssig, obwohl sie in Wirklichkeit ansteigt.

409 Alloway

Das Dorf Alloway (2500 Einwohner), ö. der A 719 vor den Toren von Ayr gelegen, ist als Geburtsort des Nationaldichters *Robert Burns* (25.1.1759) Wallfahrtsort vieler Schotten und schottisch stämmiger Emigranten. Das reetgedeckte *Burns Cottage* ist heute Gedenkstätte. Es wurde vom Vater des Dichters erbaut. Robert Burns lebte hier bis 1766.

Neben der Hütte befindet sich ein *Museum* mit der bedeutendsten Sammlung von Erinnerungsstücken und Burns-Dokumenten in Großbritannien. Die Burns Cottage ist auch der Ausgangs-

punkt für den *Burns Heritage Trail,* der als Reiseroute alle jene Orte verbindet, die im Zusammenhang mit dem Dichter von Bedeutung sind.
Mai bis Oktober MO–SA 9–19; Mai, September, Oktober auch SO 14–19; Juni bis August SO 10–19; November bis April MO–SA 10–16. Eintritt.
Gegenüber der Kirche des Ortes befindet sich ein *Land o'Burns* genanntes Besucherzentrum mit Ausstellung, audio-visuellen Darbietungen und einem angeschlossenen landwirtschaftlichen Freilichtmuseum.
Im Sommer 10–21; im Frühjahr und Herbst 10–18; im Winter 10–16. Eintritt.
Bei der *Brig o'Doon,* der malerischen alten Brücke über den Fluß Doon, befindet sich das 1820 errichtete *Burns Monument.* Hier können u. a. die Familienbibeln des Dichters und seiner »Highland Mary« angeschaut werden.

410 Ayr

Ayr (48 000 Einwohner, Bahnstation, Informationsamt) ist eines der wichtigsten schottischen Seebäder. Die Stadt, die über eine Königliche Charta aus der Zeit zwischen 1202 und 1206 verfügt, besitzt einen lebendigen Hafen. Von der ältesten Kirche, der ehemals franziskanischen *Johannes-der-Täufer-Kirche,* sind nur noch ein Fragment sowie der Turm erhalten, nachdem Oliver Cromwells Armee den Bau requirierte, um ihn in eine Zitadelle einzufügen. Im Gegenzug erbaute Cromwell 1654 die jetzige *Auld Kirk of Ayr,* die allerdings von den modernen Gebäuden der High Street verdeckt wird. Die *Auld Brig of Ayr,* ö. der New Bridge (A 79) gelegen, datiert wahrscheinlich aus dem 13. Jh. Allerdings stammen die ältesten sie betreffenden Zeugnisse erst aus der Zeit Jakobs IV. (1488–1513). Die *Loudun Hall* (South Harbour Street), ein architekturgeschichtlich bedeutender Bau aus dem 16. Jh., wurde nach 1938 wiederhergestellt. Ansonsten ist die Stadt nicht reich an Altertümern. Der *Wallace Tower* in der High Street datiert von 1832 und ist baugeschichtlich nicht interessant.

Heute ist Ayr eine Stadt der Leichtindustrie und Einkaufszentrum für ein weites Hinterland. Neben einem feinem Sandstrand mit guten Möglichkeiten für den Wassersport besitzt die im Sommer überlaufende Stadt (vorwiegend britisches Publikum) eine bekannte *Pferderennbahn* und hervorragende *Golfplätze.* – In der High Street befindet sich das *Tam o'Shanter Museum.* Das Gebäude war zu Zeiten des Dichters *Robert Burns* eine Brauerei, der Douglas Graham of Shanter Malz lieferte. Douglas wurde durch Burns als Tam o'Shanter eine berühmte literarische Figur. Das Museum zeigt Erinnerungsstücke.
April bis September MO–SA 9.30–17.30; Oktober bis März 12–16. Eintritt.

Wichtige Adressen: *Tourist Information,* Miller Road – *Bahnhof,* Station Road, bei der Einmündung der Holmston Road – *Busbahnhof,* Fullerton Street, Ecke Sandgate – *Postamt,* Burns Statue Square – *Polizei-Hauptquartier,* Charlotte Street, w. des Zentrums.

411 Prestwick

Prestwick (13 500 Einwohner, Bahnstation, Flughafen, Informationsamt) grenzt n. an Ayr. Ursprünglich als Golfer-Zentrum bekannt, wird Prestwick heute eher mit dem gleichnamigen *Flughafen* assoziiert, der neben dem von Glasgow der bedeutendste in Schottland ist. Die Ruine der *St. Nicholas-Kirche* stammt in ihren ältesten Teilen wahrscheinlich von 1163. Sie ist eine Erkennungsmarke für die Küstenschiffahrt. Außerdem ist ein altes Marktkreuz erhalten.

412 Die Kirche von Symington

Die kleine, wiederhergestellte Kirche des Ortes Symington (3200 Einwohner), 6,5 km nö. von Prestwick an der A 77, besitzt 3 romanische Fenster aus dem 12. Jh. sowie eine altertümliche Holzdeckenkonstruktion. Das Nachbardorf Bogend hat ein sehenswertes altes *Rathaus*.
Die A 77 führt über Kilmarnock (**350**) nach Glasgow (**433**). Die Entfernung von Prestwick beträgt 52 km.

413 Troon

Die Route entlang der Küste führt über Largs (A 78) und Greenock (A 8) nach Glasgow (Umweg gegenüber der direkten Strecke: 61 km). Troon (11500 Einwohner, Bahnstation, Informationsamt), zu erreichen über die B 749 oder die in Loans von der A 78 abzweigende A 759, ist wie Prestwick ein Golfer-Zentrum sowie ein Kohlenhafen. Der Hafen wurde im 18. Jh. ausgebaut.

Nach S schließen sich Badestrände an. Vom Leuchtturm an der Spitze der kleinen Halbinsel aus ergibt sich ein guter Blick auf die vorgelagerte Vogelinsel *Lady Isle* (Entfernung 3,7 km) sowie auf die 25 km entfernte Küste von Arran (**485**).

414 Schloß Dundonald

Zweigt man beim Weiler Loans (Abzweig der A 759) auf die nach NO führende nk Straße ab, so gelangt man nach 4 km in das Dorf Dundonald (2800 Einwohner). Auf einer Anhöhe etwas w. des Ortes liegt die Ruine von Dundonald Castle. Die Burg wurde von König Robert II. (1316–1390) erbaut, dessen Lieblingsaufenthalt sie war. Auch sein Sohn, Robert III., hielt sich häufig in Dundonald auf. Das Mauerwerk ist bis zur Höhe des 1. Stockwerks erhalten.

415 Irvine

Während die A 78 durch das Zentrum von Irvine führt, dient die A 736 als Umgehungsstraße. Sie mündet 3 km n. in die A 78 ein und stellt eine günstige Zufahrt zum *Eglinton Castle* (vgl. u.) dar. Irvine (50000 Einwohner, Bahnstation) ist eine an der gemeinsamen Trichtermündung von Garnock und Irvine gelegene alte Stadt, deren mittelalterliche Substanz jedoch im Zeitalter der Industrialisierung weitgehend vernichtet wurde.

Sehenswert sind die Ruinen des *Seagate Castle* aus dem 14. Jh., in dem sich Königin Maria Stuart im Jahre 1563 aufhielt. Gegenüber dem Rathaus befindet sich das alte Marktkreuz. Irvine ist heute eine aufblühende Hafen- und Industriestadt; seit 1967 ist sie in einen großangelegten Stadtentwicklungsplan einbezogen: Irvine New Town soll 1987 80000 Einwohner und eine Ausdehnung von 529 qkm haben, 106 verschiedene Industrien sollen angesiedelt werden. In diesem Zusammenhang ist in den vergangenen Jahren mit einem Aufwand von 2 Mio. £ ein Freizeitzentrum, das *Magnum Leisure Centre* (beim Hafen) geschaffen worden. Ansonsten ist Irvine bei den Burns-Anhängern für seinen Burns-Club bekannt, der ein eigenes Museum, das *Irvine Burns Club Museum*, unterhält. Burns war von 1781 bis 1783 Bürger der Stadt. Im Sommer wird alljährlich die *Marymass-Festwoche* begangen.
Nö. der Einmündung der A 736 in die A 78 liegt am Südufer des Lugton Water das *Eglinton Castle*, einst Sitz der Montgomerys und Grafen von Eglinton. Der Bau aus dem Jahre 1798 ist heute Ruine. In der Nachbarschaft befindet sich ein Picknickplatz.
Im Jahre 1946 wurde das Obergeschoß dem Präsidenten Eisenhower als schottische Residenz übergeben.

416 Stevenston

Stevenston, mit Saltcoats und Ardrossan zusammengewachsen, ist eine Industriestadt von 12 000 Einwohnern (Bahnstation). Kohlenbergbau und Chemische Industrie herrschen vor. In der näheren Umgebung sind mehrere alte Pumpwerke erhalten.

417 Saltcoats

Das 15 000 Einwohner zählende Saltcoats (Bahnstation) ist ein bekanntes Seebad mit einem recht geschäftigten Hafen. Der Name leitet sich von den Salzwerken (Meersalzgewinnung) ab, die König Jakob V. (1512–1542) hier anlegen ließ. Der Ort besitzt 2 Museen: das *North Ayrshire Museum* als Regionalmuseum sowie das *Saltcoats Harbour and Maritime Museum*. Letzteres schließt thematisch an eine Sehenswürdigkeit im Hafen an: Bei Niedrigwasser werden 26 fossile Baumstämme sichtbar.

418 Ardrossan

Wie Saltcoats ist auch Ardrossan (10 600 Einwohner, Fährhafen, Bahnstation) ein beliebtes Seebad. Eine Wagenfähre stellt die Verbindung nach Brodick auf der Insel Arran (**485**) her (Entfernung 22 km). Außerdem besteht Fährverbindung (Wagenfähre) zur Isle of Man sowie nach Belfast (Nordirland). Die Stadt wurde nach 1806 um die sogenannte North Bay herum errichtet (im Unterschied zur South Bay, an der das ältere Saltcoats liegt). Die recht spärlichen Ruinen des *Ardrossan Castle* aus dem 12. Jh. finden sich ö. der Glasgow Street. Vor dem n. Ausgang der Bucht liegt der Vogelfelsen Horse Isle. Von der Küste aus bietet sich bei klarem Wetter ein guter Blick auf die Granitgipfel von Arran, den 832 m hohen Caisteal Abhail und den etwas weiter s. gelegenen 823 m hohen Beinn Tarsuinn.

419 Schloß Hunterston und seine Gärten

Nördlich von Ardrossan verläuft die A 78 zunächst längs der Küste. Beim Dorf West Kilbride (Bahnstation) wendet sich die Straße landeinwärts. Bevor sie nach rund 4 km erneut das Meer erreicht, zweigt linker Hand ein Fahrweg zu dem rund 1,5 km w. gelegenen Hunterston Castle aus dem 15. Jh. sowie dem Hunterston House aus dem 18. Jh. ab. Sehenswert sind der von einer Mauer umgebene Garten im französischen Stil sowie der Küchengarten.
Anfang bis Mitte September MI–SO 14–17. Eintritt.

420 Largs

Zwischen Hunterston und Gourock (vgl. u.) bieten sich immer wieder herrliche Ausblicke nach W, zunächst auf die Inseln Little Cumbrae und Great Cumbrae (vgl. u.), sodann auf die Insel Bute (**507**) und auf die Halbinsel Cowall (vgl. S. 309). Das Waldgebiet von Kelburne ist durch das *Kelburne Country Centre* erschlossen. Largs (8900 Einwohner, Bahnstation, Fährhafen, Informationsamt), 12 km n. von West Kilbride, ist ein beliebter Ferienort und ein Zentrum für Segler. Die Stadt hat Fährverbindung mit Great Cumbrae (2 km).
Largs ist in der schottischen Geschichte fest etabliert: Hier fand 1263 die Entscheidungsschlacht gegen die Norweger statt, denen es nicht gelang, auf dem schottischen Festland dauerhaft Fuß zu fassen. Als Ergebnis verlor Haakon, König von Norwegen, die Hebriden und die Isle of Man. Ein Rundturm beim Bowen Craig s. der Stadt erinnert an die Schlacht.

Das Skelmorlie Aisle genannte *Mausoleum für Sir Robert Montgomery* und seine Gattin in der früheren Gemeindekirche *St. Columba* (Bellman's Close bei der Hauptstraße) datiert von 1636. Es besitzt eine bemalte Dachkonstruktion aus Holz und enthält auch sehenswerte Grabdenkmäler der Familie Boyle von Kelburne.
April bis September MO–SA 9.30–19, SO 14–19. Eintritt.
Das *Largs Museum,* Manse Court, enthält eine Sammlung sowie eine Bibliothek zur lokalen Geschichte.
Ostern und an den Wochenenden der Frühjahrsferien sowie Juni bis September MO–SA 14.30–17. Eintritt frei, Spenden willkommen.

Von Largs führt eine nk Straße in n. Richtung das Tal des Noddsdale Water hinauf und durch einsames Bergland nach Greenock (vgl. u.). Die Trasse erreicht eine Höhe von 232 m; sie stellt eine Zufahrt zum Naturpfad von Cornalees Bridge *(Cornalees Bridge Nature Trail)* dar, der auch vom Weiler Inverkip an der Küste aus über eine nk. Straße erreicht werden kann.

421 Great Cumbrae

Zusammen mit der s. anschließenden Insel Little Cumbrae sowie Bute (**507**) und Arran (**485**) bildet Great Cumbrae die Grafschaft Bute, neben Orkney und Shetland die einzige rein insulare Grafschaft Schottlands. Great Cumbrae, von Little Cumbrae durch den The Tan genannten 1 km breiten Meeresarm getrennt, ist 6 km lang und bis zu 3,5 km breit. Die A 860 umrundet als Küstenstraße die gesamte Insel (Umfang 16 km). Von der zentralen Hügelkette aus bietet sich ein vorzüglicher Rundblick.

Der Hauptort Millport (1100 Einwohner) liegt im S der Insel an der gleichnamigen, malerischen Bucht, die durch eine Reihe kleiner, eingelagerter Inseln zusätzliche Gestalt gewinnt. Die Kollegienkirche wurde 1876 als *Episcopal Cathedral of Argyll and the Isles* geweiht. Millport besitzt ein heimatkundliches Museum, das *Museum of the Cumbraes.* Die sehenswerte *University Marine Biological Station* liegt am Ostausgang des Ortes unweit des Keppel Pier.
Das Institut führt Forschungsarbeiten in einem weiten Bereich durch, der Meeresbiologie, -chemie und -ökologie umfaßt und auch meteorologische Beobachtungen einschließt. Das Museum und ein Aquarium sind der Öffentlichkeit zugänglich. Das Institut bietet auch Fortbildungskurse auf Hochschulebene an.
Ostern bis Mai MO–FR 9.30–12.30 und 14–17, SA 9.30–12; Juni bis September MO–SA 9.30–12.30 und 14–17; Oktober bis Ostern MO–FR 9.30–12.30 und 14–17. Eintritt.

422 Little Cumbrae

Die 3 km lange und 1,5 km breite Insel besitzt keine Fährverbindung zum Festland. Sehenswert ist der 1794 über den Klippen der Westseite errichtete *Leuchtturm.* Das Leuchtfeuer befindet sich in einer Höhe von knapp 35 m. Im übrigen bietet Little Cumbrae die Ruinen einer mittelalterlichen Burg sowie eines Herrenhauses. Die Burg wurde von Robert II. (1316–1390) als königliche Residenz benutzt. Später wurden die Hunters von Hunterston (vgl. o.) erbliche Burgherren. Sie hatten diese Funktion bis 1515 inne. Im Jahre 1577 ging der Besitz in die Hände des Grafen von Eglinton über; 1653 wurde das Schloß durch Cromwells Truppen niedergebrannt.

423 Wemyss Bay

Nördlich von Largs folgt die A 78 bis zum Weiler Inverkip dem Verlauf der Küste. Nach 8 km wird Wemyss Bay (400 Einwohner) erreicht, von wo Fährverbindung mit Wagenfähre nach Rothesay auf der Insel Bute (**507**) besteht.

424 Der Leuchtturm von Cloch

N. des Weilers Inverkip zweigt eine direktere Verbindungsstraße in das 10 km entfernte Greenock (vgl. u.) ab. Die A 78 führt zur Küste zurück und berührt das *Cloch Lighthouse*. Der harmonisch in die Landschaft eingefügte weißgekalkte Gebäudekomplex datiert von 1797. Der Turm selbst ist gut 23 m hoch. Von hier aus ergeben sich eindrucksvolle Ausblicke über den Mündungstrichter des Upper Firth of Clyde auf die gegenüberliegende Stadt Dunoon (**503**, Entfernung 3 km) und ihr Hinterland.

425 Gourock

Die Stadt Gourock (11000 Einwohner, Bahnstation, Fährhafen, Informationsamt), 4 km nö. von Cloch Point, ist recht malerisch gelegen und ein bekannter Erholungsort, allerdings ohne bedeutende ältere Bauwerke. Gourock besitzt ein Pier und einen Kiesstrand; im Sommer ist der Ort ein Zentrum der Segler und Ausgangspunkt für Dampferfahrten entlang des Clyde und zu den n. anschließenden Lochs.

Fährverbindung (Wagenfähre) besteht nach Dunoon (**503**, Entfernung 7 km). Der *Granny Kempock's Stone,* ein 1,8 m hoher Monolith aus grauem Schiefer unmittelbar bei den Klippen, stellt offenbar ein prähistorisches Heiligtum dar. Noch bis in jüngste Zeit war er kultischer Mittelpunkt für die Fischer, die hier um gutes Wetter baten. Auch junge Paare pflegten vor der Eheschließung den Stein zu umschreiten, um »Großmutter« Kempock um ihren Segen zu bitten. 1662 wurde Mary Lamont, ein junges Mädchen aus Gourock, zusammen mit anderen Frauen des Versuches für schuldig befunden, den Stein ins Meer zu werfen, um damit Unheil über die Schiffahrt zu bringen. Sie wurde als Hexe verbrannt. – Die fischverarbeitende Industrie wurde im Jahre 1688 begründet. Noch heute ist dieser Industriezweig für die Stadt von großer Bedeutung.

426 Greenock

Greenock (70000 Einwohner, Bahnstation, Informationsamt) ist eine bedeutende Industrie- und Handelsstadt an den Ufern des Clyde und Geburtsort von *James Watt* (1736–1819). Führend war bis nach dem 2. Weltkrieg die Schiffbau-Industrie. Die älteste Werft datiert von 1711; das letzte große Schiff aus Holz wurde 1859 gebaut. Östlich der Stadt befindet sich der neue Clydeport Container Terminal. An James Watt erinnert neben einem Gedenkstein auf dem zentralen Friedhof sw. der Stadtmitte die *Watt Library and Institution* in der Union Street. Auf dem Zentralfriedhof befindet sich auch das Grab einer Freundin von Robert Burns, der »Highland Mary.« Sehenswert ist schließlich das mit einer Kunstgalerie verbundene *McLean Museum.*

427 Port Glasgow

Greenock ist über die A 8 mit Glasgow verbunden, wobei sich ö. von Port Glasgow als Alternative der Weg über die Autobahn M 8 ergibt. Die 1668 gegründete Stadt Port Glasgow (22400 Einwohner, Bahnstation) war ursprünglich Seehafen für Glasgow und Hauptzollhafen für den Clyde. Erst später im 18. Jh. wurde der Flußlauf so ausgebaut, daß Seeschiffe bis nach Glasgow selbst gelangen konnten. Das Hauptzollhaus wurde 1710 errichtet. Wirtschaftliches Rückgrat der Stadt war in der Folgezeit der Schiffbau. Das erste Trockendock wurde 1762 nach Plänen von James Watt gebaut.

Ältestes Bauwerk und Hauptsehenswürdigkeit ist das zwischen zwei Werften gelegene *Newark Castle,* ein in Erweiterung einer älteren Anlage aus dem 15. Jh. errichteter Bau aus der Zeit nach

1597. Die um einen Innenhof gruppierten Gebäude sind in sehr gutem Zustand erhalten. Mit ihren Treppengiebeln und Türmchen, Kragsteinen und Giebelfenstern sind sie ein typisches Beispiel für den schottischen Baronsstil der Zeit. Das Baudatum 1597 findet sich auch in der Großen Halle.
April bis September MO–SA 9.30–19, SO 14–19; Oktober bis März MO–SA 9.30–16, SO 14–16.

428 Der Naturpark von Muirshiel und der Wasserpark von Castle Semple Loch

In Port Glasgow zweigt die durchs Landesinnere führende A 761 nach Paisley (vgl. u.) ab. Folgt man dieser Straße, um im Dorf Kilmacolm nach S auf die B 786 abzubiegen, so gelangt man nach 8 km in das Tal des River Calder. Am Oberlauf dieses Flüßchens, zu erreichen über eine nach NW verlaufende nk Straße, befindet sich der Muirshiel Country Park mit einem Informationszentrum und Picknickplätzen in eindrucksvoller Landschaft. Das touristisch als *Water Park* erschlossene Castle Semple Loch liegt 5,5 km sö. beim Dorf Lochwinnoch und kann auf der Weiterfahrt nach Paisley und Glasgow über die A 737 besucht werden. Am NO-Ende des Sees befindet sich die Ruine einer Kollegienkirche, *Castle Semple Collegiate Church*. Sie wurde von *Lord Sempill* gegründet, der in der Schlacht von Flodden Field 1513 fiel.

429 Das Weberhaus von Kilbarchan

Im Dorf Kilbarchan (4000 Einwohner), 8 km w. von Paisley auf halbem Wege zwischen A 761 und A 737, befindet sich die Weaver's Cottage, das im Originalzustand erhaltene Haus eines Webers aus dem 18. Jh. Der Ort war in jener Zeit ein Zentrum des Weberhandwerks.
Mai bis Oktober DI, DO, SA, SO 14–17. Eintritt.

430 Das Kreuz von Barochan

13 km sö. von Port Glasgow, zu erreichen über die A 8 oder die A 761, findet sich an der B 789 das Barochan Cross, ein verwittertes Hochkreuz, wahrscheinlich aus dem 12. Jh.

431 Paisley und seine Abtei

Am Südufer des Clyde liegt vor den Toren von Glasgow die Stadt Paisley (96 000 Einwohner, Bahnstation, Flughafen), eine bedeutende Handels- und Industriestadt und größter Garnsteller der Welt. Paisley ist für viele Schottlandbesucher Ausgangspunkt der Reise, denn im N der Stadt, 4 km vom Zentrum, befindet sich der Flughafen von Glasgow. Die Stadt besitzt, sieht man einmal von der bedeutenden Abtei ab, keine nennenswerten älteren Bauwerke. Paisley wuchs um die Abtei herum, in späterer Zeit entwickelten sich die Garnspinnerei und die Weberei als traditionelle Erwerbszweige. Im frühen 19. Jh. begann man mit dem Export der später so berühmten Halstücher *(Paisley Shawls)* aus Seide oder Baumwolle. Dabei handelte es sich um Kopien indischer Schals, die schottische Offiziere aus dem Kolonialdienst nach Hause schickten. In den letzten Jahren haben sich vielfältige neue Industrien angesiedelt. Einen Überblick über die industrielle Geschichte der Stadt unter besonderer Berücksichtigung der Weberei bietet das lokale *Paisley Art Gallery and Museum*. Die Kunstgalerie enthält eine Sammlung schottischer Meister. Die Abtei von Paisley (n. der High Street, rund 200 m w. der Gilmour Street) wurde 1163 von *Walter FitzAlan,* einem Ahnen der Stuart-Könige, als Priorei gegründet, und von kluniazensischen Mönchen von der Wenlock Abbey in Shropshire, England besiedelt. Die Erhebung zur Abtei

Paisley 283

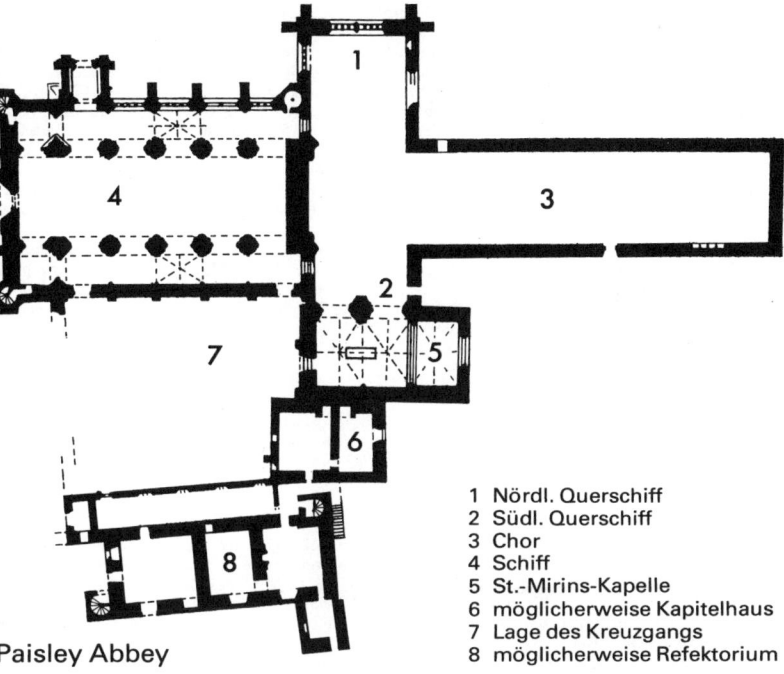

1 Nördl. Querschiff
2 Südl. Querschiff
3 Chor
4 Schiff
5 St.-Mirins-Kapelle
6 möglicherweise Kapitelhaus
7 Lage des Kreuzgangs
8 möglicherweise Refektorium

Paisley Abbey

erfolgte 1319, doch wurden die ursprünglichen Bauten 1307 durch die Engländer zerstört.

Im Unterschied zu den Abteien des schottischen S ist Paisley Abbey weitgehend erhalten, wobei das Gros der heute sichtbaren Strukturen, besonders das Schiff, von etwa 1450 stammt. Zuvor war die Abtei ein zweites Mal niedergebrannt worden. Allerdings sind die späteren Hinzufügungen zahlreich: Allein nach der Reformation wurde die Abteikirche viermal restauriert und dabei teilweise umgebaut. Der heutige Turm ersetzt eine spätgotische Konstruktion, die im 15. Jh. einstürzte und dabei den Chorteil der Kirche zerstörte. Sowohl der Chor in seiner heutigen Form als auch der Turm sind ein Werk von *Sir Robert Lorimer,* der die Bauten 1928 vollendete. Lorimer knüpfte, besonders was den Chor angeht, an die Gestalt der Kirche am Vorabend der Reformation an. Ursprüngliche Pläne, den Chor nach alten Skizzen und Stichen so wiederherzurichten, wie er vor dem Einsturz des Turmes ausgesehen haben mußte, wurden verworfen.

Die Abteikirche hatte unter den Stürmen der Reformation besonders schwer zu leiden. Immerhin wurde aber das Schiff in nachreformatorischer Zeit als Gemeindekirche weiter benutzt (vgl. den beigegebenen Plan). Von besonderem Interesse sind die engen, auf Kragsteinen ruhenden Galerien

auf der Höhe des Lichtgadens, die einen kompletten Umgang konstituieren. Parallelen zu den Kathedralen von Angers und Rouen in Frankreich drängen sich auf, allerdings befinden sich die Umgänge hier auf dem Niveau des Triforiums. Das Bogenwerk des Triforiums in Paisley erinnert an ähnliche Strukturen in Jedburgh (**28.1**) und Dunkeld (**85**). Das *Westportal* ist der älteste erhaltene Teil der Kirche. Sehenswert ist auch die *Westfassade* als Ganzes. Das s. Querschiff, in dem spätgotische Gewölbe erhalten sind, ist nach O hin verlängert. Hier befindet sich heute die *Chapel of St. Mirin*, eines keltischen Heiligen, dem der früheste Kirchenbau an dieser Stelle geweiht gewesen sein soll. In der Kapelle befindet sich ein Grab, von dem angenommen wird, daß es die Gebeine der Prinzessin Marjory, einer Tochter aus der ersten Ehe des Königs Robert the Bruce, birgt. Marjory heiratete Walter, den 6. High Stewart. Aus der Ehe ging König Robert II. »Steward« (1316–1390), ein Vorfahre der späteren Stuart-Könige, hervor. Königin Victoria ließ das Grab restaurieren.
Einige der früheren Abteigebäude s. der Kirche wurden im 17. Jh. in den *Palace of Paisley* einbezogen. Der Palast war Sitz der Familien Hamilton und später Dundonald. Hier fand 1684 die Eheschließung zwischen John Graham of Claverhouse, besser bekannt unter dem Namen *Bonnie Dundee*, (vgl. S. 37) und Lady Jean Cochrane statt. Der Bau besitzt ein hübsches Tonnengewölbe. Er wurde zu einem Mahnmahl für die Opfer des 1. Weltkrieges umgestaltet.
April bis September 10–15.

Wichtige Adressen: *Hauptbahnhof,* Gilmour Street, im Zentrum – *Postamt,* Moss Street – *Polizeidirektion,* Gauze Street, Ecke Mill Street.

Östlich bzw. s. von Paisley bieten zwei Naturpfade, der *Rosshall Park Trail* bzw. der *Paisley Glen Nature Trail,* Gelegenheit zu Spaziergängen.

432 Schloß Crookston

4,5 km sö. von Paisley finden sich im gleichnamigen Ortsteil die Ruinen des Turmhauses Crookston Castle aus dem frühen 15. Jh. Der Bau ist mit einem mittelalterlichen Graben und Wall umgeben. Das Haus gründet auf den Fundamenten einer älteren, um die Mitte des 12. Jh. von *Sir Robert Croc* erbauten Anlage. Croc of Neilston war ein Vasall der Stewards von Schottland.
Das Turmhaus wurde wahrscheinlich von *Sir John Stewart* erbaut, der bei der Belagerung von Orléans im Jahre 1429 fiel.
April bis September MO–SA 9.30–19, SO 14–19; Oktober bis März MO–SA 9.30–16, SO 14–16.

433 Glasgow (vgl. hintere Einbandkarte)

Mit rund 900 000 Einwohnern ist Glasgow Schottlands größte Stadt und zugleich drittgrößte Stadt in Großbritannien. Im Unterschied zu Edinburgh ist Glasgow im wesentlichen ein Produkt des Industriezeitalters; entsprechend groß sind die räumlichen und sozialen Probleme. Erfahrungsgemäß fühlt sich der Tourist zunächst abgestoßen: Die Stadt wirkt heruntergewirtschaftet, schmutzig, anonym. Trotz aller Anstrengungen der vergangenen 20 Jahre sind Slums geblieben, und neue sind durch die Unerfahrenheit der Städteplaner hinzugekommen. Denn die Wohntürme, in die man die ärmere Bevölkerung aus den trostlosen Fabrikarbeiter-Siedlungen des 19. Jh. umgesiedelt hat, haben die soziale Integration eher behindert: Die Entwurzelung ist tiefgreifender geworden. Glasgow ist eine schwer zu regierende, stellenweise gefährliche Stadt, eine Stadt, in der auch Konflikte vorprogrammiert sind, wie sie nun seit mehr als 10 Jahren in Nordirland ausgetragen werden. Die Bevölkerung besteht zu einem nicht geringen Teil aus den Nachfahren katholischer Iren, die im Verlauf des 19. Jh. als Gastarbeiter zuwanderten. Die konfessionelle Abkapselung trägt nach wie vor durchaus militante Züge. So gibt

es beispielsweise einen katholischen Fußballclub *(Celtic)* und einen protestantischen *(Rangers)*. In ganz Schottland gelten die Glasgower als etwas Besonderes, als *Glaswegians,* und dieser Terminus impliziert einen guten Schuß irisches Blut, katholischen Glauben, Reizbarkeit und Sangeslust, Keltentum auch ohne puritanische Zügelung. Glasgow ist reich an Charakteren, an Naturtalenten, an Selfmademen. Allerdings erschließt sich die von Kennern zu Recht geschätzte Glasgower Atmosphäre nicht auf Anhieb, sie ist *tourist-proof.*
Trotz der relativ geringen Attraktivität des modernen Glasgow ist das Stadtgebiet nicht arm an sehenswerten historischen Bauten. Im übrigen bietet die Stadt ein außerordentlich reges Kulturleben.
Die Anfänge Glasgows gehen bis ins 6. Jh. zurück. Die Tradition will, daß St. Kantigern, auch *St. Mungo* genannt, 543 an der Stelle der heutigen Kathedrale eine Kirche erbaute. Über den Fundamenten dieser Kirche und dem darin befindlichen Grab des Heiligen wurde im 12. Jh. ein romanischer Kirchenbau errichtet. Die gegenwärtige Kathedrale stammt aus dem 13.–15. Jh. 1451 gründete Bischof *William Turnbull* die Universität Glasgow, die zweitälteste des Landes. Drei Jahre später erhielt die Stadt den Status eines *Royal Burgh.* Nach der Reformation blieb die Einstellung der Stadtväter zur neuen Ordnung zunächst gespalten: Einerseits schloß sich die Stadt dem reformierten Glauben an, andererseits behielt sie ihre Bischöfe bei. Erst im Verlauf der konfessionellen Auseinandersetzungen des 17. Jh. schlugen sich die Stadtväter kompromißlos auf die Seite der Reformierten und widersetzten sich königlicher Einflußnahme. Die Wirren des Bürgerkrieges und der Ära Cromwell überstand Glasgow ohne schwere Schäden. Cromwell hielt sich 1650 und 1651 in der Stadt auf. Auch Prinz Charles Edward Stuart berührte sie auf seinem Rückzug Anfang Januar 1746. Glasgow mußte Abgaben an ihn zahlen, zu Zerstörungen kam es nicht. Die Abgaben an den Prinzen wurden später von London erstattet, als Belohnung für politisches Wohlverhalten im Sinne der Hannoveraner Könige. – Nach 1707 vollzog sich der Aufstieg Glasgows zu einem Zentrum des Nordamerikahandels (vgl. S. 41f.). Besonderer Erfolg war dem *Tabakhandel* beschieden. Die »Tobacco Lords«, im Takahandel reich gewordene Patrizier, gaben bis zum Beginn des amerikanischen Freiheitskrieges (1776) politisch den Ton an; ihr Gebaren erinnert an den Lebensstil italienischer Handelsherren der Renaissance. Der Freiheitskrieg versetzte dem Tabakhandel dann den Todesstoß. Die Glasgower Handelsherren mußten sich nach neuen Erwerbsquellen umsehen: Baumwollverarbeitung und Schiffbau hielten Einzug. Inzwischen war der Clyde als Wasserstraße so ausgebaut worden, daß Seeschiffe nicht mehr in Port Glasgow gelöscht werden mußten, sondern bis in die Stadt hineinfahren konnten. 1812 lief in Glasgow der erste Raddampfer vom Stapel, die *Comet.* In der viktorianischen Ära erlebte die Stadt einen nie dagewesenen Aufschwung, wobei die alte Bausubstanz fast vollständig zerstört wurde. Die 40er Jahre brachten die Anbindung an das britische Eisenbahnnetz. Gleichzeitig sorgten die großen Hungersnöte in Irland, verursacht durch die jahrzehntelange Mißwirtschaft der adeligen Grundbesitzer, für die Zuwanderung billiger Arbeitskräfte. Die

halbverhungerten Iren brachten ihren römisch-katholischen Glauben und ihre Priester mit und bevölkerten die immer weiter ausgreifenden Elendsquartiere. Forthin war das Verhältnis der alteingesessenen presbyterianischen Glasgower und der zugewanderten Glasgower Iren ähnlich gespannt, wie es heute zwischen Protestanten und Katholiken in Nordirland ist. Spiele zwischen dem katholischen und dem protestantischen Fußballclub, zwischen Celtic und Rangers, arteten in aller Regel in Ersatzkriege, in Straßenschlachten aus. Nach Jahrzenten der relativen Ruhe und Assimilation hat der Nordirland-Konflikt seine Auswirkungen auch auf Glasgow gehabt.

Was die jüngste Entwicklung angeht, so hat zwar der gemein-keltisch inspirierte schottische Nationalismus zu einer gewissen Anbindung der irischstämmigen Glasgower geführt, doch haben die militant-katholischen Kräfte in Irland nach wie vor in Glasgow ihre Sympathisanten, die auch bei der Beschaffung von Kriegsmaterial helfen.

Wichtige Adressen: *Informationsamt*, George Square, Tel. 221 7371, 221 7372, 221 6136, 221 6137 – *Hauptbahnhöfe*, Central Station, Union Street (Züge nach S), und Queen Street Station, George Street (Züge nach O und nach N) – *Busbahnhof*, Argyle Street, 300 m w. der Central Station – *Hauptpostamt*, Südseite des George Square, Ecke South Frederick Street – *Polizei-Hauptquartier*, London Road (A 74), Ecke Turnbull Street – *Hauptkrankenhaus*, Royal Infirmary, Castle Street, gegenüber der Einmündung der Cathedral Street und n. der Kathedrale – *Informationsamt* der Automobile Association, Oswald Street, Ecke Argyle Street, an der Westseite der Central Station.

Glasgow empfiehlt sich nicht für einen touristisch orientierten Stadtrundgang. Im folgenden werden die im Stadtgebiet gelegenen Sehenswürdigkeiten, beginnend mit der Kathedrale, so beschrieben, daß sich eine kreisförmige Bewegung im Uhrzeigersinn um den Stadtkern ergibt. Alle genannten Sehenswürdigkeiten können mit öffentlichen Verkehrsmitteln oder aber mit dem Taxi zu zivilen Preisen erreicht werden.

433.1 Glasgow Cathedral. Die Kathedrale von Glasgow (auch St. Mungo's genannt) ö. des Zentrums am Ostende der Cathedral Street und neben dem Hauptkrankenhaus *(Royal Infirmary)* wurde im 13. Jh. begonnen und um 1480 vollendet. Eine romanische Kathedrale aus den Jahren 1123–1136 wurde 1196 niedergebrannt. Es ist erstaunlich, daß ausgerechnet in Glasgow und inmitten abstoßender, moderner Gebäude eine gotische Kathedrale nahezu intakt erhalten und funktionstüchtig ist. Die Kirche überstand ohne schwere Einbußen den Bildersturm der Reformation und die Zerstörungswut des späten 18. und frühen 19. Jh. Allerdings fielen wie beide Westtürme dem Impetus frühviktorianischer Denkmalpflege zum Opfer: Die Türme waren von unterschiedlicher Struktur und Höhe, ihr Baustil und ihre Proportionen schienen mit denen der Kathedrale nicht vereinbar. Um dem Bau ein einheitliches, viktorianischem Kunstempfinden zuträgliches Gepräge zu geben, beschloß man 1846, die Türme zu entfernen. Ursprünglich war vorgesehen, zwei neugotische Türme von gleicher Höhe an ihre Stelle zu setzen; glücklicherweise wurde das Vorhaben nie ausgeführt.

Der beste Blick auf die Kathedrale eröffnet sich von dem im O gelegenen, *Necropolis* genannten Friedhof aus. Aus dieser Perspektive wird die stilistische Homogenität des Baus besonders deutlich. Die Kathedrale trägt in ihren ältesten Teilen unverkennbar englische Züge. Man beachte in diesem Zusammenhang das frühgotische Gewölbe der *Krypta* und die Gewölbe der *Seitenschiffe* sowie die schlanken gotischen Fenster und Türöffnungen. Andererseits findet sich auch typisch Schottisches, so etwa an dem Turm mit seinem Umgang, der an Jedburgh (**28.1**) und Paisley (vgl. o.) erinnert. Der Grundriß der Kirche (vgl. die Pläne) ist nicht so unregelmäßig wie etwa der von St. Giles in Edinburgh (**66.11**), dennoch ist die übliche kreuzförmige Gestalt nicht gegeben. *Chor* und *Schiff* haben fast identische Abmessungen, wobei die Trennwand zwischen beiden entlang der Ostseite der Vierung verläuft. Der Chorteil liegt auf einem etwas höheren Niveau als das Schiff, wobei auch

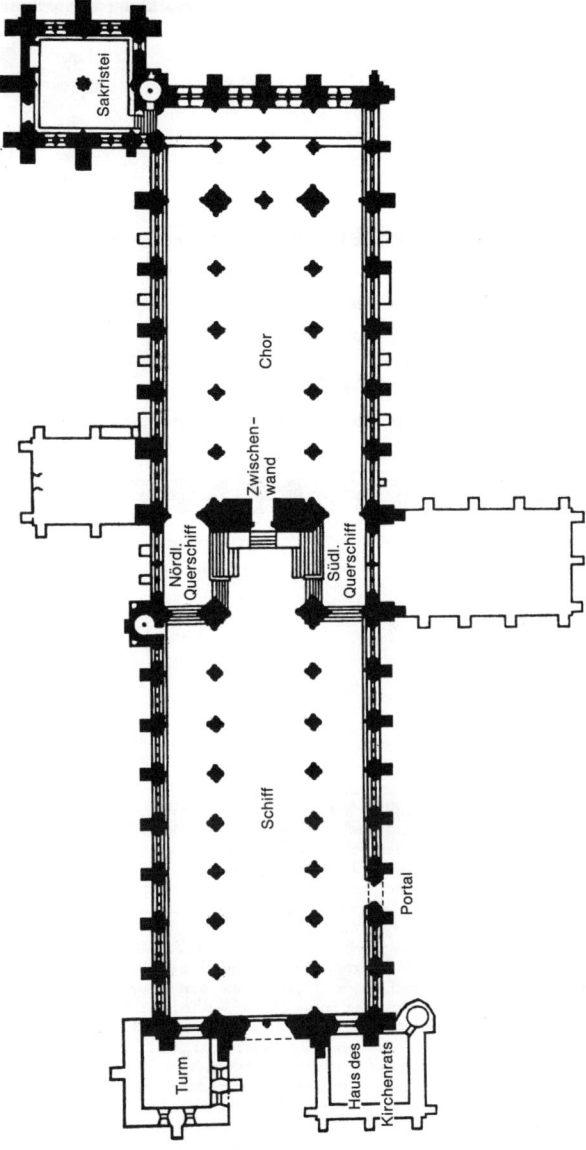

Glasgow Cathedral

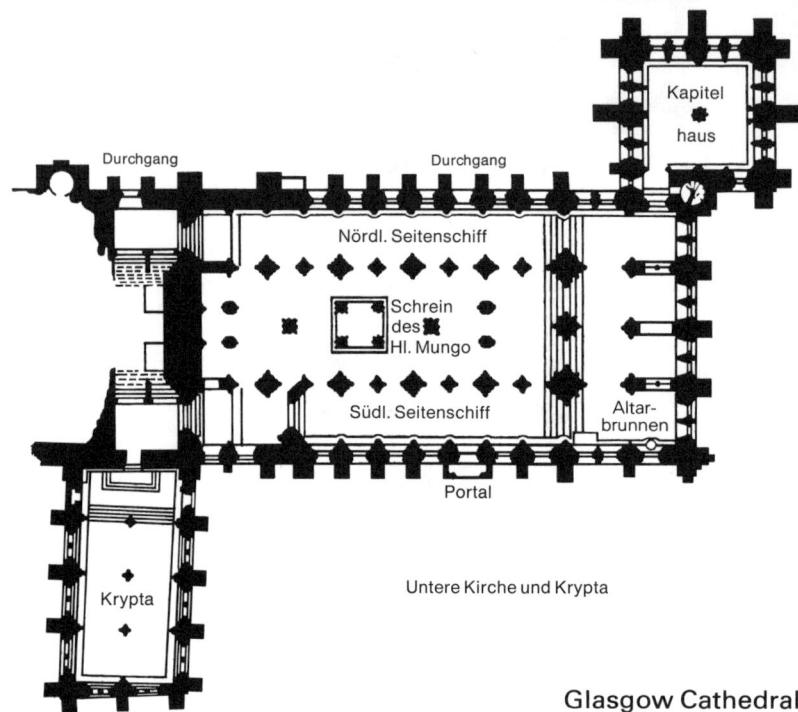

Glasgow Cathedral

die lediglich ansatzweise vorhandenen Querschiffe (im Grunde handelt es sich hier um Verlängerungen der Seitenschiffe) in dieses höhere Niveau einbezogen und durch Treppenstufen vom übrigen Kirchenraum abgesetzt sind. Ein großangelegtes s. Querschiff wurde gegen Ende des 15. Jh. von Erzbischof *Blacader* geplant, der Bau ist jedoch über eine sehenswerte Krypta (*Blacader's Crypt* oder *Blacader Aisle*) nicht hinausgekommen. Blacader war nach der Erhebung Glasgows zur Erzdiözese 1491 der erste Träger des neuen Amtes. Die vielleicht größte Sehenswürdigkeit der Kathedrale ist die unter dem Chor gelegene *Krypta*, in der sich auch der Schrein des St. Mungo befindet. Die Krypta besitzt keineswegs die vom kontinentalen Europa her gewohnten bescheidenen Dimensionen und groben, archaischen Strukturen. Sie ist vielmehr ein mit außerordentlichem Feinsinn konstruiertes Meisterwerk der Frühgotik. Man beachte die Pfeiler und das Rankenwerk an den Kapitellen der Säulen des Schreins sowie die reichgestalteten Bossen der Decke. Der Bau wurde 1197, unmittelbar nach der Zerstörung der romanischen Kathedrale, begonnen. Durch eine reichverzierte Tür am Ostende der Krypta gelangt man in das spätgotische *Kapitelhaus* unterhalb der Sakristei. Das Gewölbe wird von einem zentralen Pfeiler getragen, der reiche heraldische Verzierung aufweist. Man nimmt an, daß der prächtig ausgeschmückte Raum nach 1424 entstand. Die Krypta dient heute als Gemeindekirche. Schiff und Chor sind im wesentlichen ein Werk des 13. Jh. Die Balkendecken ersetzen ein älteres Tonnengewölbe, das sich für die Seitenwände als zu schwer erwiesen hatte. Alles in allem weist der Chor gegenüber dem Schiff eine stärker verfeinerte Gestalt auf. Die *Sakristei* aus der Zeit um 1450 ist ein Musterbeispiel für den Überschwang spätgotischer Formen und verdeutlicht, wie das s. Seitenschiff des Erzbischofs Blacader geraten wäre, hätte dieser sein Vorhaben zu Ende führen können. Auch Blacader's Crypt zeigt sehenswerte Spätgotik. – Nach

Glasgow

der Reformation wurde die Kathedrale, ähnlich wie St. Giles in Edinburgh, aufgeteilt: Forthin umfaßt sie drei Gemeindekirchen, eine im Schiff, eine im Chor und eine in der Hauptkrypta. April bis September MO-SA 10-19, SO 13-18; Oktober bis März MO-SA 10-17.30, SO 13-18. Eintritt frei.

433.2 Necropolis. Unmittelbar hinter der Kathedrale befindet sich die »Totenstadt«, der größte Friedhof Glasgows. Er wurde 1833 angelegt und enthält eine Reihe interessanter Grabmäler aus dem 19. Jh., darunter das sehenswerte Mausoleum der Familie *Menteith* von 1842.

433.3 Provand's Lordship. Bis zur Reformation war die Kathedrale Mittelpunkt einer bischöflichen, später erzbischöflichen Hofhaltung, damit aber eines kirchlichen Stadtbezirks, in dem neben der bischöflichen Burg die Herrenhäuser der Chorherren sowie Wirtschafts- und Verwaltungsgebäude ihren Platz hatten. Diese Baulichkeiten sind bis auf ein einziges Haus, Provand's Lordship (auf der Westseite der Castle Street, etwa 100 m von der Kathedrale entfernt) verschwunden. Das restaurierte Haus aus dem Jahre 1471 gehörte *William Baillie*, einem Titularkanonikus, der auch Herr über Proven Hall war. Der Bau ist heute das älteste Haus in der Innenstadt von Glasgow. Es dient als *Museum* zur schottischen Geschichte. Das Mobiliar stammt im wesentlichen aus dem 17. Jh.
April bis September 10-17; Oktober bis März 11-16. Eintritt.

433.4 Proven Hall. Das 7 km ö. des Stadtzentrums an der Auchinlea Road (B 806) gelegene Haus aus dem 15. Jh. wurde 1935 restauriert. Es gilt als eines der besten Beispiele für ein einfaches Landhaus (im Unterschied zu den herrschaftlichen Turmhäusern) aus vorreformatorischer Zeit. MO, MI-SO 10-19.

433.5 Tolbooth Steeple und Mercat Cross. An der Kreuzung von High Street, Trongate bzw. Gallowgate und London Road befindet sich der Turm des ehemaligen Rathauses (Tolbooth Steeple) aus dem 17. Jh. Der 34 m hohe Bau besitzt einen Abschluß in Form einer Krone. Für diese Konstruktion bietet Schottland lediglich zwei weitere mittelalterliche Beispiele, nämlich St. Giles in Edinburgh (**66.11**) und King's College Chapel in Aberdeen (**154.13**). Gegenüber befindet sich an der Ecke High Street und Gallowgate das *Marktkreuz*. – Der 200 m weiter w. auf der Südseite des Trongate gelegene *Tron Steeple* datiert von 1637.

433.6 Calderpark Zoological Gardens. 10 km ö. des Zentrums befindet sich an der A 74 der Zoologische Garten, ein Tierpark mittlerer Größe, der zur Zeit erweitert und modernisiert wird. Sommermonate 9.30-19; Wintermonate 9.30 bis Dämmerung. Eintritt.

433.7 People's Palace. 1,5 km sw. des Zentrums befindet sich in dem *Glasgow Green* genannten Park an den Ufern des Clyde der 1898 eröffnete Volkspalast. Er umfaßt das *Old Glasgow Museum*, das einen vorzüglichen, reich illustrierten Überblick über 800 Jahre Stadtentwicklung bietet. MO-SA 10-17, SO 14-17.

433.8 Linn Park. Unter den zahlreichen Parks, die das Stadtzentrum wie ein großer Grüngürtel umgeben, ist der an der s. Peripherie gelegene und über die A 727 erreichbare Linn Park vielleicht der landschaftlich schönste. Er liegt an den Ufern des White Cart Water und umfaßt einen Naturpfad sowie einen *Kinderzoo*.

433.9 Cathcart Castle. Am Ufer des White Cart Water befinden sich an der s. Peripherie Glasgows, verwaltungsmäßig schon zu Clarkston in der Grafschaft Renfrew gehörig, die Ruinen des Schlosses Cathcart. Die mittelalterliche Burg wurde im 15. Jh. teilweise zerstört und später durch das in der Nachbarschaft gelegene Herrenhaus von Cathcart (Cathcart House) ersetzt. Von einem Fenster in der Ruine des Schlosses soll Maria Stuart die Schlacht von Langside (Queens Park, vgl. u.) verfolgt haben, deren Ausgang für sie so fatal war, daß sie von hier aus nach Dundrennan (**368**) und von dort nach England fliehen mußte.

433.10 Queens Park und Campshill Museum. 3 km s. des Zentrums liegt an der Zufahrtstraße zum Linn Park auf der Westseite der Langside Road der Queens Park. Hier befindet sich das

Campshill Museum mit Gemälden und Objets d'Art aus der Sammlung Burrell. Das Museum bietet auch Exponate zur Naturgeschichte.
Am Südende des Parks erinnert das *Langside Memorial* an die letzte Schlacht der Königin Maria Stuart. Die Battle of Langside wurde 1568 im Anschluß an die Befreiung Marias aus Loch Leven Castle (**76**) geschlagen.

433.11 Museum of Transport. Verläßt man das Zentrum über die A 77, so gelangt man nach 3 km im Ortsteil Pollokshields bei der Albert Drive zu einem der faszinierendsten Museen, die Glasgow zu bieten hat, dem Transportmuseum. Es beherbergt eine Sammlung schottischer Dampflokomotiven sowie Straßenbahnwagen, Pferdebusse, frühe Omnibusse, Personenwagen, Feuerwehrgerät und schließlich Fahrräder. Neben vielen Originalstücken wird eine große Anzahl vom Modellen gezeigt.
MO–SA 10–17, SO 14–17.

433.12 Pollock House. Folgt man der A 77 und der A 736 weiter nach S, so gelangt man im Ortsteil Pollokshaws (5,5 km vom Zentrum) in eine Parklandschaft, die die Ufer des White Cart Water säumt. Auf der Nordseite des Flüßchens liegt 1 km w. der Pollokshaws Road das nach Plänen *William Adams* von 1752 erbaute Pollock House. Der Bau wurde 1890–1908 erweitert. Das Herrenhaus beherbergt die berühmte *Stirling Maxwell-Gemäldesammlung* spanischer Meister sowie spanisches Glas und eine Sammlung europäischen und orientalischen Mobiliars, schließlich Töpferwaren, Porzellan und andere Arbeiten aus dem Bereich der dekorativen Kunst. Hier befinden sich auch einige bedeutende Arbeiten des englischen Dichters, Malers und Kupferstechers *William Blake*.
MO–SA 10–17, SO 14–17.

433.13 Haggs Castle. Im Ortsteil Pollokshields befindet sich nw. des Transportmuseums (s. o.) an St. Andrew's Drive das 1585 erbaute und 1972 von der Stadt Glasgow übernommene und restaurierte Schloß Haggs. Es dient heute als Museum speziell für Kinder, denen es eine Einführung in schottische Geschichte bieten will. Die jungen Besucher sollen sich handelnd in die Geschichte einleben. So hat die Stadt um das Schloß herum einen Nutzgarten im Stil des 17. Jh. angelegt. Eine Hütte in der Nachbarschaft des Schlosses enthält eine Küche, in der die Kinder mit den hier vorgefundenen Pflanzen und Krätern hantieren und Speisen zubereiten können.
MO–SA 10–17.15, SO 14–17.

433.14 Victoria Park and Fossile Grove. Im NW der Stadt, etwa 5,5 km vom Zentrum, bietet der auf der Nordseite der Dumbarton Road gelegene Victoria Park neben einem französischen Garten, einem Arboretum und einer Sammlung interessanter, teilweise subtropischer Bäume die fossilen Überreste eines 230 Millionen Jahre alten Waldes: Sichtbar sind Baumstümpfe und Wurzeln.
MO–SA 9 bis Dämmerung.

433.15 Art Gallery and Museum. Ebenfalls w. des Zentrums, zu erreichen über die Argyle Street, liegt am Südufer des River Kelvin inmitten des Kelvingrove Park das bedeutendste Museum der Stadt: Die 1901 eröffnete Kunstgalerie gilt als die beste städtische Kunstsammlung Großbritanniens. Die Exponate umfassen Werke flämischer, niederländischer und französischer Meister, wobei ein Schwerpunkt auf dem französischen Impressionismus und nach-impressionistischen Strömungen liegt. Auch moderne schottische Malerei ist vertreten. Die Gemäldesammlung wird durch Graphiken und Skulpturen sowie Ausstellungen zur angewandten Kunst ergänzt. Das Museum bietet neben einer bedeutenden archäologischen Sammlung (u.a. Funde aus Ägypten und Zypern) eine Waffensammlung sowie eine Sammlung von Schiffsmodellen, besonders zur Schiffahrt auf dem Clyde.
MO–SA 10–17, SO 14–17.

433.16 University and Hunterian Museum. Auf der Nordseite des River Kelvin liegt, etwa 400 m von der Städtischen Kunstgalerie entfernt, das in einem Gebäude der Universität untergebrachte Hunterian Museum. Es umfaßt archäologische, anatomische und zoologische Sammlungen, Manuskripte und frühe Buchdrucke. Einige der Exponate können nur nach vorheriger Absprache besichtigt werden.
MO–FR 9–17, SA 9–12.

433.17 Botanic Gardens. 3 km nw. des Zentrums befindet sich auf der Nordseite der Western Road der malerisch an den Ufern des Kelvin River gelegene 42 Morgen große Botanische Garten. Besonders sehenswert sind die Orchideen- und Begonien-Zuchten. Das *Kibble Palace-Gebäude* umfaßt eine einzigartige Sammlung von Baumfarnen und anderen tropischen Pflanzen.
Gärten: 7 bis Dämmerung. Kibble Palace: 10–16.45; andere Gebäude MO–SA 13–16.45, SO 12–16.45. In den Monaten Oktober bis März werden die Treibhäuser bereits um 16.15 geschlossen.

433.18 George Square. Das moderne Zentrum von Glasgow. s. der Queen Street Station ist ein Produkt der viktorianischen Ära. Hier finden sich auch die Statuen der bedeutendsten Zeitgenossen: Königin Victoria, ihr Gatte Prinz Albert, Robert Burns, Sir Walter Scott, James Watt, William Gladstone und andere mehr. George Square wird flankiert von den im Stil der italienischen Renaissance erbauten *City Chambers,* dem Hauptgebäude der Stadtverwaltung, das Königin Victoria im Jahre 1888 eröffnete. Der große Festsaal ist mit Darstellungen aus farbigem Stein und seltenen Hölzern geschmückt, die den Fortschritt der Stadt darstellen.
Führungen MO–FR 10.30 und 14.30 oder nach Vereinbarung, soweit die Amtsgeschäfte eine Besichtigung zulassen.
Entlang der Westseite des George Square erhebt sich das 1874 erbaute *Merchants' House,* das die Industrie- und Handelskammer, die älteste in Großbritannien, beherbergt. Der reich ausgestattete viktorianische Festsaal besitzt sehenswerte Buntglasfenster.
Mai bis September MO–FR 14–16.

433.19 Mitchell Library. Die in der North Street gelegene größte öffentliche Bibliothek Schottlands wurde 1874 gegründet. Der Bücherbestand beträgt rund 1 Mio. Bände. Unter den zahlreichen Spezialsammlungen befindet sich auch die wahrscheinlich größte Robert-Burns-Sammlung der Welt.
MO–FR 9.30–21 und SA 9.30–17.

433.20 The Scottish Stock Exchange. In der Buchanan Street, etwas s. der Einmündung der West George Street, befindet sich am St. George's Place die schottische Börse. Das 1877 im französisch-venezianischen Stil errichtete Gebäude hat eine *Visitors' Gallery.*
MO–FR 10–12.45 und 14–15.30.

433.21 Scottish Design Centre. Das Zentrum (St. Vincent Street) bietet eine Einführung in schottisches Design. Ausgestellt werden jeweils rund 500 schottische Produkte, die aus der Gesamtliste, dem Design Index mit rund 10 000 Eintragungen, ausgewählt sind.
MO–FR 9.30–17, SA 9–17.

433.22 Glasgow School of Art. In der Renfrew Street, einer Parallelstraße zur St. Vincent Street (5 Blöcke weiter n.) befindet sich das Gebäude der Kunstakademie. Der 1896 projektierte und zwischen 1897 und 1909 ausgeführte Bau ist ein gutes Beispiel für die Arbeit des Architekten *Charles Rennie Mackintosh* (vgl. auch Helensburgh, **454**).

433.23 Regimental Headquarters of the Royal Highland Fusiliers. Wer sich für Militärgeschichte interessiert, kann in der Sauchiehall Street das Museum eines der berühmtesten schottischen Regimenter besichtigen. Thema ist die Geschichte der Hochland-Infanterie. Schottische Regimenter haben in der britischen Kolonialgeschichte ebenso ihren festen Platz wie in den Annalen der beiden Weltkriege.
MO–FR 9–16.30.

433.24 Custom House Quay. Unter den alten Kaianlagen längs des Clyde ist der Zollhaus-Kai zwischen Glasgow Bridge und Victoria Bridge am bekanntesten. Hier ist auch die *Carric* vertäut, ein Schiff von 1864.

433.25 The Waverley. Wen es auf den Clyde hinauszieht, dem sei die Waverley empfohlen, der letzte *Raddampfer,* der für den Dienst auf dem Fluß gebaut wurde, und der nun als Museumsstück zu Ausflugsfahrten entlang der Küste (mit voller Verpflegung und Musik) einlädt.
Hinsichtlich des Ausflugsprogrammes erkundige man sich bei: Waverley Steam Navigation Co. Ltd., Waverley Terminal, 34 Anderston Quay, Glasgow, Tel. 221 8152.

Westschottland

Im folgenden sind eine Reihe von Strecken beschrieben, die zu den beliebtesten (und meistbefahrenen) Touristenrouten Schottlands zählen: die Straße längs des Loch Lomond nach Oban und die durch das Great Glen. Daneben sind Landschaften aufgeführt, die zumindest von den ausländischen Reisenden sehr viel seltener besucht werden, wie beispielsweise die Halbinseln Cowall und Kintyre. Allerdings sind diese Gebiete beim britischen Publikum beliebt, und die Millionenstadt Glasgow ist auch nicht allzu weit entfernt: Letzteres macht sich in den Sommermonaten und auch an Wochenenden auf den Straßen der Region bemerkbar. Landschaftlich besonders eindrucksvoll sind die Streckenführungen entlang der Westküste und auch längs der tief ins Land hineinragenden Förden. Vor- und frühgeschichtliche Fundstätten sind zahlreich, historische Assoziationen ergeben sich allenthalben. Baugeschichtlich allerdings weist die Region nicht jenen Reichtum auf, der dem Reisenden in Süd- oder Ostschottland begegnet.

Von Glasgow aus bieten sich 2 Alternativrouten zur Westküste und zum Great Glen, die eine über Crianlarich (144 km bis Oban), die andere über Arrochar, Inveraray und Lochgilphead (192 km bis Oban). Von der zweiten Strecke aus können die Halbinseln Cowall und Kintyre erschlossen werden, von wo aus Fährverbindungen zu den Inseln Bute, Arran (nur während der Sommermonate), Gigha, Islay, Jura und Colonsay bestehen. Die zunächst beschriebene Route folgt der A 82/A 85.

Route 18

Glasgow – Dumbarton – Crianlarich – Oban

434 Dumbarton

Die von Glasgow kommende A 82 führt, vierspurig ausgebaut, nö. an Dumbarton (25 700 Einwohner) vorbei. Die Industriestadt (traditionell in erster Linie Schiffbau) hat eine reiche Geschichte, doch sind praktisch keine sichtbaren Zeugnisse erhalten.

Die Überreste der mittelalterlichen Burg, *Dumbarton Castle* (Ostseite der Mündung des River Leven, zu erreichen über die Castle Road s. der Glasgow Road) sind eher spärlich, da Kasernenbauten aus späterer Zeit die Anlage verändert haben. Zu besichtigen sind neben dem Verlies ein Torbogen aus dem 12. Jh. und eine Sonnenuhr, die Maria Stuart der Stadt 1548 schenkte. Die Besatzung des Schlosses blieb der Königin bis zum Fall der Festung im Jahre 1571 ergeben.
April bis September MO–SA 9.30–19, SO 14–19; Oktober bis März MO–SA 9.30–16, SO 14–16. Eintritt.

Vom 5. Jh. an und bis zum Jahre 1018 war Dumbarton Hauptstadt eines unabhängigen westschottischen Königreiches. Es heißt, St. Patrick, der große irische Kirchenlehrer und Heilige, sei hier geboren und dann von Seeräubern nach Irland entführt worden.

Wichtige Adressen: *Hauptbahnhof,* Station Road – *Postamt,* Risk Street, im Einkaufszentrum (Shopping Precinct) s. der Glasgow Road – *Polizei-Hauptquartier,* ö. der A 82 und nw. der Argyll Avenue. Auf der Südseite der High Street befindet sich etwa 100 m ö. der Bridge Street das *Glencairn House* von 1623.

Von Dumbarton aus ergeben sich zwei Möglichkeiten der Weiterfahrt: Während die streckenweise recht enge und unübersichtliche A 82 durch Balloch führt und dem Westufer des berühmten Loch Lomond folgt, verläuft die A 814 weiter längs der Küste und über Helensburgh (**454**) und Arrochar wahlweise zurück auf die A 82 oder aber hinüber nach Inveraray (**460**) am Loch Fyne. Beide Strecken sind landschaftlich außerordentlich eindrucksvoll.

435 Balloch

N. von Dumbarton führt die A 82 durch dichtbesiedeltes Gebiet und vorbei an den Industrieorten Bonhill, Jamestown und Alexandria. Nach 7 km wird der Ort Balloch (1700 Einwohner, Bahnstation) erreicht. Er ist Ausgangspunkt für Dampferfahrten auf dem Loch Lomond, die mit der *Maid of the Loch* durchgeführt werden. Die A 811 nach Drymen (vgl. u.) und Stirling (**281**) bietet eine Zufahrt zum Ostufer des Loch Lomond sowie nach Aberfoyle (**286**) und zu den Trossachs (**288**).

436 Loch Lomond und die Maid of the Loch

Loch Lomond ist mit 34 km Länge und bis zu 7 km Breite Großbritanniens größter Binnensee. Die Ufer und eine Reihe von malerischen kleinen Inseln zeigen eine reiche Vegetation. Sie werden von 2 Straßen her erschlossen, der Durchgangsstraße A 82 entlang des Westufers und der Stichstraße B 837 von Drymen aus. Die Gebirgszüge zu beiden Seiten erreichen durchweg Höhen von 700–800 m. Höchste Erhebung ist der 970 m hohe Ben Lomond am Ostufer, von dem aus sich ein Rundblick ergibt, der bis zur Insel Arran (**485**) reicht. Die dem Weiler Balmaha (vgl. u.) vorgelagerte Insel Inchcailloch ist Naturschutzgebiet. Die Inselchen im See haben bereits im 5. Jh. irische Einsiedler und Missionare angezogen, die sich hier vor feindlichen Nachstellungen sicher fühlten. So soll *St. Mirren* auf der am s. Ausgang des Sees gelegenen größten Insel, Inchmurrin, im 6. Jh. ein Kloster gegründet haben. Auf Inchmurrin befinden sich auch die Ruinen des *Lennox Castle.*

Die *Queen of Scottish Lakes,* nicht zuletzt durch das Lied von den *Bonnie Banks of Loch Lomond* berühmt gemacht, zieht in den Sommermonaten wahre Touristenschwärme an, die dann mit ihren Camping-Fahrzeugen die A 82 verstopfen. Das Lied ist dabei ursprünglich alles andere als ein Touristen-Hit. Es wurde von einem Gefolgsmann des Prinzen Charles Edward Stuart im Kerker von Carlisle gedichtet und vertont, am Tage vor dessen Hinrichtung.
Die *Maid of the Loch* ist ein altertümlicher Raddampfer, der in den Sommermonaten zwischen Balloch und dem Nordende des Sees (Ardlui) verkehrt. Das Schiff läuft verschiedene Zwischenstationen an, wobei die Möglichkeit zur Fahrtunterbrechung gegeben ist. Heimathafen ist das Pier von Balloch, von wo das Schiff von Mitte Mai bis Mitte September MO–SA um 10.40 und 14.40 (SA auch 17) sowie SO um 11, 14.40 und 17 abfährt.

437 Drymen

Wählt man von Balloch aus die A 811, so gelangt man nach 20 km in den Ort Drymen (1200 Einwohner), von wo sich das sehenswerte, waldreiche Ostufer des Loch Lomond (B 837) erschließt. Das Gebiet ist Bestandteil des *Queen Elizabeth Forest Park,* eines nach Königin Elisabeth II. benannten Naturparks, der 166 qkm umfaßt und sich bis zu den Trossachs (**288**) im NO ausdehnt. Der Park ist für den Wagenverkehr weitgehend gesperrt, jedoch durch gut begehbare Forstwege mit einer Gesamtlänge von 275 km erschlossen.

438 Balmaha und der Nationale Naturpark von Loch Lomond

8 km nw. von Drymen erreicht die B 837 den Weiler Balmaha. Von hier aus besteht Bootsverbindung zu der 250 m entfernten Insel Inchcailloch im Loch Lomond. Ihrer überaus reichen Vegetation wegen wurde die Insel zum Naturschutzgebiet erklärt. Mehr als 300 verschiedene Farne und Blütenpflanzen gedeihen hier *(Loch Lomond National Nature Reserve).*

Zwei Waldpfade nehmen in Balmaha ihren Ausgang: Der *Steep Walk,* 2,5 km lang, führt zu einem Aussichtspunkt, von dem aus sich ein guter Überblick über die Landschaft des Loch Lomond gewinnen läßt. Der *Gentle Walk* folgt über gut 1 km Forstwegen und weist keine nennenswerten Steigungen auf.
Von Balmaha aus folgt die Straße weiter dem Ostufer des Loch Lomond bis zum Rowardennan Hotel, 10 km weiter nw. Unterwegs laden mehrere Picknickplätze und Waldpfade zur Rast. Besonders zu empfehlen ist der *Sallochy Forest Trail* auf etwa halbem Wege, der über 2,5 km durch Eichenwald und gemischten Nadelwald führt und eine alte Eisenschmelze sowie einen aufgegebenen Weiler berührt.
Rowardennan ist ein Zentrum der Bergwanderer und Ausgangspunkt für die Besteigung des 4 km n. gelegenen, 970 m hohen Ben Lomond, des höchsten Berges der Umgebung und eines der berühmtesten Berge Schottlands. Ein Wanderweg folgt dem Ostufer des Loch Lomond zu dem 11 km weiter n. gelegenen Inversnaid Hotel, von wo ein für den Privatverkehr gesperrter Fahrweg entlang der Nordufer von Loch Arklet und Loch Katrine zu den Trossachs führt. Die Entfernung beträgt 23 km ab Inversnaid Hotel. Eine andere Wanderroute führt nach O und entlang des Tals des Duchray Water nach Aberfoyle (**286**).

439 Cameron Loch Lomond

N. von Balloch befindet sich auf der Ostseite der A 82 am Seeufer ein Freizeit- und Safaripark mit Picknickplätzen, Gärten und Spielplätzen, Wasserski-Verleih und vielen anderen Attraktionen. Das Cameron House im Zentrum der Anlage ist mit z.T. skurilen Sehenswürdigkeiten vollgestopft, darunter auch der angeblich größten Sammlung von Whisky-Flaschen der Welt (über 1000 verschiedene Sorten). Der Safaripark ist bekannt für seine Bären.
Cameron House: 11.30–18. Eintritt. *Sonstige Anlagen:* Ostern bis September 10.30–18. Eintritt.

440 Rossdhu

Die A 82 führt bis zum Nordende des Sees mit wenigen Unterbrechungen unmittelbar an dessen Ufer entlang, wobei sich vielfältige Ausblicke auf das Ben Lomond-Massiv ergeben. Eine Reihe von Parkplätzen, die in den Sommermonaten jedoch überfüllt sind, laden zur Rast ein. Autofahrern sei dringend geraten, sich bei aller Schönheit der umgebenden Natur auf die Fahrbahn zu konzentrieren: Die A 82 zwischen Balloch und Ardlui gehört zu den unfallträchtigsten Straßen in Großbritannien.

Rund 9 km n. von Balloch liegt auf einer kleinen bewaldeten Halbinsel ö. der A 82 das Herrenhaus von Rossdhu, die historische Heimstatt der Clanchefs des Clan Colquhoun. Das georgianische Herrenhaus aus dem 18. Jh. hat eher bescheidene Proportionen, wirkt jedoch in seiner landschaftlichen Einbettung recht anheimelnd. Von dem Anwesen aus ergibt sich ein guter Blick auf die zahlreichen bewaldeten Inseln im See.
Ostersonntag bis Ende September SO–FR 10.30–17. Eintritt.

441 Luss

Nach weiteren 4 km wird das hübsch am Seeufer gelegene Dorf Luss erreicht. Der Ort, dessen Kirche ein Bildnis des iroschottischen Heiligen St. Kessog aus dem 14. oder 15. Jh. birgt, partizipierte am Schottland-Tourismus der ersten Stunde: 1803 wurde er von den englischen Dichtern *Wordsworth* und *Coleridge* besucht. – Der Weiler Inverbeg, 5 km weiter n., hat in den Sommermonaten Bootsverbindung mit Rowardennan (**438**) auf der Ostseite des Sees.

442 Tarbet

Reisende, die ihren Weg über Helensburgh (**454**) genommen haben, erreichen das Loch Lomond beim Weiler Tarbet (29 km n. Balloch). Tarbet (170 Einwohner, Bahnstation, Informationsamt) liegt am Ostende einer kaum 2 km messenden Landenge zwischen der tief ausgreifenden Förde Loch Long und Loch Lomond. Über diese Landenge zog König Haakon von Norwegen 1263 einen Teil seiner Schiffe. Tarbet wie auch das 2 km w. gelegene Arrochar (**457**) sind günstige Ausgangspunkte für Ausflüge in die Fjordlandschaft Argylls.

443 Ardlui

Ardlui (Bahnstation), am besonders malerischen Nordende des Loch Lomond gelegen, ist ein pittoreskes Bergdorf an der NO-Flanke des 940 m hohen Ben Vorlich.

444 Crianlarich

Von Ardlui aus führt die A 82 durch das zunächst enge und recht romantisch anmutende Glen Falloch. Das Ben Oss-Massiv im NW erreicht eine Höhe von 1026 m, das Cruach Ardrain Gebirge im O steigt mit Ben More (ö. von Crianlarich) sogar auf 1169 m an. Nach 7 km werden die sehenswerten *Falls of Falloch* erreicht. Die Straße steigt im weiteren Verlauf auf 180 m Seehöhe an.

Crianlarich (400 Einwohner) hat im 19. Jh. als Eisenbahn-Knotenpunkt Berühmtheit erlangt. Hier traf die (leider inzwischen eingestellte) Hauptstrecke von Stirling (**281**) auf die (noch befahrene) Linie Glasgow – Fort William (**521**). Auch die (noch offene) Stichbahn nach Oban (**511**) zweigt hier ab. Eine Eisenbahnfahrt von Crianlarich nach Fort William über das einsame Moor of Rannoch gehört zu den großen Erlebnissen eines Hochland-Aufenthaltes. Die Bahn berührt dabei Landschaften, die nach wie vor über Straßen nicht zugänglich sind.

Von Crianlarich aus stellt die stellenweise recht enge A 85 die Verbindung über Killin (**293**) und Aberfeldy (**89**) zur A 9 (Edinburgh–Inverness) her. Die Entfernung beträgt 66 km.

445 Tyndrum

Der 243 m hoch gelegene Weiler Tyndrum (150 Einwohner) ist eine bekannte Sommerfrische, ein Angler- und Bergsteigertreff sowie ein (eher bescheidenes) Wintersport-Zentrum. Der von durchweg 800 m hohen Bergrücken umgebene Ort liegt am Ostende des Glen Lochy im majestätisch weiten Strath Fillan. Er besitzt 2 Bahnhöfe, einen oberen für die Strecke nach Fort William und einen unteren für die Strecke nach Oban.

Die A 82 verläuft weiter in n. Richtung und erklimmt das Hochmoor von Rannoch, wobei die Straße eine Seehöhe von 308 m erreicht. Sie stellt die direkteste Verbindung über Ballachulish (**517**, 52 km) in das Great Glen, nach Inverness (**114**) und in den NW Schottlands dar. Die Trasse führt n. des Weilers Bridge of Orchy durch sehr einsames Gelände. Das nach S anschließende Glen Orchy ist ein berühmtes Hochlandtal.

446 Dalmally

Ab Tyndrum folgt die Route der A 85. Die Straße führt weitgehend parallel zur Eisenbahnlinie das weite Glen Lochy hinab in das 18 km entfernte Dalmally (1000 Einwohner, Bahnstation). 2,5 km ö. des Dorfes wird der Fluß Orchy erreicht. 3 km sw. von Dalmally befindet sich an der alten, durch das Bergland führenden Straße nach Inveraray (heute nicht mehr durchgehend befahrbar) in 132 m Seehöhe ein *Aussichtspunkt,* von dem sich ein vorzüglicher Blick auf Loch Awe, das Ben Cruachan-Massiv im NO (1122 m) und die umgebende Gebirgslandschaft ergibt. In der Nachbarschaft gibt es ein Denkmal für *Duncan Ban MacIntyre,* den 1724 in Inveroran (Argyll) geborenen berühmten Barden.

447 Loch Awe und Schloß Kilchurn

3 km w. von Dalmally erreicht die A 85 das NO-Ende des 37 km langen und durchweg 1,5 km breiten Loch Awe. Der Süßwassersee ist für seinen Fischreichtum bekannt. Zuvor zweigt die A 819 nach Inveraray (**460**) in s. Richtung ab; sie folgt zunächst dem Ostufer des Loch Awe. Wer sich länger an dem landschaftlich reizvollen See aufhalten will, sollte die B 840 benutzen, die 10 km sw. von Dalmally von der A 819 abzweigt und dem Ufer auf seiner ganzen Länge folgt. Für die Rückfahrt bietet sich eine nk Straße durch waldreiches Gelände längs des Westufers des Sees oder aber die längs der Küste verlaufende A 816 (unmittelbar nach Oban) an.

Kurz hinter der Einmündung der B 8077 in die A 85 (gut 4 km w. von Dalmally) wird vom Westufer des Loch Awe aus die Ruine des Kilchurn Castle sichtbar. Das romantisch zwischen hohen Bäumen auf einer ehemaligen Insel gelegene Schloß ist der Öffentlichkeit nicht zugänglich. Der mächtige Fried wurde 1440 von *Sir Colin Campbell of Glenorchy,* dem Ahnherrn der Familie Breadalbane, errichtet. Die Nord- und die Südseite des Baus stammen aus der Zeit um 1693. Bauherr war *Ian, Graf von Breadalbane,* dessen Wappen gemeinsam mit dem seiner Frau den Torbogen ziert. Während des jakobitischen Aufstandes wurde das Schloß 1746 von den Hannoveranern eingenommen. Eine Zeitlang diente es als britische Garnison. Nach dem Abzug der Truppen wurde der Bau dem Verfall preisgegeben. Der große Wintersturm vom 28. 12. 1879, der die Brückenkatastrophe am Tay (vgl. **131.1**) auslöste, brachte einen der Türme zum Einsturz.

448 Die Kapelle von Inishail

Auf einer kleinen Insel im Loch Awe, mit dem Boot vom Inistrynish Pier w. der A 819 und 8 km sw. von Dalmally aus erreichbar, liegt die Inishail Chapel, ein *St. Findoc* geweihtes Kirchlein aus der

Zeit um 1257. Im zugehörigen Kirchhof finden sich zwei sehenswerte Grabplatten aus dem 14. oder 15. Jh.
Überfahrt: Man erkundige sich an Ort und Stelle.

449 Das hydro-elektrische Kraftwerk von Cruachan

12 km w. von Dalmally befindet sich unweit des NW-Endes des Loch Awe auf der Südseite der Straße der Eingang zu einem technischen Wunderwerk besonderer Art, dem Kraftwerk von Cruachan (Cruachan Hydro-Electric Power Station). Die 400000 kW-Anlage, die Strom bis ins Londoner Stadtnetz liefert, arbeitet mit Hilfe eines 360 m hoch gelegenen Speichersees, in den zur Nachtzeit, wenn überschüssige elektrische Energie zur Verfügung steht, Wasser gepumpt wird, mit dem am Tage Strom erzeugt werden kann.

Erwähnenswert ist die Tatsache, daß sich das Turbinenhaus strategisch absolut sicher gut 1 km tief im Inneren des Granitstockes des Ben Cruachan befindet. Es ist mit der Außenwelt durch einen Stollen verbunden, dessen Abmessungen es sogar Reisebussen erlauben, bis an die Maschinenhalle heranzufahren. Die Anlage kann besichtigt werden; das *North of Scotland Hydro-Electric Board* unterhält (unterhalb der Straße, unmittelbar am Seeufer) ein eigenes Besucherzentrum, wo auch der technische Ablauf anschaulich beschrieben ist. Erfahrungsgemäß vermag die Anlage auch den technisch weniger Interessierten zu begeistern.
Ostern bis Oktober MO–FR 9.30–17; Juni bis August auch SA, SO 9.30–17. Eintritt.

450 Die Eisenschmelze von Bonawe

4 km nw. des Dammes, der heute den Abfluß des Loch Awe reguliert, gelangt die A 85, nachdem sie das wilde Pass of Brander-Tal durchquert hat, in die Gemarkung von Bonawe. Auf dem Ostufer des River Awe liegt *Inverawe House* aus dem 16. Jh., über das es eine Reihe von Spukgeschichten gibt. Was Bonawe in den letzten Jahren hat bekannt werden lassen, ist ein sehr geglücktes Werk industrieller Archäologie: Die Eisenschmelze (Bonawe Iron Furnace) aus der Zeit nach 1753 wurde von der staatlichen Denkmalpflege mit sämtlichen Nebengebäuden wiederhergestellt. Die Schmelze hatte 1874 geschlossen.

Die ältesten Versuche, im Hochland Eisen zu verhütten, gehen auf das Jahr 1607 zurück. Dabei machte man sich die reichen Waldvorkommen in den Tälern sowie die billigen Arbeitskräfte zunutze. Das Erz wurde auf dem Wasserwege von Nordengland herbeigeschafft, das Roheisen in den gleichen Schiffen zur weiteren Verarbeitung dorthin zurücktransportiert. Die größte Unternehmung dieser Art begann, als die Firma Richard Ford & Co. aus Furness in Lancashire 1752 mit Sir Duncan Campbell of Lochnell einen Vertrag schloß, der dem Hüttenbetrieb die Rechte zur Abholzung des alten Laubwaldes (vorwiegend Eichen) in der Umgebung von Bonawe sicherte. Die Firma erbaute den gesamten, heute restaurierten Komplex. Ihre Schiffe machten an einem eigens errichteten Pier im Loch Etive, einem Seitenarm der tief ins Land reichenden Förde Loch Linnhe, fest. Die Arbeiter wurden mit Whisky bei Stimmung gehalten. Das Pier von Bonawe war in späteren Jahren ein Zentrum des Whisky-Schmuggels. Die Löhne im Hochland blieben so niedrig, daß sich trotz steigender Transportkosten die Erzverschiffung und die relativ primitive Verhüttung bis in die Jahre nach 1870 lohnten. Die Gebäude können von außen angeschaut werden. Der Ofen in der typischen Hanglage (damit man ihn ohne Schwierigkeiten von oben auffüllen konnte) trägt noch das Datum 1753.

451 Das Naturschutzgebiet des Forstes von Fearnoch

Südlich von Bonawe zweigt die B 845 in s. Richtung von der A 85 ab. Sie führt durch das waldreiche Glen Nant. Folgt man der Straße etwa 5 km, so gelangt man zum *Glen Nant Forest Nature Reserve*. Die Waldung, die den von Bonawe (vgl. o.) ausgehenden Abholzungsaktionen des 18. und 19. Jh. entging, ist heute der bedeutendste Überrest der ursprünglichen Vegetation des nw. Argyll. Von entsprechendem Interesse ist die damit verbundene Flora. Das Gebiet wird durch den Glen Nant Forest Trail, einen 4 km langen Waldlehrpfad, erschlossen.

452 Die Gärten von Ardanaiseig

Nach 9 km erreicht die B 845 das Westufer des Loch Awe. Östlich der Straße liegen die in Privatbesitz befindlichen Ardanaiseig Gardens, von denen aus sich ein vorzüglicher Blick auf den See ergibt. Sehenswert sind die Rhododendron-Pflanzungen sowie eine Reihe seltener Stauden und Bäume. April bis Oktober 10–18 bzw. Dämmerung. Eintritt.

1 km vor dem Endpunkt der B 845 zweigt eine nk Straße nach SW ab, die durch waldreiches Gebiet längs des Westufers des Loch Awe führt. Beim Weiler Dalavich (10 km) befinden sich 2 Picknickplätze. Hier nehmen mehrere Waldpfade, die *Inverliever Forest Trails*, ihren Ausgang. Sie durchqueren alte Koniferenwaldungen.

Im Weiler South Connel (vgl. **513**) erreicht die A 85 das Great Glen (A 828). Zuvor folgt sie einige km lang unmittelbar dem Ufer des Loch Etive. Die Entfernung nach Oban (**511**) beträgt 6 km.

Route 19

(Glasgow –) Dumbarton – Helensburgh – Arrochar – Inveraray – Lochgilphead – Oban

Die A 814 zweigt am ö. Ortseingang von Dumbarton (**434**) nach NW ab. Bis Arrochar (vgl. u.) verläuft die Bahnlinie nach Oban und Fort William weitgehend parallel.

453 Die St. Mahew-Kapelle

6 km w. von Dumbarton erreicht die A 814 die Gemeinde Cardross (1500 Einwohner, Bahnstation). In der Burg, die sich einst in der Nachbarschaft des Ortes befand, starb 1329 König Robert the Bruce. Rund 500 m n. der Hauptstraße findet sich hinter dem Golfplatz die Chapel of St. Mahew, eine Kapelle, die auf 1467 zurückgeht und 1955 restauriert wurde. Die Kirche erhebt sich dort, wo nach alter Tradition St. Mahew, ein Schüler des großen iro-schottischen Kirchenlehrers St. Patrick, um 535 eine Kapelle erbaute. An das Wirken des Heiligen erinnert das mittelalterliche *Cross of St. Mahew*.

454 Helensburgh

Helensburgh (12 900 Einwohner, Bahnstation, Informationsamt) ist ein bekanntes Ferienstädtchen und Ausgangspunkt für Dampferfahrten und Segeltouren auf dem Clyde und in den nach N anschließenden Förden. Recht sehenswert ist das Hinterland, das über die B 832 sowie durch eine nach N abzweigende und das Glen Fruin hinaufführende nk Straße erschlossen wird. Glen Fruin ist gälisch und heißt soviel wie Tal des Schmerzes: Hier wurde 1603 eine jener leider so typischen Schlachten zwischen rivalisierenden Clans gefochten, den MacGregors und den Colquhouns. Die Schlacht soll an Grausamkeit nicht zu überbieten gewesen sein, was angesichts der damals herrschenden Standards viel bedeutet.

In der Colquhoun Street befindet sich das von *Charles Rennie Mackintosh* 1902/03 erbaute und ausgestattete *Hill House*. Mackintosh (1868–1928) gilt als der bedeutendste schottische Architekt und Designer an der Schwelle zur Moderne. Er hat den Jugendstil nachhaltig beeinflußt.
April bis Oktober MO 12.30–17, DI 12.30–19, MI 9.30–17, SA, SO 14–18; November bis März MO, DI 12.30–17, MI 9.30–17, SA, SO 13–17.
J. Logie Baird, der Erfinder des Fernsehens, wurde 1888 in Helensburgh geboren.

455 Die Gärten von Glenarn

Zwischen Helensburgh und dem 12 km entfernten Garelochhead (vgl. u.) folgt die A 814 dem Ostufer der malerischen Förde Gare Loch. In dem Dorf Rhu (1200 Einwohner) sind die Glenarn Gardens sehenswert. Sie bieten Parklandschaft mit einer Vielzahl von unterschiedlichen Staudengewächsen und Büschen, darunter Rhododendren, Azaleen und Magnolien.
März bis August 9–21. Eintritt.

456 Garelochhead

Garelochhead (2300 Einwohner, Bahnstation) ist ein weiterer Ferienort und Ausgangspunkt für Ausflüge in das Massiv des Beinn Chaorach (711 m, 7 km nö.).

457 Arrochar

Nördlich von Garelochhead führt die Straße für 3 km durchs Landesinnere, bis sie beim Weiler Finnart die tief ins Land hineinragende Förde Loch Long erreicht, der sie dann auf 13 km folgt. Die während der gesamten Strecke nur knapp 1 km breite Förde ist landschaftlich reizvoll, zumal das gegenüberliegende, weitgehend unberührte Ufer und die Hänge des 785 m hohen Gebirgsstockes The Brack reich bewaldet sind.

Arrochar (700 Einwohner, Bahnstation, Informationsamt) ist, wie das 3 km weiter ö. am Loch Lomond gelegene Tarbet (**442**) ein guter Ausgangspunkt für Spaziergänge, Wanderungen und motorisierte Ausflüge in die nähere Umgebung und auf die Halbinsel Cowall. Im NW des Dorfes befinden sich einige der sehenswertesten Gipfel des gesamten Argyll: The Cobbler (879 m), Ben Ime (1009 m) und Ben Vane (914 m).

458 Der Forstpark von Argyll

Der Ostteil der Halbinsel Cowall besitzt einen reichen Waldbestand, der sich von den Hängen des Ben Vane im N bis in die Umgebung von Dunoon (503) im S erstreckt. Das insgesamt 255 km^2 große Gebiet wurde 1935 zum ersten Forest Park Großbritanniens entwickelt. Heute durchziehen Wanderwege mit einer Gesamtlänge von 270 km die Waldungen, für die von der *Forestry Commission* ein besonderer Führer, der Argyll Forest Park Guide, herausgegeben wird. Es werden drei Hauptgebiete unterschieden: Ardgartan (benannt nach einem Weiler 3 km sw. von Arrochar an der

A 83), Glenbranter und Benmore. (Zu den beiden s. Bezirken vgl. die Streckenbeschreibungen auf S. 309). Ardgartan besitzt einen großen Campingplatz (220 Stellplätze). Von hier nehmen drei Langstrecken-Wanderrouten ihren Ausgang: Ardgartan–Lochgoilhead (**496**) über Glen Croe (7 km), Ardgartan–Lochgoilhead über Coilessan Glen (10 km) und Ardgartan–Lochgoilhead über Corran Lochan (18 km).

459 Die Gärten von Strone

Zwischen Arrochar und Lochgilphead folgt die Route der A 83. Die Straße durchquert zunächst den Nordteil des Argyll Forest Park, wobei sie bei der Abzweigung der B 828 nach Lochgoilhead (**496**) auf 262 m Seehöhe ansteigt. Nach 18 km wird der Weiler Strone erreicht. Von hier aus erschließt die A 815 den s. Teil der Halbinsel Cowall und schafft eine Verbindung zur Insel Bute (**507**).

Die Strone Gardens an den relativ flachen Ufern der Förde Loch Fyne lohnen besonders im Frühjahr einen Besuch, wenn der reiche Bestand an Osterglocken und Primeln seine Blütenpracht entfaltet. Später im Jahr sind die zahlreichen exotischen Stauden und Büsche wie auch die Rhododendren sehenswert. Das Pinetum bietet wahre Prachtexemplare von Nadelbäumen.
April bis September 9–21. Eintritt.
Rund 11 km hinter Strone passiert die A 83 das am Ufer der Förde gelegene restaurierte *Dundrave Castle* von 1598.

460 Inveraray und sein Schloß

Zwischen Strone und Inveraray (18 km) führt die A 83 unmittelbar am Ufer des Loch Fyne entlang, wobei das Nordende der Förde umlaufen wird. Inveraray (Informationsamt) ist mit seinen 500 Einwohnern ein hübsch gelegener, kleiner Burgflecken und, historisch gesehen, Hauptort der Grafschaft Argyll. Das Schloß der Herzöge von Argyll befindet sich 1 km n. des Ortes und w. der A 83. Hier lag auch der mittelalterliche Ortskern, bis die Stadt um die Mitte des 18. Jh. im Zusammenhang mit der Rekonstruktion und Erweiterung des Schlosses an ihre heutige Stelle verlegt wurde.

Bekannt ist Inveraray vor allem für seinen Glockenturm, den *Inveraray Bell Tower* der *Church of All Saints:* Der 42 m hohe Granitturm beherbergt 10 sorgsam aufeinander abgestimmte Glocken, die täglich zu bestimmten Zeiten Kirchenlieder spielen. Eine Turmbesteigung lohnt wegen des guten Rundblicks.
Mai bis September 10–13 und 14–17. Eintritt.
An der Ecke von Front Street und Main Street erhebt sich, von einem Eisengitter umgeben, ein altes *keltisches Kreuz*, das von der Insel Iona (**634**) herübergebracht wurde.

Inveraray Castle ist der traditionelle Sitz der Herzöge von Argyll, der Oberhäupter des mächtigen Clan Campbell. Die Campbells kämpften im 18. Jh. auf seiten der Hannoveraner, nicht zuletzt, um damit ihrem Erbfeind, dem jakobitischen Clan MacDonald, den Krieg erklären zu können. Die Familie der Dukes of Argyll hat eine lange Geschichte, die mit der allgemein schottischen Geschichte untrennbar verwoben ist. Der 8. Graf und sein Sohn wurden als Stuart-Feinde 1661 bzw. 1685 in Edinburgh hingerichtet (vgl. den Argylls' Tower im Edinburgh Castle, **66.1**); zuvor hatte im Bürgerkrieg der Jahre 1642–1649 der stuarttreue Marquis von Montrose den Burgflecken Inveraray persönlich niedergebrannt.

Das von reichen Parkanlagen umgebene Schloß stammt in seiner heutigen Gestalt aus den Jahren nach 1743, als der 3. Herzog den Architekten *Roger Morris* beauftragte, den Herrensitz auszubauen. Später wurde auch die Architektenfamilie Adam, Vater und Söhne, engagiert. Die sehenswerte Inneneinrichtung stammt aus den Jahren nach 1770. Das Haus enthält reiche Sammlungen zur Familien- und Clan-Geschichte wie auch Werke führender schottischer und englischer Portraitisten (Gainsborough, Ramsay und Raeburn).
April bis Juni MO–SA 10–12.30 und 14–18, SO 14–18; Juli bis Oktober MO–SA 10–18, SO 14–18.

Die von Inveraray durch das waldreiche Glen Aray nach N führende A 819 stellt eine direkte Verbindung zu der in das Great Glen und nach Oban (**511**) führenden A 85 her.

461 Das Museum von Auchindrain

Wenige Kilometer s. von Inveraray verläßt die A 83 das Ufer des Loch Fyne und verläuft bis zu dem 13 km s. gelegenen Ort Furnace durch weniger sehenswertes Hinterland. Die ursprüngliche Streckenführung längs der Förde ist als Fahrweg bzw. Fußpfad erhalten. Im Weiler Auchindrain (9 km) sind mehrere Gutsgebäude aus dem 18. und 19. Jh. zu einem Freilichtmuseum (Auchindrain Museum) zusammengeschlossen worden, das einen umfassenden Überblick über das traditionelle bäuerliche Leben im w. Hochland vermittelt. Die landwirtschaftlichen Geräte und die Haushaltsausstattungen sind original erhalten. Einige Stücke wurden zusätzlich von Gehöften aus der Umgebung erworben.
Ostern bis Oktober MO–SA 10–18, SO 14–18. Eintritt.

462 Der Park von Crarae

Ab Furnace – der Ortsname (Schmelzofen) besagt, daß hier in früheren Jahren Erz verarbeitet wurde – verläuft die A 83 bis Lochgilphead erneut längs des Westufers des Loch Fyne. Von der Straße aus bietet sich ein vorzüglicher Ausblick auf den Südteil der Halbinsel Cowall. Südlich des Weilers erreicht man die Crarae Woodland Gardens. Der zur Crarae Lodge gehörende Park liegt idyllisch an den Ufern der Förde und ist für seine Rhododendren, Azaleen, Koniferen und Zierbüsche bekannt.
März bis Oktober 8–18. Eintritt.

463 Lochgilphead

Südwestlich des Weilers Minard führt die A 83 durch waldreiches Gelände und vorbei an *Minard Castle,* einem Herrenhaus aus dem 19. Jh. Lochgilphead (1200 Einwohner, Informationsamt) ist ein beliebter Ferienort und Ausgangspunkt für die Erschließung der Halbinseln Knapdale und Kintyre (Streckenbeschreibungen vgl. S. 304 ff.). Technisch und landschaftlich von besonderem Interesse ist der w. des Ortes gelegene *Crinan Canal.*

Bis Oban folgt die Route nun der relativ engen und kurvenreichen A 816. Die Entfernung beträgt 68 km.

464 Der Kanal von Crinan

Der nach dem pittoresken Weiler an seinem w. Ausgang benannte Crinan Canal war einst nach dem Caledonian Canal (**521**.4) die zweitwichtigste künstliche Wasserstraße Schottlands. Heute wird der Kanal nur noch von Freizeitkapitänen benutzt. Die 15 km lange Wasserstraße wurde 1793–1801 geschaffen und mit 15 Schleusen ausgestattet. Funktion des Crinan Canal war es, Schiffen, die aus dem Atlantik nach Glasgow fuhren, den Umweg um die Halbinsel Kintyre zu ersparen.

Der Kanal, dessen ö. Ausgang bei Ardrishaig (s. von Lochgilphead) liegt, folgt im wesentlichen der A 816 und verläuft dann parallel zur B 841.

465 Crinan

Ein Abstecher nach Crinan an der gleichnamigen klippenreichen Förde, einem beliebten Klettergarten, ist sehr zu empfehlen; für die Rückkehr zur A 816 kann die B 8025 benutzt werden (Umweg ca. 5 km). Die w. Einfahrt zum Crinan Canal ist durch einen *Leuchtturm* markiert. Von der Bucht aus werden das Nordende der Insel Jura (**617**, Entfernung 8 km) und die n. anschließende Hebrideninsel Scarba (Entfernung 10 km) sichtbar. Zwischen beiden Inseln befindet sich der *berühmte Strudel von Corrievreckan* (**619**). Von Crinan aus besteht Schiffsverbindung (Personenfähre) mit Oban.

1 km ö. von Crinan zweigt beim Weiler Bellanoch die B 8025 in s. Richtung ab. Sie führt durch das Waldgebiet von Knapdale und längs des Westufers der Förde Loch Sween bis zum Weiler Keillmore am Sound of Jura, von wo sich ein vorzüglicher Blick auf die 7 km entfernte, gebirgige Insel bietet. 6 km s. von Crinan befindet sich bei der Einmündung der das Ostufer des Loch Sween erschließenden nk Straße ein kleines Informationszentrum der *Forestry Commission*. Der Knapdale Forest ist durch 6 Wanderwege erschlossen, die entweder beim Informationszentrum oder aber beim Hafen von Crinan ihren Ausgang nehmen. Eine spezielle Broschüre ist beim *Knapdale Forest Office* in Cairnbaan (B 841/A 816) erhältlich.

466 Schloß Sween

Folgt man der obengenannten nk Straße längs des Ostufers des Loch Sween, so gelangt man nach etwa 15 km zu den Ruinen der wahrscheinlich ältesten steinernen Burg auf dem schottischen Festland, Castle Sween.

Der einsam gelegene Bau an der felsigen Westküste von Knapdale wurde wahrscheinlich um 1150 errichtet; die mächtigen Stützpfeiler zeigen normannischen Einfluß. Das Turmhaus mit seinem zylindrischen Eckturm ist späteren Datums. Die Anlage wurde 1647 von *Sir Alexander Macdonald* zerstört.

5 km weiter s. befindet sich beim Weiler Kilmory die *Kilmory Knap Chapel*, eine kleine spätmittelalterliche Kirche, die aus einem einzigen Raum besteht und in ihrer Art typisch für das w. Hochland ist. Sehenswert sind verschiedene spätmittelalterliche Grabplatten sowie das keltische *MacMillan Cross* im zugehörigen Kirchhof. Von der Kirche aus ergibt sich ein guter Blick auf den Gebirgszug der Paps of Jura und den Südteil der Insel (**618**).

467 Das Fort von Dunadd

2,5 km n. der Abzweigung der B 841 von der A 816 liegt ö. der Hauptstraße das Dunadd Fort, eine eisenzeitliche, mit einer Ringmauer umgebene Bergfeste, die man als Hauptstadt des frühschottischen Königreiches Dalriada (vgl. S. 30) identifiziert hat.

468 Die Grabdenkmäler von Kilmartin

Der in recht ansprechender Umgebung gelegene Ort Kilmartin (600 Einwohner) besitzt einen sehenswerten Kirchhof. Die z. T. kunstvoll gestalteten Grabdenkmäler (Kilmartin Sculptured Stones) reichen bis ins späte Mittelalter zurück. Außerdem finden sich Überreste von mindestens zwei Steinkreuzen, von denen das eine auf der Vorderseite den gekreuzigten und auf der Rückseite den auferstandenen Christus zeigt. Die Figur des gekreuzigten Christus ist mit Feinsinn und Liebe zum Detail ausgeführt. Das Kreuz datiert aus dem 16. Jh. – Unmittelbar beim Ort liegen die Ruinen einer mittelalterlichen Burg.

469 Die Gräber von Nether Largie

Die Umgebung von Kilmartin ist reich an vor- und frühgeschichtlichen Denkmälern. Die Nether Largie Cairns 1 km sw. des Ortes stammen aus der Zeit zwischen dem ausgehenden 3. Jahrtausend und 1500 v. Chr. Das älteste Grab, der *South Cairn*, ist ein gutes Beispiel für ein Kammergrab des Clyde-Typs. Die in Segmente unterteilte Grabkammer aus der Zeit um 2000 ist gut erhalten. Das sich n. anschließende mittlere Grab, *Mid Cairn*, enthielt ursprünglich 2 Grabkammern und entstand zwischen 1800 und 1500 v. Chr. Aus etwa der gleichen Periode stammt das nördlichste der 3 Gräber, *North Cairn*, in dessen zentraler Grabkammer sich u. a. Darstellungen von Bronze-Äxten finden. – Ein weiteres bronzezeitliches Grab, der *Ri Cruin Cairn*, liegt 500 m weiter sw. Das Grab umfaßt 3 Grabkammern. Auch hier gibt es Darstellungen von Bronze-Äxten. Die Gräber wurden in späterer Zeit geplündert und teilweise zerstört.

470 Der Steinkreis von Temple Wood

1,2 km sw. von Kilmartin werden die Überreste eines Steinkreises (Temple Wood Stone Circle) aus dem frühen 2. vorchristlichen Jahrtausend sichtbar. In der Mitte des Kreises befindet sich eine Grabkammer.

471 Schloß Carnasserie

2,5 km n. von Kilmartin liegen auf einer Anhöhe w. der Hauptstraße und unweit der Abzweigung der B 840 nach Dalmally (**446**) die Ruinen des Carnasserie Castle aus dem 16. Jh. Der Herrensitz wurde von *John Carswell* erbaut, dem ersten protestantischen Bishop of the Isles, der die Liturgie des John Knox ins Gälische übersetzte und 1567 als erstes Buch in gälischer Sprache publizierte. Während der Rebellion des Duke of Argyll 1685 wurde das Haus eingenommen und teilweise in die Luft gesprengt.

472 Die Gärten von Arduaine

Nördlich der Abzweigung der B 840 erklimmt die A 816 eine Seehöhe von 166 m, um dann recht steil in den Weiler Kintraw am Ende der Förde Loch Craignish hinabzuführen. Die n. des Weilers in sw. Richtung abzweigende B 8002 führt längs des Westufers der Förde zu einem Wildpark *(Lunga Wildlife Reserve)*. Nach weiteren 8 km auf der A 816 wird das Vorgebirge von Arduaine erreicht, wo sich unmittelbar an der Küste die sehenswerten Arduaine Gardens befinden. Sie sind für ihre Rhododendren und Azaleen bekannt, bieten aber auch Magnolien und andere seltene Bäume und Sträucher. Ein Felsen- und ein Wassergarten sind ebenfalls vorhanden.
April bis Oktober 9 bis Eintritt der Dunkelheit.

473 Die Brücke von Clachan

Bis zum Weiler Kilmelford folgt die A 816 dem Südufer des Loch Melfort, wobei sich schöne Ausblicke auf die Küste ergeben. Sodann überquert sie ein Vorgebirge und erreicht nach 12 km den Weiler Kilninver an der Förde Loch Feochan. Hier zweigt die B 844 in sw. Richtung zur Hebrideninsel Seil ab. Die sehenswerte Clachan Bridge, die Seil mit dem Festland verbindet, wurde 1792 von Thomas Telford erbaut. Sie ist einbogig, und es heißt von ihr scherzhaft, sie sei die einzige Brücke, die den Atlantik überspannt.

474 Die Gärten von An Cala

In Easdale (Endpunkt der B 844) liegen die An Cala Gardens. Die Anlage umfaßt einen Wasser- und einen Felsengarten. Sehenswert sind die Azaleen und Rosen sowie die im warmen und ausgeglichenen Seeklima der Insel gedeihenden Kirschbäume.
April bis September MO, DI 14–18. Eintritt.

Die Entfernung von Kilninver, dem Ausgangspunkt der B 844, nach Oban (**511**) beträgt 13 km. Hinsichtlich der weiteren Streckenbeschreibung vgl. S. 314 ff.

Route 20

Lochgilphead – Tarbert – Campbeltown und Brodick/Arran

Von Lochgilphead (**463**) aus erschließen sich die gebirgigen, hintereinander gelegenen Halbinseln Knapdale und Kintyre (A 83). Die Entfernung nach Campbeltown beträgt 84 km, wobei die Trasse nahezu schnurgerade nach S. führt. Kintyre besitzt entlang der Westküste viele Kilometer Sandstrand, und Machrihanish im S ist seit viktorianischer Zeit ein bekanntes Seebad. Die Entfernung vom s. Punkt der Halbinsel, dem Mull of Kintyre, nach Nordirland beträgt ganze 19 km; bei klarem Wetter wird die irische Küste deutlich sichtbar. Über Tarbert sind die Hebrideninseln Islay (**611**) und Jura (**617**) sowie die kleine, der Westküste vorgelagerte Hebrideninsel Gigha (**609**) zu erreichen. Fähranleger ist ein Pier auf der Südseite des West Loch Tarbert. Die Zufahrt zur Insel Arran erfolgt während der Sommermonate über Tarbert und die B 8001, wobei vom Weiler Claonaig aus Fährverbindung mit Lochranza besteht.

475 Ardrishaig

Die A 83 folgt zunächst der Ostküste der Halbinsel Knapdale. Nach 3 km erreicht man den Ferienort Ardrishaig (1100 Einwohner), der ö. Endpunkt des Crinan Canal (**464**).

476 Columbans Höhle

Die 3 km s. von Ardrishaig nach SW abzweigende B 8024 eignet sich für eine Rundfahrt entlang der Westküste und durch das s. Knapdale. Sie nimmt einen kreisförmigen Verlauf und mündet n. von Tarbert wieder in die A 83 ein. Auf der Westseite der Förde Loch Killisport findet sich 1,5 km n. des Weilers Ellary die St. Columba's Cave, eine Höhle, die traditionell mit den Anfängen von Columbans missionarischer Tätigkeit auf dem schottischen Festland in Verbindung gebracht wird (vgl. S. 29 ff.).

In der Höhle, die von der mittleren Steinzeit an bewohnt war, sind über einem steinernen *Altar* aus der Frühzeit der iro-schottischen Kirche *Kreuze* in den Felsen gehauen. Ein offenbar als Taufbekken benutztes Bassin mag ein steinzeitlicher *Mörser* gewesen sein. Vor der Höhle finden sich Spuren mittelalterlicher Häuser sowie einer *Kapelle,* wahrscheinlich aus dem 13. Jh.

477 Schloß Kilberry

Folgt man der B 8024 weiter nach SW, so erreicht man 14 km hinter der Abzweigung der nk Straße nach Ellary den Weiler Kilberry, durch 5 Jahrhunderte Familiensitz der Campbells of Kilberry. Das Kilberry Castle w. des Ortes wurde 1497 erbaut, 1513 von einem englischen Piraten niedergebrannt und 1844 neu errichtet. In der Umgebung befand sich ein mittelalterlicher Friedhof, der möglicherweise zu einem frühen iro-schottischen Kloster gehörte. Mehrere sehr frühe Grabsteine sind beim Schloß zusammengetragen worden.

478 Tarbert

Das Städtchen Tarbert (1400 Einwohner, Informationsamt), 18 km s. von Ardrishaig, liegt an einer kaum 2 km breiten Landenge, die Knapdale von der langgestreckten Halbinsel Kintyre im S trennt. Über diesen Isthmus zwischen dem East Loch Tarbert und dem tief ins Land hineinragenden West Loch Tarbert soll der Norwegerkönig *Magnus der Barfüßige* 1093 in einer Galeere gezogen worden sein.

Tarbert besitzt einen hübschen Strand und einen lebendigen Heringsfischerhafen. Unmittelbar beim Hafen finden sich die Ruinen der Burg aus dem 14. Jh., in der einst König Robert the Bruce und später Jakob II. wohnten. Tarbert ist Ausgangspunkt für Wanderungen in das Bergland des s. Knapdale, das mit dem Sliabh Gaoil eine Höhe von 560 m erreicht. Ein Pier im West Loch Tarbert (3,5 km sw., A 83) ist Anleger für die Fähren nach Jura (**617**), Islay (**611**) und Gigha (**609**).

479 Campbeltown

Die Halbinsel Kintyre kann man im Rahmen einer Rundfahrt näher erkunden: Während die A 83 nach Campbeltown (61 km ab Tarbert) im wesentlichen der Westküste folgt, wobei sich stets neue Ausblicke auf die vorgelagerten Hebrideninseln ergeben, verläuft die B 842 längs des Ostufers mit Ausblicken auf die Insel Arran und – bei gutem Wetter – die rund 50 km entfernte Festlandsküste. Die B 842 wird über die B 801 erreicht, die 8 km sw. von Tarbert in sö. Richtung nach Claonaig (vgl. u.) abzweigt, von wo in den Sommermonaten Fährverbindung (Wagenfähre) nach Lochranza auf Arran (**486**) besteht. Vom Weiler Tayinloan an der Westküste besteht Fährverbindung (Personenfähre) nach Ardminish auf Gigha (Entfernung 5 km). Zu beiden Seiten des Ortes erstreckt sich ein 7 km langer Sandstrand.

Campbeltown (6000 Einwohner, Flughafen, Informationsamt) geht auf Jakob VI. zurück, dessen Politik es war, durch Gründung regionaler Zentren die Entwicklung der abgelegenen Gebiete Schottlands zu fördern. 1618 übernahm der Graf von Argyll die Herrschaft, der Name Campbeltown wurde 1667 geprägt. Im Jahre 1700 erhielt die Stadt den Status eines *Royal Burgh*. Im 18. Jh. entwickelten sich drei Industriezweige: die Heringsfischerei, der Kohlenbergbau und die Whiskyherstellung. Gegen Ende des 19. Jh. besaß der Ort nicht weniger als 650 Fischerboote und 30 Brennereien. Seither sind die traditionellen Erwerbszweige in ihrer Bedeutung stark zurückgegangen. Dafür haben sich in jüngster Zeit neue Industriezweige (Leichtindustrie) angesiedelt.

Die Hauptstraße ziert ein reich gestaltetes *Hochkreuz* mit einer Inschrift in lombardischen Lettern aus der Zeit um 1500. Sehenswert ist auch das *Campbeltown Museum*, das in den vergangenen Jahren zum regionalen Museum für Kintyre ausgebaut wurde. Dem Campbeltown Loch vorgelagert und mit dem Boot zu erreichen ist Davarr Island. Die Insel bietet neben einem Leuchtturm eine *Erosionshöhle*, in die hinein der schottische Maler Archibald MacKinnon 1887 eine Kreuzigungsszene malte.

480 Southend

Southend (500 Einwohner) ist ein abgelegener Badeort im äußersten S von Kintyre (17 km ab Campbeltown, B 842 oder nk Straße längs der Ostküste). Die sw. des Dorfes gelegene Carskey Bay bietet einen Sandstrand. Am Ostende der Bucht soll *St. Columba* bei seiner ersten Missionsreise zum Festland das Ufer betreten haben. Ein flacher Stein bei den Ruinen einer mittelalterlichen Kapelle zeigt, so will es die Tradition, *Columba's Footsteps*. Alljährlich im Juni wird hier ein

Gedenkgottesdienst gehalten. Südöstlich von Southend finden sich auf einer Felspyramide über der Steilküste die spärlichen Überreste des *Dunaverty Castle,* einer Zwingburg der Lords of the Isles, der spätmittelalterlichen Gegenspieler der schottischen Könige. Jakob IV. nahm die Anlage 1493 ein; eine weitere Eroberung erfolgte 1647. Damals wurde die gesamte Besatzung niedergemetzelt.

Von Southend aus kann man über eine kurvenreiche, nk Straße die auf 427 m ansteigende, einsame Klippenküste des Mull of Kintyre erreichen. Am w. Ende der Straße, *South Point* genannt, befindet sich ein Leuchtturm. Von hier aus ergibt sich bei klarem Wetter ein faszinierender Blick auf die nur 19 km entfernte Küste der Grafschaft Antrim, Nordirland.

481 Die Abtei von Saddell

Wählt man für die Rückfahrt von Campbeltown die B 842 längs der Ostküste, so gelangt man nach 15 km zu dem an der bewaldeten Saddell Bay gelegenen gleichnamigen Weiler. Hier befinden sich die spärlichen Ruinen einer Abtei aus dem 12. Jh., die *Somerled, Lord of the Isles,* oder dessen Sohn Reginald erbauen ließ. Einige spätmittelalterliche Grabsteine sind erhalten.

482 Die Gärten von Carradale House

Auf der Ostseite der B 842 liegen an der nach Carradale führende Stichstraße (19 km n. von Campbeltown) die um 1870 geschaffenen Carradale House Gardens. Die Anlage umfaßt einen mit einer Mauer umgebenen Garten, in dem Blütenbüsche, Rhododendren und Azaleen wachsen, sowie einen freier gestalteten Waldgarten, in dem sich auch ein Irisweiher befindet.
April bis September 14–17. Eintritt (für wohltätige Zwecke).
Auf einer vorgelagerten Insel, die bei Ebbe mit dem Festland verbunden ist, finden sich die Überreste eines eisenzeitlichen *Forts.* Der anschließende *Carradale Forest* ist durch Wanderwege erschlossen.

483 Claonaig

Nach weiteren 20 km kommt man zum Weiler Claonaig, Endpunkt der B 842. Von hier besteht in den Sommermonaten Fährverbindung mit Wagenfähre nach Lochranza auf Arran (Entfernung 9 km).

484 Das Schloß und die Kapelle von Skipness

3 km nö. von Claonaig liegen am Ostende der gleichnamigen Bucht die derzeit nicht zugänglichen Ruinen von Skipness Castle, einer imposanten Burganlage aus dem 13. Jh. mit einer zugehörigen Kapelle *(Skipness Chapel).*

485 Die Insel Arran

Die 32 km lange und etwa 16 km breite, in den Küstenregionen relativ dicht besiedelte Insel bietet eine recht vielfältige Landschaft mit guten Wandermöglichkeiten. Wassersport ist an vielen Stellen der Küste möglich. Das Klima ist infolge des Schutzes der w. vorgelagerten Halbinsel Kintyre recht mild, die See selten aufgewühlt. Die Landschaft des Inselinneren erinnert mit ihren Granitrücken an Hochlandszenerie; der 872 m hohe Goat Fell, heute dem *National Trust for Scotland* unterstellt, ist der höchste, wenn auch nicht der zerklüftetste Gipfel.

Lochranza – Brodick

Die Entfernung zur Halbinsel Kintyre beträgt an der engsten Stelle des Kilbrannan Sound 7 km, die zur schottischen Westküste 21 km. Fährverbindung besteht ganzjährig zwischen Brodick und Ardrossan (**418**) sowie in den Sommermonaten zwischen Lochranza (vgl. u.) und Claonaig (vgl. o.). Die gut ausgebaute Küstenstraße A 841 bildet einen Ring (Streckenlänge 90 km).

Die nachstehend beschriebene Rundfahrt beginnt in Lochranza am Nordende der Insel und folgt zunächst der Ostküste.

486 Lochranza und seine Burg

Der Weiler Lochranza (300 Einwohner) liegt an der malerischen Bucht gleichen Namens, die von der stattlichen Ruine des Lochranza Castle mit seinen zwei quadratischen Türmen überragt wird. Der Bau aus dem 13. und 14. Jh. wurde im 16. Jh. nochmals erweitert. Die Tradition will, daß König Robert the Bruce 1306 in Lochranza landete, als er aus Irland zurückkam, um den schottischen Befreiungskampf zu seinen Gunsten zu entscheiden.
April bis September MO–SA 9.30–19, SO 14–19; Oktober bis März MO–SA 9.30–16, SO 14–16.

487 Corrie

Auf ihrem Weg in das 13 km entfernte malerische Küstenstädtchen Corrie verläuft die A 841 zunächst durchs Landesinnere. Die Hügel auf der NO-Seite erreichen eine Höhe von 442 m, während der Beinn Bhreac im SW auf 572 m ansteigt. Bei Mid Sannox, 3 km n. von Corrie, ergibt sich ein guter Blick auf die 10 km entfernte Insel Bute (**507**) sowie auf die ö. anschließende Insel Little Cumbrae (**422**) und das dahinterliegende Great Cumbrae (**421**). Das einsame Glen Sannox ist bei Bergwanderern beliebt.

Unweit des Weilers Sannox findet sich an der A 841 ein Picknickplatz, von wo aus ein Wanderweg nach N führt. Er erschließt das Gebiet der Fallen Rocks (der hinabgestürzten Felsen), einen besonders sehenswerten Teil der Klippenküste.

488 Brodick

Zwischen Corrie und Brodick (Entfernung 8 km) verläuft die A 841 unmittelbar längs der Küste. Bei klarem Wetter hat man einen guten Blick auf das an der engsten Stelle nur knapp 20 km entfernte Festland. Nach W steigt das Gelände zum 871 m hohen Goat Fell an, der sich zusammen mit dem Tal des Glen Rosa sowie den Gipfeln Cir Mhor (796 m), Beinn Tarsuinn (823 m, w. davon) und Beinn Nuis (790 m, weiter s.) in der Obhut des *National Trust for Scotland* befindet. Am Nordende der Brodick Bay liegt in waldreicher Umgebung das gleichnamige *Schloß* mit seinen sehenswerten Gärten. Brodick selbst (mit Corrie 1300 Einwohner) hat den Namen des Schlosses übernommen: Ursprünglich hatte der Ort am Südende der mit einem guten Sandstrand ausgestatteten Bucht den Namen Invercloy.

Für den Reisenden, der mit der Wagenfähre von Ardrossan (418) herüberkommt (Entfernung 17,5 km), ist Brodick Ausgangspunkt. Von hier aus besteht über die auf 234 m Seehöhe ansteigende schmale B 880, die sogenannte String Road, eine direkte Verbindung zur Westküste, wobei sich unterwegs beeindruckende Fernblicke ergeben. Die B 880 erschließt auch die ausgedehnten Wandergebiete im Innern der Insel: die schon genannten Massive des Beinn Nuis und des Goat Fell im N und das mit A'Chruach auf 511 m ansteigende Bergland im S.

Brodick Castle, 3 km n. des Fähranlegers auf der Westseite der A 841, ist Erbschloß der Herzöge von Hamilton. Die ältesten Teile der Anlage datieren aus dem 14. Jh. 1652 baute Oliver Cromwell das Schloß zur Garnison aus. Die w. Teile und der Turm wurden 1844 angefügt.

Das Innere des recht fotogenen Baus ist mit seinen typischen *Sammlungen* (Silber, Porzellan, Gemälde und Jagdtrophäen) durchaus sehenswert. Auch die *Gärten* lohnen einen Besuch: Neben einem im französischen Stil gehaltenen Garten aus dem Jahre 1710 besitzt das Schloß einen 1923 angelegten englischen Garten, der seiner prachtvollen Rhododendren wegen auch auf dem Festland bekannt ist.
Gebäude: April MO, MI, SA 13–17; Mai bis September MO–SA 13–17, SO 14–17. Gärten: ganzjährig 10–17. Eintritt.
Die weitere Umgebung des Brodick Castle ist durch einen Waldweg, den Brodick Woodland Walk, erschlossen. Ein ausgeschilderter Fußweg führt zum *Goat Fell* (hin und zurück 11 km). Unterhalb des Schlosses wurde in den Jahren nach 1973 durch lokale Initiative das *Arran Nature Centre* geschaffen, ein Besucherzentrum, das Aufschluß über die Naturgeschichte der Insel geben will. Angeschlossen sind eine Buchausstellung und ein kunsthandwerklicher Laden.
9.30–18. Eintritt.

489 Lamlash

Zwischen Brodick und Lamlash (6 km) verläuft die A 841 durchs Inselinnere. Nach 3 km passiert sie einen im Wald oberhalb der Bucht gelegenen Picknickplatz. Zwei beschilderte Wanderwege führen in das Tal des Glen Cloy (nach W, 7 km) bzw. nach Corrygills an der Küste (5,5 km).

Lamlash (700 Einwohner, zweitgrößter Ort der Insel) liegt an der sehr anziehenden gleichnamigen Bucht, die durch das vorgelagerte, auf 313 m ansteigende Inselchen Holy Island zusätzlich geschützt wird. S. des Ortes zweigt eine enge und kurvenreiche Straße ins Inselinnere ab. Sie schafft eine direkte Verbindung zum Weiler Sliddery an der SW-Küste und erreicht im oberen Glen Scorrodale eine Seehöhe von 296 m. Die Trasse weist Steigungen von bis zu 17 % auf.

490 Whiting Bay

Bei der Abzweigung der nk Straße durch das Glen Scorrodale (2 km s. von Lamlash) beginnt ein Wanderweg durch das s. Bergland nach Kilmory (15 km). Die Trasse führt an einem *Megalithgrab* und mehreren *Menhiren* vorbei. Nach etwa einem Drittel der Strecke zweigt ein Verbindungsweg zur Whiting Bay ab. Das 600 Einwohner zählende Dorf gleichen Namens ist ein beliebter Ferienort am Ausgang des reizvollen *Glen Ashdale* (Wasserfälle).

491 Die Steinzeitgräber von Kilmory

Die A 841 folgt dem Verlauf der Küste und erreicht beim Weiler Kilmory (10 km ab Whiting Bay) ihren südlichsten Punkt. Rund 6 km nö. liegt an der Wanderroute nach Lamlash (vgl. o.) eines der bedeutendsten neolithischen Ganggräber SW-Schottlands, *Cairn Baan*. Ein weiteres Steinzeitgrab, das Kammergrab *Torrylin Cairn*, findet sich rund 1 km w. des Weilers beim Lagg Hotel, unmittelbar an der A 841. 4 Segmente der Grabkammer sind erhalten. Als man das Grab 1900 freilegte, fand man die Überreste von 8 Skeletten, ein Feuerstein-Messer und Teile eines Tontopfes mit gerundetem Boden. – Die weitere Umgebung von Kilmory ist reich an neolithischen Fundstätten.

492 Blackwater Foot

Das kleine Dorf Blackwater Foot im SW der Insel, 13 km nw. von Kilmory und 27 km s. von Lochranza, ist Zielpunkt der von Brodick ausgehenden B 880. Die nähere Umgebung des beliebten Ferienortes bietet zahlreiche neolithische Sehenswürdigkeiten.

Vom Golfplatz nw. des Ortes führt ein Fußweg zu den 3,5 km entfernten *King's Caves*. Die Erosionshöhlen waren wahrscheinlich seit der neolithischen Zeit bewohnt. König Robert the Bruce soll sich 1306 in ihnen aufgehalten haben, bevor er, wahrscheinlich vom Lamlash Bay aus, zum Festland übersetzte. Im Mauerwerk der Höhlen sind eingemeißelte Figuren erkennbar.

3,5 km n. von Blackwater Foot beginnt beim Friedhof von Bridgend (B 880) ein Wanderweg, der über Shedog Hill nach Glenree führt (7 km).

493 Der Steinkreis von Moss Farm Road

Auf der Südseite der Moss Farm Road, 5,5 km n. von Blackwater Foot, sind die Überreste eines Grabes und Steinkreises aus der Bronzezeit zu sehen.

494 Der Steinkreis von Auchagallon

1,5 km weiter n. liegt der Auchagallon Stone Circle. Im Mittelpunkt einer Kreislinie, die aus 15 Menhiren gebildet wird, befindet sich ein bronzezeitliches Grab.

495 Die Steinkreise von Machrie Moor

Folgt man der im Weiler Machrie abzweigenden nk Verbindungsstraße zur B 880, so gelangt man etwa 3 km ö. der A 841 zu den 4,5 m aufragenden Überresten von insgesamt 5 bronzezeitlichen Steinkreisen, den Standing Stones of Machrie Moor.

Zwischen Machrie und Lochranze (19 km) folgt die A 841 dem Verlauf der Küste. Nach W ergibt sich ein guter Ausblick auf die 5 bis 6 km entfernte, teilweise bewaldete Ostküste der Halbinsel Kintyre.

Route 21

(Arrochar und Inveraray –) Strone – Strachur – Dunoon und Rothesay/Bute

Die Zufahrt zur Insel Bute erfolgt normalerweise von Strone (A 83) aus und durch die Halbinsel Cowall. Bute ist aber auch vom Festland her (Wemyss Bay, **423**) zu erreichen. Die waldreiche Halbinsel Cowall bietet ein weitverzweigtes Straßennetz und zahlreiche Ausflugs- und Wandermöglichkeiten.

496 Lochgoilhead

4 km sw. von Strone zweigt die nur einspurig befahrbare B 839 durch das *Hell's Glen* nach Lochgoilhead ab. Lochgoilhead (300 Einwohner) liegt am Ostufer des engen Loch Goil inmitten des *Argyll Forest Park.* Der Ort ist

idealer Ausgangspunkt für Wald- und Bergwanderungen: 3 verschiedene Wanderwege haben Ardgartan zum Ziel (**458**). Ein interessanter Rundweg führt von Lochgoilhead in das Tal des Baches Donich. Zwei Langstrecken-Routen verbinden Lettermay, 1,5 km sw. (B 839), mit Strachur (vgl. u.). Beide Routen sind gleich lang (13 km), wobei die eine über Curra Lochan führt und weniger beschwerlich ist als der zweite Weg, der das Tal des Lettermay Burn nach Lochain nan Cnaimh hinaufführt und weiter durch offenes Bergland verläuft. Das Forstamt von Lochgoilhead unterhält ein kleines Arboretum, eine Sammlung von Baumarten, die im Argyll Forest Park heimisch sind.

497 Schloß Carrick

8 km s. von Lochgoilhead liegen am Ende einer nk Straße die Ruinen des Carrick Castle aus dem 14. Jh. Das Mauerwerk des mächtigen, rechteckigen Frieds ist nahezu intakt. Die Anlage, 1511 erstmals urkundlich erwähnt, diente in der Folgezeit den Grafen von Argyll als Archiv und auch als Gefängnis. 1651 wurde sie in Erwartung Cromwells zusätzlich befestigt. Die Streitmacht des Grafen von Atholl (98) brannte das Schloß 1685 nieder.

Von Carrick Castle aus führt ein Wanderweg nach Ardentinny (**501**). Wer in den S der Halbinsel Cowall gelangen will, muß über die B 839 zur A 815 zurückkehren. Eine direktere Verbindung besteht nicht.

498 Strachur

Zwischen Strone und Strachur (16 km) verläuft die A 815 längs der bewaldeten Ostküste des Loch Fyne. Dabei bietet sich ein vorzüglicher Ausblick auf das durchweg kaum mehr als 1 km entfernte Westufer und Inveraray (460). Strachur (600 Einwohner) ist ein beliebter Ferienort und Ausgangspunkt für Ausflüge in den Argyll Forest Park (**458**) sowie in den S der Halbinsel Cowall. Die umgebenden Berge erreichen mit Carnach Mor (5 km ö.) eine Höhe von 632 m. Strachur war durch Jahrhunderte Herrensitz der MacArthur Campbells, deren ausgedehnte, bis nach Ardgartan reichende Güter in den Jahren 1897 und 1898 verkauft wurden.

499 Younger Botanic Garden

Von Strachur aus führt die A 815 durch den Südteil des Argyll Forest Park. Nach 7 km erreicht man Loch Eck, einen idyllisch gelegenen Süßwassersee. Die Berge auf seiner Westseite steigen mit Beinn Mhor bis auf 740 m Seehöhe an. Die Straße folgt dem Ostufer des Sees, an dessen Südende der Younger Botanic Garden gelegen ist. Die gepflegten Parkanlagen sind u. a. mit Rhododendren und Azaleen bepflanzt. Besonders sehenswert ist eine Allee aus kalifornischen Mammutbäumen. April bis Oktober 10–18. Eintritt.

2 km s. des Botanischen Gartens beginnt bei der A 815 (Parkplatz) ein 3 km langer Waldpfad, der das Puck's Glen hinaufführt. Sehenswert ist die Schlucht im unteren Teil des Tales. Vom Endpunkt des Weges führt ein Wanderweg über den 450 m hohen Creag Mhor nach Gairletter am Loch Long (7 km).

500 Das Arboretum von Kilmun

Am inneren Ende der Förde Holy Loch gabelt sich die Straße: die A 815 knickt nach rechts ab. Fährt man, von Strachur kommend, geradeaus weiter, so gelangt man nach 1,5 km beim Forstamt von Kilmun zum Kilmun Arboretum.

Die sehenswerte Sammlung von Bäumen ist an einem Südhang gelegen und wird durch eine Reihe von Pfaden erschlossen. – In Kilmun (1500 Einwohner) selbst ist der Turm der 1442 erbauten *Kollegienkirche* von Interesse. In der Kirche ist der 1661 in Edinburgh hingerichtete *Marquis of Argyll* bestattet. Der Kirchhof enthält weitere sehenswerte Grabsteine.

501 Ardentinny

Folgt man der A 880 weiter, so gelangt man über Strone Point und längs des Westufers des Loch Long in den Weiler Ardentinny, wo einer der schönsten Wanderwege des Argyll Forest Park seinen Ausgang nimmt, die 8 km lange Route nach *Carrick Castle* (**497**). Der Weg beginnt beim Picknickplatz von Finart Bay, n. des Ortes. – Von Ardentinny aus führt eine nk Straße zur A 815 zurück (8 km). Sie erreicht das Ostufer des Loch Eck beim Whistlefield Hotel.

502 Sandbank

Nach weiteren 4 km erreicht die A 815 das Seebad und Seglerzentrum Sandbank (1100 Einwohner). Hier teilt sich die Straße: Während die A 815 längs der Küste nach Dunoon (vgl. u.) verläuft (Umweg 2 km), ist die durchs Binnenland führende A 885 direkter.

503 Dunoon

Dunoon (10 000 Einwohner, Fährhafen, Informationsamt) ist das größte und bekannteste Seebad der Halbinsel Cowall. Eine Wagenfähre verbindet den Ort mit Gourock (**425**). Die Entfernung über den Clyde zum Leuchtturm von Cloch Point (**424**) beträgt 3 km.
Von der mittelalterlichen Burg (auf einem Felsen oberhalb des Piers) sind nur noch Spuren erhalten. Das moderne *Dunoon Castle* ist ein Bau von 1822. – Eine Statue auf dem Castle Hill erinnert an *Mary Campbell,* die Tochter eines Kapitäns aus Glasgow und früh verstorbene Freundin von Robert Burns, der sie als seine *Highland Mary* besungen hat.

Während der Sommermonate erwartet den Besucher ein reiches Ausflugs- und Festprogramm. Im Juli findet ein 14 Tage währendes Regatta-Festival, die *Clyde Yachting Fortnight,* statt. Ende August ist Dunoon Schauplatz des *Cowall Highland Gathering*: Die Hochlandspiele ziehen Besucher aus dem gesamten Großbritannien und aus vielen englischsprachigen Ländern an.

504 Innellan

Von Dunoon aus folgt die A 815 als Stichstraße weiter dem Westufer des Clyde, bis sie nach 16 km in eine nk Straße übergeht, die längs des Ostufers des Loch Striven bis zum Weiler Invervegain führt. Reisende, die in den SW von Cowall oder zur Insel Bute (vgl. u.) gelangen wollen, müssen bis zur B 836 (1 km nw. von Sandbank) zurückfahren, die in enger, kurvenreicher

Führung die Verbindung zum Weiler Auchenbreck an der A 886 (20 km) herstellt. – Von der A 815 aus bieten sich herrliche Ausblicke auf die Clyde-Mündung und die Insel Bute. Nach knapp 7 km erreicht man den Badeort Innellan (1300 Einwohner). 4 km s. liegt Toward Point mit einem Leuchtturm und einem modernen Schloß. In der *Scottish White Heather Farm* wird das seltene weiße Heidekraut gezüchtet, das als Zierpflanze beliebt ist und nach alter Tradition Glück bringen soll.

505 Tighnabruaich

1 km w. von Strachur zweigt die A 886 in sw. Richtung von der A 815 ab. Sie stellt die direkte Zufahrt zu den Kyles of Bute dar, einer knapp 1 km breiten Meerstraße, die die Insel Bute (vgl. u.) vom Festland trennt. Die Entfernung zum Fährhafen Colintraive beträgt 37 km. Für die Fahrt nach Tighnabruaich auf der Westseite der Kyles stehen 2 Routen zur Verfügung, die sich beim Weiler Newton (7 km s. der Abzweigung) trennen: Wer die Strecke entlang der Ostküste des Loch Fyne bevorzugt, folge der B 8000, wer das Innere der s. Halbinsel Cowall sehen möchte, wähle die A 886/A 8003. Die letztgenannte Route führt durch den Wald von Glendaruel und vorbei an einem hübsch gelegenen Picknickplatz (*Jubilee Picnic Place,* 4 km n. von Tighnabruaich), von dem aus sich die Kyles gut überblicken lassen. Hier beginnt der *Caladh Castle Forest Trail* (2,5 km), der durch ehemalige Schloßwaldungen und vorbei an einem mit Wasserlilien bestandenen Teich zur Küste hinabführt. Einige Streckenabschnitte sind recht steil, für den gesamten Weg muß man 2 Stunden rechnen.

Tighnabruaich (1500 Einwohner, Informationsamt) ist ein malerisch am Westufer des w. Kyle gelegener Ferienort mit guten Möglichkeiten zum Segeln, Fischen und Wandern. Die Wanderrouten sind in einer besonderen Broschüre der lokalen Forstbehörde, *Tighnabruaich Forest Walks and Caladh Castle Forest Trail,* zusammengefaßt. Beim Forstamt können auch Unterstände gebucht werden, von denen aus man ein 9 Morgen großes Gelände mit Wildenten, Hasen und Rehwild in der Umgebung eines kleinen Sees überblicken kann. Das Gebiet, 4 km nö. gelegen, ist auch unter dem Namen *Tighnabruaich Wildlife Centre* bekannt.

506 Colintraive

Während der Sommermonate besteht Bootsverbindung von Tighnabruaich aus um das Nordende der Insel Bute herum zum Weiler Colintraive (200 Einwohner) auf der Ostseite des ö. Kyle, von wo eine Wagenfähre die Verbindung mit der Insel Bute herstellt. In früherer Zeit war Colintraive Etappe eines Viehtriebs: Von hier aus durchschwammen die Tiere den kaum 500 m breiten Meeresarm zum Weiler Rhubodach auf Bute.

507 Insel Bute

Die 25 km lange und bis zu 8 km breite Insel gehört landschaftlich zur Halbinsel Cowall. Der Nordteil steigt mit dem Kames Hill auf 266 m Höhe an. Der S ist flacher und auch fruchtbarer. Hauptort ist Rothesay, das entweder über die A 886 von N her oder aber von Wemyss Bay (**423**) aus erreicht werden kann. Die Insel besitzt mehrere gute Badebuchten mit feinem Sandstrand sowie eine Reihe von ausgedehnten Waldungen, die durch Wanderwege erschlossen sind. Während der N nur über zwei Stichstraßen längs der Küsten verfügt, ist das Straßennetz im zentralen Teil der Insel und im S sehr viel dichter. Seine Gesamtlänge beträgt rund 60 km.

508 Port Bannatyne

Folgt man vom Fähranleger in Rhubodach aus der A 886 nach S, so gelangt man nach 13 km in den kleinen Badeort Port Bannatyne (1200 Einwohner) an der Ostküste, der mit dem s. anschließenden Rothesay zusammengewachsen ist. Der Turm des *Kames Castle* nw. des Ortes, der die gleichnamige Bucht überragt, stammt wahrscheinlich aus dem 14. Jh. 3 km w. von Port Bannatyne liegt der 2 km lange Sandstrand von Etterick Bay (Westküste). Er wird über die A 844 erreicht, die am Endpunkt der A 886 nach W abzweigt, um sich nach rund 1,5 km in zwei Teile zu gabeln: Während der n. Zweig in eine nk Straße längs der NW-Küste der Insel übergeht, führt der s. Zweig in den S der Insel. Am Endpunkt des n. Zweiges finden sich im Weiler Kilmichael die Ruinen der mittelalterlichen *Chapel of St. Michael*. Das Gebiet der Etterick Bay ist durch den *Etterick Bay Trail* erschlossen.

509 Rothesay

Der an der gleichnamigen Bucht gelegene, populäre und in den Sommermonaten überlaufene Ferienort Rothesay (*Royal Burgh*, 6600 Einwohner, Fährhafen, Informationsamt) ist ehemaliges Verwaltungszentrum der Grafschaft Bute. Rothesay besitzt einen guten Hafen, von wo aus Verbindung zu verschiedenen Häfen des Clyde besteht. Die Fährstrecke nach Wemyss Bay (Wagenfähre) beträgt 11 km. Ganz besonders reges Leben herrscht im Hafen während des Monats Juli, wenn die *Clyde Yachting Fortnight* Segler aus dem gesamten Großbritannien hier zusammenführt. Die Stadt besitzt ein gut ausgestattetes regionales Museum *(Bute Museum)*.

509.1 Rothesay Castle. Das im Zentrum des Ortes unweit des Dampfer-Piers gelegene Schloß ist architekturgeschichtlich von besonderer Bedeutung, weil die Anlage vom normalen Plan abweicht und besonders viel mittelalterliche Bausubstanz erhalten ist. Die ältesten Teile des Schlosses datieren aus dem frühen 13. Jh. Eine hohe, außerordentlich massiv gefügte und durch 4 mächtige Rundtürme zusätzlich gesicherte Blendwand umschließt einen kreisförmigen Innenhof. Rothesay Castle ist das einzige schottische Beispiel für einen Grundriß dieser Art. Der Blendwand vorgelagert ist ein tiefer Wassergraben. Der Zutritt zur Burg erfolgt durch einen hohen Torturm, der in den Graben hinein vorspringt und ein Werk der Könige Jakob IV. (1473–1513) und Jakob V. (1512–1542) ist. Im Innenhof sind die Fundamente einer Reihe von relativ planlos angeordneten Gebäuden sichtbar, so auch die *Burgkapelle*. Die Anlage wurde 1240 von den Normannen erstürmt; die von ihnen in die Blendwand geschlagene Bresche ist heute noch sichtbar. 23 Jahre später geriet der Bau in die Hände des norwegischen Königs Haakon. Weitreichende Zerstörungen innerhalb des Innenhofes gehen wahrscheinlich auf die Ära des Königs Robert the Bruce (nach 1307) zurück, weiteren Schaden richteten Cromwells Truppen nach 1650 an.
April bis September MO–SA 9.30–19, SO 14–19; Oktober bis März MO–SA 9.30–16, SO 14–16. Eintritt.

509.2 St. Michael's Chapel. Unweit der Burg und des Piers befinden sich die Ruinen der St. Michaels-Kapelle. Die Kirche stammt wahrscheinlich aus dem 14. Jh.

509.3 St. Mary's Chapel. Knapp 1 km s. von Rothesay findet man an der A 845 die Überreste einer spätmittelalterlichen, der Jungfrau Maria geweihten Abteikirche. Der Altarraum enthält 2 bemerkenswerte Grabdenkmäler, die einen Ritter in voller Rüstung und eine Adelige mit Kind darstellen.

510 Kilchattan

Drei Straßen erschließen von Rothesay aus den SW und S der Insel: Während die A 844 (ö. Zweig) zunächst längs der Küste und dann durch waldreiches Gelände zum Weiler Kingarth führt, folgt die A 845 dem Ostufer des langgestreckten, idyllisch gelegenen Binnensees Loch Fad, um dann bei Ambrismore in den Westzweig der A 844 einzumünden. Die von Rothesay nach SW verlaufende B 878 stellt die unmittelbare Verbindung zur Westküste und damit wiederum zum Westzweig der A 844 her. Die St. Ninian's Bay an ihrem Westende besitzt einen guten Sandstrand. Die Entfernung nach Kilchattan (350 Einwohner) an der gleichnamigen Bucht beträgt über die beiden erstgenannten Straßen (A 844, A 845) 13 km, wobei vom Weiler Kingarth aus die B 881 zu benutzen ist. Von Kilchattan aus, einem verhältnismäßig ruhigen Badeort, ergibt sich ein guter Ausblick auf die Inseln Great Cumbrae (**421**) und Little Cumbrae (**422**, Entfernung jeweils gut 4 km). Das wegelose Südende der Insel Bute ist durch den *South End of Bute Trail* erschlossen; durch die waldreiche Umgebung von Kingarth führt der *Kingarth Trail*. In der Nachbarschaft des Weilers sind auch die Ruinen der *Chapel of St. Blane* (aus jüngerer Zeit) sowie der *Steinkreis von Lubas* sehenswert. Die St. Blane-Kapelle wurde über den Fundamenten eines frühmittelalterlich-keltischen Klosters errichtet, das St. Blane im 6. Jh. hier gründete. In der Nähe der Kapelle finden sich an den sandigen Ufern der Dunagoil Bay die Überreste eines eisenzeitlichen *Forts*. Die Kapelle ist über eine nk Straße zugänglich, die von Kingarth aus zur Südspitze der Insel (Garroch Head) führt.

Route 22

Oban – Fort William – Fort Augustus – Inverness

Die stark befahrene Standardroute durch das Great Glen führt von Oban nach Inverness (A 85/A 828/A 82, Entfernung Oban–Inverness: 179 km). Das Great Glen ist ein Grabenbruch; viele kleinere Beben zeigen, daß die Erdkruste an dieser Stelle trotz des hohen Alters der umgebenden Formationen noch nicht zur Ruhe gekommen ist (vgl. auch S. 20f.). Die geographische Lage des Grabens machte ihn schon zu piktischer Zeit zu einem Hauptverkehrsweg; im 18. Jh. legte *General Wade* (vgl. auch S. 39) längs des Tales eine Reihe von heute noch benutzten Trassen als Militärstraßen an. Nach 1804 erfolgte der Bau des Caledonian Canal, ein Hauptwerk des berühmten schottischen Ingenieurs *Thomas Telford*. Die Bedeutung des Kanals im 19. Jh. kann an der Tatsache gemessen werden, daß keine der investitionsfreudigen großen Eisenbahngesellschaften der viktorianischen Zeit das Risiko auf sich nahm, den Eisenbahn-Endpunkt Oban über den Bahnknoten Fort William mit der Hochlandmetropole Inverness zu verbinden. Zwei Stichbahnen von Connel am Loch Etive nach Ballachulish sowie von Spean Bridge nach Fort Augustus waren billig gebaute Nebenstrecken von recht untergeordneter Bedeutung.

Erst die Möglichkeiten des modernen Straßenverkehrs und der Übergang zu immer größeren Frachtschiffen haben den Kanal obsolet werden lassen. Die traditionsreiche Personenschiffahrt wurde nach dem 2. Weltkrieg nicht wieder aufgenommen. Heute dient der Kanal fast ausschließlich den Freizeitkapitänen. Zwischen Oban und Fort William besteht in den Sommermonaten einmal täglich eine Verbindung mit Tragflügelboot (Entfernung 54 km, Fahrzeit 1 Std. 20 Min.).

511 Oban

Oban (7000 Einwohner, Bahnstation, Fährhafen, Informationsamt) ist ein reizvoll am Firth of Lorn gelegener, in den Sommermonaten außerordentlich lebendiger Ferienort mit einem geschäftigen Fischerhafen. Infolge der Anbindung an das Hauptstreckennetz der Eisenbahn (vgl. S. 68f.) ist die Stadt ein bevorzugter Standort für Bahnreisende, die von hier aus die Schiffsverbindungen zu den inneren Hebriden (vgl. S. 69f.) oder die gut ausgebauten regionalen Busnetze entlang der Westküste und durch das Great Glen nutzen können. Der Schutz der vorgelagerten Insel Kerrera macht Oban zu einem selbst bei stürmischster Witterung sicheren Yachthafen.

Oban war bis ins ausgehende 18. Jh. ein abgelegener Weiler ohne jede Bedeutung. Auf Initiative der staatlichen Fischereibehörde erfolgte 1786 der Ausbau zum Heringshafen. Zur Ermutigung lokalen Unternehmertums wurde auf die eingebrachten Fänge eine staatliche Prämie gezahlt. Das Entwicklungsprogramm schlug jedoch fehl, u. a. wegen des Mangels an geeignetem Fanggerät und der relativen Ferne der Märkte der Forth-Clyde-Senke. Als man die Subventionen nach wenigen Jahren einstellte, war Oban jedoch bereits ein Umschlagplatz für andere Güter geworden. 1811 wurde dem Ort das Stadtrecht verliehen, 1817 ein erster Stadtrat gewählt.

Die Stadt bietet ein reiches Kulturprogramm. Es umfaßt Zimmertheater und Kino ebenso wie gutgemachte audiovisuelle Darbietungen zum Thema Hochland oder Standkonzerte. Höhepunkte sind die West Highland Yachting Week während der ersten Augustwoche sowie das berühmte Argyll Gathering während der 2. Septemberwoche. Zu beiden Veranstaltungen reisen Tausende von Besuchern an.

Während der Sommermonate wird ein Tagesausflug um die Insel Mull herum angeboten, vorbei an der Basaltinsel Staffa (**635**) und durch den Sound of Iona (**634**), mit Möglichkeit zur Ausschiffung. Die Schiffstour ist nur bei gutem Wetter und ruhiger See zu empfehlen. Besonders eindrucksvoll ist die Fahrt von Oban nach Tobermory: Der Sound of Mull gleicht einem norwegischen Fjord. Auch die Überfahrt mit der Wagenfähre von Oban nach Craignure, vorbei an dem malerischen, weißgekalkten Leuchtturm von Eilean Musdile an der Südspitze von Lismore und an dem grimmigromantischen Schloß Duart (**630**), ist lohnend und besonders Fotografen zu empfehlen. Fährt man am späten Nachmittag zurück, so bietet sich bei gutem Wetter ein eindrucksvoller Blick auf die in der Abendsonne erleuchtete Bucht von Oban und die viktorianisch anmutende Stadt.

Wichtige Adressen: *Tourist Information*, Ecke Albany Street und Campbell Street – *Informationsbüro der Automobile Association*, North Pier, am Südende der Esplanade – *Bahnhof*, w. des Argyll Square – *Busbahnhof*, Abfahrtsstellen in Bahnhofsnähe – *Fähren zu den inneren Hebriden*, Railway Pier, w. des Bahnhofs – *Fähre nach Mull*, North Pier, am Südende der Esplanade – *Hauptpostamt*, Albany Street, unweit des Informationsamtes – *Polizei*, Albany Street, schräg gegenüber dem Hauptpostamt.

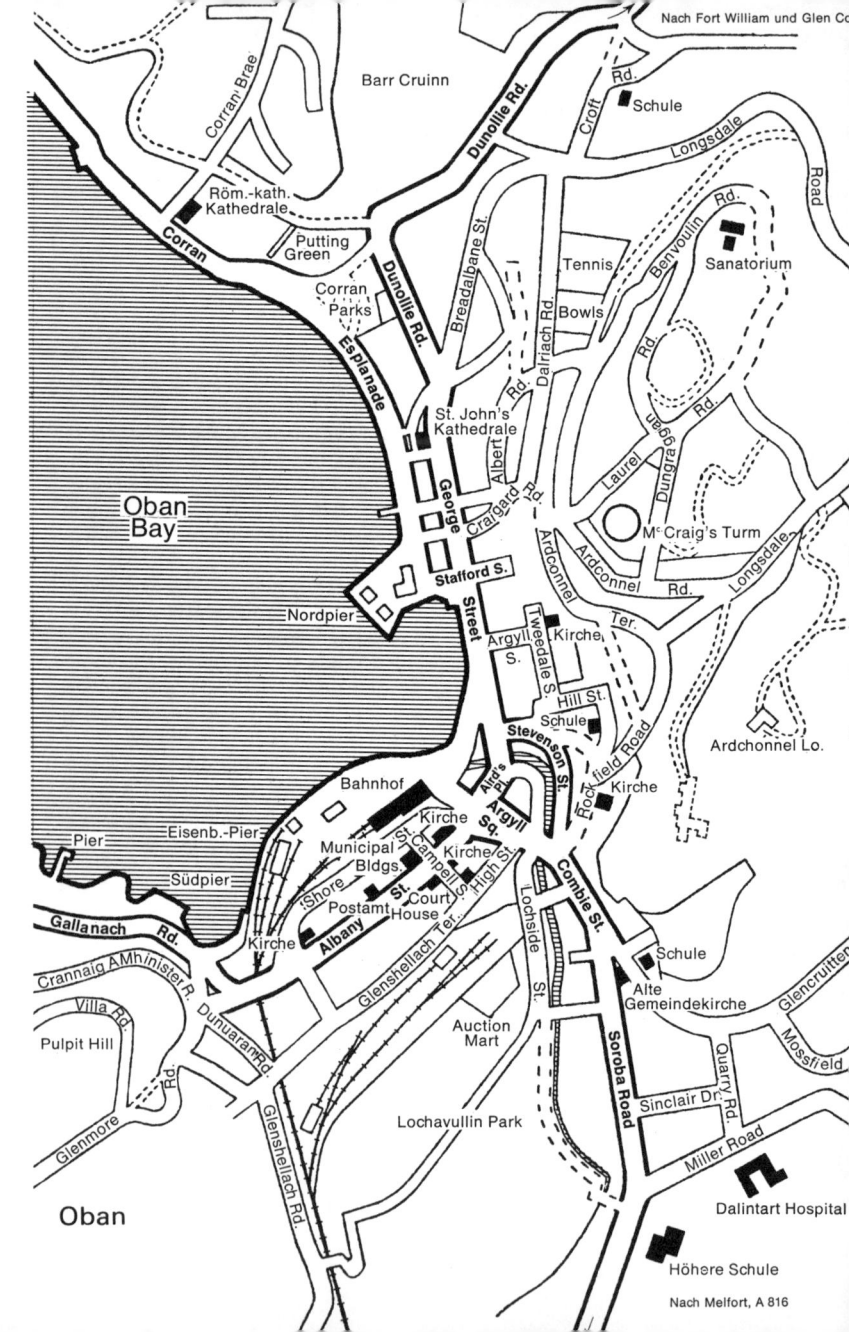

Oban

Stadtrundgang und Kurzausflüge

511.1 Zentrum. Hauptstraße ist die George Street, die Oban in N-S-Richtung durchquert. Zwischen dem Argyll Square im S und der St. John's Cathedral der Episcopalian Church im N liegt das *Geschäftsviertel*. Der *Bahnhof* hat viel von seiner viktorianischen Ursprünglichkeit bewahrt. Unmittelbar beim Bahnhof befindet sich der Fährhafen *(South Pier)*; das Becken des Fischereihafens schließt sich nach N an. Von der Corran Esplanade aus, der Uferpromenade, ergibt sich ein herrlicher Ausblick auf die Bucht und den Firth of Lorn. Hier liegen auch die meisten Hotels. Die Sonnenuntergänge über der Bucht von Oban sind für ihr Farbenspiel berühmt.

Die Corran Halls am Nordende des Zentrums (beim großen Parkplatz) beherbergen neben einer öffentlichen *Bibliothek* auch ein *Heimatmuseum*.

511.2 St. Columba's Cathedral. Am Nordende des Zentrums liegt an der Ecke von Corran Esplanade und Corran Brae die römisch-katholische Kathedrale St. Columba, ein von *Sir Giles Scott* ausgeführter Granitbau aus neuerer Zeit. Die Kirche ist geistiger Mittelpunkt für Katholiken aus dem w. Hochland und von den Hebriden. Die Gebete werden zuweilen in gälischer Sprache gesprochen.

511.3 Oban Hill und Battery Hill. Die beiden Hügel oberhalb des Stadtzentrums tragen Bauten aus dem 19. Jh., Dokumente engagierter Megalomanie, die Erwähnung verdienen. Auf dem Oban Hill findet sich der Rohbau eines ausgedehnten hydropathischen Komplexes von 1880/81; die Bauarbeiten wurden infolge fehlender Mittel eingestellt. (Die »Hydro«-Bewegung in Schottland entspricht in etwa der Kneipp-Bewegung in Deutschland. »Hydro-Hotels« aus der Zeit um die Jahrhundertwende sind zahlreich.) Die Ruine auf dem Battery Hill, ein weithin sichtbares Erkennungszeichen mit dem Namen *MacCaig's Tower* oder auch *McCaig's Folly* ist noch gigantischer: Der Bau ist der Versuch einer Nachbildung des Kolosseums in Rom.

John Stewart MacCaig, ein Bankier und Philanthrop aus Oban, begann das Vorhaben im Jahre 1897, als Arbeitsbeschaffungsmaßnahme angesichts der damals allgegenwärtigen Arbeitslosigkeit. Das Bauwerk sollte ein Museum beherbergen. Standbilder der Familienmitglieder des Bankiers sollten die Fensteröffnungen zieren. Außerdem war ein 50 m hoher Aussichtsturm geplant. Als MacCaig starb, waren rund 5000 £ verbaut. Das Projekt wurde von den Erben nicht weiterverfolgt. Die Mauern sind ca. 0,6 m dick und stehen bis zu einer Höhe von 9–14 m. Der Innenhof ist gärtnerisch gestaltet. Während der Sommermonate wird das Bauwerk allabendlich angestrahlt.

511.4 Dunollie Castle. Am Nordende der Esplanade liegen auf einer in die Förde vorspringenden Felsnase die Ruinen des Dunollie Castle, des einstigen Sitzes der MacDougalls und Herren von Lorne, einer der größten landbesitzenden Familien Schottlands. Die Burg, von der im wesentlichen ein Turm erhalten ist, stammt aus dem 12. und 13. Jh. Der Clan MacDougall war durch Heirat mit der einflußreichen Sippe der Comyns verbunden; beide Familien waren Opponenten von Robert the Bruce, der die MacDougalls nach seinem Sieg über England (1314) entmachtete (vgl. S. 30 ff.). Im Dunollie House unterhalb der Burg wird die *Brooch of Lorne* aufbewahrt, eine Spange, die Robert the Bruce getragen haben soll.

511.5 Der Dog Stone. Der Hundestein oder *Clach a'Chuen* ist ein Fels an der Uferstraße unweit des Dunollie Castle, an den der legendäre *Fingal* seinen Hund *Bran* angebunden haben soll.

511.6 Der Strand von Ganavan. 2 km n. des Dunollie Castle befindet sich die Bucht von Ganavan mit einem schönen Badestrand und Minigolf-Anlagen *(Putting)* sowie einem großen Campingplatz. Zwischen Ganavan und Oban besteht regelmäßige Busverbindung.

511.7 Pulpit Hill. Vom Alma Crescent am SW-Ende der Albany Street aus führen ein Fußweg und eine Straße zum Pulpit Hill (Kanzelberg), von wo sich ein guter Ausblick über die Stadt eröffnet.

511.8 Kerrera. Besonders an klaren Sommerabenden ist ein Spaziergang vom South Pier aus entlang der Gallanach Road zu empfehlen. Von hier aus ergibt sich ein guter Ausblick auf die vorgelagerte, 6,5 km lange und 3,2 km breite Insel Kerrera. Man erreicht die Insel entweder mit der Wagenfähre von der Gallanach Road aus, oder aber mit der Personenfähre, die unmittelbar in Oban anlegt. Von den sanften Hügeln von Kerrera aus ergibt sich ein vorzüglicher Rundblick auf Oban, den w. Teil des Great Glen, auf Mull sowie die Mündung des Firth of Lorn.

1249 starb König Alexander II. auf Kerrera an einer Infektion, die er sich im Kampf gegen die Lords of Lorne zugezogen hatte. In der Horseshoe Bay unweit des Fähranlegers wurde damals für den erkrankten König eine Hütte hergerichtet. Der Gemarkungsname für die Umgebung, *Dalrigh* (Gälisch für Königsfeld), erinnert an die Begebenheit. Der Leichnam des Königs wurde nach Melrose Abbey überführt. Alexander II. befand sich auf einem Feldzug gegen die Hebridenfürsten, die damals noch den König von Norwegen als ihren Herrn anerkannten. 14 Jahre später versammelte König Haakon von Norwegen in der Horseshoe Bay seine wikingische Flotte, um sie in die für ihn fatale Schlacht von Largs zu führen.
Am s. Ende der Insel befinden sich die Überreste des Schlosses Gylen. *Gylen Castle* wurde 1587 als Feste der MacDougalls errichtet. Die Burg sollte die s. Zufahrt zur Oban Bay sichern, während das Dunollie Castle für die n. Zufahrt die gleiche Funktion hatte. Das Schloß wurde bereits im Bürgerkrieg der Jahre 1642–1649 zerstört. Damals standen die MacDougalls auf der Seite Karls I.

512 Schloß Dunstaffnage

Die A 85 verläuft nö. von Oban zunächst in einiger Entfernung von der Küste. Nach 6,5 km wird linker Hand, von einer Baumgruppe halb verdeckt, das Dunstaffnage Castle sichtbar. Das Schloß, auf einer in den Firth of Lorn hinausragenden Felsnase gelegen, wurde auf Geheiß Alexanders II. in den 40er Jahren des 13. Jh. als Operationsbasis für seinen Hebriden-Feldzug (vgl. o.) gebaut. Ursprünglich ein Königliches Schloß, gingen Gebäude und Ländereien spätestens 1470 in den Besitz der Campbells über. Der Graf von Argyll verlieh 1502 einem Clan-Angehörigen durch formale Charta das Recht, die Ländereien sein eigen zu nennen, wenn er im Gegenzug Dienste als Wärter der Burg oder »Captain« leiste. – Das Schloß, das die Charakteristika einer Burg des 13. Jh. (große Blendwand und Rundtürme) in guter Erhaltung zeigt, erhebt sich an einem traditionsreichen Ort, der bereits Herrensitz der frühen dalriadischen Könige war (vgl. S. 29 f.). Der Tradition zufolge wurde hier der Stein *Stone of Destiny* aufbewahrt, bevor er nach Scone (**174**) überführt wurde. Der Stein wurde von Irland zunächst nach Iona gebracht. Von dort gelangte er nach Dunstaffnage und um 850 nach Scone (vgl. auch Arbroath, **146**).

Die massiv anmutende Blendwand ist mehr als 3,5 m dick und etwa 19 m hoch. Ältester Teil des Bauwerks ist der Turm an der NW-Ecke. Der 2 Stockwerke hohe und mit einem Dachgeschoß versehene, an den Innenhof anschließende Block stammt aus dem 16. Jh. Jüngeren Datums sind die Wohngebäude längs der n. Einfriedung.
Das Schloß ist zweimal ausgebrannt, 1685 und 1810, als die Familie das Gebäude für immer verließ, um in das Haus des Faktors, *Dunstaffnage House* (1,5 km ö.), umzuziehen. Nach dem ersten Brand wurde das Schloß partiell wiederhergestellt. 1715 und 1745 war es Garnison der Hannoveraner, 1746 diente es Flora Macdonald für 10 Tage als Unterkunft, als sie sich als Gefangene auf dem Wege nach London befand (vgl. S. 40). Auch das Dunstaffnage House brannte im Dezember 1940

nieder. Der damals amtierende 21. Captain zog sich daraufhin in eine kleine Hütte auf seinem Gut zurück, wo er bis zu seinem Tode 1958 in völliger Abgeschiedenheit lebte. Er war Kosmopolit und entschiedener Europäer: Als den schwersten Schlag im Zusammenhang mit dem Brand pflegte er den Verlust seines privaten Adreßbuchs zu beklagen, wodurch ihm nach den Wirren des Krieges die erneute Kontaktaufnahme mit Bekannten und Freunden auf dem Kontinent verwehrt blieb. Während des 2. Weltkriegs diente Dunstaffnage Castle als Marine-Ausbesserungswerk. Das heutige Dorf geht auf eine Arbeitersiedlung aus jener Zeit zurück.
April bis September MO–SA 9.30–19, SO 14–19; Oktober bis März MO–SA 9.30–16, SO 14–16.

513 Die Priorei von Ardchattan

2 km hinter Dunstaffnage zweigt die das Great Glen hinaufführende A 828 von der A 85 ab. Vom Nordende der *Connel Bridge,* einer recht fotogenen modernen Stahlkonstruktion über das Loch Etive, zweigt rechts eine nk Straße längs der Küste zu den Ruinen der Ardchattan Priory (3 km ö.) ab. Ardchattan war neben Beauly (**606**) und Pluscarden (**225**) eine von drei 1230 in Schottland gegründeten Niederlassungen der *Valliscaulianer,* eines besonders asketisch gesonnenen Zweiges der Benediktiner.

Die Kirche wurde 1654 von Cromwells Soldaten niedergebrannt. Das dazugehörige Wohnhaus wird heute noch von einem Nachfahren des letzten Priors, *Alexander Campbell,* bewohnt. Im Kirchhof finden sich einige für das w. Hochland typische Grabplatten. – Sprachhistorisch ist der Ort insofern von besonderem Interesse, als König Robert de Bruce im Jahre 1308 hier eines der letzten Parlamente abhielt, bei denen das schottische Gälisch Verhandlungssprache war.
Gärten von Ardchattan House: ganzjährig. Eintritt.

Wer den Umweg über Ardchattan Priory gewählt hat, kann am Nordufer des Loch Etive weiterfahren und die landschaftlich eindrucksvolle B 845 nach N wählen, die 13 km n. von Connel Bridge die Hauptstraße 828 erreicht.

514 Schloß Barcaldine

Die A 828 berührt 3 km nw. der Connel Bridge den Weiler Ledaig, einen kleinen Ferienort. Der Hügel oberhalb des Ortes wird *Beregonium* genannt; er war möglicherweise ein dalriadischer Königssitz. Von hier ergibt sich ein herrlicher Rundblick. 3 km n. von Ledaig liegt ö. der nk, zum Pier von Shian führenden Straße das Barcaldine Castle, eine Feste der Campbells. Das wieder bewohnte, in reizvollem Wiesengelände gelegene und mit seinen vorspringenden Türmchen und weißgekalkten Fassaden sehr fotogene Schloß folgt dem L-förmigen Grundriß, wobei die beiden Flügel aus defensiven Gründen leicht gegeneinander verschoben sind. Der Haupteingang befindet sich am Fuße des Treppenturmes, der, allgemeinem Usus folgend, im inneren rechten Winkel der beiden Flügel angelegt ist. Hinter der schweren, beschlagenen Eingangstür finden sich noch die Überreste der ursprünglichen schmiedeeisernen Pforte.

Das zwischen 1579 und 1601 durch Sir Duncan Campbell, den 7. Ritter von Glenorchy und Stammvater der Barcaldine Campbells erbaute Schloß ist ein gutes Beispiel für den *Baronial Style.* Eine Nebenlinie mußte in späteren Jahren den gesamten Landbesitz von 300 000 Morgen verkaufen. Allerdings gelang es 1896 einem Nachfahren, ebenfalls Sir Duncan Campbell genannt, das seit 1745

verwahrloste Schloß zurückzukaufen, das er bis 1910 mit großer Umsicht wiederherstellen ließ. Weitere Restaurationsarbeiten wurden 1957 ausgeführt.
Ostern, Juli–Oktober MO–SA 10–16 sowie nach Vereinbarung, T. Ledaig 214.
Das Gut Barcaldine wurde nach dem 1. Weltkrieg von der staatlichen *Forestry Commission* aufgekauft und aufgeforstet. Die Forestry Commission legte eine Reihe von Wanderwegen an, die von der A 828 aus zu erreichen sind: die *Beinn Lora Walks* (4 km hinter der Abzweigung der kleinen Straße nach Shian), den *Glen Dubh-Naturpfad* (n. der Einmündung der B 845) sowie den *Eas na Circe-Naturpfad* (am SO-Ende des Loch Creran, unweit Dallachoilish). – Eine Fabrik im Weiler Barcaldine verarbeitet Seetang von den Hebriden.

Die A 828 umfährt in enger und kurvenreicher Führung den Loch Creran genannten Seitenarm des Firth of Lorn. Die Berge des Benderloch-Massivs (rechter Hand) erreichen Höhen von 808 m (Creach Bheinn) bzw. 930 m (Beinn Sguliaird). Loch Creran ist bekannt für seine kleinen Inselchen, auf denen Weiße Seeschwalben ihre Nester bauen und zuweilen sich auch Robben sonnen. Durch das relativ flache Strath of Appin führt die Hauptstraße weiter in das Dorf Portnacroish (35 km n. von Connel Bridge). Portnacroish liegt am Ufer des Loch Laich, einer kleinen, spitz zulaufenden Bucht des Loch Linnhe. Etwas oberhalb des inneren Endes der Bucht zweigt links eine nk Straße zu dem 4 km sw. gelegenen Port Appin ab, von wo Fährverbindung nach Lismore Island besteht.

515 Die Insel Lismore

Die etwa 16 km lange und bis zu 2,5 km breite Insel (Fährhäfen Port Ramsay und Achnacroish) wird zu den Inneren Hebriden gerechnet. Der Name leitet sich wahrscheinlich vom gälischen Ausdruck *Lis* für »großer, eingefriedeter Bereich« ab, was mit der bedeutenden monastischen Tradition der Insel in Verbindung gebracht werden kann. Eine andere, weniger wahrscheinliche Namensdeutung ist »großer Garten«: Die wenig gebirgige Insel (höchste Erhebung 127 m) besteht aus einem sehr fruchtbaren Gemisch aus Lehm und Kalkstein. Lismore lohnt einen Besuch, schon weil sich von hier aus die gesamte umgebende Hochlandszenerie in einzigartiger Weise überblicken läßt: das Appin-Massiv auf dem Ostufer des Loch Linnhe, die gebirgige Halbinsel Morven auf dem Westufer und die Gebirgsstöcke der Insel Mull (**621**) im SW. Als historisch sehenswert gilt das *Bachuil House* unweit Clachan (B 8045). Besonders fotogen ist das Weiß der Pachtbauernhütten im sanften Grün der umgebenden Wiesen und Felder.
Lismore wurde von St. Moluag, einem iro-schottischen Mönch piktischen Geblüts und Zeitgenossen Columbas (vgl. Iona **634** sowie S. 29f.) um das Jahr 560 christianisiert. Nachdem die schottische Kirche im 12. Jh. dem römischen Kultus angeglichen worden war (vgl. S. 30), war Lismore im 13. Jh. Mittelpunkt der Diözese von Argyll; von der kleinen Kathedrale sind nur Spuren erhalten. Eine literarische Sensation löste die Wiederentdeckung des *Book of the Dean of Lismore*, eines 1551 gestorbenen kirchlichen Würdenträgers aus. Der Fund schien Ossians Anspruch zu erhärten, aus genuiner gälischer Tradition geschöpft zu haben. (Zu Ossian vgl. S. 52.)

Gegenüber dem Leuchtturm auf Eilean Musdile an der Südspitze, von der Wagenfähre Oban-Mull aus sichtbar, befindet sich der *Lady Rock*. Der Fels, der bei Flut überspült wird, verdankt seinen Namen der Überlieferung, daß einer der MacLeans von Duart (**630**) seine Frau, die Tochter des Grafen von Argyll, hier aussetzte, um sie auf diese Weise loszuwerden. Sie wurde jedoch von Fischern rechtzeitig entdeckt und geborgen. Auf Umwegen gelangte sie in ihr väterliches Schloß nach Inveraray (**460**) zurück. Einige Tage später folgte ihr, in tiefe Trauer gehüllt, der nichtsahnende Gatte. Nachdem er seinem Schwiegervater von dem mysteriösen Verschwinden der Gattin berichtet hatte, tat sich die Tür auf, und seine Frau erschien. Dem MacLean wurde gestattet, das Schloß unbehelligt zu verlassen; einige Jahre später wurde er jedoch in Edinburgh von seinem Schwager, Campbell of Calder, erschlagen.

516 Schloß Stalker

Unmittelbar hinter Portnacroish wird links auf einem Inselchen im Loch Linnhe Castle Stalker, das Stammschloß der Stewarts of Appin, sichtbar, ein fotogener, massiv-rechteckiger Fried aus dem 15. Jh., der viele Bilderbuch-Attribute schottischer Trutzburgen vereint: die wildromantische Lage, bis zu 3 m dicke Mauern, 4 hohe Stockwerke, die eine offene Brustwehr krönt, und schließlich ein nur über eine Falltür zugängliches, am Fuß der Haupttreppe in der NW-Flanke gelegenes flaschenförmiges Verlies, dessen Dimensionen auch hartgesottene Naturen erschauern lassen. Im Unterschied zur normalen Bauweise springt das Mauerwerk der Brustwehr nicht über die darunterliegenden Mauern vor. Den Abschluß der als Wendeltreppe gestalteten Haupttreppe bildet eine kleine Giebelkammer. Eine in jüngster Zeit wieder mit einem Dach versehene weitere Giebelkammer sowie ein ebenfalls in den letzten Jahren restauriertes Eckürmchen lockern den eher grimmigen Gesamteindruck des Bauwerks ein wenig auf.

Castle Stalker war zunächst als Jagdschloß gedacht (stalker = Pirschjäger). Sein Erbauer, Duncan Stewart, wurde von König Jakob IV. (1488–1513) für seine Teilnahme an der Kampagne gegen den Lord of the Isles zum Chamberlain of the Isles ernannt. Jakob selbst soll von Castle Stalker aus Jagdausflüge unternommen haben. Die Stewarts of Appin unterstützten die Sache der Jakobiter: Der 8. Clan-Chef focht 1715 für den »Old Pretender«; der 9. Clan-Chef, Dougald, nahm für Charles Edward Stuart Partei (vgl. S. 38 ff.). Nach 1746 wurden die Ländereien gepfändet.

517 Ballachulish

18 km hinter Portnacroish erreicht die A 828 die neue Brücke über das sich 13 km nach O erstreckende Loch Leven, einen für Seeschiffe befahrbaren Nebenarm des Loch Linnhe. Hier mündet die Straße in die A 82 nach Inverness ein. Bis um die Mitte der 60er Jahre waren Nord- und Südufer des Loch Leven durch eine wenig leistungsfähige Fähre verbunden, die größere Fahrzeuge nicht transportieren konnte. Um die kaum 300 m breite, für ihre lebhaften Gezeitenströme bekannte Wasserstraße zu überwinden, mußte ein Umweg von 31 km in Kauf genommen werden. Heute, nachdem der Verkehr auf der stellenweise engen Loch Leven-Straße (B 863) sehr viel weniger dicht geworden ist, ist der Umweg über Kinlochleven als Aussichtsstrecke sehr zu empfehlen. Reizvoll ist besonders der s. Teil, wo die Straße an der Flanke des Garbh Bheinn (862 m) z. T. hoch über das Ufer des Loch Leven ansteigt und

eine herrliche Sicht auf die Berge des gegenüber liegenden Lochaber Massivs mit Stob Ban (996 m) und (ö. davon) Binnein Mor (1126 m) freigibt.

Ballachulish (1250 Einwohner) selbst war von 1761 bis in die 60er Jahre hinein ein Industrieort, dessen Leben durch die *Schieferminen* der unmittelbaren Umgebung bestimmt wurde. Die Einstellung des Schieferabbaus und die damit verbundene Stillegung der Bahnlinie nach Connel führten zu einer Strukturkrise, von der sich der Ort inzwischen erholt hat.

Die Gegend um Ballachulish ist ein Zentrum der *Episcopalians*, der Anhänger der protestantischen schottischen Bischofskirche (im Unterschied zur presbyterianisch ausgerichteten schottischen Staatskirche).

518 Glen Coe

2 km ö. von Ballachulish endet bei der alten Bridge of Coe das wohl berühmteste aller Hochlandtäler, berühmt sowohl wegen seiner ausgeprägten Gebirgslandschaft als auch besonders wegen seiner historischen Assoziationen. Das Tal ist heute von der 1935 trassierten A 82 erschlossen, die, von Crianlarich (**444**) kommend, über das wilde Moor von Rannoch dessen oberes Ende erreicht. Glen Coe im engeren Sinne ist, vom Weiler Carnach am Loch Leven gerechnet, nur 12 km lang, wobei ein Höhenunterschied von 308 m überwunden wird. Es ist jedoch alter Brauch, auch den ö. anschließenden Teil bis zum Kingshouse Hotel (17,6 km oberhalb der Bridge of Coe) hinzuzurechnen.

Für den Ortsnamen Glen Coe gibt es zwei Sinngebungen: enges Tal, oder aber Tal des Weinens. Die letztere Übersetzung wurde von den romantischen Historikern, allen voran *Thomas Babington Lord Macaulay,* bevorzugt, des Massakers vom 13. 2. 1692 wegen. Macaulay verdanken wir die wohl packendste Darstellung der Begebenheit.

Von einer etwa auf halbem Wege zwischen dem Kinghouse Hotel und dem Ausgang des Tals in 273 m Höhe neben der alten Straßentrasse gelegenen Felsplattform, The Study (von gälisch stiddie = Amboß), ergibt sich ein guter Blick auf die Drei Schwestern von Glen Coe, *Beinn Fhada, Gearr Aonach* und *Aonach Dubh* (s. der Straße, von O nach W), Berge von knapp 1000 m Höhe, die zu den Massiven des Bidean nam Bian (1145 m) und des Stob Coire nan Lochan (1112 m) gehören. Etwa 2,5 km talabwärts, oberhalb des kleinen Loch Achtriochtan, in dessen klarem, eiskaltem Wasser sich die grüngrauen Bergrücken spiegeln, befindet sich in der Flanke des Aonach Dubh eine *Ossian's Cave* genannte Höhle, die im Rahmen einer Bergwanderung mittleren Schwierigkeitsgrades über die »Ossiansleiter« erreicht werden kann. Ossian (vgl. S. 52) soll in Glen Coe geboren worden sein; historische Anhaltspunkte gibt es nicht. Am Ausgang des Loch Achtriochtan trennen sich die Trassen der alten und der neuen Straße: Während die alte Trasse an der Nordseite des Tales verläuft, folgt die neue dem Südufer des Flusses. Vom Signal Rock, einem Felsen bei der Clachaig Inn am Nordufer, 1,5 km unterhalb des Sees, soll in den frühen Morgenstunden des 13. Februars 1692 das Signal für das Blutbad an den Macdonalds gegeben worden sein (vgl. S. 38). Das Gelände wird durch den beschilderten *Signal Rock Trail* erschlossen. Ein Denkmal für die erschlagenen Macdonalds findet sich beim Ausgang des Tales unweit der alten Straße.

Die umgebende Bergwelt ist von besonderer Grandeur: Auf der Nordseite des Tals wird ein 10 km langer Gipfelgrat, Aonach Eagach (wörtlich: gekerbter Gebirgskamm), sichtbar. Er gehört zu den schmalsten Graten von ganz Schottland. Nach W schließt sich der aufragende Sgor na Ciche oder auch Pap of Glencoe (739 m) an. Bei Altnafeadh am oberen Ausgang des Tals wird der Aonach Eagach-Grat von einem ursprünglich für Viehtriebe angelegten Pfad überquert, der um 1750 zur Militärstraße ausgebaut wurde. Bei schönem Wetter bietet sich dieser nach Kinlochleven (s.u.) führende Weg für eine nicht zu anstrengende Bergwanderung an. Oberhalb von Clachaig Inn ist die unter dem Namen »Clachaig Gully« bekannte Klamm eine beliebte Herausforderung für geübte Bergsteiger. Die Südseite ist flankiert von einer Gruppe von Gipfeln, die den Namen *Sheperds of Etive* erhalten haben. Zu erwähnen sind neben dem schon genannten Bidean nam Bian die ö.

Glen Coe – Fort William 323

anschließenden Gebirgsstöcke des *Buachaille Etive Beag* (952 m) und des *Buachaille Etive Mor* (1017 m). Letzterer bietet an der NO-Flanke eine 400 m hohe Felswand. – Der *National Trust for Scotland* besitzt im Tal des Coe ein Gelände von 14 200 Morgen, das die historischen Stätten und das Bidean nam Bian-Massiv umschließt. In diesem unter striktem Schutz stehenden Gelände sind u. a. die schottische Wildkatze, der Goldadler und das Alpenschneehuhn (vgl. S. 22 ff.) heimisch. Den Besuchern des Tals steht ein vom Trust geführtes Informationszentrum unweit der Bridge of Coe zur Verfügung.
Karfreitag bis Mitte Mai und Mitte September bis Mitte Oktober 10–17; Mitte Mai bis Mitte September 10–19.

519 Das Heimatmuseum von Glen Coe und North Lorn

Eine umfassendere Einführung in die Geschichte der Landschaft bietet das Glen Coe and North Lorn Folk Museum, ebenfalls am unteren Ausgang des Tals gelegen.
Die in alten Hochland-Hütten untergebrachten Sammlungen umfassen historische Erinnerungsstücke, u. a. an Prinz Charles Edward Stewart, landwirtschaftliches Gerät und Haushaltsgegenstände, Molkerei-Utensilien, Bekleidungsstücke, Puppen und Puppenhäuser sowie Fotografien.
Mai bis September MO–SA 10–17.30 (Mitte Juli bis Mitte August auch später). Eintritt.

520 Kinlochleven

Wer den Umweg über die B 863 längs der Ufer des Loch Leven wählt, gelangt 11 km hinter der Bridge of Coe in den Industrieort Kinlochleven (620 Einwohner). Das Dorf ist bekannt für seine Aluminiumwerke. Zur Verhüttung werden Wasser und Elektrizität des 13 km langen Blackwater Reservoir (7 km ö.) genutzt. Das Erz wird auf dem Seeweg angeliefert.

521 Fort William

Von North Ballachulish aus führt die A 82 in geradliniger Trassierung in das 19 km entfernte Städtchen Fort William. Zunächst passiert sie den Weiler Onich, wo sich ein letzter Ausblick nach SW auf den äußeren Teil des Loch Linnhe und den Westteil des Great Glen bietet. Beim Weiler Keppanach überquert eine Wagenfähre die kaum 300 m breite Förde. Sie stellt die Verbindung zur A 861 her, die vom Weiler Ardgour aus nach N den Anschluß an die Strecke Fort William – Mallaig schafft (vgl. S. 331 ff.) und nach Süden einen Zugang zu den Halbinseln Morven und Ardnamurchan bietet (vgl. S. 334 ff.). Oberhalb von Keppanach liegt im teilweise bewaldeten Tal des Abhainn Righ ein Picknickplatz. In der Nachbarschaft findet sich ein siebenstufiger Wasserfall. Ein Leuchtturm am Südufer der Mündung des Abhainn Righ erinnert an die Tatsache, daß man sich immer noch an der See befindet. – Ein weiterer Picknickplatz liegt 5 km n. von Keppanach bei Corrychurrachan. Hier beginnt auch ein kurzer, beschilderter Naturpfad.
Fort William (4200 Einwohner, Bahnstation, Informationsamt) ist eine modern wirkende Handelsstadt und ein Touristenzentrum am Fuße des 1340 m hohen Ben Nevis, des höchsten Berges der britischen Inseln. Im NO der Stadt liegen in der Flanke des Berges große Aluminiumwerke, die das Wasser des Loch Treig verwerten.
Die heutige Stadt ist wesentlich ein Produkt des Eisenbahnzeitalters und der viktorianischen Epoche. Die Anfänge des Ortes gehen jedoch auf die Ära

Cromwell zurück. 1655 erbaute General Monck (vgl. S. 37) ein Fort aus Erde, Flechtwerk und Palisadenzäunen, das unter der Regierung Wilhelms von Oranien (nach 1689) aus Stein neu errichtet wurde. Weder 1715 noch 1745 gelang es den Jakobitern, das Fort einzunehmen. Nach 1715 wurden die Befestigungsanlagen durch General Wade (vgl. S. 39) weiter ausgebaut. Das Fort war Garnison bis 1855; es wurde 1864 geschleift, um Platz für die Eisenbahn zu schaffen. Fort William hat im Laufe seiner Geschichte mehrere Namen gehabt: Gordonsburgh, Duncansburgh und Maryburgh.

Wichtige Adressen: *Tourist Information,* am s. Ende des Zentrums beim *Parkplatz* auf der Uferseite der Achintore Road – *Bahnhof,* am Nordende des Zentrums, ö. des Kreisverkehrs und n. der Belford Road – *Hauptpostamt,* High Street, n. der Fassifern Road (Zentrum) – *Polizei,* im Court House, am Südende der High Street, bei der Einmündung in die Achintore Road (Kreisverkehr).

Stadtrundgang und Kurzausflüge

521.1 West Highland Museum. Das Museum ist in einem Gebäude aus dem 18. Jh. (Cameron Square) untergebracht. Die Exponate umfassen neben den für ein Heimatmuseum typischen Stükken Gegenstände aus jakobitischer Zeit, darunter auch ein geheimes Portrait des Prinzen Charles Edward Stuart sowie eine Sammlung von Tartans und schließlich Überreste einer Täfelung von 1707, die aus dem Haus des Gouverneurs der Festung stammt.
Mitte September bis Mitte Juni MO–SA 9.30–13 und 14–17; Mitte Juni bis Mitte September MO–SA 9.30–21.

521.2 Die Reste des Forts. Überreste der Befestigungsanlagen finden sich längs des Ufers w. des Bahnhofs sowie auf der Westseite der Belford Road am n. Ortsausgang, rund 250 m nö. des Bahnhofs.

521.3 Schloß Inverlochy. Inverlochy Castle (5 km n. an der A 82, linker Hand) stammt im wesentlichen aus dem 19. Jh. und ist heute Teil einer Rinderfarm. Die Überreste eines älteren Schlosses gleichen Namens liegen 2 km nw. am Westufer des River Lochy; sie sind entweder über eine nk Straße, die kurz hinter dem modernen Inverlochy Castle links abbiegt, oder aber über die B 8004 erreichbar, die auf der Westseite des Caledonian Canal verläuft. Die Anlage datiert im wesentlichen aus dem 15. Jh. Comyn's Tower, der größte der Rundtürme (13. Jh.) hat 3 m dicke Mauern und Kammern von 6 m Durchmesser. – Unweit des Schlosses wurden 1431 die Grafen von Mar und Caithness in offener Feldschlacht geschlagen. Eine weitere Schlacht fand 1645 in der Umgebung statt, in der der Marquis von Montrose den Covenanters eine empfindliche Niederlage beibrachte.

521.4 Neptuns Treppe und der Kaledonische Kanal.
Neptune's Staircase ist eine berühmte Schleusentreppe (8 Ebenen) am w. Ausgang des Caledonian Canal, unweit Corpach (530, A 830, 7 km nw. von Fort William). Der Höhenunterschied zwischen zwei Schleusenkammern beträgt jeweils etwas mehr als 2,4 m; insgesamt wird ein Höhenunterschied von 19,45 m zwischen dem Niveau des Kanals und dem des Loch Linnhe überwunden.
Der Caledonian Canal verbindet Corpach am Ausgang des Loch Eil mit Clachnaharry bei Inverness. Er ist 97,3 km lang, wobei die Kunstbauten lediglich eine Länge von 35,2 km haben. Die übrige Trasse führt durch natürliche Seen (Loch Lochy, Loch Oich und Loch Ness). Der Kanal ist 4,9 m tief und am Boden 15,2 m breit. Die Trassenführung ist so gradlinig, daß sie insgesamt nur gut 7 km länger ist als die Luftlinie von Endpunkt zu End-

punkt. Der höchste Punkt des Kanals liegt 31,9 m über dem Meeresniveau. Insgesamt sind 29 Schleusen vorhanden.

Der Bau des Kanals wurde 1804 unter der Leitung des berühmten schottischen Ingenieurs *Thomas Telford* begonnen. Telford ist auch der Erbauer des Göta-Kanals in Schweden. Eine erste Version wurde 1822 fertiggestellt, jedoch infolge der schnellen technischen Fortentwicklung als ungenügend empfunden. Der Kanal wurde erneut geschlossen und 1834 bis 1847 erweitert. Sein Bau kostete 1,25 Millionen Pfund, gemessen an der damaligen Kaufkraft des Geldes eine ungeheure Summe. Technisch besonders interessant ist die Trasse zwischen Loch Lochy und Corpach, nicht nur wegen der Neptuns-Treppe, sondern auch, weil der Kanal hier an mehreren Stellen untertunnelt ist, um das Wasser der von w. zufließenden Gebirgsbäche in den auf tieferem Niveau parallel verlaufenden River Lochy abzuleiten.

521.5 Ben Nevis. Der Aufstieg (ca. 3$^{1}/_{2}$ Stunden) beginnt entweder in Achintee im Tal des Nevis (Abzweigung rechterhand von der Belford Road, bevor diese den River Nevis überquert) oder aber von Lochy Bridge aus (weiter n., bei der Abzweigung der A 830). Beide Wege treffen sich bei dem kleinen See Lochan Meall an T'suidhe. Von dort erfolgt dann die eigentliche Bergbesteigung.

Ungeübte Bergwanderer sollten den Ben Nevis nur in Begleitung eines ortskundigen Führers begehen. Angemessene Ausrüstung ist unabdingbar (schneller Wetterwechsel, Nebel- und Kälteeinbrüche, auch im Hochsommer). Vom Gipfel, an dessen NO-Hang auch in den Sommermonaten etwas Firnschnee zu finden ist, ergibt sich an klaren Tagen ein Rundblick über das gesamte w. Hochland und die Hebriden.
Der Ben Nevis ist heute untertunnelt: Eine 27 km lange Wasserleitung verbindet Loch Treig mit den Aluminiumwerken von Fort William.
Am Ende der nk. Straße durch das Glen Nevis bietet sich bei Achriabhach die Möglichkeit zu ausgedehnten Spaziergängen. Eine Wanderroute folgt dem Tal weiter. Sie führt durch einsames Gebirgsland hinüber zum Loch Treig (20 km ab Achriabhach) und dann durch straßenloses Gelände zum Loch Ossian (10 km) ö. der Bahnlinie Glasgow–Fort William (Bahnstation Corrur).

521.6 Das Wandergebiet von Lairigmor. Unmittelbar beim Kreisverkehr am s. Ortsende von Fort William zweigt eine nk Straße (Lundavra Road) in s. Richtung ab, die in das Wandergebiet von Lairigmor (11 km) führt. Vom Ende der Straße aus führt ein Fahrweg in das knapp 9 km entfernte Kinlochleven (vgl. o.).

522 Spean Bridge

Zwischen Fort William und Spean Bridge kann der Autofahrer zwischen 2 Straßen wählen, der gut ausgebauten, aber stark befahrenen A 82 (Entfernung 16 km), die einer von General Wade geschaffenen Trasse folgt, und der 5 km längeren B 8004, die über die A 830 zu erreichen ist und bis Gairlochy parallel zum Caledonian Canal (vgl. o.) verläuft. Technisch interessierten Reisenden ist die B 8004 besonders zu empfehlen, da sich die Kanaltrasse von der Straße aus gut verfolgen läßt.
Vom Weiler Gairlochy am sw. Ausgang des Loch Lochy zweigt eine kleine, einspurig befahrbare Straße (B 8005) in nw. Richtung ab. Sie führt zu dem in typischer Hochlandszenerie einsam gelegenen Loch Arkaig, in dem ein jakobitischer Schatz ruhen soll. Unterwegs durchquert sie die zum Gut Achnacarry gehörenden Waldungen, wobei die *Dark Mile*, eine Allee mit herrlichem alten Baumbestand, besondere Beachtung verdient. Bevor die Straße

das Ostende des Lochs erreicht (9 km ab Gairlochy) berührt sie am Westende der Dark Mile die *Cia-aig-Wasserfälle*. Vom Ende der Straße im w. anschließenden Glen Dessarry aus führen Wanderwege hinüber zum Loch Nevis und in n. Richtung durch das Glen Kingel zum Stausee Loch Quoich. Die Loch Arkaig flankierenden Bergrücken erreichen Höhen von 800–900 m.
Spean Bridge (150 Einwohner, Bahnstation) liegt am Ausgang des Glen Spean bei einer von *Thomas Telford* 1819 gebauten Straßenbrücke über den River Spean, die eine ältere, von Wade gebaute Brücke ersetzt. Im Zentrum des kleinen Ortes befindet sich heute ein großes Einkaufszentrum für Wollwaren.

Unweit von Spean Bridge fanden im August 1745, 3 Tage vor dem offiziellen Beginn des Jakobiteraufstands um Prinz Charles Edward Stewart (vgl. Glenfinnan, **531**), die ersten Scharmützel mit Regierungstruppen statt. Im 2. Weltkrieg wurden in der Umgebung Kommandoeinheiten trainiert. Das *Commando Memorial*, knapp 2 km w. an der Einmündung der B 8004 in die A 82, erinnert daran.

Landschaftlich eindrucksvoll ist die in Spean Bridge von der A 82 nach O abzweigende A 86. Sie führt durch das Glen Spean und entlang der Seen Loch Moy und Loch Laggan in das 84 km entfernte Newtonmore (**101**) an der A 9. Besonders in ihrem mittleren Teil berührt die stellenweise enge und unübersichtlich trassierte Straße einsames, hochgelegenes Terrain, von dem aus sich weite Blicke auf die Gipfel des Creag Meagaidh-Massivs (1125 m) im N und des Benalder Forest im S (Beinn á Clachair, 1085 m, und Geal Charn, 1047 m) ergeben. Am SW-Ende des Loch Laggan erreicht die A 86 mit 264 m ihren höchsten Punkt.

523 Die »Parallelstraßen«

Beim Weiler Keppoch zweigt von der A 86 eine nk Straße nach N ab. Sie führt in ein Tal hinein, das erdgeschichtlich eine Besonderheit zu bieten hat: die Parallel Roads. Die Westflanke des Carn Dearg und die Ostflanke des Beinn Iaruinn sind terrassenförmig gestaltet, so daß man meinen könnte, Militärstraßen seien einst hier trassiert worden. In Wirklichkeit markieren die Ebenen den Wasserstand von Seen, die von Gletschern während der Eiszeit zurückgedämmt wurden.

524 Schloß Invergarry

Von Spean Bridge aus verläuft die A 82 in gradliniger Führung zunächst längs des Ostufers des 15 km langen und rund 1,2 km breiten Loch Lochy. Nördlich des Weilers South Laggan überquert sie auf einer Drehbrücke *(Laggan Swingbridge)* den Caledonian Canal (**521.4**), um dann dem Ostufer des 6 km langen und nur rund 200 m breiten Loch Oich zu folgen. Nach knapp 26 km wird der Weiler Invergarry erreicht, wo in einer recht unübersichtlichen Kurve die A 87 nach Lochalsh abzweigt (Streckenbeschreibung vgl. S. 336 ff.). Östlich der Straßengabelung liegen unmittelbar am Ufer des Loch Oich die Ruinen des Invergarry Castle, das durch viele Generationen Stammschloß der MacDonells of Glengarry war.

Der Bau stammt aus den Jahren nach 1689; er wurde im Anschluß an die Schlacht von Culloden (**112**) vom Herzog von Cumberland zerstört. Die Anlage ersetzte zwei ältere Herrensitze, denen das gleiche Schicksal widerfahren war: 1654 hatte Cromwells gefürchteter General Monck das ursprüngliche Clan-Schloß niedergebrannt. Im Zeitalter der Restoration baute die Familie ihre Wohnstatt auf den Fundamenten des älteren Schlosses wieder auf. Der Bau wurde 1689 kurz vor der Schlacht von Killiecrankie (**97**) fertiggestellt und noch im gleichen Jahr wieder zerstört. Das unweit der Ruinen gelegene Herrenhaus *Invergarry House* ist heute Hotel.

525 Die Quelle der Sieben Köpfe

Nördlich des Weilers Invergarry befindet sich auf der Ostseite der A 82 ein Monument besonderer Art: Ein 1812 über einer natürlichen Quelle errichteter Brunnen, Well of the Seven Heads, erinnert mit seiner Inschrift in gälischer, lateinischer, französischer und englischer Sprache an eine Begebenheit im frühen 17. Jh.: *Keppoch*, der Älteste eines Zweiges des Clan MacDonell, hatte seine Söhne nach Frankreich geschickt, um sie dort erziehen zu lassen. Er starb jedoch vor ihrer Rückkehr. Nach Keppochs Tod wurden dessen Ländereien durch seine sieben Brüder gemeinsam verwaltet, die an einer Rückkehr der Knaben nicht interessiert waren. Als letztere dann aber doch kamen, wurden sie heimlich umgebracht. Die Mörder hatten allerdings einen Zeugen: den Barden der Familie, *Ian Lorn*. Ihm gelang es schließlich, die sieben Brüder umbringen zu lassen. Er sorgte dafür, daß ihre abgeschlagenen Köpfe in der besagten Quelle saubergewaschen wurden, bevor er sie dem obersten Chef aller MacDonnel Clans im Schloß von Glengarry zu Füßen legte.

526 Fort Augustus

Fort Augustus, 12 km nö. der Straßengabelung A 82/A 87 am Südende des Loch Ness gelegen, war wie Fort William ursprünglich eine britische Festung gegen die aufrührerischen Hochland-Clans. Das Fort wurde nach dem jakobitischen Aufruhr von 1715 (vgl. S. 39) erbaut und nach dem Herzog von Cumberland benannt. *General Wade* erweiterte 1730 die Befestigungsanlagen, nachdem er den Ort in den Jahren 1725 und 1726 durch eine s. des Sees verlaufende Straße (A 862, vgl. u.) mit Inverness verbunden hatte. Der General schuf auch eine Straßenverbindung nach SO durch das Glen Tarff und über den 763 m hohen Corrieyairack Pass nach Dalwhinnie an der A 9, die bis Garvamore Bridge heute nur noch mit dem Landrover passierbar ist. Im Januar 1745 wurde der Ort von den Streitkräften des Prinzen Charles Edward Stuart eingenommen. Die Jakobiter hielten das Fort bis zur Schlacht von Culloden (**112**). – 1876 wurde am Ufer des Loch Ness eine benediktinische Abtei, verbunden mit einer Internatsschule für Jungen, gegründet.

Heute ist Fort Augustus (900 Einwohner, Informationsamt) ein Ferienort mit gutem Hinterland: Für den Segler und Bootsfahrer erschließt sich von hier aus das 38 km lange Loch Ness ebenso wie der nach SW führende Caledonian Canal. Hauptsehenswürdigkeit des Ortes ist die sechsstufige *Schleusentreppe*. Der historisch interessierte Bergwanderer kann der schon genannten Militärstraße zum Corrieyairack Pass oder aber der ebenfalls von Wade angelegten Straße nach W ins Glen Moriston folgen. Dem Langstrecken-Wanderer erschließt sich das ö. des Loch Ness gelegene, einsame Massiv der Monadhliath Mountains, ein kaum von Straßen berührtes Areal von rund 40 km Länge und 20 km Breite. Für den, der kürzere Wanderungen vorzieht, bietet der *Inchnacardoch Forest Trail* längs des River Oich das Geeignete: Die 7 km lange Strecke ist in einer Broschüre erklärt, die vom Informationsamt in Fort Augustus bezogen werden kann. Unweit des Forstamtes (vom Ostende von Fort Augustus aus zu erreichen) befinden sich 2 Picknickplätze.

In einer ehemaligen Schmiede 3,5 km s. des Ortes an der A 82 wird eine Ausstellung *(Great Glen Exhibition)* gezeigt, die sich mit der Geschichte von Fort Augustus sowie mit Loch Ness und seinem Ungeheuer befaßt.

527 Der Wald von Farigaig

Eine Alternative zu der vielbefahrenen A 82 Fort Augustus – Inverness bietet die s. des Loch Ness verlaufende A 862. Die Straße ist enger, dafür aber praktisch frei von Reisebussen und Camping-Fahrzeugen. Der Umweg beträgt nur 3 km. Die A 862 erreicht 7 km hinter Fort Augustus eine Seehöhe von 388 m und bietet gute Fernblicke. Nach 15 km zweigt halblinks die B 852 ab, die auf der von General Wade geschaffenen Trasse dem Südufer des Loch Ness folgt. Die Straße berührt das Waldgebiet von Inverfarigaig (22 km ab Fort Augustus), das durch den *Farigaig Forest Trail* erschlossen ist. Der Waldpfad führt durch teilweise alte Laubwaldbestände zu einem Aussichtspunkt oberhalb zweier tiefeingeschnittener Bachtäler. Er beginnt an einer nk Straße, die unmittelbar bei der Brücke über den River Farigaig nach O abzweigt. Hier befindet sich auch ein kleines Besucherzentrum der Staatlichen Forstbehörde sowie ein recht hübscher Picknickplatz. Ein weiterer Picknickplatz liegt unweit des Ortes Foyers.

528 Urquhart Castle und Loch Ness

Die A 82 folgt dem Nordufer des Loch Ness auf dessen gesamter Länge. Da das Ufer relativ steil ist, verläuft die Straße in der Regel in einer Höhe von 20–80 m über dem Niveau des Sees, und es ergeben sich zahlreiche gute Fernblicke. Nicht zuletzt aus diesem Grunde ist die Straße außerordentlich unfallträchtig: Kontinentale Fahrer geraten gerne zu weit nach rechts, wodurch sich folgenschwere Frontalzusammenstöße ergeben; auch Auffahrunfälle sind häufig. Man tut gut daran, gerade auf diesem Abschnitt die möglichen Fehler der anderen mit einzukalkulieren.

In Invermoriston zweigt die großenteils nur einsprurig befahrbare A 887 durch das Glen Moriston ab, die für Reisende von Inverness eine Verbindung zur A 87 Invergarry Hotel – Kyle of Lochalsh herstellt.

Einer der besten Ausblicke auf den See bietet sich von den imposanten Ruinen des Castle Urquhart bzw. von der in diesem Bereich in fast 100 m Höhe oberhalb des Sees verlaufenden A 82 aus. Der Blick schweift dabei über den Ostteil des 38 km langen und stellenweise mehr als 210 m tiefen Sees, der in diesem Bereich seine größte Breite von rund 2,5 km erreicht. Trotz der Größe von Loch Ness besitzt sein Wasser die für schottische Seen typische moorbraune Färbung. Auch in strengsten Wintern friert der See nicht zu.

Das weltweite Interesse an Loch Ness ist auf *Nessie,* das Seeungeheuer, zurückzuführen. Es ist Titelfigur vieler Broschüren und auch einer Reihe seriöser Buchpublikationen. Tatsächlich gibt es mehrere Fotos von ihm, darunter ein gestochen scharfes Kopf- und Halsportrait eines englischen Arztes von 1934 (das sogenannte *Surgeon's Photograph*). Darüber hinaus ist Nessies Treiben in einer langen Reihe von schriftlichen Aufzeichnungen dokumentiert. Die ältesten Quellen stammen aus dem 7. Jh. Damals berichtet *Adamman,* der Abt von Iona (**634**) und Biograph von St. Columba, daß der Heilige im Jahre 565 ein freßgieriges Seeungeheuer in die Fluten des Loch Ness zurückgezwungen habe, was einem Pikten das Leben rettete. Später wurde das Ungeheuer so gefügig, daß es – wie eine andere Legende berichtet – Columbas Boot ganz nach dessen Willen quer über den See zog. Daraufhin gewährte ihm der Heilige die immerwährende Freiheit. – Nessie ist kein Einzelfall: In vielen schottischen Seen wohnen Ungeheuer, so auch beispielsweise im Loch Lomond (**436**). Nessie ist nur besonders prominent und auch besonders aktiv. Immerhin ist das Phänomen so verblüffend, daß man in den letzten Jahrzehnten immer wieder versucht hat, dem Rätsel mit den

Urquhart Castle

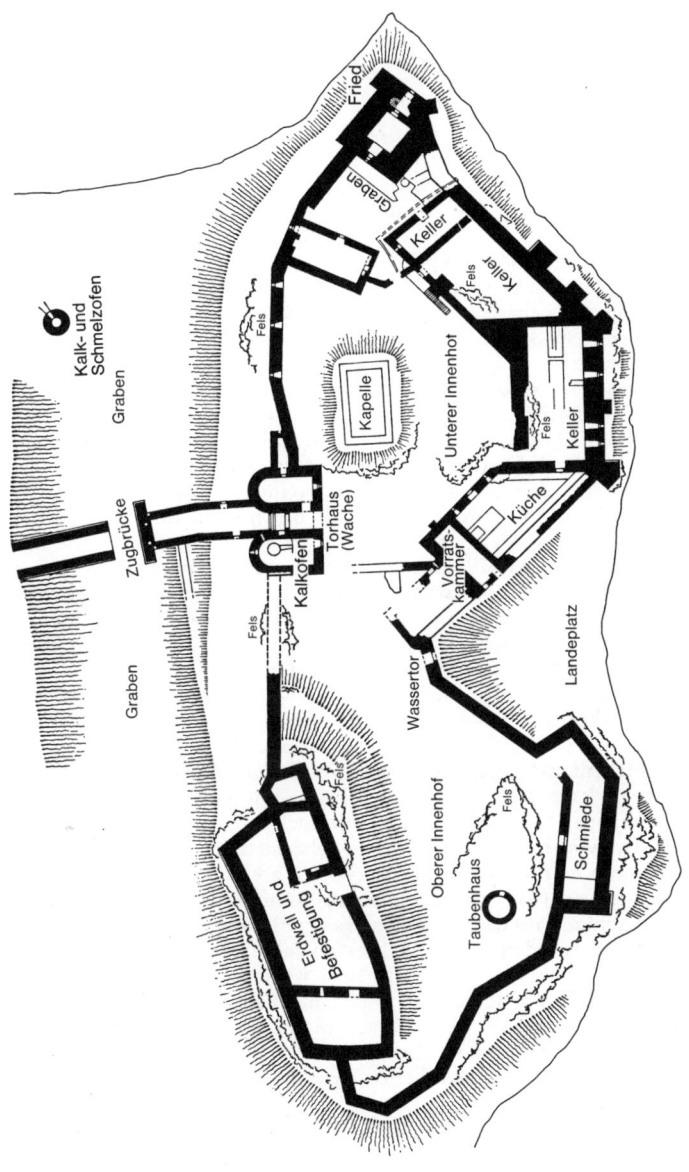

Methoden der modernen Naturwissenschaft und Technik beizukommen. Man hat Beobachtungsstationen eingerichtet, man hat Echolotungen vorgenommen und schließlich den gesamten See mit einem U-Boot abgesucht. Gefunden hat man nichts. So bleiben Theorien von eigentümlichen Luftspiegelungen und Windspielen, die das Wasser des Sees auch an ruhigen Tagen plötzlich hochpeitschen, so als ob ein großes Tier die Bewegungen verursache.

Die Ruinen des Urquhart Castle erreicht man von der A 82 aus über einen Fußweg, der im oberen Teil recht steil ist und bei nassem Wetter schlüpfrig sein kann. Die Funktion der Anlage erhellt aus ihrer strategischen Lage: Seit frühkeltischer Zeit war das Great Glen ein Hauptverkehrsweg, wobei man soweit als möglich zu Wasser reiste. Urquhart Castle lag als Beobachtungsposten auf einer in den See vorspringenden Felsnase, von wo aus sich nicht nur der Verkehr durch das Grat Glen, sondern auch der Zugang zu den strategisch wichtigen Tälern Glen Urquhart und Glen Convinth (A 831 bzw. 833) kontrollieren ließ. Bereits zur Zeit *Wilhelms des Löwen* (1165 bis 1214) soll der Platz befestigt gewesen sein. Nach 1229 gingen die Besitzungen von Urquhart an die mächtige Familie Dorward über, die das erbliche Amt eines Wärters des schottischen Königspalastes (*door ward*) innehatte. Erster Burgherr war *Allan Dorward,* einer der Führer der anglonormannischen Aristokratie in Schottland. Die frühesten urkundlichen Erwähnungen des Schlosses datieren aus der Zeit des schottischen Freiheitskrieges, als Eduard I. von England 1296 die Burg in seine Gewalt brachte. In den folgenden Jahren wurde die Anlage wiederholte Male belagert, bis König Robert the Bruce sie 1313 endgültig für Schottland zurückeroberte. Ein schottisches Gesetz von 1398 erklärte Castle Urquhart zu einer Burg, die ihrer strategischen Bedeutung wegen dem König unmittelbar zu unterstehen habe. 1452 fiel die Anlage im Zuge der Auseinandersetzungen zwischen der Krone und den Hebridenfürsten (vgl. S. 32) den letzteren in die Hände. 1479 heißt es dann, Glen Urquhart liege in Ruinen und erbringe keinerlei Einnahmen. Erst dem starken König Jakob IV. gelang es 1509, Burg und Tal erneut unter seine Kontrolle zu bringen. Als er jedoch 1513 bei Flodden Field fiel, war dies ein neuer Sieg der Hebriden-Clans. Sie riefen *Sir Donald MacDonald of Lochalsh* als Lord of the Isles aus, der Burg und Tal erneut in seine Gewalt brachte, wobei die Einwohner des Glen Urquhart auch noch ihre letzte Habe verloren. Ihre Wohnstätten wurden – einmal mehr – eingeäschert. Ähnliches wiederholte sich 1545, und erst in den ruhigeren Jahren zwischen 1560 und dem Beginn des Bürgerkriegs 1642 gelang ein relativ umfassender Wiederaufbau. 1644 wurde das Schloß von den Covenanters geplündert. Nachdem es 1676 erneut instand gesetzt worden war, erhielt es im Jahre der Glorreichen Revolution 1689 eine pro-Oranische Garnison. 1691 wurde ein Teil der Gebäude in die Luft gesprengt, damit sie den Jakobitern nicht als Unterschlupf dienen konnten. Eine Quelle von 1715 berichtet, daß ein Teil der Ruinen bei einem der letzten Stürme eingefallen sei. Im 18. und 19. Jh. diente die Ruine als Steinbruch; 1912 wurde sie der staatlichen Denkmalpflege übereignet.

Die in ihren Abmessungen recht beeindruckende Anlage von 158 m Länge und 58 m Breite besitzt 2 Zentren, eines auf der SW-Seite des Torhauses, das andere nö. davon. Entsprechend unterscheidet man zwischen einem oberen und einem unteren Burghof. Das Felsplateau sw. des Torhauses,

höchste Erhebung des gesamten Burgterrains, war seit prähistorischer Zeit besiedelt. Die Burg konnte über eine Zugbrücke, die einen trockenen Graben überspannte, von der Landseite her betreten werden. Von der Seeseite aus erfolgte der Zutritt durch das sogenannte *Water Gate*, das den strategisch günstig gelegenen Landeplatz am Ufer des Sees mit der Anlage verband. Die Gebäude sind großenteils in der landesüblichen Bauweise aus unbehauenen Bruchsteinen errichtet. Am besten erhalten sind die unteren Geschosse des Torhauses (Tonnengewölbe) sowie der 26 m hohe NO-Turm, beide aus dem frühen 16. Jh. Eine eindrucksvolle Rekonstruktion der Bauten in einer Skizze wurde 1961 von *David Walker* erstellt. Sie ist im offiziellen Führer abgedruckt.
April bis September MO–SA 9.30–19, SO 14–19; Oktober bis März MO–SA 9.30–16, SO 14–16.

529 Drumnadrochit

Die Geschichte des kleinen Dorfes am Ausgang des Glen Urquhart ist eng mit den Geschicken des Castle Urquhart verbunden. Der Ort lag strategisch exponiert und wurde entsprechend oft niedergebrannt. – Das Glen Convinth (A 833) ist die direkteste Verbindung aus dem Great Glen nach N. Allerdings ist die Straße stellenweise nur einspurig befahrbar.
Knapp 2 km w. des Ortes sind die *Falls of Divach* im bewaldeten Glen Coiltie von Interesse. Sie werden durch einen beschilderten Waldweg erschlossen, der im Weiler Lewiston an der A 82 beginnt und knapp 1 km durch Eichenwald führt.
Die Entfernung von Drumnadrochit nach Inverness (**114**) beträgt 21 km. Die A 82 folgt zunächst dem Nordufer des Loch Ness. Nach 15 km wird auf der Ostseite der Straße die Stelle sichtbar, wo der parallel zum River Ness verlaufende Caledonian Canal (**521**.4) den See verläßt. Bei km 18 kreuzt die Straße den Kanal. Unmittelbar vor der Brücke befindet sich rechterhand die Einfahrt zu den Abfahrtsstellen der Motorboote, die während der Sommermonate Ausflüge auf dem Kanal unternehmen. Die Kanaltrasse führt w. an Inverness vorbei und erreicht beim Weiler Clachnaharry (A 9) den Beauly Firth.
Hinsichtlich der anschließenden Streckenbeschreibungen vgl. die Kapitel Ostschottland (S. 134 ff.) und Nordschottland (S. 342 ff.).

Route 23

Fort William (Lochaline und Lochailort) – Mallaig

Die s. Zufahrt zur Insel Skye (**642**) und zu den Inseln Rum (**639**), Eigg (**640**), Muck (**641**) und Canna (**638**) erfolgt über den Fährhafen Mallaig (Fährrouten vgl. S. 69 f.). Mallaig ist Endpunkt der 3 km n. von Fort William (**521**) von der A 82 abzweigenden A 830 (Entfernung: 74 km) sowie der Eisenbahnlinie von Glasgow und Fort William. Straße und Bahnlinie verlaufen weitgehend parallel. Beide Trassen sind landschaftlich sehenswert. Eine Alternativ-Route auf großenteils einspurig befahrbaren, kurvenreichen Straßen, meist entlang der Westküste, bietet sich von Keppanach (vgl. **521**) aus über die A 861 bis Lochailort Hotel. Der Umweg ab Keppanach Fähre beträgt gegenüber der stärker befahrenen, aber auch besser ausgebauten Route über Fort William 44 km.

530 Corpach

Die A 830 passiert nach 2 km die *Neptun's Staircase* genannte Schleusentreppe (**521**.4). In Corpach (8 km ab Fort William, 300 Einwohner) arbeitet seit 1966 an den Ufern des Loch Eil eine der größten Papierfabriken Großbritanniens. Die Fabrik verfügt über einen eigenen Hafen, der für Schiffe bis zu 16 000 BRT ausgelegt ist. Loch Eil ist Teil des ausgedehnten Fördensystems, das den SW des Great Glen durchzieht. Die Entfernung von Oban zum W-Ende des Loch Eil beträgt 60 km.

531 Glenfinnan

Ab Corpach verläuft die stellenweise einspurige A 830 längs des Nordufers des Loch Eil. Bei Fassfern (8 km) zweigt rechter Hand ein Fahrweg in das Druim Fada-Massiv ab, dessen Endpunkt über einen Wanderpfad mit dem waldreichen Glen Loy verbunden ist. Die das NW-Ufer des Loch Linnhe heraufkommende und dann dem Südufer des Loch Eil folgende einspurige A 861 mündet am W-Ende der Förde links ein. Für Reisende von Oban nach Mallaig, die die stark befahrene A 82 meiden wollen, bietet die Straße eine Alternative zur Strecke über Fort William, allerdings muß bei Keppanach die Fähre benutzt werden (dichter Fahrplan, Überfahrt 10 Min.). – Die A 830 führt nun über einen Sattel in den Weiler Glenfinnan (Bahnstation, Informationsamt) am Nordende des Loch Shiel. Das landschaftlich eindrucksvoll gelegene Dorf ist für national eingestellte Schotten ein heiliger Ort. Unweit der Stelle, wo der River Finnan in den 27 km langen, aber durchweg nur 1 km breiten See mündet, befindet sich, weithin sichtbar, das 1815 von Macdonald von Glenaladale errichtete *Glenfinnan Monument* zur Erinnerung an die jakobitische Erhebung von 1745/46.

In Glenfinnan pflanzte am 19. August 1745 der *Marquis of Tullibardine* die Standarte des Prinzen Charles Edward Stuart ein. Die Handlung war für die stuarttreuen Hochland-Clans Zeichen zur Mobilmachung; Glenfinnan wurde Sammelpunkt. Der Zustrom war so groß, daß ein Marsch auf Edinburgh und London politisch realistisch schien (vgl. S. 38 ff.). *Macdonald von Glenaladale*, der Stifter der Gedenksäule, war Enkel eines der Sympathisanten der Ersten Stunde. Die Säule ist von der Figur eines Hochländers gekrönt, einer Arbeit von *Greenshield*. Die das Denkmal umgebende Steinmauer trägt Gedenktafeln in gälischer, englischer und lateinischer Sprache. Eine weitere Gedenktafel in der kleinen katholischen Kirche des Weilers erinnert an das Los des Prinzen. Der Kirchhof bietet eine Kirchenglocke irischen Ursprungs, deren dumpfer Klang das romantischrückgewandte Gemüt ebenso zu stimulieren vermag wie die Tatsache, daß die jakobitische Kriegsfanfare in direkter Nachbarschaft der St. Finnan's Insel, der kaum 50 m vom Denkmal entfernten uralten Toteninsel des Clan Macdonald, geblasen wurde.

Beim Glenfinnan Monument zweigt eine nk Straße in sw. Richtung ab, die eine Verbindung zur A 861 herstellt. Sie führt durch kaum besiedeltes Gelände, wobei sie dem Ostufer des Loch Shiel folgt und dann einen Sunart genannten Gebirgsrücken überwindet. An ihrem Zielpunkt findet sich im wildromantischen Tal des Strontian ein Naturpfad, der *Strontian Glen Nature Trail.*

532 Arisaig

Nach weiteren 16 km erreicht die A 830 beim Lochailort Hotel am oberen Ende des gleichnamigen Lochs die Westküste. (Zur Streckenbeschreibung A 861 vgl. S. 335 f.). Von hier aus bis in das 29 km entfernte Mallaig ist die Straße sehr kurvenreich und nur einspurig befahrbar. Arisaig (850 Einwohner, Bahnstation, Fährhafen), 16 km ab Lochailort Hotel, liegt am Fuße eines Vorgebirges mit reicher Vegetation in der Bucht Loch nan Ceall, die für ihren silberweißen Sandstrand inmitten einer Klippenlandschaft bekannt ist. Das Dorf wird von Malern gerne besucht. Von der A 830 und der die Bucht säumenden nk Straße aus ergibt sich ein eindrucksvoller Blick auf die Hebrideninseln Eigg (Entfernung 16 km), Muck (Entfernung 23 km) und Rum (**639**, Entfernung 27 km) sowie auf die fernen Cuillin Hills der Insel Skye (**647**).

Arisaig und der Landstrich bis Mallaig sind eine Hochburg des altangestammten Hochland-Katholizismus. Die katholische Kirche, deren Turm weithin als Orientierungspunkt dient, enthält eine Gedenkuhr für *Alexander MacDonald* oder *Alasdair MacMhaigstir Alasdair*, einen bedeutenden gälischen Dichter, der an der Erhebung von 1745 teilnahm. Im Kirchhof finden sich bei den Überresten einer Kapelle aus dem 16. Jh. einige sehenswerte alte Grabplatten.

Bevor die A 830 zur Bucht von Arisaig hinabführt, passiert sie (linker Hand, etwa 4 km vom Ortskern entfernt) das *Arisaig House*, das für die Schönheit seiner Rhododendron- und Staudengärten bekannt ist.

Die Gegend um Arisaig war Ausgangsort und Endpunkt der Unternehmungen des Prinzen Charles Edward Stuart: Hier landete er 1745, und von hier setzte er sich auf der Flucht vor seinen hannoveranischen Verfolgern 1746 nach Frankreich ab (vgl. S. 38 ff.). Unmittelbar s. des Arisaig House befindet sich an der Küste die Höhle *Charlie's Cave*, in der er sich 1746 versteckt hielt, bevor ihn die französische Fregatte aufnahm und ins Pariser Exil brachte.

533 Morar

Der Weiler Morar (9 km ab Arisaig, Bahnstation) ist ein kleines Pachtbauerndorf an den Ufern des gleichnamigen, nur wenige hundert Meter langen Flüßchens, das das Loch Morar mit der See verbindet. Der River Morar ist reich an Meeresforellen. Loch Morar, 27 km lang und 3 km breit, wird heute zur Energiegewinnung genutzt. Die einst sehenswerten Stromschnellen des Flusses sind dadurch partiell trockengelegt.

Der See, dessen Gestade, sieht man einmal von einer rund 5 km langen nk Stichstraße zum Weiler Bracora ab, nicht erschlossen sind, erreicht an seinem Ostende eine Tiefe von 330 m und ist damit Europas zweittiefster Binnensee. Auf einer Insel am NW-Ende befand sich im 18. Jh. ein katholisches Kolleg, hier residierte damals auch der apostolische Vikar für Schottland. Prinz Charles Edward Stuart hielt sich nach der Niederlage von Culloden (**112**) für kurze Zeit im Gebiet von Morar auf; einer seiner Mitstreiter, Lord Lovat, wurde auf einer der Inselchen im See ergriffen: Er hatte sich in einem hohlen Baumstamm versteckt. Lovat wurde später enthauptet.

534 Mallaig

Mallaig (1000 Einwohner, Bahnstation, Fährhafen, Informationsamt) ist Endpunkt der *Road to the Isles* und bedeutendes Fischereizentrum. Ein Teil der angelandeten Fische wird heute im Ort selbst zu Tiefkühlkost verarbeitet. Der in der weiten Bucht ö. des Piers eindrucksvoll gelegene Fischereihafen bildet die Hauptsehenswürdigkeit (Fährverbindungen s. S. 69 f.).

Die Halbinsel *Knoydart* zwischen Loch Nevis und Loch Hourn, deren Gebirge mit dem Ladhar Bheinn auf 1016 m ansteigen, ist nur durch Fußpfade und einige mit dem Landrover befahrbare Wege erschlossen. Wanderrouten verbinden Inverie mit Kinloch Hourn am Westende der durch das Glen Garry führenden nk Straße (**541**) sowie mit Sourlies und Glendessarry am Ende der B 8005, die eine Verbindung nach Spean Bridge (522) im Great Glen herstellt. Ein weiterer Fußweg verläuft von Inverie längs der Küste zum Ausgang des Loch Hourn. Von Tarbet aus führt ein Fußweg nach S zum Loch Morar und dem gleichnamigen Ort.
Von Mallaig aus bietet sich bei klarem Wetter ein ausgezeichneter Blick auf weite Teile von Skye sowie auf die kleineren Hebriden-Inseln. Im SW wird Ardnamurchan Point, der westlichste Punkt der gleichnamigen Halbinsel (Entfernung knapp 40 km, Leuchtturm) sichtbar.

Eine Alternativ-Route nach Mallaig stellt ab Keppanach Fähre (vgl. **521**) die A 861 dar, die im mittleren Teil zwischen Glen Tarbert und Kinlochmoidart allerdings nur einspurig befahrbar ist. Die Straße verläuft durch reizvolle Landschaft. Zunächst folgt sie auf 12 km dem NW-Ufer des Loch Linnhe, wobei sich eine gute Aussicht über die Förde zu den Bergen des Appin-Massivs im S ergibt, sodann führt sie durch das 10 km lange Glen Tarbert zum Endpunkt der Förde Loch Sunart.

535 Lochaline

Am Ostende des Loch Sunart zweigt die einspurige A 884 zum 30 km entfernten Ferienort und Fährhafen Lochaline am Sound of Mull ab. Die Straße führt durch die vergleichsweise sanft anmutende und im Südteil reich bewaldete Hügellandschaft der Halbinsel Morven oder Morvern. Lochaline (150 Einwohner) ist ein pittoreskes kleines Dorf, das im 2. Weltkrieg industrielle Bedeutung erlangte, als man am Westufer der gleichnamigen Förde hochwertigen Silikat-Sand (Silikatgehalt 99%) abbaute, den man zum Schleifen optischer Gläser benötigte. Bis 1962 betrug die Förderung 1 Mio Tonnen. Der Abbau geht als Arbeitsbeschaffungsmaßnahme in reduziertem Umfang bis heute weiter.

Im *Kirchhof* von Lochaline im Ortsteil Keil finden sich interessante alte Grabsculpturen, darunter auch eine Grabplatte, die möglicherweise die früheste Darstellung eines kilttragenden Mannes zeigt. Unweit des Ortes liegt am Ostufer des Loch Aline auf einem Felsvorsprung (*Ardtornish Point*, Leuchtfeuer) die Ruine des gleichnamigen Schlosses. Die Anlage aus dem 14. Jh. gehörte einst den Lords of the Isles. Hier wurden 1461 die Verhandlungen mit den Abgesandten Eduards IV. von England geführt, deren Ergebnis die gegen das schottische Königshaus gerichtete Vertrag von Westminster war. Die hegemonialen Bestrebungen der Lords of the Isles führten schließlich zur Abschaffung der Institution. Die Ruine ist von Lochaline aus über einen Fahrweg und einen Fußpfad zugänglich. Der Fahrweg berührt am inneren Ende der Förde Loch Aline die Ruine des gleichnamigen Schlosses aus dem 15. Jh. *Lochaline Castle* ist ein quadratischer, mit Türmen versehener Bau.

In der Umgebung des Weilers *Larachbeg* (A 884, 5 km landeinwärts) wurde ein Teil der Bewohner von St. Kilda (**680**) nach der Evakuierung der Insel 1930 angesiedelt.

Eindrucksvoll ist eine Fahrt auf der einspurigen B 849, die den 2,5–3,5 km breiten Sound of Mull in n. Richtung säumt.

536 Salen

Die A 861 folgt dem Nordufer der Förde Loch Sunart bis zum Dorf Salen (93 km ab Keppanach-Fähre). 2 km hinter der Straßengabelung A 884/A 861 zweigt im Weiler Strontian eine nk Straße nach N ab, die eine Verbindung nach Glenfinnan (**531**) herstellt. Der beschilderte *Strontian Glen Nature Trail* oberhalb des Weilers (auch *Ariundel Trail* genannt) durchquert Eichenwälder und führt, vorbei an alten Bleiminen, zu einem recht sehenswerten Wasserfall.

In Salen (150 Einwohner), einem beliebten Ferienort, zweigt die nur einspurig befahrbare B 8007 nach W ab. Sie durchquert die Halbinsel Ardnamurchan, deren Westspitze *Ardnamurchan Point* sie nach 38 km erreicht. Von hier, dem westlichsten Punkt des schottischen Festlands, bietet sich ein herrlicher Rundblick auf die Inseln Muck, Eigg, Rum, Coll und Tiree. – Der Leuchtturm wurde 1848 erbaut.

537 Schloß Mingary

Unterwegs lohnt ein Abstecher zum Mingary Castle an der Südküste, 1,5 km sö. des Weilers Kilchoan. Man erreicht das Schloß über einen Fahrweg, der gut 1 km ö. des Weilers nach S abzweigt.

Der Bau aus dem frühen 13. Jh. ist von einer hohen Blendwand umgeben. Das Schloß war Sitz der Macleans of Ardnamurchan, eines Zweiges des Clan Donald, der im frühen 17. Jh. geächtet wurde. Jakob IV. besuchte das Schloß 1495, er kam, um die Huldigungen der Clan-Oberhäupter der Hebrideninseln entgegenzunehmen. 1644 wurde die Anlage für Montrose eingenommen und hernach als Gefängnis für Anhänger des Covenant benutzt. Im 18. Jh. entstand dann der Kasernenblock an der Innenseite der Blendwand. 1745 war das Schloß britische Garnison.

538 Acharacle

Der am SW-Ende des Loch Shiel an der A 861 gelegene Ort (500 Einwohner) ist heute eine beliebte Sommerfrische und ein Treffpunkt der Angler (Forelle, Meeresforelle, Lachs). Östlich des Dorfes ragt der 857 m hohe Ben Resipol auf, von dessen Gipfel sich ein ausgezeichneter Rundblick ergibt. Muttersprache der vorwiegend römisch-katholischen Einwohner ist nach wie vor das Gälische.

539 Schloß Tioram

Außerordentlich lohnend ist es, von Acharacle aus einen Abstecher auf der nk Straße zu unternehmen, die in n. Richtung zum Ufer des Loch Moidart führt. Hier befindet sich auf einer kleinen Insel, die nur bei Niedrigwasser vom Festland her zugänglich ist, die Ruine des Tioram Castle, des alten Erbsitzes der Macdonalds of Clan Ranald. Der eindrucksvoll auf einer Felsplattform errichtete Bau stammt in seinen ältesten Teilen aus dem 13. Jh. Er war ursprünglich nach Art der Zeit von einer Blendwand umgeben.

Der Fried entstand um das Ende des 16. Jh., als auch die Wirtschaftsgebäude entlang der Südmauer errichtet wurden. Die Geschicke der Anlage sind eng mit der stürmischen Sippen-Geschichte des Clan Ranald-Zweiges der Macdonalds verknüpft. Der letzte hier residierende Clan-Chef hatte sich im Streit um die Thronfolge nach dem Tode von Königin Anna der Sache der Stuarts verschrieben: Er ließ das Schloß 1715 anzünden, damit es nicht in die Hände der regierungstreuen Campbells fallen konnte.

540 Kinlochmoidart

Am inneren Ende von Loch Moidart liegt der Weiler Kinlochmoidart, früher Endpunkt der vom Great Glen über Salen heranführenden Straße. Hier wurde Prinz Charles Edward Stuart unmittelbar nach seiner Landung im Sommer 1745 von den Macdonalds aufgenommen, noch bevor seine Standarte in Glenfinnan (**531**) aufgerichtet wurde.

Der weitere Verlauf der A 861 bis zu ihrer Einmündung in die A 830 war bis zu Beginn des 20. Jh. lediglich ein Saumpfad. Die neue, enge aber dennoch zweispurig befahrbare Straße bietet einzigartige Ausblicke auf den Sound of Arisaig und Loch Ailort. Die Entfernung von Salen nach Loch Ailort beträgt 31 km. Die Gebirgszüge ö. der Straße erreichen mit Rois-Bheinn und dem nö. davon gelegenen Druim Fiaclach Höhen von 886 bzw. 867 m.

Route 24

Invergarry Hotel – Kyle of Lochalsh

Die schnellste Zufahrt zu den Hebriden bietet sich vom Great Glen aus über die gut ausgebaute A 87, die 3,5 km n. der Drehbrücke von Laggan in einer recht unfallträchtigen Kurve von der A 82 abzweigt und nach 78 km den Fährhafen Kyle of Lochalsh erreicht. Die Straße führt an 3 berühmten Hochlandseen vorbei und folgt dem eindrucksvollen Glen Shiel hinunter zum malerischen Loch Duich, an dessen Ausgang das einzigartig in die Fjordlandschaft eingebettete Eilean Donan Castle bei jedem Wetter die Imagination des Reisenden beflügelt. Von Kyle of Lochalsh aus besteht ganztägig ein leistungsfähiger Fährdienst über den an dieser Stelle weniger als 1 km breiten Kyle Akin nach Kyleakin auf Skye. Die Überfahrt dauert 10 Minuten.

541 Glen Garry

Die A 87 folgt zunächst dem Nordufer des River Garry. Nach 3 km erreicht sie die Staumauer des gleichnamigen Sees. Am Unterlauf des Garry befindet sich, von der A 82 aus beschildert, der Picknickplatz von Glen Garry *(Glengarry Picnic Place)*. Von hier aus führen zwei kurze Naturpfade, die *Glengarry Forest Walks*, zu einem sehenswerten Wasserfall, der wahlweise von unten oder oben betrachtet werden kann. – Die ursprüngliche Trasse der A 87 folgte dem Tal des Garry bis zum Tomdoun Hotel am Nordufer des Garry Reservoirs, um dann das n. anschließende Paralleltal Glen Loyne in nw. Richtung zu durchschneiden. Über die *Cluanie Bridge* am Westende des gleichnamigen Lochs wurde der Anschluß an die Straße durch das Glen Shiel erreicht. Die Trasse ist heute durch das aufgestaute Loch Loyne unterbrochen.

542 Glen Shiel

Bevor die A 87 die Staumauer des Loch Cluanie passiert (23 km ab Invergarry), mündet rechter Hand (km 21) die einspurige A 887 ein, die für das Nordufer des Loch Ness eine Verbindung zur Westküste und nach Skye schafft. Der Westteil der Trasse ist Teil einer alten Militärstraße des *Generals Wade* (vgl. S. 39), die das Strath Cluanie mit Fort Augustus (**526**) verband.
Vom Nordufer des Loch Cluanie aus ergibt sich ein Fernblick nach S und W auf Gebirgsketten, deren Kuppen rund 1000 m erreichen: Aonach air Chrith (im SW) 1016 m, Sgurr an Lochain (im W) 998 m, Creag nan Damh (Westseite des Glen Shiel) 916 m, The Saddle (genau im W, s. des Glen Shiel) 1009 m. Nördlich des Sees und des anschließenden Glen Shiel erstreckt sich ein riesiges, nur durch wenige Stichstraßen erschlossenes Gebiet der Berge, Seen und Wälder, ein ideales Terrain für Wanderer. Im Zentrum des Areals, n. des Glen Affric (**607**), liegt der Doppelgipfel des 1179 m hohen Carn Eige und des 1174 m hohen Mam Sodhail. Die Größe des praktisch unbewohnten Gebietes wird deutlich, wenn man bedenkt, daß die nächste Durchgangsstraße im N die durch Glen Carron und Strath Bran führende A 890/A 832 ist. Die Entfernung beträgt, Luftlinie gemessen, vom Nordufer des Loch Cluanie 50 km.
Von Loch Cluanie aus führt die gut ausgebaute A 87 das wildromantische Glen Shiel hinunter, vorbei an dem 1024 m hohen Sgurr na Ciste Duibhe im N und dem schon erwähnten 1009 m hohen Saddle im S. Der Sgurr na Ciste Duibhe ist der östlichste Gipfel des berühmten Massivs der *Five Sisters*, zu dem auch der nw. gelegene Sgurr Fhuaran (1066 m) gehört.

543 Glenelg

Unmittelbar vor der *Shiel Bridge* am Westausgang des Glen zweigt linker Hand eine nk Straße ab, über die man zur Insel Skye gelangen kann, wenn man Zeit und Lust hat, auf die urtümliche kleine Fähre über den 1 km breiten Kyle Rhea nach Kylerhea zu warten. Wählt man diese Route, so gelangt man über den Mam Ratagan-Pass nach 13 km in das pittoreske Dorf Glenelg. *Dr. Johnson* und sein Biograph *Boswell* wählten diese Route während ihrer Hochlandtour im Jahre 1773. Im Dorf selbst zweigt eine kleine Stichstraße in s. Richtung ab, die zur Nordseite des Loch Hourn hinüberführt. Von hier aus schafft eine Wanderroute durch das Glen Arnisdale eine Verbindung zu dem 11 km entfernten Kinloch Hourn, dem Endpunkt einer durch das Glen Garry ansteigenden und am Nordufer des Stausees Loch Quoich entlangführenden, sehr pittoresken Stichstraße, die 8 km hinter dem Invergarry Hotel linker Hand von der A 87 abzweigt. Von der Anhöhe *Mam nan Uranan,* 4 km sw.

von Glenelg, bietet sich ein guter Blick über den hier 2 km breiten Sound of Sleat auf die Insel Skye (**642ff.**) und die sw. vorgelagerten Inseln Rum (**639**) und Eigg (**640**).

544 Die Brochs von Glenelg

Die genannte Straße bietet auch die Zufahrt zu den sehenswerten Brochs von Glenelg (2,8 km sö. des Dorfes, bei der Straßengabelung von Port a Gharaidh links abzweigen und 2,5 km entlang des Gleann Beag).

Die Außenmauern der beiden Brochs, *Dun Telve* und *Dun Troddan*, sind bis zu einer Höhe von 9 m erhalten. Die architektonischen Charakteristika eines Brochs (vgl. S. 28), nämlich Eingangspassage, Galerien und Innenhof, werden gut sichtbar. Reisende mit einem Interesse an Architektur sollten, wenn ihr Weg nicht nach Lewis oder Shetland führt, den Umweg von insgesamt 36 km ab Shiel Bridge in Kauf nehmen, um die Ruinen anzuschauen.

545 Die Kasernen von Bernera

Um zur Fähre über den Kyle Rhea zu gelangen, folgt man in Glenelg dem n. Zweig der Straße. Nach 1,5 km gelangt man in den Weiler Bernera, dessen Existenz eng mit den düstersten Perioden in der Geschichte des Hochlands assoziiert ist. *General Wade* (vgl. S. 39) gründete den Ort zwischen 1719 und 1722 als Standquartier für seine straßenbauenden britischen Soldaten und deutschen Söldner, im Rahmen jenes politisch wenig erfolgreichen Versuchs, das Hochland nach den Aufständen von 1715 durch Anschluß an ein modernes Verkehrsnetz zu »zivilisieren«.

Wade erbaute auch die Kasernen, deren Ruinen den Mittelpunkt des Weilers bilden. Für eine Garnison von 200 Mann ausgelegt, dienten die Bauten lange nach dem Rückzug der hannoveranischen Truppen in den ersten Jahrzehnten des 19. Jh. den aus ihren Tälern vertriebenen Pachtbauern als Notunterkunft. Die Clearances (vgl. S. 41 f.) wurden in der Umgebung von Bernera und besonders auf der s. anschließenden Halbinsel Knoydart mit extremer Härte und in beschleunigtem Tempo durchgeführt.

546 Kintail

Die Hauptstraße A 87 verläuft ab Shiel Bridge längs des Nordufers des Loch Duich, wobei sich vom Kintail Hotel aus (2 km ab Shiel Bridge) für den Wanderer ein weites Hinterland erschließt: Von der alten Trasse der an dieser Stelle durch einen Dammbau begradigten Hauptstraße zweigen 400 m ö. des Hotels rechter Hand Wanderwege durch den Kintail Forest entlang der Ostflanke des Massivs der Five Sisters sowie, über den Weiler Lienassie, zu den Wasserfällen von Glomach (11 km nö.) und in den Glenaffric Forest zur einsam gelegenen Jugendherberge von Alltbeath (14 km) ab. Die Gegend um Kintail hat einen reichen *Wildbestand* (Rotwild und Wildziegen).

Das Gebiet wird vom National Trust betreut, der hier ein Besucherzentrum unterhält. Der Zugang ist von der A 87 beschildert. Die *Fälle von Glomach* gehören mit 112 m Höhe zu den höchsten Wasserfällen in Großbritannien. Man kann sie auch erreichen, indem man von Dornie (vgl. u.) aus die nk Straße längs des Westufers des Loch Long bis zu deren Endpunkt in Killilan benutzt und von dort aus das wilde Glen Elchaig hinaufsteigt (1½ Stunden).

Eilean Donan Castle – Dornie

547 Das Schloß von Eilean Donan

Eilean Donan Castle (16 km ab Shiel Bridge) ist eines der meistfotografierten schottischen Schlösser. Es liegt, strategisch einzigartig plaziert, auf einer kleinen Felseninsel an der Einmündung dreier Lochs, *Loch Duich* (von SO), *Loch Long* (von NO) und *Loch Alsh* (von W). Die Insel ist vom Land her über eine schmale Steinbrücke zugänglich. Spuren deuten darauf hin, daß sie bereits zu piktischer Zeit befestigt war.

Die ältesten Teile der gegenwärtigen Anlage stammen aus dem 13. Jh. Damals wurde das Areal mit einer großen Einfriedungsmauer umgeben, die dem Umriß der Insel folgend die Form eines unregelmäßigen Vierecks erhielt. Es ist anzunehmen, daß – dem Usus der Zeit gemäß – die Mauer eine Agglomeration von Wirtschaftsgebäuden umschloß, und daß der Zugang von See her durch eine schmale Passage an der Westseite erfolgte. Der Turm in der NO-Ecke der Einfriedung wurde wahrscheinlich im 14. Jh. errichtet, wobei man die ältere Einfriedungsmauer als Teil des Fundamentes benutzte. Die übrigen Gebäude stammen aus dem 15.–17. Jh. Auf einem niedrigeren Niveau ö. der Hauptanlage befindet sich ein ursprünglich von einer Quelle gespeistes Wasserreservoir. Der Tank ist von einem siebeneckigen Turm umgeben und mit der übrigen Anlage durch eine befestigte Passage verbunden.

Nach dem Sieg über König Haakon von Norwegen in der Schlacht von Largs (1263) fielen die zur Burg gehörigen Ländereien an den Sohn des Grafen von Desmond, *Colin Fitzgerald*. Später waren Burg und Ländereien in den Händen von *Randolf, Graf von Moray*. Er war es, der 1331 die Burgmauer mit den abgeschlagenen Köpfen von 50 seiner Widersacher dekorieren ließ, als abschreckendes Beispiel für die Bewohner der Umgebung. Während der folgenden zwei Jahrhunderte war Eilean Donan Sitz der MacKenzies of Kintail, die Grafen von Seaforth wurden. Im Rahmen bürgerkriegsähnlicher Auseinandersetzungen im Hochland fiel das Schloß 1504 an die Familie Huntly. Als 1539 Donald Gorm von Lewis als Anwärter auf den Titel eines Lord of the Isles das Schloß erstürmte, traf ihn ein tödlicher Pfeil. Die Angreifer zogen sich zurück. 1719 schließlich wurde das von einem spanischen Regiment unter der Order des Grafen von Seaforth für die Jakobiter gehaltene Schloß von 3 englischen Kriegsschiffen, die das Loch Alsh hinaufgesegelt waren, übergabereif geschossen.

Die Anlage wurde 1932 von der Familie MacRae restauriert. Gleichzeitig wurde ein Ehrenmal für die Krieger des Clan MacRae errichtet. Die nach 1932 neu zusammengetragene Inneneinrichtung ist nur sehenswert, wenn die originalmöblierten Schlösser Ostschottlands nicht auf dem Reiseplan stehen.
Ostern bis September 10–12.30 und 14–18. Eintritt.

548 Dornie

Unweit des Eilean Donan Castle liegt an der Mündung des Loch Long der Ort Dornie (200 Einwohner). Die Straßenbrücke wurde 1939 fertiggestellt. Der Ort ist ein Zentrum des Hochland-Katholizismus. – Von Dornie aus führt ein Fußweg zu den Wasserfällen von *Glomach* (13 km). Er folgt zunächst der nk Straße zum Weiler Bundalloch am Ostufer des Loch Long, wo eine Reihe von alten Pachtbauernhütten und Stallungen in ihrer Bauweise an das Black House der Hebriden (vgl. **676**) erinnern.
In Ardelve am Westufer des Loch Long zweigt eine Stichstraße in nö. Richtung landeinwärts zum Weiler Killilan ab, von wo Wanderwege das Glen Elchaig hinaufführen, wiederum zu den Fällen

von Glomach (1¹/₂ Stunden) sowie hinüber in das Glen Cannich, entlang des Stausees Loch Mullardoch und nach Liatrie (26 km ab Killilan). Eine weitere Standard-Wanderroute beginnt bei der Iron Lodge im oberen Glen Elchaig. Sie führt nach NO zu der einsam gelegenen Patt Lodge am Stausee Loch Monar (13 km).

549 Lochalsh

4 km hinter Ardelve erreicht die A 87 die Gemeinde Lochalsh. Hier zweigt rechter Hand die einspurige A 890 zum Loch Carron ab. Reisende, die weiter der Westküste folgen wollen (vgl. die nachfolgenden Streckenbeschreibungen), sollten allerdings den landschaftlich eindrucksvollen Umweg von 10 km über Kyle of Lochalsh und Plockton (vgl. u.) in Kauf nehmen. 3 km w. der Straßengabelung liegt n. der A 87 das *Balmacara House*, einst Zentrum des bis zum Kyle und nach Plockton reichenden Balmacara Estate, heute eine Schule und vom *National Trust* betreut. Sehenswert ist der *Balmacara Woodland Garden*.

550 Kyle of Lochalsh

Unmittelbar vor Kyle of Lochalsh (1650 Einwohner, Fährhafen, Eisenbahnstation, Informationsamt) bietet sich von der A 87 aus eine gute Sicht auf die Meerenge und die Gebirgskulisse von Skye (**642 ff.**) und Scalpay. Auf der Südseite des Loch Alsh steigt das Massiv des Beinn na Caillich und des Sgurr na Coinnich bis auf 729 m bzw. 737 m an. Kyle of Lochalsh ist ein landschaftlich sehr hübsch gelegener Ort und ein geeigneter Ausgangspunkt für Ausflüge längs der fördenreichen Westküste und nach Skye. Auch die Eisenbahnstrecke nach Dingwall (**602**) an der Ostküste steht für Fahrten ins Hinterland zur Verfügung.

Kyle hat sich den berechtigten Beinamen *Gateway to Skye* erworben. Fast der gesamte Landverkehr mit der Insel wird heute über den knapp 1 km breiten Kyle Akin abgewickelt. Vorab-Reservierungen für die aufnahmefähigen Fähren sind auch zu Spitzenzeiten nicht erforderlich.
Von Kyle of Lochalsh aus besteht in den Sommermonaten ein Ausflugsverkehr mit kleineren Booten zu verschiedenen Punkten der Westküste. Auskünfte erteilt das Informationsamt beim Fähranleger.
Die Umgebung des Dorfes ist reich an Aussichtspunkten: Skye erschließt sich besonders an klaren Abenden als eindrucksvolle Silhouette, mit den schroffen Spitzen der Cuillin Hills im W und den Bergrücken der Halbinsel Trotternish im NW. Auch Scalpay (unmittelbar w.) und das langgestreckte Raasay (**657**) sind gut zu überblicken. Nach NW unmittelbar vorgelagert sind die kleinen Crowlin Isles. Östlich davon wird die wilde Landschaft der Applecross Hills (**553**) sichtbar.

Nordschottland

Im Unterschied zu den Hebriden sowie Orkney und Shetland teilen die nordschottischen Grafschaften spätestens seit dem 12. Jh. die allgemeine politische Entwicklung. Dennoch unterscheidet sich bis zum heutigen Tage die kulturelle und landsmannschaftliche Physiognomie der Region spürbar von den s. gelegenen Festlandsteilen: Längs der Westküste hat sich gälischer Einfluß reiner bewahrt, und wer Caithness bereist, wird nicht zuletzt aus den Gesichtern der Menschen ablesen können, daß diese Grafschaft über Jahrhunderte im skandinavischen Einflußbereich lag. In der Tat waren gerade politische und kulturelle Beziehungen zwischen Caithness und Orkney bis in die Zeit der Stewart Earls (vgl. S. 406) besonders eng. Auch die Grafschaftsbezeichnung *Sutherland*, nämlich Süderland, verrät wikingische Sichtweise.

Nordschottland bereisen bedeutet rund 500 km mehr fahren, bedeutet enge Straßen, ein dünnmaschiges Netz öffentlicher Verkehrsmittel und schließlich eher frugale Unterkünfte. Dafür aber bieten die Landschaften selbst während der Touristenmonate Juni bis August mehr Freiraum und Individualität als das Hochland s. der Linie Inverness – Kyle of Lochalsh, und dies bei einer vielleicht noch eindrucksvolleren und vielfältigeren Natur.

Ohne Zweifel bietet Nordschottland genug, um einen acht- bis vierzehntägigen Urlaub auszufüllen, zumal wenn Abstecher zu den Äußeren Hebriden und den Orkneys eingeplant werden. Entscheidet man sich für den Norden, so sollte man bei Anreise mit dem Wagen versuchen, möglichst zügig bis auf die Linie Oban – Inverness, ins Great Glen also, vorzustoßen. Für den Benutzer öffentlicher Verkehrsmittel bieten sich Oban, Kyle of Lochalsh oder Inverness als Ausgangspunkte an. Der Flugreisende (ggf. mit Leihwagen) wählt sinnvollerweise den Flughafen Inverness als Ausgangspunkt.

Route 25

Plockton – Inchnadamph – Durness – John o'Groat's – Dunrobin Castle – Bonar Bridge – Alness (–Inverness)

551 Plockton

Wer von Kyle of Lochalsh (550) aus den NW des Hochlands erkunden will, sollte den direkten Weg über die nk Straße entlang der Küste wählen und einen Abstecher nach Plockton unternehmen.

Plockton (Bahnstation, 250 Einwohner) gehört mit seinen malerisch auf einer Halbinsel gelegenen Häuserzeilen, den auf dem flachen Ufer liegenden Fischerbooten und mit seiner kleinen, weißgekalkten Kirche zu den meistfotografierten Dörfern der Küste. Von der Spitze der Halbinsel eröffnet sich ein eindrucksvoller Blick auf Loch Carron und das n. anschließende Loch Kishorn sowie auf die Massive des am Nordufer des Loch Carron gelegenen wilden Applecross Forest mit Meall Gorm (707 m) und Beinn Bhan (893 m).

552 Loch Carron

Von Plockton aus folgt man zunächst der nk Küstenstraße nach O, vorbei an *Duneraig Castle* (3 km, linker Hand). Unweit der Einmündung in die einspurige A 890 bei Achmore befindet sich n. der Straße der *Naturpfad von Stromewood.* Bis Achintee verläuft die Bahnlinie Kyle of Lochalsh – Inverness parallel zur Straße, dann überquert die A 890 das Glen Carron, dem sie nun wiederum parallel zur Bahnlinie verlaufend, in ö. Richtung nach Achnasheen (30 km) folgt. Das Glen Carron bietet eindrucksvolle Hochlandszenerie mit Gipfeln von 900–1000 m Höhe. Der Wald von Achnashellach (10 km) gehört zu den frühesten Aufforstungsprojekten der *Forestry Commission.* Hier wurden seit 1921 entsprechende Versuchsreihen durchgeführt und Erfahrungen mit der Behandlung von Moorboden gesammelt.

Die Straße nach Loch Carron zweigt gut 1 km hinter der Bahnüberführung linker Hand ab. Das Fischerdorf, auch *Jeantown* genannt (700 Einwohner), wird nach 4 km erreicht. Der Ort ist als Sommerfrische bekannt. In zahlreichen Kleinbetrieben werden Krawatten und Schals hergestellt.

Von Lochcarron aus führt eine nk Straße in sw. Richtung längs des Nordufers der Förde zu den nicht sonderlich gut erhaltenen Ruinen des *Strome Castle* (6 km). Die Feste der MacDonnells wurde von den Mackenzies 1603 im Verlaufe einer Clan-Fehde in die Luft gesprengt.

553 Shieldaig und der Applecross Forest

Die A 896 ist bis in das 48 km entfernte Kinlochewe mit Ausnahme eines kleinen, neugebauten Teilstücks zwischen Shieldaig und Torridon nur einspurig befahrbar. Nach 7 km wird Kishorn erreicht, ein Fischerdorf, das sich gut als Ausgangspunkt für eine Erkundung des nw. anschließenden Applecross Forest eignet. Eine nk Straße in die Gemeinde Applecross (20 km) zweigt 1 km n. des Ortes am inneren Ende der Förde links ab. Applecross gilt als schwerstzugängliches Dorf Schottlands. Die Einwohnerzahl ist rückläufig. Die einzigartige Lage des Ortes und der herrliche Ausblick auf Raasay und das s. Skye werden von Kennern geschätzt.

Auf ihrem weiteren Weg nach Shieldaig (16 km) überquert die A 896 einen Bergrücken, wobei sie auf 128 m Höhe ansteigt. Linker Hand erstreckt sich nun das unwegsame Bergland des Applecross Forest mit Beinn Bhan (893 m) und Carn Dearg (w. dahinter, 644 m), rechter Hand das ebenfalls kaum erschlossene Massiv des Beinn Damh (899 m) und des ö. anschließenden Maol Cheandearg (930 m).

Das Pachtbauern- und Fischerdorf Shieldaig am Südufer des Loch Torridon ist ebenfalls ein günstiger Standort für Ausflüge ins Applecross Forest-Gebiet. Die 1 km s. des Ortseingangs nach W abzweigende nk Straße stellt die n. Zufahrt zu den abgeschiedenen Weilern entlang der Küste dar, sie ist bis Kenmore (9 km) gut befahrbar. Shieldaig war bis 1963 Endpunkt der A 896. Erst dann wurde die 12 km lange, »Balgy Gap« genannte Lücke im Straßennetz geschlossen. Die Trasse gehört zu den schönsten der Westküste.

554 Torridon

Torridon, am Ostufer des gleichnamigen Loch gelegen, ist Ausgangspunkt für Wanderungen in den nach N anschließenden, geologisch interessanten Torridon Forest, wie auch in den Bendamph Forest im S. Der National Trust unterhält an der Gabelung der A 896 unmittelbar ö. der Ortseinfahrt ein Besucherzentrum, das dem Gast eine audio-visuelle Einführung in Geologie, Zoologie und Botanik der Gegend bietet.

Torridon hat dem bräunlich-roten, recht harten »torridonischen« Sandstein den Namen gegeben. Die umgebenden Gebirgsstöcke, so das Liathach-Massiv (unmittelbar nö., 1051 m) sowie der wiederum nö. anschließende Beinn Eighe (1006 m) und der nw. gelegene Beinn Alligin (983 m) bestehen aus diesem 750 Mio. Jahre alten Material. Die Gebirgsmassive tragen jedoch Hüte aus 600 Mio. Jahre altem Quarzit, die ihnen, zumal zur Zeit des Sonnenaufgangs und des Sonnenuntergangs, besonderen Glanz verleihen. Die Berggipfel sind sehr oft durch schmale Grate miteinander verbunden, was das Gebiet zu einem Treff der Bergsteiger macht. Beinn Eighe ist Zentrum des gleichnamigen Naturschutzgebietes.

Folgt man der durch Torridon führenden, nk Straße, so gelangt man nach 12 km in den einsam gelegenen Weiler Lower Diabaig mit seiner herrlichen, sandreichen Bucht. Unterwegs steigt die Straße an der Westflanke des Beinn Alligin auf 246 m Höhe an (guter Fernblick).

555 Kinlochewe und Strath Bran

Östlich der Straßengabelung von Torridon folgt die in diesem Bereich einspurige A 896 den Tälern der Bäche Torridon und Ghairbhe, um nach 14 km Kinlochewe zu erreichen. Kinlochewe (200 Einwohner) ist als Sommerfrische und Ausgangspunkt für Touren in das Beinn Eighe-Massiv sowie längs der Ufer des Loch Maree bekannt. Hier trifft die Straße auf die von der Ostküste (Muir of Ord, A 9) herkommende, in den Sommermonaten stark befahrene A 832. Diese Straße, ab Garve (40 km ö. Kinlochewe) zwar zweispurig befahrbar, stellenweise aber doch recht eng, führt bis Achnasheen (15 km ö. Kinlochewe) parallel zur Bahnlinie Inverness – Kyle of Lochalsh.

Zwischen Garve und Achnasheen verläuft die Straße durch das landschaftlich schöne Strath Bran. Achnasheen besitzt einen typischen kleinen Hochland-Bahnhof, dessen Besuch für Einsenbahn-Fans lohnt (kleines Bahnhofsbüfett, Kiosk, u.a. mit Eisenbahnliteratur). In Achnasheen zweigt die gut ausgebaute Straße A 890 nach Loch Carron (vgl. o.) ab. Auf ihrem Weg nach Kinlochewe folgt die A 832 zunächst dem Nordufer des Loch Rosque, um dann am oberen Ende des Glen Docherty einen 248 m hohen Sattel zu überqueren, von dem aus sich ein einzigartiger Blick auf Loch Maree eröffnet (Parkplatz). Für Reisende, die die A 896 von Torridon her benutzen, um dann die Fahrt in nw. Richtung fortzusetzen, lohnt bei klarem Wetter ein Abstecher zu diesem 8 km von Kinlochewe entfernten Aussichtspunkt.

556 Loch Maree

Von Kinlochewe sind es noch gut 2 km bis zum Ostende des 21 km langen und an seiner breitesten Stelle 3,5 km weiten Loch Maree, das, in reiche, stellenweise subtropische Vegetation eingebettet, an einen irischen See erinnert, zumindest, so lange nicht der am Nordufer aufsteigende, wuchtige Slioch mit seinen 978 m ins Blickfeld gerät. Loch Maree ist reich an Meeresforellen. Im Herbst finden Angelkurse statt. Von der A 832 aus, der der Reisende in Richtung Ullapool bis zu deren Einmündung in die A 835 bei Corrieshalloch Gorge Lodge (102 km ab Kinlochewe) folgt, führen 2 beschilderte Wanderwege in das s. der Bridge of Grudie und w. von Kinlochewe gelegene, 1951 geschaffene *Beinn Eighe-Naturschutzgebiet*, das älteste in Großbritannien. Neben alpinen und arktischen Pflanzen sind hier die schottische Wildkatze, der Goldadler und der Kiefernmarder zu Hause. Die Gegend ist durch Picknick- und Zeltplätze erschlossen. Bei der Bridge of Grudie (9 km nw. Kinlochewe) bietet sich ein guter Ausblick auf das gesamte Massiv.

Nach 16 km erreicht man beim Weiler Talladale das Loch Maree Hotel. Hier werden zahlreiche bewaldete Inselchen im See sichtbar, von denen eine, Isle Maree genannt, die Ruinen einer *Kapelle* birgt, die zur Einsiedelei des hl. Maelrubha gehört haben soll, von dem man annimmt, daß er um die Mitte des 7. Jh. hier lebte. 2 km w. des Hotels werden links die *Victoria Falls* sichtbar. Die Wasserfälle sind nach Königin Victoria benannt, die dem romantischen Schottlandbild zum allgemeinen Durchbruch verhalf. Die benachbarten Waldungen längs des Seeufers erschließt der ausgeschilderte *Slattadale Trail*. Der ebenfalls beschilderte *Tollie Path* verbindet den Weiler Slattadale (nw. der Victoria-Fälle rechterhand) mit dem 8 km entfernten Weiler Tollie bei Poolewe (s. u.). Der eingefleischte Langstrecken-Wanderer kann den 26 km langen Marsch von Kinlochewe längs des Nordufers des Loch Maree nach Poolewe als Tagestour durchführen. Die Trasse weist nur geringe Höhenunterschiede auf.

557 Gairloch

Vom Loch Maree Hotel aus führt die auf diesem Streckenabschnitt einspurige A 832 in kurvenreicher Trassierung nach Gairloch (800 Einwohner). Der aus einer Reihe von Weilern gebildete Ort liegt in subtropisch-reicher Vegetation an der breiten Förde gleichen Namens, deren n. Teil einen hervorragenden Sandstrand bietet (Badegelegenheit vor allem in Big Sand, 4 km nw.). Das Flowerdale House in der Ortsmitte, etwa 700 m ö. der A 832 am Nordufer des kleinen in die Bucht mündenden Bergbaches gelegen, war der Sitz der Mackenzies of Gairloch. – Vom Meeresufer aus hat man bei guter Sicht einen herrlichen Ausblick auf den Nordteil von Skye (**650 ff.**, Entfernung 30 km) sowie auf die Insel Harris (**669**, Entfernung 52 km).

Zu beiden Seiten des Zentrums zweigen von der A 832 Straßen nach W entlang der s. bzw. n. anschließenden Küste ab. Die s. Straße B 8056 führt über den hübsch gelegenen Weiler Badachro zu dem 15 km entfernten Red Point, von wo eine Wanderung nach Lower Diabaig (12 km) an der Nordseite des Loch Torridon möglich ist. Auf halber Strecke befindet sich die Jugendherberge von Craig. Die n. Straße B 8021 berührt zunächst herrliche Sandstrände, um dann das Pachtbauerndorf Melvaig zu erreichen, von wo ein Pfad zum 5 km entfernten, einsam gelegenen Leuchtturm von Rubha Reidh führt. Beide Straßen und die anschließenden Pfade bieten bei klarem Wetter einzigartige Ausblicke auf die Inneren und Äußeren Hebriden.

Urquhart Castle und Loch Ness. ▶

558 Poolewe

Nach weiteren 10 km erreicht die enge und kurvenreiche A 832 den Ort Poolewe (1000 Einwohner). Unterwegs berührt sie das kleine, idyllisch gelegene Loch Tollaidh und den Weiler Tollie. Kurz vor Poolewe bietet sich noch einmal ein guter Ausblick auf Loch Maree. Der Ort selbst, am s. Ende der für seine Lachse und Meeresforellen bekannten Förde Loch Ewe gelegen, ist mit seinen Hotels und seinem wohlausgestatteten Campingplatz ein idealer Standort für die Erkundung der Küste und ein beliebtes Etappenziel. In der Ortsmitte zweigt links die dem Südufer des Loch Ewe folgende B 8057 nach Cove (12 km) ab. Von ihr aus bieten sich hübsche Ausblicke auf die Förde und die Gärten von Inverewe.

559 Die Gärten von Inverewe

Die Inverewe Gardens (1 km n. von Poolewe) gehören ohne jeden Zweifel zu den großen Sehenswürdigkeiten Schottlands. Auf fast 58° n. Breite, d. h. aber auf der Höhe der Hudson Bay oder Göteborgs, gedeiht in einem raffiniert gegen die Weststürme geschützten Garten die ganze Blütenpracht Mittel- und Nordeuropas; hinzu kommen subtropische Pflanzen, Palmen und exotische Gewächse aus vielen Ländern des ehemaligen Empire bis hin zu großblättrigen Rhododendren aus Sikkim, australischen Baumfarnen und Riesenvergißmeinnicht (Myosotidium hortensia nobile) von den Chatham-Inseln (ö. Neuseeland). Besonderer Stolz der Gärtner sind eine mehr als 15 m hohe kletternde Hortensie und einige Magnolienbäume, von denen der mächtigste einen Umfang von 23 m besitzt und nach Meinung von Kennern das größte Exemplar der Welt ist. Der Zustand des Gartens setzt nicht nur der schottischen Gartenbaukunst ein Denkmal, sondern auch der segensreichen Arbeit des *National Trust*, unter dessen Obhut die Anlagen seit 1952 stehen. Die Inverewe Gardens sind eine Schöpfung *Osgood Mackenzies* von 1862. Osgood, ein Sproß des seit Generationen im wilden und abgelegenen Wester Ross ansässigen Clan Mackenzie, hatte sich zu jener Zeit schon einen Namen als begeisterter Gärtner gemacht. Seine Neigung und sein Engagement werden verständlich, wenn man bedenkt, daß Gartenbaukunst in Großbritannien nicht anders als in Frankreich Ausdruck einer Philosophie, einer Einstellung zu Natur und Leben ist. Mackenzie suchte nach Wegen, der Sterilität des formalen Gartens viktorianischer Prägung zu entrinnen. In der Tat war der viktorianische Garten nach 1850, wie ein berühmter Gartenbau-Kritiker es einmal formulierte, geprägt durch »Formalismus ohne Schönheit, Extravaganz ohne Wert«. Einen Weg, zu neuen Anordnungen vorzustoßen, sah Mackenzie in der extensiven Nutzung von halb winterharten Baum- und Staudengewächsen aus den überseeischen Besitzungen Großbritanniens, wobei hinzuzufügen ist, daß der Import gerade tropischer und subtropischer Pflanzen angesichts der Vorliebe der Viktorianer für Treibhäuser seit den 30er Jahren blühte.

◀ *Am Kyle of Tongue. Nordküste, Sutherland.*

Mackenzie, von der Zähigkeit und dem Durchsetzungsvermögen des begüterten Hochländers, wollte zeigen, zu welcher Prachtentfaltung die Natur an der Westküste angesichts des atlantisch-milden Klimas fähig ist, wenn man nur die entsprechenden Bodenverhältnisse schafft. Als Ort für sein Experiment wählte er ein kahles, den Weststürmen ausgesetztes Vorgebirge, auf dem zuvor nur ein einziger Zwergweidenstrauch sein kümmerliches Dasein gefristet hatte. Zunächst ließ Mackenzie in großen Flechtkörben Mutterboden aus der Umgebung heranbringen und über dem stark verwitterten Sandsteinfels ausbreiten. Sodann errichtete er einen Windbrecher, indem er 1864 einen breiten Gürtel von korsischen Pinien und schottischen Fören pflanzen ließ. Viele der 12–13 m hohen Bäume stehen noch heute. Die Salzkruste auf ihren Nadeln ist besonders im Frühjahr gut sichtbar. Nach etwa 15 Jahren konnte Mackenzie die inneren Teile des Gartens endgültig bepflanzen, wobei Rhododendren und Eukalyptusbäume eingepflanzt waren, um für die Rabatten und die Staudengewächse an der S-Seite der Halbinsel zusätzlichen Wind- und Salzschutz zu bieten. Im schönsten Teil des Gartens ließ Mackenzie Inverewe House als seinen Landsitz errichten, ein schlichtes, aber schmuck wirkendes weißgekalktes Herrenhaus, das sich glänzend in die Landschaft einpaßt. Der Bau wurde 1937 erneuert. Die Gärten zählen heute 130000 Besucher pro Jahr. Der National Trust unterhält ein Besucherzentrum, das einen interessanten Überblick über die Geschichte des Gartens und seine Sehenswürdigkeiten bietet. Hier findet sich auch ein Laden, der ein gut ausgewähltes kunsthandwerkliches und gärtnerisches Angebot (Bücher, Zubehör, Samen) umfaßt. Ein Selbstbedienungsrestaurant bietet preiswerte Speisen und Getränke von bemerkenswerter Qualität.

Der nebenstehende grobe Plan verdeutlicht die Ausdehnung des Gartens und die Lage der wichtigsten Abteilungen. Über der Blütenpracht der Hauptzufahrt zum Inverewe House vergesse man nicht einen Blick in den ummauerten Garten unterhalb des Weges, in dem ein großer Teil der Gemüse und Früchte für das Selbstbedienungs-Restaurant gezogen wird.
Sonnenaufgang bis Sonnenuntergang. Visitor's Centre: April bis Mitte Oktober MO–SA 10–18.30, SO 13–18.30. Eintritt.

560 Aultbea

Zwischen Poolewe und dem Weiler Aultbea (12 km) folgt die A 832 dem Verlauf der Küste. Sie ist in diesem Abschnitt nur einspurig befahrbar. 1 km vor Aultbea werden zu beiden Seiten der Straße Öltanks sichtbar. Ein Pier mit Versorgungseinrichtungen ragt in das an dieser Stelle weitausgreifende Loch Ewe hinein: In beiden Weltkriegen war die Förde eine wichtige Versorgungsbasis für die britische Kriegsmarine. Wie Scapa Flow (**682**) und der Cromarty Firth (**605**) besitzt Loch Ewe genügend Wassertiefe, um für eine Vielzahl großer Schiffe Ankerplatz zu sein. Strategisch ist die Bucht darüber hinaus besser geschützt, wobei die dem Pier vorgelagerte kleine Isle of Ewe zusätzliche Sicherheit gewährt.

561 Gruinard

Hinter Aultbea steigt die Straße, nun für 7 km durchs Landesinnere führend, auf 69 m Höhe an, um dann in einem engen Bogen und mit starkem Gefälle zur Gruinard Bay hinunterzuführen. Von der (sehr unübersichtlichen!)

Dundonnell – Ullapool

Kuppe beim Weiler Laide bietet sich ein guter Ausblick über die weiten Sandstrände der Bucht. Die A 832 berührt 2 Weiler mit den sinnigen Namen *First Coast* und *Second Coast,* bevor sie Gruinard (28 km von Poolewe) erreicht. Unterwegs wird die vorgelagerte Insel Gruinard Island sichtbar, an deren Ufer große Verbotstafeln auffallen. Auf den Landkarten ist die Insel als *Danger Zone* markiert: Sie wurde im Rahmen von Experimenten zur baktereologischen Kriegsführung mit Milzbrandbazillen verseucht und darf für den Rest dieses Jh. nicht mehr betreten werden.
Die in die Gruinard Bay mündenden Bäche Little Gruinard River und Gruinard River gelten als lachs- und forellenreich.

562 Dundonnell

Hinter Gruinard steigt die von nun an bis Ullapool (53 km) gut ausgebaute Straße erneut auf 178 m steil an. Links wird das Kleine Loch Broom sichtbar, rechts steigt das Gelände zum Sail Mhor (762 m) empor. Jenseits dieses Berges erstreckt sich eines der größten straßenlosen Gebiete Schottlands. Es reicht bis zum Strath Bran und Loch Maree im S und bis zum Strath Garve (A 835) im O. Seine größte O-W-Ausdehnung beträgt 60 km. Die A 832 führt nun durch den einsamen Wald von Dundonnell zur Corrieshalloch Gorge. Unmittelbar oberhalb dieser tief eingeschnittenen Schlucht mit Großbritanniens zweithöchstem Wasserfall (vgl. u.) mündet die Straße in die A 835 (Garve – Ullapool) ein. Oberhalb der Einmündung bietet sich von einem Parkplatz auf der NW-Seite der A 832 ein herrlicher Ausblick auf Strath More und Loch Broom (vgl. u.).
Die letztgenannte Straße stellt für Reisende, die nicht weiter nach NW vorstoßen wollen, eine gut ausgebaute und schnelle Verbindung zum ostschottischen Straßennetz dar: Die Entfernung nach Muir of Ord an der A 9 beträgt nur 53 km.

563 Die Schlucht von Corrieshalloch

Wenige hundert Meter n. der Braemore Junction genannten Einmündung A 832/A 835 befindet sich rechts ein großer Parkplatz für die Besucher der Corrieshalloch Gorge. Der bei feuchtem Wetter stellenweise sehr schlüpfrige Pfad zur Schlucht zweigt auf der gegenüberliegenden Straßenseite ab. Den besten Blick auf die Schlucht und die *Falls of Measach* hat man von einer kleinen Hängebrücke aus (Fußweg ca. 200 m), die jeweils nur 6 Personen gleichzeitig betreten dürfen. Außerdem kann man die Schlucht von einer über den Rand des Abgrundes hinausragenden hölzernen Plattform (ca. 100 m talabwärts) aus überblicken.

564 Ullapool

Die A 835 nach Ullapool führt durch das idyllisch weite Strath More. Fruchtbare Weiden, große alte Bäume und schmucke Häuschen prägen das Bild.
Die fotogene Silhouette des auf einer Landzunge erbauten Städtchens (1200 Einwohner) kann von mehreren Parkplätzen links der Straße aus eingefangen werden.

Ullapool (1200 Einwohner, Fährhafen), malerisch in die Fjordlandschaft des Loch Broom eingebettet, ist auf dem Reißbrett entstanden: Die breiten Straßen, die rechtwinklige Anordnung, die einheitlich gestalteten, aber nie eintönig wirkenden Fassaden der meist einstöckigen Häuschen atmen den Geist des späten 18. Jh.: Der Ort wurde 1788 von der *Fisheries Association* ins Leben gerufen, um eine weitere Basis für den expandierenden Heringsfang zu schaffen. Zwar finden sich in Ullapool auch viktorianische Gebäude und solche aus der Gründerzeit, doch sind sie ins zweite Glied verbannt.

Die Häuserzeile längs des Ufers ist erstaunlich stilrein. Ihre Spiegelung im Wasser der Bucht ist bei den Fotografen ein besonders beliebtes Motiv. Die wohl beste Perspektive ergibt sich während der Morgenstunden vom Fähranleger aus. Auch die Sonnenuntergänge von Ullapool haben, wie die von Oban (**511**), einen guten Ruf: Die Silhouette der vorgelagerten Summer Isles zeichnet sich schwarz gegen das gleißende Gold der Mündung des Loch Broom ab. – Die Straßenbezeichnungen in Ullapool sind sowohl in Gälisch wie auch in Englisch gehalten. Eine spätviktorianische Uhr beim Fähranleger ist sehenswert. In der Quay Street befindet sich ein kleines *Heimatmuseum*, das Loch Broom Highland Museum.
Mai bis Oktober MO–SA 9–17.30. Eintritt.
Ullapool ist heute der bedeutendste *Fährhafen* für die Äußeren Hebriden. Die Überfahrt nach Stornoway auf Lewis (**673**) dauert 2³/₄ Stunden. Außerdem besteht Fährverbindung nach Aultnaharrie am Südufer des Loch Broom, von wo eine nk Straße zum Dundonnell Hotel (**562**) am Little Loch Broom führt. Aultnaharrie ist Ausgangspunkt für eine Erkundung der einsamen Hochlandszenerie der zwischen dem Little Loch Broom und Loch Broom gelegenen Halbinsel. Während der Sommermonate werden von Ullapool aus auch Ausflugsfahrten angeboten, so etwa zu den Seehund-Kolonien der Summer Isles (22 km nw.).

Der an eisenzeitlichen Funden Interessierte findet in der Umgebung der Stadt mehrere *Brochs* (zur Broch-Architektur vgl. auch S. 28). Zu erwähnen ist besonders Dun Canna, 6 km n. (A 835) auf der Nordseite der Mündung des River Kanaird. Wer nach Aultnaharrie übersetzt, sollte sich die Überreste zweier Brochs sö. des Weilers nicht entgehen lassen. – Etwa 1 km n. von Ullapool zweigt eine nk Straße von der A 835 links in das einsame Glen Achall ab. Sie ist bei Spaziergängern beliebt und stellt für Langstrecken-Wanderer eine Verbindung zur Oykel Bridge (29 km) dar.

565 Ledmore Junction

Die in diesem Abschnitt gut ausgebaute A 835 erreicht nach 27 km die einsam gelegene Ledmore Junction. Unterwegs ergeben sich zunächst herrliche Ausblicke auf das Nordufer des Loch Broom, später dann auf die wilde Gebirgslandschaft des Assynt mit den Massiven des Cul Mor (847 m), des Suilven (730 m) und des Canisp (845 m). Das Gebiet w. der Straße gehört zu den unberührtesten und kargsten Landschaften des gesamten Schottland. Nur in der direkten Umgebung des Weilers Elphin (23 km) finden sich einige fruchtbare Acker- und Weideflächen: Der Ort liegt auf Kalkstein, der immerhin fruchtbareren Boden bildet als der umgebende Granit. Etwa 3 km vor dem Ortseingang von Elphin befindet sich bei Knockan Cliff ein Parkplatz und Informationszentrum, das auf das Naturschutzgebiet von Inverpolly (*Inverpolly National Nature Reserve*, vgl. u.) hinweist. Das Reservat umfaßt ein fast unbewohntes Areal von Sümpfen, Mooren, Wäldern, Felsen und Bergkuppen in 250–300 m Höhe, das von der Straße aus durch den beschilderten *Knockan Cliff Nature Trail* teilweise erschlossen ist. Die Gegend ist sowohl geologisch als auch zoologisch interessant. In Ledmore Junction trifft die A 835 auf die in ö. Richtung nach Bonar Bridge (49 km, **597**) bzw. Lairg (40 km, **595**) führende A 837, die über einen großen Teil der Strecke durch einsames Weide- und Moorland verläuft und teilweise nur einspurig befahrbar ist.

566 Inchnadamph

Inchnadamph am SO-Ende des landschaftlich reizvollen Loch Assynt (10 km ab Ledmore) ist heute in erster Linie ein Anglerzentrum. Der Ort liegt im geologisch interessantesten Teil von Sutherland. Gneise aus dem Präkambrium, der frühesten Zeit der Erde, treten an die Oberfläche, Gestein, wie man es sonst in der Welt nur noch auf den Äußeren Hebriden, in Shetland und in der Gegend des St. Lorenz-Stromes (Kanada) findet. Diese äozoischen Formationen prägen nun die Landschaft bis zum Cape Wrath (**575**) und in die Gegend des Kyle of Tongue (**577**). Neben Gneis treten Kalkstein und paläozoischer Sandstein *(Old Red Sandstone)* zutage. Eine Gedenktafel w. des Ortes erinnert an *Benjamin N. Peach* und *John Horne*, die an der Erforschung der geologischen Struktur des nw. Hochlandes 1883–1897 maßgeblich beteiligt waren.

Ö. von Inchnadamph erstreckt sich bis an die Hänge des 995 m hohen Ben More Assynt ein Naturschutzgebiet von 3200 Morgen. Es umfaßt die berühmten *Allt nan Uamh-Höhlen* (8 km ö.), in denen menschliche Gebeine aus dem 6. vorchristlichen Jt. gefunden wurden. In dem Naturschutzgebiet sind eine Reihe seltener Pflanzen und Farne heimisch. – Unter den vielen kleinen Seen in der Umgebung von Inchnadamph genießt Loch Maoloch besonderen Ruf: Es birgt eine in Großbritannien seltene Forellenart, die *Gil(l)aroo Trout*.

567 Schloß Ardvreck

Die A 837 führt bis zur Gabelung von Skiag Bridge (3 km) am Nordufer des Loch Assynt entlang. Nach 2 km wird Ardvreck Castle erreicht. Der links auf einer in den See vorspringenden Felsnase gelegene Bau stammt aus dem späten 16. Jh., die Fundamente jedoch sind älteren Datums (ca. 1490). Bauherr war die mächtige Familie Macleod, die um die Mitte des 13. Jh. Assynt durch Heirat zu ihren eigenen Besitzungen (vgl. Dunvegan, **655**) hinzugewonnen hatte.

1650 floh der Marquis von Montrose nach seiner Niederlage bei Bonar Bridge (597) hierher, um Unterschlupf vor den ihn verfolgenden Covenanters zu finden. Neil Macleod lieferte Montrose für ein Kopfgeld von rund 20 000 £ nach Edinburgh aus, wo er später hingerichtet wurde (vgl. S. 37). – Unweit des Schlosses finden sich die Ruinen des *Calda House* aus dem 17. Jh.; Calda war ein Wohnsitz der Mackenzies.

568 Lochinver

Lochinver (250 Einwohner), 19 km ab Inchnadamph, ist als malerisch gelegener Fischerort abgeschiedener Mittelpunkt der Landschaft Assynt. Die Umgebung wird von Künstlern gerne aufgesucht. Ein ausgeglichenes, vom Golfstrom geprägtes Klima und ausgezeichnete Angelmöglichkeiten in mehr als 200 Süßwasserseen sowie längs der Küste tragen zum guten Ruf des Ortes bei. Auch Klettertouren sind möglich, besonders zum 731 m hohen Suilven, der wegen seiner Form auch »Sugar Loaf« (Zuckerhut) genannt wird. Der Berg gilt seiner steilabfallenden Felswände halber auch als das »Matterhorn von Schottland«. Ornithologen haben Gelegenheit, eine vielfältige Vogelwelt zu beobachten, die auch den Rothalstaucher *(Red Throated Diver)* einschließt. Von Lochinver aus führen enge und kurvenreiche nk Straßen längs der Küste nach S und N.

569 Inverpolly

Inverpolly im S ist ein Naturschutzgebiet von fast 27 000 Morgen, eine Landschaft der Seen, Hochmoore, Wälder, Klippen, Bergbäche, Geröllhalden und Gipfel, wo neben Rot- und besonders Hirschwild auch noch die schottische Wildkatze, der Kiefernmarder *(Pine Marten)* und der Goldadler *(Golden Eagle)* zu Hause sind. Besonders interessant sind einige im Urzustand erhaltene Birken- und Haselnuß-Wälder. Nach O hin schließt sich die geologisch aufschlußreiche Landschaft des Knockan Cliff (vgl. o.) an. Sw. vorgelagert sind die Summer Isles (vgl. Ullapool, s. o.). Von Achiltibuie im SW kann man zur Insel Tanera More übersetzen. Das Naturschutzgebiet von Inverpolly kann auch über eine 13 km hinter Ullapool linker Hand abzweigende nk Straße längs der Seen Loch Lurgainn und Loch Bad a Ghaill erreicht werden. Stoer, Clashnessie und Drumbeg im N sind abgelegene Hochlandweiler, die man von Lochinver aus über die B 869 erreicht. Die Orte verfügen über schöne Sandstrände. In der Umgebung von Stoer finden sich die Überreste eines *Brochs* sowie andere frühzeitliche Bauten, die noch der archäologischen Aufarbeitung harren. Die Halbinsel von Stoer bietet eine eindrucksvolle Klippenlandschaft. Drumbeg ist eine Hochburg der Fischer und Ornithologen. – Von der B 869 aus, die 4 km vor Kylesku Inn in die A 894 einmündet, bieten sich immer neue Ausblicke auf die wildzerklüftete NW-Küste. Von Clashnessie aus wird bei gutem Wetter die Hebrideninsel Lewis sichtbar.

570 Kylesku

Der direkte Weg nach N führt von Skiag Bridge aus über die A 894 zum 15 km entfernten Fährpunkt Kylesku Inn. Hier muß die Fähre über die Förde Loch Cairnbawn benutzt werden (Fahrzeit 10 Minuten). Die Überfahrt ist kostenlos, doch muß im Sommer mit Wartezeiten gerechnet werden. Von Kylesku aus eröffnet sich ein spektakulärer Ausblick auf die Massive Quinag (im S, w. der A 894, 807 m) und Glasven (im SO, ö. der A 894, 773 m). Östlich von Kylesku spaltet sich das Loch Cairnbawn in zwei Förden, Loch Glendhu und Loch Glencoul. Am inneren Ende des letztgenannten Armes liegt der 190 m hohe Wasserfall Eas Coul Aulin, der »Fall des schönen Haares«. Dieser höchste Wasserfall der britischen Inseln kann von Kylesku aus mit dem Boot und über einen 1,5 km langen Fußweg erreicht werden. Nördlich des Loch Cairnbown und bis über Scourie hinaus ist die A 894 nur einspurig befahrbar.

571 Scourie

Scourie (100 Einwohner) ist ein Pachtbauern- und Fischerdorf. Von hier aus bietet sich nach O ein schöner Blick auf den 719 m hohen Ben Stack (A 838). *Scourie House* war einst Sitz der mächtigen Familie MacKay. Hier wurde General *Hugh MacKay* (1640–1690), der Befehlshaber der Regierungstruppen in der Schlacht von Killiecrankie (**97**, 1689), geboren. In den nach typischer Westküstenart gegen die salzhaltigen Stürme geschützten Gärten des Anwesens wachsen die nördlichsten Palmen der Welt. In der Umgebung finden sich verschiedene kleine Seen, die für ihren Reichtum an Lachsforellen berühmt sind.

572 Laxford Bridge

Von Scourie aus verläuft die A 894 in nö. Richtung zur 11 km entfernten Laxford Bridge am inneren Ende der gleichnamigen Förde. Der Name Laxford ist skandinavischen Ursprungs und erinnert an den Fischreichtum des Gewässers: Lachsfjord. Neben Lachsen werden Lachsforellen und Meeresforellen gefangen. Auf halbem Wege zwischen Scourie und Laxford Bridge zweigt eine nk Straße nach W ab. Sie führt in das 4,5 km entfernte Tarbet, von wo man zum *Handa Island Bird Sanctuary* übersetzen kann.

573 Die Vogelinsel Handa

Die Vogelinsel Handa bietet große Kolonien von Eissturmvögeln, Krähenscharben, Möwen, u.a. auch Dreizehenmöwen *(Kittiwakes)*, und Alk-Arten. Auch Raubmöwen *(Arctic Skuas, Great Skuas)* sind vertreten. Die Kolonie kann tagsüber nach Absprache mit lokalen Fischern besucht werden. Eine gutausgestattete Hütte ist nur den Mitgliedern der *Royal Society for the Protection of Birds* zugänglich.

574 Rhiconich

Ab Laxford Bridge erfolgt die Weiterfahrt nach N auf der das Tal des Shin von Lairg (**595**) heraufkommenden A 838. Die Straße ist nur einspurig befahrbar. Nach 7 km wird der Weiler Rhiconich berührt, von wo aus die B 801 in nw. Richtung nach Kinlochbervie (7 km) am äußeren Ende des Loch Inchard abzweigt. Kinlochbervie ist ein malerisch gelegener, aufstrebender Fischerort in großartiger Klippenlandschaft aus paläozoischem Rotsandstein.

Die Umgebung von Rhiconich ist in ihrer völligen Kargheit mit einer Mondlandschaft verglichen worden: Das vom Eis überhobelte Urgestein tritt hier besonders deutlich zutage. Im Wechsel mit braunen Heideflächen, Moorgraspolster und unzähligen kleinen Seen schafft es eine Bilderbuch-Landschaft, die bei sonnigem wie auch bei bedeckterem Himmel eindrucksvoll ist. In dieser Gegend werden selbst die Schafe selten, Rotwild dominiert.

Die Straße folgt dem Ostufer des Kyle of Durness, wobei sie an den Überresten dreier *piktischer Türme* vorbeiführt. Etwa 2,5 km südlich des Ortseingangs von Durness (30 km ab Laxford Bridge) zweigt links ein Fahrweg zum Cape Wrath-Hotel ab, von wo eine Fähre den Kyle überquert. Bei gutem Wetter verbindet während der Sommermonate ein Minibus-Dienst den w. Fähranleger mit dem 18 km entfernten Cape Wrath. Die nk Straße führt durch unwegsames Moorland.

575 Cape Wrath

Cape Wrath ist die bei Seeleuten berüchtigte NW-Spitze Schottlands. Der Name »Kap des Zorns« ist Umdeutung des skandinavischen Wortes *Hvarf*, was soviel wie Wendepunkt heißt, weil sich hier die Richtung der Küste ändert. Die Klippen erreichen eine Höhe von 120 m. Der 1828 errichtete Leuchtturm, 130 m über der Hochwassermarke, ist 45 km weit sichtbar. Der Küste vorgelagert sind gefährliche Riffe. Das Kap ist ein bevorzugter Aufenthaltsort der Ornithologen, da sich von hier aus das Treiben der Tölpel verfolgen läßt, die zum Teil von ihren Nistplätzen auf St. Kilda (**680**) sowie Sula Sgeir und Sula Skerry herüberkommen, um von dem Fischreichtum des Küstenstreifens zu profitieren. Besonders zahlreich sind sie in den Monaten März bis Oktober.

Auf den weit vorgelagerten Klippen von North Rona und Sula Sgeir 80 km nw. des Kaps leben der selten gewordene Atlantische Graue Seehund sowie eine ebenfalls selten gewordene Sturmvogel-Art, *Leach's fork-tailed petrel*.

576 Durness

Durness (350 Einwohner) besteht aus mehreren, locker zusammenhängenden Weilern, in denen Pachtbauern leben. Der Ort eignet sich als Ausgangsbasis für einen Ausflug zum Cape Wrath (vgl. o.) sowie für Wanderungen in die Klippenlandschaft der Nordküste, die sich von der n. vorgelagerten Halbinsel Farraid Head (3 km von Bainakeil, vgl. u.) aus besonders eindrucksvoll erschließt. Die zerklüftete Steilküste aus paläozoischem rotem Sandstein erreicht eine Höhe von 180 m.

In Bainakeil (knapp 1 km nw. von Durness, Abzweigung links am Nordende der A 838) befindet sich auch die Ruine der 1619 errichteten *Durness Old Church*. – Im zugehörigen Kirchhof erinnert ein Grabmal an den gälischen Dichter *Robert Donn* (1714–1778), den man als einen ungebildeten Robert Burns des Nordens bezeichnet hat. Sehenswert ist auch ein weiterer, 1619 datierter Grabstein für einen *Donald Macmurchov*. Ein in der Nachbarschaft gelegenes, heute als Bauernhaus dienendes Gebäude war dereinst Residenz der Bischöfe von Caithness. Der kunsthandwerklich interessierte Reisende sollte auch dem *Balnakeil Craft Village* einen Besuch abstatten. Die seit 1964 bestehende Genossenschaft von Kunsthandwerkern geht auf eine Initiative der Grafschaftsbehörde zurück, die auf diese Weise alte Luftwaffengebäude einer neuen, sinnvollen Bestimmung zuführen wollte.

2,5 km ö. von Durness befindet sich links der A 838 die sehenswerte *Smoo Cave*, eine aus drei Kammern bestehende Grotte, die das Meer und ein Bergbach tief in den Kalksteinfels hineingefressen haben. Die erste und größte der Kammern ist rund 65 m lang und bis zu 36 m hoch, sie hat einen Eingang von rund 16 m Höhe, dessen Gestalt an einen gotischen Bogen erinnert. Die zweite Kammer ist schwer zugänglich. In sie hinein mündet der unterirdische Bach über einen Wasserfall von 25 m Höhe. Die dritte Kammer ist nicht zugänglich. – Der Kalkstein der Umgebung von Durness schafft relativ gutes Weideland und kommt auch dem Forellenfang zugute: Er begünstigt das Wachstum jener Kleinkrebse, die Grundnahrung für die Forellen in den Lochs sind.

Von Durness aus verläuft die nach Tongue (55 km) führende A 838 in zahlreichen Windungen zunächst parallel zur Nordküste. Sie ist bis Eriboll nur einspurig befahrbar. Die Nordküste gibt sich, zumindest im Sommer, weniger wild, als der mitteleuropäische Besucher es vielleicht erwarten würde: Bei ruhigem Wetter gewinnt das Meer eine tiefblaue bis smaragdgrüne Färbung, die mit dem Weiß und Rosarot der meilenlangen Sandstrände kontrastiert. Die sanft geschwungenen Vorgebirge sind mit ausgedehnten Gras- und Heideflächen überdeckt. Steile Klippen finden sich allenfalls an den Stirnseiten dieser »Headlands«. Besonders lohnend ist in diesem Zusammenhang der Blick vom Westufer des Loch Eriboll aus in nö. Richtung auf die Steilküste des *Whiten Head*. Wer Strand- und Küstenwanderungen liebt, findet ideale

Bedingungen vor, nicht zuletzt, weil die Landschaft bisher nicht parzelliert worden ist. – Whiten Head ist in den Sommermonaten von Durness aus mit dem Boot zu erreichen. Die Klippen steigen senkrecht auf; es finden sich interessante Grottenbildungen. Bevor die A 838 das Plateau von A Mhoine erklimmt, berührt sie das S-Ende des Loch Hope. Von hier aus führt eine nk Straße durch landschaftlich einzigartiges Gelände in s. Richtung zur A 836 hinüber, die Lairg (**595**) mit Tongue verbindet. Die Straße folgt dem Ostufer des Loch Hope, später führt sie längs der Westflanke des Ben Hope (924 m) nach Alltnacaillich (16 km). Etwa 500 m s. dieses Weilers wird links bei der Straße die Ruine des *Brochs von Dun Dornadilla* sichtbar. Der Broch ist nicht so gut erhalten wie ähnliche Bauwerke auf den Hebriden oder in Orkney und Shetland.

577 Tongue

Im Bereich von A Mhoine wurde die Straße in den vergangenen Jahren zweispurig ausgebaut. Bei Moin House, etwa auf halber Strecke zwischen den Förden von Eriboll und Tongue, erreicht die Trasse mit 225 m ihren höchsten Punkt. Nach S bietet sich eine herrliche Aussicht auf den 925 m hohen, weithin sichtbaren Ben Hope sowie auf den weiter ö. gelegenen, 763 m hohen Ben Loyal. Der flache Kyle of Tongue wird über einen Damm und auf einer Straßenbrücke überquert, an deren ö. Ende das gleichnamige Dorf liegt. Vom Damm aus bietet sich ein schöner Blick auf den Südteil der Förde und auf die am Ostufer gelegene Ruine des Schlosses Bharraich.
Tongue (700 Einwohner) ist ein schmuckes Dorf am sanften Ostufer des gleichnamigen Kyle. Hier trifft die rund 50 km lange, von Lairg (**595**) nach N führende, einspurige A 836 auf die Nordküstenstraße. Wer auf schnellem Wege wieder nach S möchte, kann diese landschaftlich sehr schöne und doch gradlinig verlaufende Straße längs der Ostflanke des Ben Loyal und dem Westufer des Loch Loyal benutzen, um in etwa 2stündiger Fahrt bei Lairg den Anschluß an das ostschottische Straßennetz zu finden. Unterwegs bieten sich immer wieder neue Fernblicke über die zentralen Hochflächen von Sutherland.

Die *Ruine des Schlosses Bharraich* oder Varrich in imposanter Lage auf einer in die Förde vorspringenden Felsnase 1 km sw. von Tongue war einst Wohnsitz der einflußreichen Familie MacKay. Das Schloß geht auf eine wikingische Festung aus dem 11. Jh. zurück. Im N des Dorfes befindet sich wenige hundert Meter n. der neuen Straßenbrücke am Ostufer des Kyle das *Tongue House*, ein weiterer Sitz der MacKays. Das in einem hübschen Garten gelegene, von alten Bäumen umgebene Gebäude stammt im wesentlichen aus dem Jahre 1714. – Die Güter der Familie MacKay wurden 1829 vom 7. Lord Reay an den Herzog von Sutherland verkauft. Die Familie wanderte in die Niederlande aus, kehrte aber um die Jahrhundertwende zurück.

Östlich von Tongue ist die Nordküstenstraße A 836 recht eng und kurvenreich und weist viele Steigungen und Gefällstrecken auf. Sie führt über Bettyhill (19 km), Strathy (34 km), Melvich (39 km) und Reay (53 km) nach Thurso (69 km), wobei sich bis Melvich immer neue Blicke auf die Klippenlandschaft der Küste, auf weite weiße Sandstrände und flache Buchten, aber auch auf weite Heideflächen und versteckte kleine Siedlungen in windgeschützten Tälern eröffnen. Bei Sonne ist die Landschaft von großer Farbenpracht, zumal wenn die Glockenheide oder gar die großflächig wachsende »normale« Heide blühen. – Nach 9 km zweigt eine nk Straße in n. Richtung zur Küste ab. Sie folgt dem Westufer des River Borgie und führt zu einem etwa 2,5 km von der Hauptstraße entfernten 1 km langen Naturpfad entlang der Küste. Östlich der Straße bietet sich nach etwa 4 km ein ausgezeichneter Blick auf die anschließende Küstenlinie und den feinen Sandstrand der Torrisdale Bay.

578 Bettyhill

Das Dorf (600 Einwohner) liegt am Eingang zum *Naturschutzgebiet von Invernaver*, das für seine Seevögel und alpinen Pflanzen bekannt ist. Die aus dem 18. Jh. stammende ehemalige *Pfarrkirche* des Ortsteiles Farr beherbergt heute das kleine *Strathnaver Museum*, das sich besonders auf die Geschichte des Clans MacKay bezieht, und dessen Exponate u. a. an die Zeit der Clearances in Sutherland erinnern (vgl. S. 41 f.).
Während der Sommermonate MO, MI, SA 14–17. Eintritt frei, Spenden willkommen.
Bettyhill ist über die durch das Strath Naver verlaufende B 871 mit der A 836 Tongue – Lairg verbunden. Das Tal des Naver ist reich an vor- und frühgeschichtlichen Überresten, deren Erhaltungsgrad allerdings eher bescheiden ist.

5 km hinter Melvich überquert die A 836 die Grenze zur Grafschaft Caithness. Gleichzeitig ändert sich das Landschaftsbild. An die Stelle der Moor- und Heideflächen des w. Hochlandes treten ausgedehnte Viehweiden und intensiv bewirtschaftete Felder, gleichzeitig nimmt die Siedlungsdichte zu. Die Straße verläuft nun im wesentlichen gradlinig und ist zweispurig ausgebaut: Der N und O von Caithness ist geologisch einer anderen Stufe, nämlich dem Devon zuzurechnen. Die typischen Hochlandgesteine Gneis und Granit treten zurück.
Reisende, die die Hochland-Landschaft vorziehen, haben Gelegenheit, auf der knapp 2 km hinter Melvich abzweigenden A 897 nach S abzubiegen. Die Straße führt über einsame Gneis- und Granitflächen in das 61 km entfernte Helmsdale (**591**) an der Ostküste. Die Strecke verläuft dabei parallel zu der etwa 5 km weiter ö. verlaufenden Grafschaftsgrenze. Nach 27 km wird beim Forsinard Hotel die Eisenbahnlinie Thurso/Wick–Inverness erreicht, die bis Helmsdale rechts der Straße verläuft.

579 Reay

Nach weiteren 10 km auf der Nordküstenstraße werden ö. des Dorfes Reay (900 Einwohner) links an der Küste die Bauten des *Atomreaktors von Dounreay* sichtbar, des Versuchszentrums der Britischen Atomenergiebehörde.
Ca. 6 km ö. von Reay liegt an der Ostseite der Crosskirk Bay (1 km n. der Straße, nur über Feldwege zugänglich) die Ruine der *St. Mary's Chapel*, einer in ihrer Konstruktion wenig verfeinerten Kirche, wahrscheinlich aus dem 12. Jh. Erhalten sind Altarraum und Schiff sowie ein Durchgang zwischen beiden, wobei die Pfosten aufeinander zulaufen. In unmittelbarer Nachbarschaft befinden sich an der Steilküste die Überreste eines *Broch*.
Knapp 1 km vor Thurso zweigt spitzwinklig die Straße zum Fährhafen Scrabster ab.

580 Thurso

Thurso (10 000 Einwohner, Eisenbahnstation, Fährhafen) ist die größte Stadt n. von Inverness und einer der Endpunkte der Hochland-Eisenbahn. Als Hafen mit großem Hinterland spielt die Stadt seit den Tagen der Wikinger eine bedeutende Rolle, die durch die Errichtung des Versuchsreaktors von Dounreay und durch die Ölsuche in den Gewässern vor der Küste neue Akzente erfahren hat. Das relativ milde Klima, ein historisch gewachsenes Stadtbild und der 3 km lange Sandstrand w. der Mündung des fischreichen River Thurso verleihen dem Ort zusätzliches touristisches Interesse. Von dem 3 km vom Stadtzentrum entfernten Hafen Scrabster aus bestehen Fährverbindungen nach Stromness/Orkney (**684**) sowie zu den Faeroer-Inseln und nach Island.

Die Stadt geht wahrscheinlich auf eine wikingische Siedlung des 8. Jh. zurück. Ihr Name läßt sich als »Thors Wasser« deuten. Obgleich Thurso erst 1130 urkundlich erwähnt ist, kann man davon ausgehen, daß der Ort schon zu Zeiten des *Jarl Thorfinn*, der 1040 den Neffen des Königs Duncan besiegte und damit die Vormacht der Wikinger auf ihren Höhepunkt brachte, ein wichtiger Stützpunkt war, wobei die Flußmündung des River Thurso selbst als Hafen diente. Der unter dem Namen *Harold's Tower* bekannte Turm nö. der Stadt auf dem Ostufer des Flusses soll über dem Grab des Jarl Harold errichtet worden sein, der über eine Hälfte von Caithness, Orkney und Shetland regierte und 1196 im Kampf gegen Jarl Harold the Wicked fiel. Thurso wurde 1633 von Karl I. zum königlichen Burgflecken erhoben und war danach 200 Jahre lang Verwaltungssitz der Grafschaft Caithness. Die Ruine des Schlosses *Thurso Castle* w. des Haraldsturmes erinnert an die Herrschaft der Ulbsters, ein Zweig der einflußreichen Familie Sinclair.

Architekturgeschichtlich zeigt die Stadt drei deutlich geschiedene Entwicklungsperioden: Der *alte Stadtkern* liegt am Westufer des River Thurso unweit eines Flughafens n. der Thurso Bridge. Hier sind eine Reihe von Fischerhäusern aus dem 17. und frühen 18. Jh. vor kurzem wiederhergestellt worden. Am n. Ende der Altstadt finden sich in Wilsons Lane die Ruinen der *St. Peters-Kirche* aus dem 12.–17. Jh. Die Kirche war in vorreformatorischer Zeit Hauptkirche der Bischöfe von Caithness und diente bis 1862 als Gemeindekirche. Das *Folks-Museum* im Rathaus (Ecke High Street und Wilson Street) bietet eine Sammlung von Fossilien und seltenen Pflanzen, die *Robert Dick* (1811–1866), ein Bäckermeister und bekannter Botaniker aus Thurso, zusammentrug. Sein Haus in der Wilson Street ist mit einer Gedenktafel versehen. Dick identifizierte eine in Schottland nur an den Ufern des River Thurso wachsende Grasart *(Northern Holy Grass)* als skandinavischen Ursprungs. Das Museum enthält auch ein kleines runisches Kreuz.

Nach W. schließt sich die in der 2. Bauperiode errichtete *Neustadt* im georgianischen Stil des 18. Jh. an. Ihr Urheber ist *Sir John Sinclair*, der, im Schloß von Thurso geboren, sich als Statistiker und Agronom einen Namen machte. Er leitete eine Reihe von Reformen im n. Hochland ein. Seine Statue steht auf dem nach ihm benannten Platz im Zentrum bei der Princes Street, deren Name ein Hinweis auf die Vorbild für die Sinclairschen Planungen ist: die Neustadt von Edinburgh. Die mit der Konstruktion des Atomzentrums von Dounreay in den späten 50er Jahren einsetzende 3. Bauperiode hat unter der Federführung der Britischen Atomenergie-Behörde und lokaler Stellen im W der Stadt neue Vororte mit Wohnungen für annähernd 5000 Menschen entstehen lassen.

Am w. Ortseingang (Ecke Smith Terrace und Castlegreen Road) befinden sich die Ruinen des mittelalterlichen *Palastes der Bischöfe von Caithness*. – Am Fuße des Scrabster Hill, 3 km w. des Stadtzentrums, werden die Überreste eines *Brochs* sichtbar, der unter dem Namen *Things Va* bekannt ist. – Ein weiteres heimatkundliches *Museum* befindet sich links am Südende der Princes Street, in unmittelbarer Nachbarschaft des Bahnhofes.

Die Stadt bietet dem Reisenden während der Sommermonate ein reiches Kultur-Programm: Dudelsackbläser, Hochlandtänze, Ausstellungen, eine *Gala-Week* Mitte Juli sowie eine *Life Boat Week*, veranstaltet von der Gilde zur Rettung Schiffbrüchiger.

Wichtige Adressen: *Tourist Information*, am s. Ende der Riverside Road, zwischen Manson's Lane und Thurso Bridge – *Bahnhof*, am Südende der Princes Street – *Busbahnhof*, Riverside Road, n. der Wilson Street – *Hauptpostamt*, Ecke Thurso Bridge und Sinclair Street, am Südende der Traill Street – *Polizei*, Olrig Street, gegenüber der Einmündung der Castle Street.

Von Thurso führt die gut ausgebaute A 882 in sö. Richtung nach Wick (**587**), wo sich der Anschluß an die Ostküstenstraße A 9 ergibt. Nach 10 km auf dieser Straße zweigt die ebenfalls gut ausgebaute und recht gradlinig verlaufende A 895 in s. Richtung ab. Sie mündet nach 29 km in Latheron ebenfalls in die A 9 und stellt damit die kürzeste und schnellste Straßenverbindung nach S dar. Bei km 18 kann unweit der Straße der *Steinkreis von Achavanich* besucht werden; ein lohnender Umweg ist auch die Fahrt über die nk Straße Achavanich-Lybster mit den sehenswerten *Steinzeitgräbern von Camster* (**589**).

3 km w. der Gabelung A 882/ A 895 findet sich das rechtwinklig symmetrisch angeordnete Dorf Halkirk (1500 Einwohner) am Ostufer des River Thurso. Die 3 m dicken Mauern des *Brawl Castle* (auf dem Westufer, nö. des Dorfes), stammen wahrscheinlich aus dem 14. Jh.

581 Dunnet Head

Die bis zu ihrer Einmündung in die A 9 bei John o'Groat's gut ausgebaute Nordküstenstraße A 836 führt weiter über Castletown (8 km) und längs des Sandstrands der Dunnet Bay in den Ort Dunnet (13 km), der eine kleine Kirche (ca. 14. Jh.) mit einem Satteldach besitzt. In Dunnet zweigt die B 855 ab, die zu dem 7 km n. gelegenen *Dunnet Head*, einem 128 m hohen, schroff aufragenden Vorgebirge mit Leuchtturm, führt. Dunnet Head ist der nördlichste Punkt des schottischen Festlandes, und von hier bietet sich bei klarer Sicht ein einzigartiger Blick über den Pentland Firth auf die Steilküste von Hoy (**707**) und den Südteil des Orkney-Archipels. Nach W erschließt sich die gesamte Nordküstenlinie und die Hochland-Szenerie bis zum 75 km entfernten Ben Hope. – Welche Gewalt die See an dieser Stelle haben kann, zeigt die Tatsache, daß zur Zeit der Winterstürme nicht selten die Fenster des Leuchtturms zu Bruch gehen: Sie werden von Steinen getroffen, die die Brandung hinaufschleudert.

Auf der Rückfahrt von Dunnet Head kann man in ö. Richtung etwas abkürzen, indem man im Weiler Brough links nach Ham abbiegt und das forellenreiche St. John's Loch bei Dunnet weiträumig umfährt.

582 Schloß Mey

Nächste Sehenswürdigkeit auf der Fahrt nach O ist das Castle of Mey, 23 km ö. von Thurso auf der Nordseite der A 836 unmittelbar an der Küste gelegen. Man erreicht das Schloß, indem man 1 km hinter dem Weiler Whitebridge auf

John o'Groat's – Bucholly Castle

eine nk Straße abzweigt, die zur Nordküste führt. Schloß Mey ist seit 1972 Privatbesitz der Königinmutter (Elisabeth, Gattin Georgs VI.), die hier einen Teil ihrer Ferien verbringt.

Ursprünglich diente das Schloß, dessen angestammter Name *Barrogill Castle* ist, den Bischöfen von Caithness als befestigtes Vorratshaus. Der 4. Graf von Caithness erwarb den Bau 1556 und wandelte ihn in ein Schloß um, indem er über den Lagerräumen Wohnräume errichten ließ. Die 1568 fertiggestellte Anlage fiel später an die Familie Sinclair of Mey, die in den Adelsstand erhoben wurde und die Grafen von Caithness stellte. Nachdem das Schloß über 400 Jahre lang der Familie als Wohnstätte gedient hatte, wurde es 1889 verlassen. Es sollte niedergerissen werden, wurde dann aber von der Königinmutter angekauft. Brustwehr und Zinnen sind Zugaben des 19. Jh.
Das Gebäude kann nicht besichtigt werden; die Gärten sind an nur 3 Tagen im Jahr geöffnet, wobei der Eintritt wohltätigen Zwecken zugute kommt.

583 John o'Groat's und Duncansby Head

In John o'Groat's (33 km ab Thurso) mündet die A 836 in die A 9. Die Entfernung nach Edinburgh beträgt, über die A 9 und die M 90 gerechnet, 390 km. Kirkmaiden (**391**), Schottlands südlichste Gemeinde, ist ca. 460 km entfernt. Auch die längste Straßenverbindung der britischen Inseln überhaupt kann ab John o'Groat's gemessen werden: Die Entfernung nach Land's End in Cornwall beträgt 1397 km.

Der eigentümliche Ortsname geht auf einen Holländer, *Jan de Groot*, zurück, der mit seinen 2 Brüdern um 1500 in die Gegend kam. Die Familie de Groot florierte: Als Jan ein alter Mann war, hatten sich 8 Familien gleichen Namens gebildet, und man konnte sich nicht einigen, wem nun die Führungsrolle gebühre. Jan löste den Konflikt, indem er sein berühmt gewordenes achteckiges Haus bauen ließ, mit einer Haustür an jeder Seite und einem achteckigen Tisch in der Mitte. Das Haus ist heute nicht mehr vorhanden; ein Erdwall und ein Fahnenmast markieren den Ort, an dem es gestanden hat.
Duncansby Head, 2 km ö. der Einmündung A 836/A 9, ist das NO-Kap des n. Hochlands. Auf den mehr als 70 m hohen Sandsteinklippen finden sich die Überreste eines alten *Wachtturms* sowie ein Leuchtturm. Ein unterirdischer Bunker des *Royal Observer Corps* sowie ein 1963 errichteter Posten der Küstenwache erinnern an die strategisch exponierte Position des Vorgebirges, das schon Ptolemäus unter dem Namen *Vervedrum* bekannt gewesen ist. W. des Leuchtturms öffnet sich eine unter dem Namen *Long Geo* bekannte Schlucht, deren Charakteristikum eine 65 m senkrecht abfallende Felswand ist, die über eine natürliche Felsbrücke überquert werden kann. S. des Leuchtturms wird ein großer Erosionsbogen, *Humlie's Hole*, sichtbar. Die rege Vogelleben der Stacks, etwa 1 km s., kann von einem Wanderpfad längs der Küste beobachtet werden. Auf den Klippen sowie den 8 km nö. vorgelagerten Pentland Skerries nisten Kormorane, Krähenscharben, Tölpel, Papageitaucher und Möwen. Die Gezeitenströme vor der Küste südlich Duncansby Head gelten als besonders reißend.

584 Das Schloß von Bucholly

Die A 9 ist die meistbefahrene Fernstraße NO-Schottlands. Sie folgt bis ins 225 km s. gelegene Inverness dem Verlauf der Ostküste. Auf dem Teilstück bis Bonar Bridge (147 km) eröffnen sich immer wieder gute Fernblicke über Vorgebirge, Klippenlandschaften und weite Sandstrände, wobei bei gutem Wetter die ostschottische Küste s. des Moray Firth sichtbar wird. Die Trasse weist in ihrem n. Teil eine Reihe von starken Steigungen und gefährlichen Gefällstrecken auf. Tief eingeschnittene Täler sind zu überwinden, in denen sich malerisch an Flußmündungen gelegene Dörfer und Städtchen finden.

8 km s. von John O'Groat's und etwa 1 km s. des Weilers Freswick werden w. der Straße und unmittelbar über der Küste die pittoresken Ruinen des *Bucholly Castle* sichtbar. Das Schloß, eine Art Dunnottar (**151**) en miniature, war einst die Festung des Piraten *Swayne Asleifson*. Der Bau erhebt sich auf einem wuchtig wirkenden Felsen, der vom Festland her nur über eine schmale Felsnase erreicht werden kann.

585 Das Schloß von Keiss

1 km n. des auf halbem Wege zwischen John O'Groat's und Wick (vgl. u.) gelegenen Dorfes Keiss ragt, ebenfalls unmittelbar über den Klippen der Steilküste gelegen, die schlanke, gut erhaltene Ruine des Keiss Castle empor, ein interessantes Beispiel für ein befestigtes Turmhaus des 16. Jh. Der Grundriß der Ruine folgt dem Z-förmigen Plan. Der Hauptbau hat die Form eines Rechtecks, an dessen NW- und SO-Kante Rundtürme anschließen. Allerdings ist die Lage der Türme nicht genau spiegelbildlich: Die exponierte Lage des Baus implizierte gewisse Anpassungen. So tritt der NW-Turm nach W, der SO-Turm aber nach S vor. Sehenswert sind die Türmchen im Oberteil des Gebäudes mit ihren schachbrettartig angeordneten Kragsteinen. Man beachte besonders das Treppentürmchen an der Nordseite.
In der Gegend von Keiss finden sich die Überreste mehrerer Brochs. Eines der Bauwerke, 2 km n. des Schlosses auf dem Brough Head genannten Küstenvorsprung ö. der A 9 gelegen, ist von der Straße aus sichtbar und leicht zu erreichen.

586 Schloß Girnigoe und Schloß Sinclair

5 km n. des Städtchens Wick (von der A 9 aus über eine nach NO zum Noss Head führende nk Straße erreichbar, w. dieser Straße) finden sich unmittelbar über den Klippen, die Ruinen zweier Schlösser: Girnigoe und Sinclair. Auf den ersten Blick sieht es so aus, als sei nur eine Anlage vorhanden, so dicht liegen die Ruinen beieinander.

Das Schloß von Girnigoe auf der Seeseite ist das ältere Bauwerk. Seine Entstehungszeit ist nicht klar datierbar; die Anlage erscheint in Urkunden des frühen 16. Jh. Der Grundriß ist der Form der vorspringenden Felsen angepaßt und etwa E-förmig. Schloß Girnigoe gehört zu den kühnsten und bestbefestigten Sitzen der berüchtigten Grafen von Caithness, sein Name ist mit zahlreichen Grausamkeiten verknüpft. So hielt Georg, der 4. Graf, seinen Sohn John, den er des Hochverrats verdächtigte, 7 Jahre lang im Burgkerker gefangen, bis dieser als Wahnsinniger starb. Als einzige Nahrung erhielt er während dieser Zeit gesalzenes Rindfleisch; Wasser wurde ihm verweigert. – Schloß Sinclair auf der Landseite wurde um 1606 errichtet.

587 Wick

Die Stadt Wick (Bahnstation, Hafen, Flughafen) ist mit etwa 8000 Einwohnern ehemalige Grafschaftshauptstadt von Caithness, Endpunkt des ö. Zweiges der Hochlandeisenbahn und ein Ausgangspunkt für Flugreisen nach Orkney und Shetland. Die Heringsfischerei, im 19. Jh. ökonomische Basis, ist nach 1914 stark zurückgegangen, u. a. infolge der Verminung der Nordseeküste in beiden Weltkriegen. Die Einführung von Fangquoten in den 70er Jahren hat weitere harte Einbußen gebracht. Als Seebad ist die Stadt zweitrangig.

Der Ortsname deutet auf den wikingischen Ursprung der Siedlung hin (*vik* = Bucht). Die Stadt entwickelte sich längs der Wick Bay zu beiden Seiten des Wick River. Der Stadtteil s. der Flußmündung, Pultneytown, wurde im frühen 19. Jh. von der *British Fisheries Society* nach Plänen des berühmten Architekten *Thomas Telford* angelegt. Der Hafen wurde später von *Thomas Stevenson* ausgebaut, kann aber nach wie vor nur zur Zeit der Flut von großen Schiffen angelaufen werden.

Der Stadtteil n. der Flußmündung heißt Louisburgh und hat ebenfalls seinen eigenen Hafen. Beide Häfen, in denen heute der in England beliebte Merlan angelandet wird, lohnen einen Besuch. Die Fänge werden in der Stadt selbst weiterverarbeitet. In jüngster Zeit haben sich Leichtindustrie und eine Glasbläserei angesiedelt. Letztere stellt das in ganz Großbritannien bekannte *Caithness Glass* her, das sich an skandinavischen Formen orientiert, ohne jedoch bisher gleiches künstlerisches Niveau zu erreichen.

Im Rathaus in der Bridge Street befindet sich ein *Heimatmuseum*.

Wichtige Adressen: *Tourist Information*, Südseite der High Street, w. der Einmündung der Bridge Street – *Bahnhof*, Südseite des Wick River, s. der Brücke (Bridge Street) – *Busbahnhof*, unmittelbar n. des Bahnhofs – *Hauptpostamt*, auf der Südseite der High Street, ö. der Einmündung der Bridge Street, in einer zur Market Street führenden Nebenstraße – *Krankenhaus* (Town and County Hospital), am s. Ende der Stadt, w. der South Road (Hospital Road) – *Fischmarkt*, am Pier ö. des Harbour Place, zwischen North Quay und South Quay.

588 Das Schloß von Old Wick

2 km sö. der Stadt liegt an der Küste die Ruine des Castle of Old Wick, auch *Castle Oliphant* genannt. Der Bau aus dem 14. Jh. hat bei den Seeleuten den Spitznamen *Auld Man o'Wick*.
Die Gegend sw. von Wick ist reich an prähistorischen Überresten: Neben dem *Hill o'Many Stanes* (Hügel der vielen Steine) in unmittelbarer Nachbarschaft der A 9 unweit des Weilers Clyth (15 km von Wick) sind besonders der *Steinkreis von Achavanich* (bis Latheron auf der A 9, dann auf der A 895 etwa 7 km nach N) sowie die *Grey Cairns of Camster* zu nennen.

589 Die Grauen Steine von Camster

Fährt man auf der nk Straße, die im Weiler Clyth rechts von der A 9 abzweigt, 5 km nach N, so gelangt man zur *Camster Lodge*. Unweit dieses Gebäudes befinden sich 3 Steinzeitgräber, von denen das erste einen Durchmesser von 16,8 m, eine Höhe von 3,7 m und einen Gang von 6 m Länge besitzt, der zu einer dreiteiligen Kammer führt, wobei der eine Teil der Kammer mit flachen Steinplatten überdacht ist, während die anderen Teile dicht beieinander liegen und unter einem einzigen Bienenkorb-Dach vereint sind. Das zweite Grab gehört mit einer Abmessung von 61×19,8 m zu den größten des Landes. Auch hier ist die Kammer in drei Teile unterteilt. Das Grab besitzt eine Zelle von 1,5 m Durchmesser und 1,8 m Höhe in Bienenkorbbauweise, die über eine ebenfalls 6 m lange Passage erreicht werden kann. Das 3. Grab liegt 128 m w. des erstgenannten; es besitzt mit nur 8,2 m Durchmesser und 0,6 m Höhe weniger spektakuläre Abmessungen.

590 Das Schloß von Dunbeath

1 km s. des gleichnamigen Dorfes (400 Einwohner) zweigt vom höchsten Punkt der A 9 ein Fahrweg zu dem rund 800 m sö. auf einem felsigen Vorsprung über der Steilküste gelegenen Dunbeath Castle ab. Die Anfänge des weißgekalkten, kompakt anmutenden Bauwerks gehen auf 1428 zurück. Der älteste Teil der Anlage hat einen rechteckigen Grundriß mit formschönen Ecktürmchen. Das Gros der Gebäude entstand im frühen 17. Jh. Im 19. Jh. wurden an der N- und O-Seite weitere Flügel angefügt. Dunbeath Castle wurde zweimal eingenommen, zunächst 1650 im Gefolge des Bürgerkriegs von dem pro-royalistischen *General Hurry*, einem Heerführer des Grafen Montrose (vgl. S. 37), sodann von *General Leslie*, der nach der Niederlage von Montrose in Carbisdale die royalistische Garnison belagerte und besiegte.

591 Helmsdale

Auf ihrem Weg in das 24 km s. von Dunbeath gelegene Städtchen Helmsdale überquert die A 9 einsame Hochmoore. Bei Ord of Caithness erreicht sie eine

Höhe von 227 m mit Fernblick nach NW und in das Tal *Strath of Kildonan* des River Helmsdale. Helmsdale selbst (Bahnstation, 750 Einwohner), ein recht pittoresk gelegener Ort mit schönem Sandstrand, ist als Verkehrsknotenpunkt von Interesse, da hier die durch das Landesinnere verlaufende Bahnlinie von Thurso und Wick die Küste erreicht, um nun bis zur Einmündung der A 839 (34 km s.) parallel zur A 9 zu verlaufen.

Wer von S anreist, kann von hier aus einen Tagesausflug mit der Bahn über die Hochmoore von Caithness nach *Georgemas Junction* unternehmen, durch unwegsames und zum Teil straßenloses Gelände, eine der einsamsten Hochlandgegenden überhaupt. S. des kleinen Naturhafens befanden sich bis 1971 die Ruinen des *Helmsdale Castle* aus dem 15. Jh. Hier vergiftete 1567 *Isobel Sinclair* den Grafen und die Herzogin von Sutherland, damit ihr eigener Sohn, der Graf von Caithness, die Herrschaft auch über das nach SW anschließende Sutherland – »Süderland«, der Name ist wikingischen Ursprungs – erlangen konnte. Der junge Sinclair trank versehentlich auch von dem Gift und starb mit den Sutherlands. – Der Helmsdale River ist bekannt für seinen Fischreichtum (Lachs und Forellen).

592 Brora

Brora (Bahnstation, 2000 Einwohner), 18 km s. von Helmsdale gelegen, ist ein lohnendes Etappenziel. Der lebendige Ferienort an der Mündung des fischreichen Brora River (Lachs und Forellen) besitzt einen langen besonders schönen Sandstrand. In Brora befand sich das älteste Kohlenbergwerk Schottlands aus dem Jahre 1529. Die Mine wurde in den 60er Jahren wegen mangelnder Rentabilität geschlossen, dann aber von den Bergleuten in eigener Regie übernommen. Die endgültige Stillegung folgte um die Mitte der 70er Jahre. – Die wollverarbeitende Industrie des Ortes produziert Tweeds und Garne von internationalem Ruf. Ein im Zusammenhang mit dem Bergbau traditioneller Erwerbszweig, die Herstellung von Backsteinen, wurde nach 1961 mit staatlicher Hilfe wiederbelebt. Brora besitzt einen kleinen, heute wenig genutzten Fischerhafen.

In der Umgebung finden sich viele piktische Überreste. Zu nennen ist besonders der 7 km n. an der Küste unweit der A 9 gelegene *Broch von Kintradwell* der zwischen 200 v. Chr. und 50 n. Chr. von den Pikten als Fliehburg benutzt wurde. Am oberen Ende des Loch Brora, 10 km nw. des Ortes und über eine nk Straße erreichbar, finden sich die Überreste des *Cole Castle*, ebenfalls aus piktischer Zeit.

593 Schloß Dunrobin

Dunrobin Castle, 8 km s. von Brora in waldreicher Umgebung an der Küste (deutlich beschilderte Zufahrt von der A 9 aus), war bis 1963 Wohnsitz der mächtigen Herzöge von Sutherland. Der Bau, dessen äußere Gestalt durch die von *Sir James Barrie* in den Jahren 1835–1850 ausgeführten Erweiterungs- und Umbauten bestimmt ist, gleicht eher einem französischen Schloß der Epoche Ludwigs XIV. oder auch einer neugotisch verbrämten Burg des Rheinlands als einem schottischen Herrensitz: James Barrie war der Architekt der Houses of Parliament in Westminster.

Die ältesten Teile, besonders die Grundmauern des quadratischen Turmes an der NO-Ecke, gehen wahrscheinlich auf die Zeit nach 1274 zurück, der Turm selbst stammt von etwa 1400. Während des

Schloß Dunrobin, Sutherland. ▶

17. Jh. wurde sw. des Turmes ein großzügig geplantes Herrenhaus mit einem zentralen Innenhof angelegt, das, sieht man einmal von der neugestalteten Fassade ab, mit seinen schlanken Treppentürmen an den äußeren SO- und SW-Kanten im wesentlichen erhalten ist. Erste Erweiterungen dieses Hauses stammen aus der Zeit um 1785. Die Neubauten aus dem 19. Jh. brannten 1915 nieder, als Dunrobin während des 1. Weltkriegs als Marinekrankenhaus diente. Sie wurden 1919 durch *Sir Robert Lorimer* wiederhergestellt, der 1921 auch die Bibliothek sowie weitere Wohn- und Eßzimmer hinzufügte.

Die Familie der Grafen und Herzöge von Sutherland entstammt anglo-normannischem Adel (Freskyn de Moravia). Die Grafschaft, 1235 begründet, ist die zweitälteste des Landes. Im 16. Jh. ging die Herrschaft an die Gordons über, die 200 Jahre lang die Geschicke der Region bestimmten. Der Titel eines Herzogs von Sutherland wurde 1823 geschaffen, seither nannten sich die Herzöge Dukes and Earls of Sutherland, wobei die Würde eines Earl schottischer, der Titel Duke hingegen britischer Provenienz ist. Mit dem Tode des 5. Duke und 21. Earl wurde das Schloß 1963 durch dessen Nichte in eine Privatschule für Jungen (nach dem Muster der berühmten Anstalt von Gordonstown) umgewandelt. Die Schule mußte, u. a. infolge ihrer ungünstigen geographischen Lage, bereits nach wenigen Jahren ihre Tore schließen.

Unterhalb der fast 100 m langen Terrasse des Schlosses befinden sich sehenswerte Gärten. Ein Landhaus im benachbarten Park birgt ein kleines *Museum* mit Grabungsfunden aus Sutherland sowie handwerklichen Exponaten, Tieren, Vögeln und Fossilien. – Eine Besonderheit ist die kleine Eisenbahnstation des Schlosses, einst Privatbahnhof der Herzöge von Sutherland.

594 Die Gärten von Rovie Lodge

5 km s. von Golspie zweigt die A 839 in nw. Richtung von der A 9 ab. Die Straße führt nach Lairg (vgl. u.), vorbei an den Rovie Lodge Gardens, 6 km nw. Die Gärten bieten neben sehenswerten Rasen- und Heideflächen Blumenrabatten in der für Schottland typischen Anordnung und Farbenpracht, Kräuterbeete sowie Sumpf- und Wasserpflanzen.
Mitte Juli bis Ende September 14–18. Eintritt.

595 Lairg

Der 23 km nw. der Einmündung der A 839 in die A 9 am Ostende des Loch Shin gelegene gepflegte Ort (Bahnstation, 1000 Einwohner) ist infolge seiner verkehrsgünstigen Lage am Schnittpunkt mehrerer Hochlandstraßen ein idealer Ausgangspunkt für Ausflüge ins n. und nw. zentrale Hochland sowie längs des für seine Lachsforellen berühmten River Shin. Der lebendige Marktflecken ist ein wichtiger Umschlagplatz für Schafe und Schafwolle.

Auf dem Friedhof des Ortes finden sich mehrere interessante alte Grabsteine, von denen einer den Tod in eindrucksvoll-naiver Darstellung zeigt. Ein unmittelbar beim Dorf gelegener flacher Staudamm staut den Fluß Shin auf 27 km Länge auf.
Ein Denkmal knapp 5 km n. am Fuße des Strath Tirry erinnert an den *Great Plough*: 1873–1877 wurden auf Geheiß des Herzogs von Sutherland mit Hilfe der neuentwickelten schweren Dampfpflüge 1829 Morgen Moorland urbar gemacht. – Die weitere Umgebung von Lairg ist reich an *prähistorischen Grabhügeln* und *Steinkreisen*. – Weitere lohnende Ausflugsziele sind die *Kyle of Sutherland Forest Walks*, durch Wald- und Heidegelände, 9 km sw. (zu erreichen über die einspurig befahrbare A 839), sowie die *Falls of Shin* (7 km s., vgl. u.) die man am besten über die am Westufer des Flusses verlaufende B 864 erreicht.

◀ *Blick von Iona auf die Küste von Mull, Innere Hebriden.*

596 Dornoch

Folgt man weiter der Küste, so lohnt ein Abstecher in das 3 km ö. der A9 gelegene Städtchen Dornoch (B 9168). Der beliebte Ferienort (850 Einwohner, *Royal Burgh* seit 1628, Hauptstadt der ehemaligen Grafschaft Sutherland) verfügt über einen der ältesten Golfplätze Schottlands, der nachweislich bereits im 17. Jh. bespielt wurde. Die Umgebung bietet besonders schöne Sandstrände. In Dornoch fand 1722 der letzte Hexenprozeß in Schottland statt: Eine alte Frau, der man vorwarf, sie habe ihre Tochter in ein Pony verwandelt, das dann vom Teufel erschossen worden sei, wurde gefedert und verbrannt. Der Ort der Urteilsvollstreckung ist durch einen Felsblock gekennzeichnet.

596.1 Die Kathedrale von Dornoch. Die weithin sichtbare kleine Kathedrale der Bischöfe von Caithness wurde um 1150 auf den Überresten einer älteren Kultstätte begonnen und um 1250 fertiggestellt. Sie dient heute als Gemeindekirche. 1570 durch ein Feuer schwer beschädigt, wurde das Schiff in den Jahren 1835–1837 wiederhergestellt. Eine weitere Restaurierung erfolgte 1924. In der Kirche, die romanische und frühgotische Stilelemente vereint, sollen 16 Grafen von Sutherland beigesetzt worden sein. Eine Statue erinnert an den 1833 gestorbenen 1. Herzog von Sutherland, ein Bildnis zeigt *Sir Richard of Moravia*, den Bruder des Begründers des Hauses Sutherland, der 1248 im Kampf mit den Dänen fiel.
Von der *bischöflichen Burg* ist nur ein Turm erhalten, der in den Bau des Dornoch Castle Hotel einbezogen worden ist.

597 Bonar Bridge

Der kleine Ort Bonar Bridge (300 Einwohner) liegt mit seiner ansprechenden Hauptstraße am Nordende der gleichnamigen Brücke, die den Kyle of Sutherland am inneren Ende des Dornoch Firth überquert. Die heutige Brücke ersetzt eine ältere Konstruktion des *Thomas Telford* von 1811/1812. Ausschlaggebend für den ersten Brückenbau war ein schweres Unglück auf der 15 km weiter ö. gelegenen alten Fährstrecke, das mehr als 100 Menschenleben kostete.
Von Bonar Bridge aus führt die A 836 nach N in das 17 km entfernte Lairg (vgl. o.). Die Straße folgt dem Lauf des River Shin. 5 km nw. der Brücke focht der Graf von Montrose 1650 seine letzte Schlacht: Von hier aus floh er in das (alte) Ardvreck Castle, wo er an die Covenanters verraten wurde (vgl. S. 37).

Gut 1 km w. des Weilers Ardgay befindet sich auf dem Südufer des Shin die *Gledfield Mill*, ein Steinbau aus der Zeit um 1850, in dem bis zum 2. Weltkrieg Hafermehl gemahlen wurde. Die Mühle wird durch ein großes Wasserrad angetrieben.
Juni–August MO–SA 14–18.

598 Die Fälle des Shin

Zweigt man in Invershin von der A 836 zunächst links auf die A 837 ab, um dann dem Westufer des Shin auf der B 864 zu folgen, so gelangt man nach 2 km zu den Falls of Shin, wo man im Juli und August das Springen der Lachse beobachten kann.

599 Tain

Zwischen Bonar Bridge und Dingwall ergeben sich 2 Streckenführungen: Die kürzere Trasse (A 836, 45 km) führt durch das Landesinnere und steigt dabei auf 223 m Höhe an. Die Straße bietet gute Fernblicke auf den Dornoch Firth und führt dann durch hochgelegenes Heide- und Moorland (Torfabbau). Die A 9 (65 km) umgeht die Hügelketten von Easter Ross; die Bahnlinie folgt in etwa ihrer Trasse. Tain (Bahnstation, 1700 Einwohner) ist ein aufblühender Ferienort mit altertümlichem Stadtbild und ein Zentrum der Seeangler. In der Umgebung liegen ausgezeichnete Sandstrände. Ökonomische Grundlage der Stadt ist der Umschlag landwirtschaftlicher Produkte.

Die hochgotische *Kollegienkirche* wurde 1371 errichtet, das *Rathaus* mit seinen Türmchen und dem Glockenspiel stammt aus dem 17. Jh.; es wurde 1730 erneuert, nachdem es bei einem schweren Sturm teilweise zerstört worden war. Die älteste der Glocken, die Abendglocke von 1630, wird heute noch geläutet. Sie ist das Werk eines flämischen Glockengießers.
Als berühmter Wallfahrtsort ist Tain schon im Mittelalter *Royal Burgh*. Die Wallfahrtstradition geht auf *St. Duthlac* zurück, der hier um 1000 geboren wurde. Duthlac starb 1065 in Irland. Seine Gebeine wurden später nach Tain überführt und in der St. Duthus Chapel bestattet, einer kleinen Kapelle im Bereich des heutigen Friedhofs, die 1427 durch Feuer zerstört wurde. Den Reliquien wurden bald Wunderkräfte nachgesagt. Später wurde ein neues *Duthlac-Heiligtum* errichtet, dessen Überreste in der Nähe des Golfplatzes sichtbar sind. In diesem Heiligtum wurden 1306 die Gattin, die Schwestern und die Tochter von König Robert the Bruce unter Mißachtung des Asylrechts von dem hochverräterischen Grafen von Ross gefangengenommen. Ross lieferte sie an die Engländer aus. Danach verwundert es nicht, daß die magischen Kräfte des Hemdes von St. Duthlac versagten, als es 1333 von Hugh, Graf von Ross, in der Schlacht von Halidon Hill getragen wurde: Hugh wurde tödlich verwundet. König Jakob IV. besuchte Tain regelmäßig, um hier zu beten: Der Name der zum Heiligtum führenden Straße, nämlich King's Causeway, erinnert daran.

600 Invergordon

9 km s. von Tain zweigt beim Weiler Milton die B 817 linkerhand von der A 9 ab. Sie führt längs der Nigg Bay in das 8 km entfernte Städtchen Invergordon. Invergordon (Bahnstation, Hafen, 5000 Einwohner) war als Provinzhafen und Ferienort bekannt, bevor in den Jahren nach 1960 dank der günstigen Lage der Stadt am Cromarty Firth die Entwicklung zur Industriestadt einsetzte.

Der früheste Hafen wurde 1828 gebaut; seine geschützte Lage bei gleichzeitig großer Wassertiefe machte ihn bald zum bevorzugten Stützpunkt der königlichen Marine, mit Docks und Versorgungsanlagen selbst für größte Schiffe. Im 2. Weltkrieg waren hier auch die Flugboote der Marine stationiert. Die Flottenbasis wurde 1956 geschlossen, doch werden die Schiffe der britischen Marine wie auch der NATO-Seestreitkräfte nach wie vor hier betankt. – 1961 nahm eine Großbrennerei ihre Arbeit auf, ihre Jahresproduktion liegt heute bei 45 Mio Litern Alkohol. Sie ist damit die größte Brennerei Europas. Die Errichtung eines Aluminiumwerkes 2 km n. verändert das Bild des Ortes weiter. In der Umgebung der Stadt haben sich neuerdings auch Versorgungsindustrien für die Ölfelder der Nordsee niedergelassen. Die Bevölkerungszahl ist in den letzten Jahren stark angestiegen. Invergordon ist über eine Personenfähre mit dem s. gelegenen Newhallpoint verbunden.

601 Alness

Vor wenigen Jahren noch ein kleines Dorf mit kaum 250 Einwohnern, wird Alness (Bahnstation) zur Zeit ausgebaut, um einen Teil der schnell wachsenden Bevölkerung des 5 km entfernten Invergordon aufzunehmen. Der Ort ist heute auf 16 000 Einwohner geplant. Etwas landeinwärts befindet sich der *Black Rock of Novar*, eine bemerkenswerte Schlucht von 3,5 km Länge. Der *Indische Tempel* auf dem Fyrish Hill im W des Ortes soll eine Nachbildung des Tores von Negapatam sein. Die Anlage wurde im späten 18. Jh. durch den General *Sir Hector Munro of Novar* errichtet, und wir bei McCaig's Folly in Oban (**511**) war das Motiv des Bauherrn vorwiegend philanthroper Natur: Der Bau sollte der Arbeitsbeschaffung dienen.

602 Dingwall

Dingwall (4000 Einwohner, Informationsamt) eignet sich für den Benutzer öffentlicher Verkehrsmittel als Ausgangspunkt für Ausflüge in das n. und w. Hochland: Hier zweigt die Bahnlinie nach Kyle of Lochalsh (**550**) an der Westküste von der Magistrale Inverness-Thurso/Wick ab. Allerdings liegt die Stadt an der einstweilen noch stark befahrenen A 9. Dies wird sich ändern, wenn die neue Trasse der A 9 von Evanton nach Inverness fertiggestellt ist. Die Arbeiten stehen vor dem Abschluß. In der Ortsmitte zweigt die A 834 nach Strathpeffer (vgl. u.) und Ullapool (**564**) ab.

Dingwall ist Hauptort der Grafschaft Ross and Cromarty. Sehenswert ist das von 1730 stammende *Rathaus* in der High Street. Es zeigt das Stadtwappen, einen Seestern. Vor dem Gebäude ist der Schaft des alten *Marktkreuzes* erhalten, daneben befindet sich das Eisentor des alten *Stadtgefängnisses*. Der *Hafen* ist ein Werk von *Thomas Telford*. Die am Ostende der High Street zum Meer hin abzweigende Castle Street deutet die Lage des ehemaligen königlichen Schlosses an, von dem nur noch Spuren erhalten sind.

Dingwall leitet seinen Namen von dem altnordischen Wort *thing* (Parlamentsstätte) ab. 1226 erhielt Dingwall das Stadtrecht; bis zur Vernichtung des Geschlechts im Jahre 1476 war die Burg eine Feste der Grafen von Ross. Seit 1940 ist Dingwall Flottenstützpunkt. 12 km nw. der Stadt befindet sich das Ben Wyvis-Massiv, mit 1043 m Höhe Wahrzeichen der gesamten Gegend. Ein Turm auf einem Hügel im S erinnert an die Geburt des berühmten Generals *Sir Hector Macdonald*.

603 Strathpeffer

Folgt man von Dingwall aus der A 834, so erreicht man nach gut 7 km das in 100 m Höhe gelegene Rheumabad Strathpeffer (1000 Einwohner, Bahnstation, Informationsamt). Der Ort besitzt eisen- und schwefelhaltige Mineralquellen von ausgezeichneter Qualität und erfreut sich eines besonders milden Klimas, da die Nordwinde von dem Ben Wyvis-Massiv abgehalten werden. Die Schwefelquellen waren um 1770 im n. Schottland bekannt, ein Kurbetrieb wurde um 1820 eingerichtet, als das erste Pumpenhaus entstand. 1909 wurde ein weiterer Pumpraum hinzugefügt, gleichzeitig wurden die Gärten weiter ausgebaut. Seine Hochblüte erlebte Strathpeffer vor dem 1. Weltkrieg, als zahlreiche ausländische Gäste, darunter auch gekrönte Häupter, den Ort besuchten. Das Pumpenhaus wurde 1960 erneut in Betrieb genommen. Gleichzeitig begann der Ausbau des Dorfes zum modernen Ferienort.

Nördlich des Dorfes liegt in einem sehenswerten Park *Schloß Leod*. Der 1619 errichtete älteste Teil hat einen L-förmigen Grundriß und ist mit einer eindrucksvollen Brustwehr und mit Erkertürmchen versehen. Der Südflügel wurde wenig später angefügt, ein viktorianisch gestalteter Nordflügel kam im 19. Jh. hinzu. Der Schloßpark enthält herrliche alte Bäume, darunter zwei spanische Kastanien, die 1550 gepflanzt wurden. Der Stamm der größeren Kastanie hat an der Basis einen Umfang von annähernd 12 m. – Am 1. Samstag im August werden im Park Hochlandspiele durchgeführt. Der Fluß Conon s. des Ortes ist für seinen Fischreichtum bekannt. In der Umgebung von Strathpeffer laden mehrere Naturpfade zum Wandern ein, so auch der w. an der A 832 gelegene *Torrachilty Trail*, der über eine Strecke von 5 km durch abwechslungsreiches Gelände mit guten Fernblicken und reichem Birkenbestand führt.

604 Fortrose

Die waldreiche Halbinsel *Black Isle* zwischen Cromarty Firth und Inverness Firth ist bekannt für ihre ruhigen Ferienorte, guten Wandermöglichkeiten und feinen Sandstrände. Günstige Zufahrtswege sind die B 9162 von Conon Bridge (3 km s. Dingwall) aus sowie die in Muir of Ord (etwa auf halbem Wege zwischen Conon Bridge und Beauly) abzweigende A 832. In Muir of Ord befindet sich ein Informationsamt.

Das 22 km ö. von Conon Bridge gelegene Städtchen Fortrose (1200 Einwohner) hat sich viel von seiner abgeschiedenen Verträumtheit bewahrt, trotz eines in den letzten Jahren immer reger werdenden Ferienbetriebs. Infolge seiner weiten geschützten Bucht ist der Ort am äußeren Ende des Inverness Firth besonders bei Bootsbesitzern beliebt. Den Abschluß gegen den vorgelagerten Moray Firth bildet eine schmale Landzunge, an deren Ende *Chanonry Point* mit einem Leuchtturm liegt (empfehlenswerter Spaziergang). Die Bezeichnung erinnert an den ursprünglichen Namen für Fortrose, nämlich *Chanonry*. Chanonry Point war früher durch eine Fähre mit dem nur 1,5 km entfernten Fort George (**234**) auf der Südseite des Firth verbunden.

604.1 Die Kathedrale von Fortrose. Fortrose war seit der Zeit Davids I. (1084–1153) Bischofssitz von Ross. Die Ruinen der Kathedrale umfassen Reste des s. Seitenschiffes und der in unmittelbarer Nachbarschaft gelegenen *Sakristei* sowie der *Krypta* des Kapitelsaales. Die Bauten stammen aus dem 13.–15. Jh. Das s. Seitenschiff zeigt Hochgotik aus der 2. Hälfte des 14. Jh. sowie Frühformen der Spätgotik von Melrose: Die Kirche wurde 1485 fertiggestellt. Ein Taufstein und mehrere Grabdenkmäler sind erhalten, darunter auch das stark beschädigte Grab von *Euphemia*, der Gräfin von Ross, sowie das eines Bischofs. Der ummauerte Bereich am W-Ende der Anlage ist Grabstätte der Mackenzies von Seaforth. Eine von 1460 datierende Glocke im Turm wird heute noch täglich geläutet.

1880 wurden unter dem Rasen der Kirche 1100 Silbermünzen aus der Zeit Roberts III. (1337–1406) gefunden.

In der Umgebung von Fortrose bieten sich zahlreiche Wandermöglichkeiten, so die beschilderten *Fortrose Walks* und die *Rosemarkie Walks*, sowie, unweit des Nachbarortes Avoch, die *Munlochy Bay and Ormond Hill Walks*, und schließlich, 3 km nw., der *Blackstand Walk*.

605 Cromarty

Folgt man von Fortrose aus der A 832 weiter nach NO, so erreicht man nach 15 km das Städtchen Cromarty (600 Einwohner) an der Nordspitze der Halbinsel. Cromarty hat sich trotz der Ansiedlung von Versorgungsindustrien für die Ölfelder der Nordsee seine ursprüngliche Atmosphäre erhalten, u. a. dank der Restaurierung einer Reihe von Häusern aus dem 17. und 18. Jh., wobei die Initiative sowohl bei den örtlichen Behörden wie auch beim *National Trust* lag. Im Mittelpunkt der Erneuerungsarbeiten steht eine Gruppe von drei alten Häuschen im Zentrum des Ortes, in denen heute Kunsthandwerker (ein Silberschmied, ein Töpfer, eine Strickerei) arbeiten, und wo sich auch eine kleine Galerie mit den Werken zeitgenössischer schottischer Künstler befindet. Das Geburtshaus des Geologen *Hugh Miller* (Church Street) stammt aus der Zeit um 1650. Es enthält eine geologische Sammlung.

Mai bis September MO–SA 10–12 und 13–17; Juni bis September auch SO 14–17. Eintritt.

Cromarty war im frühen 17. Jh. ein bedeutender Seehafen. Als dann im Gefolge des Bürgerkriegs und der Ära Cromwell der Seehandel verfiel, mußte der Status eines *Royal Burgh* 1672 aufgegeben werden. Cromarty wurde zu einem verträumten Provinzstädtchen, auch wenn es Hauptort des erblichen Sheriffdoms der Familie Urquhart blieb, deren Schloß auf einem Hügel oberhalb der Stadt stand. Im ausgehenden 17. Jh. wurde Cromarty dann zum Verwaltungssitz der aus den verstreuten Besitzungen der Mackenzies zusammengefügten Grafschaft gleichen Namens. 1772 wurde der Ort von *George Ross of Pitkerie* gekauft. Ross erbaute den neuen Hafen und siedelte Textil- und Eisenindustrie an. Der Name der bedeutenden Familie Ross ist in der späteren Grafschaftsbezeichnung Ross und Cromarty festgehalten, die heute zur Bezeichnung eines Distriktes innerhalb der Highland Region geworden ist. Bis zur Verwaltungsreform von 1973 war das Städtchen lokales Verwaltungszentrum.

Es besteht eine Fährverbindung (keine KFZ-Beförderung) über den Cromarty Firth nach Dunskeath Ness.

Reisende, die über genügend Zeit verfügen, sollten die Rückfahrt in Richtung A 9 in den ausgedehnten Waldungen von Millbuie unterbrechen, wo mehrere Naturpfade (*Mounthigh Walk* und *Blackstand Walk* an der B 9160, *Brae Walk* unweit der B 9163 und *Culbokie Loch Walk* etwas ö. der neuen Trasse der A 9) zum Wandern einladen.

606 Beauly und seine Priorei

Folgt man von Dingwall der alten Trasse der A 9 nach S, so erreicht man nach 15 km das Städtchen Beauly (Bahnstation, 1400 Einwohner) an dem gleichnamigen, außerordentlich lachsreichen Fluß. Der Name des Ortes wird traditionell mit *Beaulieu* (schöner Ort) in Verbindung gebracht. Die Familie der Frasers of Lovat, auf deren Land Beauly liegt, war normannischer Abstammung und blieb sich ihrer Herkunft über viele Generationen bewußt. Bezeichnend ist, daß die Lovats im 12. Jh. das Anglonormannische, einen Dialekt des Altfranzösischen, als Amtssprache auf ihren Besitzungen durchsetzten, während ringsherum Gälisch gesprochen wurde.

Sehenswert sind die Ruinen der *Beauly Priory*. Das Kloster (am n. Ortseingang unmittelbar ö. der A 9) ist eine Gründung der Valliscaulianer. Es wurde 1230 von *Sir John Bissit of Lovat* errichtet. In der Kirche aus dem 14.–16. Jh. befinden sich die Gräber der berühmtesten Familien der Umgebung, der Chisholms, der Frasers und der Mackenzies of Kintail. Die Fassade selbst stammt aus der Zeit nach 1530. Der Bau verfiel in den Jahren nach der Reformation.

607 Cannich und Glen Affric

Etwa 1 km s. von Beauly zweigt in einer scharfen Linkskurve die A 831 in sw. Richtung von der A 9 ab. Sie führt zunächst durch waldreiches Gelände das Strathglass hinauf in den malerisch gelegenen Ort Cannich (250 Einwohner), von wo sich das wildromantische, waldreiche Glen Affric längs einer nk Straße erschließt. Am Ende dieser Straße laden 4 beschilderte Naturpfade (bis zu 4 km Länge) zu Spaziergängen ein. Park- und Picknickplätze sind ebenfalls vorhanden. Auch eine Reihe von längeren Wanderwegen, so etwa zur

Westküste hinüber nach Kintail (546) und zum Loch Duich nehmen hier ihren Ausgang. Die Gebirge n. des Glen erreichen mit Carn Eige und Mam Sodhail Höhen von 1179 bzw. 1174 m. Die Gebirgsketten s. des Tals steigen zu Höhen zwischen 900 und 1000 m auf.

Am ö. Ausgang des Glen Affric befinden sich die *Dog Falls*, die jedoch viel von ihrem Reiz eingebüßt haben, seitdem die Seen des Glen Affric zur Stromerzeugung genutzt werden. Hier liegt ein weiterer Picknickplatz mit anschließendem Naturpfad.

Cannich besitzt eine direkte Verbindung durch das ebenfalls recht malerische Glen Urquhart nach Drumnadrochit (**529**) und zum Loch Ness. Die Straße wurde von *Thomas Telford* erbaut.

Eine weitere Verbindung von Beauly nach Drumnadrochit stellt die im Mittelteil nur einspurig befahrbare A 833 dar, die etwa 1,5 km weiter ö. von der A 9 abzweigt.

608 Beaufort Castle

In den Flußniederungen des River Beauly zwischen der A 831 und der A 833 liegt das um 1880 erbaute Beaufort Castle, der Familiensitz der Frasers of Lovat. Ihr ursprünglicher Wohnsitz war das benachbarte *Castle Dounie*, dessen Ruine heute in einem terrassenförmig angelegten Garten sichtbar wird. Der Bau stammt von etwa 1400; er wurde 1746 im Anschluß an Culloden (**112**) vom Duke of Cumberland zerstört. Der letzte Schloßherr von Dounie, Simon, Lord Lovat, war seinem ganzen politischen Gebaren nach eher ein Renaissanceprinz als ein Clan-Oberhaupt. Unter dem Namen *Old Fox of the '45* erlangte er Berühmtheit, und wegen seiner Teilnahme am jakobitischen Aufstand von 1745/46 wurde er 1747 als Hochverräter auf dem Tower Hill, London, hingerichtet.

Seine letzten Worte werden im Hochland mit Gusto tradiert: Als ein Londoner Marktweib ihm auf dem Weg zur Richtstätte zurief »You'll get that nasty head of yours chopped off, you ugly old Scotch dog«, erwiderte er gefaßt: »I believe I shall, you ugly old English bitch.«

11 km ö. der Einmündung der A 833 erreicht die A 9 die Stadtgrenze von Inverness (**114**). Hinsichtlich der s. anschließenden Streckenbeschreibungen vgl. die Kapitel Ostschottland, besonders S. 134 ff. und S. 204 ff., sowie Westschottland, besonders S. 314 ff.

Die Hebriden

Die Hebriden sind derjenige Teil Schottlands, in dem sich gälische Eigenart am reinsten erhalten hat, trotz der Tatsache, daß auch diese Inseln über mehr als 400 Jahre bis 1266 unter wikingischer Oberhoheit standen. Schon deshalb sollten die Hebriden bei der Reiseplanung nicht von vornherein als zu abseits gelegen oder aber als bloßes Anhängsel des Festlandes ausgeschlossen werden. Ein Anhängsel sind sie ganz gewiß nicht, weder landschaftlich, noch geologisch, noch hinsichtlich ihrer Geschichte und kulturellen Eigenart. Es gibt ein ausgeprägtes hebridisches Liedgut, das vom festlandschottischen zu unterscheiden ist; es gibt, besonders auf den abgelegeneren Hebrideninseln, bäuerliche Techniken, die auf dem Festland nicht oder nur in modifizierter Form beobachtet werden können, und es gibt auf vielen der Inseln, anders als auf dem Festland, die immer noch relativ geschlossene gälische Sprachgemeinschaft. Historisch gesehen ist Schottland ohne die Hebriden nicht denkbar: Das Dalriadische Königreich des frühen Mittelalters war im wesentlichen ein Königreich der Hebriden, und auch das iro-schottische Christentum wurde über die Hebriden vermittelt. In späterer Zeit waren die Oberhäupter der mächtigen Hebriden-Clans Gegenspieler der schottischen Krone, und es kam immer wieder vor, daß sie ohne vorherige Konsultationen mit dem Königshaus Verträge mit England, Irland oder Frankreich schlossen. Wer sich für die Historie der großen schottischen Clans interessiert, findet eindrucksvolles Material gerade im Bereich der Hebriden. Die Geschichte der Inseln ist ihrer vielfältigen Wechselbeziehungen zur allgemein-schottischen Geschichte wegen in den allgemeinen Teil (S. 24 ff.) eingearbeitet.

Die Hebriden haben ihr eigenes Flair, wobei die Äußeren Hebriden generell ganz andere Stimmungen bieten als die näher beim Festland gelegenen Inseln, die wiederum in eine Reihe von Gruppen zu unterteilen sind. Jede Insel hat ihre unnachahmliche Individualität, die aus dem je eigenen Zusammenspiel von Geologie, Landschaft, Bevölkerung, Ökonomie, Sozialstruktur und Verkehrslage resultiert.

Die Verkehrsanbindung der einzelnen Inseln ist sehr unterschiedlich. Während beispielsweise Mull und Skye ohne Schwierigkeiten auch mit dem eigenem Wagen erreicht werden können, werden andere Inseln nur selten, ein oder zweimal in der Woche, angelaufen. Wer ohne Wagen reist, sollte besonders für die Äußeren Hebriden eine Anreise per Flugzeug in Erwägung ziehen.

Die Inselgruppen und Inseln sind im folgenden in einer von S nach N fortschreitenden Reihenfolge besprochen.

Route 26

Die Inseln Gigha, Islay, Jura und Colonsay

609 Gigha

Die nur 5 km w. der Halbinsel Kintyre (vgl. S. 304 ff.) gelegene kleine Hebrideninsel (9 km lang und bis zu 2,5 km breit) gilt wegen ihrer Fruchtbarkeit von alters her bei den Gälen als »Insel Gottes.« Gigha wird von der Wagenfähre Tarbert (**478**) – Port Ellen (Islay, vgl. u.) regelmäßig angelaufen, außerdem besteht Verbindung mit einer Personenfähre nach Tayinloan (Kintyre). Fährhafen ist das zentral an der Ostküste gelegene Dorf Ardminish, das einzige der Insel.
Gigha ist heute ein Zentrum der Milchwirtschaft und der Rinderzucht. Obgleich die Insel längs der Ostküste über schöne Sandstrände verfügt und die Gärten des Achamore House (vgl. u.) sehenswert sind, ist sie touristisch bisher kaum erschlossen.

610 Achamore House und seine Gärten

Das 1884 errichtete Achamore House enthält eine interessante Sammlung von englischen Möbeln und Kunstgegenständen aus dem 18. Jh. Die Gärten wurden in den vergangenen 25 Jahren von dem verstorbenen *Sir James Horlick* geschaffen und nach dessen Tode dem *National Trust* überantwortet. Azaleen, Rhododendren, Hortensien, Kamelien, Zierbäume und viele subtropische Staudengewächse und Pflanzen machen die Gärten zu einem lohnenden Ausflugsziel.
Gärten: März bis Oktober 10 bis Dämmerung. Eintritt. – Das Haus selbst ist derzeit nicht zugänglich.

611 Islay

Die 44 km lange und rund 32 km breite Insel gilt als südlichste Insel der Inneren Hebriden. Zwar liegt Arran (**485**) noch weiter s., doch wird ihr der Status einer Hebrideninsel bestritten, da sie durch die Halbinsel Kintyre von der offenen See getrennt ist. Mit fast 4000 Einwohnern ist Islay eine recht geschäftige Insel. Landwirtschaft und Fischfang florieren; die Whiskys von Islay werden von Kennern in der ganzen Welt geschätzt.
Islay ist durch 2 Fährrouten (Wagenfähren) mit West Loch Tarbert (**478**) verbunden, wobei Port Ellen (vgl. u.) und Port Askaig Fährhäfen sind. Für den Reisenden, der Islay und Jura erkunden will, lohnt die Mitnahme des Wagens: Islay allein verfügt über ein Straßennetz von 120 km, wobei die Hauptstraßen gut ausgebaut sind. – Die Linienmaschinen von Glasgow landen auf dem Flughafen Glenegedale (Flugzeit ca. 35 Minuten).

Islay hatte traditionell sehr enge Beziehungen zu Irland, dessen 40 km entfernte Küsten bei gutem Wetter vom Mull of Oa an der Südspitze aus sichtbar sind. Nachdem die Hebriden die Unabhängigkeit von den Wikingern erlangt hatten, wurde Islay Verwaltungszentrum des mächtigen Lordship of the Isles, des Fürstentums der Hebriden. Eine Zeitlang herrschten die Macdonalds nahezu unabhängig. Ihr Sitz war das Schloß von Finlaggan (vgl. u.). Heute ist Bowmore (vgl. u.) Hauptort der Insel.

612 Port Ellen

Das Dorf Port Ellen (Informationsamt) ist eine Gründung von 1821 (vgl. auch Port Charlotte, **615**). Der Ort ist, des Fährhafens wegen, wichtigster Handelsplatz. In seiner Nachbarschaft befinden sich mehrere Whisky-Brennereien. Die Halbinsel Oa, weiter w., ist für ihre Klippen bekannt. Beim Mull of Oa lohnt die amerikanische Gedenkstätte für die 650 Toten der 1918 vor Islay torpedierten Schiffe *Tuscania* und *Otranto* einen Besuch. Eine weitere Gedenkstätte befindet sich etwa 2 km w. von Port Ellen.

613 Die Kreuze von Kildalton

Folgt man von Port Ellen aus der A 846 in nö. Richtung, so erreicht man nach 11 km den Kirchhof von Kildalton. Hier finden sich neben einer Reihe von interessanten alten Grabplatten zwei vorzüglich gearbeitete *keltische Hochkreuze*. Art und Ausführung verweisen auf die außerordentlich engen Beziehungen zu Irland und der irischen Form des Christentums.

614 Bowmore und seine Rundkirche

Verläßt man Port Ellen in nw. Richtung, so gelangt man über eine gut ausgebaute Straße, die am Inselflughafen Glenegedale vorbeiführt (8 km), in den 16 km entfernten Hauptort, das Fischerdorf Bowmore. Bowmore war von 1718 bis 1843 Sitz des Inselparlaments. Das Dorf liegt an der weiten, Loch Indaal genannten Förde, an deren NO-Ende sich ein schöner Sandstrand befindet.

Von besonderem Interesse ist die *Bowmore Round Church*, das Werk eines französischen Architekten von 1769. Bauherr war *Daniel Campbell*, dem Islay damals gehörte. Die Kirche verdankt ihre runde Form dem Volksglauben, daß man die bösen Geister auf diese Weise daran hindern könne, sich in den Ecken zu verstecken.

615 Port Charlotte

Folgt man von Bowmore aus der längs der Förde Loch Indaal führenden A 847, so erreicht man nach 16 km das 1828 projektierte Fischerdorf Port Charlotte. Es wurde nach der Mutter des gälischen Gelehrten *W. S. Campbell of Islay* benannt, der die Siedlung gründete und sich um die Entwicklung der Insel insgesamt große Verdienste erwarb. W. S. Campbell ist auch der Gründer von Port Ellen (vgl. o.). Die Einwohner leben vom Fischfang, von der Whisky-Herstellung und von der Viehzucht. Man beachte die gälischen Straßennamen.

Die Umgebung von Port Charlotte ist reich an sehenswerten alten *Grabdenkmälern:* 5 km s. finden sich im Weiler Mereabulls gleich 3 Kirchhöfe mit interessanten Grabskulpturen. Weitere 7 km s. liegt, amphitheatralisch über einer kleinen Bucht aufsteigend, das malerische Dorf Portnahaven. Von hier aus gelangt man über eine auf 100 m Höhe aufsteigende nk Straße zum Weiler Kilchiaran an der Westküste (7 km w. von Port Charlotte), wo sich die Ruinen einer *Kapelle* und in deren Kirchhof weitere Grabplatten befinden. Ein gut begehbarer Fahrweg verbindet Kilchiaran in n. Richtung mit der herrlichen Sandbucht von Machir (5 km). Eine weitere nk Straße führt nach Port Charlotte zurück.

Finlaggan – Corryvreckan

616 Finlaggan und Port Askaig

Auf der Fahrt von Bridgend nach Port Askaig passiert man beim Weiler Ballygrant in einiger Entfernung das Loch Finlaggan. Am NW-Ende des Sees befinden sich auf dem kleinen Inselchen Eilean Mor die Ruinen einer *Kapelle* sowie eines früher als Palast bezeichneten *Schlosses,* dessen Herren im 14. und 15. Jh die MacDonalds als Lords of the Isles waren. Finlaggan Palace war damals politisches Zentrum für die gesamten s. Hebriden. Die 14 engsten Berater of the Lords pflegten sich auf der kleinen, etwa 50 m s. von Eilean Mor gelegenen *Council Isle* zu treffen, um politische Fragen zu diskutieren. Das Schloß verfiel im 17. Jh.

Von Bridgend (5,5 km nw. von Bowmore) aus gelangt man nach 13 km in den Fährhafen Port Askaig (A 846). Der kleine Ort ist über eine Wagenfähre mit West Loch Tarbert (**478**) verbunden. Außerdem besteht Fährverbindung über den an dieser Stelle nur 1 km breiten Sound of Islay nach Feolin auf Jura (vgl. u.).

Die NO-Küste von Islay ist, sieht man einmal von einer 5,5 km langen Stichstraße von Port Askaig zur Whiskybrennerei von Bonahaven ab, schwer zugänglich. Im S erreichen die Höhenzüge mit dem Glas Bheinn und dem Beinn Bheigeir 470 m bzw. 490 m Höhe. Der Sgarbh Breac im N steigt auf 303 m an.

617 Jura

Die 45 km lange und bis zu 10 km breite, außerordentlich gebirgige Insel wird heute nur noch durch eine einzige Straße, die einspurige A 846 vom Fährhafen Feolin nach Ardlussa (40 km), erschlossen. Der N der Insel ist unzugänglich geworden, nachdem die Straße, die früher von Ardlussa nach Kinuachdrach Harbour führte, zugewachsen ist. Die Bevölkerungszahl liegt heute bei unter 400. Die Verbindung zur Außenwelt wird über Feolin hergestellt, von wo die Fähre in das gegenüberliegende Port Askaig auf Islay (Entfernung 1 km) verkehrt.

Die Insel wird durch das von W her weit ins Land hineinragende Loch Tarbert etwa auf halber Höhe in einen N- und einen S-Teil gespalten. Interessant ist vor allem der S-Teil, wo die sehenswerten 3 Höhenzüge der Paps of Jura mit Beinn an Oir, Beinn Shiantaidh und Beinn a'Chaolais Höhen von 782 m, 753 m und 732 m erreichen.

618 Craighouse

Das heute einzige Dorf der Insel, Craighouse (13 km ab Feolin), ist ein gutes Standquartier für Ausflüge in den Jura Forest und zu den Paps of Jura. Die Küste der Umgebung ist reich gegliedert. Craighouse besitzt neben einem kleinen Hafen, der ideale Ankermöglichkeiten bietet, eine Whiskybrennerei.

619 Der Strudel von Corryvreckan

14 km n. von Ardlussa, dem Endpunkt der A 846, bietet die Natur ein einzigartiges Schauspiel, den Corryvreckan Whirlpool: Zwischen der Nordspitze von Jura und der nach N anschließenden gebirgigen Insel Scarba befindet sich die etwa 1,5 km breite Meerenge von Corryvreckan, in der der Gezeitenstrom eine Geschwindigkeit von 17 km/h erreicht. Eine Felspyramide unter der Wasseroberfläche schafft dabei einen gewaltigen Strudel, dessen Dröhnen 35 km im Umkreis hörbar ist. Selbst heute wird die Straße von Corryvreckan nur bei völliger Windstille und zu Zeiten befahren, wenn die Wasserstände ö. und w. der Meerenge ausgeglichen sind. – Die nach S anschließende Westküste von Jura bietet interessante Felsformationen und zahlreiche Höhlen.

620 Colonsay und Oronsay

Die touristisch kaum erschlossenen und von weniger als 200 Menschen bewohnten Inseln, die zur Ebbezeit miteinander verbunden sind, bilden einen 16 km langen und bis zu 4 km breiten Komplex. Die Entfernung von Colonsay nach Jura beträgt 15 km, die von Oronsay nach Islay nur knapp 10 km. Fährverbindung (Wagenfähre) besteht mit Oban (**511**). Das Straßennetz umfaßt auf Colonsay rund 20 km. Auf Oronsay gibt es keine Straßen.

Für Individualisten ist ein Besuch durchaus von Interesse: Denn Oronsay bietet nicht nur die Ruinen einer *Priorei* aus dem 14. Jh., sondern auch eine Reihe von eindrucksvollen und einsamen Sandstränden, und Colonsay besitzt neben einer außerordentlich reich gegliederten Küste mit den *Kiloran Gardens* des *Colonsay House*, (am Nordende des Straßennetzes) eine sehr ansehnliche Rhododendren- und Staudenpflanzung.
April bis Mitte Oktober ganztägig.
Der Name Oronsay ist wikingischen Ursprungs und bedeutet soviel wie »gezeitenabhängiger Ort«. Er hat nichts mit St. Oran zu tun, obgleich feststeht, daß Oronsay bereits in frühchristlicher Zeit ein Zentrum kirchlichen Lebens war.

Route 27

Die Inseln Mull, Iona, Staffa, Coll und Tiree

Diese Inseln bilden zusammen mit Lismore (**515**) und den kleinen unzulänglichen Inseln Ulva und Gometra, die der NW-Küste von Mull unmittelbar vorgelagert sind, die mittlere Gruppe der Inneren Hebriden. Hauptfährhafen für Mull, Coll und Tiree ist heute Oban, Staffa und Iona werden von Mull aus erreicht.

621 Mull

Mit einer Ausdehnung, die von Duart Point an der Ostspitze sowohl nach NW als auch nach W fast 50 km Luftlinie mißt, und mit einer Küstenlinie von mehr als 400 km ist Mull die größte Insel der Inneren Hebriden. Dennoch zählt sie nur etwa 2000 Einwohner. Für den Geologen ist Mull von besonderem Interesse, da die Insel zum größten Teil aus tertiärer Lava besteht, die sich über paläozoischem Schiefer auftürmt. Zwischen beiden Schichten finden sich Sedimentablagerungen verschiedenen Datums. An einigen Stellen, z. B. beim Fähranleger in Fionnphort, tritt intensiv gefärbter roter Granit mit stellenweise recht farbenprächtigen Einlagerungen an die Oberfläche. Die vulkanische Vergangenheit der Isel läßt, gepaart mit einem vergleichweise milden Klima, in geschützten Lagen ein üppiges Wachstum zu; in der Tat zählen die Böden von Mull zu den besten des gesamten Hochlands. Allerdings liegt die Produktivität heute weit unter ihren Möglichkeiten: Wirtschaftlich hat sich Mull von der Ausbeutung durch die Großgrundbesitzer des 19. Jh. nie wieder erholt. Schaf- und Rinderzucht herrschen heute vor. Entsprechend unterentwickelt ist das Straßennetz, das eine Gesamtlänge von ca. 180 km aufweist. Mit Ausnahme der A 849 auf dem Teilstück durch das Glen More sind alle Straßen einspurig. Haarnadelkurven und Steigungen von 10%–15% sind an der Tagesordnung.

622 Craignure

Tor zur Insel ist heute das Pier von Craignure am ö. Ausgang des Sound of Mull, das von Oban aus mehrmals täglich mit einer modernen Wagenfähre angelaufen wird (Fahrzeit: 45 Minuten). Eine weitere Fährverbindung (Wagenfähre) besteht von Lochaline (**535**) auf der Halbinsel Morven zum gegenüberliegenden Pier von Fishnish Bay. Tobermory ist in den Sommermonaten über eine Personenfähre mit Oban sowie mit dem Weiler Kilchoon auf der Halbinsel Ardnamurchan (vgl. S. 335) verbunden.
Für die folgenden Streckenbeschreibungen ist Craignure Ausgangspunkt. Touristisch von Bedeutung sind besonders die A 849 Craignure – Fionnphort – Iona (54 km), die nach Tobermory führende A 848 (37 km) sowie die entlang der buchtenreichen und geologisch besonders interessanten Westküste verlaufenden Straßen B 8035 und B 8073. Der Bergwanderer wird sich dem zentralen Gebirgsmassiv n. des Glen More zuwenden, das mit Ben More, der höchsten Erhebung der Insel, 964 m erreicht. Craignure selbst besteht nur aus einigen Häusern und kleinen Geschäften, wobei sich letztere, unmittelbar am Fähranleger gelegen, auf die Proviantwünsche der Inselbesucher eingestellt haben und auch auf deren Verlangen, sich die Zeit mit Souvenirkäufen zu vertreiben, wenn die »Clansman«, das Fährschiff nach Oban, einmal wieder hinter ihrem Fahrplan hertuckert.

623 Salen

Von Craignure aus führt die A 849 längs des Ufers des Sound of Mull in das 15 km entfernte Dorf Salen (120 Einwohner). Südöstlich des Fähranlegers von Fishnish durchquert die Straße größere Waldungen, die von der *Forestry Commission* in den vergangenen Jahren neu angelegt wurden. Salen selbst war früher der bedeutendste Fährhafen der Insel und Etappenziel auf der Pilgerstraße nach Iona (**634**). Mitten im Ort zweigt die B 8035 nach SW ab. Die Straße stellt die Verbindung zu der an dieser engsten Stelle der Insel nur 5 km entfernten Westküste (Loch na Keal) her. Sie führt durch sehenswerte Koniferenpflanzungen der *Forestry Commission.*

624 Schloß Aros

2 km n. von Salen bei der Einmündung der nk Straße nach Dervaig liegt über der Küste (etwa 500 m ö. der A 848) die sehenswerte Ruine des Aros Castle. Der massive Bau aus dem frühen 14. Jh. war einst Hauptresidenz der Lords of the Isles, wenn sich die Hebridenfürsten und Gegenspieler der schottischen Krone auf Mull aufhielten. Das Schloß ist Bestandteil einer ganzen Kette von

Befestigungen längs der Küsten von Mull, die, durch Sichtkontakt miteinander verbunden, ein wirkungsvolles Frühwarnsystem konstituierten.

1608 residierte in Schloß Aros der von Jakob VI. als Vizekönig nach Mull entsandte *Lord Ochiltree*. Er sollte die permanent Unruhe stiftenden Hebriden-Clans unter Kontrolle bringen. Ochiltree lud die Clan-Oberhäupter auf sein Flaggschiff ein, und als sie dort versammelt waren und auf den Trinkspruch des Vizekönigs warteten, erfuhren sie, daß sie alle gefangengenommen seien, um nach Edinburgh gebracht zu werden. Dort stimmten sie schließlich gewissen Statuten zu, die längst überfällige Verwaltungsreformen durchsetzten.

625 Tobermory

Nach 16 km erreicht die A 848 den Hauptort der Insel, Tobermory (Fährhafen, 650 Einwohner). Zuvor durchquert sie ausgedehnte Waldungen, wobei der kleine Waldpark *Aros Park* an den sanft ansteigenden Ufern des Sound of Mull einen Besuch lohnt. Der einstige Garten des inzwischen abgerissenen *Aros House* stellt heute eine der Touristenattraktionen der Insel dar. Der Park bietet neben einer sehenswerten Rhododendren-Sammlung angenehme Spazierwege und einen Klippenpfad.

Tobermory (650 Einwohner, Informationsamt) ist eine Gründung des ausgehenden 18. Jh. Der Ort gilt nicht zu Unrecht als schönstes Hebridenstädtchen überhaupt. Die stilrein erhaltenen Häuserzeilen sind nach Art eines Amphitheaters über einer engen Bucht angeordnet, in der sich der malerische Hafen befindet. Fischerboote und Yachten beleben das Bild. Tobermory besitzt ein sehr sehenswertes kleines *Heimatmuseum,* dessen Besuch für ein tieferes Verständnis der insgesamt eher tristen Geschichte der Insel unabdingbar ist.

1788 wurde Tobermory von der Britischen Fischereigesellschaft auf dem Reißbrett entworfen. Der Ort sollte zum zentralen Heringsfischer-Hafen der Insel werden. Die Fischerei florierte zunächst u. a. infolge der Tatsache, daß Mull vor den Clearances mehr als 10 000 Bewohner zählte (1821: 10612). Dann aber nahmen in den ersten Jahrzehnten des 19. Jh. die Heringsbestände an der Westküste rapide ab, und gleichzeitig verringerte sich die Bevölkerungszahl: Die Großgrundbesitzer trieben die Pachtbauern von ihren Höfen, viele Inselbewohner wanderten nach Australien und Neuseeland aus. Immerhin lag die Einwohnerzahl von Tobermory 1871 noch bei 1850, sie war mithin dreimal höher als heute. Der endgültige Niedergang erfolgte, als Oban seinen Eisenbahnanschluß erhielt und die Viehtriebe von der Insel nun unmittelbar über den Firth of Lorn zum Verladebahnhof erfolgten.

Heute steht Tobermory im Zeichen eines aufblühenden Tourismus, wobei sich unter die Touristen seit Jahrzehnten auch die Schatzsucher mischen. Denn auf dem Grunde der Bucht liegt mit Sicherheit eine Galeone der Armada, entweder die *Florencia* oder die *San Juan de Sicilia,* und nach alten Quellen spricht vieles dafür, daß es sich dabei um eines der Schatzschiffe der Flotte handelt. Bisher sind alle Versuche, das Wrack zu heben, fehlgeschlagen.

Die Galeone war nach der Seeschlacht gegen Howard und Drake 1588 entlang der englischen Westküste nach N gesegelt und ankerte in der Bucht von Tobermory. Nach Verhandlungen zwischen dem Clanältesten der MacLeans of Duart und dem Kapitän lieh letzterer den MacLeans eine Streitmacht von 100 Mann für eine kriegerische Expedition gegen die MacLeans of Coll (**636**). Während sich die Streitmacht auf ihrer Expedition befand, explodierte das Schiff unter mysteriösen Umständen. Das Wrack wurde von Karl I. von Großbritannien dem Marquis von Argyll geschenkt. Der gegenwärtige Duke of Argyll hat in den letzten Jahren erneute Versuche unternommen, an das Wrack heranzukommen.

Vom Hafen aus führt ein interessanter Spaziergang die Küste entlang zu dem 1,5 km n. gelegenen Leuchtturm von Rubha nan Gall. Nach W schließt sich die Bloody Bay an. Der Name erinnert an eine Seeschlacht, die 1439 hier geschlagen wurde, als die MacLeans den 4. Lord of the Isles, Johann, gegen seinen ehrgeizigen Sohn Angus verteidigten.

626 Dervaig

Wer für Mull mehr als einen Tag erübrigen kann, sollte eine Fahrt über die engen Straßen längs der Westküste (B 8073 und B 8035) mit einplanen. Von Tobermory führt die B 8073 zunächst in die an einer tief ins Land hineinragenden Förde gelegene Gemeinde Dervaig (10 km). Unweit des Ortes befindet sich auf der nk Straße nach Salen das *Mull Little Theatre,* das angeblich kleinste professionelle Theater der Welt. Zwei Schauspieler spielen vor einem Auditorium von maximal 45 Besuchern. Im übrigen bietet Dervaig das kleine, aber sehenswerte *Old Byre Folk Museum,* das, wie der Name sagt, in einem Kuhstall untergebracht ist.

627 Calgary

Der 8 km weiter w. an der gleichnamigen Bucht gelegene kleine Ort mit seinem hübschen Sandstrand hat der großen kanadischen Stadt den Namen geegeben: Ein Besucher von der Insel Skye, Colonel J.F. Macleod, war von der Schönheit des Ortes so angetan, daß er, als er später Kommandeur der Royal North-West-Mounted Police wurde, seiner neuen Heimat den Namen gab.

628 Die Kapelle von Inchkenneth

Südlich von Calgary führt die B 8073 zunächst durch ein einsames Gebiet, in dem Geröllfelder dominieren. Beim kleinen Hafen Port Burg bieten sich interessante Ausblicke auf die Küste von Mull mit ihren Basaltformationen und auf die gegenüberliegenden Hebrideninseln *Ulva* und *Gometra.* Von Ulva Ferry am n. Ausgang des Loch na Keal besteht bei gutem Wetter in den Sommermonaten regelmäßige Bootsverbindung nach Staffa (**635**). Am innern Ende des Loch na Keal mündet die B 8073 in die aus dem 5 km entfernten Dorf Salen (vgl. o.) herüberkommende B 8035 ein.

Die Inchkenneth Chapel befindet sich auf einem Inselchen gut 1 km vor der Küste am s. Ausgang des Loch na Keal. Die kleine, aus nur einem Raum bestehende und schwer zu datierende Kapelle besitzt spitzbögige Fenster. Der umgebende Friedhof enthält eine Reihe interessanter mittelalterlicher Grabplatten, darunter auch die Darstellung eines gepanzerten Kriegers.

Von oberhalb des Weilers Balnahard ergibt sich ein vorzüglicher Ausblick auf Ulva, die unbewohnten *Treshnish Isles* sowie die Basaltinseln Staffa und Little Colonsay. Folgt man der Küste zu Fuß weiter, so erreicht man nach 7 km die Wildnis von Burg (Wilderness of Burg). Hier ist ein in flüssige Lava eingegossener gigantischer Baumstamm eine geologische Hauptsehenswürdigkeit. Am Ostende des Loch Scridain mündet die B 8035 in die von Craignure nach Fionnphort führende Hauptstraße A 849 ein.

629 Schloß Torosay

Auf der Fahrt von Craignure in den SW von Mull und nach Iona werden zunächst zwei sehenswerte Schlösser berührt, von denen das eine, Torosay Castle, der viktorianischen Ära zuzuordnen ist, während *Duart Castle,* unmittelbar am Firth of Lorn gelegen, in seinen ältesten Teilen auf das 13. Jh. zurückgeht.

Torosay Castle (2 km sö. von Craignure an der A 849) ist ein relativ stilreiner Bau im wiederentdeckten *Baronial Style* des 19. Jh. Die Anlage wirkt vor allem durch ihre geschickte Einpassung in die Landschaft. Der *Garten* im italienischen Stil ist ein Werk des berühmten viktorianischen Architekten *Sir Robert Lorimer* (1864–1929). Von Interesse sind die Empfangsräume des Schlosses, eine Kunstgalerie und ein *Loch Ness-Raum.* Torosay ist mit Craignure durch eine 2,4 km lange Miniatur-Eisenbahn verbunden (kein fahrplanmäßiger Betrieb).
Mai bis Mitte Oktober MO–FR 10–18; Juli und August auch SO 10–18. Eintritt.

630 Schloß Duart

Nur wenige hundert Meter hinter der Einfahrt zum Torosay Castle befindet sich die Abzweigung nach Schloß Duart. Die Anlage in beherrschender Position über die Küste (2 km ö. der A 849) ist der traditionelle Wohnsitz des Oberhauptes des Clan MacLean. Der Bau besitzt einen Fried aus dem 13. Jh. mit 4,2 m dicken Mauern, von dem aus die Einmündung des Sound of Mull in den Firth of Lorn kontrolliert werden konnte. Die übrigen Gebäude stammen im wesentlichen aus dem 16. und 17. Jh.

Castle Duart wurde 1390 durch königliche Charta an die MacLeans vergeben. Der Clan war Parteigänger der Stuarts. Während der Regierungszeit Karls I. von Großbritannien (1625–1649) wurde der Herrensitz in großzügiger Weise ausgebaut. Doch die Pracht währte nicht lange. Im Streit um die Thronfolge Wilhelms von Oranien sank das Schloß 1691 unter dem Bombardement des Duke of Argyll in Schutt und Asche. Nach partieller Wiederherrichtung diente der Bau bis zum Ende des 18. Jh. als Kaserne. Im Zusammenhang mit dem Jakobiteraufstand von 1745/46 wurde das Clan-Oberhaupt der MacLeans, *Sir Hector Maclean of Duart,* im Tower von London gefangengesetzt; seine Ländereien wurden nach dem Debakel von Culloden eingezogen. Nach Abzug der britischen Besatzungsmacht verfiel die Anlage, bis sie 1912 durch Sir Fitzroy MacLean zurückgekauft und völlig restauriert wurde. Das Schloß beherbergt heute eine Sammlung von nationalen schottischen Altertümern.
Mai bis September MO–FR 10.30–18; Juli und August auch SO 14.30–18. Hausherr ist Lord MacLean.

631 Grass Point

Nach weiteren 2 km auf der A 849 zweigt eine nk Straße links zur Küste ab. Sie führt zu dem 3 km entfernten ehemaligen Fähranleger Grass Point. Die kleine Straße ist der südlichste Teil der alten Trasse Grass Point – Tobermory, der frühesten Hauptstraße der Insel. Grass Point war bis etwa 1905 Fährhafen nach Oban (**511**) und auch Etappenziel auf den großen Viehtrecks des 19. Jh. Die Umgebung von Grass Point ist bekannt für ihre wilden Ziegen. Sie sind verwilderte Hausziegen, Nachfahren der Haustiere jener Hochland-Bewohner, die zur Zeit der Clearances (vgl. S. 41 f.) vertrieben wurden. In dem alten Gasthaus beim Fähranleger befindet sich heute ein Tearoom, in der Nachbarschaft hat ein kunsthandwerklicher Laden eröffnet.

632 Lochbuie und Castle Moy

5 km sw. der Einmündung der Straße von Grass Point zweigt links eine nk Nebenstraße ab, die zunächst in den Weiler Ardura führt, um dann der

Fionnphort

malerischen Förde Loch Spelve und den bewaldeten Ufern des Süßwassersees Loch Uisg zu folgen. Nach 8 km wird der an der Südküste gelegene Weiler Lochbuie erreicht. Der Ort war bis 1790 Wohnsitz der Maclaines of Lochbuie, einer jüngeren Linie der Macleans of Duart. Beide Familien waren über Jahrhunderte verfeindet. Frühester Familiensitz war das unmittelbar am Ufer gelegene Schloß Moy aus dem 15. Jh. Es wurde bis 1750 bewohnt. Die Ruine ist inzwischen so baufällig geworden, daß der Zutritt zur Zeit nicht gestattet ist.

Furchterregend ist vor allem das Verlies in der Form einer Flasche, der *bottle dungeon:* Sein Boden war stets überflutet; über dem Niveau des Wassers befand sich lediglich eine kleine Bank, auf der der Gefangene sitzen, aber nicht liegen konnte. – Das Parterre des Schlosses ist in den nackten Fels hineingehauen. Nach alter Tradition soll, wenn immer der Familie Macleine ein Unglück zustößt, ein Reiter mit abgeschlagenem Kopf das Schloß umreiten. Der Reiter ist der Geist von *Ewen dem Kleinköpfigen*, dem Sohn eines Clan-Chefs von Loch Buie, der den Rat einer Fee, nicht in eine bestimmte Schlacht zu ziehen, in den Wind geschlagen hatte, und dem daraufhin in der Schlacht das Haupt abgeschlagen wurde. Sein Pferd trug ihn noch mehr als 3 km weit, bevor er aus dem Sattel fiel. Die n. des Weilers aufsteigenden Massive des Ben Buie sowie des Ben Creach erreichen 716 m bzw. 696 m Höhe.

633 Fionnphort

Auf ihrem Weg in das 45 km entfernte Fischerdorf Fionnphort im äußersten SW der Insel durchquert die A 849 zunächst das einsame Glen More, wobei die Trasse auf eine Höhe von 198 m ansteigt. Die Bergrücken im N und S erreichen Höhen von 800 m; Ben More im NW ist mit 964 m höchster Berg der Insel. Nach 20 km zweigt rechts die B 8035 ab, die eine Verbindung in den wilden NW der Insel und über Salen (**623**) nach Tobermory (**625**) schafft. Die A 849 folgt nun der Nordküste des landschaftlich reizvollen Ross of Mull, wobei sich Fernblicke zunächst über das flache Förde Loch Scridain auf die Lavaformationen der Halbinsel Ardmeanach im NW, später dann auf die Inseln *Ulva*, Staffa (vgl. u.) und die unbewohnten *Treshnish Isles* eröffnen. Die Förde Loch Scridain bietet mit ihren kleinen Inseln im Gezeitenbereich, auf denen Schaf- und Rinderherden grasen, ein recht friedvolles Bild. 5 km hinter der Einmündung der B 8035 zweigt links eine nk Straße nach Carsaig an der Südküste ab. Von hier führt ein 5,5 km langer Weg in sw. Richtung längs der Küste zu den Bögen von Carsaig. Die von der See geschaffenen Basalttunnel sind nur bei Ebbe zugänglich. Der Weg führt an der *Nun's Cave* vorbei, in der sich schwer deutbare Zeichnungen finden. Möglicherweise haben zur Zeit der Reformation Nonnen von der Insel Iona hier Schutz gesucht.

Fionnphort ist Fährhafen für Iona. Die Umgebung des Weilers bietet bei sonnigem Wetter infolge des Zusammentreffens von rotem Granit, schwarzblauem Basalt und weißen Sandstränden zusammen mit dem Blaugrün des Meeres, dem Braun und Grün der Moor- und Weideflächen sowie dem Weiß der Fischerhütten ein außerordentlich farbenprächtiges Bild. Die Überfahrt nach Iona erfolgt ohne festen Fahrplan (nach Bedarf). Die Boote sind großenteils offen, was bei Seegang auf dem gut 1 km breiten Sound of Iona und bei Regen unangenehm sein kann (Überfahrt 10 Minuten).

634 Iona

Die kleine, landschaftlich unscheinbare Insel gilt als eines der ältesten und bedeutendsten Zentren der europäischen Christenheit, und auch in der politischen Geschichte Schottlands hat Iona als geistiges Zentrum seinen besonderen Platz (s. S. 29 ff.).

Vom Fährboot aus bietet sich ein guter Ausblick auf die Gestalt der Insel und ihre Sehenswürdigkeiten: Das 5,5 km lange und 2 km breite Iona erinnert ein wenig an Lewis (**672**), insofern als spektakuläre Höhenzüge fehlen und der Gneis der äußeren Hebriden auch hier geologisch bestimmend und landschaftsformend ist. Unmittelbar oberhalb des Fähranlegers in der *St. Ronan's Bay* befinden sich auf der Nordseite der Hauptstraße, die das locker gefügte Dorf gleichen Namens durchzieht, die Ruinen des *Benediktinerinnen-Klosters*. Nördlich davon liegt jenseits einer Baumgruppe der berühmte *Friedhof von Reilig Oran*, an den wiederum n. der *Abteibezirk* mit der Kathedrale anschließt. Im S des Fähranlegers ist die *Martyrs' Bay* von Interesse. Die Bucht war im späteren Mittelalter Anlaufstelle für die Totenschiffe vom Festland, die die sterblichen Überreste von Königen und Clan-Oberhäuptern nach Iona brachten. Denn eine alte Prophezeiung besagte, daß am Jüngsten Tag die gesamte Welt außer Iona in einer gewaltigen Flut untergehen müsse.

Die folgenden Daten bieten einen Überblick über die Geschichte der Insel:

563   St. Columba landet auf der Insel.
597   Columba stirbt als Abt von Iona.
679   Adamnan, Biograph Columbas, wird Abt der iro-schottischen Klostergründung.
794   Iona wird von Wikingern verwüstet.
801   Die Abtei wird erneut von wikingischen Piraten zerstört.
806   In der *Martyrs' Bay* werden 68 Mönche von den Wikingern niedergemacht. Der Schrein des hl. Columba wird in das Kloster Kells nach Irland überführt und neben den sterblichen Überresten der Heiligen Patrick und Brigitte bestattet.
825   Abt Blaithmac wird von wikingischen Seeräubern getötet, nachdem er sich geweigert hat, zu verraten, wo der Schrein Columbas versteckt sei.
986   Wikingische Piraten aus der Gegend von Dublin plündern die Insel und töten den Abt sowie 15 seiner Mönche am *White Strand of the Monks*.
1072   Königin Margarete erneuert die Kapelle im Friedhof Reilig Oran.
1093   Die Hebriden werden an den norwegischen König, Magnus Barefoot, abgetreten.
1203   In Iona wird eine benediktinische Abtei römisch-katholischer Konfession gegründet.
1204   Die letzten iro-schottischen Mönche verlassen die Insel.
1266   Die Hebriden fallen an Schottland.
1561   Das schottische Parlament beschließt die Abschaffung sämtlicher Klöster.
1635   Die MacLeans of Duart (vgl. o.) werden Besitzer der Insel.
1695   Die Herzöge von Argyll (Clan Campbell) gewinnen Kontrolle über die Insel.
1899   Der 8. Herzog von Argyll schenkt die Ruinen von Kathedrale und Abtei der Church of Scotland.
1910   Die Restaurierungsarbeiten an der Kathedrale werden abgeschlossen.
1938   Die neu begründete Iona Community, eine Vereinigung von engagierten Christen unterschiedlicher Konfession, beginnt mit der Restaurierung der übrigen Gebäude der Abtei.

634.1 Das Kloster der Benediktinerinnen. Folgt man vom Fähranleger aus dem zunächst in w. Richtung verlaufenden Fahrweg, so gelangt man nach 100 m zu den Ruinen des 1203 von *Reginald Macdonald of Islay* gestifteten Benedictine Nunnery. Teile der Kirche, des Chores, der Sakristei, des Refektoriums sowie des Kreuzgangs sind erhalten (vgl. den nebenstehenden Plan). Der Baustil ist romanisch bis frühgotisch. Von besonderem Interesse ist die Sakristei. In der Kirche befindet

Iona

sich auch das Grab der letzten Priorisse, die 1543 starb. Nach der Auflösung der Klöster 1561 verfielen die Gebäude. – Das Mauerwerk lohnt genauere Betrachtung: Zum einen ist die gleichzeitige Verwendung von behauenen Natursteinquadern, halb behauenen Steinblöcken und kleinen dazwischengefügten »Flaggensteinen« (flachen Steinplatten, wie man sie am Strand findet) bautechnisch von Interesse, zum andern spiegelt schon die Farbenvielfalt der Steine den geologischen Reichtum der Gegend. Der freundliche Eindruck der Ruinen wird in den Sommermonaten durch die Pracht der umgebenden Blüten noch verstärkt.

Nur wenige Schritte n. des Klosters befindet sich auf der W-Seite des Fahrweges zur Kathedrale das *Maclean's Cross,* ein Hochkreuz irischen Zuschnitts aus dem 15. Jh. Das Kreuz, von dem man annimmt, daß es für einen MacLean of Duart aufgestellt wurde, zeigt eine Kreuzigungsszene und die für irische Kreuze typische Ornamentik aus verschlungenen Ranken sowie Tierdarstellungen.

634.2 Der Friedhof Reilig Oran.
Der Friedhof Reilig Oran, der älteste und wohl auch der berühmteste aller schottischen Friedhöfe, schließt nach S an den Bezirk von Abtei und Kathedrale an. Hier sollen nicht weniger als 60 Könige bestattet sein, 48 Schotten, 4 Iren und 8 Norweger. Mit Sicherheit ruht Kenneth MacAlpine hier, der Schottland im 9. Jh. einte (vgl. S. 30 f.), und vieles spricht dafür, daß auch König Duncan und sein Mörder Macbeth hier begraben sind. Eine Anspielung auf »Colme-Kill«, den gälischen Namen für Iona, findet sich auch in Shakespeares Macbeth, Akt II, Szene 4. Die Tradition der Königsbestattungen endete im 11. Jh.; von den Gräbern ist keine Spur erhalten. Die umzäunten Grabplatten im Zentrum des alten Friedhofs sind späteren Datums: Sie schmückten die Gräber schottischer Edelleute aus dem 13. und 14. Jh. Aus noch späterer Zeit stammen die zahlreichen einfachen Steintafeln: Sie markieren die Gräber von Clan-Oberhäuptern.

634.3 Die Kapelle des hl. Oran.
Die kleine Kapelle auf dem Friedhof ist St. Oran, einem Heiligen aus der Frühzeit der iro-schottischen Kirche, geweiht.

Ihre ältesten Teile gehen wahrscheinlich auf das 8. oder 9. Jh. zurück. Die Kirche hat einen sehr sehenswerten romanischen Torbogen. Man nimmt an, daß Königin Margarete, die Frau des Malcolm Canmore, die Kapelle in ihrer heutigen Form um 1080 erbauen ließ. St. Oran hat mit 12,2 m Länge und 6,7 m Breite die für mittelalterliche Kirchen des Hochlands typischen bescheidenen Abmessungen. Die Tradition will, daß sich die Kapelle dort befindet, wo Columba seine erste Kirche erbaute.

634.4 Die Kathedrale und die Wirtschaftsgebäude der benediktinischen Abtei.
Der Platz vor der Kirche: Etwas ö. des Fahrwegs werden auf knapp 100 m Länge die Überreste einer mit groben Natursteinen gepflasterten Straße sichtbar. Hierbei handelt es sich um einen wieder freigelegten Teil der *Totenstraße,* die von der Märtyrerbucht zur Abtei führte.

Im übrigen beherrschen 2 mächtige *Hochkreuze* das Bild: Beim Westtor der Kathedrale befindet sich das Martins-Kreuz zu Ehren des hl. Martin von Tours. Es ist 4,3 m hoch und erfüllt in der für irische Hochkreuze typischen Weise die Funktionen einer Bilderbibel. Dargestellt sind u. a. die Heilige Familie, David mit der Harfe, Daniel in der Löwengrube und das Opfer des Isaaks. Das Kreuz datiert aus dem 9. oder 10. Jh. und fällt damit in die Zeit der Hochblüte des Genre. Das zweite Hochkreuz in unmittelbarer Nachbarschaft der von der *Iona Community* wiederhergestellten, *Columbas Schrein* genannten Kapelle ist modernen Ursprungs. Von einem weiteren mittelalterlichen Hochkreuz ist nur ein Teil des Schaftes erhalten.

Die Kathedrale: Man betritt die Kirche durch das Westtor. Auf den ersten Blick hat der Bau einen sehr eigenwilligen Grundriß, zumal verschiedene Ebenen (Schiff, Chor, Sakristei) zu unterscheiden sind. Der Grundriß offenbart aber doch zumindest die Elemente der klassischen Bauweise. Der Bau ist 48,7 m lang und 21,3 m breit. Er wurde im 12. Jh. begonnen und läßt sich, obwohl von Stilreinheit weit entfernt, im wesentlichen der romanischen und der frühgotischen Periode zuordnen. Wie auch andernorts üblich wurde an der Kirche bis ins 16. Jh. weitergebaut. Nach der Auflassung der Klöster im Jahre 1561 verfiel der Bau. – Der mächtige *Vierungsturm* hat eine Höhe von ebenfalls 21,3 m. Er wird von 4 romanischen Bögen getragen, die auf einfachen zylindrischen Säulen von 3,0 m Höhe und 0,9 m Durchmesser ruhen. Einige der Kapitelle zeigen interessante figürliche Darstellungen. Die sehenswerte Tür zur Sakristei mit dem zugehörigen Kleeblattbogen ist ein Werk des 15. Jh. Sie stammt offenbar aus einem anderen Bau und wurde eingefügt, als nach etwa 1420 unter Abt *Fingon Mackinnon* die letzte große Bauperiode an Kirche und Kloster begann. Im s. Querschiff befindet sich das Grabdenkmal von *George Douglas Campbell,* dem 8. Herzog von

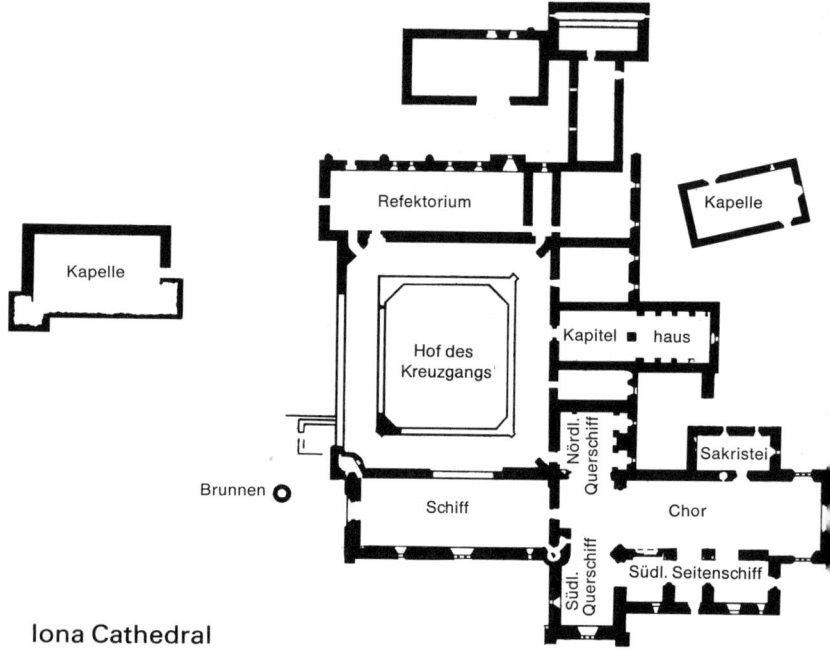

Iona Cathedral

Argyll, und seiner Gemahlin, die 1899 Abtei und Kathedrale der schottischen Kirche schenkten, mit der Auflage, daß es allen christlichen Konfessionen freigestellt sein möge, die Kirche für ihre Gottesdienste zu benutzen.

Die Übergabe schuf die Basis für die Arbeit der Iona Community, einer Bruderschaft von Priestern und Laien verschiedener Konfessionen, die die Sommermonate über hier zusammen wohnen und arbeiten.

Das Kloster: Die Klosterbauten aus der Zeit nach 1203 schließen sich n. an die Kirche an. Wiederum n. der Klostergebäude finden sich Überreste des ehemaligen bischöflichen Hauses. Die Restaurierungsarbeiten an den Gebäuden sind noch nicht abgeschlossen, doch sind der auf der Ostseite des Kreuzgangs parallel zum Chor der Kathedrale liegende Kapitelsaal und das an der Nordseite des Kreuzgangs gelegene Refektorium sowie die Krankenstation weitgehend wiederhergestellt. Auch der Kreuzgang hat in den letzten Jahren etwas von seiner alten Form zurückgewonnen. Ein besonderer Anziehungspunkt ist hier die Darstellung der Ausgießung des Heiligen Geistes, das Werk eines jüdischen Bildhauers.

Wanderungen über die Insel. Folgt man dem Fahrweg weiter in n. Richtung, so gelangt man, vorbei am 1879 errichteten *Duke's Cross*, zu einem herrlichen Sandstrand am Nordende der Insel, dem *White Strand of the Monks*. Etwas w. davon befindet sich der ebenfalls sehenswerte und einsame *Beach of the Seat*, was soviel wie Strand des Bischofssitzes bedeutet. Die Legende will, daß Columba in den letzten Jahren seines Lebens viel Zeit in dieser Gegend der Insel zugebracht hat. Auf dem Rückweg lohnt ein kurzer Abstecher zu dem w. der Straße gelegenen gut 100 m hohen Hügel Dun I. Von hier aus übersieht man bei klarem Wetter mehr als 30 größere und sehr viele kleinere Inseln. Der Blick reicht dabei bis zur Kette der Äußeren Hebriden. Ein historisch besonders interessantes kleines Inselchen unmittelbar ö. der Kathedrale ist die *Eilean nam Ban,* die Fraueninsel: Hier

Staffa

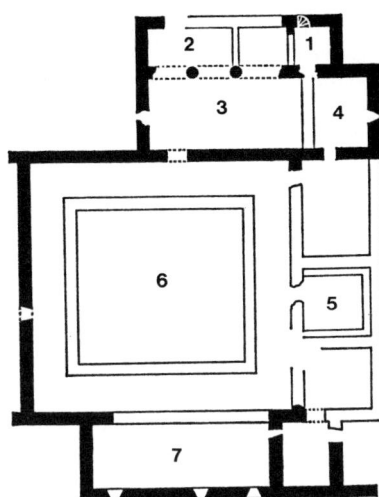

1 Sakristei
2 Seitenschiff
3 Schiff
4 Chor
5 Kapitelhaus
6 Kreuzgang
7 Refektorium

Nunnery of St. Mary

lebten die Frauen und Familien der Laienbrüder der iro-schottischen Gemeinde. Ein sehenswerter Sandstrand ist mit seinen schwarz-grünen Einlagerungen aus Urgestein auch *Port Ban*, den man erreicht, wenn man beim Benediktinerinnen-Kloster nach SW abzweigt und zur Westküste hinübergeht. Wer die Zeit erübrigen kann, sollte einen Ausflug in den S. der Insel, zum *Port of the Coracle* unternehmen, dem angeblichen Landeplatz des hl. Columba. In der Nähe befinden sich an der SW-Ecke der Insel alte Marmorbrüche, in denen früher der berühmte grüne Marmor von Iona gebrochen wurde, ein Marmor, der geschliffen durchaus die Qualitäten eines Halbedelsteines besitzen kann. (Marmorkiesel als Andenken kann man in dem von der Church of Scotland geführten kunsthandwerklichen Laden in der Abtei erwerben.)

635 Staffa

Staffa ist, was das Ebenmaß seiner Säulenbasalt-Formationen, das Spiel der Farben und die Ausstrahlungskraft seiner Höhlen angeht, unerreicht und daher nicht nur für den Geologen von Interesse. Die kleine, nur 70 Morgen große Insel n. von Iona und w. von Mull ist zugänglich im Rahmen einer eintägigen Rundfahrt von Oban (**511**) aus – in diesem Fall fährt das Schiff so dicht, wie es der Seegang zuläßt, an der Insel vorbei –, oder aber von Ulva Ferry auf Mull aus. Von Ulva aus ergibt sich eine Bootsfahrt von knapp einer Stunde (14 km), wobei der Reisende die Insel auch unter die Füße nehmen kann und die eindrucksvollen Grotten von innen sieht.

Staffa war der Fachwelt völlig unbekannt, bis 1772 einige Naturforscher, die nach Irland unterwegs waren, auf den Rat eines Ortskundigen hin einen Abstecher zu der Insel machten. Trotz seiner relativen Unzugänglichkeit schien Staffa den Romantikern eine Reise zu den Hebriden wert. Zu den frühen Besuchern zählen Scott, Keats, Turner, Wordsworth, Tennyson, Jules Verne und nicht zuletzt Mendelssohn-Bartholdy, dessen *Hebriden-Ouver-*

ture (1832) auch der Fingals-Höhle Tribut zollt. Schon 1820 wurde ein regelmäßiger Dampfboot-Verkehr für Touristen eingerichtet. Der Name *Staffa* ist wikingischen Ursprungs, eine adäquate Übersetzung des Wortes ist »Stabinsel«. Die Insel ist seit mehr als 100 Jahren nicht mehr bewohnt. Sie dient Schafherden, die von Mull übergesetzt werden, als Sommerweide.

Von See her offenbart sich Staffa als ein dreischichtiges Gebilde: Über einer wenig strukturierten Basaltunterlage erhebt sich ein breites Band von etwa 15 m hohen sechseckigen Basaltsäulen, die so ebenmäßig ausgebildet sind, daß man meinen könnte, ihre Kanten seien mit dem Lineal gezogen. Das Säulenband besitzt gegenüber der Senkrechten eine Neigung von etwa 10°. Oberhalb der Säulenschicht findet sich nochmals eine wenig strukturierte Schicht aus Eruptivgestein, die mit einer Grasnarbe bedeckt ist.

An der SO-Seite der Insel hat die See eine Reihe von Höhlen tief in den Basaltfelsen hineingefressen. Die berühmteste unter ihnen ist die 69 m tiefe und 20 m hohe *Fingals-Höhle,* deren Eingang immerhin 12,8 m weit ist. Sehenswert ist aber die noch mehr nach O hin gelegene *Clamshell-Höhle* mit 39,6 m Tiefe, 9,2 m Höhe und einem Eingang von 5,5 m Breite. Vor der Öffnung dieser Höhle, die über einige besonders sehenswerte, durch ungeheuren Druck eigenartig verbogene Säulenformationen verfügt, befindet sich das Inselchen *The Headsman* von fast pyramidenförmiger Struktur. Wer über ein eigenes Boot verfügt, kann auch die weniger bekannte, 68 m tiefe Kormoranshöhle *(Cormorant's Cave)* erkunden, in die sich der letzte Abt von Iona als Einsiedler zurückgezogen hatte, bis er fand, daß ihn das Getöse der Wellen zu sehr ablenke. Er siedelte daraufhin zur Insel Mull über.

636 Coll

Die gut 12 km nw. der Insel Mull gelegene Hebrideninsel Coll wird von Oban (**511**) aus angelaufen. Wagenverladung ist möglich. Die 19 km lange und bis zu 6 km breite Insel, auf der zu Beginn des 19. Jh. noch 2000 Menschen lebten, hat heute nur noch 200 Einwohner. Sie bietet keine großen Sehenswürdigkeiten, und ihr fehlt auch, sieht man einmal von einer klippenreichen Ostküste ab, die für Schottland sonst so typische Wildheit. Die Böden sind durchweg gut, und entsprechend intensiv ist der Ackerbau. Wo dieser nicht möglich ist, finden sich Moorweiden. Die höchste Erhebung der Insel beträgt 103 m.

Trotz seiner geringen Einwohnerzahl macht Coll nicht den Eindruck einer sterbenden Insel. Der Gast, der Ruhe, aber nicht unbedingte Abgeschiedenheit sucht und sanft-hügeliges Wanderterrain bevorzugt, findet auf Coll angemessene Möglichkeiten. Die Insel verfügt über eine Reihe guter Campingplätze sowie über ein Hotel im Hauptort Arinagour. Die flache Westküste bietet gute und fotogene Sandstrände. Die Süßwasser-Seen sind reich an Lachsforellen.
Coll teilt die Geschichte der übrigen Hebriden-Inseln. An die frühkeltische Zeit erinnern die Überreste einer Reihe von eisenzeitlichen Forts. Am s. Ende der Insel befindet sich beim Weiler Breac(h)acha die Ruine der alten *Festung der MacLeans of Coll,* daneben jenes wenig ansehnliche Herrenhaus, in das die Familie nach 1750 umzog. *Dr. Johnson,* einer der frühesten Hebriden-Touristen, verglich den Bau mit »der Truhe eines Händlers«.

637 Tiree

Mit etwas über 19 km Länge und einer Breite, die zwischen knapp einem und fast 10 km schwankt, ist Tiree die westlichste aller Inseln der inneren Hebri-

Canna

den. Wie Coll ist sie über eine Autofähre mit Oban (**511**) verbunden; die Fährstrecke durch den Sound of Mull beträgt 95 km. Darüber hinaus kann Tiree von Glasgow aus mit dem Flugzeug erreicht werden. Der Flughafen befindet sich im Zentrum der Insel etwas w. des Weilers Baugh.
Tiree ist die flachste aller Hebriden-Inseln, wie nicht zuletzt ihr gälischer Spitzname beweist: Königreich, dessen Höhenzüge niedriger sind als die Wellen des Meeres. Etymologisch läßt sich der Name Tiree ableiten von *tir eth*, was soviel heißt wie Land des Korns. Den Ruf einer Kornkammer erhielt Tiree in den Tagen Columbas, als sie Iona (vgl. o.) mit Getreide versorgte. Heute herrschen Mischkulturen (zur Deckung des Eigenbedarfs) und Viehzucht vor. Dabei ist die Besiedlungsdichte mit 1050 Einwohnern weit größer als die der Nachbarinsel Coll. Neben der Landwirtschaft spielt die Fischerei die bedeutendste Rolle. Das sehr milde Klima und die für hebridische Verhältnisse weit überdurchschnittliche Sonnenscheindauer haben in den 50er Jahren zu erfolgreichen Experimenten mit der Zucht von Blumenzwiebeln (Tulpen und Narzissen) geführt. Das schottische Festland bietet einen guten Absatzmarkt.

Tiree ist reich an Zeugnissen aus der keltischen Vergangenheit. Zu nennen sind in erster Linie die eisenzeitlichen *Duns* und *Brochs,* deren sehenswertestes Beispiel der w. der Vaul Bay gelegene *Dun Mor Vaul* ist. Der Broch hat einen Durchmesser von 10,6 m, und in seinem 4,0 m dicken Mauerwerk werden Zellen und Galerien erkennbar. (Zur Architektur des Brochs vgl. S. 28 sowie **678, 711** und **714**.) Im übrigen gibt es fischreiche Seen, gutes Wandergelände, einen herrlichen Sandstrand in der Gott Bay im SO der Insel, hübsche Campingplätze und ein Hotel in Scarinish, dem einzigen Dorf der Insel. Für den, der sein eigenes Fahrzeug mitbringt, steht ein durchweg einspuriges Straßennetz von etwa 50 km Länge zur Verfügung.

Route 28

Die Inseln Canna, Rum, Eigg und Muck

Die den Inneren Hebriden zugehörige Inselgruppe kann von Arisaig (**532**) und Mallaig (**534**) aus mit dem Fährschiff erreicht werden. Rundfahrten sind möglich. Das Archipel hat den Namen *The Small Isles* erhalten. Rum ist heute nicht mehr bewohnt, die Gesamtbevölkerung der übrigen Inseln beträgt nur noch 150 Personen.

638 Canna

Die kleine Insel, 9,7 km lang und 2,4 km breit, wird heute nur noch von 60 Menschen bewohnt. Ihr Klima ist sehr viel milder als das der umgebenden Hebrideninseln, wobei der Frühling etwa 2 Wochen früher einsetzt als etwa auf Skye, und die gälische Kultur ist hier reiner erhalten. Canna gehört einem Gälisch sprechenden Laird schottischer Abstammung, der zusammen mit seiner Frau in den letzten Jahren alles nur Erdenkliche unternommen hat, um die gälische Kultur im »Garten der Hebriden«, wie eine populäre Bezeichnung für Canna lautet, zu bewahren.

Die Insel besitzt an der SO-Spitze einen geschützten kleinen Hafen, wobei die vorgelagerte kleine Insel Sanday als Wellenbrecher dient. Die üppig-grüne Landschaft steigt bis auf 210 m an. Von besonderem Interesse ist der 140 m hohe *Compass Hill* n. des Hafens, von dem behauptet wird, daß das in seinem Basalt eingelagerte Eisen die Kompaßnadeln der Schiffe beeinflusse. Die Klippenszenerie im W der Insel erreicht Höhen von 130 m. Von einem Hochplateau im Inselinneren genießt man einen einzigartigen Blick auf die umgebenden Hebrideninseln und besonders auf die bis 990 m hohen Cuillin Hills im S von Skye.

Die Bevölkerung ist römisch-katholisch geglieben: Canna ist eine der Inseln, die von der Reformation nie erreicht wurden. Die abgeschiedene Lage der Insel hat in jüngster Zeit steigende wirtschaftliche Probleme geschaffen. Die Fischerei ist schwieriger geworden, einheimische Produkte finden kaum Absatz. Es fehlt eine leistungsfähige Verkehrsanbindung, ohne die sich ein nennenswerter Tourismus nicht entwickeln kann. Gerade das Fehlen von Touristen macht aber Canna liebenswert. Hotelunterkünfte gibt es auf der Insel nicht, wohl aber nehmen einige der Pachtbauern Gäste in ihren Häusern auf. Segler steuern den Hafen von Canna gerne an. Die Entfernung Malaig – Canna Harbour beträgt 33 km.

639 R(h)um

Die kreisrunde Insel von knapp 9 km Durchmesser ist, sieht man einmal von Skye ab, die gebirgigste aller Hebrideninseln, und mit Sicherheit die unfruchtbarste. Im S steigt das Massiv des Askival unmittelbar aus dem Meer auf 809 m auf. 97% der Oberfläche sind mit Wäldern und Mooren bedeckt. Das jagdbare Wild umfaßt Rehe, Schnepfen, Waldschnepfen, Wildhühner und die *Grouse*.

1772 zählte Rum 325 Einwohner. Die Clearances reduzierten die Bevölkerung auf eine einzige Familie im Jahre 1828. Bis 1957 war Rum dann privater Wildpark eines reichen Adeligen aus dem S. Danach ging die Insel in den Besitz des *Nature Conservancy Council* über.

Rum ist heute nicht mehr bewohnt. Auch Hotelunterkünfte gibt es nicht, doch können Camper mit vorheriger Genehmigung der Naturschutz-Behörde auf der Insel übernachten. *Schloß Kinloch* aus dem Jahre 1901 ist der Öffentlichkeit nicht zugänglich. – Die Passagierschiffe laufen den Anleger an der O-Seite der Insel (Loch Scresort) an. Die Entfernung von Malaig beträgt 22 km.

640 Eigg

Die dem Festland am nächsten gelegene Insel Eigg (Entfernung von Arisaig zum Fähranleger in Galmisdale 13 km) wird landwirtschaftlich intensiv genutzt. Der an der Südseite der Insel unmittelbar aus dem Meer aufsteigende 392 m hohe *An Sgurr* ist weithin erkennbares Wahrzeichen. Ein wuchtiger Basaltklotz, der auf den Resten eines alten, stärker erodierten Flußbettes aufbaut, gibt dem Berg das Gepräge. Vom Fähranleger (Galmisdale) führt eine nk Straße in den gut 5 km n. gelegenen Pachtbauern-Weiler Cleadale. Westlich des Ortes befindet sich die weite Bay of Laig mit ihrem schönen Sandstrand. Auch der N der Insel besitzt interessante Basaltformationen, wenn diese auch nicht das Ebenmaß der Lavasäulen des An Sgurr erreichen.

Die Bevölkerung der Insel besteht heute nur noch aus wenigen zumeist römisch-katholischen Familien. Hotelunterkünfte gibt es nicht, doch nehmen einzelne Familien Sommergäste auf.
Die Tatsache, daß auch auf Eigg die römisch-katholische Kirche überlebte, hängt zum einen mit der Rom-Treue der Clan-Oberhäupter des Clanranald zusammen, im übrigen aber auch mit der Tatsache, daß irische Franziskaner im 17. Jh. auf Eigg als Missionare tätig wurden.

Kathedrale und Columbas Schrein, Iona. ▶

641 Muck

Die von der Insel Eigg durch den knapp 4 km breiten Sound of Eigg getrennte Insel Muck ist die kleinste der »Kleinen Inseln«. Wiederum lediglich von wenigen Familien bewohnt, ist sie isolierter als Eigg und isolierter selbst als Canna, weil sie auch in den Sommermonaten nur einmal wöchentlich angelaufen wird. Muck ist nur etwa 3,5 km lang und etwas mehr als 1 km breit. Die Insel besitzt einige schöne Sandstrände, und man kann den Hummerfischern zusehen. Die höchste Erhebung mißt 138 m.

Route 29

Skye

Die größte und auch am leichtesten zugängliche Insel der Inneren Hebriden ist Skye, eine Insel voller Vielfalt, geologisch, physiologisch und sozial. Darüber hinaus ist sie reich an historischen Assoziationen, vor allem im Zusammenhang mit Prinz Charles Edward Stuart und Flora MacDonald (vgl. S. 40). Das berühmte *Skye Boat-Song* schildert die Überfahrt des Prinzen von der Hebrideninsel South Uist (**662**) nach Skye im Anschluß an die verlorene Schlacht von Culloden (**112**) 1746. »Speed bonnie boat like a bird on its wings ...« gehört zum musikalischen Grundbestand der schottischen Familie. – Skye hat seit der Romantik den Beinamen »The Misty Isle«, wobei das Epitheton »misty« auch Verwunschenheit impliziert. Ziehende Nebel im Massiv der unmittelbar aus dem Meer auf 990 m Höhe ansteigenden Cuillin Hills im Südteil der Insel sind häufig und besonders eindrucksvoll, und auch das Massiv des Beinn Edra im N (609 m) ist nicht selten in Wolken gehüllt, wobei die von W heranziehenden Schwaden sich an der in N-S-Richtung verlaufenden Gebirgskette brechen, doch ist die Insel alles andere als ein permanenter Nebeltopf. Das Wetter ist, wie an der Westküste überhaupt, launisch: Man kann auf Skye mit einigem Glück alle vier Jahreszeiten an einem einzigen Tag erleben.

Geologisch gesehen besteht Skye mit Ausnahme der Nordspitze und der Ostseite der Halbinsel Trotternish sowie des an die Cuillins anschließenden SO aus tertiärem Gestein, wobei die Basalte von besonderem Interesse sind. Die Halbinsel Sleat im SO ist aus torridonischem Sandstein aufgebaut, die übrigen obengenannten Gebiete sind mesozoischen Ursprungs. Skye bietet mit den Cuillins den beliebtesten Klettergarten Großbritanniens. Für Bergwanderungen ist allerdings mitunter alpines Können erforderlich, handelt es sich doch auch hier um eine sehr junge Faltung mit schroffen Hängen und Abgründen. Die gesamte Insel wird heute von nur noch rund 7500 Menschen bewohnt, so daß für Einsamkeit, ja Wildnis, genügend Raum bleibt.

Im folgenden ist eine Inselrundfahrt von Kyleakin und Ardvasar über Broadford und Portree in den N und NW von Skye beschrieben; die Rückfahrt erfolgt über Dunvegan und entlang der Westküste nach Sligachan Hotel. Die Länge der hier genannten Strecke beträgt ab Kyleakin 203 km. Ist an eine Rückkehr über Kyleakin gedacht, so müssen weitere 42 km hinzugerechnet werden.

◀ *Das Hebridenhaus von Arnoll, Lewis.*

642 Kyleakin

Der Weiler Kyleakin, über eine leistungsfähige Fähre mit dem kaum mehr als 1 km entfernten Kyle of Lochalsh (**550**) auf dem Festland verbunden (Fahrzeit 10 Minuten, dichter Fahrplan, keine Vorab-Reservierung), ist heute der bedeutendste Fährhafen der Insel. Der Ort trägt den Namen der Meerenge, an der er liegt, nämlich *Kyle Akin,* wobei sich der Name Akin von einem norwegischen König herleiten soll.

643 Schloß Moil

Ö. des liebenswerten kleinen Dorfes ragen die mäßig erhaltenen Ruinen des Castle Moil (wörtlich: Schloß ohne Dach) auf, das früher als *Dunakin* bekannt und Sitz der Familie MacKinnon of Strath war. Die strategische Funktion des Baus ist evident: Von Castle Moil aus konnte die Durchfahrt durch den Kyle kontrolliert werden. Die Baugeschichte geht bis auf wikingische Zeiten zurück. Angeblich soll eine wikingische Prinzessin mit dem Spitznamen »Saucy Mary« eine Kette quer über den Kyle gespannt haben, um für die Durchfahrt einen Wegezoll zu erheben. Sicherer ist, daß die Burg eine Zeitlang als Festung gegen die zurückweichenden Wikinger diente.

644 Broadford

Die A 850 führt in sw. Richtung in das 13 km entfernte Dorf Broadford (900 Einwohner, Informationsamt). Von unterwegs ergeben sich gute Fernblicke auf die Inseln Scalpay und Raasay (**657**) im NW. Bei Lusa Bridge mündet die vom Fähranleger in Kylerhea herkommende nk Bergstraße durch das wilde Glen Arroch ein. Sie stellt eine Verbindung nach Glenelg (**543**) her, die Fähre über den Kyle Rhea ist jedoch wenig leistungsfähig. Der Streckenabschnitt Kylerhea–Lusa Bridge ist landschaftlich von großer Schönheit, jedoch sehr eng und reich an Steigungen und Gefällstrecken. Das Gebirgsmassiv des Beinn na Caillich auf der Nordseite der Straße erreicht eine Höhe von 737 m, Ben Aslak auf der Südseite bringt es auf immerhin 603 m.

Broadford selbst ist der zweitgrößte Ort auf Skye und ein beliebtes Touristenzentrum, da sich von hier aus auch die Halbinsel Sleat (A 581, vgl. u.) sowie Loch Scavaig an der Südküste und die Cuillin Hills im W erschließen. Unmittelbar w. des Ortes ragen die Gipfel des Beinn na Caillich (730 m) und des Beinn Dearg Mhor (706 m) empor.

645 Ardvasar

Wählt man Mallaig (**534**) auf dem Festland als Fährhafen, so gelangt man nach einer Seefahrt von 8 km zum Fähranleger von Armadale Bay beim Weiler Ardvasar, dem Endpunkt der einspurigen, nach Broadford führenden A 851. Den südlichsten Teil der Halbinsel erschließt eine landschaftlich sehr schöne nk Straße zum 5 km entfernten Aird of Sleat, von wo sich ein vorzüglicher Ausblick auf die Festlandküste bietet. Das neugotische *Armadale Castle,* 1 km n. des Fähranlegers, stammt aus der Zeit nach 1815. Das im Schloß untergebrachte Clan Donald Centre bietet eine Dokumentation zur Geschichte des Clan.

3 km n. von Ardvasar zweigt eine nk Straße zur Westküste ab. Sie durchquert das Hügelland von Sleat, das wegen seiner Bewachsung und relativen Fruchtbarkeit auch »Garten von Skye« genannt worden ist. Die Straße erreicht

dabei eine Höhe von 111 m, und es ergeben sich immer wieder neue, herrliche Ausblicke auf die Cuillins und die zerklüftet wirkende Südküste. Nach 8 km wird die Tarskavaig Bay erreicht; die Straße wendet sich nun nach N zum Weiler Ord, von wo sich ein vorzüglicher Blick auf den Blaven, einen der höchsten Berge des Cuillin-Massivs (925 m), eröffnet. 3 km sw. von Ord liegt an der Küste die gut erhaltene Ruine des *Dunsgiath Castle,* einer Clan-Festung der Macdonalds. Von Ord aus führt die Trasse in ö. Richtung zur A 851 zurück, die sie n. des *Knock Castle* erreicht. Es ergibt sich mithin die Möglichkeit zu einer Rundfahrt, wobei der Umweg etwa 15 km beträgt.

646 Schloß Knock

Wenige hundert Meter n. des Weilers Teangue finden sich die Ruinen des Knock Castle, einer Burg der MacDonalds. Von hier aus bietet sich ein vorzüglicher Blick auf die gegenüberliegende Festlandküste und die Halbinsel Knoydart.

647 Elgol und Loch Scavaig

Am Westende von Broadford zweigt die einspurige A 881 in sw. Richtung ab. Die Straße ist kurvenreich und besitzt zahlreiche Steigungen und Gefällstrekken. Sie führt durch landschaftlich einzigartiges Gelände in den 22 km sw. gelegenen Weiler Elgol, einen idealen Ausgangsort für Bergwanderungen in das Cuillin-Massiv. Vom Gipfel des 3 km n. gelegenen Ben Meabost (343 m) aus bietet sich eine ausgezeichnete Sicht auf die buchtenreiche Förde Loch Scavaig sowie auf den Blaven (925 m) im N und den Sgurr Alasdair, den höchsten Berg des Massivs (991 m), im W. Eine Standard-Wanderroute führt von Elgol längs der Küste in n. Richtung und durch das Cuillin-Massiv in das Glen Sligachan und zum Sligachan Hotel (vgl. u.). Der Weg ist nur erfahrenen Bergwanderern zu empfehlen. Eine weitere Route beginnt an dem in wilder Berglandschaft etwa auf Seehöhe gelegenen *Loch Coruisk,* das von Loch Scavaig nur durch eine kleine Felsbarriere getrennt ist. Loch Coruisk wird von Elgol aus mit dem Boot erreicht (Fährstrecke 7 km). Ein weiterer Ausblick auf die Cuillins eröffnet sich von dem am SO-Ende des Loch Coruisk gelegenen Hügel Trodhu oder Sgurr na Stri (494 m).
Von Elgol aus ist die 5,5 km entfernte kleine Hebrideninsel Soay gut zu überschauen. Im S und SW werden Canna (**638**), Rum (**639**) und Eigg (**640**) sichtbar. Rum ist 15 km entfernt.

648 Sligachan Hotel

Bis zum Sligachan Hotel (29 km ab Broadford) verläuft die A 850 größenteils längs der Küste, wobei sich zunächst ein guter Blick auf die dicht vorgelagerte, auf 395 m ansteigende kleine Hebrideninsel Scalpay eröffnet. Die Insel ist heute nahezu unbewohnt, die Weideflächen dienen der Schafzucht. Beim Weiler Dunah (11 km ab Broadford) wendet sich die Straße nach SW, wobei der 734 m hohe Marsco-Gipfel des Cuillin-Massivs ins Blickfeld kommt. Am inneren Ende der Förde Loch Ainort befindet sich ein sehenswerter Wasserfall. Vom Weiler Sconser (26 km ab Broadford) besteht Fährverbindung zur Insel Raasay (**657**).

Das recht gemütliche Sligachan Hotel ist ein guter Ausgangspunkt für Bergtouren in das nach S anschließende Cuillin-Massiv. Eine Hauptroute führt das Glen Sligachan hinauf und über die Südflanke des Marsco zum Loch Coruisk und nach Elgol (vgl. o.). Diese Route ist nur erfahrenen Bergwanderern zu empfehlen. Ein weiterer Standard-Wanderweg, der keine besonderen Vorkenntnisse erfordert, führt längs des Red Burn oder Dearg Mor und einer nk Straße in das Tal des River Brittle und zur gleichnamigen Förde an der Südküste.

Beim Sligachan Hotel zweigt die A 850 nach N ab; die A 863 führt zur Westküste und nach Dunvegan (vgl. u.).

649 Portree

Nach weiteren 15 km (A 850) wird der an der malerischen Bucht gleichen Namens gelegene Hauptort der Insel, Portree (1700 Einwohner, Informationsamt) erreicht. Portree ist ein günstiger Standort für Ausflüge zur Halbinsel Trotternish sowie in den W von Skye. Der schmucke Ort bietet mehrere nette Restaurants sowie eine Reihe von touristischen Attraktionen (Fahrten mit dem Fischerboot, Segeln, Schwimmen). Die Bucht erschließt sich besonders gut von den Glen Varragill Walks aus, die am s. Ortsende bei der A 850 beginnen. Die Wanderwege führen durch Kiefern- und Lärchenwald.

Von besonderem Interesse ist die Steilküste n. von Portree, die allerdings nur von der Seeseite her zugänglich ist. 8 km n. befindet sich eine Erosionshöhle, *Prince Charlie's Cave;* es ist allerdings fast sicher, daß Prinz Charles Edward Stuart (vgl. S. 38 ff.) sich nie hier versteckt gehalten hat.

Von Portree aus stellt die A 850 die Verbindung in den W der Insel her; die Entfernung zur Westküste beträgt an dieser Engstelle kaum mehr als 9 km. Wer die Halbinsel Trotternish erkunden will, folge der A 855 in n. Richtung.

650 Der Alte Mann von Storr

Nach 13 km ragt w. der A 855 der 715 m hohe zerklüftete Gipfel des Storr auf. Der Old Man of Storr an der Ostseite des Massivs ist ein 49 m hoher schwarzer Felsobelisk, der 1955 erstmals bestiegen wurde. Nach NW schließt sich das Massiv des Baca Ruadh an, das eine Höhe von 636 m erreicht.

651 Der Kilt-Felsen

27 km n. von Portree erreicht die Straße bei dem kleinen Binnensee Loch Mealt einen Aussichtspunkt, von dem aus sich ein atemberaubender Blick über die an dieser Stelle 70–90 m hohe, senkrecht aufsteigende Steilküste eröffnet. Die Felsformationen bestehen im oberen Teil aus Säulenbasalt, der auf einer horizontalen Schichtung ruht, so daß sich der Eindruck eines plis-

sierten Kilt ergibt. Da der Aussichtspunkt unmittelbar über dem Abgrund liegt und keine besonderen Absperrungen vorhanden sind, ist größte Vorsicht geboten. Man denke auch daran, daß nasses Gras schlüpfrig sein kann.

652 Quira(i)ng

Bei km 31 (n. des Weilers Staffin) lohnt ein Labyrinth von Felstürmen und -nadeln auf der Westseite der A 855, Quiraing genannt, einen Besuch. Ein Bergpfad führt in steilen Serpentinen zur »Nadel« hinauf, einem 37 m hohen Felsobelisk, von dem aus der »Tisch«, ein moos- und grasbewachsenes, topfebenes Areal und eine geologisch recht eindrucksvolle Formation, erreicht werden kann. In früheren Zeiten trieben die Bauern, wenn Gefahr nahte, ihr Vieh in den Quiraing, da es dort nicht ohne weiteres entdeckt werden konnte.

Das Flodigarry Hotel, von dem aus sich ein vorzüglicher Blick auf die Bucht von Staffin, die n. von Raasay (**657**) gelegene Hebrideninsel Rona sowie das gegenüberliegende Festland (Entfernung 25 km) ergibt, umfaßt auch eine liebenswerte kleine Behausung, in der Flora MacDonald, die dem Prinzen Charles Edward Stuart 1746 zur Flucht verhalf (vgl. S. 40), von 1750 bis 1756 wohnte.

653 Duntulm, Kilmuir und das Grab der Flora MacDonald

Beim Weiler Duntulm erreicht die A 855 die Westküste. Westlich des Ortes werden unmittelbar über den Klippen die spärlichen Ruinen des *Duntulm Castle* sichtbar, eines mittelalterlichen Herrensitzes der MacDonalds of the Isles. Bei klarem Wetter bietet sich ein guter Fernblick auf die Kette der Äußeren Hebriden, vor allem auf die gegenüberliegende Insel Harris (Entfernung knapp 30 km).

Die A 855 führt s. von Duntulm zunächst durch recht zerklüftetes Gelände. Nach 2 km erreicht sie den Friedhof von Kilmuir (100 m ö. der Straße), wo sich die Gräber von Flora MacDonald (vgl. S. 40) und ihres Gatten Alan befinden. Flora MacDonalds Grab wird von der weithin sichtbaren Nachbildung eines *Hochkreuzes* geschmückt.
Das *Kilmuir Croft Museum* bietet Exponate aus der bäuerlichen Vergangenheit der Halbinsel Trotternish, die in einem typischen Hebridenhaus, einem sogenannten Black House (vgl. auch Arnol, **676**), untergebracht sind.
Ostern bis Oktober 9–12. Eintritt.

654 Uig

Nach weiteren 7 km wird über eine kurvenreiche Gefällstrecke die Bucht von Uig erreicht, von wo eine wichtige Fährverbindung zu den Äußeren Hebriden (Lochmaddy auf North Uist sowie Tarbert, **670**, auf Harris) besteht. Uig ist ein ruhiger Ferienort mit guten Wandermöglichkeiten. Auch Hochseefischerei kann von hier aus betrieben werden. Das Dorf ist mit Portree durch die gut ausgebaute A 856 verbunden, die unweit des Weilers Carbost in die A 850 einmündet.

655 Schloß Dunvegan

Wer sich für Clan-Geschichte im allgemeinen und für hebridische Geschichte im besonderen interessiert, für den ist Dunvegan Castle ein Höhepunkt der

Reise. Das Schloß, 29 km w. der Straßengabelung A 850/A 856 in waldreicher Umgebung an der Förde Loch Dunvegan, ist der einzige noch bewohnte Herrensitz der mächtigen Hebriden-Clans. Der Bau stammt in seiner heutigen Form aus dem 15.–19. Jh.; er ist seit etwa 1200 ununterbrochen im Familienbesitz der MacLeods of MacLeod. Dunvegan Castle ist in seiner heutigen Form mehr Herrenhaus als klassisch-schottisches Schloß. Die Anlage erhebt sich auf einem flachen, in die Bucht hinausragenden Felssockel, so daß sie von 3 Seiten von Wasser umgeben ist. Ein tiefer Graben sichert die Bauten zur Landseite hin. Er wurde erst im 19. Jh. überbrückt, bis dahin konnte das Schloß nur mit dem Boot oder durch einen unterirdischen Gang erreicht werden. Der Fels selbst soll seit dem 10. Jh. befestigt gewesen sein. Im 13. Jh. wurde eine steinerne Burg mit der damals üblichen Blendwand errichtet. Reste davon sind im heutigen Gebäudekomplex nachweisbar. Die 3 m dicken Grundmauern des Burgfrieds stammen aus dem 14. Jh. Aus jener Zeit datieren auch die Obergeschosse des sogenannten »Feenturms«. Leider wurden die älteren Fassaden im Zuge der Erweiterungen des 19. Jh. dem Zeitgeschmack angepaßt: So kam das wenig formschöne Zinnenwerk zustande. Die Ecktürmchen haben bloße Zierfunktion.

Eine Besichtigung des Hauses von innen zeigt, wieviel an älterer Substanz erhalten geblieben ist. Besondere Erwähnung verdient in diesem Zusammenhang der furchterregende *Kerker* in der typischen Ausführung des *bottle-neck dungeon*, in den die Gefangenen wie durch einen Flaschenhals hinabgestoßen wurden. Es kann davon ausgegangen werden, daß sie mit gebrochenen Knochen auf dem etwa 5 m tieferliegenden Kerkerboden ankamen. Gegenüber ähnlichen Bauten weist das Verlies allerdings 2 Finessen auf: Damit der Gefangene, der selbst nur versalzenes Fleisch erhielt, in angemessener Weise an den Gaumenfreuden seiner Peiniger teilhaben konnte, wurde ein Teil der Küchendünste durch den Kerker geleitet. Auch konnte das Verlies von Seeseite her geöffnet werden, indem man eine als Verschluß dienende schwere Steinplatte mittels eines besonderen Mechanismus verschob. Da sich der Kerkerboden unterhalb der Hochwassermarke der Förde befindet, war es auf diese Weise möglich, den Kerker ggf. einige Fuß hoch unter Wasser zu setzen. Man brauchte dazu die Felsplate nur um ein paar Zentimeter zu verschieben. Gleichzeitig konnte die See bei etwas stürmischem Wetter die Reinigungsarbeit übernehmen, wenn ein Kerkerinsasse gestorben war.
Zu den besonderen Schätzen, die dem Reisenden während der Führung gezeigt werden, gehört die *Fairy Flag*, eine verschlissene und ausgebleichte seidene Fahne offenbar spätmittelalterlichen Ursprungs, die für die MacLeods of MacLeod den Wert eines geheiligten Talisman besitzt. Die Flagge wurde einem Clan-Ältesten als Abschiedsgabe von einer Fee überreicht, mit der er eine engere Verbindung eingegangen war. Eine weitere Sehenswürdigkeit besonderer Art ist das *Trinkhorn* des 12. Clan-Ältesten Roy More aus dem 17. Jh. Jeder neue Clan-Älteste muß das mit Rotwein gefüllte, etwa 1,5 l fassende Horn im Rahmen seiner Inthronisation leeren, ohne es abzusetzen. Kann er es nicht, so wird ihm die Führungsposition verweigert.
Beeindruckend an Dunvegan ist die Atmosphäre einer durch 700 Jahre ungebrochenen Familientradition: Der Clan, dessen Mitglieder heute über die ganze Welt verstreut sind, hat sein sein ursprüngliches Zusammengehörigkeitsgefühl bewahrt. Eine eigene, in Dunvegan herausgegebene Clan-Zeitschrift wird bis nach Neuseeland, Australien und in den kanadischen Westen verschickt; zu den im Zwei- bis Dreijahresrhythmus stattfindenden Clan-Treffen auf Skye reisen die arrivierten MacLeods aus der ganzen Welt an. Von den Räumen im Obergeschoß aus ergibt sich ein guter Blick über Loch Dunvegan sowie nach SW zu den MacLeod's Tables, zwei 468 m und 487 m hohen Tafelbergen.
Ostern bis Mitte Juni und Mitte September bis Mitte Oktober MO–SA 14–17; Mitte Juni bis Mitte September MO–SA 10.30–17. Eintritt.

656 Die Wassermühle und das Black House von Colbost

Umfährt man vom Ort Dunvegan aus auf der B 884 die gleichnamige Förde, so gelangt man nach 13 km zu einem alten Bauernhaus, das die für Skye typische Form des hebridischen *Black House* zeigt. Unter den Exponaten befindet sich die Nachbildung eines Destilliergeräts zur (heimlichen) Whisky-Herstellung. Gut 3 km weiter nw. ist an der gleichen Straße eine alte Wassermühle zu besichtigen, die früher Getreide verarbeitete.

Ostern bis September MO–SA 10–19. Black House auch SO 10–19. Eintritt.

Die Entfernung von Dunvegan zum Sligachan Hotel (**648**) beträgt 39 km, wobei die A 863 s. des Weilers Roskhill der reichgegliederten Küste des Loch Bracadale mit ihren sehenswerten Klippenformationen und zahlreichen vorgelagerten kleinen Inseln folgt. Das Gebiet sw. von Roskhill ist nur auf Saumpfaden zugänglich. Sehenswert sind hier besonders die in der Nachbarschaft des Idrigill Point gelegenen Basaltsäulen *MacLeod's Maidens*, von denen die eine 60 m hoch ist.

657 Raasay

Die 24 km lange und etwa 3 km breite Hebrideninsel vor der Ostküste von Skye wird vom Festland durch den *Inner Sound* getrennt. Höchste Erhebung ist der 443 m hohe Dun Caan an der Ostseite. Eine Fährverbindung von Sconser (A 850) nach Suisnish Point stellt die Verbindung zur Außenwelt her. Raasay besitzt eine eher stille, unauffällige Schönheit. Die Bevölkerung wurde weniger durch die Clearances als durch die große Hungersnot der 40er Jahre des 19. Jh. dezimiert.

Am NW-Ende der nk Inselstraße befindet sich der alte Herrensitz der MacLeods of Raasay, *Schloß Brochel*. Im SW, unweit des Fähranlegers, ist *Raasay House* von Interesse, ein Herrenhaus aus dem 18. Jh., in dem *Dr. Johnson* und sein Biograph *Boswell* 1773 Aufnahme fanden. Der Gastgeber, MacLeod of Raasay, hatte nicht weniger als 10 Töchter, von denen Boswell bemerkt, daß sie »das ganze Jahr hindurch jeden Abend tanzten.«

Route 30

Die Äußeren Hebriden: Die Inseln Barra, South Uist, North Uist, Harris und Lewis

Die Äußeren Hebriden bilden eine einzige, geologisch homogene Kette von 210 km Länge, die von der kleinen Leuchtturminsel Berneray (geographisch auf der Höhe von Fort William) bis zum Butt of Lewis (auf der Höhe der schottischen Nordküste) reicht. Die Inseln sind durch die Meerstraßen *Little Minch* und *The Minch* vom Festland und den Inneren Hebriden getrennt. Während der Little Minch zwischen Skye und North Uist nur etwa 20 km breit ist, beträgt die Breite des Minch zwischen Harris bzw. Lewis und dem Festland rund 45 km. Weit vorgelagert ist die kleine, heute unbewohnte Insel St. Kilda, 80 km w. von Harris.

Das gestaltende Element der Äußeren Inseln ist Gneis aus dem Präkambrium, Gestein also, dessen Alter auf 1,2 bis 2,6 Milliarden Jahre geschätzt wird. Damit gehören die Äußeren Hebriden geologisch zu den ältesten Formationen der Erde. Welche Kräfte hier am Werke waren, zeigt sich eindrucksvoll, wenn man vom Butt of Lewis aus, dem Nordkap der Äußeren Hebriden, die Faltungslinien der vorgelagerten Klippenszenerie verfolgt.

Die Anbindung der Äußeren Hebriden an das schottische Verkehrsnetz erfolgt über eine Reihe leistungsfähiger Fährverbindungen (vgl. S. 69f.), wobei für den Reisenden mit eigenem Kraftfahrzeug die Fährhäfen Oban (**511**), Uig (**654**) und Ullapool (**564**) von Interesse sind. Die größte und modernste Fähre verkehrt auf der Strecke Ullapool-Stornoway (Lewis). Günstig ist auch die Anreise per Flugzeug (vgl. S. 71).

Die Kulturgeschichte der Äußeren Hebriden unterscheidet sich kaum von der der Inneren: Eine Reihe von Hebriden-Clans besaßen Land auf beiden Inselgruppen, und schon in frühesten Zeiten herrschte zwischen Inneren und Äußeren Hebriden ein lebhafter Güter- und Reiseverkehr. Dennoch sind die Äußeren Hebriden abgeschiedener, das Leben der Pachtbauern und Fischer ist in vieler Hinsicht ursprünglicher geblieben, archaische Strukturen sind allenthalben erkennbar. Sichtbar ist vor allem die größere Armut der Landbevölkerung, denn eines haben die Inseln infolge ihrer geologischen Struktur gemein: die trostlose Unfruchtbarkeit des Bodens.

Die nachfolgende Beschreibung beginnt im S und schreitet nach N fort.

658 Barra

Die südlichste Insel ist Barra mit 1159 Einwohnern, wobei die Bevölkerungsentwicklung in den letzten 15 Jahren weiter rückläufig ist. Die Bewohner leben von der Schafzucht und vom Heringsfang. Hauptort und einziger nennenswerter Hafen ist Castlebay an der gleichnamigen Bucht. Hier nimmt eine einspurige Ringstraße (A 888) von rund 18 km Länge ihren Ausgang. Sie umrundet das Massiv des Heaval, die höchste Erhebung der Insel (384 m). Eine nk Zweigstraße führt zum Inselflughafen im N. – Barra gehört zu den Hebriden-Inseln, die von der Reformation nie erreicht wurden. Das Gros der Bevölkerung ist römisch-katholisch.

Die Insel wird von Sprachwissenschaftlern und Volkskundlern wegen ihrer unverfälscht gälischen Kultur und Sprache hoch geschätzt. Besonders ausgeprägt ist die Pflege des hebridischen Volksliedes.

659 Castlebay und Schloß Kishmul (Kisimul)

Der Ort an der gleichnamigen Bucht im S der Insel ist Fährhafen nach Oban (**511**) sowie nach Lochboisdale (**663**) auf South Uist. Gleichzeitig ist er Heimathafen für die Heringsflotte. Dorf und Bucht leiten ihren Namen von dem auf einer kleinen Insel gelegenen *Kishmul Castle* ab, das durch die Jahrhunderte Herrensitz der MacNeils, der Herren über Barra, war. Die Familie war ihrer Gesetzlosigkeit und Piraterei wegen berüchtigt.

Das Schloß wurde 1938–1970 vom 45. Clan-Oberhaupt, einem amerikanischen Architekten, mit großer Umsicht restauriert. Der Hauptturm stammt aus der Zeit um 1120, der übrige Bau ist um 1427 entstanden.
Mai bis September MI und SA-nachmittags. Die Überfahrt ist zu zahlen.

660 Cille-Bharra

Im N der Insel befindet sich n. der A 888 und unweit des Flughafens die Ruine der Gemeindekirche von St. Barr. Sehenswert sind einige alte Grabplatten. Von einem Bootsanleger an der Ostküste n. des Flugfelds besteht Verbindung mit Personenfähre über den Sound of Barra zum 7,5 km entfernten Ludag auf South Uist. Der N von Barra bietet hübsche, einsame Sandstrände.

661 Eriskay

Die nur 6 km² große Insel Eriskay zwischen Barra und South Uist ist die unfruchtbarste aller Hebrideninseln. Dennoch ist sie mit rund 200 Einwohnern relativ dicht besiedelt. Für den Kenner ist Eriskay mit seiner kargen, den Herbst- und Winterstürmen in besonderem Maße ausgesetzten Landschaft, seinen spärlichen Hafer- und Kartoffelfeldern und den gedrungenen kleinen Hebridenhäusern eine heile Welt gälisch-insularen Gepräges, dazu noch eine Welt, die zu Zeiten der Sommersonne ein Farbenspiel entfaltet, das in seinen strahlend klaren Tönen selbst für schottische Verhältnisse etwas Einzigartiges hat. – Musikhistorisch von besonderer Bedeutung ist die reiche Volksliedtradition.

Die abgeschiedene Insel (Bootsverkehr von Ludag auf South Uist aus) rückte zweimal in der Geschichte für kurze Zeit in den Blickpunkt: 1745 betrat Prinz Charles Edward Stuart (vgl. S. 38 ff.) hier schottischen Boden; 1941 sank vor der Küste die »Politician« mit ihrer bemerkenswerten Fracht, einer gewaltigen Ladung Whisky, die durch die U-Boot-Sperren geschleust und nach Übersee transportiert werden sollte, um die britische Zahlungsbilanz aufzubessern.

662 South Uist

Die Inseln South Uist, Benbecula und North Uist bilden eine Einheit, zumal seit sie über Dämme und Brücken miteinander verbunden sind. Für den Reisenden, der die Inseln erkunden möchte, lohnt daher auch die Mitnahme des eigenen Fahrzeugs. Die Entfernung vom Fährhafen Lochboisdale am Südende von South Uist zum Fähranleger von Lochmaddy im NW von North-Uist beträgt 68 km, hinzu kommen weitere 75 km an interessanten Haupt- und Nebenstraßen.

South Uist, 33 km lang und etwa 10 km breit, besitzt eine reichgegliederte Küste mit tief ins Land reichenden Förden. Hunderte kleine Süßwasserseen tragen zur weiteren Belebung des Landschaftsbildes bei. Zusammen mit dem n. anschließenden Benbecula hat die Insel heute noch 3600 Einwohner; die Entwicklung ist stark rückläufig. Höchste Erhebungen sind Beinn Mhor (619 m) und Hecla (604 m). Im Gebiet der beiden benachbarten Massive hielt sich Prinz Charles Edward Stuart 1746 nach der verlorenen Schlacht von Culloden 3 Wochen lang versteckt.

663 Lochboisdale

Größter Inselort und Fährhafen ist Lochboisdale (1500 Einwohner, Informationsamt) am Nordufer der gleichnamigen Förde. Das Dorf ist über eine Wagenfähre mit Oban (**511**) und Castlebay auf Barra (**659**) verbunden. Lochboisdale ist ein Treffpunkt der Sportangler, die von hier aus der Küstenfischerei nachgehen und auch die rund 190 Süßwasserseen der Umgebung auf Lachsforellen befischen.

664 Das Radhaus von Kilpheder

5 km w. von Lochboisdale befindet sich s. des Weilers Daliburgh in der Gemarkung Kilpheder das klassische Beispiel für ein *wheelhouse* aus der Zeit um 200 n. Chr. Um die Konstruktion zu verstehen, muß man von der Architektur des Broch ausgehen. (Vgl. hierzu S. 28 sowie die Beschreibungen zu Carloway (**678**), Clickhimin (**714**) und Mousa (**711**).) Der Bau ist rund 2,1 m tief ins Erdreich eingelassen, sein Durchmesser beträgt etwa 10 m. Die Mauern erreichen eine Höhe von 1,8 m über dem Niveau des umgebenden Erdreichs. Ein kreisrunder Wohnraum von etwa 6 m Durchmesser im Zentrum der Anlage wird durch die inneren Enden von 11 speichenartig angeordneten Trennwänden in Form von dicht nebeneinander angeordneten Pfeilern umgrenzt. Diese teilen 10 zwischen dem zentralen Raum und den kreisrunden Außenmauern liegende Kammern voneinander ab. Die Pfeiler trugen eine Dachkonstruktion aus Holz und Schilfgras. Der Eingang zu dem Haus befindet sich, wie für die Hebriden allgemein üblich, auf der Ostseite und damit im Windschatten. Stufen aus Stein führten zu den Wohnräumen hinab, woraus deutlich wird, daß das Haus von vornherein in das Erdreich eingelassen war, sei es aus klimatischen Erwägungen heraus oder aber um der zusätzlichen Tarnung willen.

665 Flora MacDonalds Geburtshaus

Folgt man von Lochboisdale aus der A 865, so gelangt man 6 km n. der Abzweigung nach Daliburgh zu einer nk Straße, die nach W in den Weiler Milton führt. Hier finden sich die Überreste des Geburtshauses von Flora MacDonald, die dem Prinzen Charles Edward Stuart 1746 zur Flucht nach Skye verhalf (vgl. S. 40).

666 Das Naturschutzgebiet von Loch Druidibeg

Nach weiteren 9 km (ca. 2 km n. des Dorfes Howmore) wird das Naturschutzgebiet von Loch Druidibeg erreicht. Das Gebiet ist als einer der bedeutendsten Brutplätze der Graugans besonders für Ornithologen von Interesse. Es darf während der Brutzeit nur mit besonderer Genehmigung betreten werden.

Die 1957 errichtete, 10 m hohe Skulptur *Our Lady of the Isles* im N des Naturschutzgebietes ist ein weithin sichtbarer Orientierungspunkt. Die Statue der Madonna mit dem Kind, ein Werk von Hew Lorimer, wurde von der Inselbevölkerung, die zu 95% katholisch ist, sowie durch Spenden aus aller Welt finanziert.

667 Benbecula

Die A 865 überquert die 1 km breite Meerenge n. von South Uist auf einem Damm und durchschneidet dann in relativ gradliniger Führung die Insel Benbecula, die, bei etwa kreisrunder Form, einen Durchmesser von 10 km hat. Die Ostküste ist reich gegliedert. Benbecula hat keine Fährverbindung, verfügt jedoch über den Inselflughafen für North- und South Uist (an der

NW-Spitze, 2 km w. der A 865). Einzige größere Siedlung ist der Weiler Creagorry, der unmittelbar nach dem Überqueren des Dammes erreicht wird. Die Entfernung von hier zum s. Ende des Verbindungsdammes nach Grimsay und North Uist beträgt 8 km.

Von Benbecula aus ließ sich Prinz Charles Edward Stuart, als irische Kammerjungfer der Flora MacDonald verkleidet, in einer Juninacht des Jahres 1746 im offenen Boot nach Skye hinüberrudern, wo er bei Monkstadt n. von Uig (**654**) an Land ging. Die Entfernung beträgt knapp 50 km.

668 North Uist

Eindrucksvoll ist die Weiterfahrt auf der A 865 nach North Uist: Die Straße führt über ein in den 50er Jahren errichtetes System von Dämmen, wobei die Trasse halbkreisförmig nach O ausgereift und sich photogene Perspektiven ergeben. Zunächst wird die kleine Insel Grimsay berührt, sodann die flache Meerenge des Oitir Mhor durchschnitten.

Von allen Inseln der Äußeren Hebriden hat North Uist die am reichsten gegliederte Küste. Die Insel, deren O-W-Ausdehnung rund 25 km mißt, während die N-S-Ausdehnung nur etwas mehr als 20 km beträgt, ist noch von 1800 Menschen bewohnt. Die Bevölkerungsentwicklung ist auch hier rückläufig.

Rund 5 km n. des Punktes, an dem die A 865 die Insel erreicht, gabelt sich die Straße: Die in nö. Richtung verlaufende A 867 führt unmittelbar nach Lochmaddy, dem wichtigsten Ort und Fährhafen, während sich die A 865 zunächst nach NW wendet, um dann in großem Bogen ebenfalls Lochmaddy zu erreichen. Die Entfernung beträgt über die A 867, von der Straßengabelung aus gemessen, 13 km, über die A 865 hingegen 40 km. 1 km ö. der Straßengabelung, zu erreichen über die B 894, befindet sich eine Riementang-Fabrik. Riementang *(Kelp)* wird auf den Äußeren Hebriden auch heute noch als Dünger verwendet.

Höchste Erhebung der Insel ist der 346 m hohe Eaval im SO. Wer einen guten Überblick über die seenreiche Landschaft gewinnen will, besteige die unmittelbar sö. von Lochmaddy gelegenen Hügel North Lee (250 m) oder South Lee (280 m).

North Uist ist reich an vor- und frühgeschichtlichen Zeugnissen, wobei für die Archäologen noch viel zu graben und zu vermessen bleibt. Zahlreiche *Menhire* und *Steinkreise* zeugen von einer dichten jungsteinzeitlichen Besiedlung. Ein sehenswertes Beispiel für ein Kammergrab findet sich ö. der A 867 bei Langass, rund 2,5 km nö. der Straßengabelung A 865/A 867.

Längs der Westküste gibt es mehrere sehenswerte Hebridenhäuser, sogenannte *Black Houses* (vgl. Arnol, **676**). Die Häuser befinden sich allerdings nicht mehr im Urzustand: Sie sind inzwischen mit Kaminen versehen. Die Ruinen des *Teampull na Trionaid*, der Heiligen Dreifaltigkeits-Kirche, bei der Abzweigung der nk Straße zum Weiler Carinish im SW der Insel (2 km nw. des von Benbecula und Grimsay herüberführenden Straßendammes) stammen aus dem 14.–16. Jh.

Lochmaddy hat Fährverbindung (Wagenfähre) mit Uig auf Skye (**654**) sowie Tarbert auf Harris (vgl. u.). Die Dauer der Überfahrt (Fährstrecke jeweils 43 km) beträgt rund 2 Stunden. Eine weitere Fährverbindung (nur Personenbeförderung) besteht zwischen Newton Ferry an der Nordspitze der Insel und Leverburgh an der SW-Küste von Harris. Die Fährstrecke beträgt 13 km. Newton Ferry wird von Lochmaddy aus über die A 865 und die B 893 erreicht.

669 Harris

Die Namengebung »Insel Harris« täuscht, denn Harris und Lewis gehen ineinander über. Die 12 km lange Grenze zwischen den beiden Teilinseln führt von Loch Seaforth n. von Tarbert über Gebirgsgrade hinüber zum Loch Resort an der Westküste. Die Entfernung vom Dorf Rodel an der SO-Spitze von Harris zum Butt of Lewis beträgt über Tarbert und Stornoway gemessen 134 km; das Straßennetz ist etwa doppelt so groß. Angesichts der wenig günstigen Bus-Fahrpläne empfiehlt sich die Mitnahme des eigenen Wagens. Wer über den Flughafen von Stornoway anreist, kann sich dort einen Wagen vermitteln lassen. Viele Straßen sind einspurig.

Harris ist wild und zerklüftet. Höchste Erhebung ist der 798 m hohe Clisham (7 km n. von Tarbert), der höchste Berg der Äußeren Hebriden überhaupt. In Süd-Harris erreicht der Beinn Dhubh w. von Tarbert 503 m; der Roneval n. von Rodel ist 458 m hoch. Harris hat heute 3300 Einwohner.

670 Tarbert (Harris)

Hauptort der Insel ist der Fährhafen Tarbert (Informationsamt). Der Ort liegt an einer sehenswerten Landenge zwischen dem East Loch Tarbert und dem West Loch Tarbert. Die Entfernung zwischen beiden Förden beträgt nur wenige hundert Meter. Tarbert besitzt Fährverbindung mit Uig (**654**) auf Skye sowie mit Lochmaddy auf North Uist (vgl. o. – Entfernung jeweils 43 km, Überfahrt 2 Stunden). Eindrucksvoll ist die Einfahrt durch das East Loch Tarbert mit seinen Schären.

671 Die Kirche von Rodel

Wer eine Fahrt durch eindrucksvolle Hebridenlandschaft mit der Besichtigung eines hebridisch-eigenwilligen Bauwerks verbinden will, dem sei von Tarbert aus der Abstecher in das 35 km entfernte Dorf Rodel und zur *St. Clement's Church* empfohlen. Die einspurige A 859 verläßt Tarbert in sö. Richtung, um dann in kurvenreicher Führung auf 135 m ü.d.M. anzusteigen. Die Landschaft wird durch Moor und nackten Fels geprägt, rechts und links der Straße sind die zahlreichen Torfabstiche von Interesse. Der getrocknete Torf wird als Isolier- und Brennmaterial verwandt. Vom höchsten Punkt der Straße aus ergibt sich bei gutem Wetter ein vorzüglicher Blick nach W auf den Sound of Taransay und die vorgelagerte gleichnamige Insel. Die Straße folgt nun der Westküste mit ihren photogenen Sandstränden. Rodel am Endpunkt der Straße ist südlichstes Dorf der Insel.

Die St. Clement's Church ist die einzige mittelalterliche Kirche der Äußeren Hebriden mit kreuzförmigem Grundriß. Sie wurde von *Alasdair Crottach MacLeod*, dem 8. Clan-Chef der MacLeods of MacLeod von Dunvegan (**655**) auf Skye erbaut und enthält auch sein eindrucksvoll gestaltetes Grab aus dem Jahre 1528, in dem Alasdair 1547 bestattet wurde. – Die Tatsache, daß hier noch um 1500 romanische Stilelemente bestimmend sind, kann als Zeichen für die Abgeschiedenheit der Äußeren Hebriden gewertet werden, doch zeigt eine nähere Analyse der architektonischen Formen auch, daß Rodel in der Bautradition von Iona (**634**) steht, so daß archaisierende Elemente verständlich werden und auch der Einfluß der insularen irischen Bautradition zu beachten ist. Ein archaisches Element stellen mit Sicherheit die *Fruchtbarkeitsskulpturen* am Turm der Kirche (etwa auf halber Höhe) dar: Ein nur grob bearbeiteter Homunkulus hält seinen überdimensionierten Penis, und eine Frau in Hockstellung präsentiert sich in unzweideutiger Pose. Auch hierbei handelt es sich um irischen Einfluß: Mindestens 36 solche Fruchtbarkeitsfiguren sind an den keltischen Kirchen Irlands überliefert. In Schottland fanden sich ähnliche Darstellungen nur an der Westmauer des Nonnenklosters von Iona, diese sind aber in jüngerer Zeit auf rätselhafte Weise verschwunden. Daß uns der Homunkulus in all seiner Pracht erhalten geblieben ist, verdanken wir einem Zufall: Denn die im Geiste des 19. Jh. erzogene Gräfin von Dunmore, damals Herrin über Rodel, machte den exponierten Teil der Figur zur Zielscheibe für Schießübungen. Der verwandte Stein erwies sich jedoch für Gewehrkugeln als zu hart.

Im umgebenden Kirchhof befinden sich einige sehenswerte Beispiele für Grabsteine des Hochland-Typs. Von Interesse ist auch das Grab eines Macleod of Berneray, der für Prinz Charles Edward Stuart (vgl. S. 38 ff.) kämpfte.

Das benachbarte Dorf Leverburgh ist über eine Personenfähre mit der Nordspitze von North Uist sowie der Insel Berneray verbunden.

Von Rodel aus führt eine enge und kurvenreiche nk Straße längs der Ostküste zurück nach N. Die landschaftlich eindrucksvolle Trasse mündet s. von Tarbert in die A 859 ein.

672 Lewis

Mit 90 km Länge und bis zu 45 km Breite und einer Einwohnerzahl von mehr als 16 000 ist Lewis die größte und bedeutendste Insel der Äußeren Hebriden. Nach Harris, das wegen seiner völlig andersartigen Physiologie als eine eigenständige Insel gilt, besteht Verbindung über die A 859. Die Entfernung nach Tarbert beträgt von Stornoway aus 57 km, wobei der gebirgige Südteil der Straße nur einspurig befahrbar ist.

Landschaftlich gliedert sich Lewis in zwei Zonen, das s. Bergland, das mit Beinn Mhor (Halbinsel Park) 570 m Seehöhe erreicht und längs der Westküste mit Mealisval auf 574 m ansteigt, und das recht ebene Moorland im N, dessen höchste Erhebungen bei 250 m liegen. Der Nordteil von Lewis kann auf den Reisenden, der die landschaftliche Vielfalt des w. Hochlands, der Insel Skye oder auch der Insel Harris erlebt hat, eintönig wirken. Dennoch sollte man auf eine Fahrt zum Butt of Lewis, dem Nordkap der Insel, nicht verzichten.

673 Stornoway

Mit 5200 Einwohnern ist der Fährhafen Stornoway (Informationsamt) kultureller und ökonomischer Mittelpunkt von Harris und Lewis. Die Stadt ist über eine leistungsfähige Wagenfähre mit Ullapool (**657**) auf dem Festland verbunden (Entfernung 75 km, Überfahrt $3^{1}/_{4}$ Stunden). Der Flughafen spielt eine wichtige Rolle im schottischen Inland-Netz.

Stornoway besitzt einen ausgezeichneten Naturhafen und ist eines der größten Fischereizentren Schottlands, wobei neben Heringen auch andere Edelfische bis hin zu den begehrten Seezungen angelandet werden. Der unmittelbar beim Zentrum gelegene Hafen mit seinen zahlreichen buntbemalten Fischerbooten und den Hummerkörben am Kai bietet vor der Kulisse des neuromantischen *Stornoway Castle* (Lewis Castle) ein recht farbenprächtiges Bild. Das Schloß beherbergt heute eine technische Fachschule. Der Park ist reich bewaldet, angesichts des spärlichen Baumwuchses auf den Äußeren Hebriden ein gärtnerischer Erfolg ersten Ranges. Eine kleine Fischhalle am Hafen, in der die Fänge versteigert werden, und eine altertümliche Eisfabrik sind weitere Anziehungspunkte. Im Hafenbecken selbst gibt es eine Reihe halbzahmer Seehunde.

Die Fischbestände um Lewis waren noch vor wenigen Jahren so reich, daß man allabendlich zusehen konnte, wie große Mengen von feinsten Fischen bis hin zur Seezunge aus den Fangschiffen heraus über Förderbänder auf LKWs verladen wurden, um zu Fischmehl verarbeitet zu werden. Inzwischen hat sich das Bild gründlich gewandelt. Am Hafen stehen die Kühltransporter bereit, die den Fisch über die Ullapool-Fähre zum Festland transportieren und auf die Märkte von Aberdeen, Edinburgh, Glasgow und noch weiter nach S. bringen. Für zahlreiche Fangschiffe anderer Nationen, so auch der Bundesrepublik, der DDR und Polens, ist Stornoway Versorgungshafen. Die Stadt ist keine Wikingergründung, sondern vielmehr gälischen Ursprungs. Die berühmte Hochland-Familie der Mackenzies of Seaforth besaß hier seit dem ausgehenden Mittelalter eine Burg, die von Cromwells Truppen nach 1650 dem Erdboden gleichgemacht wurde. Jahrhundertelang war Stornoway ein völlig unbedeutendes Dorf; die politischen Auseinandersetzungen im Hochland ließen die Entwicklung des Hafens nicht zu. Erst die Stabilisierung der Verhältnisse nach 1780 ermöglichte ein schnelles Aufblühen. Heute ist Stornoway ein liebenswertes Städtchen mit einem Hauch von Edinburgh en miniature und Regency und mit einem kräftigen Schuß Viktorianismus.

Prägend für die jüngste Geschichte von Stornoway wie von Lewis überhaupt waren Persönlichkeit und Werk von *Lord Leverhulme*. Der Begründer der Sunlight-Seifenfabrik in Cheshire (England) kaufte 1918 die Inseln Lewis und Harris mit dem Ziel, seine Millionen auf der Inselbevölkerung einzusetzen. Er förderte die fischverarbeitende Industrie, deren Produkte er dem verfeinerten Geschmack anzupassen suchte. Auf dem Festland schuf er eine Verteilerkette für Fisch aus Lewis, die MacFisheries-Läden. Gleichzeitig versuchte er, durch Produktveredelung im Bereich der Landwirtschaft hebridischen Agrarprodukten neue Märkte zu erschließen. Doch die weitsichtige Philanthropie des Großindustriellen war zum Scheitern verurteilt: Die Verwirklichung seiner Intentionen setzte ein gewisses Maß von zentraler Steuerung und genossenschaftlicher Produktion voraus; beides war mit dem traditionellen Individualismus der Bevölkerung nicht vereinbar. Die britische Bürokratie tat ein übriges, die Reformversuche zu stoppen. Leverhulme verließ die Insel als ein mißverstandener und innerlich gebrochener Mensch, nicht jedoch, ohne den Inselbewohnern durch zahlreiche Schenkungen seine fortwährende Zuneigung bewiesen zu haben. Seinen Wohnsitz, *Stornoway Castle*, schenkte er mit den zugehörigen Parkanlagen der Stadt.

4 Straßen gehen von Stornoway aus: Die A 866 führt in nö. Richtung über die Halbinsel Eye zu den Klippen von Tiumpan Head, wo sich auch ein Leuchtturm befindet. Von hier aus ergibt sich bei klarem Wetter ein ausgezeichneter Blick über den Minch zur Festlandsküste und hinüber zum Cape Wrath (**575**). Im SW der Halbinsel befindet sich unweit der Hauptstraße die Ruine der *St. Columba-Kirche* aus dem 14. Jh. Sie birgt eine Reihe von sehenswerten Gräbern des Clan MacLeod.

Die quer über die Insel nach Barvas (vgl. u.) führende A 857 stellt die Verbindung zum Butt of Lewis her. Die Entfernung beträgt 42 km. Im Dorf Laxdale zweigt die B 895 in nö. Richtung ab. Die Straße führt an zahlreichen Sand-

stränden vorbei zum Weiler North Tolsta. In Gress (9 km ab Abzweig) findet sich die *St. Olav's Church,* die einzige der Äußeren Hebriden, die einem norwegischen Heiligen geweiht ist. Die benachbarte Küste bietet einige sehenswerte Erosionshöhlen, darunter auch die *Seal Cave,* die nur mit dem Boot erreichbar ist. Tolsta besitzt einen Leuchtturm in eindrucksvoller Klippenszenerie sowie einen einsamen, silberweißen Sandstrand.
Ein ausgefülltes Tagesprogramm ergibt sich, wenn man von Stornoway aus eine Rundfahrt über die A 857/A 858 unternimmt. Die Sehenswürdigkeiten an dieser Strecke sind im folgenden beschrieben. – Eine Straßenverbindung zur Insel Harris schafft die A 859, die in gemeinsamer Führung mit der A 858 Stornoway in w. Richtung verläßt.

674 Barvas

Die Fahrt über die A 857 in das 18 km entfernte Dorf Barvas unweit der Westküste stellt eine gute Einführung in die Landschaftsformen des n. Lewis dar. Barvas besaß während der wirtschaftlich schwierigen Zeit der Napoleonischen Kriege einen Geistlichen, der den Bauern riet, das Moorgras ihrer Parzellen systematisch zurückzuschneiden und den Boden mit zerstoßenen Muschelschalen und Riementang von der Küste anzureichern. Das Experiment zeigte bis 1815 einen gewissen Erfolg; der Boden konnte wieder unter den Pflug genommen werden. Mit der Besserung der wirtschaftlichen Verhältnisse im Anschluß an die Schlacht von Waterloo geriet das Projekt in Vergessenheit. Erst nach dem 2. Weltkrieg erinnerte man sich wieder an den Pfarrer von Barvas, und diesmal rückte man dem Problem mit modernen Chemikalien auf Kalkbasis zu Leibe. Ein großes Projekt des *Re-Seeding* (Wieder-Einsäen) wurde in Angriff genommen. Bis 1964 wurden auf Lewis 10000 Morgen Land wieder urbar gemacht.

675 Der Butt of Lewis

In Barvas wendet sich die A 857 nach NO, während die A 858 nach Carloway und Callanish (vgl. u.) in sw. Richtung abzweigt. Die A 857 folgt nun bis zum 24 km entfernten Fischerdorf Port of Ness in einigem Abstand der Westküste. Die Gegend ist relativ dicht besiedelt. In der Gemarkung von Shader (5 km n.) befinden sich am Südende des Loch an Duin die spärlichen Überreste eines Kammergrabs aus der Zeit um 2000 v. Chr., des *Steinacleit Cairn.* Überhaupt sind Menhire in der näheren Umgebung des Ortes zahlreich; besonders sehenswert ist der *Trushel Stone (Clach na Trushal)* unweit der Straße, ein 5,5 m hoher Monolith.

Die kleine Straße zum Butt of Lewis zweigt im Dorf Habost links ab. Das Nordkap der Äußeren Hebriden ist, der hier sichtbar werdenden Faltungen wegen, besonders für den Geologen von Interesse. Allerdings kommt auch der Liebhaber einsamer Landschaften angesichts der eindrucksvollen Klippenszenerie, der Weite des Meeres und der nur vom Geschrei der Seevögel und den Geräuschen des Windes belebten Stille voll auf seine Kosten. – Unweit des Butt befindet sich die restaurierte *St. Molua-Kirche* aus dem 12. Jh.

676 Das Hebridenhaus von Arnol

Von Barvas aus kann man über die weit nach S ausgreifende A 858 nach Stornoway (53 km) zurückfahren. Die Straße berührt den *Broch von Carloway* und den *Steinkreis von Callanish*, zwei der bedeutendsten Sehenswürdigkeiten Schottlands.

Das Ortsbild des Weilers Arnol (4 km) ist geprägt durch zahlreiche halbverfallene, reetgedeckte Hütten, typische Hebridenhäuser, die bis vor zwei Generationen als Wohnstätten, Stallungen und Vorratshäuser benutzt wurden. Eines der Häuser, bis Anfang der 50er Jahre bewohnt, ist von seinen Besitzern als *Museum* erhalten worden. Man folge der Beschilderung *(Black House)*. Das Haus befindet sich etwa 200 m w. der Straße.

Das bis etwa in Schulterhöhe reichende Mauerwerk ist aus Bruchsteinen ohne Mörtel gefügt, wobei zwischen der Außenmauer und einer parallel angeordneten Innenmauer eine Schicht aus getrocknetem Torf als zusätzliche Isolation eingelassen ist. Die auf die Innenmauer aufgesetzte *Dachkonstruktion* besteht aus einem Balkenwerk, über dem mehrere Reetschichten liegen. Das Reet wird heute durch ein Drahtwerk gehalten, das seitlich beschwert ist. Die traditionellerweise zur Befestigung des Daches verwandten Heidekrautseile sind noch in dem kleinen Schuppen auf der Rückseite des Hauses vorhanden. – Das Haus wird durch eine Mitteltür an der Breitseite betreten. Links befinden sich die Wohngemächer (Küche und daran anschließende Schlafkammer), rechterhand die Stallungen. Der Bau besitzt keinen Kamin. Vielmehr erfüllt der Rauch eines in der Mitte der Küche ebenerdig brennenden *Torffeuers* das ganze Haus und dient auf diese Weise als »Zentralheizung«. Er gelangt schließlich durch zwei kleine Öffnungen im West- bzw. Ostgiebel ins Freise. Torfrauch brennt nicht in den Augen, die räuchernde Wirkung ist jedoch um so anhaltender. Der Name *Black House* für das Hebridenhaus rührt von der Tatsache her, daß die Gebäude ursprünglich fensterlos waren. Natürlich trug auch die Rußentwicklung ihren Teil zur Rechtfertigung des Namens bei. – Das Mobiliar ist original erhalten. Man beachte besonders die Betten.

Das Black House mit seinen doppelten, torfisolierten Außenmauern ist eine Entwicklung des späten Mittelalters, die nach 1200 eine spürbare Verschlechterung des hebridischen Klimas einsetzte. Architekturgeschichtlich drängen sich Vergleiche auf sowohl mit dem wikingischen Langhaus (vgl. z.B. Birsay, **686**, oder auch Jarlshof, **709**) als auch mit Broch und Radhaus (vgl. Carloway, **678**): Die doppelte Außenmauer ist ein Charakteristikum schottischer Architektur spätestens seit der Bronzezeit. Die Konstruktion ist den klimatischen Bedingungen völlig angepaßt: Die Reetschichten und das torfisolierte doppelte Mauerwerk schützen vor Nässe, wobei der Torfrauch die Unterseite des Daches trockenhält und wie ein Imprägnierungsmittel wirkt. Das Haus ist weitgehend ohne Kanten gebaut, um dem Wind möglichst geringe Angriffsfläche zu bieten. Selbst die Ecken des Mauerwerks sind, soweit möglich, gerundet. Das Dach steht an keiner Stelle über, so daß der Wind nicht darunterfahren kann.

April bis September MO–SA 9.30–19; Oktober bis März MO–SA 9.30–16. Eintritt. Die Besitzerin des Hauses wohnt in dem nach w. anschließenden modernen Haus. Sie spricht fließend Gälisch.

677 Das Volkskundliche Museum von Shawbost

5 km sw. von Arnol liegt das Dorf Shawbost. Das alte Schulhaus auf der Ostseite der Straße beherbergt eine ebenso interessante wie liebenswerte, von Schulkindern und Lehrern zusammengetragene Sammlung zur Folklore und Sozialgeschichte der Umgebung. Das kleine Museum entstand 1970 im Rahmen eines Wettbewerbs unter den Dörfern des Hochlandes und der Hebriden. Es bietet einen Querschnitt, der von Reminiszenzen aus der Walfänger-Zeit über Ackergerät bis hin zu Urgroßmutters Unterwäsche reicht. Auch eine von den Schulkindern gefertigte Inselstatistik, die auch die Zahl der Hunde und Katzen berücksichtigt, verdient Beachtung.

April bis November MO–SA 10–18. Eintritt frei. Spenden willkommen.

Torbogen aus Walkiefer. Shawbost, Lewis, Äußere Hebriden. ▶

678   Der Broch von Carloway

3 km s. des Ortszentrums von Carloway (7 km sw. von Shawbost) finden sich unweit der A 858 die Ruinen des gleichnamigen Broch. Der Bau gehört zu den besterhaltenen seines Typs in ganz Schottland. Die Mauern sind bis zu einer Höhe von ca. 9 m intakt; die architektonischen Details werden besonders gut sichtbar.

Die sich nach oben verjüngende Außenmauer ist in der für Broch-Architektur typischen Weise gegen die innere, zylindrische Mauer abgestützt. Sie ist mit so großer Akribie gefügt, daß es noch heute schwer fällt, einen Fuß zwischen die Bruchsteine zu setzen. Die Galerien und Treppen zwischen Außen- und Innenmauer sind vom Innenhof her zugänglich. Das Mauerwerk hat an der Basis eine Gesamtdicke von 3,3 m. Der Innenhof mißt 7,6 m im Durchmesser. Er wird durch eine enge und niedrige Passage betreten, die durch eine Wachkammer zwischen Außen- und Innenmauer gesichert ist. Der Durchgang war durch eine schwere Holztür in der Außenwand gesichert, die von innen verbarrikadiert werden konnte. An die Innenmauer schloß sich innerhalb des Hofes ein auf Holzpfählen ruhender Umgang an, auf dem die Habseligkeiten der Bewohner relativ trokken gelagert werden konnten. Hier hielt man sich auch auf, wenn es die Witterung erlaubte. Wahrscheinlich war der Innenhof mit einer Konstruktion aus Häuten, Flechtwerk und Geäst überdacht, wobei eine Öffnung im Zentrum als Rauchabzug diente.
Der Broch von Carloway wurde in den letzten Jahrhunderten v. Chr. von professionellen Baumeistern als Fliehburg errichtet, wobei unklar bleibt, wer damals als Feind in Frage kam. Der Broch von Carloway war offenbar nicht für einen längeren Aufenthalt gedacht: Er enthält keine Quelle oder Zisterne.
Zur Broch-Architektur allgemein vgl. S. 28, hinsichtlich der baulichen Details vgl. auch Mousa (**711**) und Clickhimin (**714**).

679   Der Steinkreis von Callanish

Die Gegend um Callanish (9 km ab Carloway) ist so reich an neolithischen Funden, daß auf eine detaillierte Beschreibung verzichtet werden muß. Der große Steinkreis 1,5 km sw. der A 858 (*Callanish Standing Stones* – man folge der Beschilderung) ist ein schottisches Stonehenge und allein schon eine Reise zu den Hebriden wert: Auf einer in das East Loch Roag hinausragenden hügeligen Halbinsel befindet sich in exponiertem Gelände eine außerordentlich komplexe und schwer durchschaubare Anlage, an der wahrscheinlich in mehreren Schüben gebaut worden ist, und die eine Vielzahl von Funktionen gehabt haben mag.

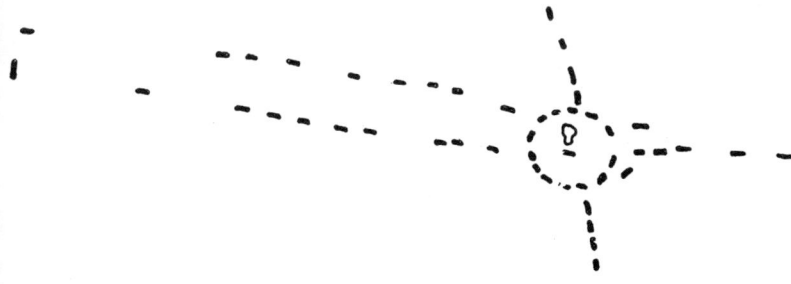

◀ *Carloway, Lewis, Äußere Hebriden.*

Die Steinsetzung hat die Form eines irischen Kreuzes: Um eine Kammer im Schnittpunkt von Längs- und Querbalken ist ein Steinkreis von gut 12 m Durchmesser angeordnet. Der Schaft des Kreuzes wird von einer Allee gebildet, die nach beiden Seiten von einer Reihe sorgsam ausgerichteter Menhire begrenzt wird. Die drei kurzen Arme des Kreuzes sind mit je einer Reihe von ebenfalls sorgsam ausgerichteten Menhiren besetzt. Allerdings kennt die Anlage keine rechten Winkel. Während der Längsbalken des Kreuzes fast genau in N-S-Richtung verläuft – bei der Allee ergibt sich eine Abweichung von 14° nach O, bei der s. Verlängerung eine Abweichung von 2° nach W –, weist der Querbalken gegenüber der O-W-Achse auf der Ostseite eine Abweichung von 18° nach N, auf der Westseite eine Abweichung von 10° nach S auf. Ursprünglich bestand die Anlage wahrscheinlich aus 75 Steinen, von denen heute noch 48 stehen. Die übrigen wurden als Baumaterial weggekarrt oder sind im Moorboden versunken. Die Allee ist 83 m lang und 8,2 m breit. Der Steinkreis wird von 13 Menhiren gebildet, deren Höhe durchweg 3 m beträgt, und die um einen zentralen Monolith von 4,7 m Höhe w. neben der Kammer angeordnet sind. Die O-W-Achse wird zu beiden Seiten des Kreises durch 4 Monolithe markiert. Einige versprengt stehende Menhire weisen darauf hin, daß der Steinkreis früher zweireihig war; der äußere Kreis, der den direkten Anschluß an die Menhire der Allee bildete, ist verschwunden.

Für die nicht vorhandenen rechten Winkel gibt es 2 Theorien: Die einfachere von beiden ist, daß die tonnenschweren Steine, die nur etwa 1/2 m tief im Boden stecken, in den 3600 Jahren seit ihrer Setzung mit dem Moorboden selbst einer gewissen Drift unterlagen. Neuere Berechnungen legen allerdings eine sehr viel komplexere Deutung nahe: Danach wurde die N-S-Achse in doppelter Funktion benutzt, zum einen nach S hin, um die Mondbahn zu beobachten, zum anderen nach N hin, um die Bahn des Gestirns Capella zu verfolgen. Die vom Steinkreis nach W hin verlaufende Linie zeigt genau zu jenem Punkt, an dem die Sonne zur Zeit der Tag-und-Nacht-Gleiche untergeht. Die ö. Linie hingegen zeigt den Punkt an, an dem das Gestirn Altair um 1800 v. Chr. aufging. Hinter diesen verblüffenden Funden steht die Erwägung, daß die Menschen des Neolithikums für die Zeitberechnung unter Umständen lieber auf Sternbahnen als auf die Sonnenbahn selbst rekurrierten, da die Sternbahnen stärkeren periodischen Schwankungen unterworfen sind. Dies würde bedeuten, daß Callanish, ähnlich wie die großen Steinkreise Englands, in erster Linie astronomische Funktionen hatte und der Berechnung der Jahreszeiten diente. Eine exakte Berechnung der Jahreszeiten war in den hebridischen Breiten unabdingbar, damit die Aussaat zur rechten Zeit erfolgen konnte. Außerdem mußten die seefahrenden Hebridenbewohner ein Interesse daran haben, die Gezeiten vorauszuberechnen. Natürlich impliziert der primär astronomisch-wissenschaftliche Charakter des Bauwerks in jener mythischen Zeit auch religiöse und rituale Funktionen. So mag die zentrale Kammer zum einen als *Camera Obscura* zur besseren Beobachtung der Sternbahnen gedient haben, wobei die Kanten der Menhire die Peilung ermöglichten, zum anderen mag sie auch Zentrum eines religiösen Kultes gewesen sein.

Vieles deutet darauf hin, daß sich hinter den einzelnen Steinsetzungen noch sehr viel mehr Mathematik verbirgt, als man heute weiß. Vielleicht markieren die Abstände zwischen einzelnen Steinen so etwas wie ein neolithisches Längenmaß (von 82,7 cm), ja es spricht einiges dafür, daß geometrische Gesetze wie etwa der Satz des Pythagoras den Priester-Astronomen der Jungsteinzeit bekannt waren. Was das mathematische und astronomische Können der Druiden angeht, so berichtet Plutarch *(De Facie et Orbe Lunae)* immerhin, daß sie das Fest des Saturns alle 30 Jahre feierten, weil sie der Meinung waren, der Saturn brauche 30 Jahre, um die Sonne einmal zu umrunden. In Plutarchs Aussage deutet sich die Weiterentwicklung der neolithischen Astronomie bis in die keltische Zeit hinein an. War den druidischen Priestern der Kelten klar, was Kopernikus erst 1500 Jahre später verkünden sollte, nämlich daß die Erde und die übrigen Planeten unseres Systems um die Sonne kreisen?

Callanish gehört insofern zu einem anderen Bautyp als Stonehenge, als es keine auf den Menhiren querliegenden Steinplatten gibt. Dafür aber sind die Steine des Kreises und allen voran der zentrale Megalith von besonderer Schönheit; ihre schlanke, expressive Form und ihre Farbgebung passen sich gut in die karge Landschaft der Moore, Seen und Förden ein. Blickt man von der Anlage aus nach O, so sieht man in etwa 2 km Entfernung auf der Südseite der A 858 einen weiteren, kleineren Steinkreis. Er kann von der Straße aus besichtigt werden (ca. 150 m Fußweg durch Moorgelände).

Die A 858 führt in ö. Richtung nach Stornoway (21 km) zurück. Der weitere Streckenverlauf bietet keine touristischen Besonderheiten. Beim Garynahine Hotel, 2,5 km ö. von Callanish, zweigt die B 8011 ab, deren kurvenreiche

Orkney

Trasse durch den sw. von Lewis zum Weiler Uig führt. Die Insel Great Bernera ist über die B 8011 und die nach 5 km abzweigende B 8059 zu erreichen (Straßenbrücke). Wer seine Fahrt in Richtung Tarbert (Harris) fortsetzen möchte, braucht nicht bis nach Stornoway zurückzufahren: Eine nk Straße, die beim Weiler Achmore (11 km ab Callanish) nach SO abzweigt, stellt die direkte Verbindung zur A 859 her.

680 St. Kilda

Nur der Vollständigkeit halber sei der aus drei Inselchen bestehende, 80 km w. von Harris im Atlantik gelegene Archipel genannt (vgl. auch S. 23). Die Bevölkerung wurde 1930 evakuiert; die dramatische Geschichte ihres jahrhundertelangen Kampfes ums Überleben schildert das auf S. 77 genannte Buch von Tom Steel. Heute ist St. Kilda in der Obhut des *National Trust*, der von Zeit zu Zeit Expeditionen für Ornithologen, Historiker und Volkskundler sowie interessierte Laien durchführt. Man wende sich in diesem Zusammenhang an die auf S. 64 gegebene Adresse. Die *Klippen von Conachair* sind mit 425 m Höhe die höchsten in Großbritannien.

Orkney

Orkney besteht aus 67 Inseln, von denen 28 bewohnt sind. Die Hauptinsel Mainland (»Hauptland, Festland«) verfügt über ein dichtes und gut ausgebautes Straßennetz von etwa 320 km Länge. Auf Mainland leben auch etwa 75% der ca. 18 000 Inselbewohner. Die Insel hat eine Straßenverbindung über die Churchill-Barriers mit den s. vorgelagerten größeren Inseln Burray und South Ronaldsay. Hauptort von Mainland ist Kirkwall, mit rund 4600 Einwohnern zugleich größte Stadt und Hauptort des gesamten Archipels. 3 km ö. der Stadt befindet sich der Flughafen Grimsetter, zugleich Drehkreuz des Inselverkehrs. Zweitgrößte Stadt von Mainland und von Orkney überhaupt ist der Fährhafen Stromness mit rund 3000 Einwohnern.

Mit Ausnahme der Insel Hoy, die mit dem Ward Hill bis auf 477 m ansteigt und in ihrer Physis eher dem nw. Hochland gleicht (sie besteht allerdings aus Sandstein und nicht aus Gneis), sind die Orkney-Inseln recht flach: Die höchste Erhebung von Mainland, ebenfalls Ward Hill genannt, bringt es nur auf 269 m. Die Landschaft der Hauptinsel ist jedoch alles andere als monoton: Die sanften Stufungen im Gelände erinnern zuweilen an das ö. Schleswig-Holstein, wenn auch die Waldungen fehlen. Die schmückenden Beiwörter, mit denen man das Hochland zu charakterisieren pflegt, nämlich karg, herb, wild, einsam oder großartig, sind hier fehl am Platze, Adjektive wie sanft, friedvoll, reich, ja gesegnet tun es schon eher, zumindest solange nicht einer der gefürchteten Winterstürme über die Inseln hinwegzieht oder aber naßkaltes Nebelwetter daran erinnert, daß man sich auf 59° n. Breite, also etwa in der Höhe von Stockholm, und dazu noch im Nordatlantik befindet. An einem klaren Sommertag präsentiert sich die Landschaft außerordentlich farbig, und der mit einem Tele-Objektiv ausgestattete Fotograf findet reichlich Gelegenheit zu eindrucksvollen Kompositionen: Die in flachen Mulden gelegenen Seen haben ihr eigenes Blau, das mit dem Grün der fetten Weiden kontrastiert; das Goldgeld der weitläufigen Kornfelder bildet klar abgesetzte Parzellen, und das helle Blau des Himmels setzt sich wiederum deutlich ab gegen die braungrün bis purpur gefärbten, höhergelegenen Heideflächen. Große, wohlgenährte Rinderherden beleben das Bild. Die harmonisch in die Landschaft eingefügten Bauernhöfe wirken eher behäbig. Sie reflektieren den Reichtum ihrer Besitzer, die nach Meinung von Experten über den besten Acker- und Weideboden von ganz Schottland verfügen. Trotz der Launen des Klimas haben neues Saatgut (unter anderem ertragreichere und resistentere Gräser) und eine weitreichende Mechanisierung (1971: 2278 Traktoren) sowie auch eine Vergrößerung der bewirtschafteten Einheiten die Landwirtschaft in Orkney zu einer der ertragreichsten der gesamten EG werden lassen. An erster Stelle steht die Aufzucht von *Aberdeen-Angus-Rindern*, ein Erwerbszweig, der weiter expandiert. Von Bedeutung ist in jüngster Zeit auch die Schweinezucht, während die Schafhaltung sehr zurückgegangen ist, sieht man einmal von der Aufzucht von Lämmern für den Lebend-Export ab. Die Höfe sind in der Regel Familienbetriebe; die meisten Arbeitsplätze in Orkney sind nach wie vor im Bereich der Landwirtschaft angesiedelt.

Interessanterweise waren die Bewohner von Orkney, die Orcadians, nie begeisterte Fischer, auch wenn es nicht an Initiativen gefehlt hat, die Fischereiindustrie heimisch zu machen. Die Gewässer rings um Orkney sind reich an Edelfischen und Schalentieren, doch die Einkünfte aus der Fischerei betrugen selbst in den fetten Jahren vor 1975 jährlich allenfalls 1,2 Mio DM (gegenüber 36 Mio DM aus der Landwirtschaft). *Fischereizentrum* ist heute Stromness, wobei gerade hier der Hummerfang eine wichtige Rolle spielt (Ertrag etwa 250000 DM im Jahr – die vielen Hummerkörbe im Stadtbild von Stromness erinnern daran). An 2. Stelle in der Handelsbilanz steht heute der *Tourismus*, der 1974 erstmals einen Ertrag von 1 Mio erbrachte. Wichtig ist daneben die *Whisky-Produktion* (»Scapa« und »Highland Park«). Im Zeichen von Tourismus und steigender Auslandsnachfrage erfreut sich auch die Strickwaren-Branche (Heimarbeit) einer erneuten Hochkonjunktur. Zu nennen ist schließlich der Bau von Booten und kleinen Schiffen: Der in Orkney alteingesessene Industriezweig ist angesichts gestiegener Freizeit-Ansprüche auf dem britischen Festland in den letzten Jahren kräftig in den Aufwind geraten.

Orkney ist seit etwa 4000 Jahren besiedelt; die Inselgruppe birgt einige der bedeutendsten steinzeitlichen Kulturdenkmäler Nordeuropas. Die frühesten Bewohner waren Menschen der mittleren Steinzeit, die längs der britischen Küsten nach N vorgedrungen waren. Orkney und Shetland erwiesen sich auf ihrem Reiseweg als Sackgasse: Weiter konnte man mit den zur Verfügung stehenden Bootstypen nicht gelangen. Man blieb; das relativ warme und trockene Klima der sub-borealen Periode (2500–700 v. Chr.) erleichterte die Viehzucht (Schafe und Rinder) und ermöglichte Frühformen des Ackerbaus. Die Zuwanderer des Neolithikums führten den Getreideanbau in Orkney ein. Der Archipel bot damals einen vielfältigen Wildbestand, fischreiche Gewässer und möglicherweise auch ein gewisses Maß an Bewaldung. Die Besiedlung muß schon im späten 3. Jahrtausend außerordentlich dicht gewesen sein, auf einigen kleineren Inseln wie Rousay wohnten damals offenbar annähernd so viele Menschen wie heute. Die Steinkreise von Brogar und Stenness wie auch das Steinzeitdorf von Scara Brae datieren aus jener Zeit.

Die Bronzezeit brachte neue Einwandererströme; die extrem hohe Besiedlungsdichte während des letzten vorchristlichen Jahrtausends kann aus der großen Zahl der Gräberfelder geschlossen werden, die in den 30er Jahren freigelegt wurden, als Motorpflüge mit tieferen Pflugschaaren begannen, auch das höhergelegene Hügelland (wieder) urbar zu machen: In der sub-borealen Periode waren die leicht geneigten und daher gut zu entwässernden Felder offenbar bevorzugtes Acker- und Siedlungsland gewesen.

Um 500 v. Chr. beginnt sich das Klima spürbar zu verschlechtern. Die Veränderung des Klimas löst im gesamten Nordeuropa Wanderbewegungen und fortwährende Kriege aus. Die Verwendung von Eisen führt zu einer Perfektionierung der Kriegsmaschinerie. Auf den dichtbesiedelten Orkney- und Shetland-Inseln ist das Verteidigungsbedürfnis besonders ausgeprägt. Hier

werden in den folgenden Jahrhunderten mehr als 100 Brochs konstruiert, was auf eine Bevölkerung von insgesamt 10 000 Menschen schließen läßt. (Geht man allerdings davon aus, daß die einzelnen Familien über eine gewisse Zahl von Sklaven verfügten, wofür sich Hinweise genug finden, so kann man eine Gesamtbevölkerung von annähernd 20 000 Menschen ansetzen.)
40 n. Chr. erwähnt der römische Geograph *Pomponius Mela* die Orkneys (Orcades) in seinem Buch »De Situ Orbis«. Drei Jahre später schließt die Flotte des Claudius einen Nichtangriffspakt mit den Bewohnern von Orkney, was zeigt, daß letztere im nordschottischen Raum damals nicht ohne politischen Einfluß sind. *Tacitus* berichtet, daß Kaiser Agricola, nachdem er 89 die Schotten besiegt hat, seine Flotte nach N schickt, um Orkney zu befrieden. *Ptolomäus von Alexandrien* (139–161) verzeichnet 30 der Inseln auf seiner Weltkarte.

Über die weitere Entwicklung ist wenig bekannt: In den folgenden Jahrhunderten werden die *Orcadians* global den Pikten zugerechnet. Nach 700 beginnt die Wikingische Invasion; Handelsbeziehungen in den skandinavischen Raum existieren spätestens seit dem 6. Jh. Um 850 ist Orkney ein bedeutender Übersee-Stützpunkt und Handelsplatz der Dänen mit einem hohen wikingischen Bevölkerungsanteil. In der Folgezeit kommt es zu einer intensiven Mischung beider Völker, die piktische Kultur geht in der technisch und ökonomisch überlegenen wikingischen auf. Dabei geben die Pikten das Christentum an die dänischen Invasoren weiter. Offizielles Datum für die Christianisierung ist das Jahr 995. Orkney erhält seine eigenen Sagas, die *Orkneyinga Saga* und die *Haardraga Saga*. Darf man ihnen Glauben schenken, so ist Harald der Blondhaarige (*Harald Fairhair*) in seinem erfolgreichen Bemühen, Norwegen unter seiner Krone zu einen, auslösendes Moment für die Besiedlung der Orkneys: Sein repressives Verhalten treibt die unbeugsamen Freien zur Emigration, sie setzen sich in Orkney fest und werden zu Wikingern, wobei das Wort die Bedeutung ›jugendlicher Missetäter‹ hat. Von Orkney aus unternehmen sie Raubzüge nach S bis zur Insel Man, aber auch nach O, wo sie die norwegische Küste selbst heimsuchen. In der Folgezeit bringt Harald die zornigen jungen Männer in Orkney auf seinen Kurs, ja er errichtet so etwas wie ein nordisches Weltreich, das bis zur Insel Man reicht. Dieses Reich schenkt er schließlich seinem Gefolgsmann Rognvald, der sich aber auf Norwegen konzentriert und seinen Bruder *Sigurd* zum ersten Jarl von Orkney und zum Herrn über Shetland macht. Jarl wird normalerweise mit Graf (Earl) übersetzt, doch genießen die Jarls von Orkney in der Folgezeit ein solches Maß an Unabhängigkeit, daß Prinz oder Fürst als Äquivalent geeigneter erscheint: Orkney bleibt bis ins 15. Jh. eine autonome Region, ein eigenständiges Fürstentum unter norwegischer Krone. Die norwegischen Könige beschränken sich darauf, die Jarls von Zeit zu Zeit zur Räson zu bringen und Steuern zu vereinnahmen.
Im Unterschied zu den Hebriden, wo das gälische Substrat so stark ist, daß es schließlich wieder die Oberhand gewinnt, ist Orkney bis zum ausgehenden Mittelalter völlig skandinavisch geprägt. Sprachlich ist dies sogar noch sehr viel länger der Fall: Bis ins 18. Jh. wird auf der Inselgruppe ein archaischer, westskandinavischer Dialekt gesprochen.
Hauptquelle für die Geschichte der Orkney-Inseln ist bis ins 13. Jh. hinein die schon genannte *Orkneyinga Saga;* schenkt man ihr Glauben, so ist die politische Geschichte der Inseln unter den Wikingern nichts anderes als eine endlose Kette aus Rivalität, Hochmut, Trotz, Verrat und Mord. Das 12. Jh. allerdings bietet zumindest zwei Figuren, die große menschliche und politische Ausstrahlungskraft besitzen, nämlich *Jarl Magnus Erlendson*, besser bekannt als St. Magnus (von daher der in Skandinavien häufige Vorname), und *St. Rognvald Kolson*, der, eine bizarre Mischung aus fahrendem Ritter und christlichem Eroberer, mit seinen Mannen aus Orkney eine in jeder Beziehung erfolgreiche Kreuzfahrt unternimmt, deren einzelne Stadien die Saga packend beschreibt (vgl. Kirkwall, **681**).
Das 12. Jh. markiert mit dem Bau der Kathedralen von Birsay und Kirkwall sowie der Erstellung einer Reihe architektonisch interessanter Kirchen (etwa auf Egilsay, Westray, Wyre sowie in Orphir) den Übergang ins christliche Mittelalter und damit den Anschluß an zentraleuropäische Entwicklungen. Orkney wird Bistum (Erzdiözese Lund, wenig später Trondheim); die St. Magnus-Kathedrale in Kirkwall mit den sterblichen Überresten des Märtyrers entwickelt sich bald zu einem Wallfahrtszentrum von internationalem Ruf.

Die Schlacht von Largs 1263 stellt den ersten bedeutenden Sieg der schottischen Krone über Norwegen dar: König *Haakon Haakonson* wird vernichtend geschlagen, er stirbt im Bischofspalast von Kirkwall, als Herbststürme die Weiterfahrt nach Norwegen unmöglich machen. Der Friede von Perth (1266) bannt endgültig die Gefahr einer norwegischen Einflußnahme in Schottland, auch wenn sich die Schotten bereiterklären, in der St. Magnus-Kathedrale zu Kirkwall eine jährliche Steuer, das »Annual of Norway« zu entrichten. (Die Summe wurde kein einziges Mal gezahlt.) Im frühen 13. Jh. existieren dynastische Verbindungen zwischen den Jarls von Orkney und dem schottischen Königshaus; 1231 geht das Fürstentum erstmals an einen schottischen Earl über. Die schottische Dominanz leitet ein düsteres Zeitalter in der Geschichte der Inselgruppe ein, in deren Verlauf die komplette Versklavung einer bis dahin relativ freien, nicht ständisch durchorganisierten Gesellschaft zustande kommt. Die Entwicklung findet Höhepunkt und Abschluß 400 Jahre später unter der Herrschaft der *Stewart Earls,* deren letzte Vertreter als Hochverräter in Edinburgh hingerichtet werden.
1418 geht das Bischofsamt erstmals an einen Schotten über. 1472 wird das Bistum Orkney der Erzdiözese St. Andrews unterstellt. Die letzte Urkunde in dänischer Sprache datiert von 1426. Schließlich, 1468, gelingt die endgültige Vereinnahmung: Ein Ehekontrakt zwischen Jakob III. von Schottland und Margarete, der Tochter des dänischen Königs Christian I. (Norwegen ist damals unter der Herrschaft des dänischen Königshauses) bestimmt als Mitgift der Braut eine Summe von 60000 Rheinischen Gulden, was etwa 162 kg Gold entspricht, Christian bietet jedoch nur 10000 Gulden an und bringt als Sicherheit für die Restsumme die Orkney-Inseln in den Vertrag ein. Bald stellt sich heraus, daß Christian auch die 10000 Gulden nicht zahlen kann: Er bringt nur 2000 Gulden auf. Als erneute Sicherheit kommt Shetland im Werte von 8000 Gulden ins Spiel. Die Schotten nutzen die Hypotheken: Obwohl Norwegen in den folgenden Jahren 8 Versuche unternimmt, die Schulden aus der Mitgift abzuzahlen, kommt es nach einigen geschickten Manipulationen des schottischen Schwiegersohnes 1471 zur Annexion der »Grafschaft Orkney« und des Herrenbesitzes Shetland. Die Folgezeit bringt die völlige Eingliederung in den schottischen Staatsverband. Das dänische Recht, 1503 vom schottischen Parlament noch toleriert, wird 1611 abgeschafft. Freilich bleiben einige Überreste des alten, nordischen Systems bis auf den heutigen Tag: So gehört beispielsweise ein Lachs, der in einem nicht-privaten Gewässer gefangen wird, nicht, wie auf dem Festland, der Krone, sondern dem, der ihn fängt. (Zu den Stewart Earls des 16. Jh. vgl. die folgende S.)

Die *Anreise* erfolgt entweder über den Flughafen Kirkwall-Grimsetter (vgl. S. 71) oder aber mit der Fähre Scrabster–Stromness. An einem klaren und sonnigen Tag und bei einigermaßen ruhiger See ist die rund 2¹/₄ Stunden währende Überfahrt mit der neuen St. Ola eine Freude, denn die Schiffsroute folgt der NW-Küste der Insel Hoy mit ihren gut 300 m hohen, senkrecht ins Meer abfallenden Klippen aus lebhaft gefärbtem rotem Sandstein. Höhepunkt der Fahrt ist der Old Man of Hoy, eine 150 m hohe Sandsteinsäule unmittelbar vor der Steilküste, die man nach knapp 1¹/₂ Stunden passiert. Bei starkem Seegang kann die Überfahrt allerdings sehr ungemütlich sein. Bei Sturm sind vor der Westküste von Hoy Wellen von 15 m Höhe an der Tagesordnung. Sofern die Fähre dann überhaupt verkehrt, nimmt sie den geschützteren Weg durch die s. Zufahrt von Scapa Flow und vorbei an Flotta, Cava und Graemsay.

Verkehrsverbindungen. Die Firma J.D. Peace (Anschrift S. 63) führt auf der Insel Mainland zwischen Stromness und Kirkwall sowie von Kirkwall aus in den N und über die Churchill Barriers nach South Ronaldsay einen Linienbusverkehr durch. – Loganair (Anschrift S. 63) fliegt von Grimsetter aus die Inseln Stronsay, Sanday, North Ronaldsay, Eday, Papa Westray, Westray, Flotta und Hoy regelmäßig an. Darüber hinaus sind die Inseln mit Kirkwall sowie untereinander durch Schiffsverkehr verbunden, wobei auch recht kleine Boote zum Einsatz kommen. Der Verkehr orientiert sich in vielen

Fällen am vorhandenen Bedarf, ausgedruckte Fahrpläne gibt es kaum. Hinsichtlich der Schiffsverbindungen erkundige man sich bei der Orkney Tourist Organisation (Anschrift S. 62).

Route 31

Kirkwall – Churchill Barriers – Stromness – Brough Head – Westray

681 Kirkwall

Mit rund 4600 Einwohnern ist Kirkwall die Hauptstadt und zugleich größte Stadt von Orkney. Sie verfügt über den bedeutendsten Hafen neben Stromness und ist Kultur- und Einkaufszentrum für den gesamten Archipel. Die beherrschende ökonomische und administrative Rolle, dazu das Vorhandensein einer pittoresken Altstadt und mehrerer architekturgeschichtlich bedeutender Bauwerke verleihen Kirkwall die Physiognomie einer kleinen, wohlgestalteten und wohlfunktionierenden Metropole fernab von Megalopolis.
Der Flughafen Grimsetter befindet sich ca. 4 km sö. der Stadt an der A 960. Er ist durch einen Zubringerdienst von British Airways mit dem Stadtzentrum verbunden.
Kirkwall war schon zur Wikingerzeit ein bevorzugter Hafen und Handelsplatz. Der Bau der Kathedrale und die Verlegung des Bischofssitzes von Birsay nach Kirkwall unterstrichen den Anspruch der Stadt, auch geistiges Zentrum zu sein. In der 2. Hälfte des 12. Jh. wurde Kirkwall Mittelpunkt der Magnus-Verehrung. Die Pilger kamen u. a. von den Färöer Inseln, ja aus dem mehr als 800 km entfernten London und sogar aus Island. 1486, als die Stadt bereits fest unter schottischer Herrschaft stand, erfolgte die Erhebung zum Königlichen Burgflecken. 1540 besuchte Jakob V. während seiner berühmten Schottland-Umsegelung die Stadt und hinterließ Truppen zu ihrem Schutze. Unter Bischof *Robert Reid* (1541–1558), dem letzten großen spätmittelalterlichen Prälaten, wurde Kirkwall am Vorabend der Reformation ein Forum humanistischer Gelehrsamkeit. 1568 fielen die bischöflichen Ländereien und Einnahmen in Orkney *Robert Stewart* zu, einem unehelichen Sohn Jakob V. Damit begann die wohl düsterste Epoche in der Geschichte von Orkney und Shetland. Robert, zuvor Verwalter der Holyrood Abtei in Edinburgh, erwarb seine Pfründe in Orkney durch einen politischen Winkelzug im Rahmen eines Austauschverfahrens; in dem damals in Orkney vorhandenen Machtvakuum etablierte er sich schnell in der Rolle eines unangefochtenen Grafen von Orkney. Er errichtete in den Jahren nach 1570 eine Gewaltherrschaft, wie sie selbst in der schottischen Geschichte ihresgleichen sucht. Das auf dem schottischen Festland übliche Feudalsystem wurde eingeführt und machte aus einer immer noch relativ freien Landbevölkerung Leibeigene. Zusätzlich aber blieb das überkommene, skandinavisch inspirierte System der Landvergabe – gewissermaßen auf Genossenschaftsbasis – bestehen, es wurde angewandt, wo es dem neuen Herren nutzte. Mit Roberts Tod 1593 kam sein

Sohn *Graf Patrick* an die Macht. Er übertraf seinen Vater an Grausamkeit und baute das System der Versklavung weiter aus. Um sein Regime zu festigen, ließ er auf der Basis von Fronarbeit vorhandene Schlösser ausbauen und zwei neue Paläste errichten, nämlich den *Earl's Palace* in Kirkwall und das Schloß von Scalloway, Shetland. Er bediente sich dabei bedeutender Baumeister, so daß ihm das Verdienst gebührt, die Renaissance-Architektur auf den Orkney-Inseln eingeführt zu haben. Auch den *Bischofspalast* in Kirkwall und den Palast seines Vaters in Birsay ließ er im Renaissance-Stil umbauen; sogar in das abgelegene *Schloß von Noltland* auf Westray fügte er eine sehenswerte Renaissance-Treppe ein.

Die frenetische Bautätigkeit des Renaissance-Prinzen führte zu dessen wirtschaftlichem Zusammenbruch. Die bischöfliche Gewalt wurde wiederhergestellt; dem einflußreichen und fähigen Bischof *James Law* gelang es, Patrick 1610 vor ein königliches Gericht zu stellen. Der Graf wurde für schuldig befunden, gegen geltendes Recht verstoßen und eine Gewaltherrschaft errichtet zu haben. Das Gerichtsprotokoll listet die Freveltaten im einzelnen auf. Ausschlaggebend für die Verurteilung war jedoch nicht die Versklavung der Bevölkerung, sondern vielmehr die Tatsache, daß Patricks unehelicher Sohn Robert II. im Interesse und mit Billigung seines Vaters Norwegen um Hilfe gegen Schottland angerufen hatte. Damit galt der Tatbestand des Hochverrates als gegeben. Graf Patrick und sein Sohn, der 1614 versucht hatte, durch eine Rebellion gegen Bischof James Law doch noch an die Macht zu kommen, wurden 1615 hingerichtet.

Die Ablösung der Stewart Earls brachte der Inselbevölkerung wenig Erleichterung. Orkney und Shetland blieben ein Handelsobjekt zwischen der Krone und angesehenen Familien, und auch der Großgrundbesitz blieb erhalten, bis nach 1920 eine moderne Gesetzgebung die längst überfällige Bodenreform in Gang brachte. Dennoch ist der Übergang in die Moderne in Orkney ein langwieriger Prozeß, der irgendwann im 18. Jh. beginnt: Zu bedenken ist in diesem Zusammenhang, daß neben den Staatsgütern und den Latifundien der großen Adelsfamilien am Ende doch mehrere recht ansehnliche bäuerliche Besitztümer erhalten geblieben waren. Selbst die Stewart Earls hatten es nicht geschafft, das gesamte Land in ihren Besitz zu bringen. Es gab also Reste eines semi-autonomen Großbauerntums. Hinzu kommt, daß im 18. und 19. Jh. ein neuer, aufgeklärter Typ von Großgrundbesitzer auftrat, und daß es in der Folgezeit zu familiären Liaisonen zwischen dem Grundbesitz und dem städtischen Bürgertum von Kirkwall kam.

Kirkwall war im 18. und 19. Jh. ein selbstgenügsames, weit abgelegenes Landstädtchen. Die Beschaulichkeit wich erst im 1. Weltkrieg, als die britische Admiralität die strategische Bedeutung des Naturhafens von *Scapa Flow* erkannte.

Wichtige Adressen: *Orkney Tourist Organisation, Information Centre,* St. Magnus Lane, Ecke Broad Street, T. (0856) 2856 – *British Airways,* Albert Street – *Loganair,* Albert Street – *P & O Ferries,* Harbour Street – *Busbahnhof,* Junction Road – *Postamt,* Junction Road – *Police Station,* Watergate – *Health Centre,* New Scapa Road.

Kirkwall

Stadtrundgang

Hauptgeschäftsstraßen von Kirkwall sind die Bridge Street, Albert Street und Broad Street. Sie verbinden den Hafen mit der Kathedrale. Der Straßenzug ist etwa 300 m lang und bietet neben den für das gesamte Schottland so typischen Kramläden eine Reihe eleganterer Geschäfte, darunter auch einen Buchladen, der sich auf Orkney-Literatur spezialisiert hat, sowie mehrere Juweliergeschäfte, in denen man recht preiswert die Arbeiten einheimischer Silberschmiede erstehen kann. Die Formen orientieren sich an klassisch-nordischen und piktischen Darstellungen oder aber an modernem Design. Wer der süßen Seite der schottischen Küche zuneigt, sollte nicht versäumen, in einem der zahlreichen *Sweet Shops* das echte *Orkney Fudge* zu erstehen, eine besonders süße, dafür aber nicht zähe Karamellen-Art, die im gesamten Großbritannien ihre Anhänger hat. – Typisch für die Hauptstraße von Kirkwall ist die Pflasterung mit großen Steinplatten, ein Spezifikum, das sich bei der Hauptstraße von Stromness wiederholt.

681.1 Die St. Magnus-Kathedrale.

Nicht umsonst gilt die St. Magnus-Kathedrale als eines der bedeutendsten sakralen Bauwerke Schottlands: Sie ist, sieht man einmal von Glasgow ab, die einzige im wesentlichen unverändert gebliebene Bischofskirche aus vorreformatorischer Zeit; sie verfügt über das einzige gotische Deckengewölbe n. der Forth-Clyde-Senke, und sie ist das Werk hervorragender Baumeister, ein Versuch der Wikinger, im Kathedralenbau die weiter s. herrschenden normannischen Vettern zu imitieren. Es gilt heute als sicher, daß die Baumeister von Kirkwall in Durham ausgebildet worden waren: Sie hatten an der kunsthistorisch bedeutendsten normannisch-romanischen Kathedrale Englands gelernt.

Das Bauwerk imponiert ebenso durch die Harmonie der Proportionen (vgl. den Aufriß längs der Querschiffe in N-S-Richtung) wie durch das warme Rotbraun des verwandten lokalen Sandsteins. Die Giebelfelder der Portale und einige Teile der Außenmauern weisen eine interessante Musterung auf: Der rote Sandstein alterniert mit einem kräftig gelben Stein ebenfalls lokalen Ursprungs. Die polychrome Komposition gilt als das beste britische Beispiel für die Verwendung dieses von den romanischen Kirchen des Kontinents wie auch vom maurischen Spanien her bekannten Stilmittels. Auch das s. Querschiff zeigt polychrome Rundbögen über Tür und Fenstern.
Die Kirche wurde um 1137 begonnen. Auftraggeber war *Jarl Rognvald,* Neffe des hl. Magnus. Das älteste Mauerwerk findet sich im w. Teil des Chors, in den Seitenschiffen und in den daran anschließenden Teilen des Hauptschiffs. Besonders beeindruckend ist hier die für normannische Kathedralen typische Ornamentik der Blendarkaden mit versetzter Bogenstellung. Im späten 12. und im 13. Jh. wurde die Kirche vergrößert: Den Querschiffen wurden Kapellen angefügt, und der sehr viel kleinere, wahrscheinlich mit einer halbkreisförmigen Apsis versehene Chor wurde durch die hoch aufragende, gegenwärtige Konstruktion im frühgotischen Stil ersetzt. Dabei wurden, offenbar um die Einheit mit den früheren romanisch inspirierten Bauteilen zu wahren, auch Rundbögen als Stilmittel verwandt, so beispielsweise bei dem großen Ostfenster unterhalb der Rosette. Auch die drei schon genannten Portale sind ein Werk des 13. Jh., als man daran ging, das Hauptschiff und die Seitenschiffe nach W zu verlängern. Dieses Bauvorhaben wurde jedoch erst im 15. Jh. vollendet, so daß man davon ausgehen kann, daß die drei Portale zwei Jahrhunderte lang als Durchgänge unabhängig vom Hauptgebäude existierten. Die Westfassade ist gotisch, der Anschluß im Inneren aber selbst zu dieser späten Periode romanisch. Die Phasenverschiebung, mit der Baustile damals in die abgelegeneren Teile der Welt vordringen, sowie insulares Beharrungsvermögen machen sich hier ebenso bemerkbar wie etwa bei der Kirche von Rodel auf Harris (**671**).

Aufriß (Schnitt entlang der Querschiffe von Nord nach Süd)

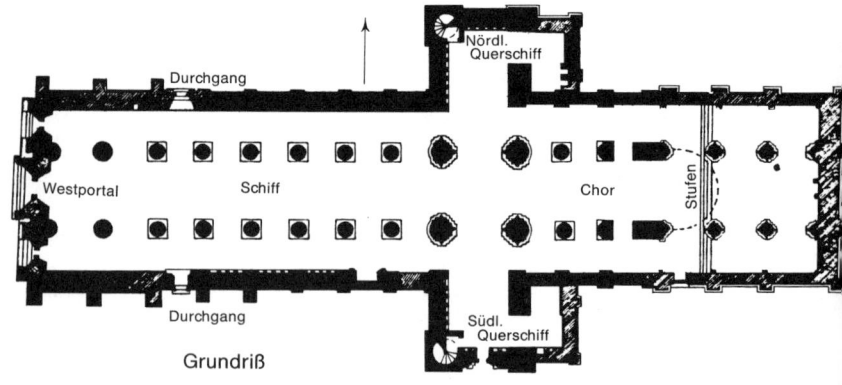

Grundriß

St. Magnus Cathedral

St. Magnus

Gegen Ende des 11. Jh. regieren in Orkney Erlend und Paul, Söhne des bedeutenden Jarl Thorfinn. Magnus ist Erlends Sohn. 1098 landet der König von Norwegen, ebenfalls Magnus genannt, in Orkney, um seine Oberhoheit über die Inseln zu dokumentieren. Er schickt Erlend und Paul in politischer Mission nach Norwegen, Magnus Erlendson aber muß ihn zusammen mit anderen kriegstüchtigen jungen Männern auf einer Expedition zu den Hebriden begleiten. Nach erfolgreichen Raubzügen auf den Hebriden segelt man weiter nach S bis zur Insel Anglesey (Wales). In der Menai-Meerstraße attackieren die Wikinger die Schiffe zweier walisischer Grafen. Nach Aussage der Orkneyinga Saga weigert sich Magnus diesmal, Waffen anzulegen. Während um ihn herum gekämpft wird, singt er Psalmen. Damit befindet er sich zwar in Einklang mit der offiziellen Haltung der Kirche, nicht aber mit wikingischem Tugenddenken. Erst nach des Königs Tod einige Jahre später kann er nach Orkney zurückkehren. Zu dieser Zeit hat sich *Hakon*, Pauls Sohn, als Jarl in Orkney etabliert. Magnus beansprucht den von seinem Vater ererbten Anteil an der Regierung. Man vereinbart eine erneute Aufteilung des Gebietes, und einige Jahre lang ist das alte Gleichgewicht scheinbar wiederhergestellt. Zunehmende Spannungen sollen bei einem Treffen beider Fürsten auf der Insel Egilsay beglichen werden. Jeder soll nur zwei Schiffe und eine geringe Anzahl von Gefolgsleuten zu dem Treffen mitbringen. Im Gegensatz zu Magnus bricht Hakon die Vereinbarung und versucht, mit 8 Schiffen und einem großen Heerhaufen eine Entscheidung zu seinen Gunsten zu erzwingen. Magnus lehnt wiederum den Kampf ab. Seinem Vetter Hakon erklärt er, er möge ihn verstümmeln, nur möge er ihm das Leben lassen. Doch Hakon wird von einigen seiner politischen Berater gedrängt, ein *fait accompli* zu schaffen: Magnus wird durch Hakons Koch erschlagen, der ihm den Kopf senkrecht spaltet. Er wird in der Kirche seines Großvaters in Birsay bestattet; in den 50er Jahren des 12. Jh. werden seine Gebeine dann in die gerade fertiggestellte Kathedrale von Kirkwall überführt. Sie wurden bei Renovierungsarbeiten 1919 hinter einem lockeren Quader im rechteckigen Stützpfeiler der s. Arkade des Chores gefunden. Der Sarg des Heiligen befindet sich heute im *Tankerness House Museum* (vgl. u.). Die Gebeine selbst wurden an ihrem angestammten Platz erneut bestattet. Eine kleine Tafel erinnert an den Fund.

St. Rognvald

Eine Schwester des hl. Magnus war die Mutter Jarl Rognvalds. Die Saga beschreibt ihn als eine der bedeutendsten Persönlichkeiten seiner Zeit, Krieger, Sportler, Führernatur, Poet und Musiker. In Norwegen erzogen, tritt er 1129 das Erbe seines Onkels Magnus an: Auf Geheiß des norwegischen Königs übernimmt er die eine Hälfte des Fürstentums. Ein erster Versuch, mit einer Flotte nach Orkney überzusetzen, mißlingt: Die Schiffe werden in Shetland überfallen, und Rognvald muß unverrichteter Dinge zurückkehren. Im folgenden Frühjahr wird eine weitere Flotte ausgerüstet, doch bevor sie Norwegen verläßt, empfiehlt der norwegische König Jarl Rognvald, ein Gelübde zu tun, daß er, sollte er seine Rechte erfolgreich verteidigen, in Kirkwall eine steinerne Kirche bauen und seinem Onkel Magnus weihen werde. Rognvald ist diesmal erfolgreich. Später unternimmt er eine Reise nach Jerusalem und Rom, wobei er die Rolle eines christlichen Pilgers wirkungsvoll mit der eines wikingischen Piraten verbindet. Nach seinem Tode wird er in der Kathedrale, die erbauen ließ, beigesetzt. 1965 wird am Ostende des Chores eine St. Rognvald-Kapelle geweiht.

Kreuzzugsgefährte und erster bedeutender Bischof von Orkney ist *Wilhelm der Alte*, der seine Weihe wahrscheinlich vom Erzbischof von Lund empfängt. 1154 fällt Orkney der Erzdiözese Trondheim zu. Wilhelm läßt die Kirche von Egilsay (vgl. u.) erbauen; während seiner langen Amtszeit von 68 Jahren wird die Kathedrale ausgestattet und geweiht. – Die sterblichen Überreste des Bischofs wurden 1848 in der Kathedrale aufgefunden.

Einer der bedeutendsten Könige Norwegens, *Haakon Haakonson,* starb im Dezember 1263 in Orkney, nachdem er von den Schotten in der Schlacht von Largs vernichtend geschlagen worden war. Anläßlich seines 700. Todestages übersandte die norwegische Regierung 1963 eine Marmortafel mit einer kurzen lateinischen Inschrift, die in den Boden des Chores eingelassen wurde.

Der kalvinistische Grundton der schottischen Reformation führte auch in Orkney dazu, daß die Kirchen ihrer Figuren, Orgeln und Gewänder entkleidet sowie ihres Kirchenschatzes beraubt wurden. Alles in allem herrschte jedoch ein Geist der Mäßigung, und diese Haltung ist auch typisch für die nachfolgenden Jahrhunderte, als auf dem Festland die Frage Presbyterianismus oder Bischofskirche immer wieder zu scharfen Kontroversen führt. Beim Übergang der Orkney-Inseln an Schottland fiel die Kathedrale dem Magistrat der Stadt Kirkwall zu; bis heute ist die Stadt Eignerin des Baus, der jetzt als Gemeindekirche *(Church of Scotland)* dient. Größere Renovierungsarbeiten wurden um die Mitte des 19. Jh. sowie nach 1900 durchgeführt.

Die Kathedrale verfügt über eine Reihe von interessanten Zeugnissen aus nachreformatorischer Zeit, u. a. 4 Silberkelche aus dem 17. Jh. sowie 2 silberne Almostenteller, von denen einer eine niederländische Inschrift trägt. Längs der Seitenschiffe sind barocke Grabplatten eingelassen, deren naiv anmutende Emblematik sehenswert ist. Unter den Grabplatten befindet sich auch die von *Lord Adam Stewart,* einem Sohn Jakobs V., von 1575. Eine sehenswerte barocke Gedächtnistafel, das *Mort Brod* (Totenbrett), hängt im n. Seitenschiff: Auf der einen Seite ist ein Epitaph in englischen Versen aufgemalt, auf der anderen findet sich die Darstellung eines in ein Leichentuch gehüllten Skeletts. Die Kathedrale wurde bis um die Mitte des 19. Jh. als Begräbnisstätte benutzt. – Aus jüngerer Zeit stammen eine Gedächtnisplatte für die 833 Toten des Schiffes *Royal Oak,* das am 14. Oktober 1939 in Scapa Flow durch das deutsche U 47 unter Kapitänleutnant Prien versenkt wurde, sowie die sehr ansprechenden Holzfiguren der *Rognvald-Kapelle,* nämlich *Kol* (der Vater Rognvalds in der Rolle des Baumeisters), *Rognvald* und Bischof *Wilhelm.* Zu nennen ist schließlich eine Statue des *Heiligen Olaf* (mit Kampfaxt und Reichsapfel), ein Geschenk des Bischofs von Trondheim zur 800-Jahr-Feier der Kathedrale im Jahre 1937. Die Figur befindet sich im n. Teil des Chorumgangs.
MO–SA 9–13, 14–17.

681.2 Der Bischofspalast.

S. der Kathedrale an der Ecke von Palace Street und Watergate liegt der Bischofspalast, der sich von der Broad Street aus zunächst mit seinem mächtigen Turm aus der Zeit des Bischofs Reid (1541–1558) präsentiert. An der NW-Seite des Turmes findet sich auf halber Höhe ein Steinrelief mit einem stark verwitterten Wappen. Man nimmt an, daß es sich hier um Reids Wappen handelt. Der Turm macht einen recht defensiven Eindruck: Er ist auf allen Ebenen mit einer Vielzahl von Schießscharten ausgestattet und wird durch eine Brüstung gekrönt, von der aus man einen etwaigen Sturm auf das Gebäude abwehren konnte. Auf dem durch die Brüstung geschaffenen Innenraum erhebt sich ein rechteckiges *Cap-House,* wie es für die schottische Architektur der Zeit typisch ist. Der martialische Gesamteindruck des Turmes wird durch einen dezenten Hinweis auf seine kirchliche Bestimmung, der sich neben dem Wappen in der Außenmauer findet, kaum abgemildert: In einer gotischen Nische aus rotem Sandstein wird die Figur eines Bischofs sichtbar, barhäuptig, die Mitra auf einem Betstuhl abgelegt: Man hat geglaubt, die Plastik aus weißem Sandstein stelle Bischof Reid dar, doch ist sie in Wirklichkeit viel älter; sie ist dem 13. Jh., der frühesten Epoche des Palastes, zuzuordnen. Trotz ihrer schlechten Erhaltung ist die Figur bei näherem Hinsehen von großer Schönheit.
Durch ein kleines Tor in der Watergate-Straße gelangt man ins Innere des Gebäudes. Zuvor kommt man an dem ehemaligen Haupttor des bischöflichen Bezirkes zur Palace Street vorbei. Es wurde 1877 in die Ostmauer des Bischofspalastes eingelassen, nachdem sein ursprünglicher Standort infolge einer Verbreiterung der Watergate-Straße aufgegeben werden mußte.

Die komplexe Baugeschichte des Bischofspalastes läßt sich am besten nachvollziehen, wenn man über die hölzernen Treppen in das rechteckig gefaßte Innere des Palastes hinabsteigt. Hier befindet man sich etwas unterhalb der Parterre-Ebene der ursprünglichen Halle aus der Gründungszeit der Kathedrale, von der die (äußeren) Grundmauern bis etwa in die Höhe des 1. Stockes erhalten sind. Blickt man in Richtung Kathedrale, so wird deutlich, daß im vorderen Teil des Recktecks das Mauerwerk rechts und links verstärkt worden ist. Diese inneren Grundmauern stammen aus der Zeit des Bischofs Reid. Der obere Teil des Gebäudes etwa vom 1. Stockwerk an ist alles in allem ebenfalls ein Neubau aus der Zeit Reids. Wahrscheinlich war vor Amtsantritt des Bischofs die westliche Außenmauer infolge eines Nachgebens der Fundamente nach außen weggebrochen; daß

Kirkwall

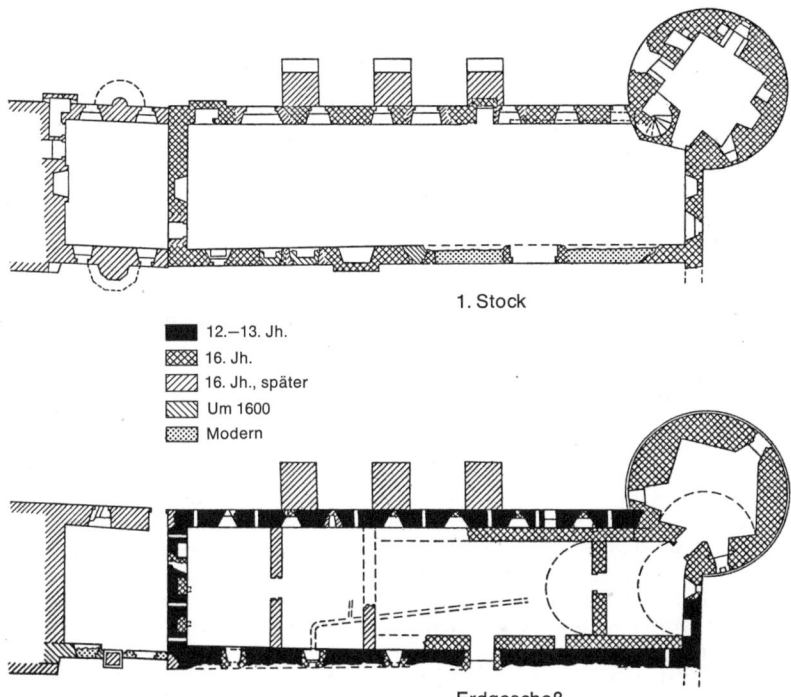

1. Stock

- ■ 12.–13. Jh.
- ▨ 16. Jh.
- ▨ 16. Jh., später
- ▨ Um 1600
- ▨ Modern

Erdgeschoß

Bishop's Palace

die Fundamente auch später offenbar nicht tragfähig genug waren, beweisen die drei mächtigen, von außen gegen die Westmauer gebauten Stützpfeiler aus der Ära des Grafen Patrick. Der gesamte obere Teil des Gebäudes wie auch das Oberteil des Turmes gehören einer späteren Bauperiode zu, wie sich auch in der unterschiedlichen Qualität des Mauerwerks zeigt: Die Steine sind von sehr viel unterschiedlicherer Größe und bei weitem nicht so glatt behauen, darüber hinaus sind sporadisch ältere Mauersteine aus rotem, grünem und gelbem Sandstein in das typische Bruchstein-Mauerwerk aus unregelmäßigen Steinplatten, sogenannten »Flaggensteinen« *(Flagstones)*, eingelassen.

Durch den breiten Eingang am NW-Ende des rechteckigen Hallenteiles gelangt man in den *Turm*, den man bis auf die Höhe der Brüstung besteigen kann. Von hier aus bietet sich nicht nur ein eindrucksvoller Blick auf Stadt und Kathedrale, sondern auch in das Gebäude selbst: Man blickt hinab in die *Halle*, in der 1263 König Haakon starb, man sieht die aus den Mauern hervorspringenden Stützsteine, auf denen die Deckenbalken aus der Zeit des Grafen Patrick ruhten. Die großen Fenster in der Westwand markieren die Lage des großen Saales zu Zeiten des Bischofs Reid. Die s. Zwischenwände stammen aus der Zeit des Grafen Patrick, der die große Halle verändern ließ, um hier seine 50 Mann starke Leibgarde unterzubringen. Der s. anschließende Erweiterungsbau Patricks umfaßte ebenerdig eine mit Arkaden versehene *Loggia*, über der sich zwei Wohnetagen befanden. Die Loggia wurde zu einem späteren Zeitpunkt zugebaut.

Von der Palace Street aus kann man durch das kleine Tor neben dem Turm zur Westseite des Gebäudes gelangen. Hier finden sich neben den Stützmauern (vgl. o.) auch die Abläufe zweier Toiletten: Die baugeschichtlich interessantere der beiden Anlagen ist etwa 2 m n. des ersten Stützpfeilers in die Palastmauer eingelassen. Sie datiert aus der Ära des Bischofs Wilhelm. An den

Geschmack der Zeit erinnert nicht zuletzt die Musterung aus alternierendem rotem und gelbem Sandstein, ein Stilelement, das sich weniger deutlich auch an anderen Stellen der äußeren Grundmauer nachweisen läßt, und das den frühesten Teilen der Kathedrale ebenfalls eigen ist.
April bis September MO–SA 9.30–19, SO 14–19; Oktober bis März MO–SA 9.30–16, SO 14–16. Eintritt.

681.3 Der Grafenpalast. Auf der Ostseite der Watergate-Straße liegt der von Graf Patrick errichtete Earl's Palace, ohne Zweifel eines der besten Renaissance-Bauwerke Schottlands. Am vorteilhaftesten präsentiert sich der bis ins Detail durchkomponierte Bau von der Watergate-Seite (Westfront) her, wobei der Blick frei wird auf den großen Saal und das Audienzimmer mit den zwei beherrschenden dreiteiligen Erkerfenstern sowie auf die linker Hand anschließenden, deutlich abgesetzten Privatgemächer des Grafen. Der Südflügel (rechts) enthält das Treppenhaus und die Wirtschaftsräume. Im rechten Winkel der beiden Flügel, mithin in einer strategisch überschaubaren und leicht zu sichernden Position, befindet sich der nach N gehende Haupteingang mit seinem quasi klassischen Dekor und den reich ausgestatteten, leider aber stark verwitterten Zierplatten oberhalb des Sturzes. Die untere von ihnen trägt eine jetzt unleserlich gewordene Inschrift, die mittlere das Wappen des Grafen Patrick, die obere zeigt das königliche Wappen Schottlands. Als unmittelbarer Kronvasall war der Graf berechtigt, das königliche Wappen über seinem eigenen zu führen. Die Steinplatte über dem Portal soll als Datum das Jahr 1607 getragen haben, jenes Jahr also, in dem der finanzielle Zusammenbruch des Grafen erfolgte. In der Tat ist Patricks gigantisches Bauvorhaben – er wollte den existierenden Palast nach beiden Seiten verlängern und unter anderem eine Verbindung zu dem von ihm umgestalteten Bischofspalast schaffen – nie zu Ende geführt worden. Fundamente für die Erweiterungsbauten finden sich sowohl ö. der Privatgemächer als auch in der Verlängerung der Wirtschaftsräume.

Der Eingang war durch eine schwere Holztür und ein inneres eisernes Gittertor doppelt gesichert. Durch einen kleinen Vorraum am Fuße des Treppenhauses gelangt man zum zentralen Korridor des Erdgeschosses, der den Ost- und den Südflügel des Gebäudes verbindet. In einer Mauernische schräg gegenüber befindet sich, wiederum in außerordentlich geschützter Position, der *Brunnen* mit einer Fassungskraft von 350 Gallonen (etwas mehr als 1550 l). Wendet man sich nach rechts, so gelangt man zunächst, vorbei am s. Eingang für die Bediensteten, in die *Küche,* deren Abmessungen auf die Extravaganz der Haushaltsführung des Grafen hindeuten. Die Küche wurde, als der Bau schon zur Hälfte ausgeführt war, nachträglich erweitert, um Platz zu schaffen für den großen Kamin an der Stirnseite. Interessanterweise enthält die Küche keinen Backofen. Offenbar war der Bau eines eigenen Backhauses im w. anschließenden Teil vorgesehen. – Die vier Räume im Erdgeschoß des Ostflügels mit ihren imposanten Gewölben sind geräumige Vorratskeller, in denen Wild, Geflügel, gesalzener Fisch, Rindfleisch, Mehl sowie auch große Vorräte an ausländischen Weinen und Spirituosen aufbewahrt wurden. Die Abmessungen der Räume – ein fünfter, besonders großer Keller findet sich unterhalb des n. anschließenden Turmes – deuten sowohl auf die Größe des gräflichen Haushaltes als auch – einmal mehr – auf den verschwenderischen Lebensstil des Renaissanceprinzen hin. – Über das geräumige zentrale Treppenhaus gelangt man zunächst auf etwa halber Höhe in einen nach W anschließenden Raum, der sich oberhalb der Küche befindet und als Gastzimmer diente: Hier handelte es sich wahrscheinlich um den komfortabelsten Raum des ganzen Gebäudes: Das großzügig bemessene Zimmer enthielt eine Art Zentralheizung in Gestalt des in der Wand der Stirnseite verborgenen Küchenkamins, im übrigen war es durch einen kleinen Vorraum gegen das geschäftige Treiben im übrigen Palast abgeschirmt. Die Lage des Zimmers zeigt

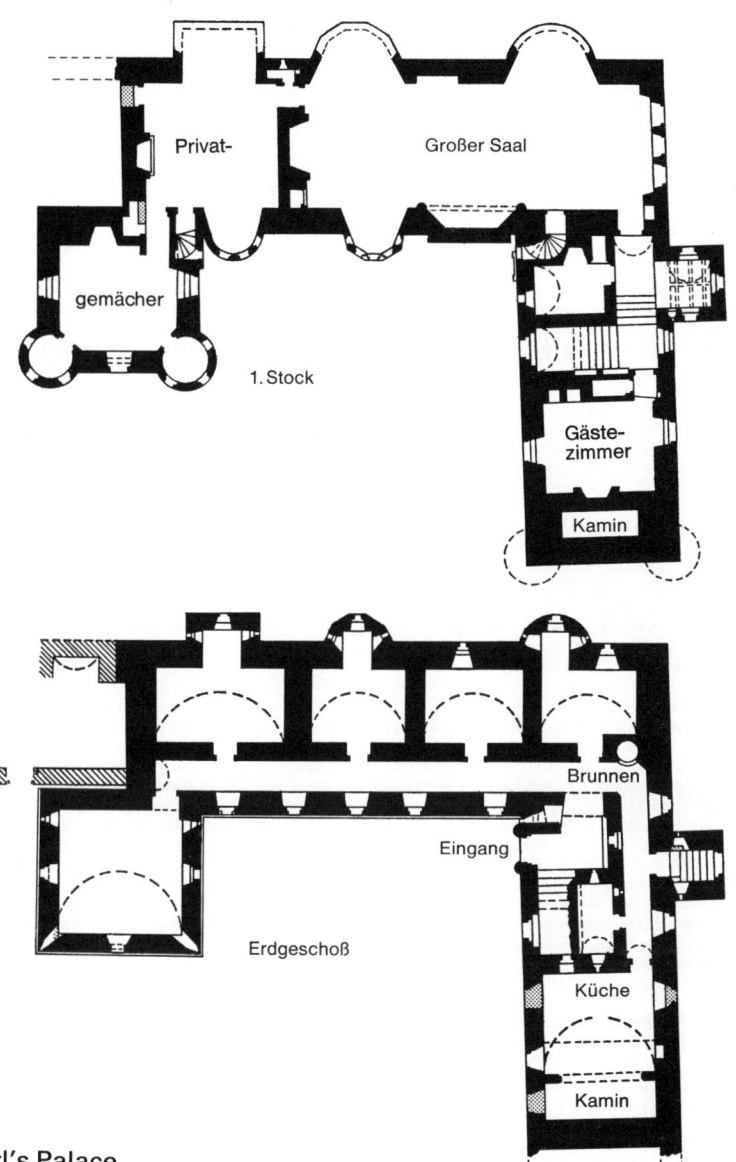

Earl's Palace

zum einen, mit welcher Grandezza Patrick seine Staatsgäste unterzubringen pflegte, deutet aber andererseits auch wieder auf sein Sicherheitsbedürfnis hin: Der Graf hielt sich seine Gäste soweit wie möglich vom Leibe, seine eigenen Gemächer lagen am anderen Ende des Palastes. Außerdem gab es aus dem Gästezimmer praktisch kein Entrinnen, blockierte man nur die zum Treppenhaus führende schmale Passage. – Auf dem Weg zum großen Saal liegt rechts über dem Bediensteteneingang ein interessanter kleiner Raum mit einem sehenswerten, ganz aus Quadersteinen gearbeiteten Gewölbe. Der Raum ist ein *Wartezimmer*, in dem sich Bittsteller und Delegationen aufhielten, bevor ihnen der Graf in dem an den großen Saal anschließenden äußeren Zimmer Audienz gewährte. Ein kleines Waschbassin ermöglichte es den Besuchern, sich frischzumachen. Gegenüber befindet sich als eine Art Vorzimmer die Amtsstube des *Major Domus*, dessen Aufgabe es war, seinen Herrn nach außen abzuschirmen, indem er das obere Ende der Treppe kontrollierte. Der *große Saal* war im beginnenden 17. Jh. mit Sicherheit eines der repräsentativsten Gemächer in ganz Schottland. Außerordentlich wohlproportioniert und von 3 Seiten durch aufwendige Fensterkonstruktionen erhellt sowie durch zwei Kamine beheizt, bezeugt der Saal das Repräsentationsbedürfnis des königlichen Bastards. An den beiden nach O gerichteten dreiteiligen Erkerfenstern ist von Interesse, daß eines vom Grundriß her polygonal, das andere hingegen gerundet ist. Auf den Kapitellen der Säulen beiderseits des großartigen Hauptkamins an der Westseite des Saales finden sich die Grafenkrone und die Initialen P.E.O. für Patrick, Earl of Orkney. Man muß davon ausgehen, daß der große Saal eine bemalte Holzdecke hatte, und daß das teilweise aus Bruchstein aufgeführte Mauerwerk mit Tapisserien behängt war. Die Fenster waren aus bleigefaßtem, getöntem Glas gestaltet und enthielten bildliche Darstellungen. Über der Halle befand sich ein Dachgeschoß, das über eine Wendeltreppe links vom Kamin betreten werden konnte. – Ein kleiner Durchlaß führt, vorbei an einer Toilette, in die privaten Gemächer des Grafen, wobei die Trennwand zwischen Saal und äußerem Zimmer bis zur Höhe des Dachgeschosses als widerstandsfähige Brandmauer mit dem typischen Treppengiebel *(crowstepped gable)* aufgeführt ist. Das in seinen Proportionen wiederum äußerst geschmackvolle äußere Zimmer diente als Audienzraum, während das im Turm gelegene innere strikt dem privaten Bereich vorbehalten blieb. Zwischen beiden Zimmern ist ein enger Durchgang mit Schleusenfunktion und einer weiteren Toilette (in der n. Außenmauer) angelegt; über eine Wendeltreppe mit verzierten Stufen gelangte man in das Dachgeschoß des Turmes.

Lohnend ist ein Gang um das Gebäude herum: An der Ostfassade werden die Fundamente für die drei prächtigen Erkerfenster des großen Saales und des Audienzzimmers sichtbar, die Südfassade beeindruckt durch den hohen Giebel an der Stirnseite der großen Halle mit ihren drei schlanken, sakral anmutenden Fenstern. Von Interesse ist auch der Dienstboteneingang mit dem darüberliegenden Warteraum.

Nach Patricks Verurteilung diente der Grafenpalast den Bischöfen von Orkney als Domizil. In der Zeit des Covenant jedoch, nach 1638 (vgl. S. 37), verfielen Grafen- und Bischofspalast. Dennoch hielt sich 1650 der Marquis von Montrose in ihnen auf, und von hier aus begann er seinen Feldzug nach S. Von 1671 bis 1688 waren die beiden Paläste nochmals bischöfliche Residenz. Mit der endgültigen Abschaffung der Bischofskirche 1689 wurden sie dann für immer geräumt.
April bis September MO–SA 9.30–19, SO 14–19; Oktober bis März MO–SA 9.30–16, SO 14–16. Eintritt.

681.4 Tankerness House. Das in der Broad Street gegenüber der Kathedrale gelegene Tankerness House, ein typisches Kaufmannshaus des 16. Jh. mit sehenswertem Garten, beherbergt das *Heimatmuseum* mit einer reichen Dokumentation zur Sozialgeschichte von Orkney. Auch Steinzeitfunde, u. a. aus Skara Brae, werden gezeigt.
MO–SA 10.30–13 und 14–17.00.

682 Scapa Flow, Churchill Barriers und Italian Chapel

Selbst bei schönem Wetter ist Scapa Flow nicht sonderlich spektakulär, es sei denn für den Liebhaber weitläufiger, einsamer Landschaften. Die gewaltige, 20–35 m tiefe Bucht, der die umgebenden Gebirge fehlen, ist heute noch nach 4 Seiten offen. Einen guten Gesamteindruck gewinnt man von der nach Orphir führenden A 964 oder aber von den ersten drei der insgesamt vier Chur-

Earl's Palace, Kirkwall, Orkney (Westseite, von der Watergate Street aus gesehen). ▶

Scapa Flow, Churchill Barriers und Italian Chapel

chill Barriers aus. Die Lage der Orkneys zwischen zwei Meeren und die Dimensionierung der Bucht machen Scapa Flow zu einem strategisch interessanten Naturhafen für ganze Flotten. So wird es erklärbar, daß die Bucht in zwei Weltkriegen der Haupthafen der englischen Kriegsmarine, der damals größten Flotte der Welt, war.

Als im August 1914 der 1. Weltkrieg ausbrach, hatte die englische Admiralität nichts getan, um Scapa Flow zu einer adäquaten Flottenbasis auszubauen. Dennoch wurde es zum Haupthafen der Großen Flotte deklariert und diese damit den deutschen U-Booten und Zerstörern zunächst einmal schutzlos ausgeliefert. Ein für die Briten glücklicher Zufall war, daß die deutsche Admiralität die prekäre Situation nicht zu nutzen verstand. Unter den Besatzungen der englischen Schiffe wuchs jedoch die Hysterie, und in der Nacht vom 16. zum 17. Oktober 1914 kam es zu der »Schlacht von Scapa Flow«, einem falschen Alarm, der zu allgemeinem Chaos führte. Erst am 24. Oktober erließen Winston Churchill und die Admiralität strikte Richtlinien zur Verteidigung der Bucht. Stahlnetze wurden gespannt, veraltete Handelsschiffe versenkt, um Passagen zu verbarrikadieren, und stählerne Schiffssperren aus Eisenbahnschienen wurden in besonders flache Gewässer eingelassen. Zur ersten größeren Katastrophe kam es schließlich am 5. Juni 1916, als der Kreuzer *Hampshire* vor Scapa Flow auf eine deutsche Mine fuhr und mit der gesamten Mannschaft sowie dem damaligen Kriegsminister Lort Kitchener unterging.

Nach dem 1. Weltkrieg wurde die Kaiserliche Flotte nach Scapa Flow überführt. Sie galt kriegsrechtlich nicht als übergeben, sondern lediglich als interniert. Infolge dieses Status befanden sich auf den insgesamt 74 Schiffen keine englischen Wachmannschaften; vielmehr lag die Versorgung der Schiffe in den Händen eines Restbestandes der angestammten deutschen Besatzungen. Am 21. Juni 1919 waren die englischen Bewachungsschiffe zu einer Flottenübung ausgelaufen: Um 10.30 Uhr setzte Vizeadmiral *Ludwig von Reuter*, der ranghöchste Offizier der Flotte, an Bord seines Schiffes die Kaiserliche Flagge und dazu ein Fahnensignal: »§ 11 vom heutigen Tage. Bestätigen.« Dies war der kodierte Befehl zur Selbstversenkung. Als erste größere Einheit sank um 12.17 Uhr der *Friedrich der Große*, das deutsche Flaggschiff. Um 12.54 Uhr folgten das Linienschiff *König Albert*, um 13.10 Uhr der Schlachtkreuzer *Moltke*. Das letzte Schlachtschiff, die *Hindenburg*, sank um 17 Uhr. Bis zur Hebung der Hindenburg 11 Jahre später ragten deren Aufbauten lotrecht aus dem an dieser Stelle nicht sehr tiefen Wasser der Bucht hervor. Ein in der deutschen Heldenchronik nicht verzeichneter Nebeneffekt der Selbstversenkung war, daß das aus den Schiffen auslaufende Heizöl zu einer Ölpest gigantischen Ausmaßes führte: auf Jahre hinaus regte sich in Scapa Flow kein Leben mehr. Dafür aber konnten in den Jahren der Depression zwischen 1924 und 1937 6 der großen Schlachtschiffe und 26 Zerstörer gehoben und verschrottet werden. Leider war der Schrottpreis damals so niedrig, daß selbst der Erlös aus den großen Schlachtschiffen kaum die Hebungskosten deckte. Immerhin schuf die Hebung der kaiserlichen Flotte auf Jahre hinaus Arbeitsplätze. Nach 1937 wurden weitere 5 Schlachtschiffe gehoben, so daß heute nur noch 7 Schiffe der Kaiserlichen Flotte auf dem Grund der Bucht liegen, alle in etwa 40 m Wassertiefe. Diese Schiffe werden zur Zeit mit modernen Methoden unter Wasser zerlegt; ihr Stahl ist für den Bau wissenschaftlicher Geräte besonders wertvoll, da er nach 1945 nicht von radioaktiven Einstrahlungen geblieben ist.

Bei Ausbruch des 2. Weltkriegs war die Admiralität wiederum Winston Churchill unterstellt, und wieder war Scapa Flow gegen feindliche Angriffe ungenügend geschützt. Die Verletzbarkeit der Flottenbasis erwies sich am 14. Oktober 1939, als es dem deutschen U-Boot 47 unter Kapitänleutnant *Prien* gelang, durch die Enge n. der kleinen Insel Lamb Holm (heute durch die von Kirkwall aus gesehen erste Churchill Barrier versperrt) in die Bucht einzudringen. Durch Zufall war die Bucht fast leer, so fiel Prien nur die vor Anker liegende *Royal Oak* zum Opfer. Die 833 Mann Besatzung überlebten die Katastrophe nicht. Das Schiff ist nicht wieder gehoben worden. Eine Reaktion auf den Vorfall war der Bau der vier Churchill Barriers 1941–1943. Damit wurden die ö. Zufahrten zur Bucht ein für allemal gesperrt. Außerdem wurden die bestehenden Abwehrsysteme doppelt und teilweise sogar 3fach ausgelegt. Ein spezielles Radarsystem und zahlreiche Flakgeschütze trugen zur weiteren Abschreckung bei. Die Maßnahmen hatten zur Folge, daß die Flottenbasis von Scapa Flow nach 1941 praktisch ohne Feindeinwirkung arbeiten konnte.

Die *Churchill Barriers* bestehen aus riesigen Zementblöcken, die, ohne festes Muster verlegt, nach beiden Seiten auch als Wellenbrecher dienen. Sie tragen eine recht schmale und holprige Straße. Von dem an der Südküste von Mainland gelegenen, recht typischen Dorf St. Mary's gelangt man über die erste Barriere zur kleinen Insel *Lamb Holm*, auf der sich während des 2. Weltkrieges ein riesiges

◀ *Der Steinkreis von Callanish, Lewis.*

Kriegsgefangenenlager befand. Die Gefangenen, zumeist Italiener, waren beim Bau der Barrieren eingesetzt. Die *Italian Chapel*, eine von den Gefangenen kunstvoll in eine römisch-katholische Kirche umgewandelte und mit italienischem Stilempfinden ausgestaltete Nissenhütte, gibt Zeugnis von Hoffnung und Leid der Südländer, die auf der Insel jahrelang den Unbilden eines für sie gänzlich ungewohnten Klimas ausgesetzt waren und Schwerstarbeit verrichten mußten. Die Kapelle befindet sich links unmittelbar hinter der ersten Barriere, gut 100 m von der Hauptstraße entfernt. Sehenswert ist auch die aus Zement modellierte Figur des *St. Georg* auf dem Platz vor der Kirche, nicht nur als ein Stück naive Plastik, sondern auch wegen der sizilianisch anmutenden Gesichtszüge des sonst so britischen Heiligen. In der Kirche selbst besitzen vor allem die schmiedeeisernen Arbeiten hohes künstlerisches Niveau, beachtenswert ist aber auch die *Fotodokumentation* im hinteren Teil der Kapelle. Heute steht das Kirchlein unter dem besonderen Schutz der Einwohner von Orkney, die große Summen gestiftet haben, um den Bau zu erhalten. Als eine erste Restaurierung erforderlich wurde, scheute man keine Mühe, um die an der Ausschmückung der Kirche beteiligten ehemaligen Gefangenen in Italien aufzuspüren und sie nach Orkney einzuladen, damit sie ihr Werk erneuern konnten. Die Italiener kamen, und Gegenbesuche der Orcadians folgten.
Rechts und links der Barrieren ragen die in Auflösung begriffenen, völlig verrosteten Rümpfe einer Reihe von älteren Handelsschiffen aus dem Wasser hervor. Die Frachter wurden in beiden Weltkriegen hier versenkt, um die Passagen zu blockieren.
Bei aller Bedeutung der Churchill Barriers für die nationale Geschichte erscheint deren Zukunft nicht gesichert: Denn zum einen gibt der sandige Seeboden immer wieder nach, wodurch permanente kostspielige Reparaturen erforderlich sind, zum anderen waschen die umgeleiteten Gezeitenströme die Ostküsten der angrenzenden Inseln immer stärker aus. Welche Kräfte hier am Werke sind, deutet die Tatsache an, daß der Unterschied zwischen dem Wasserstand an der West- und der Ostseite der Barrieren mitunter 50 cm und mehr beträgt.

683 Die Rundkirche von Orphir

Orphir liegt s. der A 964, etwa auf halbem Wege zwischen Kirkwall und Stromness. Kommt man von Kirkwall, so zweigt man etwa 300 m hinter dem Postamt von Orphir auf eine nk Straße nach S ab, von Stromness kommend gelangt man 8 km s. der Gabelung A 964/A 965 an einen Punkt, wo die Hauptstraße scharf nach links abbiegt, während die nk Straße zur Orphir Round Church geradeaus weiterführt.

Die Rundkirche ist wahrscheinlich die älteste der recht zahlreichen Orkney-Kirchen aus dem 12. Jh. Ihre Überreste befinden sich nur wenige Meter von der jetzigen Gemeindekirche von Orphir

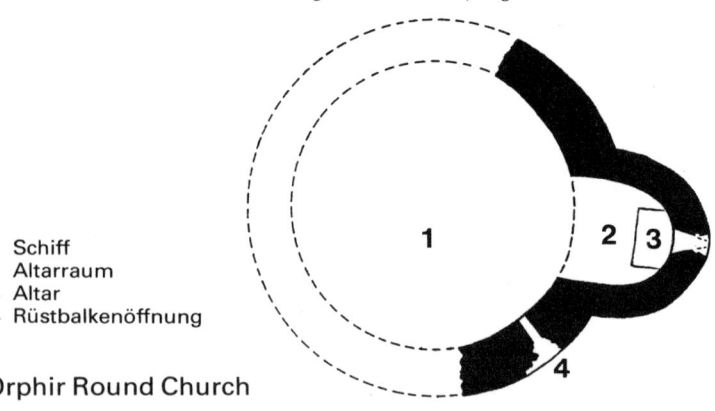

1 Schiff
2 Altarraum
3 Altar
4 Rüstbalkenöffnung

Orphir Round Church

entfernt, umgeben von einem modernen Friedhof mit interessanten Grabplatten aus dem 18. und 19. Jh. Der Grundriß der Kirche ist für Schottland einzigartig, handelt es sich doch um eine verkleinerte Version der Kirche des Heiligen Grabes zu Jerusalem. Erhalten ist die nur 2,1 m breite, halbkreisförmige Apsis mit einem kleinen, nach O weisenden romanischen Fenster von rund einem Meter Höhe und 25 cm Breite. Das Tonnengewölbe hat eine Höhe von rund 3,7 m, vom ursprünglichen Niveau des Fußbodens aus gemessen. Von der Rotunde des Schiffes sind, sieht man von 2 Stümpfen rechts und links der Apsis ab, nur Andeutungen des Fundamentes erhalten. Der Durchmesser beträgt 6,1 m. Der Bau wird heute allgemein auf nach 1120 datiert, obgleich eine eindeutige Fixierung innerhalb des Zeitraums 1090–1160 nicht möglich ist. Geht man von einem Baubeginn nach 1120 aus, so kommt *Jarl Hakon Paulsson* als Auftraggeber in Frage, der um 1120 von einer Pilgerreise nach Jerusalem zurückkehrt, die er unternommen hat, um den Mord an St. Magnus (1116) zu sühnen. Daß nur ein Jarl als Bauherr in Frage kommt, geht aus der Lage der Kirche unmittelbar neben einer wikingischen Adelshalle hervor, die auch in der Orkneyinga Saga erwähnt ist. Die Kirche wird in älteren Texten als *Girth House* bezeichnet, was soviel heißt wie Friedenshaus, Weihestätte, Asyl.

684 Stromness

Die malerische kleine Stadt (3000 Einwohner) liegt an einer geschützten Bucht im SW von Mainland. Sie ist heute wichtigster Fährhafen von Orkney (Wagenfähre nach Scabster, vgl. S. 70) und für den Auto-Touristen das Tor zur Insel.

Die Stadt bietet keine Altertümer, sieht man einmal von den spärlichen Überresten eines unbedeutenden mittelalterlichen Klosters ab. Sie besitzt dafür aber viel mehr Atmosphäre als Kirkwall; sie wirkt durch ihre einzigartige landschaftliche Einbettung und die Harmonie des jahrhundertealten Stadtbildes mit seinen schmucken Steinhäusern, seinen verwunschenen kleinen Gärten und seinen kecken, aber doch guteingepaßten Farbtupfern. Stromness war um die Mitte des 17. Jh. eines der Haupthandelszentren Schottlands im Verkehr mit den baltischen Häfen. Aus jener Zeit datiert auch das Stadtrecht. Im 18. und 19. Jh. wurde der Ort ein bedeutender Walfängerhafen; bis heute ist die Fischerei ein wichtiger Erwerbszweig. Viele der Häuser längs des Ufers haben ihren eigenen Bootssteg. Von Bedeutung ist heute vor allem der Hummerfang. Die sehr pittoreske Hauptstraße (Main Street) gleicht mit ihrer Steinplatten-Pflasterung der Hauptstraße von Kirkwall oder auch der Hauptstraße von Lerwick, sie ist allerdings etwas später entstanden.

Die Stadt hat stets davon profitieren können, daß sie an großen Reiserouten liegt. Im ausgehenden 18. und im 19. Jh. liefen Schiffe auf ihrem Weg nach Nordamerika Stromness als letzten Hafen vor der großen Atlantiküberquerung an, um sich hier noch einmal mit frischen Vorräten zu versorgen. Während der Napoleonischen Kriege, als der Ärmelkanal zu unsicher war, machten die Schiffe der *Hudson Bay Company* auf ihrem Weg nach Kanada in Stromness fest, und als man herausfand, daß die Bewohner von Orkney gute Seeleute sind, begann auf diese Weise ein Exodus in die Neue Welt: Orkney-Bewohner verdingten sich als Matrosen, um sich auf diese Weise eine freie Überfahrt zu erhalten. Am Hafen von Stromness ist heute noch ein massiv gebautes Lagerhaus in Gebrauch, das während der Napoleonischen Kriege als Reislager diente.

Die Stadt besitzt ein interessantes kleines Heimatmuseum, das *Orkney Natural History Museum* (Victoria Street), das mit seinen Booten und Schiffsmodellen vor allem auf die Fischerei- und Seefahrertradition der Stadt hinweist. Auch Exponate zur Naturgeschichte und Funde aus Scara Brae werden gezeigt.

Wichtige Adressen: *Orkney Tourist Organisation,* Information Office, Pierhead, Stromness, T. 491 – *P & O Ferries,* Ferry Terminal, beim Hafen – *Postamt,* Victoria Street. – Die Abfahrtszeiten der Busse nach Kirkwall sind auf einer großen Abfahrtstafel am Hafen aufgemalt.

685 Skara Brae

Skara Brae ist ein steinzeitliches Pompeji und ein in seiner Art einzigartiges Kulturdenkmal. Das Dorf befindet sich am s. Ende der Bay of Skaill (Westküste), etwa 1 km von der B 9056 entfernt, die als Zufahrtsstraße dient. Von Stromness oder Kirkwall kommend gelangt man rund 500 m hinter dem Ende des Loch of Skaill zu einem kleinen Hinweisschild. Hier muß man den Wagen abstellen und zu Fuß über die Wiesen oder am Ufer entlang zur Ausgrabungsstätte gehen (festes Schuhwerk erforderlich). Der direkteste Weg führt über mehrere Weiden, auf denen normalerweise Rinderherden stehen. Die Tiere haben sich an die vielen Besucher zur Sommerzeit gewöhnt, sie reagieren mit gedämpfter Neugier.

Im Winter 1850 riß ein besonders heftiger Sturm das Gras von einer hohen Sanddüne mit dem Namen Skara Brae am s. Ende der Bucht. Der Sand kam in Bewegung und legte die Ruinen von vorgeschichtlichen Behausungen frei. Der Gutsherr begann daraufhin mit einer systematischen Erkundung des Geländes, und bis 1868 wurden 4 der nachstehend beschriebenen Steinzeithütten ausgegraben. Ein weiterer schwerer Sturm im Dezember 1925 wusch dann einen Teil der ausgegrabenen Gebäude ins Meer hinaus und beschädigte weitere. Der Verlust führte zu einer unmittelbaren Rettungsaktion seitens der staatlichen Denkmalpflege: Ein Damm wurde errichtet; 1927–1930 erfolgt eine fachmännische Ausgrabung des gesamten Dorfes. Dabei kam auch eine Vielzahl von Handwerks- und Kunstgegenständen zum Vorschein, die, soweit sie nicht an Museen in Kirkwall, Stromness, Edinburgh (**66.36**) und London abgegeben wurden, heute in einem kleinen *Museum* im Grabungsbezirk selbst besichtigt werden können. Zu den schönsten Exponaten gehören mehrere kunstvoll gefertigte Steinkeile sowie Halsketten aus Tierzähnen und Nadeln aus Walroß-Elfenbein.

Die Ruinen bestehen aus 7 in sich geschlossenen Hütten, die durch Passagen miteinander verbunden sind. Die Hütten sind bis zur Höhe der heute noch vorhandenen Mauern in eine Masse aus Abfällen und Kehricht eingebettet, die im wesentlichen aus Torfasche, Muscheln, Knochen und Sand besteht und etwa die Konsistenz von Ton hat. Die Passagen zwischen den einzelnen Hütten sind mit Steinplatten überdacht, über die der gleiche Kehricht ausgebreitet ist. Auch die Böden einiger Hütten bestehen aus diesem Material, das offenbar als eine Art steinzeitliche Isoliermasse angesprochen werden kann, es ist wasserabstoßend und schützt gegen Wärmeabstrahlung und Zugluft. Gleichzeitig deutet das Vorhandensein des Materials auch unter den Fundamenten selbst darauf hin, daß Skara Brae bereits besiedelt war, bevor die Hütten errichtet wurden. Letztere gehören einer älteren und einer jüngeren Periode zu, wobei die Fundamente der jüngeren Periode auf den Ruinen der älteren Hütten ruhen. Siedlungsgeschichtlich sind daher 3 *Epochen* zu unterscheiden. Eine Datierung der Schichten fällt jedoch außerordentlich schwer, und auch über die Länge der einzelnen Siedlungsperioden selbst sind Angaben unmöglich. Allerdings deutet der reichlich vorhandene Kehricht darauf hin, daß Scara Brae über viele Generationen bewohnt war. Da keinerlei Gegenstände aus Metall in der Siedlung gefunden wurden, handelt es sich bei den Bewohnern mit Sicherheit um Menschen der jüngeren Steinzeit. Setzt man die Invasion der Glockenbecher-Leute und damit den Beginn der Bronzezeit in Orkney und Shetland um die Mitte des 2. vorchristlichen Jt. an, so ergibt sich für die Besiedlung von Skara Brae ein grober Zeitraum von rund 800 Jahren: von 2300 bis 1500 v.Chr. Die in Skara Brae gefundenen Töpferwaren zeigen einen künstlerischen und handwerklichen Standard, wie er für das gesamte neolithische Großbritannien typisch ist.

Die reichliche Verwendung von Sand, besonders bei der Herrichtung der Fundamente für die

Skara Brae

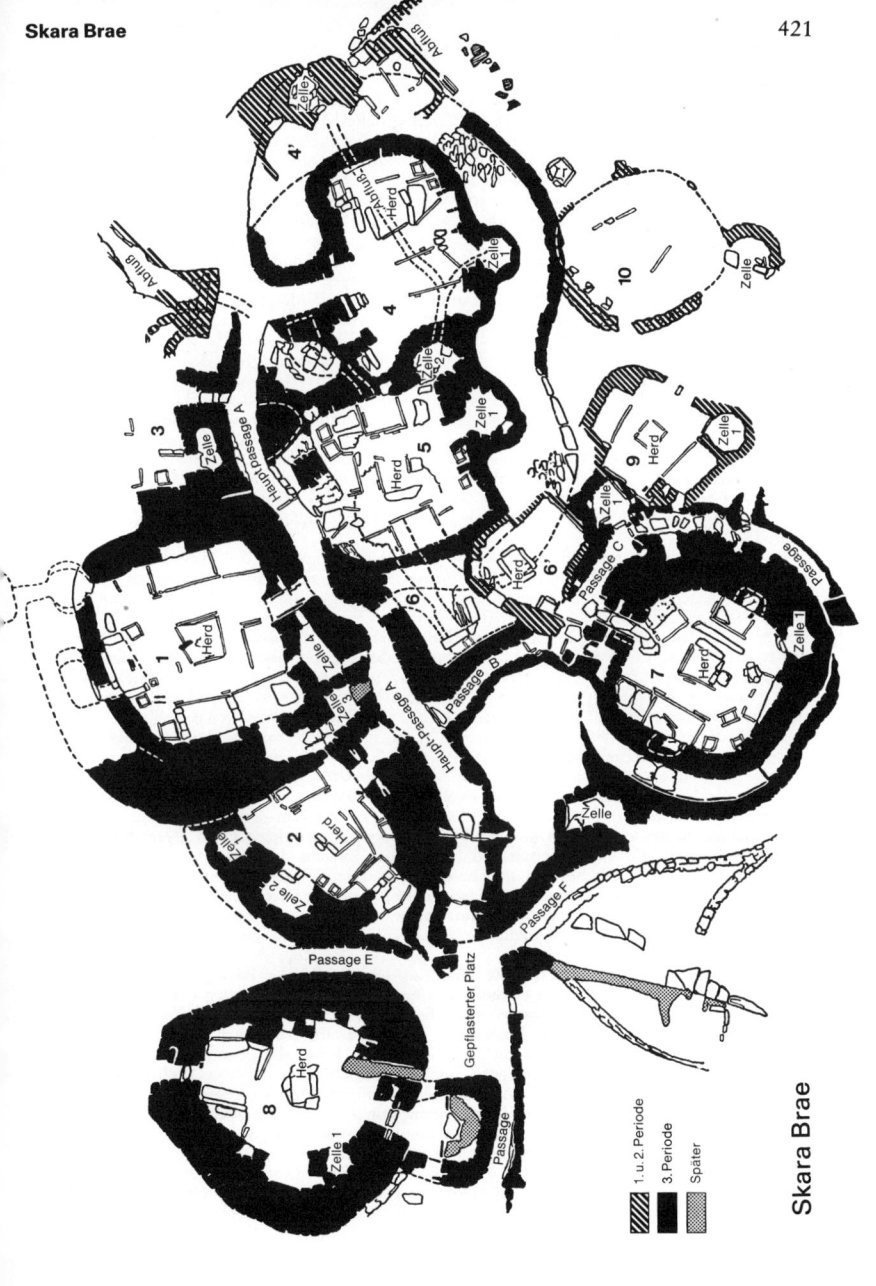

Häuser der dritten Periode, deutet auf das Vorhandensein von Dünen in der Nachbarschaft der Siedlung hin. An diesen Dünen mag es dann auch gelegen haben, daß uns in Skara Brae ein völlig intaktes steinzeitliches Dorf überliefert ist: Vieles spricht dafür, daß die Bewohner der 3. Periode ihre Siedlung während einer plötzlichen Naturkatastrophe fluchtartig verlassen mußten. Sie hinterließen dabei ihren wertvollsten Besitz, ihr Handwerkszeug, ihre Vorräte, ihren Schmuck. Beim Versuch, sich in aller Eile durch die enge Türöffnung ihrer Hütte hindurchzuzwängen, beschädigte eine der fliehenden Frauen ihre Halskette. Die Perlen sind entlang der Passage, durch die sie davonrannte, verstreut. Das Dorf wurde nie geplündert, Vorratsräume und Mobiliar waren völlig intakt, als der Sturm die Siedlung freilegte. Hatte damals, vor mehr als 3000 Jahren, ein ebenso großer Sturm die Dünen der Umgebung in Bewegung gesetzt und das Dorf in wenigen Minuten zugeweht? Die Hütten und auch die überdachten Passagen waren rund 1 m hoch mit Flugsand bedeckt, als man sie ausgrub. Offenbar wurde Skara Brae allerdings durch den ersten Sandsturm nicht völlig verschüttet; denn einige Siedler kehrten zurück und lebten noch eine Zeitlang in den Ruinen. Sie hinterließen ihre Abfälle auf dem neuen, vom Flugsand geschaffenen Niveau.

Das Dorf war offenbar so konstruiert, daß es dem Wind kaum Angriffsfläche bot und auch vor Feinden im Gelände durch eine alles überdeckende Grasnarbe weitgehend verborgen war. Die Häuser sind aus flachen Natursteinen errichtet, wie sie sich am benachbarten Strand finden, zuweilen wurden aber auch Sandsteinplatten eingefügt, die man offenbar von weiter her antransportierte. Für die Dächer und die Abdeckung der Passagen wurden ausgesucht wohlgeformte Schieferplatten verwandt. Dabei wurde der Überdachungs-Effekt durch ein System aus übereinandergeschichteten, vorspringenden Steinplatten erreicht (Bienenkorb-Bauweise). In der Mitte der Überdachung über dem Herd war ein großer Rauchabzug wohl zu allen Zeiten offen. Wahrscheinlich waren die Hütten zusätzlich durch Häute und Torf abgedeckt, die über ein Sparrenwerk aus Walfischknochen gebreitet wurden.

Beeindruckend ist die einheitliche *Ausstattung* der Behausungen: In der Mitte befindet sich eine quadratische Feuerstelle, die durch 4 Steinplatten begrenzt wird. Auf beiden Seiten des Herdes finden sich gegen die Wand hin zwei weitere steinplattenbegrenzte Einfriedungen, wobei diejenige rechts des Eingangs stets die größeren Abmessungen (1,5 m bis 2 m Länge bei 0,8 m bis 1 m Breite) besitzt. Hier handelt es sich um Bettstellen. Man nimmt an, daß die Betten durch eine Art Baldachin zusätzlich überdacht und damit geschützt waren. In den Nischen oberhalb der Bettstellen bewahrten deren Benutzer offenbar ihre private Habe auf. Die Betten selbst waren mit Heidekraut aufgefüllt, wobei das Heidekraut wiederum als Versteck für besonders kostbaren Besitz diente. Einige der schönsten Exponate des kleinen *Museums* im Grabungsbezirk wurden innerhalb der steinernen Betteinfriedungen gefunden. An der hinteren Mauer jeder Behausung befindet sich der kunstvoll konstruierte, in der Regel zweigeschossige Steinzeit-Schrank. In einer Ecke des Wohnraums sind jeweils kleine steingefaßte Vertiefungen von Papierkorb-Größe in den Boden eingelassen. Sie sind mit Tonerde sorgsam abgedichtet, doch ist über ihren Gebrauch nichts bekannt. Wahrscheinlich dienten sie als Reservoirs für Flüssigkeiten. Auch die Funktion der Zellen, die in die Außenwände der einzelnen Hütten eingelassen sind, bleibt unklar: Einige der Zellen sind so angeordnet, daß man von ihnen aus den nur 0,6 m breiten und 1,1 m hohen Eingang der Hütte verteidigen kann – ein Bauprinzip, das sich noch bei den Brochs findet –, andere Zellen scheinen, wie diesbezügliche Funde andeuten, als *Schatzhäuser* verwandt worden zu sein; die Tatsache schließlich, daß Kanalisationsrinnen zu einigen weiteren Zellen hinführen, deutet auf deren Benutzung als Toiletten hin. Der Kanalisation dienten flache, in Stein gefaßte Kanäle, über die Bruchsteinplatten *(flagstones)* gebreitet waren.

Die einzelnen Hütten besaßen hölzerne Türen zu den überdachten Passagen, den »Straßen« des Dorfes, und auch innerhalb dieser engen, nur 1,1 m hohen Gänge befanden sich zur Abschottung einzelne Tore. Die Passagen führten zu öffentlichen Plätzen, die unter freiem Himmel lagen und mit Steinplatten gepflastert waren. Ein solcher Platz am n. Ende der Siedlung, unmittelbar neben Hütte 8, ist erhalten. Man darf davon ausgehen, daß sich fast das gesamte Leben der Familien innerhalb der Behausungen abspielte, daß man allerdings bei gutem Wetter auch auf den grasbewachsenen Überdachungen zwischen den einzelnen Hütten lebte. Fest steht, daß die Einwohner keine sehr hohen hygienischen Ansprüche stellten: Die Böden ihrer Hütten wie auch die der Passagen waren überhäuft vom Abfall ihrer Mahlzeiten, und das Drainage-System war alles andere als durchdacht. Die Bewohner von Skara Brae waren Hirten, Fischer und Jäger, Ackerbau scheint praktisch unbekannt gewesen zu sein. In ihrer Versorgung war die Dorfgemeinschaft offenbar autark. Zumindest wurden keinerlei Gegenstände gefunden, die auf einen Handel, beispielsweise mit dem schottischen Festland, schließen lassen. Die Töpferei war nur schwach entwickelt. Einige

steinerne Farbtöpfe mit rotem, gelbem und blauem Farbstoff deuten auf Körperbemalung als Teil des Brauchtums hin.
Das besterhaltene und geräumigste Bauwerk der gesamten Anlage ist *Hütte Nr. 7* (Durchmesser 5,7 m, Grundfläche 25,5 qm). Der Bau ist heute überdacht. In den Mauerfundamenten hinter dem größeren Bett, vom Eingang aus betrachtet rechts, wurde ein Grab mit den Skeletten zweier alter Frauen gefunden, die in hockender Stellung beerdigt worden waren: Ihr guter Geist sollte beitragen, die Mauer vor dem Einsturz zu bewahren. Die Zelle am hinteren Ende der Hütte ist in Bienenkorb-Bauweise erstellt. Ihre Wände sind aus sich überlagernden und nach innen vorspringenden Steinplatten so konstruiert, daß sich ein komplettes Gewölbe ergibt. Bienenkorb-Hütten *(beehive houses)* finden sich an vielen Orten Schottlands und Irlands. Angesichts der reichen Vorkommen von Bruchsteinplatten längs der Küste blieb die Bautechnik in abgeschiedenen Gebieten, so etwa in der Gaeltacht im SW Irlands und auf den Äußeren Hebriden, bis ins 19. Jh. hinein erhalten. Die Zelle in Hütte Nr. 7 enthielt einen Vorrat an Perlen sowie mehrere Schmuck-Anhänger und ein zerbrochenes Gefäß.
Die besterhaltene Behausung aus der Zeit der 2. Siedlungsperiode ist die ö. an Nr. 7 anschließende *Hütte Nr. 9*. Die Ausstattung ist deutlich einfacher als bei Hütte Nr. 7; der größte Unterschied zur späteren Bauweise besteht in der Ausbildung von Alkoven für die Bettstellen.
Das kleine *Museum* bei der Grabungsstätte enthält nicht alle Funde. Eine größere Sammlung ist im *National Museum of Antiquities* zu Edinburgh untergebracht, und repräsentative Querschnitte bieten die Heimatmuseen von Kirkwall und Stromness sowie das Britische Museum in London.
April bis September MO–SA 9.30–19, SO 14–19; Oktober bis März MO–SA 9.30–16.30, SO 14–16.

686 Birsay

Folgt man der B 9056 und dann der A 967 nach N, so gelangt man nach 11 km zur Einmündung der letztgenannten Straße in die A 966. Nach weiteren 700 m werden links die imposanten Ruinen des Palastes von Birsay sichtbar, eines Lustschlosses des Grafen *Robert Stewart* von 1580. Vorbild für den Bau war Falkland Palace (**124**). Eindrucksvoll sind vor allem die mächtigen Mauern aus Bruchstein-Platten. Von der Nordseite des Palastes aus führt ein Fahrweg in n. Richtung längs der Birsay Bay zum etwa 600 m entfernten Point of Buckquoy, von wo ein Fußweg die Verbindung zur Insel Brough of Birsay (»Stadt Birsay«) herstellt. Der Weg ist zur Zeit der Flut (3 Stunden vor Hochwasser bis 3 Stunden danach) nicht begehbar; der Zeitpunkt des Hochwassers liegt 1 Stunde früher als in Kirkwall. Auskunft erteilen die Informationsämter von Stromness und Kirkwall oder die Hafenämter beider Städte. In Zweifelsfällen gibt auch der für den *Brough of Birsay* zuständige Aufsichtsbeamte (Tel. Birsay 272) Auskunft.

Birsay war die früheste *Hauptstadt* von Orkney. Die Orkneyinga Saga berichtet, daß Jarl Thorfinn der Mächtige (gest. um 1065) in Birsay residierte und dort einen Bischofssitz schuf. Die 1866 begonnenen Ausgrabungen sind noch nicht abgeschlossen. Sie haben bis heute nicht nur die Überreste eines Fürstenpalastes und einer Kathedrale aus dem 11. und 12. Jh. freigelegt, sondern auch zahlreiche frühere Gebäude, deren älteste offenbar aus dem frühen 7. Jh. und damit aus der Zeit der irischen Mission datieren. Die Siedlungsgeschichte der Insel bricht mit dem 12. Jh. ab, als die Kathedrale nach Kirkwall verlegt wird.
Es gilt heute als sicher, daß vom frühen 7. bis zum 9. Jh. in Birsay ein keltisches *Kloster* bestand, das dann von den wikingischen Invasoren, die noch nicht christianisiert waren, überrannt wurde. Im Zuge der Invasion entstanden um das ehemalige Kloster herum wikingische Gehöfte. Wahrscheinlich wurde Birsay infolge seiner strategisch günstigeren Lage sehr schnell zu einem Herrensitz ausgebaut. Als *Jarl Thorfinn* um 1050 von einer Pilgerreise nach Rom zurückkehrte, baute er in Birsay das, was die Saga als ein herrlich ausgestattetes Münster bezeichnet. Im frühen 12. Jh. wurde dieses Münster zur Kathedrale von Orkney erhoben. Dabei wurden an dem Bauwerk kleinere

Veränderungen vorgenommen. Nördlich der Kathedrale wurde im frühen 12. Jh. ein Bischofspalast errichtet.
Die Ausgrabungen haben gezeigt, daß die Kathedrale selbst auf den Ruinen einer sehr viel älteren, kleineren Kirche gründet, die wahrscheinlich zum keltischen Klosterbezirk des 7. Jh. gehörte. Um dieses Kirchlein herum befand sich ein ausgedehnter *Piktischer Friedhof*, von dem im Rahmen der Ausgrabungsarbeiten unter anderem der berühmte Stein von Birsay (vgl. u.), ein frühes keltisches Kreuz sowie eine fragmentarische Inschrift in Ogham-Lettern geborgen werden konnten. Der spätere wikingische Friedhof aus dem 11. Jh. überdeckt die früheren, keltischen Gräber.
Die *Kathedrale*, in der Orkneyinga Saga als Christuskirche bezeichnet, später dann St. Peters-Kirche genannt, wirkt auf den modernen Beschauer keineswegs wie eine Bischofskirche, hat sie doch eher die Abmessungen eines kleinen Dorfkirchleins. Der ungeheure technische und kulturelle Fortschritt, der in der Konstruktion der Kathedrale von Kirkwall nach 1137 dokumentiert ist, wird erst recht deutlich, wenn man bedenkt, daß die Kathedrale von Birsay mit äußeren Abmessungen von gerade 20 m Länge und 6 m Breite deren unmittelbarer Vorläufer ist.

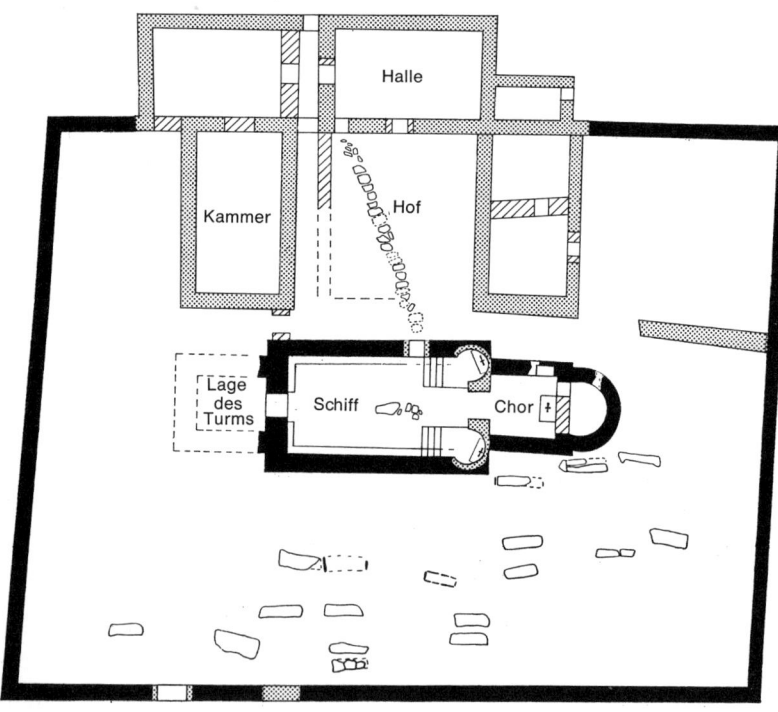

Kathedrale und Bischofspalast, Birsay

Birsay 425

Die Kathedrale besitzt ein kleines rechteckiges Schiff von 9 m Länge und 4,5 m Breite und einen daran gefügten, fast quadratischen Chor von etwa 2,9 m Seitenlänge. Eine halbkreisförmige Apsis von 2,4 m Durchmesser schließt sich an. Vorspringende Steine zu beiden Seiten des Westportals deuten darauf hin, daß ursprünglich ein Westturm errichtet werden sollte, der aber wahrscheinlich nie ausgeführt wurde. Das kleine Fenster auf der Nordseite des Chores sowie die Spuren eines Fensters auf der n. Seite der Apsis gehören zum ursprünglichen Bau aus der Zeit nach 1050. Die beiden Nischen am Ostende des Schiffes stammen aus dem frühen 12. Jh., sie sind Teil der Umbauarbeiten aus der Zeit, als Birsay Bischofssitz wurde. Damals wurde auch der n. Zugang zum Schiff geschaffen oder doch zumindest verbreitert. In den Nischen, deren Boden 45 cm über dem Niveau des Schiffes liegt, befanden sich die Seitenaltäre. Der Boden von Chor und Apsis besteht aus großen Bruchsteinplatten. Das Schiff hingegen hat einen Boden aus gestampfter Erde, der heute mit Kieselsteinen bedeckt ist.
Mehrere Bruchsteinplatten im Zentrum des Schiffes markieren die Position eines Grabes. Man nimmt an, daß es die erste Ruhestätte des hl. Magnus war. Als dessen Gebeine dann in die Kathedrale von Kirkwall überführt worden waren, wurde das Grab in der 2. Hälfte des 12. Jh. erneut benutzt: Bei den Ausgrabungen wurden die Überreste eines männlichen Skeletts frei gelegt, dessen Knochen bei der Bestattung bereits nicht mehr in ihrer normalen Position waren. Dieses Faktum deutet darauf hin, daß ein wichtiges Mitglied des fürstlichen Hauses aus dem umliegenden Friedhof in das freigewordene Grab umgebettet wurde, möglicherweise der berühmte *Jarl Thorfinn* selbst.
Der *Bischofspalast* n. der Kathedrale besteht aus drei Gebäudeteilen, die einen Innenhof umschließen, dessen vierte Begrenzung die n. Wand des Schiffes der Kathedrale ist. Hinsichtlich der Funktion der einzelnen Räume und der Ausstattung des Gebäudes sind nur Mutmaßungen in Anlehnung an besser erhaltene Bauwerke aus der gleichen Periode möglich: Demnach befand sich im mittleren Gebäudeteil, gegenüber der Nordwand der Kathedrale, der große Saal. Der Westflügel enthielt die privaten Gemächer des Bischofs, wobei man davon ausgehen muß, daß das Gebäude zweigeschossig war. Erhalten sind lediglich die Grundmauern des Wohn- und Studierzimmers. Im Ostflügel befanden sich allem Anschein nach die Wirtschaftsräume.
Kathedrale und Friedhof waren ursprünglich von einer Mauer umgeben, die jedoch beim Bau des Bischofspalastes durchbrochen wurde. Wie schon angedeutet, können innerhalb des Friedhofs zwei Schichten unterschieden werden: Unter dem wikingischen Gräberfeld liegt ein älteres und größeres aus piktischer Zeit. Eines der Piktengräber ist dabei von besonderem Interesse: In einem Abstand von etwa 1,5 m von der s. Begrenzungsmauer und 8 m w. des Eingangs finden sich 3 nebeneinander

Birsay Stone

liegende Grabplatten. Unweit dieser Platten wurde der *Birsay Stone* gefunden, der neben 3 konventionellen keltischen Symbolen die naturalistische Darstellung eines Adlers und darunter 3 menschliche Figuren, offenbar Würdenträger im Kriegsornat, zeigt. Wahrscheinlich bezieht sich der Stein auf 3 hohe Beamte eines piktischen Unterkönigs von Orkney, die in dem durch die 3 Steinplatten markierten Grab bestattet waren.
Zwischen der ö. Einfriedung des wikingischen Friedhofs und dem Steilufer werden die Grundmauern mehrerer wikingischer *Gehöfte* aus dem 9. und 10. Jh. sichtbar. Die Ausgrabungen in diesem Bereich sind noch nicht abgeschlossen. Zwischen den Gehöften befindet sich auch eine Art wikingische Sauna, ein heizbares *Badehaus:* Die Vorrichtungen erlaubten unter anderem, Wasser auf vorgeheizte Steinplatten zu gießen, um auf diese Weise Dampf zu erzeugen.

Auf dem Rückweg von Birsay lohnt ein kurzes Verweilen an der landschaftlich schönen, klippenreichen Küste. Sie gehört zu den buntesten Gestaden von Orkney: Violetter, grüner, roter und gelber Sandstein kommen hier nebeneinander vor, das Meer hat die Quader rundgeschliffen und durcheinandergeworfen.

687 Die Wassermühle von Dounby

Die für das Mahlen von Getreide gebaute Wassermühle ist insofern interessant, als sie einen Stand der Technik widerspiegelt, wie er für die winkingische Zeit typisch ist. Die Mühle ist in einer kleinen, unscheinbaren Hütte untergebracht, die sich in der Nähe eines Hauses mit dem Namen *Millbrig* befindet, rund 4,8 km nö. von Dounby (Straßenkreuzung A 986/B 9057) und unweit der B 9057. Das genaue Alter der Mühle steht nicht fest, doch stimmt der Bautyp mit einer alten Mühle auf Lewis überein, die dort als »Norse Click Mill« (Wikingische Klick-Mühle – wegen des typischen Geräusches des Wasserrades) bezeichnet wird.

Obgleich die Mühle seit vielen Jahren nicht mehr in Betrieb ist, können die Charakteristika des Mahlwerkes gut beobachtet werden. Kernstück ist ein horizontal angeordnetes Wasserrad, das mit dem oberen der beiden darüberliegenden Mühlsteine durch eine vertikale Achse verbunden ist. Die Achse ist durch das Zentrum des unteren Mühlsteins geführt, ohne diesen zu berühren. Der untere Mühlstein liegt fest. Die Schaufeln des Wasserrades sind so angelegt, daß der von oben mit beträchtlichem Gefälle herangeführte Mühlbach das Rad dreht. Das Prinzip ist in etwa das einer Turbine. – Das derzeit eingebaute Mahlwerk hat ein Alter von allenfalls 150 Jahren.

688 Der Broch von Gurness

Von der Wassermühle von Dounby aus lohnt ein Abstecher zum Broch von Gurness, zumal, wenn Carloway (**678**), Mousa (**711**) oder Clickhimin (**714**) nicht auf dem Reiseprogramm stehen. (Zur Architekturgeschichte des Broch vgl. S. 28.) Der Broch von Gurness liegt unmittelbar an der NO-Küste von Mainland, etwa 800 m nw. des Gutshofes von Aikerness und 1,2 km nö. des Piers von Evie. Fährt man, von Birsay kommend, auf der A 966 in Richtung Finstown, so zweigt man knapp 1 km hinter der Einmündung der B 9057 nach links ab. Den Gutshof läßt man rechts liegen.

Die umfangreiche Anlage, deren n. Teil ins Meer gesunken ist, läßt sich baugeschichtlich 4 klar voneinander abgrenzbaren Epochen zuordnen: In der frühesten Bauperiode wurde der Broch selbst errichtet, der ursprünglich die für eisenzeitliche Konstruktionen dieser Art typischen Baumerkmale

Gurness

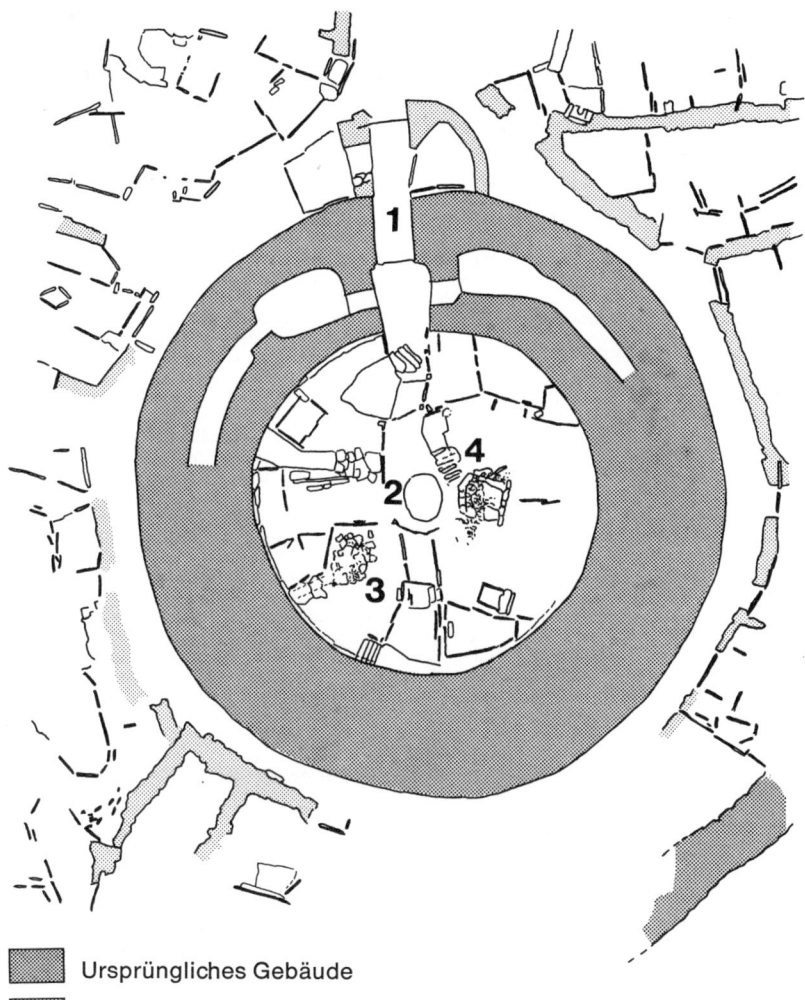

■ Ursprüngliches Gebäude

□ Später hinzugefügt

1 Befestigter Eingang
2 Feuerstelle
3 Spätere Feuerstelle
4 Brunnen

Broch of Gurness

aufwies. Er war in einem Abstand, der zwischen 7 und 17 m schwankt, von einer Ringmauer umgeben, der ein aus dem Fels gehauener Graben von durchschnittlich 4 m Breite vorgelagert war. Zwei weitere Gräben im Vorfeld dienten der zusätzlichen Sicherung, von denen der innere nur etwa 1,5 m breit war, während der äußere etwa gleiche Abmessungen wie der Graben bei der Ringmauer hatte. Letzterer war an der Ostseite des Broch über eine Brücke passierbar: Von hier aus führte ein Weg geradeaus in den Bau hinein. Der Broch war dreifach gesichert, durch ein schweres Tor, eine Zuglatte sowie zwei rechts und links der Eingangspassage eingebaute Wachräume, die ursprünglich mit einem Rundgang zwischen der äußeren und der inneren Mauer des Brochs verbunden waren. Die Außenmauern hatten ursprünglich eine Höhe von 12,2 m. – Der kreisrunde Innenraum des Broch wurde in einer späteren Bauperiode neu gestaltet: Eine große Feuerstelle wurde angelegt und auch ein unterirdischer Raum, eine Art Keller, der über eine Treppe zugänglich war. In dem Raum befindet sich noch heute eine Quelle. Der obere Teil des Broch ist wahrscheinlich zu sehr früher Zeit eingestürzt, die Ruine wurde dann aber in einer 2. Bauperiode wieder bewohnbar gemacht, wobei das ganze Gebäude im Sinne eines »Radhauses« (vgl. S. 27) durch den Einbau von Zwischenwänden umgestaltet wurde. Im Innenhof wurden dabei unter Verwendung des herabgestürzten Mauerwerks einige kleine, eher rechteckige Boxen geschaffen. Außerdem wurden nun 2 anstelle der einen Feuerstelle vorgesehen. Da die 2 ursprünglich zwischen den Außenmauern befindlichen Kammern nach dem Einsturz nicht mehr benutzt werden konnten, wurden nun 2 neue Kammern rechts und links des Eingangs gegen die äußere Broch-Mauer angebaut. Der ursprüngliche Ringwall wurde durch eine nach allen Regeln damaliger Kriegskunst konstruierte Befestigungsmauer ersetzt. – Hinter diesen Mauern entstand dann in einer 3. Bauperiode ein System von Boxen und kleinen Kammern, dessen Komplexität aus dem beigegebenen Plan erhellt. Viele der größeren Kammern sind mit Feuerstellen ausgestattet: Offenbar handelt es sich hier um eine frühe dörfliche Siedlung. Auch bettkastenähnliche Strukturen sowie in den Boden eingelassene Behälter für Flüssigkeiten sind erkennbar. Die Wohnkomplexe waren nur von dem zum Brocheingang führenden Hauptweg sowie von einem um den Broch herumführenden Weg her zugänglich. Auf der Brücke über den inneren Graben befand sich zu jener Zeit eine Wachstube, die später zu einer Metallgießerei umgestaltet wurde.

Das Dorf, von dem man annehmen darf, daß es aus piktischer Zeit stammt, ist allem Anschein nach zu einem schwer definierbaren späteren Zeitpunkt ausgelöscht worden: Die Häuser wurden zerstört, die Gräben aufgefüllt. Auf dem Schutt der älteren Siedlung wurden dann unter Verwendung des vorhandenen Baumaterials neue Gebäude errichtet, von denen die jüngsten mit Sicherheit aus der Frühzeit der wikingischen Besiedlung stammen. Die Grundmauern eines wikingischen Langhauses werden auf der SO-Seite des Broch sichtbar.

Bei den Ausgrabungen wurden neben den für die Eisenzeit typischen Töpferwaren u. a. auch die Überreste einer römischen Amphore gefunden, ferner eine Brosche und 5 Fingerringe aus Bronze, 2 Bronzenadeln, von denen eine aus wikingischer Zeit stammt, sowie ein eisernes Messer mit einem Griff aus Knochen, auf dem sich Ogham-Zeichen befinden.

April bis September MO–SA 9.30–19, SO 14–19; Oktober bis März MO–SA 9.30–16, SO 14–16. Eintritt.

689 Der Steinkreis von Bro(d)gar

Der in seinen Abmessungen gigantische und weithin sichtbare Steinkreis von Brogar (Ring of Brogar) befindet sich 2 km nw. der Gabelung A 965/B 9055 auf der Westseite der letztgenannten Straße am Südende einer zwischen den Seen von Stenness und Harray gelegenen Halbinsel. Die Steinsetzung gehört zu den bedeutendsten Megalith-Denkmälern Schottlands, und auch die für Orkney eher atypische Heidelandschaft der Umgebung verfehlt ihren Eindruck auf den Besucher nicht: Hebriden-Atmosphäre liegt über der Szene. Die exakt kreisförmige Anlage hat einen Durchmesser von 109,7 m.

Man nimmt an, daß die Kreislinie (Umfang 344,5 m) ursprünglich von 60 Steinen gebildet wurde. 27 Menhire stehen heute noch völlig aufrecht, 4 weitere sind umgefallen, und von 9 Steinen sind zumindest die Stümpfe sichtbar. Der größte noch aufrecht stehende Monolith ist 4,6 m hoch. Der

Kreis ist von einem Ringgraben von 9 m Breite und 1,8 m Tiefe umgeben, der an zwei diametral einander gegenüberliegenden Stellen im NW und SO passierbar war. Nur wenige Meter sö. des Ringes sind auf einer kreisförmigen Plattform von 12,8 m Durchmesser 3 weitere Monolithe aufgestellt, wobei in zwei Fällen nur noch Stümpfe sichtbar sind.

Ohne Zweifel ist der Ring von Brogar ein Werk der späten Jungsteinzeit; ein plausibles Datum für seine Entstehung ist die Periode zwischen 1800 und 1600 v.Chr., jene Zeit also, in der auch die berühmten Steinkreise von Stonehenge und Callanish (**679**) errichtet wurden.

690 Die Monolithe von Stenness

Knapp 1 km sö. von Brogar unmittelbar bei der Brogar Bridge ist eine Gruppe von wohlproportionierten und besonders hoch aufragenden Monolithen von Interesse, die im Zusammenhang mit einem Pseudo-Dolmen von 1906 stehen, einer gutgemeinten aber archäologisch fehlgeleiteten Initiative des damaligen Amtes für Denkmalpflege. Die 4 in unregelmäßigen Abständen aufgestellten Steine beschreiben einen Kreisbogen mit dem Radius von 15 m. Außerhalb des Kreisbogens verläuft, ähnlich wie in Brogar, ein konzentrisch-kreisförmiger Graben, von dem jedoch nur noch Spuren sichtbar sind. Ob die 4 Menhire, von denen 3 die stattlichen Höhen von 5 m, 4,7 m und 4,6 m haben, während der vierte nur 1,8 m mißt, Elemente eines vollständigen Steinkreises waren, bleibt fraglich.

Unmittelbar am Südende der Brücke von Brogar befindet sich ein von den Einheimischen als *Watch Stone* bezeichneter, besonders eindrucksvoller Monolith. Kleinere Menhire sind zu beiden Seiten der Brücke zahlreich, wobei zuweilen schwer zu entscheiden ist, ob es sich um ein Steinzeit-Denkmal oder um einen Findling handelt.

691 Maes Howe

Blickt man von Brogar aus nach O, so erkennt man in etwa 3 km Entfernung in der flachen Weidelandschaft ö. des Loch of Harray eine Erhebung, die an einen Kegelstumpf erinnert: Es handelt sich um Maes Howe, das größte unter den vielen Hügelgräbern Orkneys.

Maes Howe ist ein Kammergrab, das bedeutendste Beispiel für diesen Typus im gesamten Großbritannien, übertroffen auf den britischen Inseln nur noch durch das Grab von New Grange in der Republik Irland. Der mit einer Erdschicht und einer Grasnarbe bedeckte Grabhügel ist rund 8 m hoch und hat an der Basis einen Durchmesser von 34,5 m. Das Innere des Grabes ist von SW her durch einen 10,9 m langen Gang von nur rund 1 m Breite und 1,3 m Höhe zugänglich. Dieser Gang wurde am äußeren Ende restauriert, im übrigen Verlauf aber ist er unverändert. Nach ca. 2 m erkennt man die Haltevorrichtung einer früheren Grabtür. Der Weg in das Innere des Grabes ist angesichts der totalen Düsternis und der geringen Höhe des Ganges beschwerlich, doch ist er lohnend: Denn nicht nur die Konstruktion der geräumigen Grabkammer ist sehenswert, sondern auch die Sammlung runischer Inschriften aus dem 12. Jh., die größte Runensammlung der Welt. Für den inneren Teil des Ganges sind Steinplatten von 5,5 m Länge, 1,2 m Breite und etwa 0,2 m Dicke verwandt worden, wobei auch der glatte Boden offenbar

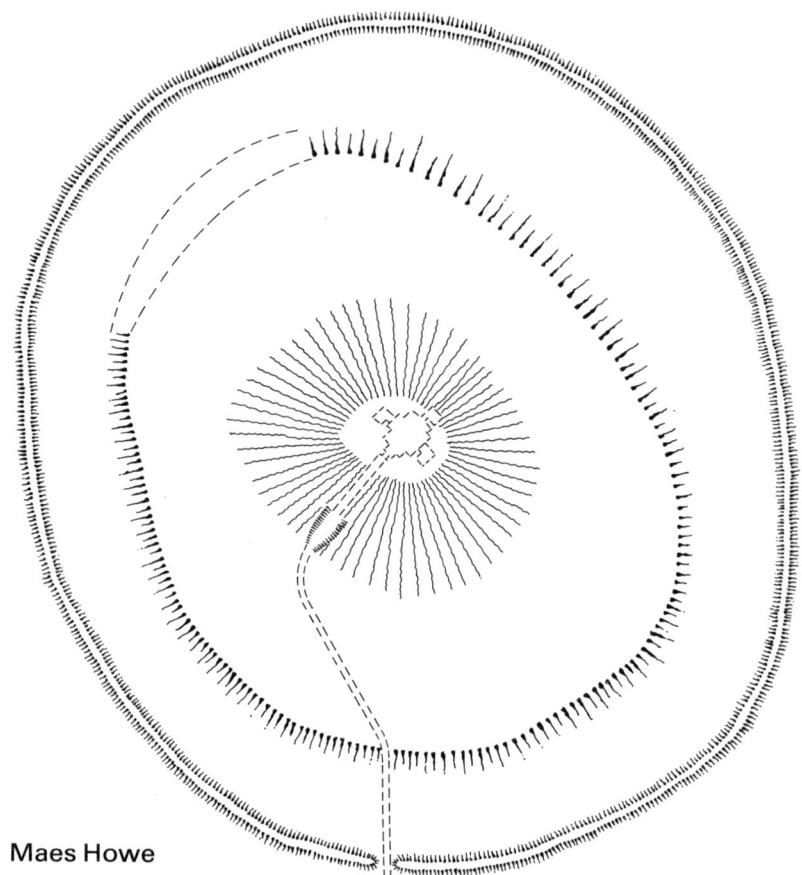

Maes Howe

aus einem Monolithen besteht. (Die Bodenplatte weist eine Reihe von Sprüngen auf, so daß ein eindeutiges Urteil heute nicht mehr möglich ist.

Die Grabkammer selbst ist quadratisch mit einer Seitenlänge von 4,5 m. Die Wände sind bis auf eine Höhe von 1,3 m lotrecht ausgeführt; der obere Teil der Kammer wird durch ein »Kloster«-Gewölbe gebildet, wobei die Steinplatten so aufeinander gelegt sind, daß die jeweils nächstfolgende gegenüber der darunterliegenden ein Stück vorsteht. Kunstvoll eingefügte Monolithe in den 4 Ecken des Quadrates dienen als Stützpfeiler. Das ursprüngliche Gewölbe ist bis zu einer Höhe von 3,7 m erhalten, dann folgt ein modernes Kuppeldach, das eingezogen wurde, nachdem das Grab 1861 von oben her geöffnet worden war. In die dem Eingang gegenüberliegende Wand sowie in die beiden Wände rechts und links sind Zellen eingelassen, die alle die gleiche Höhe aufweisen (1 m) und wiederum annähernd quadratisch sind, wobei die Grundflächen jedoch leicht voneinander abweichen (Seitenlänge 1,4 m bis 1,7 m). Auch die Zellen sind aus sorgsam ausgewählten und

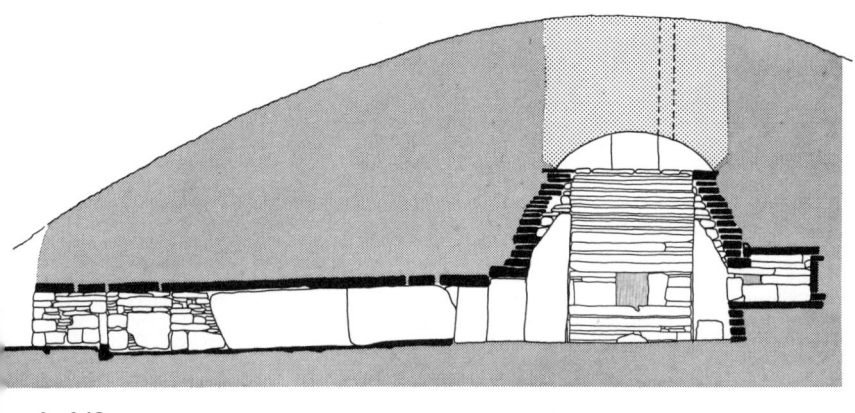

Aufriß

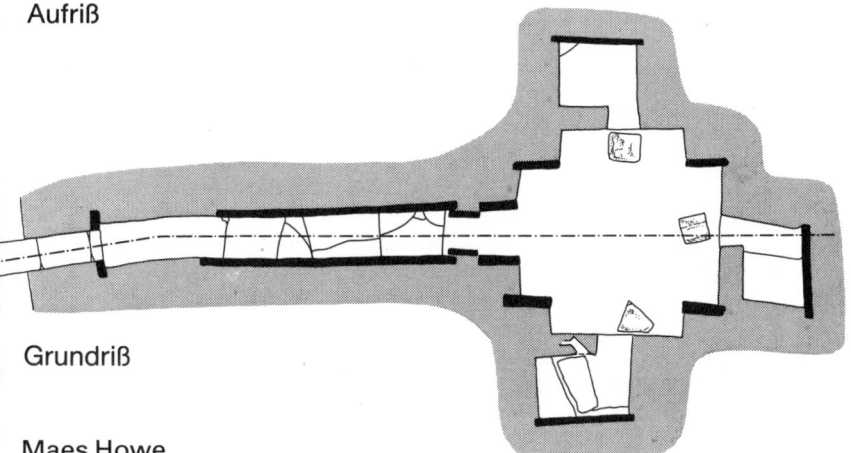

Grundriß

Maes Howe

entsprechend zugerichteten Steinen und Platten konstruiert. Auf dem Boden der Grabkammer liegen vor den Öffnungen der Zellen 3 Steine, deren Abmessungen mit den Öffnungen selbst übereinstimmen. Offenbar dienten sie zur Versiegelung der Zellen.

Maes Howe ist etwa zur gleichen Zeit entstanden wie der Ring von Brogar, nämlich zwischen 1800 und 1600 v. Chr. Die schwersten der Steinplatten wiegen mehr als 3 t, und sie sind über eine größere Entfernung antransportiert worden, für die Zeit eine gewaltige technische Leistung, zumal Orkney mit Sicherheit auch damals nicht über wohlgewachsene Bäume verfügte, deren Stämme man als Rollen hätte benutzen können. Die Konstruktion offenbart darüber hinaus bis ins kleinste Detail ein beachtliches handwerkliches Können: Auch wenn soweit wie möglich Bruchsteinplatten verwandt wurden, ist die Zahl der mit Hartstein-Meißeln behauenen Steine doch relativ groß; die Steinplatten wurden so kunstvoll aufeinandergesetzt, daß Fugen praktisch nicht entstanden. Unausgeglichenheiten einer Platte wurden durch eine entsprechende Bearbeitung der nachfolgenden Steine ausgeglichen. Einige Platten sind so sauber gefügt, daß nicht einmal eine Messerklinge dazwischengeschoben werden kann.

Fraglich bleibt, ob die Erdanhäufung über Gang und Grabkammer von den Erbauern vorgesehen war. Es ist sehr wohl möglich, daß man auf diese Weise das Grab in die Landschaft einbetten und mehr Abgeschiedenheit für die Toten erreichen wollte. Möglich ist aber auch, daß Erdschicht und Grasnarbe das Werk von dreieinhalb Jahrtausenden sind. Würde man diese Schicht abtragen, so träte ein wohlproportioniertes und solide gebautes steinernes Gebäude zutage. Der Bau ist von einem flachen Graben umgeben, wie er von Brogar und Stenness her bekannt ist.
Ohne Zweifel handelt es sich bei Maes Howe um ein Familien-Mausoleum. Als das Grab 1861 geöffnet wurde, konnten jedoch keinerlei Überreste geborgen werden, die auf seine Erbauer und ursprünglichen Benutzer hätten schließen lassen. Dafür aber fanden die Archäologen 24 runische *Inschriften* vor, von denen 22 entziffert werden konnten. Die Inschriften bezeugen den wiederholten Aufenthalt von Wikingern in der Grabkammer, sie nennen die Namen von 14 Personen, und zumindest 5 der Aufzeichnungen kreisen um das Thema Schatzsuche. 2 Inschriften spezifizieren, daß Krieger in die Grabkammer eindrangen, um Schätze daraus zu bergen, eine weitere berichtet, daß ein *Hort* – was soviel heißt wie wertvolles Metall – zuvor im Laufe dreier Nächte aus der Grabkammer ins Freie getragen worden sei, wobei nicht klar wird, ob dies durch die wikingischen Krieger selbst geschah oder aber in Antizipation ihres Angriffs. Eine 4. Inschrift konstatiert, daß »ein Stück weit im NW ein großer Schatz verborgen liegt«, während eine 5. schließlich berichtet, ein gewisser Hakon habe persönlich einen Schatz aus dem Howe geholt, und daß noch mehr Wertvolles verborgen liege und auf den glücklichen Finder warte. Man bringt die hier genannten Inschriften mit *Jarl Rognvald* in Verbindung, der den Winter 1150/51 in Orkney verbrachte. Im Januar 1153 waren erneut Wikinger in der Grabkammer anwesend, als *Jarl Harold* und seine Männer nach ihrer Landung in der Nähe von Stromness hier Schutz suchten »während ein großer Schneesturm über sie hinwegzog: Deswegen verloren zwei der Gefolgsleute ihren Verstand, und dies war ein großes Hindernis für ihre Reise.« Eine der Inschriften bezeugt, daß »Ingeborg die schönste Frau der Welt« sei. Neben den runischen Aufzeichnungen sind eine Reihe von bildlichen Darstellungen von Interesse, darunter 3 auf dem Stützpfeiler in der NO-Ecke der Grabkammer: ein sehr fein ausgeführter Drache, ein eher grob skizziertes Walroß und ein Schlangenknoten. Der Drache erinnert an Monster-Darstellungen auf den Kapitellen der Kirche von Urnes in Norwegen (frühes 8. Jh.).
April bis September MO–SA 9.30–19, SO 14–19; Oktober bis März MO–SA 9.30–16, SO 14–16. Eintritt.

692 Das Hügelgrab von Cuween Hill

Fährt man von Finstown aus in Richtung Kirkwall, so gelangt man wenige hundert Meter hinter dem Ortsausgang zum Cuween Hill Cairn. Das Kammergrab weist eine gewisse Ähnlichkeit mit dem zu Maes Howe auf, doch wird nicht das gleiche Maß an handwerklicher Verfeinerung erreicht. Auch ist es insgesamt bescheidener dimensioniert: Der Erdhügel hat an der Basis einen Durchmesser von nur 16,8 m und ist maximal nur 2,6 m hoch. Die Hauptgrabkammer ist durch einen 5,3 m langen und nur 0,8 m hohen Gang erreichbar, sie hat eine lichte Höhe von knapp 2,3 m. Im Unterschied zu Maes Howe hat sie einen sehr unregelmäßigen Grundriß. Auch die Zellen divergieren in ihrer Gestalt stark voneinander. Sowohl die Hauptkammer als auch die Zellen sind nach Art eines Bienenkorbes aus übereinandergeschichteten Steinplatten konstruiert (zum Bautyp vgl. Skara Brae, **685**). Das Grab wurde 1901 durch Hobby-Archäologen von oben geöffnet: Es fanden sich Menschen- und Tierskelette.

693 Das Erdhaus von Rennibister

3 km hinter Finstown (A 965) zweigt links eine Straße zum Gut Rennibister ab. Hier findet sich eines der besterhaltenen Erdhäuser in Orkney. Rennibister Earth House verdankt seine Entdeckung einem Zufall des Jahres 1926: Unter der Last einer schweren Dreschmaschine brach das Dach des unterirdischen Bauwerkes ein.

Scalloway, die alte Hauptstadt von Shetland. ▶

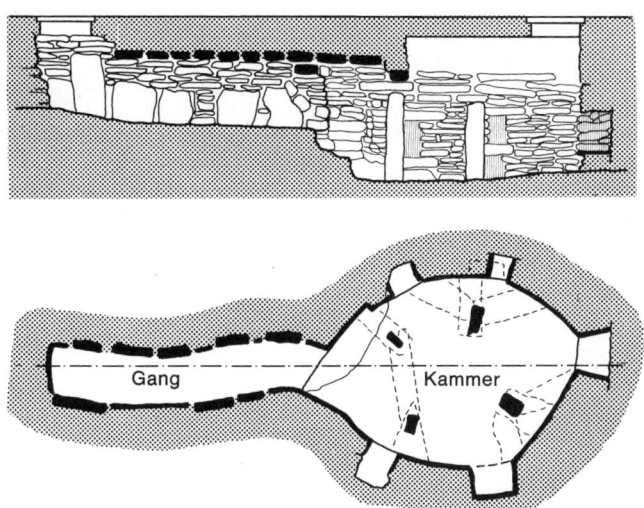

Rennibister Earth House

Im Verlauf der letzten 100 Jahre sind in Orkney mehr als 20 Erdhäuser zum Vorschein gekommen. Während die Kammer- und Ganggräber relativ eindeutig in das ausgehende Neolithikum und die beginnende Bronzezeit datiert werden können, ist die Datierung des Typus Erdhaus sehr viel schwieriger, da es an klar bestimmbaren Funden (etwa Grabbeilagen) fehlt. Auch sind der Zuschnitt und die bauliche Qualität der Häuser so unterschiedlich, daß hieraus allein nichts geschlossen werden kann. Im Falle von 2 in Südschottland entdeckten Erdhäusern konnte man nachweisen, daß Steine aus einem römischen Bauwerk verwandt worden waren: terminus ad quem ist damit das zweite nachchristliche Jh. Andererseits deuten einige Konstruktionsmerkmale (lange Eingangspassage, Hauptkammer mit Mauernischen) auf die neolithische Bautradition hin.

Der Zutritt zur Kammer erfolgte ursprünglich durch eine abschüssige, recht niedrige und enge Passage von etwa 3 m Länge, an deren Ende man einen Absatz von 0,8 m Höhe überwinden mußte. Auch am äußeren Ende der Eingangspassage befanden sich keinerlei Treppen; offenbar war ein Einstiegsschacht vorhanden. Die Kammer hat einen in etwa hexagonalen Grundriß. Ihre größte Länge ist 3,4 m, die größte Breite 2,6 m. Die Konstruktion folgt dem Bienenkorb-Prinzip, wobei sowohl vorbehandelte Mauersteine als auch Bruchsteinplatten im Naturzustand Verwendung finden. Die Dachplatten wurden ursprünglich von 4 monolithischen Pfeilern getragen, die in 0,3 m Abstand von den Seitenwänden aufgestellt waren. Die maximale Höhe der Kammer betrug nur 1,5 m. Der Boden der Grabkammer war mit menschlichen Skeletten übersät, wobei 4 Skelette sorgsam Seite an Seite gegen die Basis eines der Pfeiler gelegt worden waren. Die Gebeine stammen von 6 Erwachsenen und mindestens 12 Jugendlichen im Alter zwischen 5 und 17 Jahren. Grabbeigaben wurden nicht gefunden.

◄ *Jarlshof, Shetland. Steinzeitliche Behausung.*

694 Das Hügelgrab von Wideford Hill

In unmittelbarer Nachbarschaft von Kirkwall befindet sich am NO-Hang des Wideford Hill auf 107 m Seehöhe ein Kammergrab, das dem oben beschriebenen von Cuween Hill im Typus gleicht. Man erreicht den Wideford Hill Cairn über die A 965 (von Kirkwall aus gut 5 km). Das Grab ist von besonderem Interesse, da die umgebende Erdschicht in jüngster Zeit abgetragen wurde, um die äußere Struktur des steineren Baus sichtbar zu machen. Der Aufriß entspricht nicht den Gräbern von Cuween Hill und Maes Howe, insofern als sich das Grab als scheinbar dreistöckig erweist – seine Gestalt wurde mit der eines dreistöckigen Hochzeitskuchens verglichen.

Die »Stockwerke« liegen in etwa konzentrisch übereinander, der Durchmesser des unteren Stockwerks beträgt 12,8 m, der des nächsten 10,4 m und der des oberen 7,6 m. Für den Bau wurden unbehauene Steinplatten verwandt. Die Hauptkammer ist gut 3,1 m lang und knapp 1,4 m breit. Die größte Höhe beträgt 2,5 m. Man erreicht das Grab durch einen 5,3 m langen, aber nur 0,6 m hohen Gang.

Als die Archäologen das Grab öffneten, fanden sie zwar zahlreiche Tierknochen (Pferd, Kuh, Schaf, Wildschwein, Reh), jedoch keine menschlichen Überreste. Es ist allerdings fast sicher, daß der Bau bereits vor Jahrhunderten vom Dach her geöffnet und dann nach einiger Zeit wieder verschlossen wurde.

695 Das Erdhaus von Grain

Das neben dem Erdhaus von Rennibister (vgl. o.) besterhaltene Bauwerk dieses Typs, das Grain Earth House, befindet sich nur etwa 1 km w. von Kirk-

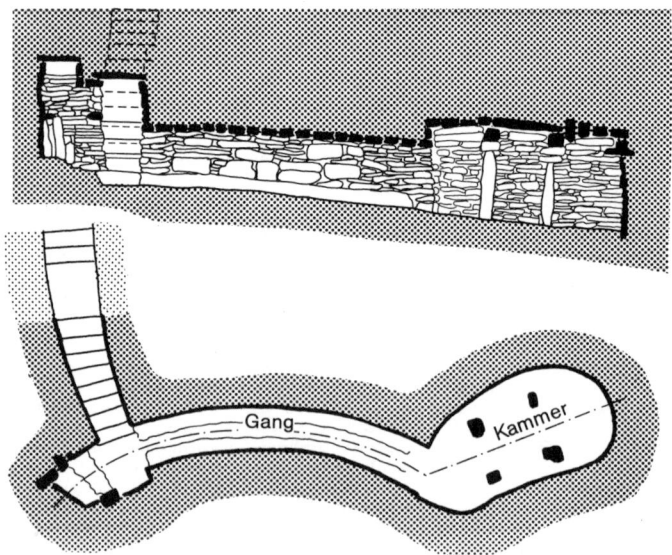

Grain Earth House

wall (A 965). Die unregelmäßig ovale Kammer hat die Gestalt einer Bohne, sie ist etwa 3,7 m lang, 1,9 m breit und 1,7 m hoch. Ihr Dach, von 4 monolithischen Säulen getragen, liegt 2 m unterhalb der Erdoberfläche. In die Kammer gelangt man durch eine sanft abfallende, gebogene Passage, an deren äußerem Ende eine Reihe von Stufen die Verbindung zur Erdoberfläche herstellen.

Das Erdhaus wurde 1827 entdeckt und 1857 systematisch erforscht. Über dem Haus fanden sich große Mengen von Tierknochen, Muscheln und Asche, ansonsten ergaben die Grabungen keinerlei Anhaltspunkte.

696 Das Ganggrab von Onston (oder Unston)

Im Unterschied zu den bisher beschriebenen Kammergräbern ist der Onston Cairn eher dem Bautyp des Ganggrabes zuzurechnen, auch wenn sich in der dem Eingang gegenüberliegenden Wand zumindest eine Zelle befindet. Das Grab liegt 400 m n. der Gabelung A 964/A 965, 5 km nö. von Stromness. Es wurde 1884 erstmals erforscht und ist wegen seiner Töpferwaren archäologisch von besonderem Interesse. Der Bau besitzt eine Hauptkammer von 6,4 m Länge, 2 m Breite und 1,8 m Höhe. Die Kammer ist an beiden Längsseiten in regelmäßigen Abständen durch querstehende Steinplatten, die im Mauerwerk verankert sind, in einzelne Nischen unterteilt. Die Alkoven an beiden Enden des Ganges scheinen ursprünglich zweigeschossig gewesen zu sein. Besser als im deutschen Terminus Ganggrab spiegelt sich die Innenausstat-

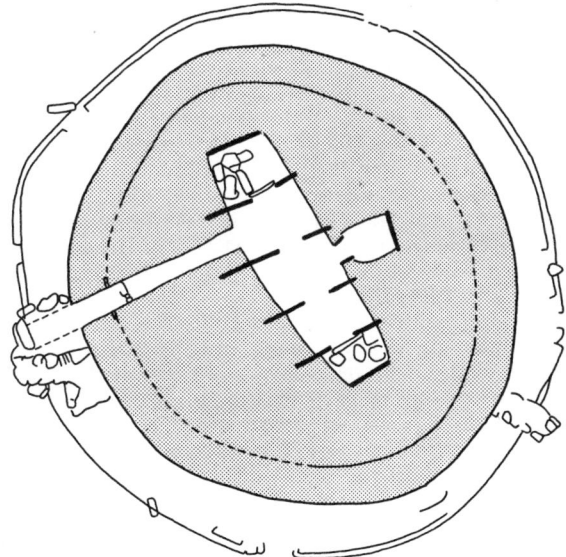

Onston Chambered Cairn

tung der Grabkammer in dem englischen Fachterminus *stalled cairn*, handelt es sich doch um ein (nach Art eines Stalles) mit Boxen versehenes Hügelgrab. Onston ist eine Mischform, denn das Grab besitzt immerhin eine in Bienenkorb-Bauweise aufgeführte Zelle. Hier wurden zwei menschliche Skelette, die in Höckerstellung bestattet worden waren, aufgefunden. Dieser Zelle verdankt Onston auch seine offizielle Zuordnung zu den *chambered cairns*.

Die Hauptkammer barg eine Reihe von interessanten Überresten: neben unverbrannten Menschen- und Tierknochen auch solche, die Verbrennungsspuren aufwiesen (was auf Einäscherungen schließen läßt), sodann wohlgeformte Speerspitzen aus Feuerstein, ein Feuersteinmesser sowie andere Werkzeuge aus dem gleichen Material und schließlich Fragmente von Töpferwaren. Es war den Archäologen möglich, 6 Behältnisse so weit wiederherzustellen, daß man ihre ursprüngliche Gestalt erkennen kann. Bei diesen Gefäßen, die heute im *National Museum of Antiquities* in Edinburgh ausgestellt sind, handelt es sich um große, weite Schalen mit Verzierungen unterhalb des Randes. Alle Schalen haben ausgewölbte Böden. Die Verzierungen wurden mit Hilfe von Körnern einer besonders wetterfesten, lokalen Gerstenart gestaltet, die heute noch in Orkney angebaut wird.

Die kleineren Inseln

Zu den Inseln Wyre, Egilsay und Rousay gelangt man entweder mit einem größeren Fährboot von Kirkwall aus (unregelmäßiger Fahrplan), oder aber, von Tingwall Jetty aus, mit einem kleinen Fischerboot (Reeder: Magnus Flaw, unregelmäßiger Fahrplan). Tingwall erreicht man über die A 966, der man von Finstown aus gut 9 km nach N folgt, bevor man halbrechts in eine kleine, schnurgerade Straße zur Küste abbiegt.

697 Die Kirche von Egilsay

Nach der Kathedrale von Kirkwall ist die St. Magnus Kirche von Egilsay das bei weitem imposanteste sakrale Bauwerk in Orkney. Der in beherrschender Lage errichtete Kirchenbau aus der ersten Hälfte des 12. Jh. ist weithin sichtbar, von besonderem Interesse ist der ungewohnte Rundturm. Vom Schiffsanleger in Skaill folgt man zunächst dem nach O ins Inselinnere führenden Fahrweg, um nach etwa 700 m links abzubiegen. Nach weiteren gut 400 m gelangt man zu Kirche und Friedhof.
Der Bau, dessen Dach heute fehlt, obgleich er bis ins 19. Jh. als Gemeindekirche diente, besteht aus einem Schiff von 9,1 m Länge und 4,7 m Breite, einem ö. daran anschließenden Chorteil von 4,6 m Länge und 2,9 m Breite und einem vom Schiff her zugänglichen w. Rundturm, der an der Basis einen Durchmesser von 3 m hat und sich bis zu seiner heutigen Spitze auf 1,9 m Durchmesser verjüngt. Die heutige Höhe des Turmes beträgt 14,9 m. Die Mauern sind im Durchschnitt etwa 1 m dick. Die Seitenwände des Schiffes haben eine Höhe von 4,6 m, die des Chorteiles sind 3,4 m hoch.

Man betritt die Kirche durch ein romanisches Portal am Westende des Schiffes (Südmauer). Unmittelbar gegenüber in der Nordmauer befindet sich ein zweiter Eingang gleicher Abmessungen. Das Schiff besitzt zwei kleine romanische Fenster etwa 3 m weiter ö., die ebenfalls genau einander gegenüber liegen. Die beiden weiteren Fenster der Südseite sind späteren Datums. Eine romanische

Egilsay

St. Magnus

Tür führt zum Turm, der ursprünglich wohl 5 Stockwerke hatte. Die unteren 3 Stockwerke haben je 1 Fenster, das 4. jedoch diente mit seinen 4 Fensteröffnungen als Ausguck. Der Chorteil besitzt ein Tonnengewölbe; er wurde durch 2 kleine Fenster am ö. Ende von S und N her erhellt. Über der Gewölbedecke befindet sich eine Kammer, von der eine kleine Tür in einen (nicht mehr vorhandenen) Raum oberhalb des Schiffes führt. Die Kammer wird von den Ortsansässigen *Grief House* genannt, was soviel bedeutet wie »Haus des Kummers«. Sicher hat der Name den gleichen Ursprung wie der des Girth House in Orphir (**683**): abgeleitet von einem altnordischen *Grid*, also Zufluchtstätte. Wahrscheinlich war das Grief House über eine Passage längs der einen Seite des Schiffes mit einem der oberen Stockwerke des Turmes verbunden. Im Westgiebel des Schiffes befindet sich noch eine entsprechende Türöffnung.
Der *Westturm* ist eines von 3 Beispielen dieser Art in Schottland (vgl. Abernethy, **78**, und Brechin, **165**). Allerdings scheint es früher einen weiteren Rundturm gleichen Zuschnitts in Stenness (Mainland) gegeben zu haben, der dann abgetragen wurde. Die Konstruktion erinnert an einen Bautyp, der sich in Großbritannien sonst nur in East Anglia bzw. Norfolk (SO-England) findet und auf die Zeit zwischen 1100 und 1150 datiert wird. Die Kirche von Egilsay stammt aus der Ära des Bischofs Wilhelm (vgl. S. 411), sie wurde wahrscheinlich 1135–1138 errichtet. Eine Verbindung zu den Kirchen in SO-England erscheint dennoch mehr als fraglich. Eher stellt der Turm die Fortsetzung einer alten Bautradition der iro-schottischen Kirche dar, man denke nur an die in der Republik Irland erhalten gebliebenen Rundtürme, die allerdings aus früherer Zeit stammen.

698 Die Marienkirche von Wyre

Vom Bootsanleger aus folgt man dem Fahrweg etwa 500 m weit; das Kirchlein wie auch die Ruinen der *Burg von Cubbie Roo* befinden sich dann rechts im Gelände (festes Schuhwerk erforderlich). Die St. Mary's Church stammt aus dem 12. Jh., wurde jedoch nie zur Gemeindekirche erhoben, da Wyre zusammen mit Rousay und Egilsay stets eine Gemeinde bildete. Vom Grundriß her ist der Bau typisch für Orkney-Kirchen dieser Zeit. Das Schiff besitzt 5,9 m Länge und 4 m Breite, der Chorteil ist 2,4 m lang und 2,1 m breit. Sehenswert sind das Portal (Westfassade) sowie der Bogen am Westende des Chorteils. Beide zeigen insulare Ausprägungen der Romanik. Die Fenster an der Nord- und Südseite wurden später eingefügt.

Was den Ursprung der Kirche angeht, so sind zumindest gewisse Vermutungen möglich: Wyre war der Wohnsitz des wikingischen Edlen *Kolbein Hruga*, dessen Sohn Bjarni im Jahre 1190 Bischof von Orkney wurde. Die Kirche geht entweder auf diesen Bjarni zurück, oder aber sie ist das Werk seines sattsam gefürchteten Vaters und steht im Zusammenhang mit dem Schloß des Cubbie Roo.

699 Die Burg von Cubbie Roo

Die in unmittelbarer Nachbarschaft der Kirche auf einem flachen Hügel gelegenen Ruinen des Schlosses von Cubbie Roo sind ein gutes Beispiel für die weltliche Architektur des 12. Jh. Die Orkneyinga Saga nennt *Kolbein Hruga* als Bauherrn; die Bezeichnung *Cubbie Roo's Castle* ist demnach eine

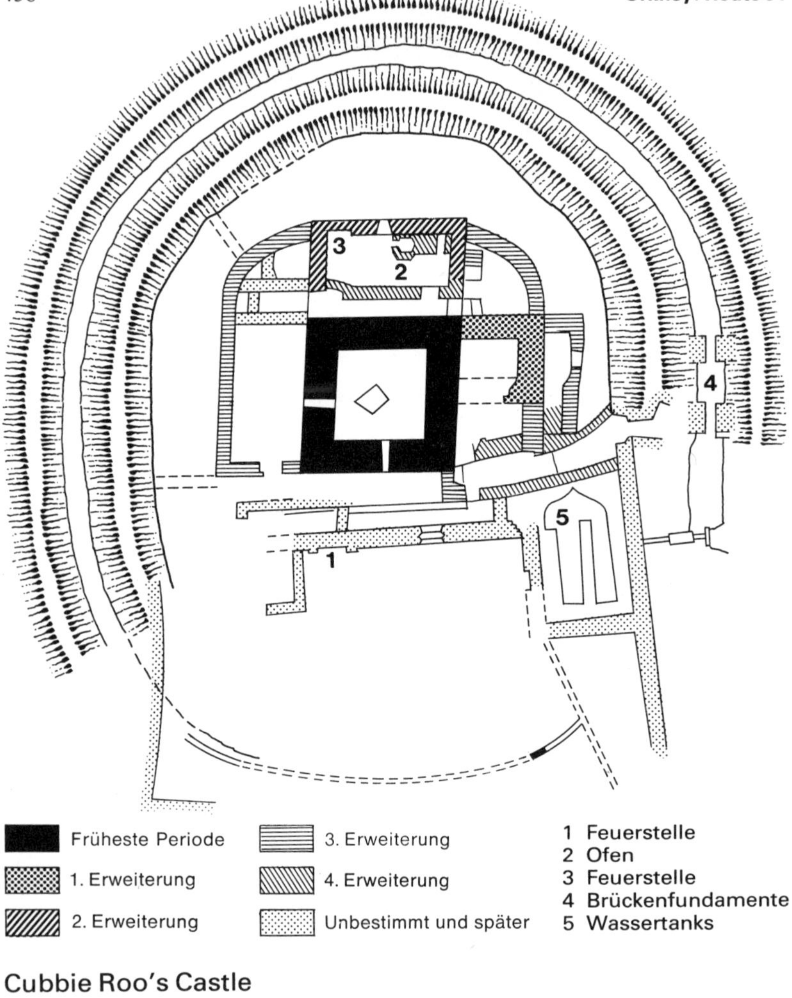

■ Früheste Periode	▨ 3. Erweiterung	1 Feuerstelle
▦ 1. Erweiterung	▧ 4. Erweiterung	2 Ofen
▨ 2. Erweiterung	▒ Unbestimmt und später	3 Feuerstelle
		4 Brückenfundamente
		5 Wassertanks

Cubbie Roo's Castle

spätere Verballhornung des norwegischen Namens; *Kubbe* ist die altnordische Koseform des Namens Kolbein. Das Schloß, von der Orkneyinga Saga und später von der *Hakon (Hakonsson) Saga* als berühmt gepriesen, offenbart sich als eine in jeder Beziehung recht bescheidene Befestigung.

Die Burg ist von einem kreisförmigen Graben umgeben, die bebaute Fläche hat einen Durchmesser von weniger als 15,2 m. Im Zentrum der Anlage befinden sich die 1,6 m dicken Grundmauern eines

Burgfrieds im Miniatur-Format mit einer äußeren Seitenlänge von etwa 7,9 m und einer Höhe von heute noch 2,4 m. Das Mauerwerk ist unter Verwendung von Kalkmörtel mit großer Sorgfalt aus unbehauenen Natursteinplatten errichtet. In der Mitte des Frieds befindet sich ein 1,2 m tiefer Wassertank. Um den Stumpf des Turmes herum sind die Grundmauern mehrerer kleiner Räume erkennbar, über deren Funktion nichts bekannt ist. Die äußeren Verteidigungsanlagen bestanden aus dem schon genannten, in den Fels gehauenen Graben von 2–4 m Breite, den eine Mauer von bis zu 2,1 m Dicke umgab. An diese schloß sich ein zweiter Graben von etwa 1,8 m Breite bei gleicher Tiefe an, dem ein etwas niedrigerer Wall vorgelagert war. Der Burgfried hat Anlaß zu Kontroversen bezüglich der Datierung des Schlosses gegeben. Man darf wohl davon ausgehen, daß Türme dieser Art, eher ein Element zeitgenössisch-mediterraner Architektur, von den Kreuzfahrern um Rognvald nach 1153 aus dem Gedächtnis oder aufgrund mitgebrachter Pläne nachgebaut wurden. Unter Umständen hat der »exotische« Fried sehr zur verbrieften Berühmtheit des gesamten Bauwerks beigetragen.

700 Das Ganggrab von Yarso

Die Insel Rousay bietet längs ihrer SW-Flanke (ab Schiffsanleger B 9064 in nw. Richtung) eine Reihe von interessanten Steinzeit-Gräbern, so (in unmittelbarer Nachbarschaft des Anlegers) das *Kammergrab von Taversoe Tuick,* sodann, etwa 1 km weiter w. das *Ganggrab von Blackhammer* und schließlich, nach einem weiteren Kilometer, das Ganggrab von Yarso. Letzteres sei, da es ein besonders stilreines Beispiel für diesen Bautyp darstellt, kurz beschrieben:

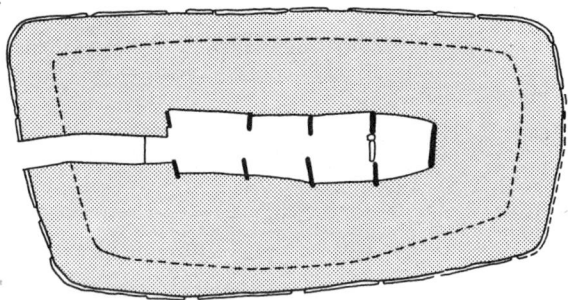

Yarso Stalled Cairn

Eine etwa 4,2 m lange, 0,7 m breite und etwa 0,7 m hohe Passage führte in eine 7,2 m lange und maximal 2,1 m breite Grabkammer, die zu beiden Seiten durch je 3 querstehende und im Mauerwerk des Ganges verankerte Bruchsteinplatten in 8 Nischen gleicher Größe unterteilt wird. Das hintere Viertel der Kammer bildete offenbar eine separate Zelle. Im Unterschied zum Grab von Onston (vgl. o.) befindet sich der Eingang nicht an der Breitseite der Grabkammer, sondern vielmehr an deren Schmalseite. – Im W der Insel (1 km w. der B 9064 unweit des Scabra Head) befindet sich ein weiteres Ganggrab, das von *Midhowe.* Nur wenige Schritte davon entfernt sind die Ruinen von drei Brochs, von denen der mittlere, *Midhowe Broch* genannt, besonders sehenswert ist.

701 Der Broch von Midhowe

Neben dem Broch von Gurness (vgl. o.) ist der von Midhowe auf Rousay das bedeutendste eisenzeitliche Kulturdenkmal in Orkney. Der Broch, auf einem ins Meer vorspringenden Landrücken errichtet, ist von drei Seiten her von Wasser umgeben und entsprechend geschützt. Zur Landseite hin dient ein doppelter Graben mit einer 4 bis 5,8 m dicken massiven Mauer als zusätzliche Befestigung. Innerhalb dieser Einfriedung werden die Grundmauern mehrerer kleinerer Bauwerke offenbar etwas späteren Ursprungs sichtbar. Sie mögen im Schutze der Fliehburg entstanden sein. Die Mauern des Broch sind heute noch 4,3 m hoch. Der Durchmesser des Baus beträgt an der Basis 18 m; die Mauerdicke liegt hier zwischen 3,7 und 4,6 m. An der Nordseite des Broch wurde ein Schmelzofen entdeckt, in dem, wie Schlackenreste zeigen, Bronze und Eisen verarbeitet wurden. Funde, die im Rahmen der Ausgrabungen in den Jahren 1930–1933 gemacht wurden, legen nahe, daß die Benutzer Ackerbau betrieben und die Kunst des Spinnens und Webens beherrschten.

702 Die Kirche von Eynhallow

Zwischen Mainland und Rousay liegt die kleine Insel Eynhallow (Überfahrt nach Absprache, man erkundige sich im Informationsbüro Kirkwall). Angesichts der starken Gezeitenströme im Eynhallow Sound kann die Überfahrt bei stürmischem Wetter recht unangenehm sein. Eynhallow stellt die Archäologen vor arge Probleme, die Geschichte der Insel erinnert an die von Iona und auch an die von St. Kilda.

Der gälische Name, *Heilige Insel,* scheint anzudeuten, daß sich auf Eynhallow zur Zeit der wikingischen Landnahme eine piktische Klostersiedlung befand. Die Abgeschiedenheit des Ortes sowie auch die Nähe von Birsay (vgl. o.) sprechen dafür, allerdings fehlen alle weiteren Belege. Möglicherweise überlebte die klösterliche Tradition den Wikingereinfall: Anspielungen in der Orkneyinga Saga deuten auf das Vorhandensein von Mönchen im 12. Jh. hin. Aus der gleichen Zeit stammt auch die recht stattliche Kirche, ein Bauwerk, das sicher nicht als Gemeindekirche für eine Handvoll armer Kleinbauern errichtet wurde.

Der Grundriß erinnert an andere zeitgenössische Orkney-Kirchen. Die Abmessungen des Schiffes sind 6,3 × 3,4 m, die des Chorteils 3,8 × 2,6 m. Auch der Kirchenbau selbst gibt archäologische Rätsel auf, so etwa hinsichtlich verschiedener Torbögen oder auch hinsichtlich der Westpforte. Ob sich über letzterer beispielsweise ein Turm befand, bleibt fraglich. Weitere Probleme stellt der eigenartige 1,8 m hohe, rechteckige Bau an der Südseite des Schiffes, der aus dem 16. Jh. stammt und die unteren 7 Stufen einer Wendeltreppe enthält. Gab es früher eine Verbindung zwischen diesem Bau und dem Schiff? Wenn ja, welche Funktion hatte sie? Daß es sich hier nicht um die Reste eines Glockenturms handelt, ist fast sicher, da ein solcher Turm nirgends erwähnt wird.

Unmittelbar s. und w. der Kirche findet sich ein Komplex aus Wohn- und Wirtschaftsgebäuden, die in ihrer derzeitigen Gestalt aus dem 16. Jh. und aus noch späterer Zeit stammen, jedoch offenbar ältere Strukturen ersetzen, deren Charakter und Funktion ungeklärt sind.

Eynhallow bot stets nur einem halben Dutzend Familien kargen Lebensraum. Um die Mitte des 19. Jh. wurden die damals noch auf der Insel ansässigen vier Familien umgesiedelt; ihre Häuser wurden abgedeckt, um sie für alle Zeiten unbewohnbar zu machen. 50 Jahre später restaurierte ein neuer Besitzer die altertümlichen Gebäude. Danach wurden sie der staatlichen Denkmalpflege unterstellt.

703 Westray und Papa Westray

Die beiden weit nach N vorgeschobenen Inseln können von Kirkwall aus mit dem Flugzeug (Loganair) erreicht werden. Auch zwischen Westray und Papa Westray besteht Linienflug-Verkehr. Die Flugzeit zwischen den beiden nur 2,7 km voneinander entfernten Flugfeldern beträgt 2 Minuten. Loganair betreibt damit die kürzeste Linienflugstrecke der Welt. Westray bietet 2 Kirchen aus sehr früher Zeit, nämlich die unmittelbar an der Küste gelegene *Heilig-Kreuz-Kirche* aus dem 12. Jh. sowie die wahrscheinlich aus dem 13. Jh. stammende *Kirche von Pierowall*. Die Ruine der Hl. Kreuz-Kirche erreicht man, indem man über die B 9067 nach S bis in die Gemarkung Tuquoy fährt. Von dort muß man etwa 700 m in s. Richtung querfeldein gehen. Die Kirche ist auf der Half-Inch-Map von Orkney als *Cross Kirk* vermerkt (von Holy Cross), und so heißt sie auch bei den Inselbewohnern. Beide Kirchen weisen die für Orkney-Kirchen dieser Zeit typischen Stilmerkmale auf. Sie wurden ursprünglich nicht als Gemeindekirchen errichtet, sondern waren privater Besitz, wenn auch allgemein zugänglich. Zumindest die St. Mary's Church von Pierowall wurde dann aber in späterer Zeit als Gemeindekirche benutzt. 1 km w. der Marienkirche liegt *Noltland Castle*, eine grimmig anmutende Festung aus den Jahren nach 1560, in die Graf *Patrick Stewart* (vgl. S. 407) eine ansehnliche Renaissance-Treppe einbauen ließ. Der Bau wurde nie fertiggestellt.

Papa Westray bietet neben der kleinen am Ostufer des Loch of St. Tredwell gelegenen *St. Tredwell's Chapel* aus dem 12. Jh. zwei interessante, als *Knap of Howar* bekannte Behausungen sowie, auf dem ö. vorgelagerten Inselchen Holm of Papa Westray, ein außerordentlich großes und sehenswertes Kammergrab (vgl. u.). Die Ruinen der Tredwells-Kapelle liegen auf einem kleinen Hügel, der ältere Strukturen (Überreste eines Broch und wahrscheinlich auch eines Erdhauses) überdeckt.

704 Knap of Howar

Die unter dem Namen Knap of Howar bekannten Bauten auf Papa Westray befinden sich nur wenige 100 m vom Flugfeld entfernt an der Westküste der Insel. Die beiden längsseits liegenden, ovalen Gebäude unterschiedlicher Größe sind durch eine Passage miteinander verbunden, besitzen im übrigen aber parallele, getrennte Eingänge von der Seeseite her. Das größere der beiden Gebäude ist in der Mitte so abgeteilt, daß sich zwei Zimmer ergeben, der kleinere Bau enthält mehrere Unterteilungen und eine ganze Reihe von Nischen, deren Funktion nicht bekannt ist. Verschiedene Funde (u. a. Mahlsteine) deuten darauf hin, daß es sich um eine eisenzeitliche Behausung aus den ersten Jahrhunderten n. Chr. handelt.

705 Das Kammergrab von Holm of Papa Westray

Das Inselchen Holm ist durch einen etwa 800 m breiten Sund von Papa Westray getrennt. Die Überfahrt erfolgt nach Rücksprache mit lokalen Fischern.

Das Wahrhaft gigantische Hügelgrab von 35 m Länge, 16,8 m Breite und 3 m Höhe liegt als weithin sichtbarer Orientierungspunkt an der höchsten Stelle der nur 800 m langen Insel, 25 m entfernt von einer knapp 20 m hohen Steilküste. Die Anlage macht einen äußerst wohlgeordneten, geometrischen Eindruck.

Die Grundfläche des Grabhügels besteht aus einem Rechteck, an dessen Längsseite Halbkreise angesetzt sind. Der ursprüngliche Zugang (jetzt verschlossen) befand sich annähernd in der Mitte der nach SO weisenden Längsseite des Hügels. Die wie mit dem Lineal gezogene Passage zur Grabkammer war 5,5 m lang, knapp 0,6 m breit und gut 0,8 m hoch. Sie steht genau senkrecht sowohl auf der sö. Längskante der Grundfläche des Hügels als auch auf der 20,4 m langen Seite der

1,5 m breiten und etwa 2,7 m hohen Hauptgrabkammer, die auf diese Weise in 2 annähernd gleiche Teile von etwa 10 m Länge aufgeteilt wird. Allerdings sind die Enden der Grabkammer auf eine Länge von 3,7 m links dieses Eingangs und 2,1 m rechts des Eingangs durch dicke Quermauern abgeteilt, zwischen denen nur ein schmaler Durchgang bleibt. So sind in Wirklichkeit 3 Hauptgrabkammern vorhanden, an die sich dann 14 Zellen in Bienenkorb-Bauweise anschließen. – Außer einigen Tierknochen wurde in dem Grab nichts gefunden. Die Kammer ist heute durch ein Betondach vor weiterem Verfall geschützt. Von hier aus erfolgt auch der Zugang.

706 Das Kammergrab von Quoyness

Wie Westray und Papa Westray so besitzt auch die Insel Sanday Flugverbindung mit Kirkwall (Loganair). Das Grab (Quoyness Cairn) befindet sich an der Ostküste der Halbinsel Elsness und ist vom Flugfeld aus nur zu Fuß quer über die Wiesen zu erreichen (Entfernung Luftlinie 2,4 km).
Die kreisförmige Anlage hat einen Durchmesser von 18,3 m und eine Höhe von 3,7 m. Sie ist der von Wideford (**694**) ähnlich. Die Grabkammer wird heute über eine Leiter von oben her betreten; der ursprüngliche Zugang mit einer Abmessung von 7,4 m Länge, gut 0,5 m Breite und 0,9 m Höhe ist nicht mehr passierbar. Die rechteckige Grabkammer ist 3,8 m lang und 1,7 m breit. Ihre stattliche Höhe beträgt 3,7 m. In dieser Kammer wie auch in den 6 anschließenden Zellen und in der Eingangspassage selbst wurden große Mengen von Menschen- und Tierknochen sowie einige wenige Handwerks- und Schmuckgegenstände gefunden. Letztere gleichen Funden aus Skara Brae (**685**), was zumindest eine relative Datierung ermöglicht.

707 Der Dwarfie Stane

Die Überfahrt zur Insel Hoy erfolgt von Scapa Pier (3 km s. von Kirkwall, A 963) aus. Auskunft hinsichtlich der Fährzeiten erteilt das Informationsamt in Kirkwall. Auch von Stromness aus kann man mit dem Fischerboot übersetzen. Man erkundige sich im Informationsbüro am Hafen.
Der Dwarfie Stane liegt an der Südflanke des höchsten Berges der Insel, des Ward Hill, etwa 2,4 km s. der Stelle, wo die nach Rackwick (Südküste) führende nk Straße von der B 9047 abzweigt. Von der Jugendherberge in Orgill aus beträgt die Entfernung 3,6 km. Bei dem Dwarfie Stane handelt es sich um einen im Gelände weithin sichtbaren Block aus Buntsandstein, der wahrscheinlich aus der das Tal nach S abschließenden Felswand der Dwarfie Hamars herausgebrochen ist. Der »Zwergenstein«, wie die Übersetzung lautet, gab den Archäologen bis in die 30er Jahre hinein Rätsel auf. Inzwischen weiß man, daß es sich hier um einen in Großbritannien ganz seltenen Grabtyp handelt, den des Felsengrabes, wie man ihn aus den Mittelmeerländern kennt.

Der Felsblock selbst ist 8,5 m lang und hat eine durchschnittliche Breite von 4,3 m. Er liegt längs auf einem in n. Richtung abfallenden Hang und ist am Nordende so stark in den Boden eingesunken, daß die Höhe über der Erdoberfläche nur noch 0,9 m beträgt. An der Westseite des Steines befindet sich eine 86 cm breite und 71 cm hohe Öffnung, von der aus ein 2,3 m langer Gang etwa gleicher Abmessungen in das Innere des Blocks führt. Am Ende dieses Ganges liegt auf jeder Seite eine Zelle. Die Zelle zur Rechten ist mit 1,5 m Länge und 0,9 m Breite im ganzen oval, wobei die Höhe zwischen gut 0,6 m und knapp 0,8 m schwankt. Sie ist durch eine im Zelleneingang belassene

Schwelle vom Gang abgetrennt. Am Ostende der Zelle befindet sich eine etwa 20 cm breite und 10 cm hohe Stufe, eine Art steinernes Kissen. Die Zelle zur Linken ist halbkreisförmig und mit Abmessungen von 1,4 m Länge und 0,6 m Breite wesentlich kleiner. Auch sie ist durch eine Schwelle vom Gang abgetrennt, die allerdings wesentlich weniger ausgeprägt ist. Diese Zelle liegt heute unter freiem Himmel, da das Dach eingebrochen ist oder vor Jahrhunderten zertrümmert wurde. Offenbar ist die Zelle nie ganz fertiggestellt worden. Vor dem Eingang des Grabes ist ein Felsblock zu finden, der etwa die gleichen Abmessungen hat wie das Graböffnung selbst. Ob der Stein die Öffnung je verschlossen hat, bleibt fraglich, offenbar sollte dies jedoch seine Funktion sein. – Das Grab wird heute in das späte Neolithikum oder aber die frühe Bronzezeit (1800–1600 v. Chr.) datiert, mithin in die gleiche Periode wie Maes Howe.

Shetland

Shetland ist ein Land für sich, mit eigenen Traditionen und eigenen Anschauungen. Schon der Name deutet dies an: Shetland und nicht The Shetland Isles oder The Shetlands. Mehr als 100 Inseln bilden das Archipel, von denen heute weniger als 20 bewohnt sind. Die N-S-Ausdehnung der Inselgruppe beträgt Luftlinie 115 km, wobei Muckle Flugga, der nördlichste Punkt, rund 275 km von John o'Groat's (**583**) auf dem Festland entfernt ist. Obwohl Shetland auf der Höhe von Alaska liegt, ist das Klima dank des Golfstroms relativ ausgeglichen. Dennoch macht sich die n. Lage deutlich bemerkbar: Wälder sind unbekannt, und Bäume gedeihen nur im Schutz von Mauern und Gebäuden. Aber das allgegenwärtige saftige Grün der Moorweiden, Lebensraum für Schafe und der berühmten Shetland Ponies, bietet bei sonnigem wie bei halb bedecktem Wetter ein stets aufregendes Farbenspiel; die unberührten Sandstrände in Tönen von Silbergrau bis Zartrosa beleben die Farbskala weiter und kontrastieren mit den lichtblauen bis silberschwarzen Schattierungen des Meeres und den braungrünen Tönungen der Klippen. – Höchste Erhebung ist der Ronas Hill im NW von Mainland w. der A 970 mit 498 m.

Die Hauptinsel wird ebenso wie die von Orkney *Mainland* genannt. Ihre N-S-Ausdehnung beträgt 89 km, von O nach W mißt sie jedoch an ihrer breitesten Stelle nur 32 km. Auf Mainland leben 13 000 der insgesamt 17 600 Inselbewohner, wobei sich die letztgenannte Zahl auf den Zensus von 1966 stützt. Der Öl-Boom hat weitere Abwanderungen verhindert und die Bevölkerungszahl inzwischen sogar leicht ansteigen lassen. Zentrum von Mainland ist die Hauptstadt *Lerwick*, deren vorzüglicher Naturhafen heute eine wichtige Versorgungsbasis für die Ölfelder der n. Nordsee darstellt. In Lerwick (7000 Einwohner) wohnt mehr als die Hälfte der gesamten Bevölkerung von Mainland. Die alte Hauptstadt Scalloway an der Westküste zählt demgegenüber nur noch 1000 Einwohner, was sie zur zweitgrößten Stadt des Archipels macht.

Shetland verfügt über ein gut ausgebautes Straßennetz, wobei besonders die N-S-Verbindungen A 970 und A 968 über weite Strecken zweispurig befahrbar sind. Der internationale Flughafen für Shetland, Sumburgh, befindet sich an der Südspitze von Mainland. Fährverbindungen mit leistungsfähigen Wagenfähren bestehen zwischen Mainland, Yell und Unst sowie zwischen Yell und Fetlar, dem Zentrum der Pony-Zucht. Weitere wichtige Fährverbindungen (nur Personenbeförderung) sind Grutness (bei Sumburgh) – Fair Isle, Walls (nw. von Scalloway) – Foula und Melby (n. von Walls) – Papa Stour. Loganair fliegt von Sumburgh aus zweimal wöchentlich die Fair Isle an und führt viermal wöchentlich Flüge von Sumburgh über Lerwick und Whalsey nach Fetlar und Unst durch. Die Flugzeit von Sumburgh nach Unst beträgt mit Zwischenlandungen rund 1 Stunde, die nach Fair Isle 15 Minuten.

Die Insel Foula, rund 45 km w. von Lerwick, wird oft als die einsamste aller britischen Inseln bezeichnet: Die Winterstürme können die Fährverbindung für einen Monat und mehr unterbrechen. Da Foula keinen eigenen Hafen hat, muß das kleine Postboot nach jeder Überquerung ans Ufer gehievt werden, um es vor dem unberechenbaren Wellengang zu schützen. Die Bevölkerung der etwa 16 km² großen Insel mit ihren beiden Dörfern Ham und Hametun besteht heute noch aus etwa 40 meist älteren Personen.

Auch wenn die Statistiken zeigen, daß dank des Golfstroms die Temperaturen das ganze Jahr über recht ausgeglichen sind (das Juli-Mittel beträgt 12,0°, das Januar-Mittel 3,4°), zeigt sich das Wetter in Shetland doch insgesamt von einer weit weniger günstigen Seite als auf dem schottischen Festland. Stürme sind häufig, und der Regen ist gleichmäßig über das ganze Jahr verteilt. Lerwick zählt 248 Regentage im Jahr. Die Anklänge an isländisches Wetter sind deutlich, auch wenn die Niederschläge dank des wenig ausgeprägten Reliefs der Inseln keine überhohen Werte erreichen. 58 Tage im Jahr sind ausgesprochene Sturmtage, und die durchschnittliche Windgeschwindigkeit ist auch bei normalem Wetter mit rund 25 km/h relativ hoch. Im Winter sind Windgeschwindigkeiten von mehr als 150 km/h keine Seltenheit; den Rekord der letzten Jahre hält die Insel Unst: Am 16.2.1962 erreichte einer der gefürchteten Winterstürme eine Spitzengeschwindigkeit von 285 km/h. Auch der kurze Touristen-Sommer kann naßkalt und verregnet sein: Warme Wollsachen, Regenschutz und Mittel gegen Erkältungskrankheiten sollten in keinem Reisegepäck fehlen. Dennoch ist Shetland unbedingt eine Reise wert, zumal die Schönwetterperioden, wie oben schon angedeutet, eine Landschaft von einzigartiger Grandeur offenbaren, die deutlich anders ist als die der Orkneys oder Hebriden. Die Sommernächte sind kurz und hell, am 21. Juni scheint die Sonne 18 Stunden und 52 Minuten lang.

Die *Geologie* von Shetland vereinigt norwegische und schottische Charakteristika. Die Strukturen im einzelnen sind dabei außerordentlich komplex. Zwei Hauptverwerfungslinien werden sichtbar, sie durchziehen den Archipel von N nach S. Von der westlicheren von beiden, die etwa 15 km w. einer Linie Sumburgh – Lerwick und dann längs der W-Seite des Yell Sound verläuft, nimmt man an, daß sie eine n. Fortsetzung des großen schottischen Grabenbruchs des Great Glen ist. Eine zweite Faltungslinie verläuft etwa 10 km weiter ö. Das »Rückgrat« der Insel Mainland sowie die Insel Yell und der W von Unst bestehen aus Schiefern und Gneisen mit Einlagerungen aus blaugrauem Kalkstein, Sedimenten eines alten Meeresgrundes, die dann während der kaledonischen Faltungsperiode vor mehr als 420 Mio. Jahren unter enormem Druck in kristallines Gestein verwandelt worden sind. Im NW und N von Mainland dominieren Granite mit einem Alter von 350 bis 400 Mio. Jahren, während der W beiderseits der A 971 aus torridonischem Sandstein und vulkanischen Gesteinen gleichen Alters aufgebaut ist. Geologisch am interessantesten ist die Insel Unst. Hier hat ein gewaltiger Schub längs einer wiederum von N nach S verlaufenden Linie Gneise mit einer Fülle von metamorphen Mineralien in Kontakt gebracht, und man findet Halbedelsteine wie Serpentin, Cyanit und Granat. Die ältesten Gesteine des gesamten Archipels treten im äußersten NW von Mainland ans Licht. Es handelt sich um Gneise mit einem wahrscheinlichen Alter von mehr als 2 Milliarden Jahren.

Im Unterschied zu Orkney besitzt Shetland nur sehr wenige fruchtbare Landstriche. Lediglich die Kalkstein-Enklaven und einige geschützte Sandstein-Parzellen können intensiver genutzt werden. Das gesamte Land ist mit einer 1,5–3 m dicken Torfschicht überzogen. Nachdem in den Jahren 1909–1921 auf einem 9 Morgen großen Gelände bei Kergord erstmals Versuche mit einer Waldbepflanzung durchgeführt wurden, die mäßig erfolgreich blieben, hat die Staatliche Forstbehörde 1953 sechs Versuchspflanzungen angelegt und nachweisen können, daß eine Bepflanzung geschützter Lagen mit besonders dazu geeigneten überseeischen Kiefern und Fichten (u. a. aus Alaska), sehr wohl möglich ist. Trotz der relativ harten klimatischen Bedingungen und der Abgeschiedenheit des Archipels konnten im Rahmen eines großangelegten botanischen Zensus im Jahre 1969 rund 690 verschiedene Pflanzen-Unterarten katalogisiert werden, wovon etwa 500 in Shetland beheimatet sind. Die *Tierwelt* Shetlands gleicht der von Orkney, was die Vermutung zuläßt, daß noch relativ lange nach dem Ende der jüngsten Eiszeit eine Landverbindung zwischen beiden Inselgruppen bestand. Die Küstengewässer sind immer noch reich an kleineren Walarten, an Tümmlern, Delphinen und Robben, und die klippenreichen Gestade des Archopels selbst sind idealer Nistplatz für eine Vielzahl von Seevogelarten (vgl. S. 22ff.). Auf der s. vorgelagerten Fair Isle wurde 1948 ein Vogelobservatorium eingerichtet. Kein anderer Beobachtungsposten im gesamten Großbritannien hat so viele Arten katalogisieren können: 81000 Vögel wurden gefangen, untersucht und mit Ringen versehen, und einige der Ringe wurden von sibirischen und brasilianischen Stationen zurückgegeben. Angesichts der reichen Vogelwelt, die zahlreiche gefährdete Arten wie beispielsweise Wiesenknarre *(Corncrake)*, Zwergfalken *(Merlin)*, Schneeule *(Snowy Owl)*, Wanderfalken *(Peregrin)*, Rothalstaucher *(Red-Throated Diver)*, Thorshühnchen *(Red-Necked Phalarope)*, gemeine Wachtel, Regenbrachvogel *(Whimbrel)* und Trauerente *(Common Scoter)* umfaßt, ist die *Royal Society for the Protection of Birds* in Shetland besonders aktiv. Die Fair Isle erhielt 1969 ein neues Observatorium und besitzt inzwischen eine Herberge mit 24 Zimmern speziell für Ornithologen. Die Insel gehört heute dem *National Trust.* – Weitere besonders interessante Vogelfelsen sind Herma Ness an der NW-Spitze der Insel Unst sowie die Steilküsten der Insel Noss ö. von Lerwick. Hier befindet sich eine der beiden shetlandischen Tölpel-Kolonien.

Archäologen glauben, daß die frühesten *Einwanderer* um 1500 v.Chr. die Inseln erreichten. Einen einzigartigen Querschnitt durch die shetländische Siedlungsgeschichte bietet *Jarlshof* (vgl. u.), ein Dorf, das von der Bronzezeit bis in die wikingische Ära hinein ununterbrochen bewohnt war. – Alles in allem ist die archäologische Erkundung der Shetland-Inseln noch bei weitem nicht abgeschlossen; allein seit 1948 sind mehr als 60 neolithische Siedlungen entdeckt worden. Die frühesten Steinzeit-Siedlungen gehören offenbar einem älteren Typ an als Skara Brae (**685**): Die Häuser sind nicht zu einem gemeinschaftlichen Komplex zusammengefügt, die Mauern sind dicker, aber niedriger, die Höhe der Wohnräume wird dadurch vergrößert, daß man das Niveau des Bodens gegenüber dem Ansatz der Außenmauern absenkt. Vieles spricht dafür, daß die frühen Shetländer kaum oder gar keinen Kontakt mit den Bewohnern der Orkney-Inseln hatten. Dies mag mit der geographischen Abgeschiedenheit von Shetland zusammenhängen oder aber auch mit der Tatsache, daß Orkney bereits dicht besiedelt war und sich als feindliche Macht darstellte. Im übrigen waren die Steinzeitmenschen als Bauern, Fischer und Jäger weitgehend Selbstversorger, Bedarf an erweitertem Handel bestand nicht. Erst in der Bronzezeit entstand eine gesteigerte Nachfrage nach zeitgemäßem Kriegsgerät und metallenen Handwerks- und Konsumgegenständen. Damals ließ sich ein irischer Bronzeschmied als Geschäftsmann in Jarlshof nieder. Aus seinem Sortiment ist ein Bronzedolch erhalten. Er befindet sich heute im *National Museum of Antiquities* in Edinburgh. Möglicherweise emigrierte der Bronzeschmied nach Shetland, weil neue Techniken der Eisenverhüttung und -bearbeitung seine Existenz weiter s. zerstört haben.

Die *Eisenzeit* brachte die Kunst des *Broch-Baus* auch nach Shetland. Eines der besten Beispiele ist der Broch von Mousa (vgl. u.). Einige Jahrhunderte später verkündeten iro-schottische Missionare das Christentum. St. Ninian's Isle n. von Sumburgh an der Westküste war eines der großen Missionszentren. Monumentale Steine mit Ogham-Schriftzeichen sind hier und auch in der Gemeinde Lunnasting im NO von Mainland gefunden worden. Zeugnisse frühchristlicher Bildhauerkunst sind die Altarsteine im Grafschaftsmuseum (County Museum) von Lerwick und im National Museum of Antiquities in Edinburgh. Besondere Erwähnung verdienen die Skulpturen von der Insel Bressay (ö. von Lerwick) sowie der »Mönchsstein« aus dem Kirchhof von Papil auf Burra (sw. von Scalloway). Ebenso wie in Orkney zeugen viele Ortsnamen (etwa Papil oder Papa Stour) von der iro-schottischen Einflußnahme.

Während der *Wikingerzeit* bildete Shetland mit Orkney eine autonome Region innerhalb des norwegischen Königreichs: Die Jarls von Orkney waren gleichzeitig Herren über Shetland. 1471 wurde die »Grafschaft Orkney« und der »Herrenbesitz Shetland« durch die schottische Krone annektiert (vgl. S. 30ff.). Die Zwingburg von Scalloway (vgl. u.) ist ein Bauwerk aus jener Zeit.

Die Erinnerung an die schlechte Behandlung durch die Stewart Earls ist in der Bevölkerung sehr lebendig geblieben, und auch die marginale Position des Archipels aus Edinburgher Sicht erweckt Ressentiments. Kein Wunder, daß man in Shetland lange suchen muß, bis man ein Andreaskreuz als nationales Wahrzeichen Schottlands findet: Wird eine Fahne gehißt, so ist es ganz bewußt die britische, der Union Jack.

Ist schon in Orkney der skandinavische Einschlag kaum übersehbar, so ist er in Shetland noch sehr viel deutlicher: Die Physiognomie der Menschen zeigt ihre wikingische Abstammung, die Volkskunst ist derjenigen Norwegens ähnlicher als der Schottlands. In der Tat ist die Entfernung von Lerwick nach Bergen nur um 35 km größer als die nach Edinburgh.

Für die *Anreise* gibt es zwei Routen: Die eine führt von Aberdeen aus mit dem Schiff nach Lerwick (Überfahrt normalerweise etwa 15 Stunden) die andere führt mit dem Flugzeug über Inverness und Kirkwall (Orkney) nach Sumburgh (Flugzeit von Kirkwall nach Sumburgh ca. 35 Minuten). Sumburgh hat Busverbindung mit Lerwick und dem N des Archipels. Der Flug- und Fährverkehr kann wetterbedingt suspendiert werden.

Sehenswert sind vom historischen Standpunkt aus vor allem der s. und w. Teil des Archipels; im folgenden wird u. a. eine Fahrt von Sumburgh aus über Lerwick/Scalloway in den W von Mainland beschrieben. Wer mehrere Tage für Shetland zur Verfügung hat, sollte allerdings die geologisch interessanten Gebiete im N nicht auslassen.

Für weitere Auskünfte steht der Area Tourist Officer, Lerwick (Anschrift S. 62) zur Verfügung.

Der Linienbus-Verkehr liegt in den Händen der Firma J. Leask (Anschrift S. 63).

Route 32
Sumburgh – Lerwick – Yell – Unst

708 Sumburgh

Der Name steht heute sowohl für das Südkap der Insel Mainland, Sumburgh Head, mit seiner spektakulären Klippenszenerie und dem wuchtigen, einsam gelegenen Leuchtturm, als auch für den Airport, der seit dem Öl-Boom eher einem Hexenkessel als einem geordneten Provinz-Flughafen gleicht. Hier starten und landen nicht nur die Linienflüge von British Airways und Loganair, sondern auch die zahlreichen Chartermaschinen aus Großbritannien und dem Ölanrainer Norwegen. Darüber hinaus führen die schweren Helikopter der British Airways täglich Dutzende von Flügen zu den Bohrinseln der n. Nordsee durch. Sie fliegen Strecken von 100 bis 160 km. Mitten über die eine Rollbahn geht dann noch eine Landstraße, die für jeden Einflug gesperrt werden muß. Von Grutness bei Sumburgh aus kann man zur Fair Isle (vgl. o.) übersetzen (Personenfähre).

709 Jarlshof

Mit Jarlshof, 2 km vom Flughafen Sumburgh entfernt, besitzt Shetland eine der bedeutendsten archäologischen Stätten von ganz Großbritannien: Auf wenigen hundert qm finden sich die Überreste von nicht weniger als 3 vorgeschichtlichen Dörfern und 2 weiteren Siedlungen aus späteren Epochen. Die Siedlungsgeschichte des Ortes erstreckt sich über mehr als 3 Jahrtausende, seine Entdeckung zeigt Parallelen mit der von Scara Brae. Durch mehrere schwere Winterstürme gegen Ende des vergangenen Jahrhunderts wurden Teile der umgebenden Küste ins Meer gespült. Die Brandung legte dabei massive Steinmauern frei. *John Bruce,* der Eigner des Terrains, begann sich für die Gemäuer zu interessierten und legte zwischen 1897 und 1905 auf eigene Kosten einen Teil der eisenzeitlichen Siedlung bis zur Basis der mittelalterlichen Gebäude frei. Ans Licht kamen u. a. ein *Broch* und daran anschließende *Radhäuser* sowie einige durch Gänge miteinander verbundene Wohnhäuser. Eine weiterreichende Ausgrabung fand in den Jahren 1931–1935 statt. Man entdeckte 2 frühere Siedlungsstufen, von denen die eine der späten

Jarlshof

Bronzezeit, die andere aber der frühen Eisenzeit zugeordnet werden konnte. Weitere Grabungen zwischen 1937 und 1939 auf tieferliegenden Ebenen brachten neolithische Strukturen ans Licht. Schon 1933 hatte man auch Spuren wikingischer Besiedlung entdeckt. Eine vollständige Ausgrabung erfolgte jedoch kriegsbedingt erst 1949–1952.

Der früheste als geschlossene Siedlung erkennbare Komplex liegt im O der Anlage: Er stammt aus der Bronze- bzw. der frühen Eisenzeit. Nördlich davon werden die Spuren noch früherer Behausungen sichtbar. Die Gebäude erinnern in ihrer Struktur an die Hütten von Skara Brae. Westlich davon, zum Teil unterhalb der Fundamente des mittelalterlichen Jarlshof, befindet sich der Komplex des *Broch* und der *Radhäuser*. Letztere sind ohne Zweifel die imposantesten Bauwerke von Jarlshof und in ihrer einzigartigen Erhaltung Musterbeispiele für die eisenzeitliche Architektur Schottlands. Die Siedlungen der Wikinger schließen sich in breiter Front nach N an, wobei sich auch hier zwei verschiedene Bauperioden unterscheiden lassen.

Man mag sich fragen, wieso gerade das Terrain von Jarlshof über Jahrtausende Siedler anziehen konnte. Die Begründung liegt in der geographischen Position des Ortes und seiner strategischen Bedeutung: Sumburgh Head, an der Schottland zugekehrten Südspitze von Mainland gelegen, war bei gutem Wetter von der Fair Isle aus sichtbar und für Seefahrer damit eine Orientierungsmarke. Darüber hinaus bot die seichte Bucht von West Voe einen günstigen Ankerplatz in unmittelbarer Nachbarschaft der Behausungen. Hinzu kam, daß die Böden der Umgebung landwirtschaftlich vergleichsweise ertragreich waren.

Die ältesten Siedler standen kulturell offenbar auf annähernd gleicher Stufe mit denen von **Skara** Brae. Genaue Datierungen sind schwierig, die bestehenden Analogien verweisen in die Zeit zwischen 2100 und 1500 v. Chr., wobei das letztere Datum plausibler erscheint.

Ein Vergleich mit den Grundrissen der Hütten von **Skara** Brae zeigt, daß die 6 bronzezeitlichen Gebäude im O der Siedlung Weiterentwicklungen dieses älteren Haustyps sind. Gleichzeitig finden sich gewisse Parallelen zu den Bronzezeit-Gräbern in Orkney: zentrale Kammer, sorgsam ausgebaute Nischen und Steinkammern, ovale Formen, Vorherrschen der Bienenkorbbauweise. Die Bewohner waren Ackerbauern und Viehzüchter; die an den eigentlichen Wohnraum angrenzenden Kammern, zum Teil mit eigenem Zugang, stellen offenbar Frühformen von Stallungen dar. Die Werkzeuge und die Töpferwaren gleichen den Funden von Orkney. Gegen Ende der Bronzezeit bewohnte ein irischer Kupferschmied eine der damals bereits verlassenen Hütten. Zahlreiche Tonformen deuten auf seine Produktion von Äxten, Schwertern, Meißeln und anderen Gerätschaften hin.

Der eisenzeitliche Broch und die Radhäuser des 2. und 3. Jh. sind das Werk neuer Einwanderer (vgl. S. 28). Die verfeinerte, strategisch außerordentlich geschickte Ausführung der Bauten zeigt einerseits den gewaltigen technischen Fortschritt, den das neue Zeitalter brachte, andererseits deutet sich hier aber auch an, daß die Zeiten unsicherer geworden waren. Invasionsversuche, Piraterie und Sklavenhandel scheinen an der Tagesordnung gewesen zu sein. Die eisenzeitlichen Bewohner verfügten über neue Techniken im Bereich der Töpferei, sie kannten das rotierende Mahlwerk, hielten neue Viehsorten wie etwa Schweine oder auch Ponys, gingen mit Erfolg der Robbenjagd und auch dem Vogelfang nach, und sie reorganisierten schließlich sogar die Einteilung der Felder. – Um den Broch und die Radhäuser herum sammelte sich im Lauf der Zeit Flugsand, der zusätzlichen Halt und zusätzlichen Schutz bot. In die entstehende Düne wurde in der Spätphase der eisenzeitlichen Besiedlung ein Erdhaus gebaut (nw. des Broch-Komplexes), das entsprechenden Konstruktionen auf den Orkney-Inseln ähnelt.

Die wikingische Geschichtsschreibung hat der eisenzeitlichen Bevölkerung von Shetland in der *Historia Norvegiae* aus dem 12. Jh. ein Denkmal gesetzt: Hier heißt es, daß die schottischen Inseln schon vor der Ankunft der Wikinger besiedelt gewesen seien. Die Pikten hätten morgens und abends wahre Wunderwerke an mauernumgebenen Gebäuden errichtet, um die Mittagszeit seien ihre Kräfte jedoch völlig geschwunden. Dann hätten sie sich, von Angst besessen, in kleine Häuser unter die Erdoberfläche zurückgezogen.

Die *Wikinger* kamen im frühen 9. Jh. Ihre langgestreckten, rechtwinkligen Höfe gleichen denen von Birsay (**686**). Auch in Jarlshof findet sich ein Badehaus. Ferner sind eine Stallung, eine Scheune, eine Schmiede und ein weiteres Gebäude von Interesse, das möglicherweise als Tempel diente. Das Leben in der Wikingersiedlung muß über Jahrhunderte recht friedvoll gewesen sein. – Die Werke eines lokalen Künstlers der Zeit, Zeichnungen von Wikingerschiffen und einem drachenköpfigen Schiffsbug sowie zwei Portraits von wikingischen Männern, sind in dem kleinen Museum im Grabungsbezirk ausgestellt. Auch Kinderspielzeug, darunter Miniaturmühlsteine und verzierte Knochen, wurde in großer Zahl gefunden. Die Überreste von Lagerfeuern in der Umgebung zeigen, daß die Siedlung während der Sommermonate von Wikingerschiffen angelaufen wurde, deren Besatzungen dann hier kampierten.

Die *nach-wikingische Siedlungsgeschichte* beginnt mit der Errichtung eines Bauernhofes an der NW-Seite des Bezirks, zwischen dem Bronzezeit-Dorf und der wikingischen Siedlung. Töpferwaren deuten darauf hin, daß der Bau auf das 13. Jh. zurückgeht. Nach der Annektion von Orkney und Shetland durch die schottische Krone gehörte der Hof *Sir David Sinclair of Sumburgh*, der ihn von Wilhelm, dem Grafen von Caithness und Orkney, erhalten hatte. Sir David war Oberhaupt der Palastgarde zu Bergen und – noch unter norwegischer Herrschaft – Hauptmagistrat von Shetland gewesen. Im 16. Jh. wurde dann das imposante Gebäude ö. des Radhaus-Komplexes errichtet, dessen Ruine die Grabungsstätten überlagert. Wahrscheinlich war dieser Bau für einige Zeit Sitz der Stewart Earls (vgl. S. 407). Außerdem trat hier aller Wahrscheinlichkeit nach der Magistrat von Dunrossness zusammen, wenn er die Pachtbeträge für die Grafen erhob. *Dunrossness* (wörtlich Vorgebirge des tobenden Gezeitenstroms – benannt nach der gefährlichen Strömung s. von Sumburgh Head) war im Spätmittelalter Name für die südliche Gemeinde von Mainland. Der Bau wurde 1604/05 von Earl Patrick erweitert. Er wurde dann aber 1609 von Patrick selbst zerstört, der nach dem Debakel von 1607 (vgl. S. 414) nicht mehr Herr des Hauses war. – Im 18. Jh. diente Jarlshof als Begräbnisstätte.

Jarlshof

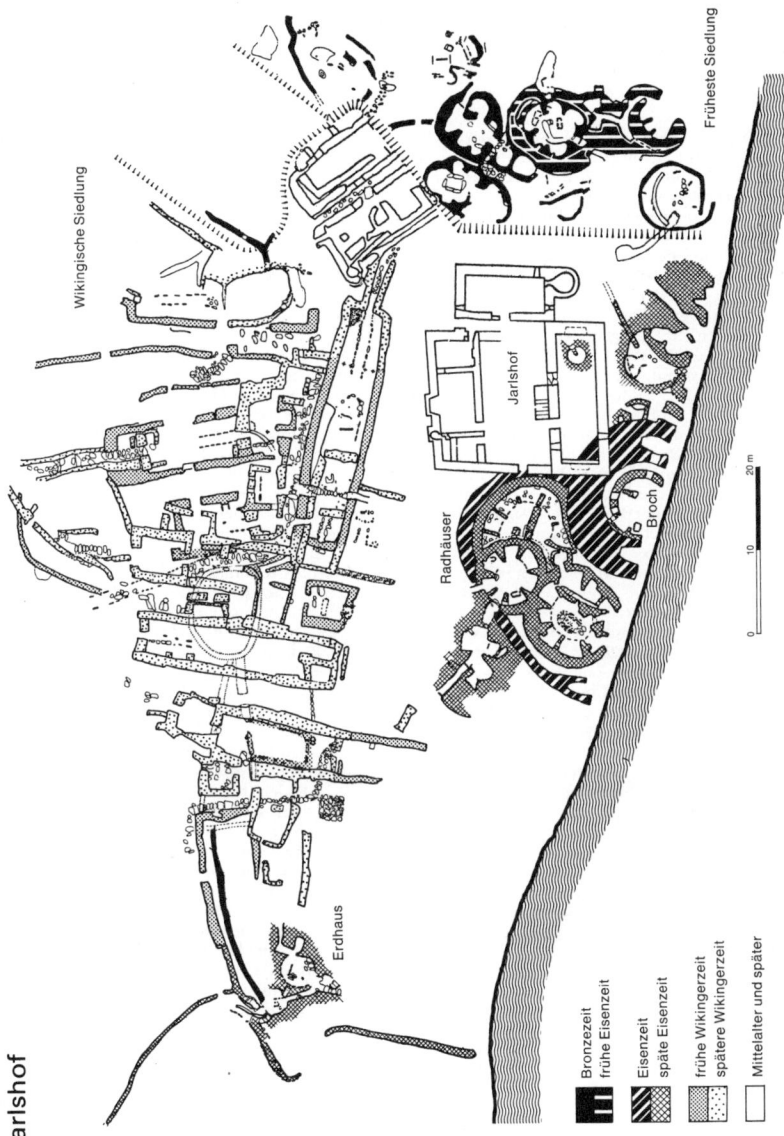

Die kompletten Abmessungen der einzelnen Bauten finden sich in dem 33 Seiten starken Jarlshof-Führer der staatlichen Denkmalpflege, der an Ort und Stelle oder in Edinburgh *(Her Majesty's Stationary Office)* erworben werden kann.

Der besterhaltene Bau aus der Bronzezeit ist die als *Haus III* bezeichnete Hütte, die sich nach S an den Bauernhof aus dem 13. Jh. anreiht und auf einer Linie mit den wiederum s. anschließenden, in der Eisenzeit überformten zwei weiteren bronzezeitlichen Hütten liegt. In ihr hatte der irische Bronzeschmied seine Werkstatt, nachdem das Gebäude, wie Flugsandablagerungen zeigen, für einige Zeit nicht mehr bewohnt worden war. Die s. anschließenden Hütten stellen eine Fortentwicklung der bronzezeitlichen Bauweise dar. Sie weisen Spuren einer Unterkellerung auf, wobei das Kellergeschoß des mittleren Gebäudes aus einer Kammer von 3,4 m Länge, 1,4 m Breite und 0,9 m Höhe bestanden haben muß. Ö. dieses Hauses befindet sich ein *Erdhaus,* zu dem eine 6,1 m lange und 0,6 m hohe Passage hinabführt. Die Kammer ist 1,8 m lang und 1,5 m breit. Das Dach wird durch 4 steinerne Pfeiler getragen. Innerhalb des eisenzeitlichen Komplexes stellt der an der SW-Ecke des Jarlshof gelegene und zum Teil ins Meer abgerutschte *Broch* die früheste Stufe dar. Nach W hin schloß sich ein ummauerter Hof an, der mit Hütten in Bienenkorb-Bauweise ausgefüllt war. Der Broch, von dem heute noch etwa zwei Drittel erhalten sind, hat einen Durchmesser von 9 m. Die Wände sind an der Basis 5,3 m dick. Wahrscheinlich betrug seine Höhe ursprünglich 12,2 m. Auch die den Hof umgebende Mauer war außerordentlich solide konstruiert. Der Zugang zum Hof war wahrscheinlich, wie auch der Zugang zum Broch selbst, durch eine Wachstube gesichert. Im Zentrum des Broch befand sich eine Feuerstelle, was darauf schließen läßt, daß der Bau nicht vollständig überdacht war. Teile der älteren Strukturen wurden später zerstört, um Raum und Baumaterial für die *Radhäuser* zu schaffen. Von den 3 Radhäusern wurde eines, das am schlechtesten erhaltene, innerhalb des alten Brochs selbst errichtet, die beiden anderen wurden in den ummauerten Broch-Hof plaziert. Letztere sind in ihrer vorzüglichen Erhaltung Schulbeispiele für diesen Bautyp. Das südlichere der beiden Radhäuser hat einen Außendurchmesser von 10,7 bis 12,2 m. Die Mauern sind bis in 3 m Höhe erhalten, die einzelnen Kammern sind deutlich zu sehen. Ein besonders interessantes Detail dieses Hauses ist, daß der an den Broch anschließende Teil offenbar nach einiger Zeit zugemauert wurde, da die Broch-Ruine zusammenzufallen drohte. Das weiter n. gelegene Radhaus hat einen Durchmesser von 7,3 m. Seine Seitenkammern sind in einer Höhe von 2,6 m bis 2,9 m mit Steinplatten überdacht. Das Radhaus besaß einen Eingang von NW von 0,9 m Breite und 1,7 m Höhe. Er war durch eine schwere hölzerne Tür und zusätzliche Querhölzer gesichert. Einen Eindruck von der Größe des eisenzeitlichen Siedlungsbezirkes bieten die am Westende der Anlage noch vorhandenen Begrenzungsmauern. Sie legen nahe, daß strahlenförmig von der Siedlung ausgehende Feldbegrenzungen den Landbesitz parzellierten. In der Nähe der w. Begrenzungsmauer finden sich zwei Hütten, die der späten Eisenzeit zuzurechnen sind.
Eine nähere Besichtigung der wikingischen Siedlung sollte mit dem größten aller Häuser, unmittelbar gegenüber der Nordfassade des Jarlshof, beginnen. Das Gehöft, das der frühesten Periode der wikingischen Besiedlung zuzurechnen ist, wurde im 9. Jh. errichtet. Der Bau wurde in späterer Zeit nach O hin erweitert. In seiner ursprünglichen Gestalt besaß er 2 Räume von insgesamt 21,3 m Länge. Der westlichere Raum diente, wie ein Ofen und eine Feuerstelle beweisen, als Küche. Östlich des Haupteingangs an der Nordseite befand sich das Wohn- und Schlafzimmer. An der Nordwand dieses Zimmers wiederum wird eine Art Podium sichtbar, auf dem Tische und Betten ruhten. In der Mitte des Raumes war ursprünglich eine längliche, rechteckige Feuerstelle angelegt. Auch auf der Südseite muß sich ursprünglich ein Podest als Haltevorrichtung für Tische und Betten befunden haben. Das Dach wurde durch Balken getragen, die offenbar ebenfalls auf dem Podest ruhten; das Giebelwerk war aus Holz. Im 11. Jh. wurde an der Ostseite des Gebäudes ein Kuhstall angefügt. Der Stall wurde durch eine sorgsam gepflasterte, abschüssig verlaufende Passage von O her betreten. Zur gleichen Zeit wurde die Westseite des Gebäudes erweitert, und die Räume wurden neu verteilt. In einer letzten Phase wurde das alte Gebäude aufgegeben und ein kleineres, rechteckiges Gebäude an der Westseite von ihm errichtet. Dieses Haus wurde im 12. und 13. Jh. bewohnt, wie fragmentarische Überreste von Töpferwaren, Kämmen und steinernen Gefäßen zeigen. – Ein weiterer kleiner, rechteckiger Bau aus dem 9. Jh. schließt nach W an. In der Mitte dieses Hauses befindet sich eine sorgsam konstruierte Feuerstelle. Möglicherweise handelt es sich hierbei um ein *Badehaus,* einen Typ von Sauna, wie er sich auch in Birsay (**686**) findet. Vielleicht war dieses Gebäude aber auch ein Familientempel. – Nördlich der beschriebenen Häuser befinden sich die Wirtschaftsge-

bäude aus dem 9. Jh. Sie wurden in spätwikingischer Zeit durch neue Gebäudekomplexe überformt. Weiter n. werden die Umrisse von 6 weiteren *wikingischen Langhäusern* sichtbar.
Das Herrenhaus, auch *Old House* genannt, umfaßt 3 Gebäudeteile, die sich um einen Innenhof, den man von S her betritt, gruppieren. Die auf der Nordseite des Hofes gelegene *New Hall* ist das älteste Bauelement. Es datiert wahrscheinlich von 1592. Als Earl Patrick Stewart in den Jahren 1604 und 1605 die Erweiterungsbauten vornehmen ließ, wurde dieser Teil in einen Küchentrakt umgewandelt. An der Südseite des Innenhofes entstand ein Block mit neuen Wohngemächern, dessen Giebelwände noch bis zu einer Höhe von 6,7 m stehen. An der Ost- und Westseite des Hofes wurden Wirtschaftsgebäude angefügt. Das Wirtschaftsgebäude an der Westseite wurde im Zuge der Ausgrabungen im Broch-Bereich abgetragen, das Gebäude an der Ostseite ist erhalten. Interessant ist ein ovaler Ofen in der Südwand, in dem Getreide getrocknet wurde.
April bis September MO–SA 9.30–19, SO 14–19; Oktober bis März MO–SA 9.30–16, SO 14–16. Eintritt.

710 St. Ninian's Isle

Von Sumburgh aus folgt man zunächst der nach N führenden, gut ausgebauten Hauptstraße A 970: In Dunrossness, etwa 3 km n. des Flughafens, lohnt der Besuch des im alten Stil wiederhergestellten *Pachtbauernhauses von South Voe* mit seinen Nebengebäuden. 1 km n. der Kirche zweigt links die B 9122 zur Westküste hin ab. Man folgt ihr bis zum Weiler Rerwick, gut 2 km nw. der Abzweigung. Von hier aus gelangt man bei Ebbe und günstigen Wetterbedingungen zu Fuß zur St. Ninian's Isle. Der Weg über den feinen Sand ist ein interessanter aber stellenweise beschwerlicher Spaziergang, angemessen festes Schuhwerk ist unverzichtbar.

Die 1958 durchgeführten Ausgrabungen auf der St. Ninian's Isle sind nur für den Kenner der Materie spektakulär, zumal alle wertvollen Funde, darunter auch der berühmte keltische Silberschatz, in das *National Museum of Antiquities* nach Edinburgh überführt worden sind. Die Kirche selbst datiert aus dem 12. Jh. Der Grundriß erinnert an den der Kathedrale von Birsay (**686**) und anderer Kirchen in Orkney aus der gleichen Zeit.

Um zur Hauptstraße zurückzugelangen, folge man der B 9122 von Rerwick aus weiter nach N.

711 Der Broch von Mousa

Eine Besichtigung des Broch von Mousa sollte sich kein Shetland-Reisender entgehen lassen: Auf halbem Wege zwischen Sumburgh und Lerwick zweigt von der A 970 rechts eine nk Straße nach Sandwick ab. Von hier besteht (bei ruhiger See) Verbindung mit einem kleinen, umgebauten Fischerboot zur Insel Mousa (Fahrzeit ca. 20 Minuten). Mit einigem Glück kann man unterwegs die zahlreichen Seehunde auf den Klippen der nur 2 km langen und 1 km breiten Insel beobachten. Vom Fähranleger aus führt ein Fußweg über die Weiden längs der Klippen zu dem gut 1 km weiter s. in beherrschender Position über der Steilküste gelegenen Bau.

Mit 13,2 m Höhe ist Mousa der besterhaltene Broch in Schottland. Sein Durchmesser beträgt 15,2 m. Die äußere Gestalt zeigt ein Spezifikum der Bauweise, das heute an keinem anderen Broch mehr studiert werden kann: Die Außenmauern verjüngen sich auf gewohnte Weise bis zu einer Höhe von etwa 10 m, wobei der Neigungswinkel gegenüber der Senkrechten etwa 10 Grad beträgt. Dann aber werden auch sie zylindrisch. Der Turm ist aus Steinplatten *(flagstones)* aus torridonischem Sandstein mit viel Akribie gefügt. Auf der Westseite befindet sich zur See hin ein ebenerdiger Eingang; eine 4,9 m lange und 1,2 m breite Passage führt in den inneren Hof. Auf halbem Wege war eine Tür angebracht, von der ein Pfosten mit der Absperrvorrichtung noch sichtbar ist. Der kreisförmige Innenhof hat einen Durchmesser von 6 m. Er wurde wahrscheinlich im 3. Jh. durch eine ebenfalls kreisförmige Mauer unterteilt, die im Zusammenhang mit dem Umbau in ein Radhaus gesehen werden muß. In der ursprünglichen, zylindrischen Innenmauer des Broch befinden sich 3 Öffnungen, durch die man in längliche Mauerzellen oder Kammern gelangt, die mit je einem wandschrankartigen Gebilde ausgestattet sind. Im übrigen ist die Innenmauer durchbrochen von 4 vertikal verlaufenden Reihen von Öffnungen, die mit den darunterliegenden Kammern bzw. Nischen in einer Linie liegen und, sorgsam konstruiert, etwa auf gleicher Ebene unterhalb des oberen Mauerabschlusses enden. Zum Hof hin weist die Innenmauer Stützsteine und Haltevorrichtungen für ein Holzbegälk auf. Offenbar schloß sich ein innerer Umgang in Form einer ein- oder mehrgeschossigen Balkenkonstruktion an, die, überdacht, weiteren Lebensraum bot und ebenerdig einen trockenen Unterstand für das Vieh schuf. Ein erster Umgang aus Holzbohlen muß sich in etwa 2,1 m Höhe befunden haben. Die zentrale Feuerstelle war in der Mitte des Innenhofes angelegt. Bis etwa in eine Höhe von 2,1 m ist das Mauerwerk zwischen Innen- und Außenmauer solide; die oben beschriebenen Kammern und Nischen sind in die Mauer eingelassen. Auf diesem Fundament ruhen die oberen Teile der sich kegelstumpfförmig verjüngende Außenmauer und der diese abstützenden zylindrischen Innenmauer. Zwischen beiden finden sich heute 6 Galerien, von denen aus über die schon geschilderten Öffnungen der Blick in den Innenhof des Broch frei wird. Die einzelnen Galerien sind durch eine nur 0,9 m breite Treppe miteinander verbunden. – Außerhalb des Brochs finden sich Spuren einer Umfassungsmauer, und ältere Zeugnisse sprechen auch für das Vorhandensein von Bienenkorb-Hütten innerhalb der Einfriedung, an die allerdings nichts erinnert.

Der zum Radhaus umgebaute Broch diente noch lange, nachdem er als Wohnstatt aufgegeben worden war, als Refugium in Zeiten der Not. So berichtet die *Egils Saga,* daß um 900 ein Norweger mit seiner Braut – beide waren von zu Hause fortgelaufen – in »Morseyjarborg« eine Zuflucht fand, nachdem ihr Schiff auf der Fahrt ins ferne Island bei Shetland untergegangen war. Eine parallele Epidsode wird in der Orkneyinga Saga berichtet: 1153 ging ein gewisser Erland mit Margarete, der Mutter des Grafen Harold Maddadson, durch. Er segelte von Orkney nach Shetland und verschanzte sich hier mit seinen Männern in »Morseyjarborg«, das er zuvor entsprechend ausgestattet hatte. Graf Harold folgte dem Paar und belagerte den Broch, er mußte allerdings feststellen, »daß der Bau für eine Einnahme im Sturm nicht gerade günstig war.« Immerhin endete die Auseinandersetzung glücklich: Harold und Erland söhnten sich aus, und Erland heiratete Margarete.

Der Bootsverkehr nach Mousa findet von Mai bis September jeweils nachmittags, SA und SO auch morgens statt. Einzelheiten erfrage man im Informationsamt von Lerwick oder im Flughafen von Sumburgh (vgl. o.).

712 Lerwick

Folgt man von Sandwick aus der A 970 weiter nach N, so erreicht man nach 21 km die knapp 7000 Einwohner zählende Hauptstadt von Shetland, Lerwick (Informationsamt). Für den britischen Beschauer hat die nördlichste Stadt Großbritanniens etwas unvermittelt Fremdes. Die Straßenpflasterung mit ihren großen Steinplatten hat zwar ihre Parallelen in Kirkwall (**681**) und Stromness (**684**) auf Orkney, doch sind Anordnung und Baustil der Häuser sehr viel unbritischer als dort, vor allem fehlt der viktorianische Einschlag.

Lerwick

Wer ein Luftbild von Lerwick betrachtet, ohne zu wissen, um welche Stadt es sich handelt, wird auf eine beliebige mittelnorwegische Kleinstadt tippen. Bedeutende Bauwerke gibt es nicht zu bewundern. Ein Stadtrundgang wird zweckmäßigerweise am Hafen beginnen, zumal hier auch verständlich wird, warum Lerwick dem älteren Hauptort Scalloway (vgl. u.) den Rang ablaufen konnte: Kostspielige Hafenanlagen sind nicht vonnöten. Die vorgelagerte Insel Bressay bietet selbst bei schlimmstem Wetter wirksamen Schutz; der etwa 1 km breite Sund gleicht bei normaler Witterung eher einem Fluß. Der exquisite Naturhafen veranlaßte schon im Jahre 1263 König Haakon von Norwegen, seine Kriegsflotte hier zu versammeln, bevor er sie nach S in die Entscheidungsschlacht gegen das schottische Königshaus schickte, in die Niederlage von Largs (vgl. S. 30f.). Unter Karl II. (Regierungszeit 1660–1685) wurde Lerwick Basis für die in der n. Nordsee operierenden Flottenteile. Die Holländer zerstörten die Stadt 1673, doch Lerwick erholte sich und wurde in der relativ friedvollen Ära Georgs III. (1760–1820) weiter ausgebaut. Im 19. Jh. wurde der Ort ein Fischereizentrum ersten Ranges; sein Glanz verblaßte jedoch während der Weltkriege und besonders nach 1945, als die britische Küstenfischerei in immer größere wirtschaftliche Schwierigkeiten geriet. Die Einführung von Fangquoten zu Beginn der 70er Jahre führte zur Einmottung weiter Teile der shetländischen Heringsflotte. Gleichzeitig aber warf der Öl-Boom seine Schatten voraus.

Der *Hafen* ist heute farbenprächtiger als je zuvor, zum einen durch die vielen Fischkutter, von denen freilich so mancher z. Zt. nicht ausfährt, sodann durch die größeren Fischereidampfer aus aller Herren Länder, die sich in Lerwick verproviantieren, und schließlich durch die modernen Versorgungsschiffe für die Bohrinseln der n. Nordsee, deren Zuschnitt und Farbenpracht ihre amerikanische Herkunft verrät.

Vom Hafen aus lohnt zunächst ein kleiner Spaziergang in s. Richtung, wo sich eine städtebauliche Besonderheit von Lerwick besonders eindrucksvoll zeigt, die wiederum ihre Parallele in Stromness, (**684**) hat: Die Häuser sind in fast venezianischer Weise in das Wasser des Sunds hineingebaut, die Fischerboote können unmittelbar neben den Wohnungen festmachen. Der Weg zurück ins Zentrum führt am *Marktkreuz* vorbei, das sich auf einem kleinen an das Südende des Hafens anschließenden Platz befindet. Die Hauptstraße von Lerwick, die Commercial Street, verläuft parallel zur Uferstraße. Hier haben Zementplatten die alten Bruchsteinplatten *(flagstones)* weitgehend ersetzt. Im Zentrum finden sich eine Reihe recht ansehnlicher Gebäude. Es handelt sich dabei zum Teil um die traditionellen Stadthäuser jener schottischen Lairds, die auch Shetland Land besaßen. Auch das stattliche *Queen's Hotel* in der Commercial Street ist als ehemalige Wohnstatt der Lairds of Hayfield ein solches Haus.

Das die Stadt dominierende *Fort Charlotte* wurde 1665 errichtet, um den Hafen zu schützen. 1673 wurde es zusammen mit der Stadt durch die Holländer niedergebrannt. Seine Wiederherstellung erfolgte 1781, und auch sein Name rührt aus jener Zeit her: Charlotte war die Gattin Georgs III. Bis vor kurzem war die Festung ein Hauptquartier der Königlichen Marine, die hier Reservisten ausbildete.

Südlich der Stadt auf dem Hillhead befindet sich das *Shetland Museum*. Es enthält als Grafschaftsmuseum ausgezeichnete historische und heimatkundliche Sammlungen. Hauptthema sind Archäologie, Kunst, Textilien, Landleben und Schiffbau.

MO–FR 10–13 und 14.30–17, MO, MI, FR auch 18–20; während der Wintermonate DO nachmittags geschlossen.

Am letzten Donnerstag im Januar findet ein großes Stadtfest mit dem evokativen Namen *Up Helly-Aa* statt. Es ist modernen Ursprungs, knüpft aber an die wikingische Tradition der Sonnwendfeier an. Die ganze Bevölkerung nimmt teil, wenn auf dem Höhepunkt der Festlichkeiten die 10 m lange Nachbildung eines wikingischen Langschiffs feierlich verbrannt wird.

713 Bressay

Die Insel Bressay ist von Lerwick nur durch einen gut 1 km breiten Sund getrennt. Von der Stadt aus verkehrt eine Fähre zum Weiler Maryfield, von wo die gesamte Insel erwandert werden kann. Spektakulär sind die Klippenlandschaften, allen voran der Erosionsbogen *Giant's Leg*. Am Südende der Insel ist die *Cave of the Bard* für ihr Echo berühmt. Von einem Anleger 3 km ö. von Maryfield besteht im Sommer die Möglichkeit zur Überfahrt zum Naturschutzgebiet von Noss auf der nur ein paar hundert Meter weiter ö. gelegenen, gleichnamigen kleinen Insel. Auf den 150 m hohen Klippen im Bereich des *Noss National Nature Reserve* brüten in erster Linie Tölpel, Alke und Möwen. Hinsichtlich der Details erkundige man sich im Informationsamt Lerwick, und man beachte die Anschlagtafel des *Nature Conservancy Council* beim Hafen. Die Anschläge geben auch Auskunft über die Beförderungsmöglichkeiten zur Insel.

714 Der Broch von Clickhimin

1,4 km s. von Lerwick befindet sich unweit der A 970 bei dem gleichnamigen See der eisenzeitliche Broch auf Clickhimin. Der Broch selbst ist bei weitem nicht so gut erhalten wie der von Mousa (vgl. o.), um so interessanter aber sind die Überreste der umliegenden Gebäude und Fortifikationen.
Die kleine Halbinsel von Clickhimin ist seit der späten Bronzezeit besiedelt. Das früheste Bauwerk ist ein in den Grundmauern gut erhaltenes kreisrundes Bauernhaus aus den Jahren 700–500 v. Chr. Zu dem Haus gehörten ein ebenfalls kreisrundes, kleineres Nebengebäude und eine Umfassungsmauer. Letztere war den Höhenlinien angepaßt. Die beiden Gebäude befanden sich an der seewärts gelegenen Seite des Areals, wobei davon auszugehen ist, daß die heutige Halbinsel damals eine echte Insel war, die nur zur Ebbezeit vom Festland her erreicht werden konnte: Loch Clickhimin hatte eine Verbindung zur offenen See.

Die Besichtigung sollte mit dem *Haus aus der Bronzezeit* beginnen. Man erreicht es, indem man dem an der Westseite des Brochs vorbeiführenden Weg folgt. Der Beschauer betritt das Haus durch den ursprünglichen Eingang und gelangt zur zentralen Feuerstelle, um die herum zwei kleine, abgeteilte Schlafräume angeordnet sind. Ein größeres ovales Zimmer befindet sich im hinteren Teil des Gebäudes. Der deutlich sichtbare Hintereingang stammt aus einer späteren Epoche. Von dem Nebengebäude sind nur noch geringe Spuren erhalten. Es wurde wahrscheinlich von neuen Kolonisten der frühen Eisenzeit abgetragen, um Bausteine für ein größeres neues Bauernhaus von etwa 7,6 m Durchmesser zu gewinnen, das sich an die alten Gebäude anschloß. Das ältere Wohngebäude wurde den Bedürfnissen der neuen Siedler angepaßt, deren kultureller Stand dem der ursprünglichen Bewohner, wie Töpferwaren, Werkzeuge und Schmuckgegenstände zeigen, weit überlegen war. Das eisenzeitliche Gehöft selbst wurde fast völlig niedergerissen, als im 5. oder 4. vorchristlichen Jh. der Brochturm errichtet wurde. Einige Mauerreste des Hauses werden sichtbar, wenn man von dem bronzezeitlichen Gehöft aus im Uhrzeigersinn um den Broch herumgeht.
Die Erbauer des Broch waren ohne Zweifel Neuankömmlinge, die über eine Reihe bisher unbekannter Fortifikationstechniken verfügten. Sie umgaben die Insel mit einem mächtigen Ringwall aus sorgsam ausgesuchten und aufgemauerten Steinen und befestigten den einzigen Zugang (im S der Anlage, zur Landseite hin) mit einem besonderen Wachhaus. Auf der Innenseite des Walls wie auch im Innenhof des Brochs selbst errichteten sie ein- bis zweistöckige, überdachte hölzerne Behausungen, deren Erdgeschoß der Viehhaltung und der handwerklichen Betätigungen diente, während der erste Stock die Wohn- und Schlafräume umfaßte. Die Lage der hölzernen Bauten kann aus dem Vorhandensein von Stützsteinen und Fugen für das Balkenwerk rekonstruiert werden. Der Ringwall selbst war auf der Innenseite in gut 2 m Höhe mit einem Rundgang versehen. Das Niveau des Rundgangs entsprach dem des 1. Stockwerks der anschließenden Bauten.
Die mächtigen, wohlgefügten Mauern des einst dreigeschossigen *Wachhauses* sind bis in eine Höhe von etwa 4 m erhalten. Beim Eingang sind noch die Vorrichtungen für die schwere Holztür zu

sehen, die das Gebäude verschloß. Das *Torhaus* ist interessanterweise nicht Teil der Umfriedungsmauer: Möglicherweise hatte die Ankunft neuer Siedler die Bauherren veranlaßt, ihre ursprünglichen Pläne zu ändern und den Durchmesser der gesamten Anlage zu erweitern. Der Broch ist späteren Datums als die umliegenden Gebäude. Zunächst wurde das Gehöft aus der zweiten Siedlungsperiode weiterbenutzt.
In der späten Eisenzeit brach eine Naturkatastrophe über die Bewohner der Insel herein: Ein schwerer Wintersturm verriegelte den Ausgang des kleinen Sees zum Meer hin. Das zufließende Regenwasser fand keinen Abfluß mehr, der Wasserstand stieg um etwa 1 m. Teile der Siedlung wurden überflutet, die Stallungen mußten partiell aufgegeben werden. Die Außenmauer wurde unterspült. In der Folgezeit versuchten die Bewohner, den größten Schaden durch das Errichten neuer massiver Schutzmauern zu beheben. Durch Erdaufschüttungen wurde das Niveau der Anlage teilweise angehoben. Ein Landesteg wurde konstruiert, da nun ein Bootsverkehr zum Festland durchgeführt werden mußte. Während der Ausbesserungsarbeiten wurde eine neue Hütte als temporäre Wohnstatt angelegt. Doch noch bevor alle Erneuerungsarbeiten abgeschlossen waren, kamen neue Siedler auf der Insel an. Sie erbauten den *Broch,* wobei sowohl Steine des Gehöftes aus der frühen Eisenzeit als auch neues Material, das von der Küste her über den See herbeigeschafft wurde, Verwendung fand. Während der Bauzeit des Brochs wurden in der w. Hälfte des Hofes weitere temporäre Hütten errichtet, wahrscheinlich für den Baumeister und seine Gesellen. Werkzeugfunde beweisen, daß diese Hütten auch als Werkstätten benutzt wurden.
Der Broch hat mit einem Gesamtdurchmesser von 19,8 m und einem Durchmesser des Innenhofes von 10 m noch spektakulärere Abmessungen als der von Mousa (vgl.o.), dem er ansonsten in allen wesentlichen Punkten gleicht. Er konnte 30–50 Menschen fassen. Der Zugang erfolgte über eine 5,2 m lange Passage, an der sich eine in das Mauerwerk eingelassene Wachkammer befand. Wie Mousa wurde auch Clickhimin im 2. oder 3. nachchristlichen Jh. in ein *Radhaus* umgebaut. Das Gehöft war bis mindestens ins 6. Jh. bewohnt. In jener letzten Phase wurden auch neue Wirtschaftsgebäude und Stallungen errichtet. Eine teilweise Verlandung des umgebenden Sees begünstigte den Bau eines etwa 25 m langen Dammes, der das Südtor mit dem Festland verband.

715 Scalloway

Die Fahrt von Lerwick nach Scalloway kann entweder über Clickhimin und die B 9073 (Südroute), oder aber über die A 970 (Nordroute) erfolgen. Die Entfernung beträgt in jedem Fall 10,5 km. Scalloway (1000 Einwohner) ist die alte Hauptstadt von Shetland. Noch heute ist sie Sitz der shetländischen Justizbehörden. Der Naturhafen ist gegen die Weststürme durch die vorgelagerten Inseln Trondra, Papa und Oxna sowie East und West Burra geschützt. Das Stadtbild wirkt sehr viel weniger geschlossen als das von Lerwick. Hauptsehenswürdigkeit des Ortes ist das *Schloß* (vgl. u.). Unweit des Ortes befindet sich das Tingwall Loch, in dem früher eine Insel lag (sie ist heute mit dem Festland verbunden), auf der sich zur Wikingerzeit das Shetländische Parlament traf. Im übrigen ist Scalloway ein Zentrum der Sportangler, u. a. der Lachsforellen wegen.

715.1 Schloß Scalloway. Auftraggeber des imposanten Scalloway Castle aus dem Jahre 1600 war der grausame Earl *Patrick Stewart* (vgl. S. 407). Der nicht mehr ganz zeitgemäße mittelalterliche Festungsbaustil, das mächtige Mauerwerk und die angsteinflößenden Kellergewölbe der Anlage unterstreichen den Charakter einer Zwingburg. Die lokale Tradition will, daß auf Patricks Geheiß der Mörtel mit Blut angerührt worden sei. Der Bau, dessen Ruinen vorzüglich erhalten sind, wurde nur 15 Jahre lang, bis zur Hinrichtung des Grafen, bewohnt. – Die Anlage umfaßt 4 Stockwerke und ein Dachgeschoß. Sie besteht aus einem rechteckigen Block und einem quadratischen, an der SW-Ecke angesetzten Querflügel. Anklänge an die Architektur von Noltland Castle in Orkney (**703**) sind wahrnehmbar.
April bis September MO–SA 9.30 bis 19, SO 14–19; Oktober bis März 9.30–16, SO 14–16.

716 Veensgarth und der Norden von Mainland

Der weitere Weg nach N führt über die B 9074 nach Veensgarth, wo das kleine landwirtschaftliche *Tingwall Valley Agricultural Museum* von Interesse ist. Von Veensgarth aus stellt die A 971 die Verbindung mit den Gemeinden Walls (32 km) und Melby (40 km) im äußersten W von Mainland her. Die Trassenführung ist besonders zwischen Whiteness und Bixter sehr eindrucksvoll. Walls ist Fährhafen für die Insel Foula (vgl. S. 444), von Melby aus gelangt man zur Insel Papa Stour.
Die Magistrale A 970 wird erreicht, wenn man den Weiler Veensgarth in nö. Richtung durchfährt. Von hier aus sind es 20 km bis zur Gemeinde Hillshide, wo sich die Hauptstraße gabelt. Knapp 2 km s. von Hillshide kreuzt die B 9071. Folgt man dieser Straße nach O, so gelangt man in die Dörfer Laxo und Lunna, von wo eine Fährverbindung nach Symbister auf Whalsey besteht. Wer die archaischen Formationen im äußersten NW von Mainland erkunden will (vgl. S. 444), folge ab Hillshide der A 970 in das 35 km entfernte Houll am Yell Sound. Bei Collafirth wird linkerhand der höchste Berg von Shetland, der 449 m hohe Ronas Hill, sichtbar. Wer hingegen die geologischen Formationen von Unst oder auch das sehenswerte Schloß Muness als nördlichsten Herrensitz der Stewart Earls anschauen möchte, folge der A 968 weiter nach N. Nach 16 km wird der Weiler Brough erreicht, der Fährhafen für Yell und Unst (an Werktagen tagsüber regelmäßiger Fährverkehr).

717 Yell

Die Insel Yell kann unmittelbar von Lerwick mit dem Postschiff »Earl of Zetland« erreicht werden. Wählt man als Zufahrt die A 970/A 968, so gelangt man über den an dieser Stelle 3 km breiten Yell Sound zunächst in den Weiler Ulsta. Yell bietet keine besonderen Sehenswürdigkeiten, sieht man einmal von den drei Fjorden in der Umgebung des Dorfes Camb (A 968) ab. Die Hauptstraße führt quer über die Insel in den 29 km entfernten Ort Gutcher, der Fährhafen für Fetlar und Unst ist.

718 Fetlar

Die Insel Fetlar, von Sumburgh und Lerwick aus mit dem Flugzeug oder aber über den Fährhafen Gutcher (Yell) zu erreichen (vgl. S. 444 f.), ist das Zentrum der *Pony-Zucht* und insofern interessant. Die außerordentlich widerstandsfähigen Pferdchen, die eine Schulterhöhe von nur 107 cm erreichen, waren früher im gesamten Großbritannien als Arbeitstiere auf Bauernhöfen und in Bergwerken verbreitet. Heute sind die Shetland Ponies weltweit als Haus- und Reittiere beliebt, so daß die Züchter nichts zu befürchten haben. – Für den Ornithologen ist Fetlar seiner bedeutenden *Vogelschutzgebiete* wegen eine Reise wert. Besondere Erwähnung verdient, daß die in Schottland bereits ausgestorbene Schnee-Eule seit 1967 wieder auf Fetlar brütet.

719 Unst

Was Geologie und Landschaft angeht, so ist Unst vielleicht die interessanteste aller Shetland-Inseln. Von Yell ist sie durch den 2 km breiten Bluemull Sound getrennt; eine regelmäßige Fährverbindung besteht zwischen Gutcher (Yell) und Belmont. Im übrigen wird die Insel von Sumburgh und Lerwick aus über Fetlar angeflogen (vgl. S. 444). Der Postdampfer »Earl of Zetland« legt in Uyeasound an der Südküste an, von wo eine nk Straße nach Castleton und zum *Schloß Muness* (vgl. u.) führt. Die Entfernung von Belmont bis zum nördlichsten Dorf Großbritanniens, Haroldswick, beträgt 15 km. Unterwegs durchquert man das Dorf Baltasound, den Haupthafen der Insel. Baltasound ist auch Endstation für das von Lerwick kommende Postschiff.

Eine beeindruckende Klippenszenerie mit zahlreichen *Erosionshöhlen* säumt die von N her tief ins Land hineinschneidende Förde Burrafirth. Der w. anschließende Bereich von Herma Ness ist *Naturschutzgebiet;* hier brütet u. a. die seltene große Skua. 300 m vor der Nordküste von Herma Ness liegt die kleine Insel Muckle Flugga mit ihrem einsamen Leuchtturm. Von diesem Leuchtturm sind es nur noch 300 km bis zum Polarkreis.

720 Schloß Muness

Das 1598 errichtete Castle Muness war der nördlichste Herrensitz der gefürchteten Stewart-Earls von Orkney (vgl. S. 407). Die Anlage besteht aus einem rechtwinkligen Block, an den 2 diagonal zueinander gelegene Rundtürme angefügt wurden. Das Schloß ist aus billigem Bruchstein errichtet, doch weisen einige Details ein hohes Maß an Verfeinerung auf. Vergleiche mit den Grafenschlössern von Scalloway (vgl. o.) und Kirkwall (**681**) bieten sich an.

Register

Abbey Church, Haddington 88
Abbotsford House 104
Abercairny Gardens 242
Abercorn 224
Abercorn Church 224
Aberdeen 184
Aberdeen Art Gallery and Museum 186
Aberdour Castle 161
Aberfeldy 147
Aberfoyle 236
Aberlady 92
Aberlemno Sculptured Stones 190
Abernethy Round Tower 142
Abertarff House, Inverness 157
Aboyne 201
Achamore House Gardens 369
Acharacle 335
Acheson House, Edinburgh 124
Ailsa Craig 273
Airdrie 249
Aldourie Castle, Inverness 157
Alford 198
Alford Valley Railway 198
Allan Ramsay Library 257
Alloway 276
Allt nan Uamh Caves 349
Almondell Country Park 222
Alness 363
Alyth 194
An Cala Gardens 303
Angus Folk Museum, Glamis 188
Annan 250
Anstruther 170
Antonine Wall 229
Applecross Forest 342
Arbigland Gardens 264
Arbroath 177
Arbroath Abbey 177
Arbuthnott Church 192
Arbuthnott House and Gardens 192
Arched House Ecclefechan 244

Ardanaiseig Gardens 298
Ardchattan Priory 319
Ardclach Bell Tower 214
Ardentinny 311
Ardestie Earth-House 177
Ardlui 295
Ardmillan House 273
Ardoch Roman Camp 240
Ardrishaig 304
Ardrossan 279
Arduaine Gardens 303
Ardvasar 386
Ardvorlich House, Lochearnhead 238
Ardvreck Castle 349
Ardwell House 271
Argyll Forest Park 299
Argyll's Lodging, Stirling 232
Arisaig 333
The Ark, Culross 140
Armadale Castle 386
Arnol Black House 400
Aros Castle 373
Arran 306
Arrochar 299
Art Gallery and Museum, Aberdeen 186
Assembly Rooms, Edinburgh 128
Athelstaneford 86
Auchagallon Stone Circle 309
Auchindoir Church 206
Auchindoun Castle 208
Auchindrain Museum 301
Auchinleck Church 258
Auld Man o'Wick 359
Aultbea 346
Aviemore 155
Avondale Castle 248
Ayr 277

Bachelors' Club, Tarbolton 258
Bachuil House, Lismore 320
Back Causeway, Culross 140
Balbithan House 204
Balcaskie House, Pittenweem 169
Balhousie Castle, Perth 143
Ballachulish 321
Ballantrae 272

Ballater 197
Balloch 293
Balmaha 294
Balmerino Abbey 165
Balmoral Castle 196
Balvenie Castle 207
Banchory 201
Banff 218
Bannockburn 229
Barcaldine Castle 319
Barncluith House, Hamilton 248
Barochan Cross 282
Barra 392
Barrogill Castle 357
Barsalloch Fort 269
Barvas 399
Bass Rock 91
Battery Hill, Oban 317
Beaufort Castle 367
Beauly 366
Beauly Priory 366
Ben Lawers Visitor Centre 239
Ben Nevis 325
Benbecula 394
Benedictine Nunnery, Iona 378
Bennachie Forest 205
Berkhall Castle, Ballater 197
Bernera Barracks 338
Bettyhill 354
Bharraich Castle, Tongue 353
Biggar 246
The Binns 224
Birrenswark Hill 244
Birsay 423
Birsay Cathedral 423
Bishop Leighton's House, Culross 140
The Bishop's House, Elgin 211
Bishop's Palace, Birsay 423
Bishop's Palace, Kirkwall 412
Blackfriars Chapel, St. Andrews 175
Blackness Castle 224
Blackwater Foot 309
Blair Castle 150
Blairgowrie 194
Boath Doocot 214

Bonar Bridge 362
Bonawe Iron Furnace 297
Bo'ness Museum 224
Borthwick Castle 104
Boswell Mausoleum 258
Botanic Gardens, Glasgow 291
Bothwell 249
Bothwell Castle 249
Bowhill 103
Bowmore Round Church 370
Boyne Castle, Portsoy 218
Braemar 195
Braemar Castle 196
Branklyn Gardens 144
Brechin 191
Bressay 454
Brig o'Balgownie, Aberdeen 188
Brig o'Dee, Aberdeen 188
Broadford 386
Broch of Clickhimin 454
Broch of Gurness 426
Broch of Midhowe 439
Broch of Mousa 451
Brochel Castle, Raasay 657
Brodick 307
Brodick Castle 307
Brodie's Close, Edinburgh 120
Brora 360
Brough of Birsay 423
Broughty Castle 176
Bucholly Castle 357
Buckie 219
Bullers of Buchan 220
Burg 375
Burghead 212
Burleigh Castle 142
Burns House, Dumfries 255
Burns Memorial Tower 258
Burntisland 161
Bute 312
Butt of Lewis 399

Cadzow Castle, Hamilton 248
Caerlaverock Castle 250
Caerlaverock National Nature Reserve 253
Cairnbulg Castle, Inverallochy 221
Cairnpapple Hill 228
Calderpark Zoological Gardens, Glasgow 289
Caledonian Canal 324
Calgary 375
Callander 236

Callanish Standing Stones 401
Cambuskenneth Abbey, Stirling 235
Cameron Loch Lomond 294
Campbeltown 305
Campshill Museum, Glasgow 289
Camster Grey Cairns 359
Canal Museum, Linlithgow 227
Candida Casa, Whithorn 268
Canna 383
Cannich 366
Canongate Bridge, Jedburgh 96
Canongate Kirk, Edinburgh 124
Canongate Tolbooth, Edinburgh 124
Cape Wrath 352
Cardoness Castle 266
Carloway Broch 401
Carlton Castle 273
Carlungie Earth House 177
Carlyle House, Haddington 88
Carlyle's Birthplace 244
Carnassarie Castle 303
Carnoustie 176
Carradale House Gardens 306
Carrbridge 156
Carrick Castle 310
Carron Valley Forest 229
Carsluith Castle 267
Castle Campbell 141
Castle Douglas 264
Castle Dounie 367
Castle Frazer 198
Castle Kennedy 272
Castle Leod, Strathpeffer 364
Castle Menzies 148
Castle Moil, Kyleakin 386
Castle Moy 376
Castle of Mey 356
Castle of Old Wick 359
Castle of Park 270
Castle Oliphant 359
Castle Semple Loch Water Park 282
Castle Stalker 321
Castle Stewart, Inverness 157
Castle Sween 302
Castlebay 392
Castlelaw Fort 247
The Caterthuns 191
Cave of the Bard, Bressay 454
Cawdor Castle 214
Ceres 164

Chapel Finian 269
Chapel of St. Mahew 298
Charlotte Square, Edinburgh 128
Churchill Barriers 416
Cille-Bharra 393
City Chambers, Edinburgh 123
City Museum and Art Gallery, Dundee 168
Clach-na-Cudainn, Inverness 157
Clach-na-Trushal 399
Clachan Bridge 303
Clackmannan 140
Clackmannan Tower 140
Clamshell Cave, Staffa 381
Clan Donnachaidh Museum 153
Clan MacPherson Museum 153
Clava Cairns 157
Claypotts Castle 176
Clickhimin Broch 454
Cloanaig 306
Cloch Lighthouse 281
Coatbridge 249
Cockburnspath 85
Coldingham Priory 83
Coldstream 105
Cole Castle, Brora 360
Colintraive 312
Coll 382
Colonsay 372
Columba's Footsteps, Southend 305
Colzium House 229
Comrie 238
Corgarff 196
Cormorant's Cave, Staffa 381
Corpach 332
Corra Castle 260
Corrie 307
Corrieshalloch Gorge 347
Corryvreckan Whirlpool 371
Corsock House Gardens 260
Coupar Angus 194
Cowane's Hospital, Stirling 232
Craig Castle 206
Craigcaffie Tower 272
Craigellachie Bridge 208
Craighouse 371
Craigievar Castle 199
Craigmillar Castle 131
Craignethan Castle 248
Craignure 373
Craigston Castle 218

Register

Crail 170
Crammond 132
Crarae Woodland Gardens 301
Crathes Castle and Gardens 202
Creetown 267
Crianlarich 295
Crichton Castle 99
Crieff 242
Crinan 302
Crinan Canal 301
Cromarty 365
Crookston Castle 284
Cross Keys Inn, Peebles 113
Cross Kirk, Peebles 113
Cross Kirk, Westray 441
Crossraguel Abbey 273
Cruachan Hydro-Electric Power Station 297
Cruggleton Church 268
Cubbie Roo's Castle 437
Cullen 219
Cullerlie Stone Circle 203
Culloden Moor Battlefield 156
Culross 137
Culross Abbey 140
Culsh Earth House 199
Culzean Castle 275
Culzean Country Park 276
Cumbernauld 229
Cumbrae 280
Cumnock 258
Cupar 165
Custom House Quay, Glasgow 291
Cuween Hill Chambered Cairn 432

Dalbeattie 264
Dalkeith 99
Dalmally 296
Dalmeny Kirk 134
Dawyck House Gardens 113
Dean Bridge, Edinburgh 129
Deer Abbey 220
Delgatie Castle 217
Dervaig 375
Deskford Church 219
Devil's Elbow 194
Dingwall 364
Dirleton Castle 92
Dog Stone, Oban 317
Dogton Stone 162
Dollar Glen 141
Dornie 339
Dornoch 362

Dornoch Cathedral 362
Dounby Click Mill 426
Doune 235
Doune Castle 235
Doune Motor Museum 236
Doune Park Gardens 235
Dounie Castle 367
Drochil Castle 114
Drum Castle 203
Drumcoltran Tower 260
Druminnor Castle 206
Drumlanrig Castle 256
Drummond Castle and Gardens 241
Drumnadrochit 331
Drumwalt Castle 270
Dryburgh Abbey 96
Dryhope Tower 103
Drymen 294
Duart Castle 376
Duddingston 132
Duff House 218
Dufftown 207
Duffus Castle 212
Dumbarton 292
Dumfries 254
Dumfries Burgh Museum 255
Dun Dornadilla Broch 353
Dun Mor Vaul 383
Dunadd Fort 302
Dunaverty Castle, Southend 305
Dunbar 85
Dunbar's Hospital, Inverness 157
Dunbeath Castle 359
Dunblane 240
Dunblane Cathedral 240
Duncansby Head 357
Dundee 165
Dundee Law 168
Dundonald Castle 278
Dundonnell 347
Dundrave Castle 300
Dundrennan Abbey 265
Dunfermline 135
Dunfermline Abbey 136
Dunhope Castle, Dundee 168
Dunimarle Castle 140
Dunkeld 144
Dunnet Head 356
Dunnottar Castle 180
Dunollie Castle 317
Dunoon 311
Dunrobin Castle 360
Duns 84
Dunstaffnage Castle 318
Duntulm 389

Dunvegan Castle 389
Durisdeer 256
Durness 352
Dwarfie Stane 442
Dyce Symbol Stones 215

Earl's Palace, Kirkwall 414
Eassie Sculptured Stone 189
East Fortune Airfield 86
East Kilbridge 248
East Port, Dundee 168
Ecclefechan 244
Eden Castle 218
Edinample House, Lochearnhead 238
Edinburgh 114
Edinburgh Castle 117
Edinshall Broch 84
Ednam House, Kelso 106
Edrom Church 84
Edzell Castle and Gardens 191
Egilsay Church 436
Eglington Castle 278
Eigg 384
Eilean Donan Castle 339
Elcho Castle 143
Electric Brae 276
Elgin 209
Elgin Cathedral 209
Elgol 387
Elie 169
Ellisland Farm 255
Ellon 220
Eriskay 393
Esplanade, Edinburgh 119
Eyemouth 83
Eynhallow Church 440

Fair Isle 445
Falkirk 228
Falkland 162
Falkland Palace 162
Falls of Shin 362
Farigaig Forest 328
Fasque Castle 192
Ferniehurst Castle 96
Fetlar 456
Fettercairn 192
Fiddes Castle 192
Fife Folk Museum, Ceres 164
Finavon Castle 190
Finavon Doocot 190
Fingal's Cave, Staffa 381
Finlaggan 371
Finlarig Castle, Killin 238
Fionnphort 377
Fishmarket, Aberdeen 186

Flodigarry 389
Floors Castle, Kelso 109
Flora MacDonald's Birthplace 394
Flora MacDonald's Tomb 389
Floral Clock, Edinburgh 128
Fochabers 207
Fordyce 219
Forfar (Angus) 190
Forres 213
Fort Augustus 327
Fort George 215
Forth Bridges 135
Fortingall 148
Fortrose 365
Fortrose Cathedral 365
Fort William 323
Forvie and Ythan Estvary National Nature Reserve 220
Fossile Grove, Glasgow 290
Foula 713
Foulden Old Tithe Barn 84
Fowlis Wester Sculptured Stone 242
Fraser, Castle 198
Fraserburgh 221
Fruit Market Gallery, Edinburgh 130
Fyvie Castle 217

Gairloch 344
Galashiels 104
Galloway Forest Park, nördlicher Teil 260, südlicher Teil 267
Ganavan Bay, Oban 317
Garelochhead 299
Gatehouse of Fleet 266
Gem-and-Rock Museum, Creetown 267
George Square, Glasgow 291
Gifford 88
Gigha 369
Girnigoe Castle 358
Girvan 273
Gladstone Court Street Museum 246
Gladstone's Land, Edinburgh 120
Glamis 188
Glamis Castle 188
Glasgow 284
Glasgow Art Gallery and Museum 290
Glasgow Cathedral 286
Glasgow School of Art 291
Glen Affric 366

Glen Coe 322
Glen Coe and North Lorn Folk Museum 323
Glen Garry 336
Glen More Forest Park 155
Glen Nant Forest Nature Reserve 298
Glen Shiel 337
Glenapp Castle Gardens 272
Glenarn Gardens 299
Glenbuchat Castle 197
Glencaple 253
Glenelg 337
Glenelg Brochs 338
Glenesk Folk Museum 192
Glenfarclas Distillery 208
Glenfinnan 332
Glenkiln 259
Glenluce 270
Globe Inn, Dumfries 255
Gourock 281
Grain Earthhouse 434
Grammar School, Aberdeen 187
Grangemouth 228
Granny Kempock's Stone 281
Granton, Edinburgh 132
Granton-on-Spey 156
Grass Market, Edinburgh 129
Grass Point 376
Great Cumbrae 280
Greenock 281
Gretna 243
Grey Cairns of Camster 359
Greyfriars Kirk, Edinburgh 129
Gruinard 346
Guildhall, Stirling 232
Gunsgreen House, Eyemouth 83
Gurness Broch 426
Gylen Castle, Kerrera 318

Haddington 86
Haddington House 87
Haddo House 217
Haggs Castle, Glasgow 290
Hailes Castle 86
Hamilton 248
Handa Island Bird Sanctuary 351
Harris 396
Hawick 100
Heart of Midlothian, Edinburgh 122
Helensburgh 298
Helmsdale 359
Helmsdale Castle 359

Henry Duncan Cottage Museum 250
The Hermitage 147
Hermitage Castle 101
High Street, Dumfries 254
High Street, Haddington 88
Highland Folk Museum, Kingussie 154
Highland Wildlife Park, Kincraig 154
Hill House, Helensburgh 298
Hill of Tarvit 164
Hillend, Edinburgh 132
The Hirsel 105
HMS Unicorn, Dundee 168
Hollows Tower 100
Holm of Papa Westray Chambered Cairn 441
Holy Rude Church, Stirling 232
Holy Trinity Church, St. Andrews 175
Holyrood Palace, Edinburgh 124
Hopetoun House 222
The Howff, Dundee 168
Hoy 442
Hume Castle 108
Hunterston Castle 279
Huntingtower Castle 144
Huntley House, Edinburgh 124
Huntly 207
Huntly Castle 207

Inchcolm Abbey 160
Inchkenneth Chapel 375
Inchmahome Priory 236
Inchnadamph 349
Inishail Chapel 296
Innellan 311
Innerpeffray Library 241
Inverallochy 221
Inverallochy Castle 221
Inveraray 300
Inveraray Castle 300
Inverewe Gardens 345
Invergarry Castle 326
Invergordon 363
Inverkeithing 160
Inverlochy Castle 324
Inverness 157
Inverpolly 350
Inverurie 204
Iona 378
Iona Abbey 379
Irvine 278
Islay 369

Register

Isle of Whithorn 269
Italian Chapel 416

James' Court, Edinburgh 120
James Dun's House, Aberdeen 187
Jarlshof 446
Jedburgh 93
Jedburgh Abbey 94
Jedburgh Castle 96
John Knox' House, Edinburgh 123
John o'Groat's 357
Jura 371

Keir House and Gardens 239
Keiss Castle 358
Keith 207
Kellie Castle, Arbroath 179
Kellie Castle, Pittenweem 170
Kelso 106
Kelso Abbey 106
Kenmore 148
Kerrera 318
Kilberry Castle 304
Kilchattan 314
Kilchurn Castle 296
Kildalton Crosses 370
Kildrummy Castle 198
Kildrummy Castle Gardens 198
Killiecrankie 150
Killin 238
Kilmarnock 259
Kilmartin Sculptured Stones 302
Kilmory Cairns 308
Kilmory Knap Chapel 302
Kilmuir 389
Kilmun Arboretum 310
Kilpheder Wheelhouse 394
Kilsyth 229
Kilt Rock 388
Kincorth Gardens 213
Kincraig 154
King's Caves 309
King's College, Aberdeen 187
King's Knot, Stirling 234
Kinghorn 161
Kingussie 154
Kinkell Church 204
Kilmuir Croft Museum 389
Kinloch House, Haddington 87
Kinloch Rannoch 150
Kinlochbervie 351
Kinlochewe 343
Kinlochleven 323

Kinlochmoidart 336
Kinmont Gardens 244
Kinneff Church 180
Kinneil House 225
Kinnell House, Killin 238
Kinross 141
Kintail 338
Kintradwell Broch 360
Kirkcaldy 161
Kirkcudbright 265
Kirkmadrine Stones 270
Kirkmaiden 271
Kirkwall 407
Kirk Yetholm 109
Kirriemuir 190
Kishmul (Kisimul) Castle 392
Knap of Howar 441
Knock Castle 387
Kyle of Lochalsh 340
Kyleakin 386
Kylesku 350

Ladykirk 105
Lady Rock, Lismore 320
Lady Stair's House Museum, Edinburgh 120
Lairg 361
Lairigmor 325
Lamlash 308
Lanark 247
Land o'Burns, Alloway 276
Landmark Visitor Centre, Carrbridge 156
Landmark Visitor Centre, Stirling 232
Langholm 100
Largo 169
Largs 279
Lauder 98
Lauriston Castle 131
Laxford Bridge 351
Leadhills 257
Ledmore Junction 348
Leith Hall 206
Lennox Castle, Inchmurrin 293
Leod Castle, Strathpeffer 364
Lerwick 452
Leuchars Norman Church 176
Lewis 397
Lewis Castle 397
Lincluden College 255
Lindores Abbey 142
Linlithgow 225
Linlithgow Palace 225
Linn Park, Glasgow 289
Lismore 320

Little Cumbrae 280
Livingstone National Memorial 249
Loanmead Stone Circle 205
Loch-an-Eilean Visitor Centre 155
Loch Awe 296
Loch Carron 342
Loch Drudibeg Nature Reserve 394
Loch Garten Nature Reserve 155
Loch Leven Castle 142
Loch Lomond 293
Loch Lomond National Nature Reserve 294
Loch Lubnaig 237
Loch Maree 343
Loch Ness 328
Loch of the Lowes 147
Loch Scavaig 387
Lochaline 334
Lochalsh 340
Lochboisdale 394
Lochbuie 376
Lochearnhead 238
Lochgilphead 301
Lochgoilhead 309
Lochinch Castle 272
Lochindorb Castle 214
Lochinver 349
Lochlea Farm 258
Lochmaben 245
Lochmaben Stone, Gretna 243
Lochmaddy 395
Lochranza 307
Lochranza Castle 307
Lochty Private Railway 170
Lockerbie 244
Logan Botanic Garden 271
Logan Fish Pond 271
Lossiemouth 212
Luce Abbey 270
Luffness House, Aberlady 92
Lumphanan, Peel Ring of 199
Luss 295

Macduff 221
MacLellan's Castle 265
MacLeod's Maidens 391
Maes Howe 429
Magdalen Chapel, Edinburgh 129
Maid of the Loch, Loch Lomond 293
Maiden Stone 205

Mallaig 334
Mar's Wark, Stirling 231
Marischal College, Aberdeen 186
Market Square, Kelso 106
Mary Queen of Scots House, Jedburgh 96
Mauchline 258
Maxwelton House 256
Maybole 275
Meal and Flour Mill, Blair Atholl 153
Megginch Castle Grounds 144
Meigle 194
Meikleour Beech Hedge 194
Mellerstain House 108
Melrose 109
Melrose Abbey 109
Melville Monument, Comrie 238
Memsie Burial Cairn 221
Menstrie Castle 239
Mercat Cross, Edinburgh 122
Mercat Cross, Ormiston 99
Mercat Cross, Stirling 234
Merkland Cross 244
Mey Castle 356
Mid Steeple, Dumfries 254
Midhowe Broch 439
Miles Observatory, Dundee 168
Millport 280
Mingary Castle 335
Mitchell Library, Glasgow 291
Mitchells Close, Haddington 87
Moffat 245
Moil Castle, Kyleakin 386
Monreith House 269
Montrose 179
Morar 333
Moray House, Edinburgh 124
Morton Castle 256
Mossgiel Farm 258
Mote of Mark 264
Mote of Urr 264
Motherwell 249
Moss Farm Road Stone Circle 309
The Mound, Edinburgh 127
Mousa Broch 451
Moy Castle 376
Muchalls Castle 183
Muck 385
Muir of Ord 365
Muirshiel Country Park 282

Mull 372
Mull of Galloway 271
Muness Castle 457
Museum of Childhood, Edinburgh 123
Museum of the Scottish Lead Mining Industry 257
Museum of Scottish Tartans, Comrie 238
Museum of Transport, Glasgow 290
Music Hall, Aberdeen 187
Mussleburgh 88
Muthill Church and Tower 240
Mylne's Court, Edinburgh 120
Myreton Motor Museum 92
Myrton Castle 269

Nairn 214
National Gallery of Scotland, Edinburgh 128
National Library of Scotland, Edinburgh 130
National Monument, Edinburgh 126
National Museum of Antiquities, Edinburgh 127
National Portrait Gallery of Scotland, Edinburgh 127
Necropolis, Glasgow 289
Neidpath Castle 113
Nelson Monument, Edinburgh 126
Neptune's Staircase 324
Nether Largie Cairns 302
The Netherbow, Edinburgh 123
New Cumnock 257
New Galloway 260
New Gate, Jedburgh 96
New Lanark 247
Newark Castle (Selkirk) 103
Newark Castle, St. Monance 169
Newburgh (Aberdeen) 219
Newburgh (Tay) 142
Newhaven 132
Newton Mearns 259
Newton Stewart 267
Newtonmore 153
Noltland Castle 441
Norse Click Mill (Orkney) 426
North Berwick 92
North Berwick Law 92
North Uist 395

North West Castle, Stranraer 272
Northfield House, Prestonpans 93
The Nunnery, Culross 140
Nun's Cave, Carsaig 377

Oban 315
Oban Hill 317
Old Bridge, Dumfries 254
Old Bridge, Stirling 234
Old Byre Folk Museum, Dervaig 375
Old Man of Storr 388
Old Place of Mochrum 270
Old St. Paul's Church, Edinburgh 123
Old Steeple, Dundee 167
Old University, Edinburgh 130
Old Wick 359
Oldmeldrum 215
Oliphant Castle 359
Onston Cairn 435
Orchardton 265
Orkney 403
Orkney National History Museum 416
Oronsay 372
Orphir Round Church 418
Ossian's Hall 147
Outlook Tower, Edinburgh 119

Paddy's Milestone 273
Paisley 282
Paisley Abbey 282
The Palace, Culross 137
Palace of Holyroodhouse, Edinburgh 124
Palacerigg Country Park 229
Papa Westray 440
Parallel Roads 326
Parliament House, Edinburgh 122
Parliament Square, Edinburgh 123
Pass of Killiecrankie 150
Peebles 112
Peel Ring of Lumphanan 199
The Pends, St. Andrews 175
People's Palace, Glasgow 289
Perth 143
Peterhead 220
Phantassie Doocot 86
Philatelic Gallery, Edinburgh 127
Picardy Stone 205

Register

Pierowall Church 441
Pinkie House, Musselburgh 88
Pitcaple Castle 204
Pitlochry 148
Pitmedden Gardens 216
Pittenweem 169
Place of Paisley 282
Plockton 341
Pluscarden Abbey 213
Poldrate Mill, Haddington 87
Pollock House, Glasgow 290
Pollok Castle 259
Poolewe 345
Poosie Nansie's Tavern 258
Port Askaig 371
Port Bannatyne 313
Port Charlotte 370
Port Ellen 370
Port Glasgow 281
Port Patrick 271
Port William 269
Portobello 132
Portsoy 218
Portree 388
Preston Mill 86
Prestonpans 93
Prestwick 277
Prince Charlie's House, Jedburgh 96
Princes Street, Edinburgh 126
Provand's Lordship, Glasgow 289
Proven Hall, Glasgow 289
Provost Ross's House, Aberdeen 186
Provost Skene's House, Aberdeen 186
Pulpit Hill, Oban 317

Queen Elisabeth Forest Park 236
Queen Mary's House, St. Andrews 175
Queens Park, Glasgow 289
Queen's View 149
Queensberry Aisle 256
Quiraing 389
Quoyness Chambered Cairn 442

Raasay 391
Raedykes, Stonehaven 183
Raiders' Road 260
Randolph's Leap 214
Rannoch Station 150
Ravenscraig Castle 162
Reay 354

Red Castle 179
Regimental Headquarters of the Royal Highland Fusiliers, Glasgow 291
Register House, Edinburgh 127
Reilig Oran Graveyard, Iona 379
Rennibister Earthhouse 432
Rennie Bridge, Kelso 106
Restenneth Priory 190
Rhiconich 351
Rhum 384
Riddle's Court, Edinburgh 120
Ring of Bro(d)gar 428
Rob Roy's Grave 237
Rodel Church 396
Rousay 439
Roslin 246
Rossdhu 294
Rosslyn 246
Rosslyn Chapel 246
Rothes 209
Rothesay 313
Rothesay Castle 313
Rough Castle 229
Rovie Lodge Gardens 361
Rowallan Castle 259
Rowardennan 294
Roxburgh 109
Roxburghe Castle 109
Royal Botanic Garden, Edinburgh 131
Royal Mile, Edinburgh 119
Royal Observatory, Edinburgh 131
Royal Scottish Academy, Edinburgh 127
Royal Scottish Museum, Edinburgh 130
Rum 384
Rusko Castle 266
Ruthven Barracks 154
Ruthwell Cross 250

Saddell Abbey 306
St. Abbs 84
St. Andrew Square, Edinburgh 127
St. Andrews 171
St. Andrews Castle 172
St. Andrews Cathedral 173
St. Andrew's Cathedral, Inverness 157
St. Andrew's Church Tower 113

St. Andrew's Episcopal Cathedral, Aberdeen 186
St. Andrews University 176
St. Annes Place, Haddington 87
St. Bean Church, Fowlis Wester 242
St. Blaine's Chapel, Lochearnhead 238
St. Bride's Church 247
St. Bridget's Church, Dalgety 160
St. Cecilia's Hall, Edinburgh 129
St. Clement's Church, Rodel 396
St. Colm's Cell, Inchcolm 160
St. Columba Cathedral, Oban 317
St. Columba's Cave 304
St. Columba's Church, Lewis 398
St. Giles Cathedral, Edinburgh 120
St. John's Kirk, Perth 143
St. Kentigern's Church, Lanark 247
St. Kilda 403
St. Machar's Cathedral, Aberdeen 187
St. Magnus Cathedral, Kirkwall 409
St. Mahew Chapel 298
St. Mary's Cathedral, Aberdeen 187
St. Mary's Cathedral, Iona 379
St. Mary's Chapel, Reay 354
St. Mary's Chapel, Rothesay 313
St. Mary's Church, Auchindoir 206
St. Mary's Church, Grandtully 147
St. Mary's Church, Pierowall 441
St. Mary's Church, Wyre 437
St. Mary's Church, Haddington 87
St. Mary's College, St. Andrews 175
St. Mary's Episcopal Cathedral, Edinburgh 129
St. Mary's Loch 103
St. Michael's Chapel, Port Bannatyne 313
St. Michael's Chapel, Rothsay 313

St. Michael's Church, Dumfries 255
St. Molua Church, Lewis 399
St. Monan's Church, St. Monance 169
St. Monance 169
St. Nathalan Church, Tullich 197
St. Nicholas's Church, Aberdeen 186
St. Ninian's Chapel, Isle of Whithorn 269
St. Ninian's Isle 451
St. Oran's Chapel, Iona 379
St. Orland Sculptured Stone 189
St. Rule, St. Andrews 173
St. Salvator, St. Andrews 176
St. Tredwell's Chapel, Papa Westray 441
St. Vigean's Museum, Arbroath 179
Salen (Argyll) 335
Salen (Mull) 373
Saltcoats 279
The Sands, Haddington 87
Sanday 442
Sandbank 311
Sanquhar 257
Scalloway 455
Scalloway Castle 455
Scapa Flow 416
Scone Palace 193
Scotland's Safari Park 235
Scots Dyke 100
Scotstarvit Tower 164
Scott's House, Edinburgh 128
Scott Monument, Edinburgh 127
Scottish Arts Council Gallery, Edinburgh 129
Scottish Design Centre, Glasgow 291
Scottish Fisheries Museum, Anstruther 170
Scottish Museum of Wool Textiles 111
Scottish National Gallery of Modern Art, Edinburgh 131
Scottish National Zoological Park, Edinburgh 131
Scottish Stock Exchange, Glasgow 291
Scottish Tartans Museum, Comrie 238
Scourie 351
Seal Cave, Lewis 399

Selkirk 102
Seton 93
Shawbost Museum 400
Shetland 443
Shetland County Museum, Lerwick 453
Shieldaig 342
Signal Tower, Arbroath 179
Sinclair Castle 358
Skara Brae 420
Skelmorlie Aisle, Largs 279
Skipness Castle 306
Skipness Chapel 306
Skye 385
Skye Black House, Colbost 391
Skye Water Mill, Colbost 391
Slains Castle 220
Sligachan Hotel 387
Smailholm House 109
Smith Institute, Stirling 234
Smoo Cave, Durness 352
Solway Moss Battlefield 243
Souter Johnnie's House 273
South Queensferry 135
South Uist 393
Southend 305
Spalding Golf Museum 168
Spean Bridge 325
Spynie Palace 212
Staffa 381
Stalker Castle 321
Standing Stones of Machrie Moor 309
Standing Stones of Stenness 429
Steinacleit Cairn 399
Stenness Standing Stones 429
Stenton 85
Stevenston 279
Stewart Castle, Inverness 157
Stirling 230
Stirling Castle 232
Stonehaven 183
Stornoway 397
Storr, Old Man of 388
Strachur 310
Stranraer 272
Stranraer Castle 272
Strath Bran 343
Strathallan Air Museum 241
Strathaven 248
Strathpeffer 364
Strathspey Railway 155
Strathyre 237
Stromness 419
Strone Gardens 300
The Study, Culross 140
Sumburgh 446

Sween Castle 302
Sweetheart Abbey 260
Symington Church 278

Tain 363
Tanhouse Brae, Culross 140
Tankerness House 416
Tantallon Castle 89
Tarbert (Harris) 396
Tarbert (Knapdale) 304
Tarbert 295
Tarves 217
Tay Rail Bridge, Dundee 167
Tealing Dovecot 188
Tealing Earth-House 188
Teampull na Trionaid 395
Temple Wood Stone Circle 303
Tentsmuir Point Nature Reserve 165
Terregles 255
Terregles House 255
Thaens Castle 114
Thirlestane Castle 98
Thornhill 256
Threave Castle 265
Threave House 265
Threave Wildfowl Refuge 265
Thurso 355
Thurso Castle 355
Tibber's Castle 256
Tighnabruaich 312
Tingwall Valley Agricultural Museum 456
Tinnis Castle 114
Tioram Castle 335
Tiree 382
Tobermory 374
Tolbooth, Stirling 234
Tolbooth Steeple, Glasgow 289
Tolquhun Castle 216
Tomintoul 198
Tomnaverie Stone Circle 199
Tongue 353
Tongue House 353
Torhouse Stone Circle 268
Torosay Castle 376
Torphichen Preceptory 228
Torridon 343
Towie-Barclay Castle 217
Town Hall, St. Andrews 175
Town House, Aberdeen 186
The Town House, Culross 137
Town House, Haddington 87
Transport Museum, Edinburgh 130

Register

Traquair House 112
Trinity Church, St. Andrews 175
Tron Kirk, Edinburgh 123
Troon 278
The Trossachs 237
Trushel Stone 399
Tullibardine Chapel 241
Turnberry Castle 275
Tyndrum 295
Tynninghame House 89

Uig 389
Ullapool 347
Unicorn (HMS), Dundee 168
Union Suspension Bridge 105
University and Hunterian Museum, Glasgow 290
University Marine Biological Station 280
Unst 457

Unston Cairn 435
Urquhart Castle 328

Vane Farm Nature Reserve 141
Varrich Castle 353
Veensgarth 456
Victoria Park, Glasgow 290

Wallace Monument, Stirling 235
The Waverley, Glasgow 291
Wax Museum, Edinburgh 123
Weaver's Cottage, Kilbarchan 282
Well of the Seven Heads 327
Wemyss Bay 280
West Highland Museum, Fort William 324
West Linton 246
West Port, St. Andrews 176

Westray 440
White Horse Close, Edinburgh 124
Whitekirk 89
Whithorn 268
Whiting Bay 308
Wick 358
Wideford Hill Chambered Cairn 434
Wigton 268
Wilderness of Burg, Mull 375
Winton House 88
Wisham 249
Wyre 437
Wyre Church 437

Yarrow Kirk 103
Yarso Cairn 439
Yell 456
Younger Botanic Garden 310

Kohlhammer Kunst- und Reiseführer

Südgriechenland 1

Athen, Attika, Phokis, Böotien und Euböa von Richard Speich
1978. 331 Seiten mit 70 Plänen und Zeichnungen, 12 Karten, 1 dreifarbigen Ausschlagkarte. DM 38,–. ISBN 3-17-004690-X
»Wer in Hellas mehr sucht als die stets scheinende Sonne, findet in den Kohlhammer Kunst- und Reiseführern einen informativen Begleiter ... Dieser Teil Griechenlands beherbergt die klassischen Stätten. Neben praktischen Reisehinweisen und Landeskunde gibt es profunde historische und kunsthistorische Informationen (mit vielen detaillierten Skizzen).« *Kölnische Rundschau*

Südgriechenland 2

Peloponnes von Richard Speich
1980. 395 Seiten mit 78 Plänen und Zeichnungen. DM 49,80
ISBN 3-17-005395-7
»Ein sehr angenehm und leicht zu handhabendes Buch, das nicht feste Reiserouten beschreibt, sondern »natürlichen Strecken« folgt, die von den jeweiligen Hauptorten ausgehen. Im übrigen kann der Tourist seine Fahrten selbst festlegen, wobei ihm ein Zahlensystem die Orientierung erleichtert.« *Gießener Anzeiger*

Kreta

von Richard Speich
3., völlig neubearbeitete Auflage 1977. 292 Seiten mit 8 Kunstdruckabbildungen, zahlreichen Textabbildungen und 1 Faltkarte. DM 38,–
ISBN 3-17-004218-1
»Richard Speichs Kunst- und Reiseführer bietet sich in der neubearbeiteten Auflage als eine ausgezeichnete Hilfe an. Die Insel wird so erschlossen, daß der Reisende seine Ziele nach eigenem Gutdünken und nach seinen spezifischen Interessen wählen kann.«
Aachener Volkszeitung

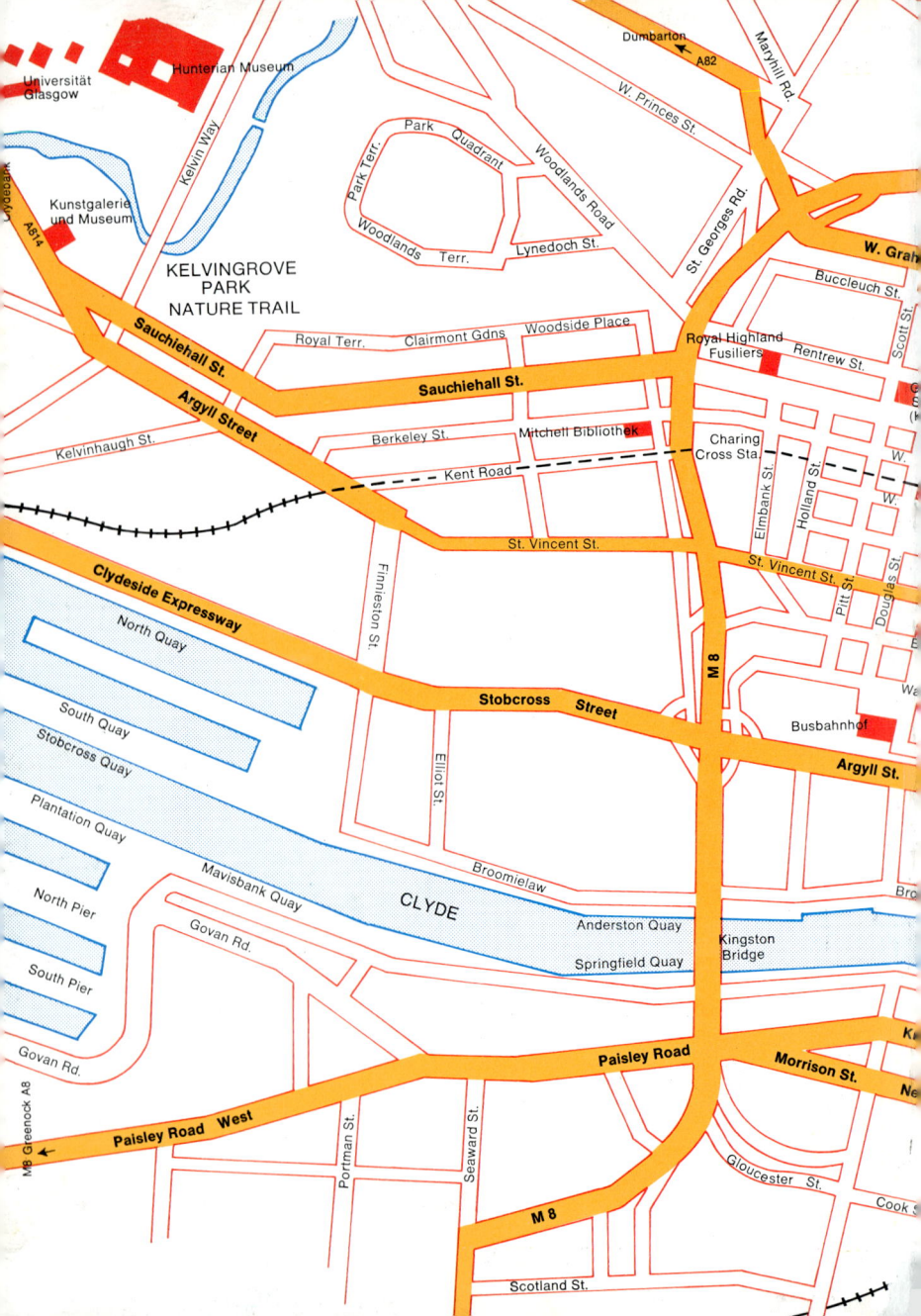